JN442501

PRINCIPLES OF ACCOUNTING

사례와 함께하는

회계원리

제5판

최종학 · 송혁준 · 이우종 · 최선화

신영사

머리말

회계를 공부하면 공부할수록 회계지식이 참 소중한 지식이라는 것을 느낀다. 기업의 거의 모든 활동이 회계와 밀접하게 관련되어 있고, 기업에서 직급이 높아질수록 경영의 주요 의사결정을 내리기 위해서는 필수적으로 회계정보를 이해하고 이를 활용해야 한다. 그래서 회계를 기업의 언어(the language of business)라고 표현한다. 말과 글을 모르면 현실에서 무엇이 일어나는지를 제대로 파악할 수 없듯이, 회계를 모르면 기업에서 어떤 일이 벌어지는지 파악할 수 없기 때문이다. 기업경영의 관점이 아니라 개인적인 관점에서 보더라도, 주식이나 채권 시장에 대한 투자의사결정을 위해서 회계지식은 중요하다. 설령 직접 투자를 하지 않더라도, 자본시장이나 산업계에서 현재 벌어지고 있는 사건들에 대한 이해를 하기 위해서도 회계지식은 꼭 필요하다.

이렇게 회계가 경영의 기초가 되고 우리의 경제활동과 밀접하게 연관되어 있는 학문임에도 불구하고, 많은 학생들이 회계를 지루하거나 어려운 과목으로 느끼는 것이 안타까운 현실이다. 이는 회계가 경영학의 다른 분야보다 더 많은 시간을 들여 공부해야 하고, 특히 논리적인 사고가 필요한 분야이기 때문일 것이다. 또한 한국의 회계교육이 발생한 거래를 회계장부에 기록하는 데 집중되어 있고, 왜 이런 내용들을 공부해야 하는지 또는 이런 지식들이 실무에서 어떻게 사용되는지를 중요하게 다루지 않기 때문일 수도 있다.

저자들은 이러한 회계교육의 현실에 대한 아쉬움을 줄이기 위해 이 책을 썼다. 각 장마다 회계에 대한 흥미로운 역사적 배경이나 관련 이야기들을 소개했고, 해당 장에서 다루어진 주제들의 배경이나 관련된 실제사건에 대해서도 소개했다. 이를 통해 독자들이 회계에 대한 흥미를 갖게 하고, 배우는 내용과 실제 기업의 실무나 경영사례를 구체적으로 연결시킬 수 있게 했다. 이 점은 다른 회계 교과서들과 구분되는 본서의 가장 중요한 특징이라고 할 수 있다.

본서는 이 외에도 여러 특성을 가지고 있다. 우선 복잡한 내용을 최대한 간결하고 쉽게 설명하였다. 표와 그림을 다수 활용하여 독자들이 한눈에 핵심을 파악할 수 있도록 했다. 각 장의 뒷부분에는 학습목표의 요약, 주요 용어, 종합복습예제, 주관식 연습문제, 객관식 연습문제를 차례로 배치해서, 독자들이 각 장에서 배운 내용들을 확실히 이해할 수 있도록 했다. 또한 기업들의 재무제표와 주석사항들을 직접 찾아보면서 배운 회계지식을 적용하고 관련 정보를 해석할 수 있도록 미니케이스를 수록했다. 따라서 독자들이 쉽고 재미있게 회계를 공부할 수 있을 것으로 기대한다.

이처럼 많은 노력을 기울였지만, 본서는 부족한 점이 많다. 앞으로도 지속적으로 개선할 것을 약속드린다.

2024년 7월
저자들 씀

감사의 말씀(Acknowledgement)

본서는 오랜 기간 동안 서울대학교에서 제자들을 양성하다가 은퇴하신 곽수근 교수님의 책을 기초로 하여 재집필한 것이다. 저자들은 한국 기업들의 회계실무와 회계학의 학문적 발전에 큰 공헌을 하신 곽수근 교수님께 진심으로 감사를 드린다. 본서의 연습문제에 종종 '(주)덕송'이라는 가상의 회사가 등장한다. 덕송(德松)은 곽수근 교수님의 호로서, 저자들은 곽수근 교수님에게 감사를 표하는 의미에서 회사이름으로 이를 사용하였다.

본서를 저술하고 개정하는 과정에서 많은 분들께 큰 신세를 졌다. 특히 서울대와 덕성여대의 여러 교수님들께 감사드린다. 이 외에도 권세원(이화여대), 김명인(인하대), 김범준(가톨릭대), 김세일(뉴욕시립대, 미국), 김영준(한국외국어대), 김이배(덕성여대), 안혜진(홍익대), 오승환(맥길대, 캐나다), 오웅락(숭실대), 윤서우(보스턴대, 미국), 조미옥(경희대), 조형진(인하대), 최소연(일리노이대, 미국), 최아름(성균관대), 하원석(중앙대) 교수님의 여러 조언과 도움에 진심으로 감사드린다. 또한 현재 서울대학교 또는 해외 대학교 석박사과정에 재학중이거나 학업을 마친 후 사회 곳곳의 다양한 분야에서 활약중인 김건우, 김유진, 김지호, 박선영, 신동준, 양보현, 유재호, 윤선호 님에게도 감사를 드린다.

마지막으로 본서로 공부하는 학생이나 본서를 학교 수업에서 교재로 사용하는 교수님들에게 부탁의 말씀을 드린다. 혹시 본서의 내용 중 잘못되었거나 이해하기 힘든 표현을 발견한다면 저자들에게 꼭 연락해주기를 부탁드린다. 여러분들의 소중한 피드백을 책 개정시 반영할 수 있도록 노력할 것임을 약속드린다.

2024년 7월

저자들 씀

차 례

CHAPTER 01 회계학 입문

CHAPTER 02 회계순환과정 Ⅰ(기중의 회계처리)

CHAPTER 03 회계순환과정 Ⅱ(기말의 회계처리)

CHAPTER 04 재무보고를 위한 개념체계와 재무제표 표시

CHAPTER 05 현금 · 수취채권과 지급채무

CHAPTER 06 재고자산

CHAPTER 07 유형자산과 무형자산

CHAPTER 08 사채와 비유동부채

CHAPTER 09 금융자산(지분투자와 채권투자)

CHAPTER 12 재무제표분석

스토브리그와 회계

2020년 SBS TV에서 방영된 16부작 드라마 '스토브리그(Stove League)'가 큰 인기를 끌었다. 스토브리그란 정규시즌이 끝난 후인 겨울부터 다음 해 봄 시즌이 시작되기 이전까지의 기간을 말한다. 추운 겨울 동안 구단 관계자들과 선수들이 난로(stove)가에 둘러앉아 연봉협상, 전력보강을 위한 트레이드나 스카우트 등에 대한 논의를 하던 데서 비롯된 말이다.

이 드라마는 패배가 익숙한 만년 꼴찌 프로야구팀 '드림즈'에 단장으로 부임한 백승수(남궁민 분)가 자신에 대한 무시와 패배의식을 극복하면서 구단을 변모시키는 과정을 그리고 있다. 백 단장을 돕는 운영팀장 이세영(박은빈 분)과 백 단장과 사사건건 대립하는 권경민 상무(오정세 분) 등 조연들의 연기도 드라마를 빛나게 한다.

백 단장이 부임하자 선수들과 직원들은 '야구를 전혀 모르는 사람'이라고 단장을 무시한다. 백 단장은 철저한 통계분석을 바탕으로 과거 자신이 맡았던 씨름, 하키, 핸드볼 팀을 모두 우승시켰던 유별난 전력을 가진 사람이다. 백 단장은 드림즈에서도 통계자료를 기반으로 하여 연봉협상, 스카우트, 그리고 훈련에 대한 의사결정을 내린다.

이 드라마에서 **'야구는 감이 아니라 숫자'**라는 이야기가 자주 등장한다. 수십 년간 야구를 해온 감독과 코치들도 모르는 사실을 백 단장은 통계분석을 통해 알아내어 선수들의 장단점을 파악한다. 그리고 그 정보를 이용하여 여러 의사결정을 내린다. 이런 의사결정의 결과가 팀 성적의 향상으로 이어져, 드림즈는 우승을 다투게 된다.

회계는 이 드라마에 등장하는 통계수치와 비교할 수 있다. 야구선수들의 경우 타율, 출루율, 장타율, 방어율, 수비율 등의 여러 숫자가 그 선수의 능력을 평가하는 데 사용된다. **회계란 기업이 어떻게 경영되어서 어떤 결과를 기록했는지를 보여주는 통계수치이며, 이를 이용해서 여러 의사결정을 내리는 것을 의미한다.** 현대의 복잡하고 거대한 기업에서 만약 기업의 현재 상황에 대한 자세한 통계수치를 모른다면 '감'에 의한 의사결정을 내릴 수밖에 없다.

야구단은 현대의 거대 기업에 비교할 때 매우 단순한 조직이다. 이런 단순한 조직에서 수십 년간 종사해온 감독이나 코치는 자신들의 경험과 감으로 선수들을 잘 파악하고 있다고 생각했다. 그런데도 통계수치를 들이대자 자신들이 잘 알지 못하던 수많은 일들이 벌어지고 있음을 비로소 깨닫는다. 이런 사례와 마찬가지로, 만약 기업의 경영자가 회계를 잘 알지 못한다면 감으로 기업을 경영해야 할 것이다. 그렇다면 아무리 경험이 많은 경영자라도 우수한 성과를 거두기가 쉽지 않을 것이다. **그래서 흔히 경영을 비행기 조종에, 회계를 계기판에 비유한다.** 회계에 무지한 경영자가 기업을 조종하는 것은 감에만 의존해 비행기를 조종하는 것만큼 큰 위험이 따른다는 의미다. 이것이 바로 회계를 잘 알아야 하는 이유다.

CHAPTER

1 회계학 입문

본장에서는 회계학을 처음으로 공부하는 학생들에게 회계의 의의와 사회적 기능에 관해서 설명하고, 다양한 회계의 영역들을 소개한다. 또한 주재무제표인 재무상태표, 포괄손익계산서, 자본변동표, 현금흐름표에 대하여 간단히 소개하고, 각 재무제표의 상호관련성에 대해 설명한다.

회계학의 아버지라 불리는 루카 파치올리(Luca Pacioli, 1445~1510)는 르네상스시대의 석학이었다. 회계에 대한 내용을 포함한 책 Summa(산술, 기하, 비율, 비례에 대한 총람)를 저술하여 대학과 궁전에서 강의를 했다.

학습목표 제1장 회계학 입문을 공부한 이후에는...

1. 회계의 정의와 사회적 기능에 대해 이해할 수 있다. *1.1*
2. 재무제표란 무엇이며 재무제표가 전달하는 정보가 무엇인지 설명할 수 있다. *1.3*
3. 재무제표의 구성요소와 재무상태표 등식을 이해할 수 있다. *1.3*
4. 재무상태표와 포괄손익계산서가 서로 어떻게 연관되는지 이해할 수 있다. *1.4*
5. 우리나라의 회계기준 변천과정과 국제회계기준 및 지속가능성 공시기준을 이해할 수 있다. *1.5*

회계학 입문

introduction of accounting

- 회계의 의의
  - 회계의 정의
  - 회계의 사회적 기능
  - 회계의 분류
- 기업의 경영활동
  - 영업활동
  - 투자활동
  - 재무활동
- 재무제표의 소개
  - 재무상태표
  - 포괄손익계산서
  - 자본변동표
  - 현금흐름표
  - 주석
- 재무제표의 상호연관성
  - 재무상태표
  - 포괄손익계산서
  - 자본변동표
  - 현금흐름표
- 우리나라의 회계기준
  - 회계기준의 변천
  - 국제회계기준의 제정배경
  - 지속가능성 공시기준의 제정배경

1.1 회계의 의의

1. 회계란 무엇인가?

회계에 대해서 잘 모르는 사람들은 회계가 매우 복잡하고 어려운 것이어서 전문적 지식을 갖춘 회계사들만이 이해하고 다룰 수 있는 것으로 오해하기 쉽다. 그러나 경제활동을 하는 사람들은 본인이 인식하고 있지 못할 뿐, 사실상 모두 회계활동을 하고 있다. 예를 들어 학생들이 용돈기입장을 기록하거나 가정에서 가계부를 쓰는 것도 회계활동에 해당된다. 회계활동은 인간이 경제활동을 시작하면서부터 나타났다. 경제활동이 복잡해짐에 따라 회계활동도 함께 복잡해졌기 때문에, 대다수의 사람들이 회계가 복잡하고 어렵다는 인식을 갖게 된 것이다.

회계는 회계정보의 이용자가 합리적 판단이나 의사결정을 할 수 있도록 경제적 정보를 식별, 측정, 전달하는 과정으로 구성된 정보시스템이라고 정의할 수 있다.

그렇다면 회계란 무엇인가? 다양한 방법으로 회계를 정의할 수 있겠지만, 일반적으로 회계(accounting)는 '회계정보의 이용자가 합리적 판단이나 의사결정을 할 수 있도록 경제적 정보를 식별, 측정, 전달하는 과정으로 구성된 정보시스템(information system)'이라고 정의할 수 있다. 식별(identification)이란 경제활동을 수행하는 주체(개인, 가계, 기업 또는 정부 등)에게 경제적 사건이 발생했는지를 인식하는 것을 말하고, 측정(measurement)이란 식별한 경제적 활동을 계량화하고 수치화하는 것을 의미한다. 전달(communication)이란 식별되고 측정된 경제적 정보를 회계정보의 이용자들에게 전달하는 것을 말한다. 이 전달과정에서 유용하게 사용되는 방법의 전형적인 예가

그림 1-1

정보시스템으로서의 회계

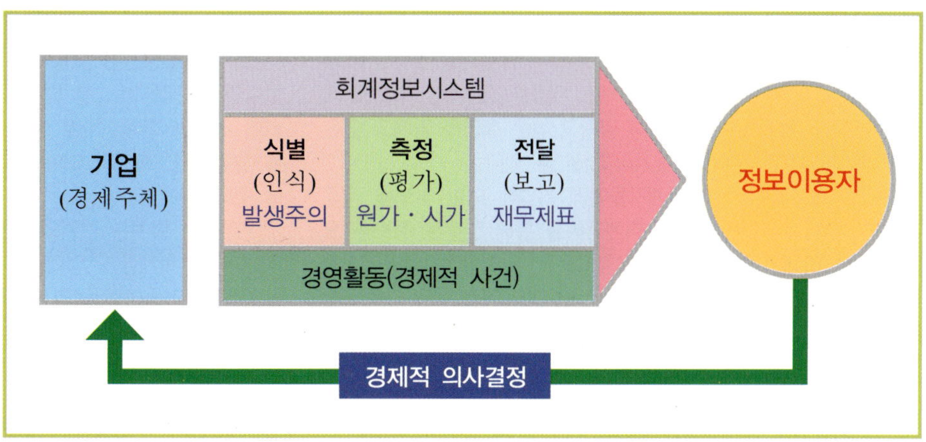

앞으로 설명할 재무제표다.

요약하면 정보시스템으로서의 회계는 궁극적으로 다양한 이해관계자들의 경제적 의사결정에 유용한 정보를 제공하는 것을 주요 목표로 한다. 회계는 기록한 정보를 적절히 가공하여 이해관계자들에게 전달하는 과정까지 포함하기 때문에, 경제적 사건을 수치로 기록하는 것(분개 혹은 회계처리)만을 의미하는 부기(bookkeeping)와는 다르다.[1]

부기란 어떤 경제적 사건을 수치로 기록하는 것을 말한다.

학생들이 회계원리를 공부한 이후 후속과목인 중급회계나 관리회계, 세무회계, 회계감사 등을 공부하게 되면, 회계정보를 전달하고 해석하며 이를 의사결정에 활용하는 법을 배우게 될 것이다. 특히 본서의 제12장 재무제표분석에서는 회계정보의 "해석"에 대한 기초적인 내용도 일부 포함하고 있다.

회계는 기업의 경제활동을 식별, 측정 및 전달한다는 측면에서 **기업의 언어**라고도 불린다.

기업의 경제활동을 식별, 측정 및 전달한다는 측면에서 회계는 기업의 언어(language of business)라고도 한다. 주식이나 채권투자에 관심이 있는 사람이 만약 회계의 개념과 용어를 모른다면, 경영활동의 결과를 보여주는 회계보고서(재무제표)를 읽고 이해할 수 없다. 이는 마치 영어를 모르는 사람이 영어로 작성된 서류를 읽고 이해할 수 없는 것과 같다. 따라서 회계를 잘 모르고는 주식이나 채권투자에 크게 성공하기 힘들 것이다.

회계이야기 (1)

'회계는 기업의 언어(the language of business)다!'

기업은 수많은 사람들로부터 조달한 자금을 이용해 사업을 벌인다. 따라서 기업은 자금을 제공한 채권자 및 주주들과 소통하면서, 이들에게 기업의 상황에 대한 정보를 제공해야 한다. 또한 기업과 관계된 이해관계자들은 주주와 채권자 이외에도 무수히 많다. 기업 내에서 일하고 있는 직원들, 기업이 생산한 제품을 구매하는 소비자, 그리고 기업이 위치하고 있는 지역사회 모두 기업의 이해관계자들이다. 세금을 징수하는 국가도 마찬가지다. 장차 특정기업에서 일하고 싶은 희망을 가지고 있는 학생들도 기업의 이해관계자라고 볼 수 있다.

이런 다양한 이해관계자들에게 기업에 대한 정보를 제공하는 수단이 바로 회계다. 회계기록을 통해 산출된 정보를 요약하여 이해관계자들에게 전달함으로써, 이해관계자들은 그 정보를 사용하여 다양한 의사결정을 내린다. 예를 들면 대학생들은 상대적으로 좀 더 우수한 실적을 기록한 기업에 취업하기를 원할 것이다. 그래야 더 많은 보수를 받을 가능성도 높으며, 회사가 성장하고 발전할 가능성도 높기 때문이다. 자동차를 구매하려는 소비자도 좀 더 우수한 실적을 기록한 기업에서 생산하는 자동차를 구매하기를 원할 수 있다. 만약 망할 가능성이 높은 회사에서 생산한 자동차를 구매했다가 몇 년 후 회사가 망한다면 애프터서비스를 받지 못할 것이기 때문이다. 국가는 기업이 전달한 회계수치를 보고 얼마만큼 세금을 징수할 것인지를 결정한다. 회계가 없다면 이런 일들이 쉽게 이루어지기 힘들 것이다.

이처럼 회계는 기업의 상황을 외부에 알려주는 역할을 한다. 따라서 회계를 '기업의 언어'라고 표현한다. 회계를 통해 외부이해관계자들이 기업의 상황을 파악할 수 있기 때문이다.

1) 부기란 '장부기입(帳簿記入)'의 약자다. 장부기입 행위인 분개에 대해서는 제2장에서 공부한다.

회계는 개인, 기업, 정부, 학교 등 조직의 형태에 관계없이 경제활동이 있는 곳에 존재하고 있다. 그러나 오늘날 경제에서 가장 대표적인 조직형태는 기업이므로, 본서에서는 기업의 활동에 대한 회계를 중심으로 설명하고자 한다. 기업에 대한 회계를 이해하게 되면 다른 조직에 대한 회계는 큰 어려움 없이 이해할 수 있다.

본서에서는 기업의 활동에 대한 회계를 중심으로 설명한다.

2. 회계의 사회적 기능

회계는 크게 다음과 같은 두 가지 면에서 개인, 조직, 그리고 사회에 기여한다.

그림 1-2

회계의 사회적 기능

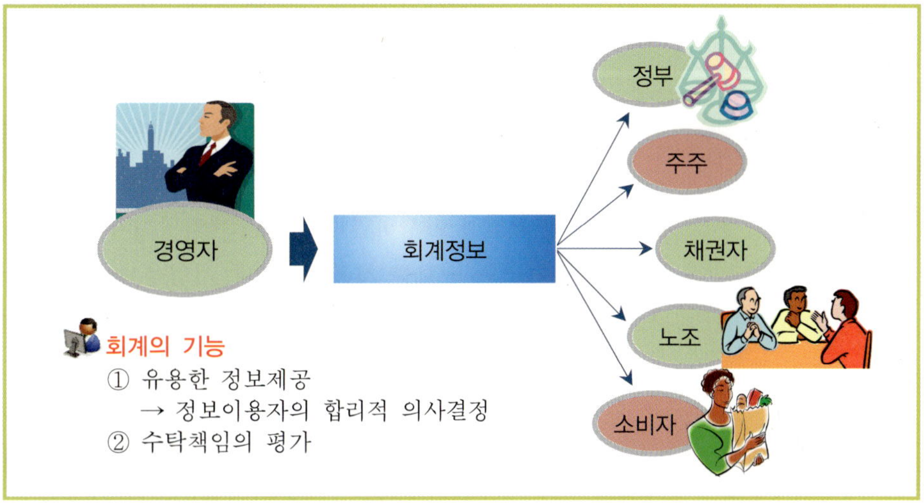

(1) 경제적 자원배분 의사결정에 유용한 정보의 제공

회계는 정보이용자들의 경제적 자원배분과 관련된 의사결정에 유용한 정보를 제공한다.

회계는 정보이용자들이 희소한 경제적 자원의 배분과 관련된 의사결정을 하는 데 도움이 되는 유용한 정보(useful information)를 제공한다. 예를 들어 주식투자를 하려면 구체적으로 어느 기업의 주식을 매수 또는 매도할 것인지를 결정해야 한다. 만약 투자자가 기업의 회계보고서를 읽고 해당 기업이 우량한지 또는 부실한지를 구분할 수 있다면 보다 합리적인 투자의사결정을 할 수 있을 것이다.

또한 기업의 경영자는 기업이 보유하고 있는 자원을 배분하는 의사결정을 하게 된다. 예를 들면 현재 보유중인 자금을 신사업 진출에 사용할지 또는 기존 사업에서 사용중인 낡은 설비를 교체하는 데 사용할지에 대한 의사결정을 내려야 한다. 이러한 의사결정을 합리적으로 내리기 위해서는 기업의 경영상태를 정확히 파악해야 한다.

이처럼 기업의 내부와 외부에 있는 사람들이 기업의 상황을 직접 파악하기에는 많은 시간과 노력이 소요된다. 회계는 기업에 대해 관심을 갖고 있는 많은 사람들이 기업의 상황을 보다 쉽게 파악할 수 있도록 정보를 제공해줌으로써, 이들이 이 정보를 사용하여 합리적인 의사결정을 내릴 수 있도록 한다. 따라서 회계는 희소한 자원이 효율적으로 배분될 수 있도록 돕는 역할을 하는 것이다.

(2) 수탁책임 이행여부 평가에 유용한 정보의 제공

주식회사의 소유자는 주주(shareholders)이지만 전문경영인을 선정하여 경영을 맡기는 경우가 많다.[2] 이때 경영자는 주주의 이익을 위해 회사를 잘 경영할 책임이 있는데, 이 책임을 수탁책임(stewardship responsibilities)이라 한다. 또한 수탁책임 이행의 결과를 회계적으로 보고해야 할 책임을 회계책임(accountability)이라고 한다. 따라서 수탁책임이 있으면 반드시 회계책임도 함께 존재하는데, 회계는 수탁책임의 이행 정도를 평가하는 데 유용한 정보를 제공한다. 즉 회계는 책임을 부여받은 자가 적절히 책임을 이행하였는지 또는 계약당사자가 계약을 충실히 이행하였는지를 평가할 수 있는 정보를 제공함으로써, 기업을 둘러싼 이해관계의 대립을 조정하는 역할을 한다. 정확한 정보가 있어야 정보의 해석을 둘러싼 이견이 줄어들기 때문이다.

회계는 경영자가 수탁책임을 이행하고 있는지 평가하는 데 유용한 정보를 제공한다.

예를 들어 기업의 투자자들(즉 주주나 채권자)은 경영자가 그들이 투자한 자금을 효율적으로 활용하여 이익을 내고 있는지를 알기 원한다. 따라서 경영자는 자신의 경영활동에 대한 평가를 받고자 투자자에게 회계정보를 제공한다. 투자자들은 제공된 회계정보를 기초로, 경영진을 재선임하거나 교체하고 보수를 얼마로 정할 것인지 등의 의사결정을 내린다.

재무적 자원을 제공하는 투자자들만 회계정보를 이용해 의사결정을 내리는 것은 아니다. 기업의 이해관계자는 주주와 채권자뿐 아니라 정부, 종업원, 소비자, 공급자 등 다양하며, 이들은 기업에 사업의 인프라(정부), 인적자원(종업원), 공급망(소비자와 공급자) 등 비재무적 자원을 공급하기 위한 의사결정을 내린다. 이처럼 다양한 이해관계자의 의사결정을 위해 회계정보는 중요한 기초자료가 된다. 이에 따라 경영자의 수탁책임도 과거의 주주에 대한 수탁책임에서 사회에 대한 공적 책임 또는 사회적 책임으로 확대되고 있다. 따라서 기업의 회계보고도

2) 주식회사는 기업형태 중 하나이며, 주식을 발행하여 주주들에게 판매함으로써 주주로부터 자본을 조달받는 회사이다. 일반적으로 주주의 수가 매우 많으므로 실제로 경영은 주주가 선택하여 임명한 전문경영인이 하는 경우가 많다. 즉 주식회사의 소유주는 주주들이지만 경영자가 회사를 운영하므로 소유와 경영이 분리되어 있다.

회계이야기 (2)

회계의 역사 1 : 고대 회계의 발생과 회계의 역할

고대 이집트나 그리스, 메소포타미아의 유적에서도 회계기록이 발굴되곤 한다. 당시의 회계기록은 단순히 세금의 징수와 징수된 세금의 사용처를 기록하는 단식부기의 형태였다. 예를 들어 이집트에서 파라오의 피라미드를 짓기 위해 동원된 사람들에게 지불한 임금이나, 기타 동원된 동물들을 구입하고 먹이는 데 소요된 비용 등의 기록이 현재까지 남아 있다. 권력과 문명, 그리고 국가가 설립되면서 회계가 등장한 것이다.

페르시아 제국의 경우 재정 수입과 지출에 대한 감사관을 제국 각지에 파견하여 조사를 했다. 징수한 세금을 지방의 관리들이 몰래 빼돌리지 않는지 조사한 것이다. 그래서 페르시아 제국의 감사관을 "왕의 눈과 귀"라고 표현하기도 했다. 그만큼 국가의 유지를 위한 세금징수 분야에서 회계기록은 중요한 역할을 수행한 것이다. 회계기록이 있어야 각 지역에서 거둬들이는 세금의 양을 정확하게 파악할 수 있고, 그에 따라 정부의 지출규모를 정할 수 있기 때문이다.

바빌로니아 왕국 시대에 만들어진 함무라비법전에서는 매매, 임대, 채무, 이자 지급 등의 개념과 이에 대한 기록이 나타난다. 즉 당시 이미 상거래가 발생했고, 이에 따라 회계기록이 등장하는 것이다. 수천년 전부터 회계가 국가라는 조직을 넘어서 민간에서까지 활용됐다는 증거다.

로마제국 군단과 회계

로마시대에 이르러 회계는 더욱 광범위하게 사용되었다. 로마 군단의 사령관은 주로 귀족계급 출신의 장군이지만, 부사령관은 회계감사관이라는 직책으로 불렸다. 그러나 부사령관의 역할은 단지 회계문제에 대한 감사만을 수행하는 데 한정되지 않았다. 전시에는 사령관과 함께 전투에 참여하지만, 그 외의 시기에는 군단의 모든 재정을 관장하는 CFO(Chief Financial Officer; 최고재무책임자)나 운영을 관장하는 COO(Chief Operating Officer; 최고운영책임자)의 역할을 담당했다. 부사령관이 식량이나 무기 등의 보급품을 구입하고, 병사들을 새로 뽑아 훈련을 시키고, 병사들에게 임금을 지불하며, 전투에서 사망한 병사들의 유족에게 부고와 위로금을 전하는 등의 업무를 관장했다. 전쟁에서 잡은 포로를 노예상인들에게 판매하여 마련한 자금을 병사들에게 배부하기도 했다. 전쟁에서 잡은 포로를 노예로 판매하고 약탈품도 판매해서 얻은 수익은 엄청났고, 이 수익을 장군부터 사병까지 정해진 비율로 나눠 가졌다.

즉 거대한 조직을 운영하고 수입과 지출을 관리했다는 점에서 당시의 로마군단은 오늘날의 기업과 유사했다. 현대의 군대는 이런 일들을 국가(국방부)에서 다루지만, 당시 로마제국의 중앙정부는 군단에 운영비만 보내고 이런 군단의 실제 운영 업무는 현지에 주둔한 군단에서 스스로 수행했던 것이다. 따라서 각 군단이 이에 대한 기록을 유지하면서 수입과 지출의 균형을 맞춰야 했다. 일부 장군들이 중앙정부에서 보내온 돈을 개인적으로 횡령하기도 했지만 부유한 사령관들은 자비로 더 많은 병사를 고용하여 병력을 늘리기도 했다. 따라서 이들 병사들은 로마제국의 군대이면서 동시에 각 사령관의 사병(私兵)이었다. 즉 국가에 대한 충성이 아니라 봉급을 지불하는 개인에 대한 충성이었던 것이다. 이 때문에 사령관의 명령에 따라 병사들이 쿠데타에 참여하는 일이 종종 벌어졌던 것이다.

국가재정과 회계, 그리고 로마 멸망의 이유

로마제국 중앙정부는 광대한 영토에서 세금을 걷고 지출을 관리하기 위한 큰 조직을 가지고 있었다. 회계감사관은 이런 조직을 감시하는 역할도 수행했다. 페르시아 시대와 마찬가지로 로마시대에도 감사관은 황제를 대신해서 제국 영토의 각곳으로 파견되어 회계감사를 수행했다.

광대한 영토를 관리하는 데 막대한 비용이 소모되었으므로, 이 비용을 마련하기 위해 로마제국 정부는 끊임없이 새로운 세원을 발굴하고 세금을 빠짐없이 징수하기 위해 노력을 해야 했다. 그럼에도 불구하고 로마제국 말기가 되면 세금을 내지 않는 귀족들의 숫자가 늘어났고, 빈부의 격차가 심해져서 평민들이 세금을 낼 형편이 되지 못하므로 국가재정이 어려워진다. 그 결과 국민들의 불만이 늘어나자 이를 무마하고 정권유지를 위해 식량을 무상으로 제공하고 콜로세움에서 대규모 행사를 여는 등의 포퓰리즘 정책을 실시하는 데 드는 비용이 급증한 결과 국가재정이 더욱 고갈되기 시작했다.

재정 적자가 지속되자 나중에 가서는 군단에 제대로 봉급을 지불할 수 없었다. 그 결과 군대를 유지할 수 없어 게르만족이 이동을 시작하자 이를 막아낼 수 없었던 것이다. 물론 게르만족의 대이동이 서로마제국 멸망의 직접적 원인이지만, 그 이전까지는 게르만족의 움직임을 막아내던 군대를 더 이상 유지할 수 없게 되어 게르만족이 별다른 저항을 받지 않고 로마 땅으로 들어올 수 있게 된 것이었다. 즉 국가재정의 붕괴 때문에 게르만족의 이동을 막을 수 없었던 것이다.

국가가 수입과 지출을 정확히 파악하고 이의 균형을 유지하는 것이 얼마나 중요한지를 이 사례를 보면 이해할 수 있다. 이런 교훈은 현대의 국가들도 배워야 할 것이다.

기업의 **이해관계자**는 주주, 채권자, 정부, 노동조합, 잠재적 투자자, 일반 대중 등 다양하며, 기업의 회계보고는 다양한 이해관계자 집단에 대한 보고다.

주주만을 위한 보고가 아니라 다양한 이해관계자 집단에 대한 사회적 책임 수행의 결과에 대한 보고라고 볼 수 있다.

다양한 회계정보이용자들에게 기업의 재무상태와 경영성과에 대한 정보를 제공하기 위해서는, 미리 약속된 기준에 따라 작성된 보고서가 필요하다. 공통된 기준 없이 회사마다 독자적인 방식으로 보고서를 만든다면, 정보이용자들이 그 보고서를 비교하고 해석하기 어렵기 때문이다. 이러한 목적으로 표준화된 형식으로 작성되어 공시되는 회계보고서를 재무제표(financial statements)라 한다.

3. 회계의 분류

내부정보이용자는 경영자와 종업원 등이며, **외부정보이용자**는 주주, 채권자, 정부기관, 노동조합, 소비자, 공급자, 일반 대중 등이다.

다양한 회계정보이용자들을 크게 내부정보이용자와 외부정보이용자로 구분할 수 있다. 내부정보이용자는 기업의 경영자와 종업원 등 기업 내부에 존재하는 이해관계자이며, 외부정보이용자는 주주, 채권자, 정부기관, 노동조합, 소비자, 공급자, 일반 대중 등으로 기업 외부에 존재하는 이해관계자들이다.

회계정보의 이용자가 외부정보이용자인 경우 관련 분야를 재무회계라고 하고 내부정보이용자인 경우 관리회계라고 한다. 추가적으로 세무회계, 회계감사, 비영리회계를 별도로 구분한다.

그림 1-3

회계정보이용자와 회계의 분류

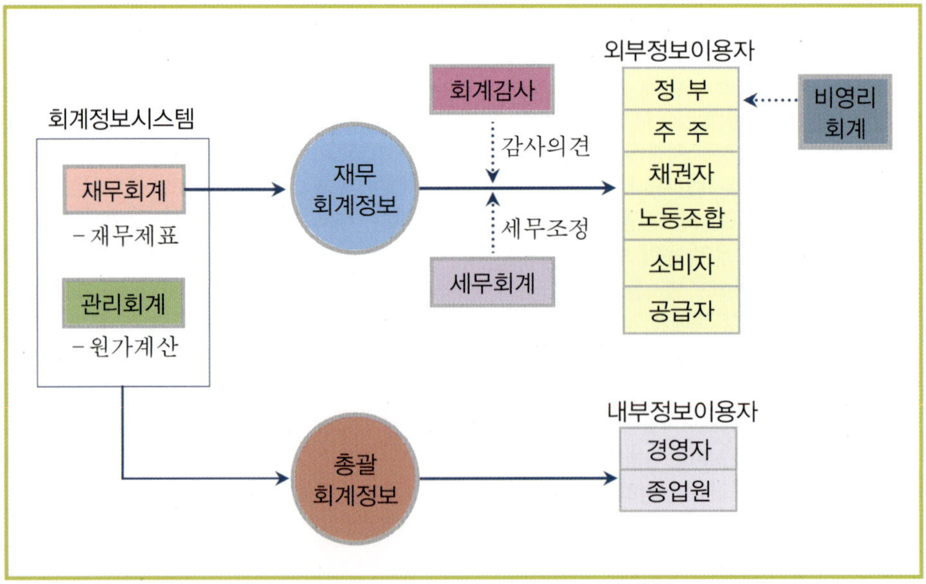

(1) 재무회계

재무회계란 기업의 거래와 사건 등을 측정하고 기록하여 생산된 회계정보를 외부정보이용자에게 제공하는 회계분야이다. 재무회계는 회계기준에 따라야 한다.

재무회계(financial accounting)는 기업의 거래와 사건 등을 측정하고 기록하여 생산된 회계정보를 외부정보이용자에게 제공하는 회계분야다. 재무회계에서 특히 중요한 것은 일반적으로 인정된 회계원칙 또는 회계기준(generally accepted accounting principles; GAAP)에 따라 회계처리 및 보고를 해야 한다는 점이다. 회계원칙이 만들어진 이유는, 각 기업마다 동일한 기준을 적용하여 회계처리를 해야 정보이용자들이 여러 회사들의 회계정보를 손쉽게 비교해서 의사결정에 사용할 수 있기 때문이다. 또한 경영자가 자신의 의도에 따라서 자의적으로 회계처리를 하는 것을 방지하기 위해서다. 우리나라에서 일반적으로 인정된 회계원칙은 상장기업의 경우 「한국채택국제회계기준」이지만, 비상장기업은 한국회계기준원에서 제정하는 「일반기업회계기준」이다. 한국채택국제회계기준의 제정배경에 대해서는 *1.5*에서 보다 자세히 다룬다.

재무회계는 교과목상으로 회계원리, 중급회계, 고급회계 등으로 더 자세히 분류할 수 있다.

(2) 관리회계와 원가회계

관리회계는 기업의 내부정보이용자의 의사결정에 필요한 정보를 제공하며, **원가회계**는 원가를 결정하고 관리하는 분야다.

관리회계(managerial accounting)는 기업의 내부정보이용자가 의사결정을 하는 데 필요한 정보를 제공하는 회계분야다. 관리회계에서 다루는 의사결정문제들은 매우 다양하다. 예를 들어 기업활동의 단기목표를 설정하기 위한 예산편성, 제품의 판매가격 결정, 제품의 수익성 분석 등에는 각 상황에 적합한 회계정보가 필요한데, 관리회계는 이러한 의사결정에 필요한 정보를 제공한다. 재무회계가 과거에 발생한 사건을 기록하여 전달하는 분야인 데 반해 관리회계에서는 과거 정보뿐만 아니라 미래 정보를 예측하는 것도 포함된다.

한편 원가회계(cost accounting)는 관리회계의 일부분인데, 제품의 제조와 판매 또는 유통 과정에서 발생하는 원가가 얼마인지를 측정하는 영역이다.

(3) 재무회계와 관리회계의 비교

재무회계는 외부정보이용자의 의사결정에 유용한 정보를 제공하는 것을 목적으로 하는 반면, 관리회계는 내부정보이용자의 의사결정에 유용한 정보를 제공하는 것을 목적으로 한다.

또한 재무회계는 회계기준을 준수해야 하는 반면, 관리회계에는 그런 외부적 규정이 없다. 보고시기의 경우 재무회계는 1년, 반년, 분기 등 정기적인 보고를 요구하지만, 관리회계는 경영자의 필요에 따라 수시로 보고하게 된다. 또한 재무회계는 회계기준에 의해 작성된 재무제표라는 형식을 이용해 보고하지만, 관리회계는 필요한 목적에 따라 서로 다른 형식이나 내용을 가진 정보를 보고한다. 재무회계는 과거 기업이 기록한 재무상태나 경영성과를 보고하는 것인 반면, 관리회계는 미래에 대한 예측정보와 과거의 정보 등 모든 정보가 그 대상이 될 수 있다.

표 1-1
재무회계와 관리회계의 비교

	재무회계	관리회계
보고대상	외부정보이용자(주주, 채권자 등)	내부정보이용자(경영자, 종업원)
보고기준	회계기준	없음
보고시기	정기적으로 보고	수시로 보고
보고형식	재무제표	일정한 형식이 없음
정보특징	과거 정보	미래(예측) 정보 또는 과거 정보

(4) 세무회계

세무회계는 세법에 따라 세액을 계산하거나 세법의 범위 안에서 세금을 최소화하는 세무계획을 하는 분야다.

세무회계(tax accounting)는 세법에 따라 세액을 계산하거나 세법이 허용하는 범위 내에서 세금을 줄이기 위한 세무계획(tax planning)을 하는 분야다. 세무전문가는 세무에 관한 법률, 규칙, 법령, 판례 등에 관한 지식을 갖추고 있어야 하며, 재무회계에 대한 이해도 필수로 갖추어야 한다.

(5) 회계감사

회계감사는 기업의 재무제표가 부정이나 오류 없이 기업의 경제적 실상을 회계기준에 따라 적정하게 표시하였는지 여부를 외부감사인이 확인하는 회계분야다.

회계감사(auditing)는 기업의 재무제표가 부정이나 오류 없이 기업의 경제적 실상을 회계기준에 따라 적정하게 표시하였는지 여부를 독립적인(회사의 소속직원이 아닌 외부인이라는 의미) 외부감사인(공인회계사)이 확인하는 회계분야다. 회사의 경영진이 의도적으로 왜곡된 정보나 의도적이지는 않더라도 착오로 인해 발생한 부정확한 정보를 외부에 제공하는 것을 막기 위해 회계감사를 하는 것이다. 우리나라의 경우 「주식회사 등의 외부감사에 관한 법률」에 따라 일정규모 이상의 주식회사와 유한회사는 외부감사인에 의한 회계감사를 받아야 한다.

회계감사는 사전적으로는 오류나 부정의 발생을 억제하도록 하는 예방효과를 가지고 있고, 사후적으로는 발생한 오류나 부정을 적발하여 수정하도록 하는 기업의 경영자가 작성한 재무제표를 독립적인 제3자인 외부감사인이 감사한 후 외부에 발표하므로, 외부이해관계자들이 재무제표를 신뢰할 수 있다. 이 점이 회계감사의 가장 중요한 역할이다.

교정효과를 가지고 있다. 기업의 경영자가 작성한 재무제표를 독립적인 제3자인 외부감사인이 감사한 후 외부에 발표하므로, 기업이 작성하는 보고서를 외부이해관계자들이 신뢰하고 사용할 수 있는 것이다. 이 점이 회계감사의 가장 중요한 역할이다.

(6) 비영리회계

비영리회계(not-for-profit accounting)는 정부기관과 공익법인, 학교, 병원 등의 비영리기관의 활동과 사건 등을 측정·기록하여 회계정보를 생산하는 활동이다. 비영리회계의 기본적 역할은 정부기관이나 비영리기관의 관리담당자가 법률, 기금조성집단, 기부자 등의 규정 또는 요구사항을 엄격히 준수하도록 하는 것이다.

회계이야기 (3)

회계의 역할과 재무회계, 관리회계, 그리고 회계감사

회사가 과거에 얼마만큼 돈을 벌었는지를 파악하고, 또 미래에 돈을 얼마나 벌 수 있는가를 예측하는 데 필요한 정보를 주주나 채권자 등 이해관계자들에게 제공하는 것이 회계의 역할이다. 회사의 정보를 외부이해관계자들에게 제공하는 것을 공시(公示, disclosure)라고 한다. 주주나 채권자들은 공시된 회계정보에 기초하여 주식을 매수 또는 매도하거나 자금을 대출 또는 회수하는 의사결정을 한다. 채권자의 경우 빌려준 자금을 회수하지는 않더라도 이자율을 변경할 수도 있다. 자금을 회수하지 못할 위험이 있다면 위험을 상쇄시키기 위해 더 높은 이자율을 요구하는 것이 일반적이다.

이처럼 재무회계는 외부이해관계자의 경제적 의사결정에 유용한 재무적 정보를 일정한 회계기준에 따라 작성하여 제공하는 것을 목적으로 한다. 누구나 신뢰할 수 있는 회계정보는 자본시장이 효율적으로 움직여서 적재적소에 필요한 자금이 적절한 가격에 공급되도록 하는 역할을 수행한다.

관리회계와 재무회계의 차이

재무회계가 외부정보이용자에게 회사의 재무정보를 주기적으로 전달하는 것을 목적으로 한다면, 관리회계는 내부정보이용자(경영자)가 경영관리나 성과평가 등의 의사결정을 하는 데 도움이 되는 정보를 숫자나 도표 등 임의의 수단을 통해서 제공하는 것을 목적으로 한다. 그러므로 재무회계와 달리 관리회계는 일정한 형식이나 주기를 따르지 않고 그때그때 필요한 정보를 수시로 제공한다. 예를 들어 신제품의 원가가 얼마가 될 것인지 또는 특정사업에 신규투자를 한다면 어떤 결과가 발생할 것인지를 추정 또는 계산해서 경영목적에 사용하는 것은 관리회계의 영역이다.

회계감사의 역할

재무회계를 통해 생산된 정보가 외부에 공시되는데, 만약 이 정보가 부정확하다면 정보이용자들은 잘못된 의사결정을 내릴 수 있다. 따라서 주주와 채권자를 대신해서, 독립적(즉 주주, 채권자, 기업 어디에도 속하지 않은)이면서 회계전문가인 공인회계사가 재무제표가 적절하게 작성되어 있는지를 조사하는 것을 회계감사라 한다. 예를 들어 경영자가 자신의 경영성과를 과장하여 기록한다면, 공인회계사가 엄격한 감사를 통해 이를 적발해서 재무제표를 적정하게 수정할 수 있다. 회사의 이해관계자간의 이해가 상충되는 상황에서, 이를 조정하고 갈등을 해소하거나 줄이는 데 필요한 정확한 정보를 제공하는 것이 회계의 역할인데, 그 과정에 회계감사가 필요한 것이다.

외부감사인은 기업의 재무제표가 회계기준에 따라 적정하게 작성되었는지 여부를 판단하여, 재무제표와 함께 보고되는 감사보고서에 감사의견(audit opinion)을 표명한다. 재무제표가 회계기준에 따라 적정하게 작성되었다고 판단할 때에는 적정의견(unqualified opinion)을 표명한다. 국내 상장기업 중 적정의견을 받지 못하는 기업들은 매년 대략 5% 정도다. 따라서 특정회사와 거래를 하거나 투자의사결정을 내릴 때에는 감사의견이 무엇인지 주의해야 한다.

1.2 기업의 경영활동

재무제표를 소개하기에 앞서 기업의 경영활동에 대해 이해할 필요가 있다. 기업의 경영활동은 크게 영업활동, 투자활동, 재무활동으로 구분할 수 있다. 영업활동은 기업이 원재료를 구매하여 이를 생산하고 판매하는 활동을 의미하고, 투자활동은 영업활동을 위해 공장을 건설하거나 기계 또는 다른 기업의 주식을 취득하는 활동을 포함한다. 재무활동은 영업활동과 투자활동을 위한 자금을 조달하는 것과 조달된 자금을 상환하는 것을 말한다.

그림 1-4
제조업체의 영업활동

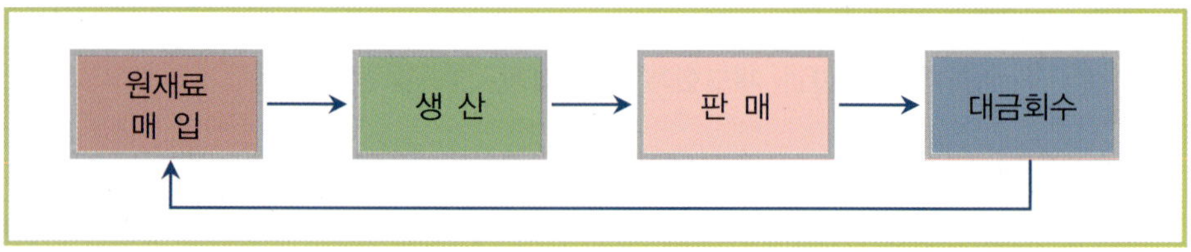

(1) 영업활동

영업활동이란 기업이 원재료를 매입하고 노동력을 투입하여 생산된 제품을 고객에게 판매하거나 고객에게 서비스를 제공하여 대가를 수취하는 활동을 말한다.

영업활동(operating activities)이란 기업이 원재료를 매입하고 노동력을 투입하여 생산된 제품을 고객에게 판매하거나 고객에게 서비스를 제공하여 대가를 수취하는 활동을 말한다. 영업활동은 기업의 가장 근간이 되는 활동이다. 기업은 영업활동을 통해 이익을 창출하며, 축적된 이익을 재투자해서 기업을 발전시킨다. 영업활동의 결과는 기업의 성공 및 실패와 직결되어 있다. 영업활동의 예로 제지회사가 목재수입상으로부터 목재를 매입하고(원재료 매입), 목재를 이용하여 종이를 생산하고(제품생산), 생산된 종이를 소비자에게 판매하고 대금을 받는(제품판매와 대금의 회수) 활동을 들 수 있다. 이런 과정에 참여하는 직원들에게 보수를 지불하고, 신제품 개발을 위한 연구를 수행하는 것도 영업활동으로 분류한다.

(2) 투자활동

투자활동이란 영업활동에 사용할 자본재에 투자하거나 투자목적으로 자산을 취득하고 처분하는 활동을 말한다.

투자활동(investing activities)이란 영업활동에 사용할 자본재에 투자하거나 투자목적으로 자산을 취득하고 처분하는 활동을 말한다. 예를 들어 생산을 위해 토지나 건물, 기계장치 등을 구매하는 활동이나 투자목적으로 주식이나 채권, 투자부동산을 취득 또는 매각하는 활동을 말한다.

(3) 재무활동

재무활동이란 기업이 영업활동이나 투자활동을 수행하기 위해 필요한 자금을 조달하거나 상환하는 활동을 말한다.

재무활동(financing activities)이란 기업이 영업활동이나 투자활동을 수행하기 위해 필요한 자금을 조달하거나 상환하는 활동을 말한다. 주식을 발행하여 주주들에게 판매하거나 은행과 같은 금융기관으로부터 대출을 받아 자금을 조달하는 것이 재무활동의 한 예이다. 이때 주주로부터 조달한 부분을 자기자본이라 하며, 금융기관으로부터 대출받은 부분을 타인자본(또는 부채)이라고 한다. 주주나 은행으로부터 돈을 조달한 대가로 각각 배당과 이자를 지급하는 것이나 대출금을 상환하는 것도 재무활동이다.

영업, 투자, 재무 활동 이 세 가지는 상호 연관되어 있다. 예를 들어 삼성전자에서 새로운 제품을 출시하는 상황을 생각해보자. 이를 위해 금융기관이나 주주로부터 자금을 조달하여(재무활동), 제품개발을 수행할 것이다(영업활동). 개발 완료된 제품을 생산할 공장을 지을 것이고(투자활동), 마침내 새로운 제품을 생산하여(영업활동) 국내외 시장에 판매하게 될 것이다(영업활동). 또한 판매로 벌어들인 자금으로 부채를 상환하고 주주들에게 배당을 지급할 것이다(재무활동). 즉 영업활동, 투자활동, 재무활동 세 가지는 서로 독립적으로 수행되는 것이 아니라 상호 밀접하게 연결되어 있다. 다음 절에서 설명할 재무제표는 이러한 기업의 경영활동의 결과를 여러 측면에서 보고하는 역할을 한다.

그림 1-5
기업의 경영활동과 재무제표

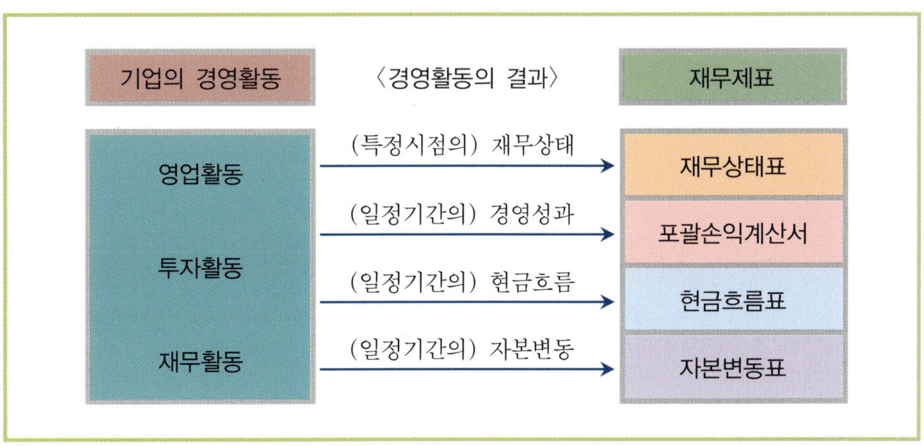

1.3 재무제표의 소개

재무제표란 기업의 외부정보이용자에게 기업의 영업, 투자, 재무 활동에 관한 유용한 재무정보를 전달하는 표준화된 보고서다.

재무제표(financial statements)는 기업의 외부정보이용자에게 기업의 영업, 투자, 재무활동에 관한 유용한 재무정보를 전달하는 표준화된 형식의 보고서다. 국제회계기준에서 규정하고 있는 재무제표는 재무상태표, 포괄손익계산서, 자본변동표, 현금흐름표, 주석 등을 포함한다. 이 중 흔히 가장 중요하게 생각되는 것은 재무상태표와 포괄손익계산서이다. 재무상태표는 특정시점에서 기업이 보유하고 있는 자원(자산), 타인에게 지급해야 할 채무(부채), 주주의 지분(자본)의 항목과 금액을 보고한다. 포괄손익계산서는 특정기간 동안 기업의 경영성과(수익과 비용의 항목과 금액)를 보고한다.[3]

회계기간은 정기적인 회계보고를 하기 위해 인위적으로 구분한 기간이다.

재무제표를 이해하기 위해서는 우선 회계기간(accounting period)의 의미를 알아야 한다. 기업의 영업활동은 계속적으로 발생하지만, 정기적인 회계보고를 위해서 인위적으로 기간을 나누어서 특정시점의 재무상태와 일정기간의 경영성과를 보고한다. 회계기간은 통상 1년을 기준으로 하고 있는데, 우리나라의 많은 기업들은 1월 1일부터 12월 31일까지를 회계기간으로 한다. 재무제표 작성의 대상이 되는 회계기간을 당기라고 하고, 그 전의 회계기간을 전기라고 하며, 다음 회계기간을 차기라고 한다. 이를 그림으로 나타내면 [그림 1-6]과 같다.

그림 1-6

회계기간(1년인 경우)

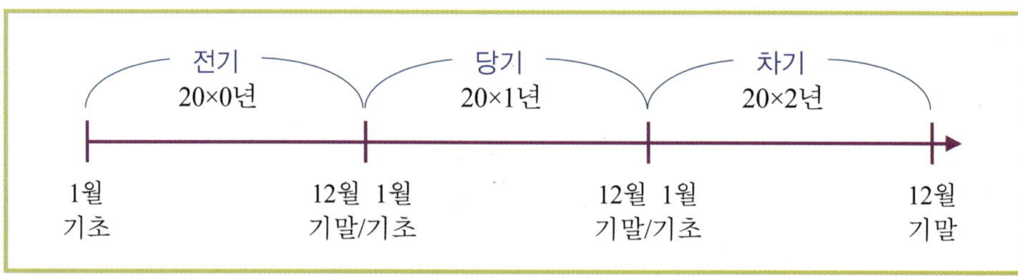

3) 예를 들어 '20×0년 1월 31일 현재 김덕송 씨의 예금통장에 잔액이 ₩1,000,000이 있다' 또는 '은행대출금이 ₩500,000이 있다'고 하는 것은 20×0년 1월 31일 현재의 재무상태를 의미한다. 재무상태를 말할 때에는 특정시점이 중요하다. 20×0년 2월 28일에는 1월말과 비교하여 재무상태가 크게 변하기도 하므로, 시점마다 재무상태가 달라진다. 반면 경영성과를 표현할 때에는 일정기간의 개념이 중요하다. '20×0년 2월 한 달 동안 벌어들인 수입이 ₩2,000,000이고 이 중 ₩1,200,000을 지출했다'는 식이다. 재무상태와 경영성과는 서로 밀접하게 연관되어 있다. 예를 들어 20×0년 1월 31일 현재 예금잔액이 ₩1,000,000이고 2월 한 달 동안 수입이 ₩2,000,000이고 지출액이 ₩1,200,000이라고 가정해보자. 20×0년 2월말의 재무상태는 예금잔액이 ₩800,000만큼 증가한 ₩1,800,000이라는 것을 알 수 있다.

20×1년 1월 1일부터 12월 31일을 한 회계기간으로 하는 회사가 있다면, 재무상태표는 회계기간말 현재인 20×1년 12월 31일 현재의 기업의 재무상태를 나타낸다. 또한 포괄손익계산서는 20×1년 1년 동안의 경영성과를 보여준다.

1. 재무상태표

재무상태표는 일정시점 현재 기업이 보유하고 있는 자산, 부채, 자본을 요약하여 보여주는 보고서다. 자산은 경제적 자원이며, 부채와 자본은 각각 채권자와 주주가 기업에 청구할 수 있는 권리 금액이다.

재무상태표(statements of financial position 또는 balance sheet)는 일정시점(회계기간말) 현재 기업이 보유하고 있는 재무상태, 즉 자산(assets), 부채(liabilities), 자본(owners' equity 또는 shareholders' equity)을 요약하여 보여주는 보고서다. 자산은 기업이 보유하고 있는 경제적 자원이며, 부채는 기업이 타인에게 지불해야 하는 의무를 나타낸다. 자본은 기업의 소유주인 주주의 몫을 나타낸다. 따라서 부채는 기업이 채권자로부터 조달한 자금을, 자본은 기업이 주주로부터 조달한 자금을 나타낸다. 이를 다르게 표현하면, 부채와 자본은 각각 채권자와 주주가 기업에 청구할 수 있는 권리(즉 청구권)를 나타낸다.

재무상태표의 구조와 형식은 다음과 같은 재무상태표 등식(statement of financial position equation 또는 balance sheet equation) 또는 회계등식(accounting equation)을 이용하여 작성된다.

왼쪽		오른쪽
자산 **(경제적 자원)**	=	**부채 + 자본** **(자금의 조달원천)**

재무상태표 등식
자산 = 부채 + 자본

재무상태표 등식은 자산이 부채와 자본의 합이라는 것을 보여준다. 이는 기업의 활동을 생각하면 좀 더 쉽게 이해할 수 있다. 기업의 활동은 [그림 1-7]과 같이 채권자와 주주로부터 자금을 조달하여 이를 투자하고, 투자를 바탕으로 고객에게 재화나 용역을 제공하여 수익을 창출하는 과정으로 이해할 수 있다. 즉 재무상태표의 오른쪽은 채권자와 주주로부터 조달한 자금의 구성과 금액을 나타내고, 재무상태표의 왼쪽은 기업이 보유한 자산의 구성과 금액을 나타내는 것이다. 재무상태표 등식의 왼쪽과 오른쪽에 표시하는 항목을 구분하는 이유는 제2장에서 회계시스템이 거래를 기록하는 방식을 배우고 나면 이해할 수 있을 것이다.

재무상태표의 오른쪽에 표시되는 **부채**와 **자본**은 기업에 필요한 자금을 어떻게 조달하였는가를 보여주며, 왼쪽에 표시되는 **자산**은 조달된 자금이 현재 어떤 상태로 운영되는가를 보여준다.

그림 1-7

기업의 활동

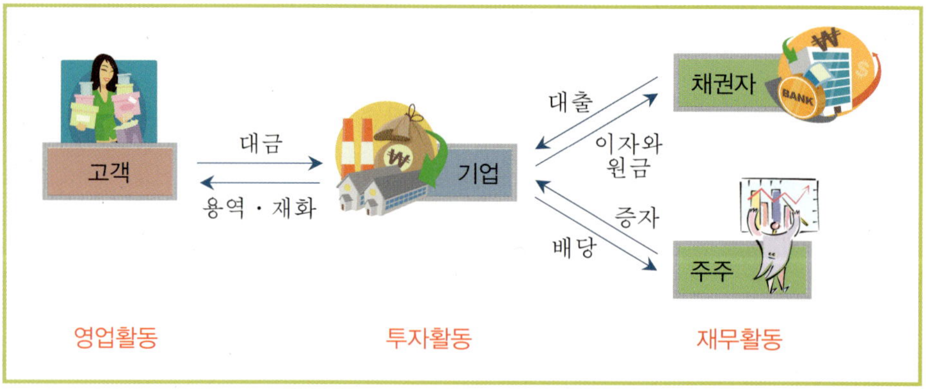

또한 재무상태표 등식을 통해서 기업의 자산과 '부채+자본' 사이에는 균형이 이루어짐을 알 수 있다. 경영활동을 통하여 자산, 부채, 자본은 계속 변하지만 재무상태표 등식은 계속 성립한다.

주주는 발행된 주식을 구입한 대가로 기업의 소유권을 갖게 되며, 채권자는 자금을 빌려준 대가로 빚에 대한 청구권을 갖는다.

재무상태표 등식에서 자본보다 부채를 앞에 표시하는 이유는 자산에 대한 채권자의 청구권이 주주의 소유권보다 우선하기 때문이다. 이 말은 만약 회사가 파산했을 경우 남아 있는 자산을 채권자와 주주들이 나누어 가지게 되는데, 이때 채권자들이 우선적으로 자신의 투자금을 받아간다는 뜻이다. 따라서 기업의 주주는 자산 중에서 채권자의 지분을 차감한 잔여지분에 대한 권리를 가진다.

재무상태표의 구성요소인 자산, 부채, 자본을 좀 더 자세히 살펴보자.

(1) 자 산

자산은 과거 사건의 결과로 기업이 통제하고 있는 현재의 경제적 자원이다.

자산(assets)이란 과거 사건의 결과로 기업이 통제하고 있는 현재의 경제적 자원으로 정의된다. 경제적 자원이란 경제적 효익을 창출할 수 있는 권리로서, 직접적 또는 간접적으로 기업의 미래 현금의 유입에 기여하게 될 잠재력 등을 포함한다. 자산의 예로는 현금, 매출채권, 토지, 건물 등이 있으며, 물리적 형태가 없는 특허권이나 저작권 등의 무형자산도 자산의 범주에 포함된다. 자산은 크게 유동자산(current assets)과 비유동자산(non-current assets)으로 구분한다. 간단히 설명하면 1년 이내에 현금화되거나 사용되어서 소멸될 자산을 유동자산, 기타의 자산을 비유동자산이라고 정의한다. 보다 자세한 정의는 제4장에서 설명한다.

(2) 부 채

부채(liabilities)는 과거 사건의 결과로 기업이 경제적 자원을 이전해야 하는 현재

부채는 과거 사건의 결과로 경제적 자원을 이전해야 하는 현재의 의무이다.

의 의무로 정의된다. 부채는 기업의 자산 중에서 기업의 채권자들이 소유권을 주장할 수 있는 부분인 채권자의 지분(creditor's equity)을 의미한다. 부채는 제3자(즉 채권자)가 기업에 빌려준 자금이므로 타인자본이라고 부르며, 기업은 이를 상환할 의무가 있다.

상품을 구입하고 구입대금을 아직 지급하지 않은 매입채무, 은행에서 자금을 빌린 경우 발생하는 차입금 등은 대표적인 부채의 예다. 부채는 크게 유동부채(current liabilities)와 비유동부채(non-current liabilities)로 구분한다. 1년 이내에 상환될 예정인 부채를 유동부채, 기타의 부채를 비유동부채라고 정의한다. 보다 자세한 정의는 제4장에서 설명한다.

(3) 자 본

자본은 기업의 자산 중 주주의 지분을 나타내며, 총자산에서 총부채를 차감한 순자산 또는 잔여지분이다.

자본(owners' equity 또는 shareholders' equity)은 기업의 총자산에서 총부채를 차감한 순자산(net assets)으로서, 기업의 자산 중 주주의 지분을 나타낸다. 기업의 주주들은 기업의 자산 중에서 채권자들이 소유권을 주장할 수 있는 부분(채권자 지분)을 제외한 잔액(잔여지분(residual claim)이라고 부름)에 대하여 소유권을 가지고 있는데, 이 부분이 자본이다. 자본은 상환의무가 없는 '내 것'이라는 의미에서 자기자본이라고 부른다. 이를 식으로 나타내면 다음과 같은 자본등식이 성립한다.

자본등식 : 자본 = 자산 − 부채

채권자들은 사전에 정해진 이자율에 따라 결정된 이자를 투자의 대가로 지급받지만, 주주들은 기업의 경영성과에 따라 달라지는 배당금을 투자의 대가로 지급받는다.

본서에서는 현대사회의 가장 보편적인 기업의 형태라고 할 수 있는 주식회사(corporation)를 다룬다. 주식회사는 투자자(주주)에게 주식을 발행하여 판매함으로써 필요한 자금을 조달한다. 주식을 매수하여 기업에 투자한 주주(shareholders)는 그 대가로 배당금(dividend)을 받는데, 배당금의 금액과 지급시기는 기업의 경영성과에 따라 달라진다. 이는 채권자들이 투자의 대가로 사전에 정해진 이자율에 따라 이자를 받는 것과 비교된다.

주식회사의 주주는 자신이 회사에 투자한 금액 이상의 손실에 대해 법적으로 책임질 필요가 없는데, 이를 **주주의 유한책임**이라고 한다. 주주들은 주식을 양도할 수 있고 주주총회에 참석해서 의결권을 행사하여 회사의 경영에 참여할 수 있다.

주식회사는 주주와는 법적으로 독립된 별도의 기업실체(business entity)로서, 주주는 회사 채무에 대하여 법적으로 상환할 책임을 지지 않는다. 즉 경영성과가 악화되어 회사가 파산한 경우, 주주는 자신들이 보유한 주식의 가치가 없어지는 한도에서만 피해를 입을 뿐이지 회사의 남아 있는 채무를 상환할 책임은 없다. 이를 '주주의 유한책임(limited liability)'이라고 부른다. 주주의 유한책임은 주식회사의 주요 특징 중 하나이다. 또한 주주가 자유로이 주식을 다른 사람에게 양도할 수 있고, 중요한 회사의 경영방침을 결정하는 주주총회에 참가해서 의결권(투표권)을 행사하여 회사의 경영에 참여할 수 있다는 점도 주식회사의 특징이다.

자본은 크게 납입자본과 이익잉여금, 기타자본으로 구성된다. **납입자본**은 주주가 주식을 취득하기 위해 회사에 실제로 납입한 금액이며, **이익잉여금**은 이익 중에서 배당을 지급한 후 기업 내부에 남겨진(즉 사내유보된) 금액을 누적한 것을 말한다.

자본은 크게 납입자본(paid-in-capital)과 이익잉여금(retained earnings), 기타자본으로 구성된다. 납입자본은 주주가 주식을 취득하기 위해 회사에 실제로 납입(지불)한 금액으로, 발행주식의 액면금액(par value)에 해당하는 자본금(capital stock)과 주식의 액면금액을 초과하여 납입된 금액 등을 의미하는 자본잉여금(capital surplus)으로 구분된다. 기업은 이익 중 일부를 주주에게 배당하고 나머지를 성장을 위한 재투자 목적으로 사용하는데, 이렇게 이익의 일부를 회사 내에 남기는 것을 '사내에 유보한다'고 표현한다. 사내유보된 이익의 누적 금액을 이익잉여금이라고 부른다. 따라서 당기순이익이 발생하면 이익잉여금이 증가하며, 배당을 지급하면 이익잉여금이 감소한다. 즉 기초와 기말의 이익잉여금은 아래와 같은 관계를 가지고 있다.

기초이익잉여금
+당기순이익
−배당금
기말이익잉여금

기초이익잉여금 + 당기순이익 − 배당금 = 기말이익잉여금

기타자본에는 다음 절에서 설명하는 기타포괄손익이 반영된 기타포괄손익누계액(accumulated other comprehensive income)과 자본조정이 포함된다. 자본에 대한 보다 자세한 설명은 제10장에서 다룬다.

〈표 1-2〉에서는 (주)덕송의 재무상태표를 예시적으로 보여주고 있다. 이 재

표 1-2
재무상태표 예시

재무상태표

(주)덕송 20×1년 12월 31일 (단위 : 원)

자 산		부 채	
유 동 자 산		유 동 부 채	
현금및현금성자산	₩125,000	매 입 채 무	₩70,000
매 출 채 권	185,000	단기차입금	100,000
재 고 자 산	125,000		170,000
	435,000	비유동부채	
비유동자산		장기차입금	200,000
유 형 자 산	550,000	부채총계	₩370,000
영 업 권	80,000	자 본	
기타무형자산	55,000	납 입 자 본	₩500,000
	685,000	이익잉여금	150,000
		기타포괄손익누계액	100,000
		자본총계	₩750,000
자산총계	₩1,120,000	부채와 자본총계	₩1,120,000

무상태표에서 총부채는 ₩370,000이고 총자본은 ₩750,000으로, 부채와 자본의 합계는 ₩1,120,000이다. 자산총계는 ₩1,120,000으로 재무상태표 등식(자산=부채+자본)이 성립하는 것을 확인할 수 있다. 자산은 현금, 재고자산, 유형자산 등 여러 세부항목으로 구성되어 있으며, 부채도 단기차입금, 장기차입금 등 세부항목별로 구성되어 있다. 자본도 납입자본, 이익잉여금 등 세부항목으로 구성되어 있다. 이렇게 항목별로 구분하여 표시하는 것은 정보이용자에게 보다 유용한 정보를 제공하기 위해서다. 자산, 부채, 자본의 세부항목에 대해서는 제2장부터 자세히 공부한다. 또한 기업의 재무상태는 매 시점마다 달라지므로, 재무상태표를 이용할 때는 재무상태표의 작성시점을 정확하게 파악해야 한다. 〈표 1-2〉를 보면 '20×1년 12월 31일'이라고 작성시점을 표시하고 있다.

[그림 1-8]은 재무상태표의 구성요소를 요약하여 나타내고 있다.

그림 1-8

재무상태표의 구성요소

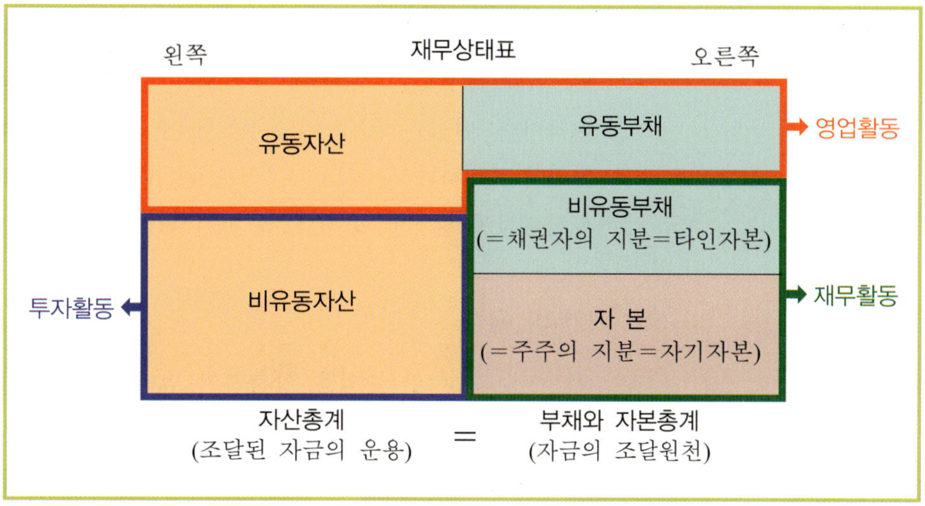

2. 포괄손익계산서

포괄손익계산서는 일정기간의 경영성과를 알려주는 보고서이다.

포괄손익계산서(statement of comprehensive income)는 일정기간 동안의 경영성과를 알려주는 보고서이다. 포괄손익계산서는 기업의 경영성과를 보고하기 위하여 회계기간 동안에 발생한 모든 수익과 비용, 그리고 수익에서 비용을 차감한 순이익(net income) 등에 관한 정보를 제공한다.

(1) 수 익

수익은 일정기간 동안 기업의 주된 영업활동인 재화의 판매나 용역의 제공 등의 대가로 발생하는 경제적 효익의 증가분이다. 광의의 수익개념은 이득을 포함한다.

수익(revenues)이란 일정기간 동안 기업의 주된 영업활동인 재화의 판매나 용역의 제공 등의 대가로 발생한 경제적 효익의 증가분을 말한다. 수익이 발생하면 자산의 증가나 부채의 감소가 일어나게 되므로, 결과적으로 자본이 증가한다. 대표적인 수익으로는 매출액, 수수료수익, 이자수익, 배당수익 등이 있다. 많은 경우 수익이 발생하고 인식되는 시점과 현금으로 회수되는 시점이 다르다.[4] 예를 들어 상품매매기업이 20×1년 12월에 상품을 소비자에게 판매하고 그 대금은 20×2년 1월초에 받기로 했다면, 수익은 20×1년에 발생하고 현금회수는 20×2년에 이루어지게 된다.

좁은 의미(狹義, 협의)의 수익은 주요 영업활동에서 발생한 경제적 효익의 증가분만 의미하지만, 넓은 의미(廣義, 광의)의 수익은 주요 영업활동뿐만 아니라 그 이외의 활동에서 발생하는 효익의 증가분을 의미하는 이득(gain, 차익)도 포함한다. 예를 들어 기업이 공장을 이전하면서 과거 사용하던 건물이나 토지를 처분한다면, 이때 발생하는 부(富)의 증가분은 주요 영업활동에서 발생한 것이 아니므로 이득이다. 이득은 포괄손익계산서에 주요 영업활동에서 발생한 수익과 별도로 구분하여 표시하는데, 이는 외부정보이용자들이 보다 유용하게 그 의미를 이해하고 의사결정에 활용할 수 있도록 하기 위해서이다.

(2) 비 용

비용은 수익을 창출하기 위해 소비 또는 희생된 자원의 경제적 가치 또는 효익의 감소분이다. 광의의 비용개념은 손실을 포함한다.

비용(expenses)이란 수익을 창출하기 위해 소비 또는 희생된 자원의 경제적 가치 또는 효익의 감소분을 말한다. 예를 들어 상품을 판매하여 수익을 얻기 위해서는 상품이라는 경제적 효익이 내재된 자산을 상품의 구매자에게 제공해야 한다. 이때 상품판매수익을 발생시키는 데 기여한 상품의 원가는 매출원가라는 항목의 비용으로 인식한다.[5] 비용의 예로는 매출원가, 급여, 감가상각비, 이자비용 등이 있다.[6] 한 기간에 발생한 비용이 현금지출액과 일치하지 않을 수 있다는 점에 유의해야 한다.

---

4) '발생', '인식', '현금회수' 등은 회계에서 매우 중요한 기본개념들이다. 제2장에서 발생주의에 따른 수익과 비용의 인식, 현금주의 등을 자세히 공부한다.

5) 이렇게 수익을 인식하는 기간에 비용을 대응하여 인식하는 것을 수익·비용대응의 원칙이라고 한다. 이에 대해서는 제2장에서 자세히 살펴본다.

6) 제품이나 상품을 판매하여 수익을 인식할 때, 이에 대응되는 비용이 매출원가(판매된 제품 또는 상품의 원가)이다. 감가상각비는 건물이나 기계와 같은 자산의 취득원가를 자산이 사용되는 기간에 걸쳐 비용으로 인식하는 것이다.

광의의 수익개념에 이득이 포함되듯이 광의의 비용개념에는 기업의 주요 영업활동 이외의 활동에서 발생할 수 있는 항목인 손실(loss, 차손)이 포함된다. 예를 들어 건물이나 토지를 처분할 때나 화재나 홍수와 같은 자연재해 때문에 발생하는 부(富)의 감소분은 주요 영업활동과정에서 발생한 것이 아니므로 손실에 해당된다. 손실을 포괄손익계산서에 나타낼 때는 주요 영업활동에서 발생된 비용과 별도로 구분하여 표시한다.

(3) 포괄이익(comprehensive income)

총수익
−총비용
=당기순손익
±기타포괄손익
=총포괄손익

일반적으로 이익(income, earnings)은 광의의 수익에서 광의의 비용을 차감한 금액이다. 즉 일정기간의 총수익에서 총비용을 차감한 것을 당기순이익(net income)이라고 부른다. 이때 만일 총수익보다 총비용이 더 크다면 이는 당기순손실(net loss)이라 부른다. 당기순이익과 당기순손실을 모두 합하여 간단히 당기순손익이라고 부른다.[7]

기타포괄손익은 광의의 수익과 비용의 개념에 포함되지만 당기순손익 계산시에는 제외되는 항목들이다.

한편 일부 항목은 광의의 수익과 비용 개념에 포함되지만 회계기준에 따라 당기순손익 계산에 포함시키지 않는다. 예를 들어 보유중인 일부 자산이나 부채의 가치가 변동하여 발생한 평가손익을 당기손익 계산에 포함하면 기업성과의 변동성이 너무 커져 정보이용자에게 유용한 정보를 제공하지 못할 수 있으므로, 이러한 평가손익을 당기순손익 계산시 제외하는 것이다. 이들은 기타포괄손익(other comprehensive income)이라는 항목으로 분류되어 당기순손익과 별도로 보고된다. 이러한 기타포괄손익의 예로 토지나 건물 등의 유형자산에 대한 자산재평가이익이 있다.[8] 당기순손익이 재무상태표의 이익잉여금에 누적되어 기록되는 것처럼, 기타포괄손익은 재무상태표의 기타포괄손익누계액에 누적되어 기록된다. 당기순손익과 기타포괄손익의 합을 총포괄손익(total comprehensive income or loss)이라고 부른다.

총포괄손익 = 당기순손익 + 기타포괄손익

포괄손익계산서 등식은 다음과 같다.

7) 광의의 이익은 수익에서 비용을 차감한 것을 의미하므로, 광의의 이익이라는 용어는 양(+)이나 음(−)인 경우를 모두 포함한다. 그러나 협의의 이익은 이익이 양(+)인 경우만을 의미하고, 이익이 음(−)인 경우를 별도로 구분하여 손실이라고 부른다.
8) 기타포괄손익에 포함되는 항목이 무엇인지와 왜 기타포괄손익 항목을 당기순손익 항목과 구분해서 표시하게 되었는지에 대한 설명은 제4장의 '회계이야기 (3)'을 참조하기 바란다.

수익 − 비용 = 이익(손실)

포괄손익계산서 등식은 광의의 수익과 비용의 개념에 기타포괄손익 항목도 포함시켜 만든 것이다. 수익이 비용을 초과하면 이익이 발생하고, 그 반대로 비용이 수익을 초과하면 손실이 발생한다.

포괄손익계산서는 당기순이익(손실)과 기타포괄손익을 포함한 총포괄손익을 을 보고한다. 〈표 1-3〉은 포괄손익계산서의 예시이다.[9] 포괄손익계산서의 구조는 크게 수익에서 비용을 차감하여 당기순손익을 산출하고, 당기순손익에 기타포괄손익을 더해 총포괄손익을 계산하는 형식이다. 총포괄손익이 양(+)이면 총포괄이익이라고 부르며, 그 반대의 경우는 총포괄손실이라고 부른다.

표 1-3

포괄손익계산서 예시

포괄손익계산서
20×1년 1월 1일부터
(주)덕송 20×1년 12월 31일까지 (단위 : 원)

수 익	
매 출	₩1,085,000
비 용	
매 출 원 가	515,000
감가상각비	80,000
종업원급여	190,000
이 자 비 용	60,000
법인세비용	50,000
당기순이익	190,000
기타포괄손익	
유형자산재평가이익	100,000
총포괄이익	₩290,000

3. 자본변동표

자본변동표는 일정기간 동안 발생한 자본의 변동을 종합적으로 보고한다.

자본변동표(statement of changes in equity)는 일정기간 동안 발생한 자본의 변동내역을 종합적으로 보여주는 재무제표이다. 자본변동표는 납입자본이나 이익잉여금의 변동, 그리고 그 외 기타포괄손익누계액으로 분류되는 항목들의 기중변동내역을 보고한다. 즉 자본변동표는 기초의 자본에서 출발하여 기중의 자본의 변동을 거쳐 기말의 자본에 이르는 과정을 보여준다.

9) 본 예시는 포괄손익계산서의 기본구조를 설명하기 위해 간단하게 재구성되어 표시한 것이다. 실제 포괄손익계산서의 표시원칙은 제4장에서 자세히 설명한다.

〈표 1-4〉는 (주)덕송의 자본변동표의 예시이다. 기초의 자본은 ₩0이며, 기말의 자본은 ₩750,000이다. 기말자본은 〈표 1-2〉에서 보고한 재무상태표의 자본총계와 일치한다. 앞의 재무상태표에 대한 소개 부분에서 설명하였듯이, 당기순이익(손실)이 발생하면 이익잉여금이 증가(감소)하고, 배당금을 지급하면 이익잉여금은 감소한다. 기타포괄이익(손실)이 발생하면 기타포괄손익누계액이 증가(감소)한다. 이런 관계를 자본변동표에서 확인할 수 있다.

자본변동표에 대한 보다 자세한 설명은 제10장에서 다루어진다.

표 1-4

자본변동표 예시

자본변동표

20×1년 1월 1일부터

(주)덕송 20×1년 12월 31일까지 (단위 : 원)

	납입자본	이익잉여금	기타포괄손익누계액	자본총계
20×1년 1월 1일	₩0	₩0	₩0	₩0
유상증자	500,000			500,000
당기순이익		190,000		190,000
기타포괄손익			100,000	100,000
배당금		(40,000)		(40,000)
20×1년 12월 31일	₩500,000	₩150,000	₩100,000	₩750,000

4. 현금흐름표

현금흐름표는 일정기간 동안 발생한 현금의 유입 및 유출에 관한 정보를, 영업활동, 투자활동, 재무활동으로부터의 현금 유입 및 유출에 관한 정보로 구분하여 제공한다.

현금흐름표(statement of cash flows)는 일정기간 동안 발생한 현금의 유입 및 유출에 관한 정보를 종합하여 제공한다. *1.2*에서 기업의 활동을 영업, 투자, 재무 활동으로 구분한다는 것을 소개한 바 있다. 현금흐름표는 기업의 주된 영업활동에서 발생한 현금흐름정보, 유・무형자산 취득 등의 투자활동 현금흐름정보, 그리고 증자나 사채발행 등의 자금조달과 부채의 상환이나 배당금의 지급 등의 재무활동 현금흐름정보의 세 가지를 별도로 구분하여 표시한다. 이러한 현금흐름정보는 기업의 현금창출능력과 현금지급능력, 부도위험 등을 평가하는 데 유용한 정보이다.

현금흐름표에 대한 보다 자세한 설명은 제11장에서 다루어진다.

표 1-5

현금흐름표 예시

현금흐름표 20×1년 1월 1일부터 (주)덕송 20×1년 12월 31일까지			(단위 : 원)
1. 영업활동 현금흐름			₩30,000
A. 당기순이익		190,000	
B. 현금유출이 없는 비용 등의 가산		80,000	
ㄱ. 감가상각비	80,000		
C. 영업활동으로 인한 자산과 부채의 변동		(240,000)	
ㄱ. 매출채권의 증가	(185,000)		
ㄴ. 재고자산의 증가	(125,000)		
ㄷ. 매입채무의 증가	70,000		
2. 투자활동 현금흐름			(665,000)
A. 투자활동으로 인한 현금의 유출		(665,000)	
ㄱ. 유형자산의 취득	(530,000)		
ㄴ. 기타무형자산의 취득	(55,000)		
ㄷ. 영업권의 취득	(80,000)		
3. 재무활동 현금흐름			760,000
A. 재무활동으로 인한 현금의 유입		800,000	
ㄱ. 단기차입금의 증가	100,000		
ㄴ. 장기차입금의 증가	200,000		
ㄷ. 유상증자	500,000		
B. 재무활동으로 인한 현금의 유출		(40,000)	
ㄱ. 배당금의 지급	(40,000)		
4. 현금의 순증감 (1.+2.+3.)			₩125,000
5. 기초의 현금			0
6. 기말의 현금			₩125,000

5. 주 석

주석(notes)은 재무제표에 부가된 설명을 말한다. 한 기간의 모든 거래들의 결과를 숫자로 요약한 재무제표는 기업의 경영성과와 재무상태를 완전하게 보고하는 데 한계가 있다. 이러한 재무제표의 보고상의 한계를 보완하기 위하여 주석이 필요

주석은 재무상태표, 포괄손익계산서, 자본변동표, 그리고 현금흐름표의 본문에 대하여 목적적합하고 유용한 추가정보를 제공한다. 주석도 재무제표의 일부라는 사실을 명심해야 한다.

하다. 즉 주석은 재무제표이용자가 재무제표가 어떻게 작성되었는지를 이해할 수 있도록 재무제표 작성기준 및 중요한 회계정책 등의 유용한 정보를 제공한다. 주석도 재무제표의 일부로서, 재무제표를 작성할 때 꼭 함께 포함시켜야 한다는 점에 주의해야 한다.

1.4 재무제표의 상호연관성

재무제표들은 서로 독립적인 것이 아니라 밀접하게 상호연관되어 있다. 연간 재무제표를 생각해보자. 기업은 기초재무상태표에 나타난 자산, 부채, 자본으로 올해의 경제활동을 시작한다. 1년 동안 회사를 운영한 결과 자산 · 부채 · 자본이 증가 또는 감소하고, 수익 · 비용이 발생하여 기말재무상태표를 결정한다.

포괄손익계산서의 **당기순이익(손실)**은 재무상태표의 자본항목 중 이익잉여금을 증가(감소)시킨다. 포괄손익계산서의 기타포괄손익은 이익잉여금에 영향을 미치지 않고 자본항목인 기타포괄손익누계액에 반영된다.

[그림 1-9]는 재무상태표와 포괄손익계산서의 관계를 보여주고 있다. 당해연도 포괄손익계산서와 기말재무상태표의 연결고리는 자본이다. 당기순이익이 발생하면 재무상태표의 자본항목 중 이익잉여금이 증가된다. 반면 당기순손실이 발생하면 반대로 이익잉여금이 감소한다. 즉 수익은 이익잉여금의 증가를, 비용은 이익잉여금의 감소를 초래한다. 그러나 기타포괄손익은 당기순손익 계산에 포함되지 않으므로 이익잉여금에 영향을 미치지 않고, 재무상태표의 자본항목인 기타포괄손익누계액(accumulated other comprehensive income)에 더해진다. 즉 기타포괄이익(손실)이 발생하면 기타포괄손익누계액이 증가(감소)한다.

만약 회계기간 내에 자본을 변동시키는 다른 거래(예를 들면 배당금의 지급이나 유상증자 등)가 없다면 기말자본은 다음의 관계식에 따라 결정된다. 다음 식의 관계는 [그림 1-9]에도 나타나 있다.

기초자본
+당기순손익
±기타포괄손익

기말자본

〈배당이나 유상증자가 없는 경우〉

기초자본 + 총포괄손익 = 기말자본

기초자본 + 당기순손익 ± 기타포괄손익 = 기말자본

기초자본 + 총수익 − 총비용 ± 기타포괄손익 = 기말자본

그림 1-9

재무상태표와 포괄손익계산서의 관계

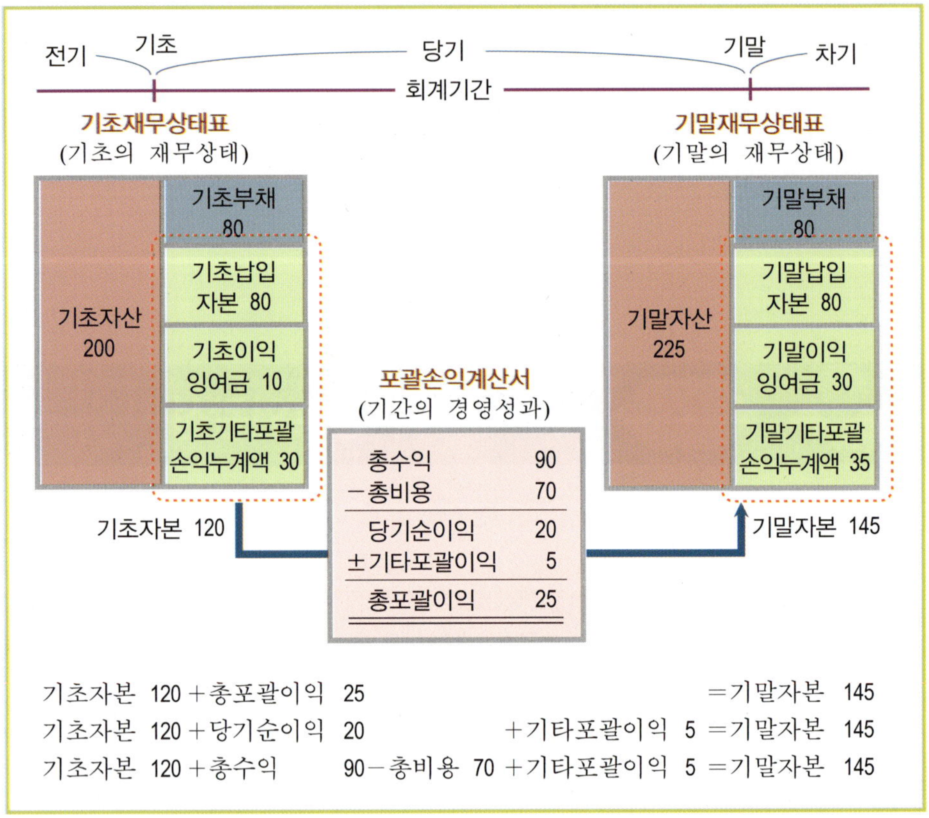

유상증자와 배당금 지급처럼 기업과 주주들 사이에서 발생하여 재무상태표의 자본에 직접 가감하는 거래를 **자본거래**라고 부르며, 이와는 달리 수익이나 비용의 발생 등 포괄손익계산서에 등장하는 거래를 **손익거래**라고 부른다.

[그림 1-10]은 기중 유상증자(capital increase with consideration)와 배당금 지급이 발생한 경우 자본의 변동을 보여주고 있다.[10] 기중에 유상증자가 있었다면 기말의 납입자본이 증가하고, 배당이 지급되었다면 이익잉여금이 감소한다. 배당금은 현금의 유출을 수반한다는 측면에서는 비용과 유사하지만, 1년 동안 회사를 운영한 결과로 벌어들인 당기순이익 중 일부를 주주들에게 배분하는 것이기 때문에 비용이 아니다. 그러므로 배당의 지급은 포괄손익계산서에 기록되지 않고, 재무상태표상의 이익잉여금에서 직접 차감된다.

10) 유상증자란 기업이 주식시장에서 주식매입을 원하는 사람들(=주주들)에게 새로 발행한 주식(이를 신주발행이라고 부름)을 매각하여 필요한 자금을 조달하는 것이다. 유상증자를 하면 현금(자산)과 납입자본(자본)이 동시에 증가한다. 유상증자와 배당금 지급은 기업과 주주들 사이에서 발생하는 거래(이를 자본거래라고 부름)이며, 이는 포괄손익계산서에 기록되는 거래(이를 손익거래라고 부름)와 달리 재무상태표상 자본에 직접 가감한다. 그러나 손익거래는 포괄손익계산서에 우선 기록된 다음 재무상태표상의 자본(이익잉여금이나 기타포괄손익누계액)에 가감한다. 즉 자본거래나 손익거래가 발생하면 모두 자본이 변한다.

〈배당이나 유상증자가 있는 경우〉

기초자본 + 총포괄손익 + 유상증자 − 배당 = 기말자본

그림 1-10

자본의 변동

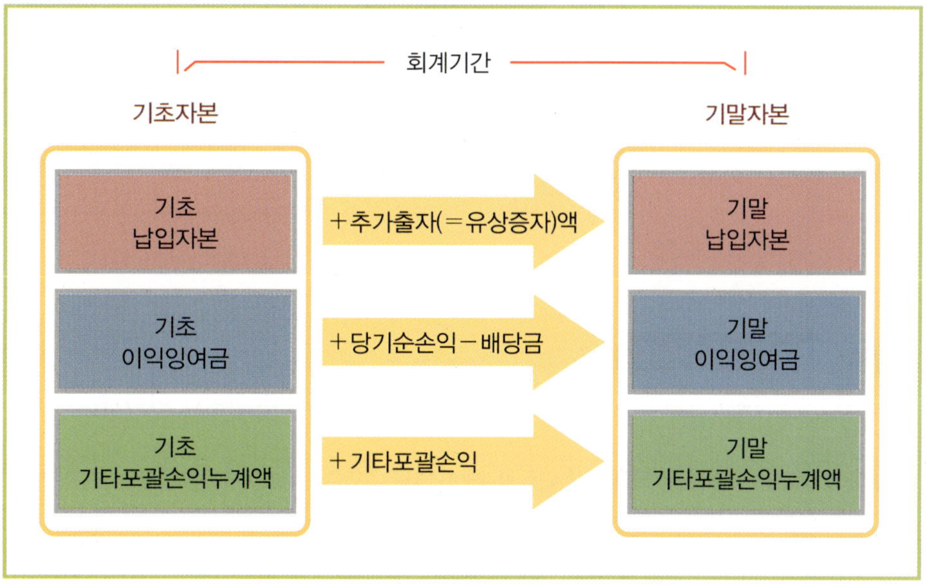

재무상태표와 포괄손익계산서만 서로 연결되어 있는 것이 아니라 자본변동표와 현금흐름표도 다른 재무제표와 관련되어 있다. 예를 들어 자본변동표에 표시된 기초와 기말의 자본총계는 전기와 당기의 재무상태표에 표시된 자본총계와 일치한다. 재무상태표에는 자본잔액만 나타나 있으나, 자본변동표를 통해서 기중에 어떤 거래가 발생(유상증자의 실시, 당기순손익의 발생, 배당의 지급, 기타포괄손익의 발생)했기 때문에 자본이 변동하였는지 파악할 수 있다. 당기 포괄손익계산서에 보고된 당기순손익(당기 배당지급액을 차감한 후)과 기타포괄손익이 각각 자본변동표의 이익잉여금과 기타포괄손익누계액에 가산된다. 한편 전기와 당기의 재무상태표에는 기초와 기말의 현금잔액만 표시되어 있지만, 현금흐름표는 당기중 어떤 활동들(영업활동, 투자활동, 재무활동) 때문에 현금잔액이 얼마만큼 변동하였는지를 나타내준다.

이처럼 재무제표들은 각자 독립적인 것이 아니라 서로 긴밀하게 연결되어 있다. 따라서 특정기업의 현황에 대해 자세히 파악하기 위해서는 여러 재무제표를 동시에 살펴봐야 한다.

그림 1-11

현금의 변동

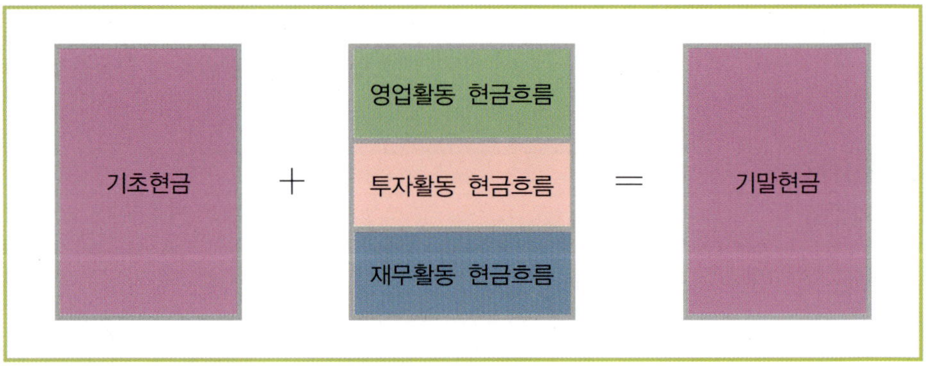

회계이야기 (4)

세계 최고의 주식투자자 워런 버핏(Warren Buffett) 이야기

해마다 발표되는 전 세계 최고의 부자들 중 매년 1위를 다투는 사람이 바로 워런 버핏이다. 워런 버핏은 미국 상장사인 버크셔 해서웨이(Berkshire Hathaway)의 대표다. 버크셔 해서웨이의 본업은 다른 회사의 주식에 투자하는 것이다. 현재 버크셔 해서웨이가 거느린 회사는 무려 80개가 넘는다. 다른 회사의 주식을 매수하여 보유하는 것을 통해 엄청난 이익을 올리는 것이다. 소극적으로 주식을 약간 매입하여 보유하는 것이 아니다. 주식을 대규모로 매수하여 경영권을 인수하고 경영진을 임명하는 경우가 많다. 그렇지 않더라도 경영자에 상당한 영향력을 행사할 수 있을 만큼의 대량의 주식을 매수한다.

버크셔 해서웨이의 자산규모는 현재 미국에서 10위권 이내에 들어갈 정도다. 이 회사의 주가는 대략 8억원 정도로서, 세계에서 가장 비싼 주식이다. 이런 엄청난 회사를 설립해서 현재까지 발전시켜온 사람이 바로 워런 버핏이다. 1956년 불과 10만 달러를 들고 주식투자를 시작해서 이 정도 규모로 키워온 것이다. 버크셔 해서웨이는 미국 네브래스카 주 오마하 시에 위치하고 있는데, 그래서 워런 버핏을 '오마하의 현인(Oracle of Omaha)' 또는 '세계 최고의 투자자'라고 부른다. 그는 어려서부터 숫자를 암기하거나 계산하는 데 비상한 재주를 보였다고 한다. 그는 대학교와 대학원 과정을 통해 회계와 재무 등에 대해 많은 공부를 했고, 직접 사업을 벌이기도 했다.

워런 버핏은 해마다 주주총회에 직접 참석하여 다른 주주들과 대화를 나눈다. 주주총회 때는 전 세계의 많은 주주들이 워런 버핏의 이야기를 듣기 위해 오마하 시로 몰려오는 것으로 유명하다. 1주당 가격이 8억원 정도이므로, 이들 주주들은 모두 억만장자들이다. 워런 버핏과 이들이 주주총회에서 나눈 대화는 언론에 실려 전 세계에 보도된다. 워런 버핏의 코멘트나 경기전망, 신규투자나 기존 투자주식의 매각에 관련한 뉴스는 주가에 큰 영향을 미칠 정도다. 해마다 '버핏과의 대화'라고 불리는 버핏과 식사를 하면서 대화를 나누는 기회를 갖는 프로그램이 경매에 부쳐지는데, 낙찰가격이 수억원에 달한다. 버핏은 이렇게 모은 돈을 자선단체에 기부한다.

워런 버핏은 무엇을 기준으로 투자할까?

주주들이 '어떤 정보를 기준으로 투자를 결정하느냐'고 질문했을 때 워런 버핏은 '회계 숫자는 기업의 언어로서, 회계정보에 기초하여 기업을 평가하고, 해당 주식의 매수나 매각 여부를 결정한다', 그리고 '회계 숫자가 없다면 우리가 주식을 보유한 기업이나 그렇지 않은 다른 기업들을 평가하거나 기업 상황에 변화가 일어나는 것을 알 수 없을 것'이라고 대답한 바 있다. 그는 또 '투자자라면 당연히 자신이 투자한 또는 투자하려고 하는 기업들의 사업보고서와 재무제표를 읽어야 한다'라고 했으며, '여유 시간에 <플레이보이(Playboy)>를 읽는 사람도 있지만 나는 그런 시간에 사업보고서를 읽는다'라는 말도 남겼다. 사업보고서가 바로 재무제표와 각종 주석사항들을 포함하고 있는 보고서다. 회사에서 외부이해관계자들이 사용할 수 있도록 해마다 사업보고서를 발간하여 공표하는 것이다.

이런 내용들을 보면 워런 버핏이 요행이나 직관에 의존하여 투자하는 것이 아니라 회계자료를 철저히 분석해서 투자한다는 점을 알 수 있다. 당신도 워런 버핏처럼 주식투자로 성공하고 싶은가? 그러기 위해서는 우선 회계를 열심히 공부해야 할 것이다.

1.5 우리나라의 회계기준

회계처리를 하고 재무제표를 작성하는 기준이 되는 회계기준 및 기타 여러 회계관습 등을 모두 포괄하여 **일반적으로 인정된 회계원칙**(GAAP)이라고 부른다.

회계기준은 경영자가 재무제표를 작성할 때 반드시 준수해야 할 규범의 성격을 갖고 있다. 일정규모 이상의 기업들은 회계기준에 따라 재무제표를 작성하고 외부감사를 받도록 제도화되어 있다. 이를 통해 외부정보이용자들은 회계정보를 믿고, 이에 근거하여 의사결정을 할 수 있다. 회계처리를 하고 재무제표를 작성하는 기준이 되는 회계기준 및 기타 여러 회계관습 등을 모두 포괄하여 일반적으로 인정된 회계원칙(generally accepted accounting principles; GAAP)이라고 부른다. 구체적인 기준으로 성문화되어 있지 않거나 논리적으로 반드시 적절하다고 볼 수 없는 경우라도 관습적으로 널리 인정되는 방법이라면 일반적으로 인정된 회계원칙에 포함될 수 있다.

1. 회계기준의 변천

우리나라의 회계기준은 1958년 정부의 주도로 처음 제정되어 사용되어 왔다. 그러나 1997년 외환위기를 겪으면서 회계정보의 신뢰성과 기업경영의 투명성 제고를 위하여는 정치권력으로부터 독립된 회계기준제정기구의 설립이 필요하다는 사회적 요구가 다수 제기되었다. 이에 따라 1999년 9월 민간조직인 한국회계기준원(Korea Accounting Institute; KAI)과 그 산하에 한국회계기준위원회(Korea Accounting Standards Board; KASB)가 신설되어 회계기준의 제정과 해석에 관한 업무를 수행하게 되었다. 기업의 회계실무에 대한 감독은 금융감독원이, 회계 관련 정책의 수립과 집행은 금융위원회가 담당한다.

우리나라의 상장기업들은 2011년부터 국제회계기준을 사용하고 있다. 한국이 채택한 국제회계기준을 한국채택국제회계기준(K-IFRS)이라고 부른다. 비상장회사들은 좀 더 간단한 K-GAAP을 사용할 수 있다.

그러나 이런 변화에도 불구하고 우리나라는 국제사회에서 국제회계기준(International Financial Reporting Standards; IFRS)을 사용하지 않는 나라로 분류되어 투명성이 낮은 것으로 평가되기도 했다. 이를 해결하기 위해서 2011년부터 모든 상장기업들은 국제회계기준을 사용하도록 했다. 한국이 채택한 국제회계기준을 한국채택국제회계기준(K-IFRS)이라고 부른다. 국제회계기준이 매우 복잡하기 때문에, 한국회계기준원에서 좀 더 간단한 일반기업회계기준(K-GAAP)을 제정하여 회계전문인력이 부족한 비상장기업들이 원한다면 사용할 수 있도록 하였다.

따라서 국내에서는 상장기업들이 의무적으로 사용하는 K-IFRS와 비상장기업들이 선택적으로 사용할 수 있는 K-GAAP의 두 회계기준이 존재한다. 본서에서는 한국채택국제회계기준(K-IFRS)을 기반으로 설명한다.

2. 국제회계기준의 제정배경

과거 대부분의 국가들은 독자적으로 제정한 회계기준을 사용하였다. 국가마다 경제상황이나 제도 등이 독특하므로 회계기준이 각 국가마다 다른 것이 당연한 것으로 받아들여졌다. 그러나 자본시장의 국제화가 점차 진행되는 과정에서 국가마다 상이한 회계기준은 많은 문제를 발생시켰다. 예를 들어 우리나라 기업이 미국의 투자자들로부터 자금을 조달하고자 하는 경우를 생각해보자. 그런데 미국의 투자자들은 투자의사결정을 위해 미국회계기준으로 만들어진 재무제표를 요구하기 때문에, 미국의 투자자들을 유치하고 싶은 한국 기업들은 미국회계기준에 따라 재무제표를 다시 작성해야 했다. 또한 국내 투자자가 다른 나라의 기업에 대해 투자하고 싶어도, 그 나라의 회계기준에 의해 작성된 재무제표를 이해하지 못하기 때문에 투자를 하지 못하는 경우도 있었다. 투자를 하더라도 그 나라의 회계기준을 이해하기 위해서는 많은 시간과 노력을 사용해야 했다.

이런 복잡한 문제를 해결하기 위해 국제적으로 통일된 회계기준의 필요성이 제기되었다. 여러 국가 기업들이 작성하는 재무제표를 다양한 이해관계자가 손쉽게 이해하고 비교해서 사용하기 위해서는, 모든 국가가 단일의 회계기준을 사용하면 된다는 이유에서다. 이러한 필요성에 따라 세계 각국 대표자들이 모여 국제회계기준위원회(International Accounting Standards Board; IASB)를 설립하여 국제회계기준(IFRS)을 제・개정하는 업무를 수행하고 있다. 2005년 유럽연합에 속하는 국가들이 국제회계기준을 도입한 이후로, 많은 나라들이 국제회계기준을 도입하여 사용하고 있다. 2024년 현재 147개 국가에서 국제회계기준이 사용되고 있다.

자본시장의 국제화로 인해 세계적으로 통일된 회계기준의 필요성이 대두되었고, 그 결과 IASB에 의해 제정된 국제회계기준이 전 세계적으로 사용되고 있다.

3. 지속가능성 공시기준의 제정배경

반복되는 경제위기는 세계 경제에 큰 손실을 안겨다주었고, 세계 경제의 지속가능성을 위협했다. 일부 투자자들이 지나치게 기업의 단기성과만을 강조하고 기업의 경영의사결정을 왜곡했던 점이 반복되는 위기의 원인으로 지적되었다. 그 결과 기업이 근시안적으로 주주의 이익만을 추구할 것이 아니라 사회를 구성하는 다양한 이해관계자들의 이익을 함께 고려하면서 지속가능한 사회(sustainable society)를 만드는 데 기여해야 한다는 목소리가 대두되었다.

이를 위해 기업이 사회에 기여한 성과를 재무성과와 함께 보고하라는 요구가 등장하였다. 이와 같은 움직임은 처음에는 기업의 사회적 책임(corporate social responsibility) 수행과 이에 대한 정보의 공시에 대한 요구로 나타났다. 그 이후 지구온난화로 환경위기에 대한 사회적 관심이 커지면서, 기업의 온실가스 배출 문제가 첨예하게 부각되었다. 또한 개인의 인권이 신장됨에 따라 직장 내에서의 차별, 건강, 안전 등에 대한 관심도 증가되었다. 주주의 이익뿐만 아니라 이해관계자 모두의 이익을 함께 고려하는 기업지배구조의 필요성도 제기되었다. 그 결과 사회적 책임의 수행에 대한 정보의 공시는, 이런 다양한 요소들을 모두 고려한 환경(environmental, E), 사회(social, S), 지배구조(governance, G)라는 소위 기업의 ESG 혹은 지속가능성 성과에 대한 공시요구로 발전하였다.

기업이 주주의 이익뿐만 아니라 다양한 이해관계자들의 이익을 함께 고려하여 지속가능한 사회를 만들어야 한다는 사회적 요구 때문에 지속가능성 보고에 대한 논의가 시작되었다.

이러한 시대적 요구에 대응하기 위하여 일부 기업들이 2010년대부터 지속가능성 정보를 자발적으로 공시하기 시작하였다. 그러나 정보이용자들이 공시된 내용이 사실인지 확인할 수 없었고, 공시된 내용을 여러 기업간에 비교하기도 어려웠다. 혼란이 지속되자 회계기준의 경우처럼 전 세계적으로 동일한 기준을 적용하여 기업들이 지속가능성 보고서를 작성하도록 하자는 공감대가 이루어졌다. 그 결과 IFRS 재단 산하에 국제회계기준위원회(IASB)와는 별개로 국제지속가능성기준위원회(International Sustainability Standards Board; ISSB)가 설립되었다.[11] 한국에서도 한국회계기준원(KAI) 산하에 기존에 존재하던 한국회계기준위원회(KASB)와 별도로 한국지속가능성기준위원회(Korea Sustainability Standards Board; KSSB)를 설립하여 지속가능성 공시기준을 제정하고 있다. KASB가 준비하는 공시기준은 ISSB의 공시기준을 참조할 계획이며, 2026년부터 거래소 상장기업들부터 순차적으로 공시가 의무화될 예정이다.

국제적으로 통일된 지속가능성 보고기준을 만들기 위해 **국제지속가능성기준위원회**(ISSB)가 설립되었다.

11) ISSB는 2023년 두 개의 공개초안을 확정하였다. 이 공시기준은 IFRS S(Sustainability)라고 명명되었으며, 첫 번째 공개초안(IFRS S1)은 지속가능성 보고에 대한 개념체계를, 두 번째 공개초안(IFRS S2)은 기후위기에 대한 보다 구체적인 공시기준을 제시하고 있다. IFRS S의 특징은 다음과 같다. 첫째, 공시대상이 되는 지속가능성 정보의 범주(즉, 어떤 정보를 공시할 것인가)를 정하기 위하여 해당 정보의 재무적 중요성(financial materiality)을 기준으로 삼는다. 이는 재무공시의 표준인 IFRS의 중요성 개념을 적극적으로 차용한 것이다. 둘째, 기후위기의 심각성을 감안하여, 여러 지속가능성 정보 중에서 기후위기에 대한 공시를 우선적으로 유도하고 있다. 이처럼 현재까지 논의된 지속가능성 보고에 대한 논의는 그 관점과 범주 면에서 아직 제한적이라고 평가할 수 있다.

학습목표의 요약

- 회계의 정의와 사회적 기능에 대해 이해할 수 있다. *1.1*
  - 회계(accounting)는 회계정보의 이용자가 합리적 판단이나 의사결정을 할 수 있도록 경제적 정보를 식별, 측정, 전달하는 과정으로 구성된 정보시스템(information system)이라고 정의할 수 있다.
  - 회계는 희소한 경제적 자원(resources)을 효율적으로 배분(efficient allocation)하기 위한 의사결정에 유용한 정보(useful information)를 제공하며, 또한 회사 경영의 책임(stewardship)을 부여받은 경영자가 적절히 수탁책임을 이행하였는지를 평가할 수 있는 회계정보를 제공한다.
- 재무제표란 무엇이며 재무제표가 전달하는 정보가 무엇인지 설명할 수 있다. *1.3*
  - 재무제표(financial statements)는 기업의 외부정보이용자에게 기업의 영업, 투자, 재무 활동에 관한 유용한 재무정보를 전달하는 수단으로 사용되는 표준화된 형식을 가진 보고서다. 전체 재무제표는 재무상태표, 포괄손익계산서, 자본변동표, 현금흐름표, 주석 등을 포함한다. 재무상태표는 회계기간말의 재무상태를 나타내고, 포괄손익계산서는 한 회계기간 동안의 경영성과를 나타낸다. 또한 현금흐름표는 일정기간 동안의 현금의 유입과 유출을 나타내며, 자본변동표는 일정기간 동안의 자본의 변동내역을 나타낸다. 주석은 재무제표를 어떻게 작성했는지에 대한 설명이다.
- 재무제표의 구성요소와 재무상태표 등식을 이해할 수 있다. *1.3*
  - 재무제표는 자산, 부채, 자본, 수익, 비용으로 구성된다. 자산(assets)은 과거 사건의 결과로 기업이 통제하고 있는 현재의 경제적 자원이다. 부채(liabilities)는 부채는 과거 사건의 결과로 경제적 자원을 이전해야 하는 현재의 의무이다. 자본(owners' equity 또는 shareholders' equity)은 기업의 총자산에서 총부채를 차감한 순자산(net assets)으로서, 기업의 자산 중 주주의 지분을 나타낸다.
  - 수익(revenues)은 일정기간 동안 기업의 주된 영업활동인 재화의 판매나 용역의 제공 등의 대가로 발생하는 경제적 효익의 증가분을 말하며, 비용(expenses)은 수익을 창출하기 위해 소비 또는 희생된 자원의 경제적 가치 또는 효익의 감소분을 말한다. 광의의 수익과 비용은 각각 주요 영업활동 이외의 활동에서 발생한 이득과 손실 개념을 포함한다.
  - 광의의 수익과 비용 개념에 포함되지만 회계기준에 따라 당기순손익 계산에 포함시키지 않은 항목들을 기타포괄손익으로 분류한다.
  - 재무상태표 등식이란 기업의 자산이 부채와 자본의 합이라는 것을 말한다. 경영활동을 통하여 자산, 부채, 자본은 계속 변화하지만 재무상태표 등식은 계속 성립한다.

    자산=부채+자본
- 재무상태표와 포괄손익계산서가 서로 어떻게 연관되는지 이해할 수 있다. *1.4*
  - 당해 연도 포괄손익계산서와 기말재무상태표의 연결고리는 자본이다. 기중 유상증자나 배당이 없다면 기초자본에 당기중 발생한 당기순이익(손실)과 기타포괄손익을 반영하여 기말자본이 결정된다.

기초자본＋총포괄손익 ＝기말자본
기초자본＋당기순손익 ±기타포괄손익＝기말자본
기초자본＋총수익－총비용±기타포괄손익＝기말자본

- 기중 유상증자가 발생하면 자본(납입자본)이 증가하고, 배당을 지급하면 자본(이익잉여금)이 감소한다. 배당은 당기순이익 중 일부를 주주들에게 투자한 대가로 배부하는 것이다.

● 우리나라의 회계기준 변천과정과 국제회계기준 및 지속가능성 공시기준을 이해할 수 있다. *1.5*

- 우리나라는 독자적인 회계기준을 제정하여 사용해 왔으나, 2011년부터 국제회계기준을 도입하여 한국채택국제회계기준(K-IFRS)이라는 명칭으로 사용하고 있다. 그러나 비상장기업은 보다 간편한 일반기업회계기준(K-GAAP)을 사용할 수 있다.
- 자본시장의 국제화로 인해 국가간 자금의 이동이 빈번히 발생한 결과 세계적으로 통일된 회계기준의 필요성이 대두되었다. 그 결과 국제회계기준위원회가 조직되어 국제회계기준을 제정하여 전 세계 대부분의 국가들이 사용중이다.
- 기업이 사회의 다양한 이해관계자들을 위해 적극적으로 사회문제 해결을 위해 나서라는 여론이 커진 결과, 기업이 환경·사회·지배구조 측면에서 지속가능한 사회를 만들기 위해 어떤 기여를 했는지를 외부이해관계자들에게 보고하기 위한 지속가능성 공시기준이 마련되었다.

회계이야기 (5)

배당과 유상증자

주식회사는 주주들의 투자를 통해 설립되는 회사다. 회사는 주주들의 투자금(납입자본＝자본금＋자본잉여금)과 채권자들에게 빌린 자금(부채)을 이용해서 사업을 벌인다. 즉 재무활동을 통해 조달한 자금을 이용해 사업을 벌이는 것이다. 그 결과 벌어들인 이익을 당기순이익이라고 부른다. 기타포괄손익도 이익의 일부이지만, 회계기준에 따라 당기순이익 계산에 포함되지 않는 기타항목이다. 기타포괄이익과 딩기순이익을 합해 포괄이익이라고 부른다. 포괄손익계산서에 보고된 당기순이익은 재무상태표의 이익잉여금에 누적되며, 기타포괄이익은 재무상태표의 기타포괄손익누계액에 누적된다. 따라서 재무상태표와 포괄손익계산서는 서로 밀접하게 연결되어 있다.

회사가 벌어들인 당기순이익 중 일부는 배당을 통해 주주들에게 지급된다. 즉 당기순이익의 일부만 배당으로 지급하는 것이며, 기타포괄손익은 배당으로 지급하지 않는다. 배당의 지급은 벌어들인 이익 중 일부를 주주들에게 투자한 대가로 돌려주는 활동이므로 비용이 발생한 것이 아니다. 배당이 지급되면 현금(자산)과 이익잉여금(자본)이 감소한다. 채권자들에게 지급하는 이자비용의 경우 사전에 이자율이 정해져 있지만, 이와 달리 배당은 당기순이익이 얼마인지에 따라 달라진다. 즉 경영의 성과인 당기순이익이 얼마인지에 따라 비례적으로 주주들에게 배분하는 것이다. 즉 채권자는 고정된 수익을 올릴 수 있지만 주주는 변동수익을 올린다는 측면에서 차이가 있다. 배당을 얼마나 지급할지는 매년 열리는 주주총회에서 주주들의 투표를 통해 결정된다.

유상증자는 회사가 필요한 자금을 신규로 마련하는 방법들 중 하나다. '증자'란 자본금이 증가하는 사건을 말한다. 기업은 사업을 벌이기 위해 필요한 자금을 채권자들로부터 빌려올 수도 있지만(부채의 증가), 주식을 새로 발행하여(신주발행) 주식시장에서 투자자들에게 성공적으로 판매하여 마련할 수도 있다. 이런 경우를 유상증자라고 부르는데, 유상증자가 발생하면 현금(자산)의 유입이 발생하면서 동시에 납입자본(자본)이 증가한다.

주요 용어

- 관리회계(managerial accounting)
- 국제지속가능성기준위원회(International Sustainability Standards Board; ISSB)
- 국제회계기준(International Financial Reporting Standards; IFRS)
- 국제회계기준위원회(International Accounting Standards Board; IASB)
- 기업실체(business entity)
- 기타포괄손익(other comprehensive income)
- 기타포괄손익누계액(accumulated other comprehensive income)
- 납입자본(paid-in capital)
- 당기순이익 또는 당기순손실(net income or loss)
- 배당금(dividend)
- 부채(liabilities)
- 비영리회계(not-for-profit accounting)
- 비용(expenses)
- 세무회계(tax accounting)
- 손실(losses)
- 수익(revenues)
- 수탁책임(stewardship responsibilities)
- 액면금액(par value)
- 유상증자(capital increase with consideration)
- 유한책임(limited liability)
- 이득(gains)
- 이익잉여금(retained earnings)
- 일반기업회계기준(K-GAAP)
- 일반적으로 인정된 회계원칙(generally accepted accounting principles; GAAP)
- 자본(owners' equity 또는 shareholders' equity)
- 자본금(capital stock)
- 자본변동표(statement of changes in equity)
- 자본잉여금(capital surplus)
- 자산(assets)
- 재무상태표(statement of financial position)
- 재무상태표 등식(statement of financial position equation 또는 balance sheet equation)
- 재무회계(financial accounting)
- 주석(notes)
- 주식회사(corporation)
- 주주(shareholders)
- 지속가능성 보고기준(sustainability reporting standards)
- 총포괄이익(total comprehensive income)
- 포괄손익계산서(statement of comprehensive income)
- 한국채택국제회계기준(K-IFRS)
- 현금흐름표(statement of cash flows)
- 환경·사회·지배구조(environmental·social·governance; ESG)
- 회계(accounting)
- 회계감사(auditing)
- 회계책임(accountability)

종합복습예제

(1) 재무상태표 등식과 포괄손익계산서 등식을 이용하여 다음 괄호 속의 금액을 계산하시오.

	자산	부채	자본
①	(　　　)	₩500,000	₩450,000
②	₩1,200,000	(　　　)	₩650,000
③	₩750,000	₩230,000	(　　　)

	총수익	총비용	당기순이익	기타포괄손익	총포괄이익
④	(　　　)	₩500,000	₩450,000	₩300,000	(　　　)
⑤	₩1,200,000	(　　　)	₩630,000	₩0	(　　　)
⑥	₩1,450,000	₩800,000	(　　　)	(　　　)	₩150,000

(2) 다음 항목을 자산, 부채, 자본으로 구분하고, 재무상태표 등식이 성립하는지 확인해보시오.

납 입 자 본	₩500,000	현금및현금성자산	₩145,000
건　　물	200,000	장기차입금	200,000
단기차입금	120,000	기타무형자산	100,000
재 고 자 산	125,000	토　　지	300,000
이익잉여금	150,000	기타포괄손익누계액	80,000
매 출 채 권	180,000		

(3) 다음 항목을 수익, 비용, 기타포괄손익으로 구분하시오. (Hint : 유형자산재평가이익은 기타포괄손익 항목이다)

유형자산재평가이익	₩80,000	매　　출	₩900,000
매 출 원 가	350,000	법인세비용	70,000
감가상각비	60,000	이 자 비 용	60,000
종업원급여	210,000		

(4) 다음 자료를 이용하여 기말이익잉여금을 계산하시오.

기초이익잉여금	₩450,000	배 당 금	₩60,000
당기순이익	170,000	자 본 금	300,000
기타포괄손익	55,000		

풀 이

(1) 재무상태표 등식은 "자산=부채+자본"이다.

① ₩950,000

② ₩550,000

③ ₩520,000

④ 총수익 ₩950,000, 총포괄이익 ₩750,000

⑤ 총비용 ₩570,000, 총포괄이익 ₩630,000

⑥ 당기순이익 ₩650,000, 기타포괄손실 ₩500,000

(2) 자산 : 건물(₩200,000)+재고자산(₩125,000)+매출채권(₩180,000)+현금및현금성자산(₩145,000)
+기타무형자산(₩100,000)+토지(₩300,000)=₩1,050,000

부채 : 단기차입금(₩120,000)+장기차입금(₩200,000)=₩320,000

자본 : 납입자본(₩500,000)+이익잉여금(₩150,000)+기타포괄손익누계액(₩80,000)=₩730,000

재무상태표 등식에 따라서 자산(₩1,050,000)은 부채(₩320,000)와 자본(₩730,000)의 합계와 일치한다.

(3) 수익 : 매출(₩900,000)

비용 : 매출원가(₩350,000)+감가상각비(₩60,000)+종업원급여(₩210,000)+법인세비용(₩70,000)
+이자비용(₩60,000)=₩750,000

기타포괄손익 : 유형자산재평가이익(₩80,000)

참고로 당기순이익은 수익−비용=₩900,000−₩750,000=₩150,000이며, 총포괄손익은 당기순이익+기타포괄손익=₩150,000+₩80,000=₩230,000이다.

(4) 기말이익잉여금=기초이익잉여금+당기순이익−배당금

=₩450,000+₩170,000−₩60,000

=₩560,000

자본은 크게 납입자본, 이익잉여금, 기타자본(기타포괄손익누계액 포함)의 세 가지 요소로 구성되어 있다. 자본금은 회사의 최초 설립시 또는 유상증자시에 주주들이 주식을 취득하기 의해 회사에 납입한 금액 중 액면금액에 해당하는 부분으로, 납입자본의 일부다. 기타포괄손익은 자본의 기타포괄손익누계액에 가산된다. 따라서 자본금과 기타포괄손익은 자본의 일부를 구성하지만 기말이익잉여금에는 영향을 미치지 않는다.

연습문제

주관식

1. [회계의 분류]

재무회계와 관리회계의 정의와 차이점에 대해 설명하시오.

2. [재무상태표 등식]

다음 빈칸을 채우시오.

	자 산	부 채	자 본
(1)	______	₩100,000	₩50,000
(2)	₩300,000	₩250,000	______
(3)	₩150,000	______	₩80,000

3. [재무상태표]

다음은 재무상태표에 사용되는 계정이다. 각각을 자산, 부채, 자본 항목으로 구분하여 표시하시오. 재무상태표에 사용되지 않는 계정에 대해서는 ×표를 하시오.

이익잉여금	(　　　)	이자비용	(　　　)
매출채권	(　　　)	미지급금	(　　　)
매입채무	(　　　)	매　　출	(　　　)
기　　계	(　　　)	자 본 금	(　　　)
토　　지	(　　　)	차 입 금	(　　　)

4. [재무상태표]

다음은 20×1년말 현재 (주)덕송의 자산, 부채, 자본에 대한 자료이다. 자료를 바탕으로 20×1년말의 재무상태표에 표시되는 이익잉여금 금액이 얼마인지 계산하시오.

건　　물	₩500,000	매입채무	₩200,000
현　　금	20,000	토　　지	350,000
기　　계	80,000	차 입 금	400,000
미지급금	30,000	이익잉여금	______
자 본 금	200,000		

5. [재무상태표]

다음은 20×1년 12월 31일 (주)덕송의 재무상태표 계정과목의 잔액을 나타낸 것이다. 자료를 바탕으로 재무상태표에 표시되는 20×1년말의 이익잉여금 금액을 계산하시오. 단 재무상태표 계정과목이 아닌 것은 제외한다.

현 금	₩20,000	매출채권	₩40,000
기 계	30,000	매입채무	20,000
토 지	70,000	건 물	50,000
미지급금	30,000	단기차입금	10,000
임 차 료[12]	5,000	미지급임차료[13]	5,000
감가상각비	2,000	장기차입금	20,000
자 본 금	70,000	이익잉여금	______

6. [포괄손익계산서]

(주)덕송은 교육 서비스를 제공하는 기업이다. 다음은 20×1년 1월 1일부터 20×1년 12월 31일까지 (주)덕송의 수익과 비용에 대한 자료이다. 동 기간의 당기손익과 총포괄손익이 얼마인지 계산하시오.

교육서비스매출	₩2,000,000	건물임차료	₩700,000
이자수익	150,000	소모품비	50,000
급 여	800,000	이자비용	10,000
인 쇄 비	50,000	감가상각비	20,000
광고선전비	30,000	수도광열비[14]	40,000

7. [재무제표]

다음은 재무제표에 사용되는 계정이다. 각 계정이 나타나는 재무제표(재무상태표, 포괄손익계산서, 자본변동표)를 빈칸에 적으시오.

현 금	( )	배 당 금	( )
급 여	( )	이자수익	( )
매 출	( )	감가상각비	( )
토 지	( )	매입채무	( )
이익잉여금	( )	임 차 료	( )
매출채권	( )	건 물	( )
비 품	( )	장기차입금	( )

12) 임차료는 기업이 건물 등을 임차받아 사용한 대가로 건물주에게 지급하는 비용이다. 이와 반대로 남에게 건물 등을 임대해준 대가로 받는 돈은 임대료라고 한다. 즉 임차료는 비용이고 임대료는 수익이다.

13) 미지급임차료는 부채로 분류된다.

14) 수도요금, 전기요금, 가스요금 등을 말한다.

8. [재무제표]

다음 여러 기업의 재무제표를 보고 빈칸을 채우시오. 각 기업 설립 후 첫 회계연도말이라고 가정한다.

	수 익	비 용	당기순이익	자산총계	부채총계	자본총계
A기업	₩60,000	₩45,000	______	₩35,000	₩13,000	______
B기업	12,500	______	₩2,000	______	9,000	₩5,500
C기업	______	9,000	(2,000)	16,000	______	11,000

9. [재무제표]

(주)덕송은 20×1년중에 설립된 기업의 회계와 관련된 자문을 전문으로 하는 컨설팅회사이다. 다음은 20×1년중에 발생한 수익과 비용 및 20×1년말 현재의 재무상태와 관련된 자료이다. 이를 바탕으로 (주)덕송의 20×1년 당기순이익을 계산하고, 20×1년말 재무상태표를 작성하시오.

자문수익	₩150,000	급 여	₩50,000
임 차 료	20,000	매출채권	50,000
현 금	30,000	차 입 금	30,000
이자비용	5,000	복리후생비	20,000
비 품	25,000	자 본 금	?

10. [회계의 사회적 역할]

재무회계의 기능으로 수탁책임의 평가 기능과 경제적 자원배분 의사결정 기능이 있다는 것을 배웠다. 여기서 말하는 재무회계의 수탁책임이란 누구에 대한 책임을 의미하는가?

11. [재무제표의 작성과 외부감사]

기업의 재무제표를 작성하는 책임은 누구에게 있는가? 또한 이 재무제표에 대해 공인회계사로부터 외부감사를 받는 이유는 무엇인가?

12. [회계의 사회적 역할]

다음 주어진 글을 읽고 물음에 답하시오.

> 20×1년에 설립된 (주)덕송은 반도체 부품을 생산하는 기업이다. 20×3년 현재 수익성과 성장성을 고루 갖춘 회사로 인정받고 있다. 50명의 직원을 고용하고 있으며 200여 명의 주주가 있다. 직원들 대부분은 (주)덕송의 주식을 보유하고 있다. 회사는 은행으로부터 자금을 차입해서 사용하고 있다. 앞으로 적극적인 투자를 이어갈 계획이기 때문에 곧 주식을 추가적으로 발행하고 직원 채용도 예정되어 있다.

(1) (주)덕송의 재무제표 정보를 이용할 이해관계자들은 누구인가? 이들이 어떤 목적으로 (주)덕송의 재무제표를 사용할 것인지 생각해보시오.

(2) (주)덕송이 재무제표 작성시 회계기준을 준수하고 정보의 정확성을 기해야 할 이유는 무엇인가?

객관식

1. [재무회계의 목적]

다음 중 재무회계의 목적에 관한 설명으로 적절하지 않은 것은?

① 정보이용자의 합리적인 의사결정을 돕는다.
② 사회전체적으로 자원배분의 효율성을 증가시키는 기능이 있다.
③ 경영자의 관리적 의사결정에 기초자료로 활용된다.
④ 공정한 재무정보는 이해관계자들 사이의 이해조정을 위한 기초자료로 활용될 수 있다.

2. [회계의 분류]

다음 중 회계의 분류에 대한 설명으로 적절하지 않은 것은?

① 내부이용자 또는 외부이용자에게 회계정보를 제공하는지의 여부에 따라 각각 관리회계와 재무회계로 구분한다.
② 재무회계는 회계기준에 따라 회계처리를 하고 미래에 대한 예측정보를 제공하는 것을 목표로 하지만, 관리회계는 특정한 기준이나 형식 없이 필요에 따라 수행되며 과거 정보를 제공하는 것을 목표로 한다.
③ 재무제표가 부정이나 오류를 포함하고 있지 않도록 재무제표를 감사하고 감사의견을 표명하는 분야를 회계감사라고 한다.
④ 세법에 따라 세금을 계산하거나 세법이 허용하는 범위 내에서 세금을 줄이기 위한 세무계획을 수립하는 분야를 세무회계라고 한다.

3. [재무제표]

'국제회계기준'에서 규정하고 있는 기본 재무제표가 아닌 것은?

① 재무상태표 ② 포괄손익계산서
③ 이익잉여금처분계산서 ④ 현금흐름표

4. [재무제표]

다음 중 재무제표에 대한 설명으로 틀린 것은?

① 포괄손익계산서는 기업의 일정시점의 경영성과를 알려준다.
② 현금흐름표는 기업의 일정기간의 현금흐름을 나타낸다.
③ 재무상태표로 기업의 일정시점의 자산, 부채 및 자본을 알 수 있다.
④ 자본변동표는 기업의 일정기간 동안 자본의 변동내용을 알려준다.

5. [자산]

회계상 자산으로 인정받기 위한 본질적인 특징이라고 할 수 없는 것은?

① 자산은 미래에 경제적 효익을 제공해야 한다.
② 자산은 객관적인 판매가치가 보장되어야 한다.
③ 자산의 경제적 효익에 대한 청구권을 배타적으로 행사할 수 있어야 한다.
④ 자산은 현재 혹은 과거의 거래로부터 취득한 것이어야 한다.

6. [재무상태표]

20×1년 12월 31일 현재, (주)덕송의 총자산은 ₩40,000이고, 총자본은 ₩25,000이다. 20×1년 12월 31일 현재, (주)덕송의 총부채는 얼마인가?

① ₩10,000　② ₩15,000
③ ₩20,000　④ ₩25,000

7. [재무상태표]

20×1년초 (주)덕송은 ₩640,000의 자산과 ₩420,000의 부채가 있었다. 20×1년 한 해 동안 자산은 ₩60,000 증가했으며, 부채는 ₩20,000 감소했다. 20×1년말 (주)덕송의 총자본은 얼마인가?

① ₩220,000　② ₩280,000
③ ₩300,000　④ ₩380,000

8. [재무상태표]

20×1년초 (주)덕송의 이익잉여금은 ₩640,000이다. 20×1년 한 해 동안 ₩140,000의 당기순이익이 발생하였으며, ₩40,000의 배당을 지급하였다. 또한 유상증자로 ₩50,000만큼 주주들의 추가적인 투자액(출자액)이 발생했다. 20×1년말 (주)덕송의 이익잉여금은 얼마인가?

① ₩780,000　② ₩740,000
③ ₩790,000　④ ₩870,000

9. [재무상태표]

20×1년초 (주)덕송의 총자본은 ₩480,000이다. 20×1년 한 해 동안 ₩100,000의 당기순이익이 발생하였으며, ₩80,000의 배당을 지급하였다. 또한 유상증자로 ₩30,000만큼 주주들의 추가적인 투자액(출자액)이 발생했다. 기타포괄손익누계액은 ₩10,000으로 기초와 기말이 동일하다. 20×1년말 (주)덕송의 자본은 얼마인가?

① ₩580,000　② ₩500,000
③ ₩530,000　④ ₩540,000

10. [포괄손익계산서]

회사가 포괄손익계산서에 당기순손실을 보고할 때는 언제인가?

① 주주들에게 배당금을 지급하여 이익잉여금이 줄어들었을 때
② 회계기간 동안 회사의 자산이 감소했을 때
③ 회계기간 동안 회사의 부채가 증가했을 때
④ 회계기간 동안의 총비용이 총수익을 초과했을 때

11. [포괄손익계산서]

다음 중 포괄손익계산서에 대한 설명으로 옳지 않은 것은?

① 일정기간 동안의 경영성과를 알려주는 보고서다.
② 회계기간 동안 발생한 수익과 비용을 보여준다.
③ 영업활동, 투자활동, 재무활동으로 구분하여 표시한다.
④ 광의의 수익과 비용 개념에 포함되지만 회계기준에 따라 당기순손익 계산에 포함시키지 않는 항목들을 기타포괄손익으로 분류한다.

12. [GAAP]

다음 중 '일반적으로 인정된 회계원칙'에 대한 설명으로 틀린 것은?

① 국제회계기준은 일반적으로 인정된 회계원칙으로서 우리나라에서 상장기업들이 따라야 하는 회계원칙이다.
② 회계실무에서 준수해야 할 일반적인 행위지침이다.
③ 일반적으로 인정된 회계원칙은 논리적으로 적절해야 하며 관습적인 요소를 엄격히 배제해야 한다.
④ 일반적으로 인정된 회계원칙은 시대와 사회의 발전에 따라 변화할 수 있으며, 일정불변의 성격을 갖는 것은 아니다.

13. [지속가능성 보고]

다음 중 지속가능성 보고에 대한 설명으로 틀린 것은?

① 기업이 주주의 이익 추구를 넘어서 다양한 이해관계자들의 이익을 고려하면서 지속가능한 사회를 만드는 데 기여해야 한다는 의미에서 일부 기업에 의해 자발적으로 시작되었다.
② 기업이 환경(environmental), 사회(social), 그리고 지배구조(governance)의 개선을 위해 어떤 노력을 했는지를 종합해서 보고한다는 의미로 ESG 보고라고도 불리고 있다.
③ 국제지속가능성기준위원회가 설립되어 지속가능성 보고를 위한 표준기준을 마련하였다.
④ 지속가능성 보고서에 대해서도 반드시 공인회계사가 감사를 실시한 후 감사의견을 표시해야 한다.

미니케이스

한국 상장 및 비상장 기업들의 재무제표는 금융감독원(Financial Supervisory Service)에서 운영하는 전자공시시스템(http://dart.fss.or.kr)에서 찾을 수 있다. 기업들은 법률에 따라 정해진 시기에 전자공시시스템에 재무제표를 비롯한 각종 정보를 공시해야 한다. 주석을 포함한 재무제표는 외부감사인이 제출한 감사보고서에 포함되어 있으며, 동 감사보고서는 회사가 제출하는 사업보고서에 첨부된다.

(주)아모레퍼시픽은 1945년 설립된 태평양화학공업사를 모태로 한다. '아모레(Amore)'는 태평양화학공업에서 판매한 화장품의 브랜드명이다. 설립 이후 비약적인 발전을 거듭하여 한국 최고의 화장품 제조업체로 성장했으며, 해외에서도 큰 인기를 끌어 '세계 7대 화장품 브랜드'로도 선정된 바 있다. 2000년대 들어 브랜드명 아모레와 회사명 태평양(pacific)을 결합한 아모레퍼시픽으로 사명을 바꾼다. 과거에는 중국 시장에 대한 의존도가 높았으나, 최근에는 미국 및 유럽 시장으로 진출하여 성장하고 있다.

금융감독원 전자공시시스템에서 (주)아모레퍼시픽의 최근 사업보고서와 연결감사보고서를 찾아 이를 이용하여 다음의 물음에 답하시오. 연결감사보고서는 사업보고서의 "첨부"서류에서 찾을 수 있다.[15] (Hint : 회사명에서 아모레퍼시픽을 선택하고 "공시유형"에서 "정기공시"를 선택하면 사업보고서를 더 쉽게 찾을 수 있다)

물음

(1) (주)아모레퍼시픽의 주된 영업활동은 무엇인가? (Hint : 사업보고서의 II.1 사업의 개요 또는 연결감사보고서의 주석 1.1 회사의 개요 참고)

(2) (주)아모레퍼시픽의 회계기간은 언제이며, 각 연결재무제표는 몇 년간의 정보를 공시하고 있는가?

(3) (주)아모레퍼시픽의 연결재무제표의 감사를 담당한 외부감사인(회계법인)은 누구인가? (Hint : 연결감사보고서의 독립된 감사인의 감사보고서 참고)

(4) 최근 회계연도말 기준 연결재무상태표에서 자산, 부채, 자본이 각각 얼마인가? 재무상태표 등식이 성립하고 있는지 직접 확인해보시오.

(5) 최근 회계기간의 연결포괄손익계산서에서 매출액, 영업이익, 당기순이익, 기타포괄손익, 총포괄이익은 각각 얼마인가? 그 전년도와 비교할 때 어떤 변화가 있는가?

AMOREPACIFIC CORPORATION

15) 연결감사보고서는 연결재무제표를 포함하고 있다 "연결"재무제표란 아모레퍼시픽과 자회사의 재무제표를 합산한 것이라고 이해하면 된다. 연결재무제표에 대해서는 제4장에서 배운다.

CHAPTER

2 회계순환과정 I (기중의 회계처리)

본장에서는 회계의 순환과정 중 기중 거래의 회계처리를 설명한다. 회계순환과정을 이해하기 위해 우선 복식부기, 발생주의와 현금주의, 자산과 부채, 수익과 비용의 인식기준, 수익・비용대응의 원칙을 살펴본다. 또한 회계거래가 분개와 전기를 통하여 어떻게 재무제표에 반영되는지, 그리고 이 과정에서 수정전 시산표가 어떤 역할을 하는지 등에 대해서 다룬다. 수정전 시산표를 작성한 후 최종 재무제표를 작성하기까지의 과정은 제3장에서 다룬다.

버크셔 해서웨이의 창업자 워런 버핏(Warren Buffet)은 세계 최고의 주식투자가로 유명하다. 각종 회계정보를 철저히 분석해서 합리적인 투자를 하고 투자한 주식을 장기간 보유하는 것으로 잘 알려져 있다. 버크셔 해서웨이가 미국 오마하 시(市)에 위치하고 있으므로, 워런 버핏을 '오마하의 현인'이라고 부른다.

학습목표 제2장 회계순환과정 I (기중의 회계처리)을 공부한 이후에는...

1. 회계거래와 거래의 이중성의 의미를 이해할 수 있다. *2.1*
2. 계정과 복식부기의 원칙이 무엇인지 설명할 수 있다. *2.1*
3. 발생주의와 자산 · 부채의 인식기준을 설명할 수 있다. *2.2*
4. 수익인식의 두 가지 조건과 수익 · 비용대응의 원칙을 설명할 수 있다. *2.2*
5. 회계거래가 분개와 전기를 통해 어떻게 재무제표에 반영되는지 설명할 수 있다. *2.3*
6. 회계순환과정에서 수정전 시산표의 기능을 설명할 수 있다. *2.3*

회계순환과정 I : 기중의 회계처리

accounting cycle

- 거래의 기록
  - 거래와 거래의 이중성
  - 계정과 계정기입
- 재무제표 기본요소의 인식
  - 자산 · 부채의 인식
  - 수익 · 비용의 인식
- 회계순환과정
  - 거래의 식별 및 측정
  - 분개
  - 전기
  - 수정전 시산표

2.1 거래의 기록

1. 거래와 거래의 이중성

(1) 회계거래의 정의

회계거래란 기업의 경영활동 중 자산, 부채, 자본, 수익, 비용 항목에 영향을 미치고, 화폐단위로 측정이 가능한 사건을 말한다.

회계는 기업활동을 기록하는 것부터 시작한다. 기업의 여러 활동 중 회계거래로 분류되는 활동만이 회계시스템에 기록된다. 회계거래(accounting transaction)란 기업의 경영활동 중 재무제표를 구성하는 자산, 부채, 자본, 수익, 비용 항목에 영향을 미치고, 화폐단위로 측정이 가능한 사건을 말한다. 법적인 거래라고 하더라도 재무제표의 구성요소에 영향을 미치지 않으면 회계거래로 인식되지 않는다. 예를 들어 기업이 고객과 매출계약을 체결한 경우 이는 법적인 거래다. 그러나 계약체결 자체는 기업의 자산, 부채, 자본, 수익, 비용에 영향을 미치지 않기 때문에 회계상 거래가 아니다. 회계거래가 발생하면 회계처리를 수행하고, 그 결과 재무제표에 거래가 반영된다.

(2) 거래의 이중성과 재무상태표 등식

회계거래는 자산, 부채, 자본, 수익, 비용 항목 중 반드시 두 개 이상의 항목에 동시에 영향을 미치는데, 이를 **거래의 이중성**이라고 한다.

하나의 회계거래는 자산, 부채, 자본, 수익, 비용 항목 중 반드시 두 개 이상의 항목에 동시에 영향을 미치는데, 이를 거래의 이중성(duality of transactions)이라고 한다. 예를 들어 상품의 구입 대가로 현금을 지불하는 거래의 경우, 상품의 증가(자산의 증가)와 현금의 감소(자산의 감소)가 동시에 발생한다. 또한 종업원에게 급여를 현금으로 지급하였다면 급여의 발생(비용의 발생)과 현금의 감소(자산의 감소)가 동시에 발생한다.

이처럼 모든 거래는 재무상태표와 포괄손익계산서의 구성요소들인 자산, 부채, 자본의 증가 · 감소 또는 수익, 비용의 발생을 가져오는데, 이때 반드시 두 가지 이상의 요소들이 관련되어 나타난다. 이러한 방식으로 거래를 기록하는 것을 복식부기(double entry bookkeeping)라고 부른다. 복식부기는 모든 거래에 대해 원인과 결과 두 가지 측면을 각각 기록하므로 회계기록의 정확성을 검증할 수 있다는 장점이 있다.[1] 이때 거래를 왼쪽과 오른쪽으로 나누어 기록하는데, 왼쪽을 차변(debit, Dr.)이라고 부르고, 오른쪽을 대변(credit, Cr.)이라고 부른다. 제1장에서 공부한 회계

복식부기는 거래를 차변과 대변에 나누어 기록하는 방법이다. 계정의 왼쪽을 **차변**, 오른쪽을 **대변**이라고 한다.

등식에서 알 수 있듯이, 복식부기의 원리에 따르면 차변합계와 대변합계가 항상 일치하게 되는데 이를 대차평형의 원리(principle of equilibrium)라고 한다. 복식부기에서는 대차평형의 원리에 따라 대변합계와 차변합계가 일치하는지 여부를 확인하여 거래들이 정확하게 기록되었는지를 사후적으로 검증할 수 있다.

제1장에서 살펴본 재무상태표 등식을 다시 떠올리면 다음과 같다.

자산(assets) = 부채(liabilities) + 자본(owners' equity)
= 부채 + 납입자본 + 이익잉여금 + 기타포괄손익누계액

회계거래의 발생에 따라 기업의 재무상태는 수시로 변하지만 **재무상태표 등식**은 어느 시점에서나 항상 성립한다.

회계거래의 발생에 따라 기업의 재무상태는 수시로 변하지만, 위의 재무상태표 등식은 어느 시점에서나 항상 성립한다. 새로운 거래가 발생하면 자산, 부채, 자본이 변하지만, 대변합계의 변화액과 차변합계의 변화액이 항상 동일하기 때문에 새로운 재무상태표 등식이 성립된다. 포괄손익계산서 항목인 수익과 비용의 발생은 위 재무상태표 등식에 직접 포함되어 있지는 않으나, 수익이나 비용이 발생하면 이익잉여금(자본) 혹은 기타포괄손익누계액(자본)의 증가 또는 감소가 발생하기 때문에 결과적으로 재무상태표 등식에 반영된다.

다음 예제를 통해 거래가 재무상태표 등식에 미치는 영향을 확인해보자.

예제 2-1 회계거래와 재무상태표 등식

① 20×1년 6월 30일 김여행 씨는 여행서비스를 주된 영업으로 하는 (주)덕송여행사를 설립하였다. 이 회사는 주당 액면 ₩5,000의 주식 100주를 발행하였으며, 주주들은 이 주식을 인수하고 현금 ₩500,000을 납입하였다.

(주)덕송여행사는 주식을 발행하고 주주들로부터 현금을 납입받았다. 따라서 자산항목인 현금이 증가하고, 자본금(자본)도 ₩500,000이 증가한다.

자 산	=	부 채	+	자 본
현금 (+)₩500,000				자본금 (+)₩500,000

→ 자산인 현금 ₩500,000 증가, 자본인 자본금 ₩500,000 증가

다음은 (주)덕송여행사의 설립일 현재 재무상태표를 보여주고 있다. 20×1년 6월 30일 현재 자산총계가 ₩500,000, 부채와 자본총계가 ₩500,000으로 재무상태표 등식이 성립하고 있음을 알 수 있다.

1) 이에 반해 단식부기(single entry bookkeeping)는 한 항목의 증가와 감소만을 기록하는 방법이다. 예를 들면 가정에서 가계부나 용돈기록장에 현금의 수입과 지출을 기록하는 방법이 바로 단식부기 방법을 사용하는 것이다.

재무상태표

(주)덕송여행사		20×1년 6월 30일 현재	(단위 : 원)
자 산 :		부 채 :	₩0
현 금	₩500,000	자 본 :	
		자 본 금	₩500,000
자산총계	₩500,000	부채와 자본총계	₩500,000

② 20×1년 7월 1일 (주)덕송여행사는 영업활동을 위한 자금조달을 위해 우리은행에서 5년 만기 연 12% 이자율로 ₩100,000을 장기차입하였다.

자 산	=	부 채	+	자 본
현금 (+)₩100,000		장기차입금 (+)₩100,000		

→ 자산인 현금 ₩100,000 증가, 부채인 장기차입금 ₩100,000 증가

③ 20×1년 7월 2일 (주)덕송여행사는 업무에 사용할 목적으로 컴퓨터를 ₩15,000에 구입하였다. 대금 중 ₩10,000은 현금으로 지급하였고, 나머지는 60일 이내로 지급하겠다는 약정을 하였다.

자 산		=	부 채	+	자 본
(현금 감소)	(−)₩10,000		미지급금 (+)₩5,000		
(비품 증가)	(+)₩15,000				
	(+) ₩5,000		₩5,000		

→ 자산항목인 비품(컴퓨터) 증가(₩15,000)와 현금 감소(₩10,000), 그리고 잔금 ₩5,000은 부채항목인 미지급금으로 기록. 세 가지 항목이 동시에 발생하였으나 재무상태표 등식은 계속 성립한다.

④ 20×1년 7월 10일 (주)덕송여행사는 고객과 필리핀 여행상품 ₩50,000을 계약하였다. 여행상품 서비스는 7월 20일부터 5일간 제공될 예정이다.

→ 상품계약은 회사의 주요 영업활동의 결과이나 현재 시점의 자산, 부채, 자본, 수익, 비용에 영향을 미치지 않고 미래 재무상태와 경영성과에 영향을 미치므로, 20×1년 7월 10일 시점에서는 회계거래로 볼 수 없다.

⑤ 20×1년 7월 10일 (주)덕송여행사는 필리핀 현지 여행사와 7월 20일부터 5일간 제공되는 여행서비스를 ₩25,000에 제공받기로 하는 계약을 체결하였다.

→ 영업활동에 중요한 계약을 체결하였으나 현재 시점의 자산, 부채, 자본, 수익, 비용에 영향을 미치지 않고 미래 재무상태와 경영성과에 영향을 미치므로, 20×1년 7월 10일 시점에서는 회계거래로 볼 수 없다.

⑥ 20×1년 7월 15일 (주)덕송여행사는 고객에게 외상으로 일본여행상품 ₩10,000을 제공하였다. 대금은 한 달 후에 받기로 하였다.

자 산	=	부 채	+	자 본
매출채권 (+)₩10,000				수익(매출) (+)₩10,000

→ 여행서비스 제공으로 매출(수익)이 발생하였다. 대금을 받을 권리인 매출채권(자산)이 증가하였고, 매출(수익)의 발생은 자본의 구성요소인 이익잉여금을 증가시킨다.

⑦ 20×1년 7월 15일 (주)덕송여행사는 일본여행상품 판매와 관련하여 총 ₩7,500의 판매수수료(비용)를 현금으로 지출하였다.

자 산	=	부 채	+	자 본
현금 (−)₩7,500				판매수수료 (−)₩7,500

→ 현금의 감소로 자산 감소, 비용의 발생으로 자본(이익잉여금) 감소

이상의 거래를 이용하여 20×1년 7월 15일 시점에서의 재무상태표를 작성하면 다음과 같다.

재무상태표

(주)덕송여행사	20×1년 7월 15일 현재		(단위 : 원)
자 산 :		부 채 :	
현 금	₩582,500	미지급금	₩5,000
매출채권	10,000	장기차입금	100,000
비 품	15,000	부채총계	₩105,000
		자 본 :	
		자 본 금	₩500,000
		이익잉여금	2,500
		자본총계	₩502,500
자산총계	₩607,500	부채와 자본총계	₩607,500

또한 이상의 거래를 이용하여 20×1년 6월 30일부터 20×1년 7월 15일까지의 포괄손익계산서를 작성하면 다음과 같다.

포괄손익계산서
20×1년 6월 30일부터
20×1년 7월 15일까지

(주)덕송여행사	(단위 : 원)
수 익	
매 출	₩10,000
비 용	
판매수수료	7,500
당기순이익	₩2,500
기타포괄손익	0
총포괄이익	₩2,500

[예제 2-1]에서 살펴보았듯이 모든 회계거래는 최소한 두 개 이상의 항목에 영향을 준다. 이를 거래의 이중성이라고 한다. 회계거래는 재무상태표 등식의 양변에 항상 동일한 금액만큼의 효과를 주기 때문에, 새로운 회계거래가 발생하더라도 재무상태표 등식은 항상 유지된다.

회계이야기 (1)

회계의 역사 2 : 베니스의 상인과 회계의 탄생 및 발전

한 거래를 두 가지 이상의 구성요소로 분해하여 기록하는 형태인 복식부기가 탄생한 것은 중세 르네상스 시대(14~16세기) 이탈리아에서다. 제1장의 첫 페이지 그림에 등장하는 당시의 대학자이자 대학교수이며 천주교 수도사였던 루카 파치올리(1445~1510)가 저술한 책 'Summa(산술, 기하, 비율, 비례에 대한 총람)'에 복식부기가 최초로 등장한다.

그런데 복식부기는 그가 직접 만든 것이 아니다. 그가 Summa를 저술한 시점보다 대략 200년 전부터 이탈리아 상인들이 복식부기를 사용하여 기록한 다수의 회계장부가 지금까지 남아 있다. 그는 당시 상인들이 사용하고 있던 방법을 대학생들에게 가르치기 위해 복식부기에 대한 교과서를 최초로 저술한 것뿐이다. 이 책은 전 유럽으로 전파되어 회계를 널리 알리는 데 큰 공헌을 한다. 그래서 오늘날 루카 파치올리를 '회계학의 아버지'라는 칭호로 부르게 되었다.

동방무역과 복식부기의 탄생

왜 복식부기가 당시 이탈리아에서 탄생했을까? 르네상스 시대 이탈리아의 베니스나 제노바 지역 상인들은 아시아와 유럽을 연결하는 중개무역으로 큰돈을 벌었다. 이탈리아에서 배로 출발하여 지금의 튀르키예나 아라비아 반도까지 항해한 후, 중국에서 온 비단, 인도로부터 온 향료, 그리고 아라비아 반도에서 자라는 사탕수수를 가공하여 만든 설탕을 구매하여 유럽으로 가져와 귀족들에게 판매한 것이다. 지금도 베니스를 방문해보면 당시 베니스의 부의 규모가 얼마나 대단했었는지를 짐작할 수 있다. 베니스는 당시 전 세계에서 가장 부유한 도시라고 부를 수 있는 정도였다.

당시 바다를 항해하는 범선들은 자연재해에 취약했으므로 풍랑이 닥치면 난파하는 경우가 많았다. 또한 당시 은행이 없었고 국가별로 다른 화폐의 교환이 이루어지지도 않았으므로, 배들은 막대한 금이나 은을 싣고 가면서 항구마다 정박하여 필요한 식료품을 구입하고 목적지에 도착했을 때 비단이나 향료도 구입해야 했다. 따라서 배마다 상당한 금이나 은을 싣고 다녔으므로, 이런 배들을 노리는 해적들도 많았다. 그러므로 베니스 항구를 출발한 배가 무사히 임무를 마치고 베니스로 다시 살아서 돌아올 수 있는 확률이 상당히 낮았다. 막대한 자금을 투자해야 배를 띄울 수 있고 그 배가 무사히 돌아오기만 하면 큰돈을 벌 수 있지만, 그에 반해 배가 영영 돌아오지 않을 확률도 높은 고위험 모험사업이었던 셈이다.

배가 돌아오지 않는다면 그 배를 띄우기 위해 거의 전 재산을 투자했던 선주는 파산할 만큼 큰 타격을 입었다. 이런 큰 위험을 분산하기 위해 여러 선주들이 모여 공동으로 자금을 투자하여 선단을 구성해서 한꺼번에 여러 배를 출발시키고, 이 중에서 무사히 베니스로 돌아온 배들의 이익을 계산하여 출자금에 따라 비례적으로 상인들에게 배분하는 관행이 점차 퍼지게 된다. 오늘날 주식회사의 원형이다.

이런 관행이 성공적으로 정착하기 위해서는 항해기간에 소요된 총비용과 베니스로 가져온 무역품을 판매하여 얻은 수익을 공정하게 계산할 필요가 있었다. 따라서 이런 거래들을 정확하게 기록하려는 목적에서 복식부기와 재무제표가 르네상스 시대에 탄생했던 것이다. 또한 이 업무를 담당하는 전문가 집단인 회계사가 탄생한다. 점차 시간이 지남에 따라 위험을 분산하기 위한 보험회사의 원형과 사업자금을 대출해주는 은행의 원형도 탄생한다. 르네상스 시대 이탈리아에서 초기 자본주의의 기운이 잉태하는 것이다. 이런 자본주의 기운이 유럽으로 점차 전파되어, 상인 계급이 성장하는 발판이 된다. 중세 유럽 귀족 중심의 사회가 무너지는 계기가 되는 것이다.

셰익스피어의 희곡 '베니스의 상인'

영국의 세계적인 극작가 셰익스피어의 희곡 '베니스의 상인'에는 남자 주인공 벳사니오와 여자 주인공 포사가 등장한다. 포사와의 결혼자금을 마련하기 위해 벳사니오는 유대인 고리대금업자 샤일록에게 돈을 빌려 친구 안토니오의 무역선에 투자한다. 이때 만약 빌린 돈을 갚지 못한다면 안토니오의 살 1파운드를 잘라 대신 지불하기로 샤일록과 계약을 맺는다. 안토니오의 무역선이 풍랑을 만나 침몰했다는 소식이 전해오자 벳사니오는 빌린 돈을 갚을 수 없게 된다. 이런 내용들이 벌어지는 베니스의 상인 내용을 읽어보면 당시 금전의 대여나 차입, 그리고 선단에 대한 투자 등의 활동이 발생하고 있었다는 점을 알 수 있다.

셰익스피어는 원래 비극작가로 잘 알려져 있지만 베니스의 상인은 희극이다. 샤일록이 계약을 이행하라고 소송을 제기하자 포사가 재판관이 되어 판결을 내린다. 계약에 따라 살 1파운드만 잘라내야 하므로 계약에 포함되지 않은 피 한 방울도 흘려서는 안 된다는 것이 포사가 내린 판결의 내용이다. 따라서 샤일록은 재판에 이기고도 실제 집행을 할 수 없게 된다. 안토니오의 몸에 손을 댈 수가 없는 것이다. 그런데 이때 난파한 것으로 알려졌던 안토니오의 선단이 베니스 항구에 나타난다. 선단이 항해에 성공하고 무사히 귀환하여 안토니오와 벳사니오가 큰돈을 벌게 된 것이다. 그 결과 벳사니오는 포사와 행복한 결혼에 이르게 된다.

2. 계정과 계정기입

(1) 계정과 계정과목의 의미

기업에서는 수없이 많은 종류의 거래들이 발생한다. 이러한 거래들을 기록하고, 기록된 거래결과를 종합하여 재무상태표와 포괄손익계산서 등의 요약된 보고서를 작성하기 위해서는 다양한 거래들을 체계적인 형태로 구분·기록하는 것이 필요하다.

계정이란 회계기록의 최소단위로 각 거래가 회계적으로 기록되는 장소를 말한다. 계정에 구체적인 명칭을 붙인 것을 **계정과목**이라고 부른다.

계정(account)이란 회계기록의 최소단위로서 각 거래가 회계적으로 기록되는 장소를 말한다. 즉 회계기간중에 발생한 거래들을 동일 성격의 자산·부채·자본의 항목 및 수익·비용의 항목으로 구분하고, 이를 기록하기 위하여 세분화한 단위를 계정이라고 한다. 그리고 이 계정에 구체적인 명칭을 붙인 것을 계정과목이라고 부른다. 예를 들어 현금, 건물, 매출 등이 계정과목이다. 계정은 기업의 업종과 규모 및 거래의 발생빈도 등을 고려하여 결정된다. 계정과목은 계정의 내용을 분명히 나타내도록 정한다. 기업에서 사용되는 대표적인 계정의 분류와 예를 제시하면 〈표 2-1〉과 같다.

표 2-1
계정의 분류와 예

재무상태표계정	
〈자산계정〉	〈부채계정〉
현금	매입채무
매출채권	미지급금
상품	차입금
미수금	〈자본계정〉
대여금	자본금
건물	자본잉여금
토지	이익잉여금
기계장치	

포괄손익계산서계정	
〈비용계정〉	〈수익계정〉
매출원가	매출
임차료비용	수수료수익
급여	이자수익
이자비용	임대료수익
광고선전비	

이러한 계정을 사용함으로써 회계기간중에 발생하는 수많은 거래들을 체계적으로 기록할 수 있다. 계정을 보면 특정항목의 증가, 감소 및 현재잔액을 쉽게 알 수 있다.

알파벳 T자 형태의 **T-계정**은 회계의 차변과 대변의 구분을 명확하게 보여준다.

회계에서 차변(왼쪽)과 대변(오른쪽)의 구분을 명확하게 잘 보여주는 것이 알파벳 T자 형태의 'T-계정'이다. [그림 2-1]은 [예제 2-1]에 따라 기록한 T-현금계정의 한 예를 보여준다. 차변(왼쪽)에는 현금의 증가를 기록하고 대변(오른쪽)에는

그림 2-1

계정의 예시 - 현금계정

현 금					
차변(왼쪽)			대변(오른쪽)		
6/30	현금출자	500,000	7/2	비품(컴퓨터)구입	10,000
7/1	장기차입금	100,000	7/15	판매비	7,500
잔액		582,500			

현금의 감소를 기록하게 된다. 이에 따라 특정시점의 현금잔액은 차변계정의 합에서 대변계정의 합을 차감한 금액이 되는 것이다. 이와는 반대로 부채나 자본계정의 잔액은 대변계정의 합에서 차변계정의 합을 차감한 금액이 된다.

(2) 계정기입의 원칙

분개는 거래의 원인과 결과를 왼쪽 차변과 오른쪽 대변에 나누어 기록하는 것이며, 회계처리의 가장 기초가 된다.

거래가 발생하면 회계거래를 왼쪽 차변과 오른쪽 대변에 기록하는데, 이를 분개(journal entry)라고 한다. 분개는 거래의 원인과 결과를 구분하여 차변(왼쪽)과 대변(오른쪽)에 나누어 기록하는 것이며, 회계처리의 기초가 된다.

거래내역은 다음과 같은 원칙에 따라 기록된다. 일단 각 항목이 증가하는 상황을 생각해보자. 재무상태표 등식(또는 회계등식, 자산=부채+자본)에 따라 자산의 증가는 왼쪽 차변 계정에 기록하고, 부채와 자본의 증가는 오른쪽 대변 계정에 기록한다. 수익은 자본을 증가시키므로 (자본과 같은) 오른쪽 대변 계정에 기록하고, 반면에 비용은 자본을 감소시키므로 (자본과 반대인) 왼쪽 차변 계정에 기록한다. 각 항목의 감소는 증가를 기록하는 곳의 반대편에 기록하게 된다. 예를 들면 자산의 증가를 왼쪽 차변 계정에 기록하므로 자산의 감소는 오른쪽 대변 계정에 기록한다.

이상을 요약하면, 왼쪽 차변에는 자산의 증가, 부채의 감소, 자본의 감소, 수익의 감소, 비용의 증가가 나타나며, 오른쪽 대변에는 자산의 감소, 부채의 증가, 자본의 증가, 수익의 증가, 비용의 감소가 나타난다.[2] 계정기입의 원칙은 재무상태표와 포괄손익계산서의 형식, 또는 재무상태표 등식의 형식을 떠올리면 좀 더 쉽게 이해할 수 있다. 〈표 2-2〉와 [그림 2-2]에 이를 요약하였다.

2) 수익과 비용의 경우 '증가' 대신 '발생'이라는 용어를 사용하기도 한다. 수익과 비용의 감소는 과거 발생했던 수익과 비용이 실제보다 과다하게 기록된 것을 줄이는(즉 취소하는) 분개로 인해 발생한다.

표 2-2

계정기입의 원칙

구 분	왼쪽 차변	오른쪽 대변
재무상태표계정	자산의 증가(+) 부채의 감소(−) 자본의 감소(−)	자산의 감소(−) 부채의 증가(+) 자본의 증가(+)
포괄손익계산서계정	비용의 증가(+) 수익의 감소(−)	비용의 감소(−) 수익의 증가(+)

그림 2-2

계정기입의 원칙과 결과

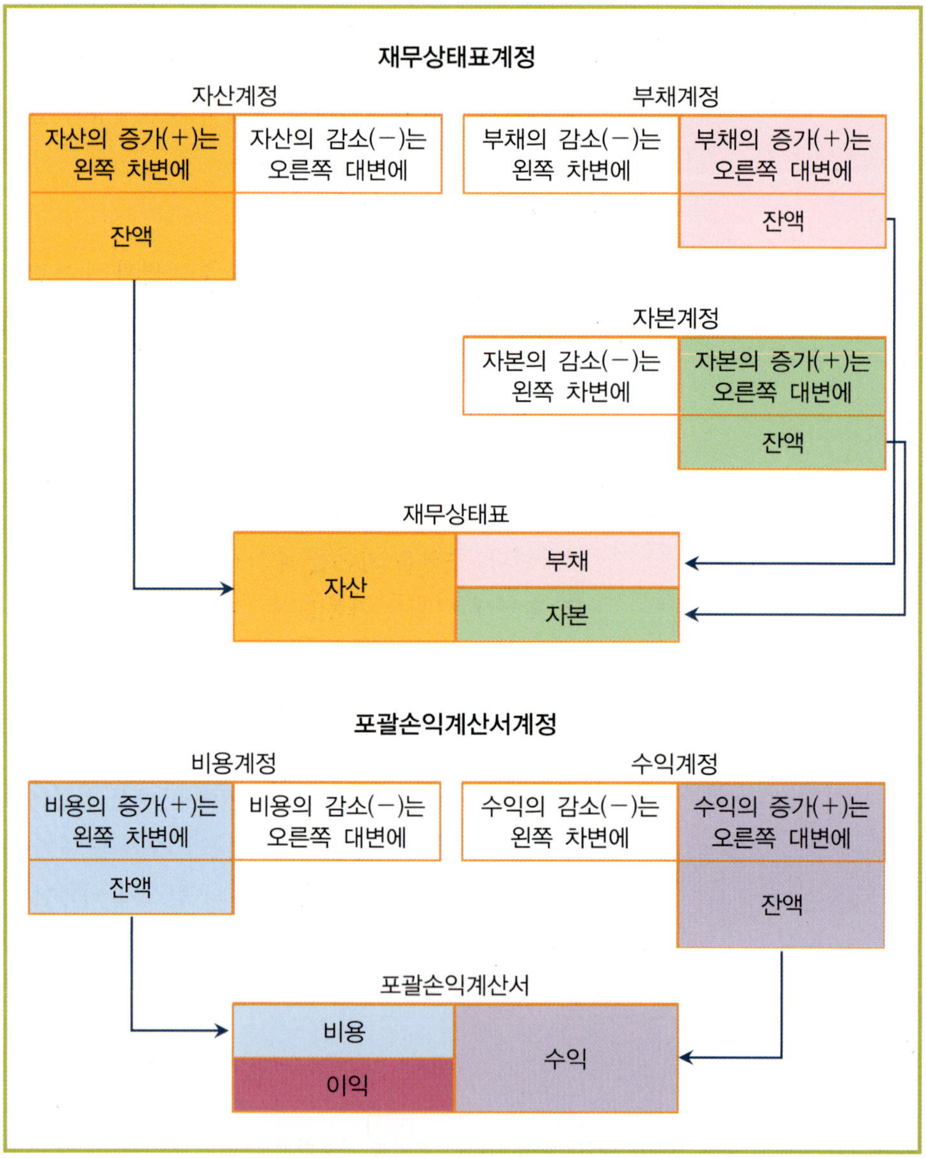

예제 2-2 계정을 이용한 회계거래의 기록

[예제 2-1]의 ①~⑦을 앞에서 설명한 〈표 2-2〉와 [그림 2-2]의 회계거래기록의 원리에 따라 자산 및 비용의 증가는 왼쪽(차변)에, 부채나 자본 및 수익의 증가는 오른쪽(대변)에 기록해보자.

① 20×1년 6월 30일 김여행 씨는 여행서비스를 주된 영업으로 하는 (주)덕송여행사를 설립하였다. 이 회사는 주당 액면 ₩5,000의 주식 100주를 발행하였으며, 주주들은 이 주식을 인수하고 현금 ₩500,000을 납입하였다.

② 20×1년 7월 1일 (주)덕송여행사는 영업활동을 위한 자금조달을 위해 우리은행에서 5년 만기 연 12% 이자율로 ₩100,000을 장기차입하였다.

③ 20×1년 7월 2일 (주)덕송여행사는 업무에 사용할 목적으로 컴퓨터를 ₩15,000에 구입하였다. 대금 중 ₩10,000은 현금으로 지급하였고 나머지는 60일 이내로 지급하겠다는 약정을 하였다.

④ 20×1년 7월 10일 (주)덕송여행사는 고객과 필리핀 여행상품 ₩50,000을 계약하였다. 여행상품 서비스는 7월 20일부터 5일간 제공될 예정이다.

⑤ 20×1년 7월 10일 (주)덕송여행사는 필리핀 현지 여행사와 7월 20일부터 5일간 제공되는 여행서비스를 ₩25,000에 제공받기로 하는 계약을 체결하였다.

⑥ 20×1년 7월 15일 (주)덕송여행사는 고객에게 외상으로 일본여행상품 ₩10,000을 제공하였다. 대금은 한 달 후에 받기로 하였다.

⑦ 20×1년 7월 15일 (주)덕송여행사는 일본여행상품 판매와 관련하여 총 ₩7,500의 판매수수료(비용)를 현금으로 지출하였다.

〈해답〉

① 현금출자로 현금(자산) 증가는 차변, 자본금(자본) 증가는 대변 :

현 금

6/30 자본금	500,000		

자본금

		6/30 현금	500,000

② 현금차입으로 현금(자산) 증가는 차변, 차입금(부채) 증가는 대변 :

현 금

6/30 자본금	500,000		
7/1 차입금	100,000		

차입금

		7/1 현금	100,000

③ 비품(자산) 증가는 차변, 현금(자산) 감소는 대변, 외상구입으로 미지급금(부채) 증가는 대변 :

현 금

6/30 자본금	500,000	7/2 비품	10,000
7/1 차입금	100,000		

비 품

7/2 현금	10,000		
7/2 미지급금	5,000		

미지급금

		7/2 비품	5,000

④, ⑤ 계약체결 : 재무제표 구성요소에 영향 없으므로 회계거래 아님.

⑥ 상품 외상판매로 매출채권(자산) 증가는 차변, 매출(수익) 증가는 대변 :

매출채권

7/15 매출	10,000		

매 출

		7/15 매출채권	10,000

⑦ 판매관련 비용의 증가는 차변, 현금(자산)의 감소는 대변 :

현 금

6/30 자본금	500,000	7/2 비품	10,000
7/1 차입금	100,000	7/15 판매수수료	7,500

판매비

7/15 현금	7,500		

회계이야기 (2)

차변과 대변으로 나누어 분개를 하게 된 이유

앞에서 회계상 거래가 발생했을 때, 차변과 대변으로 나누어 분개를 수행해서 회계장부에 기록한다는 것을 설명했다. 그렇지만 왜 이런 방식으로 기록하게 됐는지에 대해서는 설명하지 않았다. 국내외 어떤 교과서도 그 이유를 설명하지 않고 있다. 앞에서 설명한 것처럼 현재 우리가 사용하는 형태의 회계(특히 복식부기)가 700년 이상 전인 중세 르네상스 시대 초기 단계에 시작됐기 때문이다. 따라서 회계가 개발되었을 초기 왜 이런 방식으로 분개를 하게 됐는지에 대한 기록이 지금까지 남아 있지 않다. 즉 왜 이렇게 기록을 하는지 모르지만 그냥 전해오는 방법대로 기록을 하는 것이다.

차변과 대변으로 나누어 기록하는 분개가 탄생한 이유

필자들은 이런 기록방법이 다음과 같은 논리적 과정을 걸쳐서 탄생했을 것으로 추측한다.

자산 = 부채 + 자본
자산의 증감 = 부채의 증감 + 자본의 증감
자산의 증가 − 자산의 감소
 = 부채의 증가 − 부채의 감소 + 자본의 증가 − 자본의 감소
자산의 증가 + 부채의 감소 + 자본의 감소
 = 자산의 감소 + 부채의 증가 + 자본의 증가

즉 위의 마지막 등식에서 등호(=)의 왼쪽에 등장하는 세 항목(자산의 증가, 부채의 감소, 자본의 감소)은 분개장의 왼쪽(차변)에 적고, 등호의 오른쪽에 등장하는 세 항목(자산의 감소, 부채의 증가, 자본의 증가)은 분개장의 오른쪽(대변)에 적는 방식이다. 이 방식을 따라 복잡한 거래를 대변과 차변으로 구분해서 적게 되었을 것으로 추측한다.

위의 등식에 수익과 비용은 등장하지 않는다. 수익은 자본(이익잉여금)을 증가시키지만 비용은 자본(이익잉여금)을 감소시키는 항목이므로, 수익의 발생은 자본의 증가를 기록하는 것과 동일하게 분개장의 오른쪽(대변)에 적고 비용의 발생은 자본의 감소와 동일하게 분개장의 왼쪽(차변)에 적게 되었을 것이다.

분개가 미친 공헌

만약 분개가 없었다면 어떤 일이 발생했을까? 앞의 [예제 2-1]에서 재무상태표 등식에 따라 거래를 등식의 오른쪽과 왼쪽으로 나눠서 기록하는 것에 대해 공부했다. 현대의 기업들은 수백 개의 계정을 사용한다. 만약 분개가 개발되지 않아서 재무상태표 등식만을 사용해서 회계기록을 했다면, 등호의 왼쪽과 오른쪽에 각각 수백 개에 이르는 엄청난 숫자의 계정과목들이 등장할 것이다.

그러나 분개가 개발되어 사용되기 시작하면서 거래를 기록하는 것이 매우 간단해졌다. [예제 2-2]와 앞으로 등장할 [예제 2-5]에서 볼 수 있듯이, 복잡한 거래도 분개장이라는 명칭의 회계장부에 한 줄로 기록할 수 있게 된 것이다. 그 결과 기업의 활동을 간단하게 기록하고, 이 회계기록을 통해 기업이 어떤 활동을 했는지를 손쉽게 파악하는 것이 가능해졌다.

2.2 재무제표 기본요소의 인식

회계거래가 재무제표의 기본요소인 자산, 부채, 자본, 수익 및 비용의 형태로 재무상태표나 포괄손익계산서에 반영되는 과정을 **인식**이라고 한다.

회계거래가 재무제표의 기본요소인 자산, 부채, 자본, 수익 및 비용의 형태로 재무상태표나 포괄손익계산서에 반영되는 과정을 인식(recognition)이라고 한다. 즉 회계거래를 식별한 후 화폐금액으로 측정하고 분개를 수행하여 회계기록을 하는 것을 인식이라고 한다. 좀 더 쉽게 설명한다면, 분개를 수행하여 회계거래를 회계장부에 기록하는 행위를 의미한다. 회계거래를 인식하기 위해서는 아래의 두 가지 조건을 모두 충족해야 한다.

회계거래를 인식하기 위해서는 해당 항목과 관련한 미래 경제적 효익이 기업에 유입되거나 유출될 가능성이 높아야 하고, 해당 유입이나 유출 항목의 원가나 가치를 신뢰성 있게 측정할 수 있어야 한다.

첫째, 해당 항목과 관련한 미래 경제적 효익이 기업에 유입되거나 기업에서 유출될 가능성이 높아야(probable) 한다. 미래 기간 동안 경제적 효익의 유입이나 유출 가능성이 존재한다는 것만으로는 해당 사건을 회계거래로 인식할 수 없으며, 실제로 경제적 효익의 유입이나 유출 가능성이 높다고 판단될 때에만 회계거래로 인식하는 것이다. 예를 들어 현재 진행중인 소송에서 질 가능성이 일부 있다는 정도만으로는 해당 소송에 졌을 때 배상해야 하는 배상금을 부채나 비용으로 인식할 수 없다.

둘째, 해당 유입이나 유출 항목의 원가(cost)나 가치를 신뢰성 있게 측정할 수 있어야(measurable) 한다.[3] 객관적인 정보가 없다면 합리적인 추정을 통해 원가나 가치를 측정하는데, 만약 이를 신뢰성 있게 측정할 수 없는 경우에는 재무제표에 인식할 수 없다. 예를 들어 현재 진행중인 소송에서 질 가능성이 높아 배상금을 지급할 것으로 예상되는 경우라도, 만약 예상되는 배상금 금액을 신뢰성 있게 측정할 수 없다면 이를 부채나 비용으로 인식할 수 없고 이런 내용에 대해 주석으로 설명하는 것이면 충분하다. 즉 위의 두 가지 인식조건 중 하나라도 충족하지 못하면 회계거래를 인식할 수 없다.

또한 회계거래는 발생주의(accrual basis) 원칙에 따라 인식된다. 이는 경제적

3) 회계를 공부하지 않은 사람들은 '원가(cost)'와 '비용(expense)'을 혼용하는 경향이 있는데, 이 둘은 서로 다른 개념이다. '원가'란 '특정자산을 취득하거나 생산하기 위해 희생한 다른 자산의 가치'를 말한다. 만약 서점에서 출판사로부터 ₩10,000에 책을 구입해서 소비자에게 ₩15,000에 판매한 경우, 서점 입장에서 볼 때 해당 책(즉 재고자산)의 원가는 ₩10,000이다. 책을 구입하기 위해 ₩10,000이라는 다른 자산(즉 현금)을 희생했기 때문이다. 이에 반해 '비용'은 '수익을 창출하기 위해 희생한 자산의 가치'라고 정의한다. 예를 들어 책을 소비자에게 판매할 때 ₩15,000만큼 수익(즉 매출)이 발생하는데, 이때 매출을 창출하기 위해 ₩10,000 가치의 재고자산을 희생했으므로 이 금액이 판매시점의 비용(즉 매출원가)이 된다.

발생주의 원칙에 따라 회계거래를 인식하는데, 이는 경제적 사건이나 거래를 인식할 때 현금이 유출되거나 유입되는 시점이나 기간이 아니라 해당 거래나 사건이 발생한 시점 또는 기간에 인식한다는 원칙이다.

사건이나 거래를 인식할 때 현금이 유출되거나 유입되는 시점이나 기간이 아니라 해당 거래나 사건이 발생한 시점 또는 기간에 인식한다는 원칙이다. 이 원칙에 따라 수익과 그 수익(결과)을 발생시키기 위해 발생한 비용(원인)을 동일한 기간에 인식한다. 그 결과 현금의 유입 또는 유출 시점과 수익 또는 비용의 인식 시점은 서로 달라질 수 있다. 또한 자산과 부채도 현금의 유입 또는 유출과 관계없이 위에서 설명한 두 가지 조건이 충족될 때 인식하는 것이다.

발생주의와 대조되는 현금주의(cash basis) 원칙은 현금이 유입될 때 수익을 인식하고 현금이 유출될 때 비용을 인식하는 방법이다. 현금주의는 사용하기 쉬운 방법이지만, 수익과 비용을 발생한 원인과 결과에 따라 동일한 기간에 대응시킬 수 없다. 따라서 기업의 기간별 경영성과를 정확하게 측정하지 못한다는 문제점이 있다.

기업은 발생주의 원칙에 따라 회계처리를 하고 재무제표를 작성한다. 단 현금흐름표를 작성하는 경우에만 현금주의 원칙을 따른다.

회계이야기 (3)

발생주의 회계의 우수성

왜 기업에서 발생주의를 이용하여 회계기록을 하는지 알아보자. 먼저 비용 측면에서 생각해보자. 예를 들어 3년치 임차료를 선금으로 지불하고 가게를 임차하여 커피전문점을 차렸다고 생각해보자. 임차료를 선금으로 지불하였으므로 현금은 1차년도의 초기에 크게 지출된다. 만약 현금의 수입과 지출만을 가지고 커피전문점의 수익성을 판단한다면, 임차료가 지출된 1차년도의 수익성은 매우 나쁘지만 2차년도와 3차년도의 수익성은 임차료를 지불할 필요가 없으므로 좋은 것처럼 표시된다. 그렇지만 이는 잘못된 계산이다. 커피전문점의 경영성과를 보다 정확히 계산하기 위해서는 임차료의 지급시점과 관계없이 지급된 임차료를 3년의 시기에 배분해서, 각 연도의 임차료를 각 연도의 비용으로 계상하는 것이 합리적이다. 발생주의가 바로 이 방법에 따라 비용을 계산하는 것이다. 이런 이유에서 발생주의가 현금주의보다 정확하게 기업의 경영성과를 표시할 수 있다. 커피전문점을 차렸을 때 다년간 사용할 수 있는 인테리어 공사를 했다면, 이 공사에 소요된 원가도 현금지불시점이 아니라 다년간에 걸쳐 비용으로 배분해야 한다.

비용이 아니라 수익 측면에서 발생주의의 우수성을 알아보자. 건설회사가 시행사의 위탁을 받아 3년 동안 공사를 진행한 후 건물을 완성하여 시행사에 인도하는 계약을 가정해보자. 계약금의 10%는 공사착수시점에, 나머지 90%는 건물의 인도시점에 지불된다고 가정하자. 만약 현금주의 기준을 따른다면 총공사금액의 10%가 1차년도에, 나머지 90%는 3차년도에 매출액으로 기록된다. 그러나 건설회사에서 공사를 3년 동안 균등하게 진행했다면, 공사에 투입된 노력과 비교할 때 매출액이 기록되는 시기가 일치하지 않는다. 따라서 공사에 투입된 노력(원인)과 동일한 시점인 3년간 균등하게 매출액(결과)을 기록하는 발생주의 방법에 따라 매출액을 기록해야 공사에 소요되는 3년 동안 각 기간의 정확한 이익을 계산할 수 있다.

국가에서 현금주의를 주로 사용하는 이유

이처럼 발생주의를 적용해서 기업의 수익과 비용을 계산해야 보다 정확한 기업의 재무상태나 경영성과를 평가할 수 있다. 다만 현금주의와 비교할 때 발생주의는 사용하기 어렵다는 문제점이 있다. 회계처리를 할 수 있는 전문인력이 있어야 발생주의에 따른 복식부기 업무를 수행할 수 있기 때문이다.

대부분의 국가는 정확하게 재무상태나 경영성과를 측정하거나 보고할 필요성이 적으므로 현금주의를 주로 사용해오고 있다. 우리나라는 2009년 국가회계법 시행에 따라 중앙정부부문에 발생주의 회계기준을 도입하고, 2011년부터 발생주의를 적용한 국가재무제표를 작성하였다. 그러나 회계전문인력의 부족으로 발생주의 회계의 활용도는 아직 제한적이다.

1. 자산 · 부채의 인식

(1) 자산의 인식

자산은 미래 경제적 효익이 기업에 유입될 가능성이 높고, 해당 항목의 원가 또는 가치를 신뢰성 있게 측정할 수 있을 때 재무상태표에 **인식**한다.

발생주의 원칙에 따라 자산은 특정자원을 기업이 보유함으로써 미래 경제적 효익이 기업에 유입될 가능성이 높고(probable), 해당 항목의 원가 또는 가치를 신뢰성 있게 측정할 수 있을 때(measurable) 재무상태표에 인식한다. 만약 어떤 거래로 인해 현금 또는 다른 자산의 지출(expenditure)[4]이 발생하였으나, 그 거래의 결과 미래 경제적 효익이 기업에 유입될 가능성이 낮거나 경제적 효익이 유입될지의 여부에 대한 불확실성이 크다고 판단된다면 해당 지출을 자산이 아니라 비용(expense)으로 인식해서 포괄손익계산서에 표시한다. 즉 위 두 조건이 모두 만족된 경우에만 자산으로 인식하는 것이다.

예를 들어 신제품 개발을 위한 연구활동에 사용할 목적으로 현금을 지출한 경우, 해당 연구활동으로 인한 미래 경제적 효익의 유입가능성이 불확실하다면 자산의 증가로 회계처리하지 않고 비용처리하는 것이 일반적이다. 또한 광고선전비로 지출한 금액도 위와 같은 이유로 당기비용으로 처리한다.

(2) 부채의 인식

부채는 기업이 현재 부담하는 의무를 이행함에 따라 경제적 효익을 갖는 자원의 유출가능성이 높고, 유출될 금액을 신뢰성 있게 측정할 수 있을 때 재무상태표에 **인식**한다.

발생주의 원칙에 따라 부채는 기업이 현재 부담하고 있는 의무를 미래 특정 시점이나 기간에 이행함에 따라 경제적 효익을 갖는 자원의 유출가능성이 높고(probable), 유출(결제)될 금액을 신뢰성 있게 측정할 수 있을 때(measurable) 인식한다. 위 두 조건이 모두 만족된 경우에만 부채로 인식하는 것이다.

예를 들어 기업이 제품을 판매한 후 일정기간 동안 제품보증책임을 지는 경우를 생각해보자. 제품보증의무 이행으로 인한 자원의 유출가능성이 높고, 그 유출예상 금액을 과거의 경험 등을 통해 신뢰성 있게 측정할 수 있다면(예를 들어 제품보증의무 이행을 위해 과거 지출한 수리비가 매출액의 5% 정도로 일정하다면), 판매시점에 제품보증의무를 부채로 인식해야 한다. 만약 두 조건 중 하나만 만족한다면(예를 들어 제품보증의무 이행으로 인한 자원의 유출가능성이 높지만 얼마가 유출될지 불명확하다면), 부채로 인식하지 않고 이런 내용에 대해 주석으로 설명하는 것으로 충분하다.

---

4) '지출(expenditure)'이란 현금이나 다른 자산이 결제수단으로 거래 상대방에게 지불된 것을 의미한다. 지출과 '비용(expense)'은 서로 다른 개념이니 주의하기 바란다.

2. 수익 · 비용의 인식

자산 · 부채의 인식시점과 마찬가지로 수익과 비용을 인식할 때 기본이 되는 것은 발생주의 원칙이다. 즉 현금을 수취하였거나 지급했는지 여부와 관계없이, 수익과 비용이 발생한 시점이나 기간에 이를 인식하여 재무제표에 반영한다.

수익과 비용을 언제 인식하는가는 매우 중요하고 어려운 문제이다. 수익은 기업의 영업활동 수행중에 점진적으로 발생하는 경우가 많은데, 수익 · 비용 인식시점에 따라 특정 회계기간의 경영성과와 회계기간말의 재무상태가 크게 달라질 수 있다. 예를 들어 자동차회사는 자동차를 공장에서 생산해서 재고로 보유하다가 고객의 주문을 받으면 탁송하여 고객에게 배달한 후 현금을 수취하는 일련의 거래활동을 한다. 원칙적으로 수익이란 이렇게 연속적인 거래활동의 종합적인 결과라고 할 수 있지만, 회계상 수익을 점진적으로 인식하기가 너무 복잡하기 때문에 특정시점을 골라 수익과 비용을 인식한다. 만약 자동차회사가 20×1년 12월말과 20×2년 1월초에 걸쳐서 자동차 1만대를 해외에 수출한 경우, 이 거래를 12월의 수익으로 인식한다면 관련비용과 매출 등 수익에 관련된 모든 계정이 20×1년 재무제표에 반영될 것이다. 그러나 20×2년 1월의 수익으로 인식한다면 20×2년 재무제표에 반영될 것이다. 따라서 수익 · 비용을 언제 인식할 것인지 결정하는 것은 각 기간별 경영성과와 재무상태를 정확히 계산하는 데 매우 중요하다.

발생주의 원칙에 따라 **수익**은 가득기준과 실현기준에 의해, **비용**은 수익 · 비용대응의 원칙에 따른다.

발생주의 원칙에 따라 수익과 비용을 인식하는 기준을 구체적으로 살펴보자. 수익은 가득기준(earned principle)과 실현기준(realization principle)에 의해, 비용은 수익 · 비용대응의 원칙(matching principle)에 따라 인식한다.

(1) 수익의 인식

수익은 고객에게 재화나 용역을 제공한 대가로 반대급부를 수취하여 자산이 증가하거나 부채가 감소하고 그 증감의 정도를 측정할 수 있을 때 인식한다. 즉 수익이 발생하면 동시에 자산의 증가 또는 부채의 감소가 기록된다. 보다 구체적으로는 아래에서 설명하는 가득기준과 실현기준의 두 가지 조건이 모두 만족되면 수익을 인식한다.

가득기준

기업이 고객에게 재화를 인도하였거나 용역을 제공함으로써 재화나 용역에 대한

기업이 고객에게 재화를 인도하였거나 용역을 제공함으로써 재화나 용역에 대한 통제권이 고객에게 이전되었을 때 수익이 **가득**되었다고 한다.

통제권이 고객에게 이전되었을 때 수익이 가득(earned)되었다고 한다. 예를 들어 서비스 기업이 용역을 제공하기 전에 고객으로부터 판매대금을 미리 받은 경우 가득기준을 만족하지 못하였으므로 이를 수익으로 인식하지 않는다. 용역을 제공해야 할 의무가 여전히 남아 있기 때문이다. 따라서 미리 받은 돈을 부채로 기록했다가, 고객에게 용역을 제공완료한 시점에서 부채를 제거하고 수익으로 인식한다.

실현기준

기업이 재화나 용역을 고객에게 제공하고 그 대가로 현금 또는 현금청구권을 수취하였을 경우 수익이 **실현**되었다고 말한다.

수익은 실현되었거나(realized) 또는 실현가능한(realizable) 시점에서 인식한다. 기업이 재화나 용역을 고객에게 제공한 대가로 현금(cash) 또는 현금청구권(claims to cash)을 수취하였을 경우 수익이 실현되었다고 말한다. 현금청구권을 수취했다는 말은 외상으로 판매한 대금을 미래 기간에 현금으로 회수할 수 있는 권리인 매출채권이 발생했다는 뜻이다. 단 매출채권을 회수할 가능성이 높지 않아 얼마를 회수할지 예상할 수 없다면 실현기준이 충족되었다고 볼 수 없다. 이런 경우라면 현금이 회수될 때까지 기다렸다가 수익을 인식해야 한다.

자동차회사의 경우 가득기준과 실현기준을 그림으로 설명하면 [그림 2-3]과 같다. 자동차를 소비자에게 제공하면 가득기준을 충족시키는 것이고, 그 대가로 현금 또는 현금청구권을 수취하면 실현기준을 충족시키는 것이다. 이 두 기준이 모두 충족되었을 때 수익을 인식한다.

그림 2-3
수익인식기준의 충족

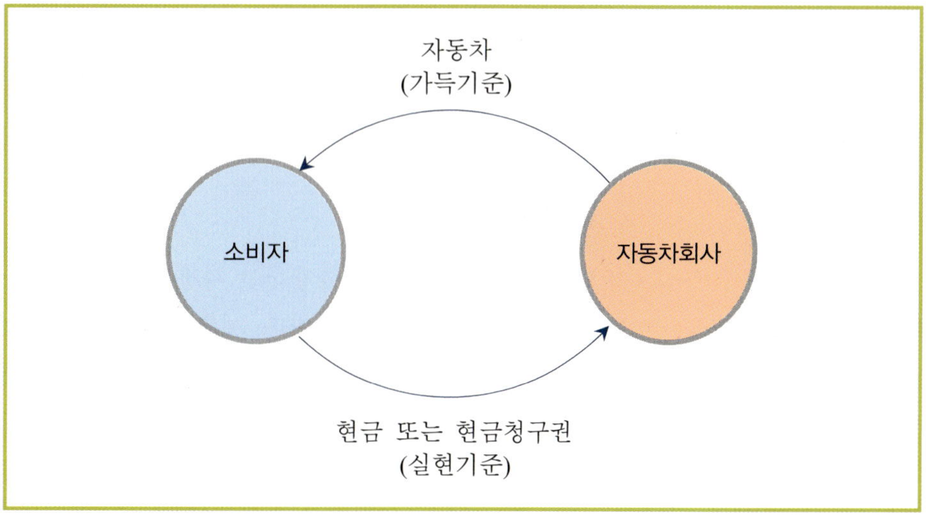

일반적으로 재화의 판매시점에 수익의 인식을 위한 위의 두 가지 조건이 모두 충족된다. 판매시점에 고객에게 상품이 인도되며, 가격이 정해져 있으므로 현금 또는 현금청구권이 취득된다. 따라서 판매시점에 수익을 인식하는 것이다. 위에서 예를 든 자동차회사의 경우 보통 자동차를 고객에게 인도하는 시점에서 수익을 인식한다. 업종에 따른 인식시점의 차이도 존재한다. 컨설팅이나 교육 등 용역(서비스)을 제공하는 경우에는 용역이 모두 제공된 시점에 수익을 인식한다. 또는 건설회사처럼 장기간 동안 건물을 건설하는 경우에는 건설공사의 진행 정도에 비례하여 수익을 인식하는 경우도 있다.

[예제 2-1]의 ⑥을 통해 발생주의에 따른 수익인식을 이해해보자.

예제 2-3 발생주의와 현금주의 - 수익인식

⑥ 20×1년 7월 15일 (주)덕송여행사는 고객에게 외상으로 일본여행상품 ₩10,000을 제공하였다. 대금은 한 달 후에 받기로 하였다.

㉠ 발생주의에 따를 경우에는 7월 15일에 수익을 인식한다. (주)덕송여행사는 여행상품을 이미 제공하여 수익가득과정이 완료되었고, 그 대가로 현금 ₩10,000의 회수가 합리적으로 기대되기 때문에 수익이 실현되었다고 판단할 수 있다. 따라서 매출채권(자산) ₩10,000과 매출(수익)을 동금액만큼 인식한다. 그러나 만약 해당 고객의 신용상태가 불량하여 앞으로 대금을 수취할 가능성이 높지 않다고 판단된다면, 이는 실현기준을 만족시키지 못한 것이므로 수익으로 인식할 수 없다. 이 경우는 현금을 회수할 시점까지 기다렸다가 수익을 인식해야 한다.

㉡ 현금주의를 따를 경우에는 위의 상황은 수익으로 인식되지 않는다. 회사는 여행상품을 이미 제공하였지만 그 대가로 고객으로부터 받기로 한 현금이 아직 회수되지 않았기 때문이다. 현금주의에 따르면 재화나 용역을 제공하였는지의 여부와 상관없이 실제로 현금이 회수되었을 때 수익을 인식한다.

(2) 비용의 인식

비용은 기업이 수익을 창출하는 과정에서 소비 또는 희생된 자원의 경제적 가치 또는 효익의 감소분을 말한다. 예를 들어 상품(재고자산)을 판매하여 수익을 얻기 위해서는 상품이라는 경제적 효익이 내재된 자산을 구매자에게 제공해야 한다. 즉 상품을 희생해야 한다. 이때 희생된 상품의 가치(원가)가 비용에 해당된다. 따라서 비용이 발생하면 자산이 감소하거나 부채가 증가한다.

비용은 관련수익이 인식되는 기간에 인식하는데, 이를 **수익 · 비용대응의 원칙**이라고 한다.

비용은 대체로 수익이 인식되는 시점, 즉 상품이 판매되거나 용역이 제공되는 시점에 인식하는 것이 보통이다. 즉 비용은 관련수익이 인식되는 회계기간에 함께 인식하여, 비용이라는 원인 때문에 수익이라는 결과가 발생했다는 인과관계를 정보이용자들이 손쉽게 알 수 있도록 한다. 이를 수익 · 비용대응의 원칙(matching principle)이라고 한다.

원가 중 수익창출에 사용되지 않아 미소멸된 부분은 자산으로, 수익창출과정에서 사용(소멸)된 원가는 비용으로 인식한다.

만약 자동차회사가 수익을 창출하기 위해 당기 동안 생산한 자동차 중 일부가 회계기간말 현재 아직 판매되지 않았다고 해보자. 해당 자동차 생산을 위해 투입된 원가(costs)는 회계상 비용으로 인식되지 않고, 대신 재고자산이라는 자산항목으로 기록되어 재무상태표에 표시된다. 그리고 해당 자동차를 판매하여 수익으로 인식하는 시점에 관련 자동차의 생산에 소요된 원가를 자산(재고자산이라는 자산계정)에서 차감하고 비용(매출원가라는 비용계정)으로 인식한다. 즉 자동차를 생산하기 위해 지출된 원가 중 아직 수익창출에 사용되지 않아 소멸되지 않은 부분은 자산으로 표시하고, 당기에 수익창출에 기여하면서 소멸된 부분은 비용으로 인식하는 것이다. 이렇게 현금의 수취나 지불과 무관하게 관련된 수익과 비용을 서로 대응하여 같은 회계기간에 인식하는 것이 발생주의 회계의 핵심이다.[5]

그림 2-4

자산과 비용의 구분과 수익 · 비용대응의 원칙

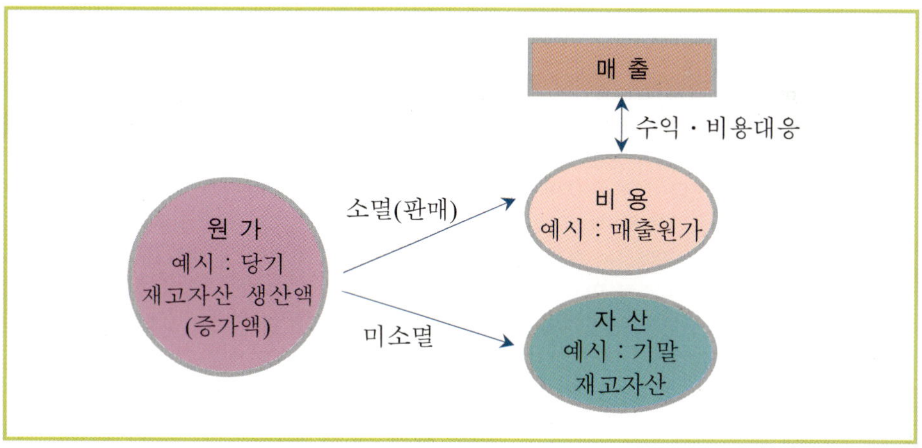

5) 즉 발생주의 회계란 수익은 가득기준과 실현기준이라는 수익인식원칙에 따라, 비용은 수익 · 비용대응의 원칙에 따라 인식하는 방법이다. 이에 반해 현금주의 회계에서는 현금이 획득될 때 수익을 인식하고 현금이 지출될 때 비용을 인식한다. 따라서 두 방법을 통해 인식한 수익과 비용이 서로 다를 수 있다.

예제 2-4 발생주의와 현금주의 - 비용의 인식

20×1년 8월 15일 (주)덕송여행사는 고객에게 여행상품서비스를 제공하면서 판매수수료와 교통비 등의 판매비용이 발생했다. 총비용 ₩8,500 중에 ₩7,500은 현금으로 지출하였고 ₩1,000은 30일 이내로 지급하기로 약속하였다.

① 발생주의에 따라 비용을 인식하면 8월 15일에 인식할 총비용은 ₩8,500이다. 여행상품서비스를 이미 제공하여 수익은 실현되었고, 동 수익의 실현과정에서 발생한 비용도 현금지급과 무관하게 당기에 비용으로 인식한다. 이는 수익·비용대응의 원칙이 적용된 결과이다.

② 현금주의에 따라 비용을 인식하면 8월 15일에 인식할 비용은 ₩7,500이다. 실제 현금을 지출한 금액만을 비용으로 인식하므로 미지급된 ₩1,000은 8월에 인식할 비용에서 제외된다.

회계이야기 (4)

수익·비용대응 원칙의 적용

수익·비용대응의 원칙이란 수익이 발생하는 시점에 그 수익과 관련된 비용을 인식한다는 원칙이다. 즉 수익창출활동을 위해 희생된 노력(원인)에 해당하는 비용을 그 노력 때문에 발생한 수익(결과)에 대응시킨다는 논리다. 이 원칙에 따라 현금의 지출(expenditure)시점과는 다른 시점에서 비용의 발생이 인식될 수 있다.

처음 회계가 만들어졌을 때에는 기업의 활동이 단순했으므로 이 원칙을 적용하여 회계처리를 수행하는 것이 어렵지 않았다. 그런데 기업의 활동이 점점 복잡해짐에 따라 수익창출활동의 내용도 복잡해졌다. 따라서 어떤 수익과 어떤 비용 항목이 서로 대응되는지를 정확히 식별하기가 어려운 경우가 많아졌다. 고객에게 제품을 판매하는 한 가지 수익창출활동만 존재하는 기업의 경우에도 무수히 많은 서로 다른 종류의 비용이 발생하기 때문이다. 또한 다양한 수익창출활동이 존재하는 기업의 경우, 어떤 비용항목은 단 한 가지 수익창출활동과만 관련된 것이 아니라 다수의 활동과 동시에 관련되어 발생하기도 한다. 따라서 이런 활동 중 구체적으로 어떤 활동을 골라 대응을 할 것인지 결정하기가 어렵다. 이러한 어려움을 해결하기 위해 실무적으로 수익과 비용을 서로 대응시키는 세 가지 방법이 존재한다.

세 가지 대응방법의 적용

첫째, 1 대 1 대응이다. 수익과 그 수익을 창출하기 위해 희생된 자산이 명확히 대응되는 경우라면 해당 수익이 발생하는 시점과 동시에 비용을 인식한다. 예를 들어 서점에서 보유하고 있던 책을 고객에게 판매했다고 가정하자. 판매대금은 서점의 수익으로 기록되며(매출-대변), 서점이 출판사로부터 그 책을 구입하는 과정에서 희생된 자산의 가치(원가)를 비용(매출원가-차변)으로 기록한다. '1 대 1 대응'이라는 표현 대신 '직접대응'이라고 부르기도 한다.

둘째, 체계적·합리적 원칙을 사용하여 기간별로 비용을 배분한다. 예를 들어 특정 기계장치가 여러 해 동안 제품의 생산과정에 사용된다면 정확하게 어느 기간에 해당 기계장치의 취득원가 중 얼마만큼을 비용으로 기록할지 판단하기 곤란하다. 이런 경우에는 체계적·합리적인 방법을 이용해서 기계장치의 원가를 해당 기계장치가 사용되는 기간 동안 비용으로 배분한다. 예를 들어 3년간 사용하는 기계장치라면 이 기계장치의 원가를 사용하는 3년의 기간 동안 비용으로 나누어 인식한다. 이를 '감가상각을 한다'고 하는데, 이에 대해서는 제7장에서 공부한다.

셋째, 지출한 즉시 비용처리한다. 현금이 지불되었는데, 그 지출의 효익이 이미 소멸하였거나 또는 해당 현금의 지출 때문에 미래에 얻을 수 있는 효익이 있을지 불투명한 경우 현금지출액 전액을 비용으로 처리한다. 예를 들어 새로운 연구개발을 위해 지출한 자금은 그 지출을 통해 미래에 효익을 언제 얼마나 얻을 수 있을지 명확하지 않다. 따라서 지출시점에 비용(연구비)으로 처리한다. 광고선전비도 동일한 이유에서 지출시점의 비용으로 처리한다.

2.3 회계순환과정

회계에서는 거래와 사건의 인식 · 측정에서부터 재무제표가 작성되기까지의 모든 과정이 일정한 기간(회계연도)을 주기로 반복되는데, 이를 회계순환과정(accounting cycle)이라고 한다. 회계순환과정을 간단하게 표시하면 [그림 2-5]와 같다. 일반적으로 회계순환과정은 크게 기중 거래를 기록하는 과정과 결산작업을 수행하는 과정으로 구분할 수 있다.

회계순환과정 중 기중 거래를 기록하는 과정은 거래를 식별하고 분개를 하고 전기하고 수정전 시산표를 작성하는 과정이다.

첫 번째 과정은 기중 거래를 기록하는 과정이다. 회계기간 동안에 거래가 발생하면 이를 식별하고 분개장에 분개를 한다. 그리고 이 거래들을 원장에 있는 각 계정에 전기한다. 계정별로 차변잔액과 대변잔액을 계산하여 차변의 총합계와 대변의 총합계가 일치하는가를 확인해보는데, 이때 작성하는 것이 수정전 시산표이다.

두 번째 과정은 결산작업을 수행하는 과정이다. 기말에는 기중에 이루어진 분개 이외에 추가로 기말에 반영해야 할 결산수정분개를 한 후, 이를 전기하고 다시 계정별로 차변잔액의 총합계가 대변잔액의 총합계와 일치하는지를 확인하

그림 2-5

회계순환과정

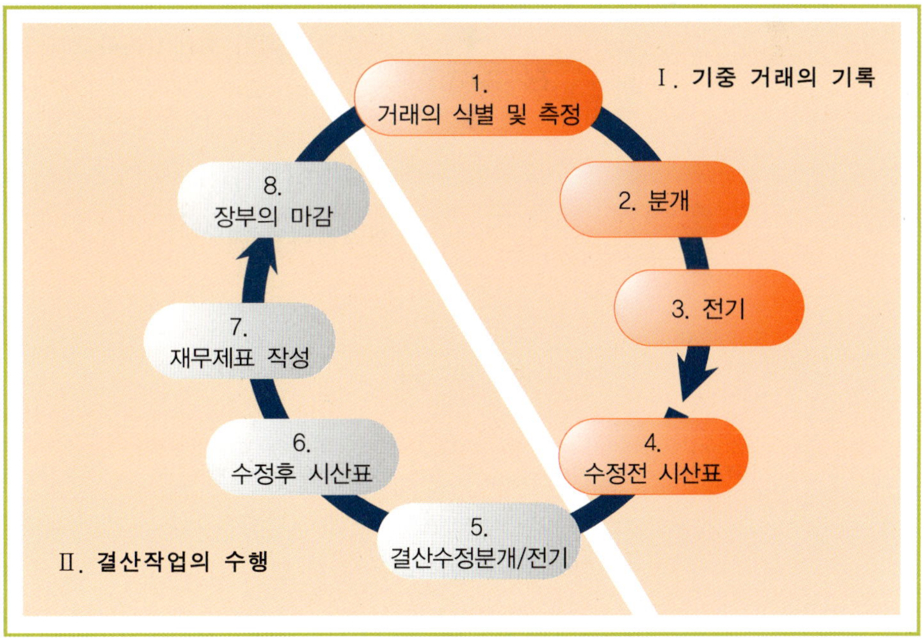

회계순환과정 중 결산작업을 수행하는 과정은 결산수정분개 및 전기, 수정후 시산표, 재무제표의 작성으로 이어진다.

일반적으로 재무제표는 일관성 있게 1년 단위로 작성하는데, 그보다 짧은 기간에 작성하는 경우도 흔하다.

기 위해 수정후 시산표를 작성한다. 수정후 시산표를 기초로 하여 재무제표를 작성한다. 그리고 다음 회계연도에 계속해서 거래를 기록할 수 있도록 계정을 마감한다. 이 과정 중 수정전 시산표, 결산수정분개, 수정후 시산표, 재무제표(포괄손익계산서, 재무상태표) 등이 모두 포함되는 정산표를 작성할 수도 있다.

이렇게 한 회계기간 동안 위의 과정이 끝나면 다음 회계기간에는 다시 새롭게 거래를 식별하고 분개하는 과정부터 다시 시작하게 된다. 기업은 적어도 1년에 한 번 이상 이러한 회계순환과정을 통해 작성된 재무제표를 공시한다. 그러나 관리목적으로 매월 또는 분기별로 한 번씩 이러한 과정을 반복하여 월별 또는 분기별 재무제표를 작성하는 기업도 많다.

본장에서는 기중 거래를 기록하는 과정에 해당하는 거래의 식별, 분개, 전기 및 수정전 시산표를 설명하고, 제3장에서 결산작업을 수행하는 과정인 결산수정분개 및 전기, 수정후 시산표, 재무제표, 장부의 마감을 설명한다.

1단계 : 거래의 식별 및 측정

거래의 식별은 회계거래인지를 판단하는 것이며, 회계거래이면 화폐단위로 측정한다.

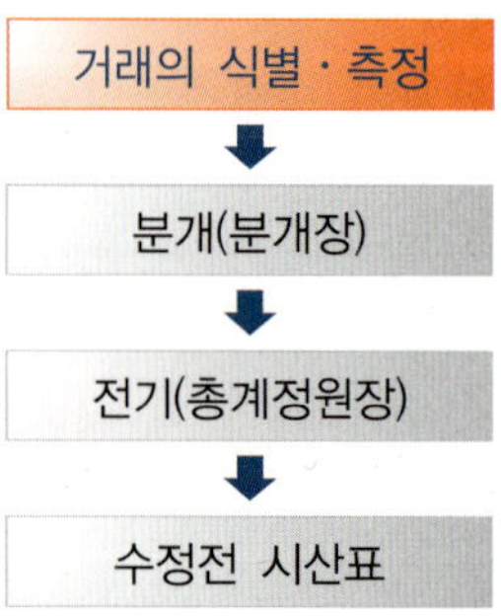

회계순환과정의 출발점은 해당 거래나 경제적 사건이 자산·부채·자본의 각 항목에 영향을 미치는 회계거래인지를 판단하는 거래의 식별과정(identification)이다. 해당 거래가 회계거래라고 판단되면 이를 화폐단위로 측정하여 회계장부에 기록(즉 인식)한다. 예를 들어 (주)덕송이 7월 1일에 현금 ₩10,000,000을 주고 토지를 구입했다면, 이는 현금의 유출(자산의 감소)과 토지의 증가(자산의 증가)를 발생시키는 회계거래에 해당된다.

2단계 : 분 개

분개는 회계거래를 차변과 대변으로 나누어 기록하는 행위이다.

기업의 활동 중 회계거래에 해당되면 회계순환과정 중 제2단계인 분개(journal entry)를 하게 된다. 분개는 회계거래를 차변과 대변으로 나누어 기록하는 것이다. 분개장(journal)이라는 장부 또는 회계전산시스템에 분개를 하는데, 분개장에는 기중에 발생한 모든 거래들이 발생순서에 따라 기록된다.

표 2-3

분개의 원칙

차변요소(5가지)	대변요소(5가지)
왼쪽 차변(debit)	오른쪽 대변(credit)
자산의 증가(+)	자산의 감소(−)
부채의 감소(−)	부채의 증가(+)
자본의 감소(−)	자본의 증가(+)
수익의 감소(−)	수익의 증가(+)
비용의 증가(+)	비용의 감소(−)

〈분개시 고려사항〉
① 어느 계정과목에 표시할 것인가?
② 해당 계정의 차변과 대변 어느 쪽에 기록할 것인가?
③ 해당 계정에 얼마의 금액을 기록할 것인가?

〈분개절차〉
① 거래의 분석
② 계정과목의 결정
③ 차변과 대변요소의 결정
④ 금액의 결정
⑤ 차변합계와 대변합계의 금액일치 확인

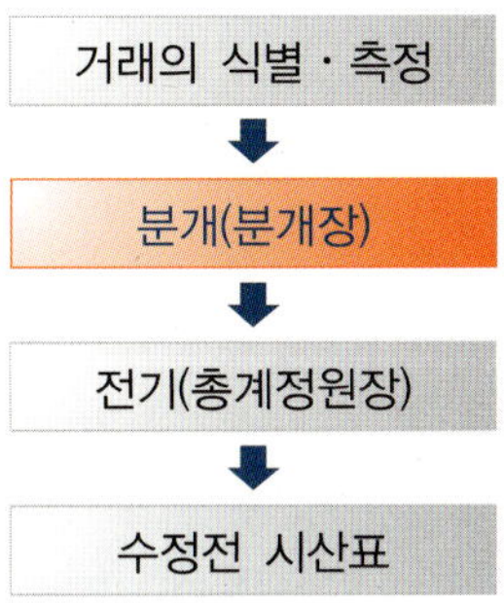

분개를 하기 위해서는 우선 거래의 성격을 분석하고, 관련된 계정과목을 파악한 다음, 차변과목과 대변과목으로 나누어 분개장에 기록한다. 이때 차변과 대변 합계는 항상 일치해야 한다.

분개의 원칙은 계정기입의 원칙과 같으며, 이를 다시 요약하면 〈표 2-3〉과 같다.

앞에서 예로 든 현금 ₩10,000,000을 주고 토지를 구입한 거래는 [그림 2-6]과 같은 절차를 통해 분개를 도출할 수 있다.

그림 2-6

분개의 절차 예시

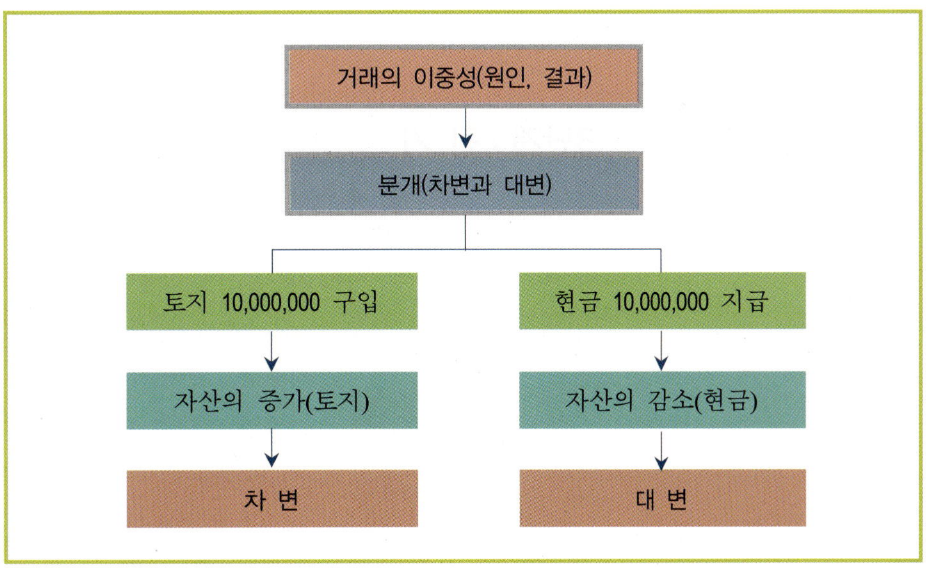

이 거래에 대한 분개는 다음과 같이 여러 가지 방법으로 표시할 수 있다. 이하 본서에서는 두 번째 방법으로 표현하고자 한다.

(차변)	토 지	10,000,000	(대변)	현 금	10,000,000
(차)	토 지	10,000,000	(대)	현 금	10,000,000
	토 지	10,000,000	/	현 금	10,000,000
(Dr.)	토 지	10,000,000	(Cr.)	현 금	10,000,000

예제 2-5 회계거래의 분개

[예제 2-1]의 ①~⑦을 분개하면 다음과 같다.

① (차)	현 금	500,000	(대)	자 본 금	500,000
② (차)	현 금	100,000	(대)	장기차입금	100,000
③ (차)	비 품	15,000	(대)	현 금	10,000
				미 지 급 금	5,000
④/⑤ 회계거래가 아님					
⑥ (차)	매 출 채 권	10,000	(대)	매 출	10,000
⑦ (차)	판매수수료	7,500	(대)	현 금	7,500

3단계 : 전 기

전기는 각 거래의 분개내용을 원장의 해당 계정(T-계정)에 옮겨 기록하는 과정이다.

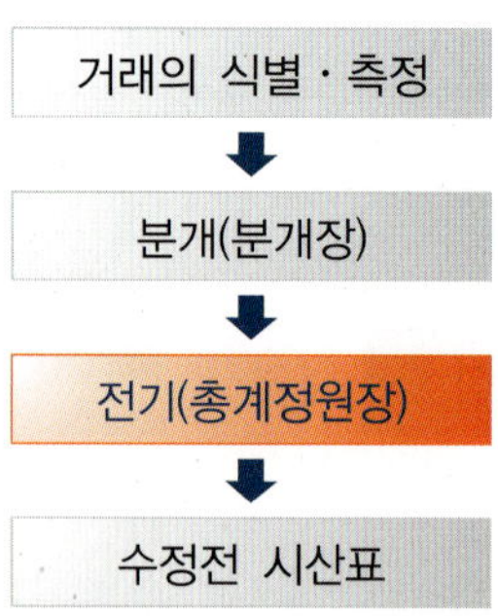

분개장에 분개된 거래들은 총계정원장상의 각 계정에 옮겨 적는데, 이를 전기(posting)라 한다.[6] 총계정원장(general ledger)은 모든 계정기록을 집합해놓은 장부이며, 또한 각 계정별로 관련된 분개의 결과를 모아놓은 장부이다. 이때 차변에 분개된 내용은 원장의 해당 계정 차변에 전기되고, 대변에 분개된 내용은 해당 계정의 대변에 전기된다.

분개장에서 원장으로의 전기가 끝나면 일단 회계기간중의 거래기록은 끝난 것이다. 즉 거래에 의해 자산, 부채, 자본 및 수익과 비용에 미치는 영향이 각 계정에 모두 기록된 것이다.

각 계정의 차변과 대변에 기록을 마치면 계정잔액을 계산할 수 있다. 계정의

6) 전기(轉記)란 '전해서(=옮겨서) 기록하다'라는 뜻이다. '총계정원장'을 간단히 '원장'이라고도 한다.

차변계정	대변계정
자산	부채
	자본
비용	수익

차변잔액	대변잔액
자산	부채
	자본
비용	수익

잔액은 주로 계정의 증가가 기록되는 쪽에 나타난다. 예를 들어 현금과 같은 자산계정들은 잔액이 차변에 발생하기 때문에(자산의 최소금액은 0이지 음수(−)가 될 수 없다) 자산계정들은 차변잔액(debit balance)계정이다. 반대로 부채나 자본은 보통 대변에 잔액이 발생하기 때문에 부채나 자본 계정은 대변잔액(credit balance)계정이다. 마찬가지로 포괄손익계산서 비용계정은 차변잔액, 수익계정은 대변잔액이 나타난다.

앞에서 한 분개를 현금과 토지 계정에 전기하면 다음과 같다.

(차) 토 지	10,000,000	(대) 현 금	10,000,000

토 지

차변	대변
7/1 현금 10,000,000 (토지증가)	

현 금

차변	대변
	7/1 토지 10,000,000 (현금감소)

즉 현금계정에는 현금관련 거래기록만 모아놓고 토지계정에는 토지관련 거래기록만 모은다. 따라서 나중에 분개장이 없더라도 원장만 보면 각 계정의 증가 및 감소액과 현재 잔액이 얼마인지를 알 수 있다.

회계이야기 (5)

분식회계의 의미

분식회계란 회계장부상의 재무정보를 사실과 다르게 왜곡하여 표시하는 행위를 말한다. '분식(粉飾)'이라는 말의 사전적 의미는 '실제보다 좋게 보이도록 꾸미는 것'이다. '화장을 한다'라는 말 대신 예전에는 '분칠을 한다'라는 말을 사용했는데, 이때의 '분(粉, 가루 분)'자가 바로 가루 또는 화장품을 나타낸다. '식(飾, 꾸밀 식)'자와 합쳐서 '粉飾'이 되면 '화장을 해서 실제보다 이쁘게 보이도록 꾸민다'라는 뜻이다. 영어로는 cosmetic accounting이라고 한다. 불법적인 회계부정이나 회계사기라는 의미로 accounting fraud라고도 하며, 창문을 이쁘게 꾸민다는 의미로 window dressing이라는 용어도 사용한다. 유럽에서는 밖에서 유리창을 통해 집을 들여다볼 때 보이는 창틀 주변을 이쁘게 꾸미는 관습이 있었는데, 이 관습 때문에 생긴 용어다. 서로 다른 회계처리방법 중에서 기업이 선택하여 적용할 수 있으므로 모든 window dressing이 분식회계라고 할 수는 없다.

앞에서의 설명은 모두 기업의 상황을 실제보다 좋게 보이기 위해 이익이나 자산을 부풀리거나 부채를 축소하여 표시하는 경우에만 해당하는 이야기지만, 이익이나 자산을 오히려 줄이거나 부채를 늘려 표시하는 분식회계의 경우도 드물지만 존재한다. 대부분의 경우 세금을 줄이려는 목적에서 이런 행동을 하게 된다.

분식회계를 저지르는 이유

종종 기업들이 분식회계를 저지른 것이 적발되어 처벌을 받는다는 뉴스가 언론에 보도된다. 분식회계의 유혹에 빠지는 경영자가 존재한다는 의미다. 이익을 높여 보고하여 주가를 올리거나 더 많은 보너스를 받기 위해 분식회계를 행하는 경우가 많다. 외부감사를 실시하는 공인회계사가 철저히 감사를 해서 이런 유혹을 억제해야, 신뢰성 있는 회계정보가 이해관계자들에게 전달될 수 있을 것이다.

다음의 [예제 2-6]은 제2장과 제3장에 걸쳐 사용된다. 본 예제는 거래의 식별·측정에서 재무제표의 작성에 이르기까지 회계순환의 전 과정을 보여준다.

예제 2-6 분개와 전기

20×1년에 개업한 (주)덕송서비스는 경영컨설팅을 주영업활동으로 한다. 다음은 (주)덕송서비스의 20×1년 1월 동안의 거래내역이다. (주)덕송서비스는 1월 한 달 동안 영업을 마치고 20×1년 1월 31일 현재의 재무상태표와 20×1년 1월 한 달 기간에 해당하는 포괄손익계산서를 작성하고자 한다.

① 1월 2일 : 회사를 설립하고 주식을 발행(주당 액면금액 ₩5,000, 10,000주)하여 투자자들에게 성공적으로 매각하였다. 그 결과 현금 ₩50,000,000을 조달하였다.

② 1월 2일 : 사무실 임차와 관련하여 연간 임차료 ₩24,000,000을 미리 지급하고 동 금액을 선급임차료로 처리하였다.

③ 1월 11일 : 소모품 ₩8,000,000을 현금으로 구입하였으며, 구입시 소모품은 자산으로 회계처리하였다.

④ 1월 16일 : 우리은행으로부터 현금 ₩10,000,000을 연 12%의 이자율 조건으로 1년 동안 차입하였다. 단 이자는 전액 만기에 지급하기로 약정하였다.

⑤ 1월 16일 : 신문에 광고를 싣고 광고비 ₩1,000,000을 현금으로 지급하였다.

⑥ 1월 17일 : A고객에게 컨설팅을 제공하고 현금 ₩15,000,000을 받았다.

⑦ 1월 18일 : B고객에게 컨설팅을 제공하고 대금 ₩12,000,000을 외상으로 하였다.

⑧ 1월 19일 : A고객에게 2월부터 컨설팅을 제공하기로 약정하고 대금 ₩20,000,000을 현금으로 미리 받았다.

⑨ 1월 29일 : B고객으로부터 1월 18일 발생한 매출거래 외상대금 가운데 ₩6,000,000을 현금으로 받았다.

⑩ 1월 30일 : 사무실에 대한 화재보험에 가입하고 12개월분(2월부터 다음 해 1월까지) 보험료 ₩1,200,000을 현금으로 지급하였다. 단 지불된 보험료는 선급보험료로 회계처리하였다.

⑪ 1월 30일 : 1월분 종업원급여 ₩5,500,000을 지급하였다.

위 거래를 분석하여 분개와 전기를 연습해보자.

① 1월 2일 : 회사를 설립하고 주식을 발행(주당 액면금액 ₩5,000, 10,000주)하여 투자자들에게 성공적으로 매각하였다. 그 결과 현금 ₩50,000,000을 조달하였다.

(차) 현 금	50,000,000	(대) 자 본 금	50,000,000

현 금

1/2 자본금 50,000,000	

자본금

	1/2 현금 50,000,000

〈거래의 분석〉

주식발행으로 주주로부터 납입받은 현금 ₩50,000,000은 발행주식 총수 10,000주에 액면금액을 곱한 금액이다. 이를 자본금(자본)의 증가로 대변에 기록하며, 동 금액만큼 현금(자산)의 증가로 차변에 기록한다.

② 1월 2일 : 사무실 임차와 관련하여 연간 임차료 ₩24,000,000을 미리 지급하고 동 금액을 선급임차료로 처리하였다.

건물이나 토지 임대와 관련해서 임차료는 세입자가 지급하는 비용이며, 임대료는 소유주가 수령하는 수익이다.

(차) 선급임차료	24,000,000	(대) 현 금	24,000,000

선급임차료

차변		대변	
1/2 현금	24,000,000		

현 금

차변		대변	
1/2 자본금	50,000,000	1/2 선급임차료	24,000,000

선급비용은 기중에 비용이 발생하기 전에 현금을 먼저 지급한 경우에 미리 지급한 금액만큼을 자산으로 기록한 것이다. 선급비용에는 선급보험료나 선급임차료 등이 포함된다.

〈거래의 분석〉

회사가 지급한 임차료는 아직 경과하지 않은 기간에 해당하는 비용을 미리 지급한 것이므로, 지급시점에서는 선급임차료(자산)를 차변에 기록하였다가 해당 기간이 경과한 후에는 선급임차료계정을 감소시키고 임차료(비용)로 인식하게 된다. 또한 현금지급에 따른 현금(자산)의 감소는 대변에 기록한다.

③ 1월 11일 : 소모품 ₩8,000,000을 현금으로 구입하였으며, 구입시 소모품은 자산으로 회계처리하였다.

소모품이란 물품, 종이, 필기구, 사무용품 등 사용에 따라 닳아 없어지거나 줄어드는 소액자산이다.

(차) 소 모 품	8,000,000	(대) 현 금	8,000,000

소모품

차변		대변	
1/11 현금	8,000,000		

현 금

차변		대변	
1/2 자본금	50,000,000	1/2 선급임차료	24,000,000
		1/11 소모품	8,000,000

〈거래의 분석〉

소모품(자산)의 구입으로 소모품(자산) 증가 ₩8,000,000을 차변에 기록하며 동 금액만큼 대변에 현금(자산)의 감소를 기록한다.

④ 1월 16일 : 우리은행으로부터 현금 ₩10,000,000을 연 12%의 이자율 조건으로 1년 동안 차입하였다. 단 이자는 전액 만기에 지급하기로 약정하였다.

은행으로부터 빌린 돈은 차입금(부채)이다. 만기가 1년 이내이면 단기차입금으로, 1년 이상이면 장기차입금으로 분류한다.

(차) 현 금	10,000,000	(대) 단기차입금	10,000,000

현 금

차변	금액	대변	금액
1/2 자본금	50,000,000	1/2 선급임차료	24,000,000
1/16 단기차입금	10,000,000	1/11 소모품	8,000,000

단기차입금

차변	금액	대변	금액
		1/16 현금	10,000,000

〈거래의 분석〉

은행으로부터 현금을 1년 만기로 차입하였으므로 단기차입금이라는 부채계정이 발생한다. 대변에 단기차입금(부채)을 기록하며, 이에 따라 수취한 현금(자산)을 차변에 기록한다.

⑤ 1월 16일 : 신문에 광고를 싣고 광고비 ₩1,000,000을 현금으로 지급하였다.

광고비는 광고선전비라는 계정을 사용하며 비용계정이다.

(차) 광고선전비	1,000,000	(대) 현 금	1,000,000

광고선전비

차변	금액	대변	금액
1/16 현금	1,000,000		

현 금

차변	금액	대변	금액
1/2 자본금	50,000,000	1/2 선급임차료	24,000,000
1/16 단기차입금	10,000,000	1/11 소모품	8,000,000
		1/16 광고선전비	1,000,000

〈거래의 분석〉

매출을 늘리기 위해서 광고선전비를 지출한 것이므로 비용이 발생한 것이다. 차변에 광고선전비 ₩1,000,000을 기록하고, 현금(자산)의 감소는 대변에 기록한다.

⑥ 1월 17일 : A고객에게 컨설팅을 제공하고 현금 ₩15,000,000을 받았다.

주된 영업활동에서 얻은 수익은 매출계정을 사용한다.

(차) 현 금	15,000,000	(대) 매 출	15,000,000

현 금

차변	금액	대변	금액
1/2 자본금	50,000,000	1/2 선급임차료	24,000,000
1/16 단기차입금	10,000,000	1/11 소모품	8,000,000
1/17 매출	15,000,000	1/16 광고선전비	1,000,000

매 출

차변	금액	대변	금액
		1/17 현금	15,000,000

〈거래의 분석〉

고객에게 컨설팅 용역을 제공하고 그 대가로 현금을 수취하였으므로 수익인식조건 두 가지를 모두 만족한다. 따라서 현금(자산)의 증가를 현금계정 차변에 ₩15,000,000 기록하고, 동 금액만큼 대변에 매출(수익)을 인식한다.

⑦ 1월 18일 : B고객에게 컨설팅을 제공하고 대금 ₩12,000,000을 외상으로 하였다.

주된 영업활동에서 발생한 외상대금은 매출채권(자산)으로 표시한다.

(차) 매 출 채 권	12,000,000	(대) 매 출	12,000,000

매출채권

차변		대변	
1/18 매출	12,000,000		

매 출

차변		대변	
		1/17 현금	15,000,000
		1/18 매출채권	12,000,000

〈거래의 분석〉

외상거래로서 현금수취가 아직 이루어지지 않았으나 용역제공이 완료되었고 미래 현금을 수취할 것이 기대된다. 수익의 실현기준과 가득기준이 모두 충족된 것이다. 따라서 매출(수익)을 인식하여 대변에 기록하고, 미래 일정시점에 현금을 수취할 수 있는 권리를 나타내는 매출채권(자산)의 증가는 차변에 기록한다.

⑧ 1월 19일 : A고객에게 2월부터 컨설팅을 제공하기로 약정하고 대금 ₩20,000,000을 현금으로 미리 받았다.

선수수익은 재화나 용역을 제공하기 전에 고객으로부터 미리 현금 등을 받았을 때 인식하는 부채계정이다.

(차) 현 금 20,000,000 (대) 선 수 수 익 20,000,000

현 금

차변		대변	
1/2 자본금	50,000,000	1/2 선급임차료	24,000,000
1/16 단기차입금	10,000,000	1/11 소모품	8,000,000
1/17 매출	15,000,000	1/16 광고선전비	1,000,000
1/19 선수수익	20,000,000		

선수수익

차변		대변	
		1/19 현금	20,000,000

〈거래의 분석〉

컨설팅서비스(용역)를 제공하기 전이므로 수익이 가득되지 않은 상태이다. 그러므로 현금수취액을 수익으로 인식할 수 없다. 따라서 고객으로부터 미리 받은 현금은 선수수익(unearned revenue)이라는 부채계정에 기록하였다가 추후에 용역을 제공한 시점에 매출(수익)로 인식하게 되는데, 이는 발생주의에 따른 회계처리이다. 현금을 미리 받았으므로 고객에게 미래 기간 동안 용역을 제공해야 하는 의무가 생겼기 때문에 부채로 기록하는 것이다. 분개내용을 정리하면 차변에는 현금증가액을 기록하고 대변에는 부채인 선수수익계정을 증가시킨다.

⑨ 1월 29일 : B고객으로부터 1월 18일 발생한 매출거래 외상대금 가운데 ₩6,000,000을 현금으로 받았다.

(차) 현 금 6,000,000 (대) 매 출 채 권 6,000,000

현 금

차변		대변	
1/2 자본금	50,000,000	1/2 선급임차료	24,000,000
1/16 단기차입금	10,000,000	1/11 소모품	8,000,000
1/17 매출	15,000,000	1/16 광고선전비	1,000,000
1/19 선수수익	20,000,000		
1/29 매출채권	6,000,000		

매출채권

차변		대변	
1/18 매출	12,000,000	1/29 현금	6,000,000

〈거래의 분석〉

과거(1월 18일)에 제공한 용역에 대해 기록했던 매출채권 일부를 회수하였으므로, 현금(자산)의 증가를 차변에 기록하고 매출채권(자산)의 감소를 대변에 기록한다. 1월 29일 현재 매출채권계정 잔액은 ₩6,000,000이 된다. 즉 앞으로 받을 금액이 ₩6,000,000임을 알 수 있다.

⑩ 1월 30일 : 사무실에 대한 화재보험에 가입하고 12개월분(2월부터 다음 해 1월까지) 보험료 ₩1,200,000을 현금으로 미리 지급하였다. 단 지불한 보험료는 선급보험료(자산)로 회계처리하였다.

선급보험료는 미리 지급한 보험료로서, 보험기간 동안 권리를 누릴 수 있으므로 자산으로 분류된다.

(차) 선급보험료	1,200,000	(대) 현 금	1,200,000

선급보험료

차변		대변	
1/30 현금	1,200,000		

현 금

차변		대변	
1/2 자본금	50,000,000	1/2 선급임차료	24,000,000
1/16 단기차입금	10,000,000	1/11 소모품	8,000,000
1/17 매출	15,000,000	1/16 광고선전비	1,000,000
1/19 선수수익	20,000,000	1/30 선급보험료	1,200,000
1/29 매출채권	6,000,000		

〈거래의 분석〉

보험서비스를 제공받기 이전에 보험료를 미리 지급하였으므로 미래 기간 동안 보험서비스를 받을 수 있는 권리(자산)가 발생한 것이다. 따라서 지급한 금액을 선급보험료(자산)계정으로 차변에 기록하고, 해당 보험기간이 경과하면 선급보험료계정을 감소시키면서 보험료라는 비용을 인식한다. 보험료 지급시점(현재)에는 대변에 현금(자산)의 감소를 기록한다.

⑪ 1월 30일 : 1월분 종업원급여 ₩5,500,000을 지급하였다.

(차) 급 여	5,500,000	(대) 현 금	5,500,000

급 여

차변		대변	
1/30 현금	5,500,000		

현 금

차변		대변	
1/2 자본금	50,000,000	1/2 선급임차료	24,000,000
1/16 단기차입금	10,000,000	1/11 소모품	8,000,000
1/17 매출	15,000,000	1/16 광고선전비	1,000,000
1/19 선수수익	20,000,000	1/30 선급보험료	1,200,000
1/29 매출채권	6,000,000	1/30 급여	5,500,000

〈거래의 분석〉

매출을 올리는 과정에서 현금의 지출이 이루어진 것으로서 비용이 발생한 것이다. 차변에 급여(비용)를 기록하고, 현금지급에 따른 현금(자산)의 감소는 대변에 기록한다.

※ 다음 표는 위의 기중 거래에 대한 분개를 요약한 것이다.

[기중 분개 요약 : 분개장]

구 분	날 짜	기중 거래에 대한 분개			
①	1월 2일	(차) 현 금	50,000,000	(대) 자 본 금	50,000,000
②	1월 2일	(차) 선급임차료	24,000,000	(대) 현 금	24,000,000
③	1월 11일	(차) 소 모 품	8,000,000	(대) 현 금	8,000,000
④	1월 16일	(차) 현 금	10,000,000	(대) 단기차입금	10,000,000
⑤	1월 16일	(차) 광고선전비	1,000,000	(대) 현 금	1,000,000
⑥	1월 17일	(차) 현 금	15,000,000	(대) 매 출	15,000,000
⑦	1월 18일	(차) 매 출 채 권	12,000,000	(대) 매 출	12,000,000
⑧	1월 19일	(차) 현 금	20,000,000	(대) 선 수 수 익	20,000,000
⑨	1월 29일	(차) 현 금	6,000,000	(대) 매 출 채 권	6,000,000
⑩	1월 30일	(차) 선급보험료	1,200,000	(대) 현 금	1,200,000
⑪	1월 30일	(차) 급 여	5,500,000	(대) 현 금	5,500,000

4단계 : 수정전 시산표

기중 회계처리의 정확성을 확인하고 결산을 준비하는 과정에서 총계정원장에 나타나 있는 모든 계정과목과 그 금액들을 한 곳으로 모아 **시산표**를 작성한다. 시산표의 차변합계와 대변합계는 일치해야 한다.

거래의 식별 · 측정
↓
분개(분개장)
↓
전기(총계정원장)
↓
수정전 시산표

기중 회계처리의 정확성을 확인하고 결산을 준비하는 과정에서 총계정원장에 나타나 있는 모든 계정과목과 그 금액들을 한 곳으로 모아 시산표(trial balance)를 작성한다. 이를 수정전 시산표(unadjusted trial balance)라고 한다.

복식부기의 원리에 따라 각 분개의 차변합계와 대변합계는 일치한다. 이에 따라 총계정원장에 기록된 모든 계정들의 차변에 기록된 금액과 대변에 기록된 금액의 합계가 서로 일치하게 되는데, 이를 대차평형의 원리(principle of equilibrium)라고 한다.

시산표는 이러한 대차평형의 원리를 이용하여 기중에 이루어진 장부기록들이 정확하게 기록되어 있는가를 확인하기 위해 작성한다. 우선 총계정원장에 설정되어 있는 모든 계정잔액을 합산한다. 그 결과 차변에 잔액이 있으면 시산표의 차변에, 대변에 잔액이 있으면 시산표의 대변에 각각 모아놓은 다음 차변합계와 대변합계가 일치하는지 점검하는 것이다. 만약 차변합계와 대변합계가 다르다면 이제까지의 과정 중에 어떤 오류가 발생했다는 것을 의미하므로, 다시 과거 기록의 정확성을 검토해봐야 한다.[7)]

예제 2-7 계정의 잔액

[예제 2-6]에서 회계거래의 분개와 전기를 수행하였다. 이어서 (주)덕송서비스의 총계정원장상 각 계정의 잔액을 알아보고, 재무상태표에 기입될 계정과목과 포괄손익계산서에 기입될 계정과목을 구분해 보자.

총계정원장
(재무상태표항목)

현 금

차변		대변	
1/2 자본금	50,000,000	1/2 선급임차료	24,000,000
1/16 단기차입금	10,000,000	1/11 소모품	8,000,000
1/17 매출	15,000,000	1/16 광고선전비	1,000,000
1/19 선수수익	20,000,000	1/30 선급보험료	1,200,000
1/29 매출채권	6,000,000	1/30 급여	5,500,000
잔액	61,300,000		

소모품

차변		대변	
1/11 현금	8,000,000		
잔액	8,000,000		

선급보험료

차변		대변	
1/30 현금	1,200,000		
잔액	1,200,000		

매출채권

차변		대변	
1/18 매출	12,000,000	1/29 현금	6,000,000
잔액	6,000,000		

선급임차료

차변		대변	
1/2 현금	24,000,000		
잔액	24,000,000		

단기차입금

차변		대변	
		1/16 현금	10,000,000
		잔액	10,000,000

선수수익

차변		대변	
		1/19 현금	20,000,000
		잔액	20,000,000

자본금

차변		대변	
		1/2 현금	50,000,000
		잔액	50,000,000

7) 본문에서 설명한 시산표를 잔액시산표라고 한다. 기타 시산표 형식으로 합계시산표와 합계잔액시산표가 있다. 합계시산표는 총계정원장에 설정되어 있는 모든 계정의 차변합계액과 대변합계액을 시산표상의 차변과 대변에 각각 모아놓은 시산표이다. 즉 계정의 최종 잔액을 구하여 차변 또는 대변에 기록하는 것이 아니라 기중 발생한 거래의 차변합계와 대변합계를 계정별로 기록한다. 차변합계와 대변합계의 차이를 구하면 계정별 잔액을 계산할 수 있다. 또한 합계잔액시산표는 총계정원장에 설정되어 있는 모든 계정의 차변과 대변 합계액과 잔액을 모두 모아놓은 시산표이다. 잔액시산표와 합계시산표를 합쳐놓은 형식이라고 할 수 있다.

총계정원장
(포괄손익계산서항목)

광고선전비

차변		대변	
1/16 현금	1,000,000		
잔액	1,000,000		

매 출

차변		대변	
		1/17 현금	15,000,000
		1/18 매출채권	12,000,000
		잔액	27,000,000

급 여

차변		대변	
1/30 현금	5,500,000		
잔액	5,500,000		

예제 2-8 수정전 시산표

(주)덕송서비스의 1월말 계정잔액을 이용하여 수정전 잔액시산표를 작성해보자.

수정전 시산표

(주)덕송서비스 20×1년 1월 31일 현재 (단위 : 원)

계정과목	차 변	대 변	구 분
현 금	₩61,300,000		자 산
매출채권	6,000,000		
소 모 품	8,000,000		
선급보험료	1,200,000		
선급임차료	24,000,000		
단기차입금		₩10,000,000	부 채
선수수익		20,000,000	
자 본 금		50,000,000	자 본
매 출		27,000,000	수 익
광고선전비	1,000,000		비 용
급 여	5,500,000		
합 계	₩107,000,000	₩107,000,000	

☞ 수정전 시산표는 계정과목에 대한 기록(분개 및 전기)이 정확하게 작성되었는지를 차변잔액의 합계액과 대변잔액의 합계액이 일치하는가를 통해 확인하는 과정이다. 위 수정전 시산표는 차변잔액의 합계액과 대변잔액의 합계액이 각각 ₩107,000,000으로 일치하므로, 잔액의 합계액을 기준으로 할 때 정확하게 작성되었다고 볼 수 있다. 다만 잔액의 합계액이 일치한다고 해서 모든 세부적인 기록까지 정확하다고 판단할 수는 없다. 예를 들어 계정과목이 잘못 기록된 경우나 차변과 대변의 항목이 서로 뒤바뀐 것과 같은 오류는 수정전 시산표를 작성해 잔액이 일치하는지의 여부를 보는 것만으로는 알아낼 수 없다.

회계이야기 (6)

회계의 역사 3 : 이탈리아 메디치 가문에서 회계의 역할

회계의 탄생 이후 회계의 발전에 큰 역할을 한 것이 이탈리아 중부에 위치한 도시 피렌체에 본거지를 둔 메디치 가문이다. 당시 이탈리아는 다수의 국가들로 분열되어 있는 상태였는데, 피렌체는 공화정을 채택한 도시국가로서 약 12만명의 사람들이 살고 있었다. 전 유럽에서 가장 교육수준이 높은 곳이라서 대략 10% 이상의 사람들이 교육을 받았고, 상당수의 사람들은 주판을 사용하여 계산을 할 수 있었다. 주판을 배워 상인으로 종사하면서 돈을 번 것이다.

평민 출신의 메디치 가문은 여러 대 동안 상업에 종사하면서 부를 축적하여 르네상스 시대 당시 유럽의 거의 모든 왕들보다 더 많은 재산을 가지고 있었다. 이런 엄청난 재산을 모은 것은 코시모 데 메디치(1389~1464)와 그의 아버지 조반니 디 비치 데 메디치(1360~1429) 덕분이었다. 이들은 은행업에 종사하면서 교황이나 유럽 각국의 왕과 귀족들에게 대출을 해주고 이자를 받아 돈을 벌었다. 이 돈을 이용해서 아낌없이 예술가를 후원했으므로 많은 유명한 예술가들이 피렌체로 몰려들었다. 또한 자선사업에도 엄청난 돈을 썼고 교회도 후원했다. 그 덕분으로 초기 메디치 가문 사람들의 경우 정치가는 아니었지만 막후에서 피렌체의 모든 것을 장악하고 있을 정도로 큰 영향력과 인기를 얻었다.

메디치 가문의 발전과 회계의 역할

코시모는 어려서부터 아버지를 도와 가문의 은행에서 일하면서 회계를 배웠다. 그는 어린 시절 직접 회계기록을 수행해서 장부를 작성하기도 했다. 전 유럽에서 벌어지는 가문의 사업내용을 잘 파악하고 은행을 성공적으로 경영하기 위해서는 회계지식이 필수였기 때문이다.

코시모가 활발히 사업을 벌이던 당시 메디치 은행은 유럽 각국과 도시에 수십 개의 지점을 가지고 있었다. 또한 은행업과 별도로 무역업을 포함하여 여러 개의 독자적인 사업을 벌이고 있었다. 이런 점들을 보면 메디치 은행이 당시 유럽 최대의 기업이었다고 볼 수 있다. 런던에서 메디치 은행에 예금하고 받은 예금증서(환어음)를 제시하고 파리나 로마의 메디치 은행에서 현금으로 교환할 수 있게 한 것은 당시로서는 혁명적인 아이디어였다.

이들 지점과 사업들을 제대로 감독하기 위해 코시모는 조반니 디 아메리고 벤치를 중용한다. 벤치는 15살 때부터 메디치 은행에서 일한 직원으로서 회계에 능통했다. 피렌체의 메디치 기록보관소에는 벤치가 작성한 당시 메디치 은행의 회계기록들이 지금도 남아 있다. 벤치와 함께 코시모는 감사 및 통제 시스템을 개발한다. 매년 은행 각 지점의 지점장들은 회계장부를 피렌체에 보내고, 벤치는 이에 대한 감사를 수행했다. 당시 감사를 받고 확인했다는 표시가 되어 있는 회계장부들이 현재까지 남아 있다. 만약 감사과정에서 수상한 점이 발견되면, 지점장은 피렌체로 소환되어 더욱 자세한 조사를 받았다. 즉 당시의 회계감사는 부정을 적발하고 방지한다는 소극적인 목적을 달성하기 위해서 수행된 것이었다. 감사받는다는 것을 알아야 부정을 저지를 가능성이 줄어들기 때문이다.

르네상스 문화와 메디치 가문의 공헌

코시모의 두 아들 중 큰 아들은 정치에 입문했으며 사업을 담당했던 작은 아들은 일찍 죽었다. 그래서 메디치 가문의 막대한 부는 코시모의 손자인 로렌초 데 메디치(1449~1492)로 넘어간다. 그는 회계교육도 받지 않았으며 사업에 대한 관심이 없었다. 그는 사업가가 아니라 정치가로서 피렌체 시를 통치한다. 마키아벨리가 유명한 책 '군주론'을 저술하여 헌정한 사람이 바로 로렌초다.

메디치 가문이 상업과 은행업을 통해 쌓은 막대한 부를 이용해서 미켈란젤로나 레오나르도 다 빈치 등의 천재 예술가들을 후원했기 때문에, 현재 인류 문명의 걸작이라고 불리는 위대한 여러 미술 작품들이 이 시기에 탄생했다. 코시모와 로렌초의 휘하에 많은 예술가들과 문인, 학자들이 모여들면서 이들 사이에 활발한 교류가 일어나고, 그 결과 보통 인문주의라고 번역되는 르네상스 문화가 피렌체나 로마를 중심으로 이탈리아에서 꽃피게 된다. 이 때문에 여러 학문의 융합에 따라 혁신이 발생하여 각각의 학문의 발전에 기여하는 현상을 지칭하는 '메디치 효과'라는 말이 탄생했다.

그러나 로렌초의 사업수완은 훌륭하지 못해서 그의 집권부터 메디치 가문의 사업은 쇠락하기 시작한다. 그가 수차례 전쟁을 벌이느라 자신의 막대한 부를 이용하여 고용한 용병으로 군대를 운영하기도 했는데, 주인이 경영에 장기간 동안 관심이 없자 은행이 방만하게 운영된 결과 경영상태가 나빠져서 피렌체 본점을 제외한 다른 지점들이 그가 사망하기 이전에 파산했다. 왕이나 귀족들에게 거액의 대출을 해줬지만 돌려받지 못했기 때문이다. 은행가이자 사업가로서의 메디치 가문은 쇠퇴하지만, 그 이후에도 메디치 가문에서는 3명의 교황과 2명의 프랑스 왕비, 그리고 다수의 제후를 배출하는 등 정치적인 측면에서 역사에 많은 발자취를 남겼다.

학습목표의 요약

- 회계거래와 거래의 이중성의 의미를 이해할 수 있다. *2.1*
  - 회계거래(accounting transactions)란 기업의 경영활동 중 재무제표를 구성하는 자산, 부채, 자본, 수익, 비용 항목에 영향을 미치고, 화폐단위로 측정이 가능한 사건을 말한다.
  - 거래의 이중성(duality of transactions)이란 하나의 회계거래가 자산, 부채, 자본, 수익, 비용 항목 중 반드시 두 개 이상의 항목에 동시에 영향을 미친다는 의미이다. 예를 들면 상품의 구입대가로 현금을 지불하는 거래의 경우 상품의 증가(자산의 증가)와 현금의 감소(자산의 감소)가 함께 나타나게 된다.

- 계정과 복식부기의 원칙이 무엇인지 설명할 수 있다. *2.1*
  - 계정(accounts)이란 회계기록의 최소단위이며 각 거래가 회계적으로 기록되는 장소이다. 계정에 구체적인 명칭을 붙인 것을 계정과목이라고 부른다.
  - 복식부기(double entry system)란 거래의 이중성을 장부의 기록에 반영하는 기록방식으로, 왼쪽 차변과 오른쪽 대변에 동시에 기록하여 회계거래를 서로 설명할 수 있도록 한다. 복식부기에서는 각 거래의 차변합계와 대변합계가 반드시 일치하는데, 이를 대차평형의 원리(principle of equilibrium)라고 한다.

- 발생주의와 자산·부채의 인식기준을 설명할 수 있다. *2.2*
  - 회계거래가 재무제표의 기본요소인 자산, 부채, 자본, 수익 및 비용의 형태로 재무상태표나 포괄손익계산서에 반영되는 과정을 인식(recognition)이라고 한다.
  - 발생주의(accrual basis) 원칙에 따라 회계거래를 인식한다. 이는 경제적 사건이나 거래를 인식할 때 현금이 유출되거나 유입되는 시점이나 기간이 아니라 해당 거래나 사건이 발생한 시점 또는 기간에 인식한다는 원칙이다.
  - 자산은 특정자원을 기업이 보유함으로써 미래 경제적 효익이 기업에 유입될 가능성이 높고, 해당 항목의 원가 또는 가치를 신뢰성 있게 측정할 수 있을 때 재무상태표에 인식한다.
  - 부채는 기업이 현재 부담하고 있는 의무를 미래 특정 시점이나 기간에 이행함에 따라 경제적 효익을 갖는 자원의 유출가능성이 높고, 또한 유출(결제)될 금액을 신뢰성 있게 측정할 수 있을 때 재무상태표에 인식한다.

- 수익인식의 두 가지 조건과 수익·비용대응의 원칙을 설명할 수 있다. *2.2*
  - 수익인식에는 가득기준과 실현기준이 있다. 가득기준(earned principle)은 기업이 수익창출활동으로 고객에게 재화를 인도하였거나 용역을 제공함으로써 통제권이 고객에게 이전되었을 때 충족된다. 실현기준(realization principle)은 수익이 실현되었거나 실현가능한 시점에 인식한다는 것으로서, 현금을 수취하였거나, 또는 미래에 회수할 수 있는 금액을 예상할 수 있을 때 충족된다. 수익을 인식하기 위해서는 가득기준과 실현기준이 모두 충족되어야 한다.
  - 비용의 인식은 관련수익이 인식되는 회계기간과 같은 기간에 인식해야 한다는 수익·비용대응의 원칙(matching principle)에 따른다.

- 회계거래가 분개와 전기를 통해 어떻게 재무제표에 반영되는지 설명할 수 있다. **2.3**
  - 분개(journal entry)는 회계거래를 차변과 대변으로 나누어 기록하는 하는 것이며, 전기(posting)는 분개된 거래들을 총계정원장의 해당 계정의 차변과 대변에 기록하는 것이다.
  - 이러한 분개와 전기의 기록원리는 다음과 같다.

차변요소(5가지)	대변요소(5가지)
왼쪽 차변(debit)	오른쪽 대변(credit)
자산의 증가(+)	자산의 감소(−)
부채의 감소(−)	부채의 증가(+)
자본의 감소(−)	자본의 증가(+)
수익의 감소(−)	수익의 증가(+)
비용의 증가(+)	비용의 감소(−)

- 회계순환과정에서 수정전 시산표의 기능을 설명할 수 있다. **2.3**
  - 회계기간중 회계처리의 정확성을 확인하고 결산을 준비하는 과정에서 총계정원장에 나타나 있는 모든 계정과목과 그 금액들을 한군데 모은 시산표(trial balance)를 작성하는데, 이를 수정전 시산표(unadjusted trial balance)라고 부른다. 복식부기의 원리에 따라 각 분개의 차변합계와 대변합계는 일치하고, 따라서 총계정원장에 기록된 모든 계정들의 차변에 기록된 금액과 대변에 기록된 금액의 합계가 서로 일치한다. 수정전 시산표를 통해 차변합계와 대변합계가 일치하는가를 검증할 수 있다.

주요 용어

- 가득기준(earned principle)
- 거래의 이중성(duality of transactions)
- 대변(credit)
- 발생주의(accrual basis)
- 분개(journal entry)
- 수익 · 비용대응의 원칙(matching principle)
- 실현기준(realization principle)
- 전기(posting)
- 차변(debit)
- 현금주의(cash basis)
- T-계정(T-account)
- 거래(transactions)
- 계정(accounts)
- 대차평형의 원리(principle of equilibrium)
- 복식부기(double entry system)
- 분개장(journal)
- 수정전 시산표(unadjusted trial balance)
- 원가(cost)
- 지출(expenditure)
- 총계정원장(general ledger)
- 회계순환(accounting cycle)

종합복습예제

HNT 하나투어

하나투어는 수많은 여행상품을 협력대리점(여행사)이나 온라인 등 다양한 유통채널을 통해 판매하는 종합 여행상품 도매회사(wholesaler)다. 그 밖에 여행업과 관련된 숙박이나 여행용품 쇼핑, 기타 면세점 등의 사업도 운영한다. 여행업에서 출발했지만 여행과 관련된 여러 분야로 다각화를 수행하여 발전해온 것이다.

하나투어의 역사는 우리나라 여행업계의 역사라고도 할 수 있다. 1993년 세워진 국진여행사를 모체로 하며, 1996년 현재의 상호로 변경했다. 한국이 발전함에 따라 국민들의 소득이 늘어나는 것과 비례해서 점차 국민들의 해외여행이 늘어났고, 이에 따라 하나투어도 급성장을 하게 된다. 여행업계 최초로 2000년 주식시장에 상장했으며, 여러 개의 해외 현지법인을 운영하고 있다. 현재 우리나라 여행사 중 매출액 기준 부동의 1위를 차지한다.

다음은 하나투어의 20×1년 7월 1일부터 7월 31일까지의 거래내역이다. 해당 거래에 대한 분개를 한 후 각 계정에 전기하시오. 또한 각 계정별 7월 31일 현재의 기말잔액을 계산한 후, 이를 이용하여 수정전 시산표를 작성하시오.

(1) 7월 1일 : 주식을 발행(액면발행)하여 현금 ₩70,000,000을 조달하였다.

(2) 7월 1일 : 현금 ₩20,000,000을 연 12%의 이자율 조건으로 3년 동안 차입하였다. 단 이자는 3개월단위로 지급하기로 하였다.

(3) 7월 2일 : 사무실에 대한 12개월에 해당하는 임차료로 현금 ₩12,000,000을 미리 지불하였다.

(4) 7월 2일 : 사무실에 대해 화재보험에 가입하고 12개월분 보험료 ₩6,000,000을 현금으로 지급하였다. 단 지불된 보험료는 선급보험료로 회계처리하였다.

(5) 7월 5일 : 소모품 ₩5,000,000을 현금으로 구입하였으며, 구입시 소모품은 자산으로 회계처리하였다.

(6) 7월 10일 : 7월 광고비 ₩2,600,000을 현금으로 지급하였다.

(7) 7월 15일 : 여행상품을 제공하고 대금 ₩12,500,000을 20일 후에 받기로 하였다.

(8) 7월 20일 : 여행상품을 판매완료하고 현금 ₩13,000,000을 받았다.

(9) 7월 25일 : 7월 15일에 발생한 외상대금 중 ₩7,000,000을 현금으로 받았다.

(10) 7월 30일 : 7월 급여 ₩5,500,000을 종업원에게 현금으로 지급하였다.

(11) 7월 31일 : A고객과 여행상품계약을 체결하였다. 여행서비스는 8월 5일부터 10일까지 제공될 예정이고 판매대금 ₩18,000,000 전액을 현금으로 미리 받았다.

풀 이

〈기중 분개〉 (단위 : 천원)

구 분	날 짜	기중 거래에 대한 분개			
(1)	7월 1일	(차) 현 금	70,000	(대) 자 본 금	70,000
(2)	7월 1일	(차) 현 금	20,000	(대) 장기차입금	20,000
(3)	7월 2일	(차) 선급임차료	12,000	(대) 현 금	12,000
(4)	7월 2일	(차) 선급보험료	6,000	(대) 현 금	6,000
(5)	7월 5일	(차) 소 모 품	5,000	(대) 현 금	5,000
(6)	7월 10일	(차) 광고선전비	2,600	(대) 현 금	2,600
(7)	7월 15일	(차) 매 출 채 권	12,500	(대) 매 출	12,500
(8)	7월 20일	(차) 현 금	13,000	(대) 매 출	13,000
(9)	7월 25일	(차) 현 금	7,000	(대) 매 출 채 권	7,000
(10)	7월 30일	(차) 급 여	5,500	(대) 현 금	5,500
(11)	7월 31일	(차) 현 금	18,000	(대) 선 수 수 익	18,000

총계정원장
(재무상태표항목) (단위 : 천원)

현 금

7/1 자본금	70,000	7/2 선급임차료	12,000
7/1 장기차입금	20,000	7/2 선급보험료	6,000
7/20 매출	13,000	7/5 소모품	5,000
7/25 매출채권	7,000	7/10 광고선전비	2,600
7/31 선수수익	18,000	7/30 급여	5,500
잔액	96,900		

장기차입금

		7/1 현금	20,000
		잔액	20,000

소모품

7/5 현금	5,000		
잔액	5,000		

선수수익

		7/31 현금	18,000
		잔액	18,000

선급보험료

7/2 현금	6,000		
잔액	6,000		

자본금

		7/1 현금	70,000
		잔액	70,000

매출채권

7/15 매출	12,500	7/25 현금	7,000
잔액	5,500		

선급임차료

7/2 현금	12,000		
잔액	12,000		

총계정원장
(포괄손익계산서항목) (단위 : 천원)

광고선전비

7/10 현금	2,600		
잔액	2,600		

매 출

		7/15 매출채권	12,500
		7/20 현금	13,000
		잔액	25,500

급 여

7/30 현금	5,500		
잔액	5,500		

수정전 시산표

하나투어 20×1년 7월 31일 현재 (단위 : 천원)

계정과목	차 변	대 변
현 금	₩96,900	
매 출 채 권	5,500	
소 모 품	5,000	
선급보험료	6,000	
선급임차료	12,000	
선 수 수 익		₩18,000
장기차입금		20,000
자 본 금		70,000
매 출		25,500
광고선전비	2,600	
급 여	5,500	
합 계	₩133,500	₩133,500

회계이야기 (7)

매출채권과 매입채무, 미수금과 미지급금

본장의 예제에서 (주)덕송여행사가 고객에게 외상으로 상품을 제공한 경우 (주)덕송여행사는 매출채권(자산)을 기록했다. 이 경우 고객은 매입채무(부채)를 기록한다.

그런데 만약 (주)덕송여행사가 판매한 물품(재화)이나 서비스(용역)가 (주)덕송여행사의 주사업활동인 여행업과 관계없는 것이었다고 가정해보자. 예를 들어 (주)덕송여행사가 사용하던 낡은 비품을 저렴한 가격에 직원에게 외상으로 매각했다면, 이 경우 (주)덕송여행사는 매출채권이 아니라 미수금(자산)을 기록하고 해당 직원은 미지급금(부채)을 기록한다. 즉 매출채권과 매입채무로 기록되는 외상대금은 회사의 주사업대상이 되는 물품(재화)이나 서비스(용역)의 외상거래에서 발생한 것이며, 미수금과 미지급금으로 기록되는 외상대금은 회사의 주사업대상이 아닌 다른 물품이나 서비스의 외상거래에서 발생한 것이다.

연습문제

주관식

1. [회계거래]
회계거래란 무엇인가?

2. [회계등식]
부채총계와 자본총계의 합이 자산총계와 일치하는 이유는 무엇인가?

3. [대차평형의 원리]
대차평형의 원리란 무엇인가?

4. [발생주의와 현금주의]
발생주의 회계와 현금주의 회계의 차이점과 각각의 장점은 무엇인가?

5. [수익인식]
수익인식기준에 대해 설명하시오.

6. [수익 · 비용대응의 원칙]
수익 · 비용대응의 원칙이 무엇인가?

7. [수익 · 비용대응의 원칙]
(주)덕송은 자문 서비스를 제공하는 컨설팅회사로 20×1년에 ₩250,000 규모의 자문 프로젝트를 수행했다. 고객들은 각각 20×1년에 ₩210,000, 20×2년에 ₩40,000의 현금을 지불했다. 또한 (주)덕송은 20×1년 이 프로젝트를 수행한 직원들에게 각각 20×1년에 ₩90,000, 20×2년에 ₩30,000의 급여를 지불하였다.
(1) 20×1년, 20×2년에 인식할 수익은 각각 얼마인가?
(2) 20×1년, 20×2년에 인식할 비용은 각각 얼마인가?

8. [수익과 비용의 인식]
경영자들은 발생주의에 따라 계산된 당기순이익에 따라 평가를 받고, 그 결과에 따라 성과급을 지급받는다. 따라서 당기순이익을 높여 보고하기 위해 실현되지 않은 매출을 미리 인식하거나, 비용의 인식을 미룰 유인이 있다. 이런 행동을 방지하기 위해 수익과 비용의 인식시 따라야 하는 각각의 기준은 무엇인가?

9. [분개]

다음은 (주)덕송의 재무제표에 사용되는 계정을 나타낸 것이다. 다음 표에 서술된 회계거래를 분개할 때 차변과 대변에 사용할 계정의 번호를 채워넣으시오.

① 매입채무	⑤ 선수수익	⑨ 이익잉여금
② 매출채권	⑥ 법인세비용	⑩ 매 출
③ 건 물	⑦ 미지급법인세	⑪ 자 본 금
④ 현 금	⑧ 장기차입금	⑫ 선급보험료

	거 래	차 변	대 변
예시	서비스를 제공하고 현금으로 대가를 수취함	④	⑩
(1)	서비스를 외상으로 제공함		
(2)	매입채무를 현금으로 지급함		
(3)	당기 법인세를 모두 인식하고 내년에 지불하기로 함		
(4)	내년에 해당하는 보험료를 현금으로 지급함		
(5)	은행으로부터 3년 만기로 현금을 차입함		
(6)	주주들에게 주식을 액면금액으로 발행하고 현금을 조달함		
(7)	건물을 매각하고 현금으로 대가를 수취함		

10. [분개]

서비스 업체인 (주)덕송이 사용하는 계정은 다음과 같다. 이를 사용하여 아래에 나타난 거래를 분개하시오.

현금, 매출채권, 자본금, 미지급금, 급여, 광고선전비, 소모품, 매출, 건물, 토지

1월 1일	주당 ₩500인 주식 2,000주를 액면발행하여 현금으로 납입받음
1월 2일	건물을 ₩200,000에 구입하고 대금을 현금으로 전액 지급함
1월 5일	소모품을 ₩100,000에 외상으로 구입함
2월 15일	고객에게 ₩300,000의 서비스 용역을 외상으로 제공함
3월 5일	소모품 구입 대금 ₩100,000을 현금으로 지급함
3월 12일	서비스 용역에 대한 대가 ₩300,000을 현금으로 수취함
4월 2일	지역신문에 광고를 게재하고 광고선전비 ₩50,000을 현금으로 지급함
4월 25일	직원들에게 급여 ₩400,000을 현금으로 지급함
4월 27일	고객에게 ₩500,000의 서비스 용역을 제공하고 대금은 아직 지급받지 못하였음
4월 29일	위에서 언급한 서비스 용역 대금 중 ₩300,000을 현금으로 수취함
4월 30일	토지를 ₩500,000에 구입하고 대금의 절반은 현금으로 지급하였으며 나머지 잔액은 추후에 지급하기로 계약함

11. [분개]

다음의 거래를 분개하고 예시와 같이 재무상태표에 미치는 영향을 설명하시오.

〈예시〉 건물을 ₩10,000에 구입하고 현금으로 지급하였다.

(차) 건 물	10,000	(대) 현 금	10,000

→ 건물(자산)이 ₩10,000 증가하고, 현금(자산)이 ₩10,000 감소한다.

(1) 고객에게 서비스를 제공하고 발생한 ₩20,000의 매출채권을 현금으로 회수하였다.
(2) 다음 해 건물임차료 ₩5,000을 미리 납부하였다.
(3) 소모품 ₩10,000을 외상으로 구입하였다.
(4) 주주들에게 총 ₩30,000의 주식을 발행하고 대금을 현금으로 수취하였다. 단 주식의 발행금액은 액면금액과 일치한다.

객관식

1. [거래]

재무회계에서 '인식하다'라는 용어는 다음 중 어떠한 용어와 일치하는가?

① 실현되어 있다 ② 대응시키다
③ 기록하다 ④ 배분하다

2. [거래]

다음 중 회계거래가 아닌 것은?

① 투자자들에게 주식을 발행하였다.
② 거래처의 파산으로 외상매출금 ₩800,000이 회수불능되었다.
③ 경리사원에게 급여를 지급하였다.
④ 거래처와 상품매입계약을 체결하였다.

3. [거래요소의 결합관계]

어떤 거래의 결과 자산이 감소하였다. 다음 중 이 거래와 동시에 발생할 수 있는 거래는?

① 부채계정이 동일한 금액만큼 증가한다.
② 다른 자산계정이 동일한 금액만큼 증가한다.
③ 자본이 동일한 금액만큼 증가한다.
④ 이상의 어느 것도 해당되지 않는다.

4. [거래요소의 결합관계]

일반적인 거래의 경우, 분개장에 비용을 인식하기 위한 분개를 할 때 나타날 수 있는 계정과목과 그 영향은?

① 자산계정의 증가　　② 부채계정의 증가
③ 부채계정의 감소　　④ 수익계정의 감소

5. [계정]

다음 계정과목에 대한 설명 중 옳지 않은 것은?

① 대여금계정 : 타인이나 다른 회사에 자금을 대여해주었을 때 처리하는 계정
② 미수금계정 : 상품을 매출하고 아직 대금을 받지 않았을 때 처리하는 계정
③ 선급금계정 : 비품을 매입하기로 하고, 계약금을 미리 지급하였을 때 처리하는 계정
④ 선급보험료계정 : 3년치 화재보험료를 미리 현금으로 지급하였을 때 처리하는 계정

6. [분개]

다음 중 분개가 잘못된 것은?

① 현금 ₩10,000을 다른 회사에 장기간 대여해주었다.
(차) 장기대여금 10,000　(대) 현　금 10,000
② 현금 ₩100,000과 토지 ₩200,000을 출자하여 회사를 설립하였다.
(차) 자 본 금 100,000　(대) 토　지 200,000
　　 현　금 100,000
③ 상품 ₩500,000을 매출하기로 (주)뉴욕과 계약하였다.
분개 없음
④ 이자비용 ₩3,000을 현금으로 지급하였다.
(차) 이 자 비 용 3,000　(대) 현　금 3,000

7. [T-계정]

다음 현금계정의 기입내용을 보고 날짜별로 발생한 거래의 추정으로 옳지 않은 것은?

현 금

1/3	자본금	1,000,000	1/10	상품	200,000
1/15	외상매출금	200,000	1/25	단기차입금	500,000
			1/26	광고선전비	200,000

① 1월 3일 현금 ₩1,000,000을 출자하여 영업을 개시하였다.
② 1월 10일 상품을 ₩200,000에 매입하고 대금을 현금으로 지급하였다.
③ 1월 15일 거래처로부터 외상매출금 ₩200,000을 현금으로 회수하였다.
④ 1월 25일 차입금 ₩500,000을 3개월 후에 갚기로 하고 차입하였다.

8. [전기]

전기에 대한 설명 중 가장 적절한 설명은?

① 분개장에 거래를 처음으로 기록하는 것을 말한다.
② 원장의 차변과 대변 잔액의 일치여부를 검증하는 것을 말한다.
③ 개별 원장계정의 잔액을 결정하는 것을 말한다.
④ 분개장으로부터 원장으로 차변과 대변 금액을 옮겨 적는 것을 말한다.

9. [수익 · 비용대응의 원칙]

수익 · 비용대응의 원칙에 따라 결정되는 것은 다음 중 무엇인가?

① 손익계산서에 비용이 어디에 위치해야 하는지
② 원가가 어떻게 매출원가와 판매비 등으로 배분되어야 하는지
③ 재무상태표에 유동자산과 유동부채가 어떤 순서로 배열되어야 하는지
④ 비용이 어느 기간에 인식되어야 하는지

10. [발생주의]

(주)덕송은 8월 2일에 7월분 수선비 ₩85,000을 지급하였으며, 8월중에 발생한 경비 ₩710,000은 8월중에 지급하였다. 8월분 인건비 ₩530,000은 9월 10일에 지급되었다. 발생주의 회계를 적용하여 8월의 총비용을 계산하면 얼마가 되는가?

① ₩85,000　　② ₩795,000
③ ₩1,240,000　　④ ₩1,325,000

11. [현금주의]

위 10번의 거래에 대해 현금주의 회계를 적용하여 8월의 총비용을 계산하면 얼마가 되는가?

① ₩85,000　　② ₩795,000
③ ₩1,240,000　　④ ₩1,325,000

12. [발생주의]

다음 거래들 중 가득되었지만 실현되지 않은 수익의 예는?

① 고객이 미래에 수행될 용역에 대한 대금을 미리 지급하다.
② 오랫동안 거래해온 신용 있는 거래처에 외상매출을 하다.
③ 과거 거래해본 경험이 없는 신규거래처에 외상매출을 하다. 현금을 회수할 수 있을지는 아직 불확실하다.
④ 사용중이던 비유동자산을 장부가보다 높은 가격에 매각하다.

미니케이스

현대자동차는 우리나라의 대표적인 대기업으로서, 1940년 현대그룹의 창업주 고(故) 정주영 회장이 자동차 수리를 하는 조그만 자동차 정비소를 설립한 것이 시초다. 1967년 미국 포드자동차와 합작으로 현대자동차를 설립하여 본격적으로 자동차 생산에 뛰어들게 된다. 그 후 비약적으로 성장을 거듭하여, 현재 한국뿐만 아니라 전 세계 각국에서 차량을 생산해서 판매하는 세계 3위의 자동차 생산기업으로서의 위치를 차지하고 있다. 전체 매출액 중 수출비중이 약 60%를 차지할 정도로 많은 외화를 획득하여 국내 경제발전과 고용창출에 기여하고 있다. 최근 들어서는 전기차나 하이브리드차 등 친환경차 시장에서도 시장경쟁력을 확보해 나가고 있다. 현대자동차의 최근 연결감사보고서를 금융감독원 전자공시시스템(dart.fss.or.kr)에서 찾아 아래의 물음에 답하시오. (Hint : 사업보고서의 "첨부"서류에서 연결감사보고서를 찾을 수 있다. 아래에서 관련 주석의 번호는 2023년 연결재무제표를 기준으로 작성되었다)

물음

(1) 회사가 회계처리를 위해 사용하고 있는 회계기준은 무엇인가? (Hint : 연결재무제표 주석의 2. 연결재무제표 작성기준 및 중요한 회계정책 - (1) 연결재무제표 작성기준 참고)

(2) 회사가 설명한 수익인식기준은 무엇인가? (Hint : 연결재무제표 주석의 2. 연결재무제표 작성기준 및 중요한 회계정책 - (5) 수익인식 참고)

(3) 현대자동차의 사업을 고려할 때, 어떤 자산항목의 금액이 가장 클 것으로 예상하는가? 최근 회계연도 재무상태표의 자산항목 중 가장 큰 비중을 차지하는 자산항목 세 개를 찾아보시오. 예상했던 자산항목과 일치하는가?

(4) 연결재무제표 주석의 1. 회사 및 종속기업의 개요 중 (1) 연결대상 종속기업의 현황과 (2) 주요 종속기업의 요약재무상태 및 경영성과를 참고하여 현대자동차의 주요 사업이 무엇인지 파악해보시오.

(5) 현대자동차의 사업 중 가장 큰 매출액을 기록하는 영업부문과 가장 큰 자산을 보유하고 있는 영업부문은 무엇인가? (Hint : 연결재무제표 주석의 40. 부문정보 참고)

CHAPTER

3 회계순환과정 Ⅱ (기말의 회계처리)

본장에서는 제2장의 회계순환과정 중 기중의 회계처리에 이어 기말의 회계처리에 대해 알아본다. 기말의 회계처리는 결산일이 되었을 때 결산수정분개를 통해서 발생주의 기준에 따라 자산·부채·자본의 변동과 수익·비용의 발생을 정확한 금액으로 조정하는 것에서부터 시작한다. 이어서 결산수정분개를 반영한 수정후 시산표의 작성방법을 공부하고, 이를 바탕으로 실제 기업에서 보고하는 재무제표의 작성방법에 대해서 알아본다.

베니스의 상인(The Merchant of Venice)은 셰익스피어의 희곡을 영화화한 것이다. 16세기 동방무역의 중심지였던 이탈리아의 도시국가 베니스를 무대로 한 작품으로, 금전의 대여나 투자, 무역 등 초기 자본주의의 발전모습을 알 수 있다. 당시 베니스의 상업이 발달함에 따라 회계가 탄생해서, 베니스의 상인들 사이에서 회계가 활발하게 사용된다.

학습목표 제3장 회계순환과정 II (기말의 회계처리)를 공부한 이후에는...

1. 결산수정분개의 의의와 결산수정분개의 5가지 종류를 설명할 수 있다. *3.1*
2. 수정후 시산표의 역할에 대해 이해할 수 있다. *3.2*
3. 10위식 정산표를 이용하여 재무제표를 작성할 수 있다. *3.4*
4. 마감분개를 수행할 수 있다. *3.5*

회계순환과정 Ⅱ: 기말의 회계처리

accounting cycle

- 결산수정분개 및 전기
  - 미지급비용과 미수수익
  - 선급비용과 선수수익
  - 소모품
- 수정후 시산표
- 재무제표 작성
  - 재무상태표
  - 포괄손익계산서
- 정산표 작성
- 장부의 마감
  - 포괄손익계산서계정의 마감
  - 재무상태표계정의 마감
- 회계순환과정의 종합

3.1 결산수정분개 및 전기(5단계)

결산수정분개란 회계기간 동안 발생했지만 실물의 이동이 없어서 기록되지 않은 자산 · 부채 · 자본의 변동과 수익 · 비용의 발생을 결산일에 발생주의 기준에 따라 정확한 금액으로 조정하는 분개이다.

발생주의는 현금의 유입과 유출과 관계없이 수익과 비용의 발생여부에 따라 기간손익을 결정하여 자산 · 부채 · 자본을 적절하게 기록 · 보고하는 회계를 말한다.

결산수정분개 · 전기
↓
수정후 시산표
↓
재무제표 작성
↓
장부의 마감

기중의 회계처리는 주로 거래가 발생하면 이를 식별하고 기록하는 과정이다. 즉 현금을 지급하거나 수취하는 등 실제로 자산이나 부채 등의 물리적 이동이 발생한 거래를 기록하는 것이다. 그러나 이러한 거래들만 기록한다면 재무제표를 발생주의 기준에 따라 작성할 수 없다. 예를 들어 은행으로부터 자금을 차입한 후 기간이 경과하여 이자비용이 발생하였으나 아직 현금으로 이자비용을 지급하지 않았다면, 기중에는 이자비용을 회계처리하지 않았을 것이다. 따라서 재무제표를 작성하기 위해서는 기말에 이자비용을 인식하는 회계처리를 추가로 해야 한다.[1] 이렇게 발생주의 기준에 따라 계정과목 및 잔액을 재무제표에 정확하게 보고하기 위해서 기말 결산시점에 수행하는 회계처리를 결산수정분개(adjusting entry)라고 한다. 즉 결산수정분개란 회계기간 동안 발생했지만 실물의 이동이 없어서 기록되지 않은 자산 · 부채 · 자본의 변동과 수익 · 비용의 발생을 결산일에 발생주의 기준에 따라 정확한 금액으로 조정하는 분개이다. 분개장에 결산수정분개를 기록한 후에는 각 계정에 전기(posting)해야 한다. 이하에서는 5가지 결산수정분개사항에 대해 소개한다.

1. 미지급비용 : 당기에 발생한 비용의 인식

미지급비용(accrued[2] expense)이란 기중에 발생하여 당기의 포괄손익계산서에 반영

1) 이자비용은 기간이 경과함에 따라 발생하므로 이자비용의 발생을 매일 회계처리하는 방법도 생각할 수 있을 것이다. 그러나 이렇게 매일 회계처리하는 것은 매우 번거롭고 실익이 없기 때문에, 일반적으로 결산수정분개는 기말에 한 번 수행한다. 즉 결산수정분개를 행하는 항목들은 모두 기중에 계속해서 자산 · 부채 · 자본 · 수익 · 비용의 변동이 발생한 경우인데, 이를 거래가 발생할 때마다 계속 기록하는 것이 번거롭고 실익이 없으므로 기록하지 않았다가 기말에 기중에 일어난 변동을 모두 반영하는 분개를 수행하는 것이다. 연차재무제표를 작성하는 경우에는 1년에 한 번 결산수정분개를 하며, 그보다 짧은 기간인 월별, 분기별로 재무제표를 작성하는 경우에는 월별, 분기별로 결산수정분개를 해야 한다. 결산조정분개라고 부르기도 한다.

2) 'accrued(발생한)'라는 표현은 현금의 지불이나 수취 등 자산이나 부채의 물리적 이동이 없지만 수익 · 비용 등이 발생한 경우를 의미한다.

기중에 인식하지 못한 비용을 차변에, 미지급비용을 대변에 기록한다.
(차) 비　　용 ×××
　(대) 미지급비용 ×××

되어야 할 비용인데, 아직 현금으로 지급하지 않았기 때문에 기중에는 인식하지 않은 비용이다. 예를 들어 당기에 발생한 이자비용에 대해 아직 현금을 지급하지 않은 경우이다. 미지급비용은 결산수정분개를 통하여 비용으로 인식해야 한다. 당기에 발생한 비용만큼 해당 비용계정의 차변에 기록하고, 동시에 부채계정인 미지급비용계정의 대변에 기록한다. 발생한 비용만큼 미래 기간에 현금을 지급해야 하는 의무가 있으므로 이를 부채로 인식하는 것이다. 미지급비용에는 미지급이자, 미지급임차료, 미지급보험료 등이 있다. 재무상태표에 표시할 때에는 이들 세부항목을 미지급비용(유동부채)계정으로 통합하여 나타낸다.

예제 3-1 결산수정분개 – 미지급비용

20×1년 10월 1일 (주)덕송은 연 12% 이자율로 ₩100,000을 신한은행으로부터 차입하였다. 이자지급일은 매년 4월과 10월 1일이다. 20×1년 12월 31일 현재 (주)덕송은 이자비용을 인식하지 않았다.

20×1년에 해당하는 이자비용(10월~12월)을 계산하면 ₩3,000(=₩100,000×12%×3/12개월)이다. 아직 현금으로 지급하지 않았지만 기간이 경과함에 따라 이자를 지급해야 할 의무가 발생하므로, 다음과 같은 결산수정분개를 통해 이를 비용과 부채로 인식한다. ₩3,000을 차변에 당해 연도 이자비용으로 인식하고, 대변에 미지급이자(미지급비용)라는 유동부채계정에 기록한다.

(차) 이 자 비 용	3,000	(대) 미지급이자	3,000

이자비용

차변	대변
12/31 미지급이자 3,000	

미지급이자

차변	대변
	12/31 이자비용 3,000

2. 미수수익 : 당기에 발생한 수익의 인식

기중에 인식하지 못한 수익을 대변에, 미수수익을 차변에 기록한다.
(차) 미 수 수 익 ×××
　(대) 수　　익 ×××

미수수익(accrued revenue)은 기중에 발생하여 당기의 포괄손익계산서에 반영되어야 할 수익인데, 아직 현금을 수취하지 않았기 때문에 기중에는 인식하지 않은 수익이다. 미수수익은 결산수정분개를 통하여 수익으로 인식해야 한다. 당기에 발생한 수익만큼 해당 수익계정의 대변에 기록하고, 동시에 자산계정인 미수수익계정의 차변에 기록한다. 발생한 수익만큼 미래 기간에 현금을 수취할 수 있는 권리가 생겼기 때문에 미수수익은 자산에 해당된다. 미수수익에는 미수이자, 미수임대료 등이 있다. 재무상태표에 표시할 때에는 이들 세부항목을 미수수익(유동자산)계정으로 통합하여 나타낸다.

예제 3-2 결산수정분개 - 미수수익

[예제 3-1]의 거래를 신한은행 입장에서 생각해보자. 신한은행은 20×1년 10월 1일 연 12%의 이자율로 ₩100,000을 (주)덕송에 대출해주었다. 이자수취일은 매년 4월과 10월 1일이다. 20×1년 12월 31일 현재 신한은행은 이자수익을 인식하지 않았다.

20×1년 동안 발생한 신한은행의 이자수익(10~12월)은 ₩3,000(=₩100,000×12%×3/12개월)이다. 아직 현금을 수취하지 못해 이자수익을 인식하지 않았지만, 재무제표를 작성하기 위해서는 기말시점에 결산수정분개를 통해 3개월치의 이자인 ₩3,000을 이자수익으로 인식해야 한다. 동시에 미수이자수익(미수수익)이라는 유동자산을 증가시킨다. 즉 차입자인 (주)덕송 입장에서는 미지급비용(부채)이 발생하는 것과 동시에 은행 입장에서는 미수수익(자산)이 발생하는 것이다.

(차) 미수이자수익	3,000	(대) 이 자 수 익	3,000

미수이자수익		이자수익	
12/31 이자수익 3,000			12/31 미수이자수익 3,000

그림 3-1

미지급비용과 미수수익의 결산수정분개 사례

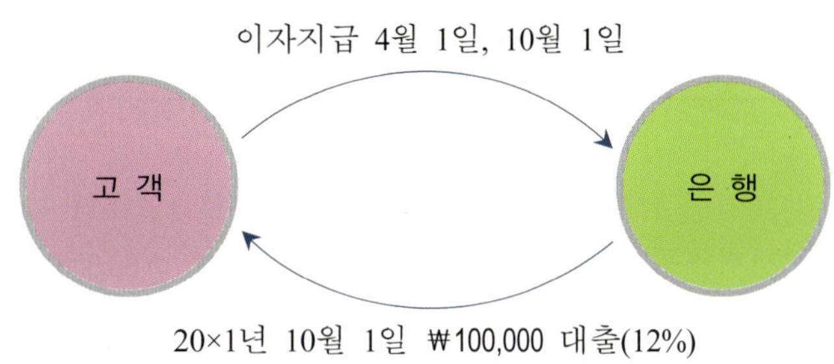

회계기간말인 20×1년 12월 31일, 3개월치의 이자에 대한 결산수정분개를 실시한다. 그 결과 고객은 부채의 증가와 비용의 발생을, 은행은 자산의 증가와 수익의 발생을 기록한다.

3. 선급비용 : 차기에 귀속하는 비용의 이연

선급비용(prepaid expense)은 비용이 발생하기 전에 현금을 먼저 지급한 경우로서, 미리 지급한 금액을 자산으로 기록한 것이다. 예를 들어 기간이 도래하기 전 보험료를 미리 지급한 경우가 이에 해당한다. 미리 지급한 현금이 미래에 경제적 미리 지급한 비용 중에서 당기에 귀속되는 비용만큼 선급비용을 감소시키고 당기분 비용을 인식한다.
(차) 비 용 ×××
(대) 선급비용 ×××

효익을 가져다주기 때문에(즉 미래에 동일한 재화나 용역을 구매하기 위해 현금을 지급할 필요가 없어지므로) 현금지급시점에 자산으로 인식하는 것이다. 그 후 기말 결산일에는 선급비용 중에 당기에 귀속되는 비용만큼을(즉 당기의 수익창출활동에 대응되는 부분만큼을) 결산수정분개를 통하여 당기 비용으로 인식하고, 동 금액만큼 자산(선급비용)을 감소시켜야 한다. 선급비용에는 선급이자, 선급임차료, 선급보험료 등이 있다. 재무상태표에 표시할 때에는 이들 세부항목을 선급비용(유동자산)계정으로 통합하여 나타낸다.

예제 3-3 결산수정분개 – 선급비용

(주)덕송은 20×1년 10월 1일 DB손해보험과 자동차 보험계약을 체결하여 향후 1년간 보험서비스를 받기로 하고, 이 기간 동안의 총보험료로 ₩60,000을 DB손해보험에 지급하였다. 보험서비스를 받기 전에 미리 보험료를 지급한 것이므로, 현금지급시 (주)덕송은 선급보험료(선급비용)계정을 이용하여 유동자산을 인식하였다.

20×1년 10월 1일 :

(차) 선급보험료	60,000	(대) 현 금	60,000

선급보험료		현 금	
10/1 현금 60,000			10/1 선급보험료 60,000

기말시점인 20×1년 12월 31일 현재 (주)덕송은 10월 1일부터 12월 31일까지 3개월 동안 DB손해보험으로부터 보험서비스를 제공받았으므로 관련 총보험료 ₩60,000 중 ₩15,000(=₩60,000×3/12개월)을 비용으로 인식해야 한다. 아래의 결산수정분개를 통해 보험료라는 비용계정이 증가하고, 동 금액만큼 선급보험료는 감소한다.

20×1년 12월 31일 :

(차) 보 험 료	15,000	(대) 선급보험료	15,000

보험료		선급보험료	
12/31 선급보험료 15,000			12/31 보험료 15,000

이 분개의 결과 12월 31일 현재 재무상태표에 유동자산으로 분류된 선급보험료 잔액은 ₩45,000(=₩60,000−₩15,000)이 된다.

4. 선수수익 : 차기에 귀속하는 수익의 이연

미리 받은 수익 중에서 당기에 귀속되는 수익만큼 선수수익을 감소시키고 당기분 수익을 인식한다.
(차) 선 수 수 익 ×××
(대) 수 익 ×××

선수수익(unearned revenue ; 미가득수익)은 수익이 발생하기 전에 현금을 미리 수취한 경우로서, 수취한 금액을 부채로 기록한 것이다.[3] 미리 받은 금액만큼 미래에 재화나 용역을 제공해야 하는 의무(예를 들어 임대사업자가 임대료를 미리 수취했다면 임차인에게 임대공간을 제공해야 하는 의무)가 발생하기 때문에 수취한 금액을 부채로 기록하는 것이다. 선급비용의 반대라고 생각하면 된다. 기말 결산일에는 선수수익(유동부채)으로 인식한 금액 중 당기에 귀속되는 수익만큼을 결산수정분개를 통해 당기 수익으로 인식하고, 동 금액만큼 선수수익계정을 감소시켜야 한다. 선수수익에는 선수이자, 선수임대료 등이 있다. 재무상태표에 표시할 때에는 이들 세부항목을 선수수익(유동부채)계정으로 통합하여 나타낸다.

예제 3-4 결산수정분개 – 선수수익

[예제 3-3]의 거래를 DB손해보험 입장에서 생각해보자. 20×1년 10월 1일 DB손해보험은 (주)덕송과 자동차보험 계약을 맺었다. DB손해보험은 보험서비스를 제공하기 전에 미리 받은 현금을 유동부채항목인 선수보험수익(선수수익)으로 인식하였다.

20×1년 10월 1일 :

(차) 현 금	60,000	(대) 선수보험수익	60,000

현 금

10/1 선수보험수익 60,000	

선수보험수익

	10/1 현금 60,000

DB손해보험은 20×1년 12월 31일 위 선수수익 중 당기에 귀속되는 3개월분 보험료인 ₩15,000(=₩60,000×3/12개월)을 수익으로 인식하고 동 금액만큼 선수수익계정을 차감하는 결산수정분개를 다음과 같이 실시한다.

20×1년 12월 31일 :

(차) 선수보험수익	15,000	(대) 보 험 수 익	15,000

선수보험수익

12/31 보험수익 15,000	

보험수익

	12/31 선수보험수익 15,000

3) [그림 2-3]에서 설명한 것처럼, 고객에게 재화나 용역을 제공한 결과 통제권이 고객에게 이전되었을 때 수익이 가득(earned)된다. 아직 고객에게 재화나 용역을 제공하지 않았으므로 미가득(unearned)수익이라고 부르는 것이다.

이 분개의 결과 20×1년 12월 31일 현재 재무상태표에 유동부채로 분류된 선수보험수익(선수수익) 잔액은 ₩45,000(=₩60,000−₩15,000)이 된다.

그림 3-2

선급비용과 선수수익의 결산수정분개 사례

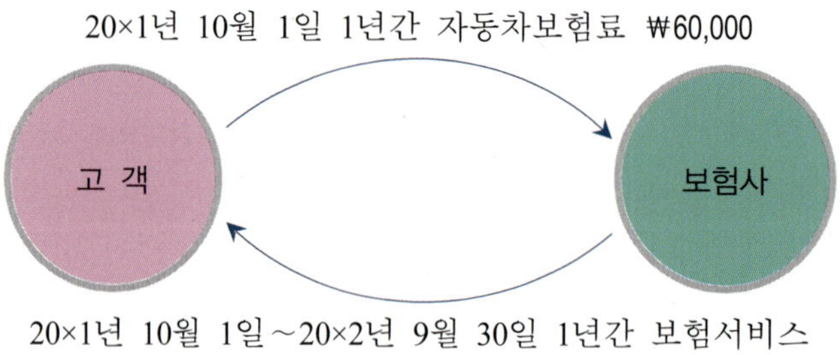

회계기간말인 20×1년 12월 31일, 3개월치의 보험료에 대한 결산수정분개를 실시한다. 그 결과 고객은 자산의 감소와 비용의 발생을, 보험사는 부채의 감소와 수익의 발생을 기록한다.

5. 소모품 : 당기에 사용된 소모품을 소모품비로 인식

소모품은 자산계정이고 **소모품비**는 비용이라는 점을 기억하자.

단기간 동안 사용된 후 폐기되는 종이나 펜 등의 문구류나 간단한 사무용품 등을 회계상으로 소모품(supplies)이라고 부른다. 회사에서는 소액의 소모품을 빈번하게 구입하여 사용한다. 기중에 소모품을 구입할 때에는 자산인 소모품으로 인식한다. 그러나 구입 후 소모품이 사용되는 정도를 수시로 확인하여 사용액만큼을 매번 비용으로 기록하는 것은 매우 비효율적이다. 따라서 기중에는 소모품의 감소를 별도로 기록하지 않는다. 그러다가 기말시점에 일괄적으로 남아 있는 소모품의 잔액을 조사하여 당기 동안 사용된 소모품의 금액을 파악하고, 이를 비용인 소모품비로 인식하면서 동시에 동 금액만큼 자산인 소모품계정을 감소시키는 결산수정분개를 수행한다.[4]

4) 이렇게 분개하는 것이 일반적이다. 그러나 몇몇 기업에서는 기중에 소모품을 구입하는 시점에서는 전액 소모품비로 기록했다가, 기말에 사용된 소모품의 가치를 계산하여 남아 있는 만큼 자산인 소모품계정을 증가시키고 비용인 소모품비를 감소시키는 결산수정분개를 수행하기도 한다. 두 방식 중 어떤 방식을 택하든 간에 결산수정분개 후 소모품과 소모품비 계정의 잔액은 동일하다.

예제 3-5 결산수정분개 – 소모품비

(주)덕송은 20×1년 12월 1일 사업을 운영하는 데 필요한 각종 소모품을 구입하고 ₩10,000을 지급하였다. 취득시점의 분개는 다음과 같다.

20×1년 12월 1일 :

(차) 소 모 품	10,000	(대) 현 금	10,000

20×1년 12월 31일 남아 있는 소모품을 조사해보니 ₩3,000이었다. 즉 구입한 소모품 ₩10,000 중에 ₩7,000은 사용된 것으로 파악되었다. 따라서 소모품비 ₩7,000(=₩10,000−₩3,000)을 기록하고, 동 금액만큼 유동자산인 소모품을 감소시키는 결산수정분개를 한다.

20×1년 12월 31일 :

(차) 소 모 품 비	7,000	(대) 소 모 품	7,000

결과적으로 20×1년 12월 31일 현재 재무상태표에 표시되는 소모품의 잔액은 ₩3,000이다. 위의 방법을 사용하지 않고, 주석 4)에서 소개한 것처럼 만약 12월 1일의 소모품 구입시점에 '(차) 소모품비 10,000 (대) 현금 10,000'의 분개를 했다면, 12월 31일에 '(차) 소모품 3,000 (대) 소모품비 3,000'의 결산수정분개를 행하면 된다. 그 결과 12월 동안의 소모품비는 ₩7,000, 기말의 소모품 잔액은 ₩3,000이다. 즉 어느 방법을 사용해도 기간 동안의 소모품비와 기말의 소모품 잔액은 동일하다.

〈표 3-1〉에서 위에서 설명한 5가지 결산수정분개의 유형을 요약하여 제시하였다.

표 3-1 결산수정분개의 유형

구 분	정 의	분 류	기중 분개 (차변 / 대변)	결산수정분개 (차변 / 대변)
미지급비용	당기 비용의 인식	부채	없음	(비용/미지급비용)
미 수 수 익	당기 수익의 인식	자산	없음	(미수수익/수익)
선 급 비 용	차기 비용의 이연	자산	(선급비용/현금)	(비용/선급비용)
선 수 수 익	차기 수익의 이연	부채	(현금/선수수익)	(선수수익/수익)
소 모 품	차기 비용의 이연	자산	(소모품/현금)	(소모품비/소모품)

주) 기중 분개는 현금거래가 발생했다고 가정하고 수행한 것이다. 선급비용과 소모품은 모두 차기 비용을 이연하는 것과 관련된 결산수정분개를 수행해야 하는 항목으로서, 본질적으로 동일한 성격을 가진다.

예제 3-6 결산수정분개 및 전기

다음은 (주)덕송서비스의 1월 31일 현재 결산수정사항이다. 본 예제는 제2장의 회계순환과정에서 제시된 [예제 2-6]의 연속되는 내용이다.

〈기말 결산수정사항〉[5)]

(1) 선급임차료에 대한 결산수정이 이루어지지 않았다(1월 2일 거래 ② 관련).
(2) 기말 소모품의 재고액은 ₩5,300,000인 것으로 조사되었다(1월 11일 거래 ③ 관련).
(3) 우리은행에 지급해야 할 단기차입금에 대한 이자가 아직 지급되지 않았다(1월 16일 거래 ④ 관련).

〈결산수정분개 및 전기〉

(1) 〈1월 2일 분개〉

사무실 임차와 관련하여 연간 임차료 ₩24,000,000을 미리 지급하고, 동 금액을 선급임차료(자산계정)로 회계처리하였다.

(차) 선급임차료	24,000,000	(대) 현 금	24,000,000

〈기말 결산수정분개〉 (1월 31일)

1월 2일에 미리 지급된 1년치 임차료 ₩24,000,000 중에서 1월에 해당하는 1개월분 임차료는 ₩2,000,000(= ₩24,000,000/12개월)이다. 따라서 아래와 같은 결산수정분개를 통해 선급임차료의 대변에 기록하여 선급임차료를 감소시키고, 임차료를 차변에 기록하여 비용을 인식한다. 따라서 선급임차료계정의 기말잔액은 ₩22,000,000이 된다.

(차) 임 차 료	2,000,000	(대) 선급임차료	2,000,000

임차료

차변		대변	
1/31 선급임차료	2,000,000		
잔액	2,000,000		

선급임차료

차변		대변	
1/2	24,000,000	1/31 임차료	2,000,000
잔액	22,000,000		

(2) 〈1월 11일 분개〉

소모품 ₩8,000,000을 현금으로 구입하였으며, 구입시 소모품은 자산으로 회계처리하였다.

(차) 소 모 품	8,000,000	(대) 현 금	8,000,000

5) [예제 2-6]의 거래 ⑩도 선급보험료에 관련되어 있으므로, 기말 결산수정분개를 통해 선급보험료계정을 감소시키고 보험료비용을 인식해야 한다고 생각하기 쉽다. 그러나 1월 30일에 지급한 보험료 ₩1,200,000의 효과는 2월부터 시작하므로, 1월말 현재 시점에서는 ₩1,200,000 전액을 선급비용(자산계정)으로 처리해야 한다. 따라서 거래 ⑩에 대해서는 결산수정분개를 할 필요가 없다.

〈기말 결산수정분개〉 (1월 31일)

소모품의 재고액이 ₩5,300,000인 것으로 조사되었으므로, 1월 11일 구입한 소모품 ₩8,000,000 중에서 ₩2,700,000의 소모품이 1월중 사용된 것을 알 수 있다. 즉 당기중 감소한 소모품계정의 잔액이 전액 사용된 것으로 간주하는 것이다. 따라서 사용된 소모품 ₩2,700,000을 감소시키고, 동 금액을 소모품비로 인식한다.*

(차) 소 모 품 비	2,700,000	(대) 소 모 품	2,700,000

소모품비

차변		대변	
1/31 소모품	2,700,000		
잔액	2,700,000		

소모품

차변		대변	
1/2	8,000,000	1/31 소모품비	2,700,000
잔액	5,300,000		

* 만약 1월 11일에 '(차) 소모품비 8,000,000 (대) 현금 8,000,000'의 방식으로 분개했다면, 1월 31일 '(차) 소모품 5,300,000 (대) 소모품비 5,300,000'의 결산수정분개를 수행한다. 그 결과 1월 동안의 소모품비 발생액은 ₩2,700,000, 1월말의 소모품 기말잔액은 ₩5,300,000이 계산된다.

(3) 〈1월 16일 분개〉

우리은행으로부터 현금 ₩10,000,000을 연 12%의 이자율 조건으로 1년 동안 차입하였다. 단 이자는 전액 만기에 지급하기로 약정하였다.

(차) 현 금	10,000,000	(대) 단기차입금	10,000,000

〈기말 결산수정분개〉 (1월 31일)

1월 16일 자금을 차입한 후 1월 16일부터 1월 31일까지의 기간이 경과하였으나 단기차입금에 대한 이자비용을 아직 우리은행에게 지급하지 않았다. 따라서 이 기간 동안의 이자비용을 아직 인식하지 않았다. 그러므로 1/2개월분(1/16～1/31)의 미지급된 이자를 이자비용으로 회계처리하고, 대변에는 미지급이자라는 유동부채를 인식한다. 1/2개월분의 이자비용은 ₩50,000(＝₩10,000,000×12%×1/12개월×1/2)이다.

(차) 이 자 비 용	50,000	(대) 미지급이자	50,000

이자비용

차변		대변	
1/31 미지급이자	50,000		
잔액	50,000		

미지급이자

차변		대변	
		1/31 이자비용	50,000
		잔액	50,000

※ 다음 표는 기중 거래 및 기말 결산수정사항에 대한 분개를 요약한 것으로, [예제 2-6]과 [예제 3-6]에서 수행한 분개들을 종합하여 소개한 것이다.

[기중 거래 및 기말 결산수정분개 요약 : 분개장]

구 분	날 짜	기중 거래에 대한 분개			
①	1월 2일	(차) 현 금	50,000,000	(대) 자 본 금	50,000,000
②	1월 2일	(차) 선급임차료	24,000,000	(대) 현 금	24,000,000
③	1월 11일	(차) 소 모 품	8,000,000	(대) 현 금	8,000,000
④	1월 16일	(차) 현 금	10,000,000	(대) 단기차입금	10,000,000
⑤	1월 16일	(차) 광고선전비	1,000,000	(대) 현 금	1,000,000
⑥	1월 17일	(차) 현 금	15,000,000	(대) 매 출	15,000,000
⑦	1월 18일	(차) 매출채권	12,000,000	(대) 매 출	12,000,000
⑧	1월 19일	(차) 현 금	20,000,000	(대) 선수수익	20,000,000
⑨	1월 29일	(차) 현 금	6,000,000	(대) 매출채권	6,000,000
⑩	1월 30일	(차) 선급보험료	1,200,000	(대) 현 금	1,200,000
⑪	1월 30일	(차) 급 여	5,500,000	(대) 현 금	5,500,000

구 분	기말 결산수정분개			
(1)	(차) 임 차 료	2,000,000	(대) 선급임차료	2,000,000
(2)	(차) 소모품비	2,700,000	(대) 소 모 품	2,700,000
(3)	(차) 이자비용	50,000	(대) 미지급이자	50,000

회계이야기 (1)

회계투명성과 자본시장의 발전

언론에서 우리나라의 회계투명성이 세계 국가들 중에서 하위권이라는 기사를 종종 접한다. 회계투명성이 낮다는 말은 회계정보를 신뢰할 수 없다는 이야기다. 우리나라의 회계정보 신뢰성이 미국이나 영국 등 최고 선진국보다는 낮겠지만, 중국, 동남아시아나 남미의 국가보다도 낮다는 통계수치를 보면 좀 과장된 수치라는 느낌이 든다.

왜 이런 이해하기 어려운 결과가 나타날까? 이 지표를 산출하는 과정을 이해할 필요가 있다. 회계투명성에 대한 국가별 순위는 매년 특정기관에서 관련자들을 대상으로 "우리나라의 회계투명성에 대해 어떻게 생각하느냐?"라는 질문을 하고, 그 답을 집계해서 계산된다. 우리나라의 회계투명성 지수가 낮다는 것은, 응답자들이 이 질문에 대해 부정적인 답변을 한다는 의미이다. 따라서 이 주관적인 지표가 가진 의미를 더 신중하게 해석할 필요가 있다.

회계투명성 향상의 결과

회계투명성이 향상된다면 어떤 효과가 있을까? 회계투명성이 향상된다면 외부이해관계자들이 기업들이 발표하는 회계정보를 더욱 신뢰할 수 있다. 그렇다면 더 많은 사람들이 주식이나 채권 시장에 투자할 것이며, 그 결과 그 돈을 예금하는 것보다 더 높은 수익을 올릴 수 있다. 또한 상대적으로 좀 더 명확한 정보를 이용해서 투자여부를 결정하므로 투자자들의 위험부담이 낮아지게 된다. 따라서 투자할 때 기대하는 요구수익률이 낮아질 수 있다. 위험한 투자안일수록 요구수익률이 높기 때문이다. 자금을 조달하는 기업 입장에서 보면 자금조달금리 또는 자본비용이 낮아진다고 표현한다. 그러므로 투자자와 기업 모두가 윈-윈(win-win)하게 되는 것이다. 기업은 손쉽게 자금을 조달하여 투자를 할 수 있고, 그 결과 투자가 활성화되어 기업이 발전하는 동시에 일자리도 창출되며 경제가 발전하게 된다.

3.2 수정후 시산표(6단계)

수정후 시산표는 수정전 시산표에 결산수정분개를 추가로 반영한 시산표이다.

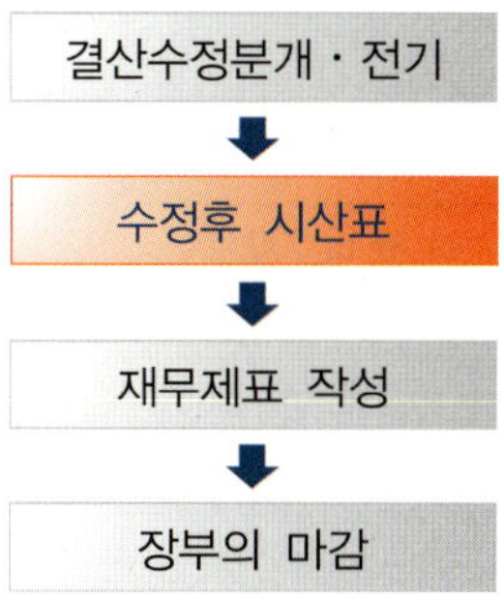

수정후 시산표(adjusted trial balances)는 수정전 시산표에 결산수정분개를 추가로 반영하여 다시 작성한 시산표이다. 수정사항이 발생한 계정에 대해서는 결산수정분개를 반영하여 정확한 기말의 계정잔액이 정해진다. 수정후 시산표는 결산수정분개 후 계정잔액을 모두 모아 작성하며, 모든 계정의 차변잔액의 합계액과 대변잔액의 합계액이 일치하는가를 다시 한 번 확인하기 위해 작성하는 것이다. 합계액이 틀리다면 오류가 발생했다는 것이지만, 합계액이 일치한다고 해도 오류가 전혀 없다는 의미는 아니므로 주의해야 한다.[6] 수정후 시산표에 보고된 금액을 이용하여 재무제표를 작성한다.

예제 3-7 수정후 시산표

[예제 3-6]에서 소개한 (주)덕송서비스의 기말 결산수정사항을 이용하여 수정후 시산표를 작성하시오.

〈결산수정분개〉

(1) 선급임차료에 대한 결산수정이 이루어지지 않았다(1월 2일).

(차) 임 차 료	2,000,000	(대) 선급임차료	2,000,000

(2) 기말 소모품의 재고액은 ₩5,300,000인 것으로 조사되었다(1월 11일).

(차) 소 모 품 비	2,700,000	(대) 소 모 품	2,700,000

(3) 단기차입금에 대한 이자가 아직 지급되지 않았다(1월 16일).

(차) 이 자 비 용	50,000	(대) 미지급이자	50,000

제2장에서 작성한 다음의 수정전 시산표로부터 출발해서, 위의 결산수정분개를 반영하여 수정후 시산표를 작성해보자.

6) 예를 들어 차변계정과 대변계정의 계정과목명을 서로 바꾸어 기록했다면 각 계정의 합계액은 서로 일치한다.

수정전 시산표

(주)덕송서비스 20×1년 1월 31일 현재 (단위 : 원)

계정과목	차 변	대 변	구 분
현 금	₩61,300,000		자 산
매 출 채 권	6,000,000		
소 모 품	8,000,000		
선급보험료	1,200,000		
선급임차료	24,000,000		
단기차입금		₩10,000,000	부 채
선 수 수 익		20,000,000	
자 본 금		50,000,000	자 본
매 출		27,000,000	수 익
광고선전비	1,000,000		비 용
급 여	5,500,000		
합 계	₩107,000,000	₩107,000,000	

☞ 수정전 시산표의 차변합계와 대변합계는 각각 ₩107,000,000으로 동일하다.

수정후 시산표

(주)덕송서비스 20×1년 1월 31일 현재 (단위 : 원)

계정과목	차 변	대 변	구 분
현 금	₩61,300,000		자 산
매 출 채 권	6,000,000		
소 모 품	5,300,000		
선급보험료	1,200,000		
선급임차료	22,000,000		
단기차입금		₩10,000,000	부 채
선 수 수 익		20,000,000	
미지급이자		50,000	
자 본 금		50,000,000	자 본
매 출		27,000,000	수 익
광고선전비	1,000,000		비 용
급 여	5,500,000		
임 차 료	2,000,000		
소 모 품 비	2,700,000		
이 자 비 용	50,000		
합 계	₩107,050,000	₩107,050,000	

☞ 수정후 시산표는 수정전 시산표에 결산수정분개를 반영한 것이다. 위 수정후 시산표의 차변합계와 대변합계는 각각 ₩107,050,000으로 동일하다.

3.3 재무제표 작성(7단계)

수정후 시산표를 바탕으로 재무제표를 작성한다.

결산수정분개 · 전기 → 수정후 시산표 → 재무제표 작성 → 장부의 마감

결산수정분개와 전기를 반영하여 수정후 시산표가 작성된다. 수정후 시산표상에서 재무상태표계정인 자산, 부채, 자본 계정금액과 포괄손익계산서계정인 수익, 비용 계정금액은 발생주의 원칙에 따라 정확한 금액으로 조정된 금액이다.

이를 바탕으로 일반적으로 인정된 회계기준에서 정한 재무제표 작성 및 보고양식에 따라 재무제표를 작성한다. 여기에서는 재무상태표와 포괄손익계산서를 중심으로 설명한다.

예제 3-8 재무제표 : 재무상태표와 포괄손익계산서 작성

[예제 3-7]의 (주)덕송서비스의 수정후 시산표를 이용하여 포괄손익계산서와 재무상태표를 작성하시오. 단 배당 등의 이익잉여금 처분과 법인세비용은 없다고 가정한다.

(1) 수정후 시산표의 각 계정을 재무상태표항목과 포괄손익계산서항목으로 구분하고, 재무상태표항목은 재무상태표로 포괄손익계산서항목은 포괄손익계산서로 이동한다.

수정후 시산표

(주)덕송서비스 20×1년 1월 31일 현재 (단위 : 원)

계정과목	차 변	대 변	구 분
재무상태표항목			
현 금	₩61,300,000		자 산
매출채권	6,000,000		
소 모 품	5,300,000		
선급보험료	1,200,000		
선급임차료	22,000,000		
단기차입금		₩10,000,000	부 채
선수수익		20,000,000	
미지급이자		50,000	
자 본 금		50,000,000	자 본

포괄손익계산서항목			구 분
매 출 액		27,000,000	수 익
광고선전비	1,000,000		
급 여	5,500,000		
임 차 료	2,000,000		비 용
소 모 품 비	2,700,000		
이 자 비 용	50,000		
합 계	₩107,050,000	₩107,050,000	

(2) 위의 포괄손익계산서항목의 내용을 이용해서 아래와 같이 20×1년 1월 동안의 포괄손익계산서를 작성한다.

포괄손익계산서

(주)덕송서비스　　20×1년 1월 1일~1월 31일　　(단위 : 원)

매 출 액		₩27,000,000
판 매 비		(1,000,000)
광고선전비	₩1,000,000	
관 리 비		(10,200,000)
임 차 료	2,000,000	
급 여	5,500,000	
소 모 품 비	2,700,000	
금 융 원 가		(50,000)
이 자 비 용	50,000	
당기순이익		15,750,000
기타포괄이익		0
총포괄이익		₩15,750,000

(3) 본 예제에서는 배당금이 없고, 개업 1차년도의 첫 1개월에 해당되므로 기초이익잉여금도 없다. 따라서 당기순이익이 곧바로 기말이익잉여금이 된다(기초이익잉여금+당기순이익－배당금=기말이익잉여금). 포괄손익계산서에서 산출된 당기순이익을 재무상태표상의 이익잉여금계정으로 옮겨서 아래와 같은 20×1년 1월 31일 현재의 재무상태표를 작성한다.

재무상태표

(주)덕송서비스　　20×1년 1월 31일 현재　　(단위 : 원)

자 산 :	
현 금	₩61,300,000
매 출 채 권	6,000,000
선 급 비 용*	23,200,000
소 모 품	5,300,000
자산총계	₩95,800,000

부　채 :	
단기차입금	₩10,000,000
선 수 수 익	20,000,000
미지급비용*	50,000
부채총계	₩30,050,000
자　본 :	
자　본　금	₩50,000,000
이익잉여금	15,750,000
자본총계	₩65,750,000
부채와 자본 총계	₩95,800,000

* 재무상태표에서 선급보험료와 선급임차료의 합을 선급비용계정으로 표시하였다. 또한 미지급이자도 미지급비용으로 표시하였다.

주) 포괄손익계산서의 수익과 비용은 우선 자산과 부채에 영향을 미친다. 수익이 발생하면 자산이 증가하거나 부채가 감소하여 자본이 증가하며, 비용이 발생하면 자산이 감소하거나 부채가 증가하여 자본이 감소한다. 따라서 (배당금 지급이 없다면) 순이익만큼 자본(이익잉여금)이 증가하게 된다. 회계기간 동안의 경영성과를 파악하기 위해 포괄손익계산서를 작성하지만, 회계연도말에 재무상태표를 작성할 때에는 포괄손익계산서의 순이익을 재무상태표의 이익잉여금계정에 반드시 반영하여 표시한다는 점에 주의해야 한다. 이 점에 대해서는 **3.5**에서 다시 공부할 것이다.

3.4 정산표 작성

수정전 시산표로부터 결산수정분개 및 재무제표 작성까지의 결산과정을 하나의 표로 정리하여 작성하는 표를 **정산표**라고 한다.

결산수정분개사항이 있으면 이를 반영하여 시산표상의 계정잔액을 수정한 후에 재무제표를 작성해야 한다. 이때 수정전 시산표로부터 결산수정분개 및 재무제표 작성(포괄손익계산서, 재무상태표)까지의 결산과정을 하나의 표로 정리하여 작성하기도 하는데, 이 표를 정산표(worksheet)라고 한다.

정산표의 작성은 결산과정에서 필수적인 절차는 아니다. 그러나 정산표는 수정전 시산표로부터 결산수정분개 및 재무제표 작성까지 회계순환과정을 하나의 표로 정리하여 보여주기 때문에 회계순환과정을 이해하는 데 도움이 된다. 또한 정산표는 결산수정분개를 빠짐없이 반영하여 손쉽게 정확한 재무제표를 작성할 수 있도록 해준다는 장점도 지니고 있다.

〈정산표 작성 순서〉
① 수정전 시산표 잔액의 기록
② 기말 결산수정분개
③ 수정후 시산표 작성
④ 포괄손익계산서 작성 (당기순이익)
⑤ 재무상태표 작성 (당기순이익)
⑥ 포괄손익계산서의 당기순이익과 재무상태표의 당기순이익 일치여부 확인

정산표는 가장 왼편에 계정과목을 나열하고, 표의 나머지 부분을 수정전 시산표, 결산수정분개, 수정후 시산표, 포괄손익계산서, 재무상태표의 5개 영역으로 구분한 다음 각각의 영역들을 차변과 대변으로 다시 구분하여 보여준다. 이에 따라 금액을 기록할 수 있는 열의 수가 10개이기 때문에 이를 10위식 정산표(10-column worksheet)라고도 한다. 또는 수정후 시산표를 별도로 정산표에 포함시키지 않고 결산수정분개 다음에 바로 포괄손익계산서와 재무상태표를 만들기도 하는데, 이를 8위식 정산표(8-column worksheet)라고 한다. 본서에서는 10위식 정산표를 사용해서 설명한다.

예제 3-9 정산표 작성

[예제 3-7]의 (주)덕송서비스의 수정전 시산표, 결산수정분개 및 전기, 수정후 시산표, [예제 3-8]의 포괄손익계산서와 재무상태표를 이용하여 정산표를 작성한다. 아래는 10위식 정산표의 양식을 보여주고 있다. 아래 표에서 수정후 시산표가 없다면 8위식 정산표가 된다.

정 산 표

(주)덕송서비스 20×1년 1월 31일 현재 (단위 : 천원)

계정과목	수정전 시산표		결산수정분개		수정후 시산표		포괄손익계산서		재무상태표	
	차변	대변	차변	대변	차변	대변	차변	대변	차변	대변
현금	₩61,300									
매출채권	6,000									
소모품	8,000									
선급보험료	1,200									
선급임차료	24,000									
단기차입금		₩10,000								
선수수익		20,000								
자본금		50,000								
이익잉여금 (20×1년 1월 1일)		0								
매출액		27,000								
광고선전비	1,000									
급여	5,500									
합계	₩107,000	₩107,000								
합계										

정산표 작성의 결과는 다음과 같다.

정 산 표

(주)덕송서비스 20×1년 1월 31일 현재 (단위 : 천원)

계정과목	❶ 수정전 시산표		❷ 결산수정분개		❸ 수정후 시산표		❹ 포괄손익계산서		❺ 재무상태표	
	차변	대변	차변	대변	차변	대변	차변	대변	차변	대변
현 금	₩61,300				₩61,300				₩61,300	
매출채권	6,000				6,000				6,000	
소 모 품	8,000			(2) ₩2,700	5,300				5,300	
선급보험료	1,200				1,200				1,200	
선급임차료	24,000			(1) 2,000	22,000				22,000	
단기차입금		₩10,000				₩10,000				₩10,000
선수수익		20,000				20,000				20,000
자 본 금		50,000				50,000				50,000
이익잉여금 (20×1년 1월 1일)		0				0				0
매 출 액		27,000				27,000		₩27,000		
광고선전비	1,000				1,000		₩1,000			
급 여	5,500				5,500		5,500			
합 계	₩107,000	₩107,000								
임 차 료			(1) ₩2,000		2,000		2,000			
소모품비			(2) 2,700		2,700		2,700			
이자비용			(3) 50		50		50			
미지급이자				(3) 50		50				50
당기순이익							15,750	❻ 일치확인		15,750
합 계			₩4,750	₩4,750	₩107,050	₩107,050	₩27,000	₩27,000	₩95,800	₩95,800

정산표상의 이익잉여금은 기초이익잉여금 금액이다. 최종적으로 공시되는 재무상태표를 작성할 때에는, 기초이익잉여금에 포괄손익계산서의 당기순이익을 더해서 기말이익잉여금을 계산하여 재무상태표에 표시한다. 즉 위의 예제에서 20×1년 1월 31일 현재 재무상태표에 표시되는 이익잉여금은 기초잉여금(₩0)에 당기순이익(₩15,750,000)을 더한 ₩15,750,000이다.

* 정산표는 회계순환과정을 이해하는 데 도움을 준다. 수정전 시산표부터 시작해서 결산수정분개를 실시하고 재무제표를 작성하는 것까지 회계순환과정을 하나의 일목요연한 표로 정리하여 보여주기 때문이다. 따라서 정산표는 결산수정분개를 빠짐없이 반영하여 손쉽게 정확한 재무제표를 작성할 수 있도록 해준다는 장점을 지니고 있다.

** 정산표에서 당기순이익은 포괄손익계산서의 수익과 비용 계정 합계의 차이 또는 재무상태표에서 당기순이익을 제외한 차변과 대변 합계의 차이로 계산된다. 포괄손익계산서와 재무상태표의 당기순이익 금액은 반드시 일치해야 한다는 점에 유의해야 한다.

3.5 장부의 마감(8단계)

장부의 마감은 한 회계기간의 기록내용과 다음 회계기간의 기록내용을 구분하고 다음 회계기간의 시작을 준비하기 위하여 이루어지는 결산과정이다.

결산수정분개 · 전기
↓
수정후 시산표
↓
재무제표 작성
↓
장부의 마감

한 기간의 모든 회계처리가 끝난 뒤에는 장부의 마감이 이루어진다. 장부의 마감(closing the books)은 한 회계기간의 기록내용과 다음 회계기간의 기록내용을 구분하고 다음 회계기간의 시작을 준비하기 위하여 이루어지는 결산과정이다.

장부의 마감절차는 대개의 경우 그동안에 기록된 금액들의 합계액을 구하여 기록한 다음 마감분개를 실시하고, 각 계정에 마감선을 긋는 것으로 이루어진다.

1. 포괄손익계산서계정의 마감

포괄손익계산서계정인 수익과 비용 계정은 당기의 경영성과를 나타내며, 다음기의 경영성과에 영향을 미쳐서는 안 된다.

포괄손익계산서계정의 잔액들은 당기 동안 발생한 수익이나 비용의 잔액이다. 따라서 당 회계연도에만 의미가 있으며 다음 회계연도에는 아무런 의미가 없으므로 잔액이 차기로 이월되지 않는다.[7] 즉 다음 회계연도에서는 계정잔액이 ₩0으로부터 새롭게 출발한다. 따라서 포괄손익계산서계정을 임시계정(temporary account) 또는 명목계정(nominal account)이라고도 부르는데, 이는 포괄손익계산서계정들은 장부마감 후에 잔액을 가지지 않기 때문이다.

(1) 집합손익계정의 설정과 수익계정 및 비용계정의 마감

포괄손익계산서계정들은 임시계정으로서, 다음 회계연도로 이월되지 않고 임시적인 집합손익계정에 대체하여 마감된다. 집합손익의 잔액은 이익잉여금계정으로 대체된다.

모든 포괄손익계산서계정의 잔액들은 결산 때 임시적으로 설정되는 집합손익계정에 옮겨지면서(회계상 용어로는 '대체'되면서) 마감이 이루어진다. 이때 계정간 대체를 위한 분개를 하게 되는데, 이를 마감분개(closing entries)라 한다.

마감분개는 장부마감을 위하여 필요한 형식적 절차일 뿐 당기 재무제표상의

7) '이월된다(carryforward)'라는 말의 의미는 당기말의 계정잔액이 차기초의 계정잔액이 된다는 뜻이다.

〈포괄손익계산서계정의 마감〉
① 집합손익계정의 설정
② 수익계정의 마감
(차) 수　익　×××
(대) 집합손익　×××
③ 비용계정의 마감
(차) 집합손익　×××
(대) 비　용　×××
④ 집합손익계정의 마감
〈당기순이익〉
(차) 집합손익　×××
(대) 이익잉여금　×××
〈당기순손실〉
(차) 이익잉여금 ×××
(대) 집합손익　×××

수치에는 아무런 영향을 미치지 않는다. 마감분개를 하고 각 계정에 전기하게 되면 모든 비용계정과 수익계정의 잔액은 ₩0이 되고, 그 상태에서 차변합계와 대변합계를 기록하고 마감선을 그어 마감한다.

〈수익계정의 마감〉
(차) 수　익　×××　(대) 집 합 손 익　×××

〈비용계정의 마감〉
(차) 집 합 손 익　×××　(대) 비　용　×××

(2) 집합손익계정의 마감

포괄손익계산서계정들을 마감하기 위하여 설정된 계정인 집합손익계정 역시 임시계정이다. 따라서 잔액 없이 마감이 이루어진다. 집합손익계정의 차변합계와 대변합계의 차액은 당기순이익 또는 당기순손실이 발생한 것을 의미한다. 만약 당기순이익이 발생했다면 이익잉여금계정의 대변에 대체되고, 당기순손실이 발생했다면 이익잉여금계정의 차변에 대체되면서 집합손익계정이 마감된다.

〈당기순이익이 발생한 경우〉
(차) 집 합 손 익　×××　(대) 이익잉여금　×××

〈당기순손실이 발생한 경우〉
(차) 이익잉여금　×××　(대) 집 합 손 익　×××

이와 같이 마감분개를 하면 집합손익계정의 잔액은 '₩0'이 된다. 당기순이익이 발생한 경우, 이익잉여금이 당기순이익만큼 증가해서 재무상태표의 자본이 증가한다. 당기순손실이 발생한 경우, 이익잉여금이 당기순손실만큼 감소해서 재무상태표의 자본이 감소한다. 이처럼 포괄손익계산서계정을 마감하고 나면 모든 포괄손익계산서계정의 잔액은 '₩0'이 되고, 당기순손익이 재무상태표계정인 이익잉여금에 대체된다. 따라서 재무상태표계정만 계정잔액이 남아 있다. 다음 회계연도가 시작되면 모든 포괄손익계산서계정은 잔액 '₩0'으로부터 시작하기 때문에, 다음 회계연도의 경영성과가 (즉 수익 · 비용이) 새롭게 기록될 수 있다.

2. 재무상태표계정의 마감

재무상태표계정들은 영구계정 또는 실질계정으로, 한 회계기간이 종료되어도 잔액이 ₩0이 되지 않고 기말잔액이 차기로 이월되어 계속 유지된다.

포괄손익계산서계정들과는 달리 재무상태표계정들을 영구계정(permanent account) 또는 실질계정(real account)이라고 부르는데, 이는 한 회계기간이 종료되더라도 잔액이 '₩0'이 되지 않고 기말잔액이 차기로 이월되어 계속 유지되기 때문이다. 예를 들어 연말에 현금잔액이 ₩1,000,000이라면 다음 연도초에는 현금잔액이 ₩1,000,000인 상태에서 영업이 개시된다.

재무상태표계정들의 마감은 분개 없이 다음과 같이 각 계정 내에서 이월기입의 형태로 이루어진다.

① 각 계정의 잔액이 있는 변의 상대편 변에 잔액과 동일한 금액을 적요란에 '차기이월'이라는 용어와 함께 기록한다.

② 차변과 대변의 합계액(서로 일치됨)을 그 아래 기록하면서 계정을 마감한다.

③ 차기 첫 날짜로 해당 계정의 전기말 잔액을 '전기이월'이라는 용어와 함께 기록한다.

예제 3-10 장부의 마감

[예제 3-7]의 (주)덕송서비스에 대한 수정후 시산표를 이용하여 포괄손익계산서계정과 재무상태표계정에 대한 마감은 다음과 같이 이루어진다.

(1) 수익계정 마감분개

① (차) 매 출	27,000,000	(대) 집 합 손 익	27,000,000

매 출

① 집합손익	27,000,000	1/17 현금	15,000,000
		1/18 매출채권	12,000,000
	27,000,000		27,000,000

(2) 비용계정 마감분개

② (차) 집 합 손 익	1,000,000	(대) 광고선전비	1,000,000
③ (차) 집 합 손 익	2,000,000	(대) 임 차 료	2,000,000
④ (차) 집 합 손 익	5,500,000	(대) 급 여	5,500,000
⑤ (차) 집 합 손 익	2,700,000	(대) 소 모 품 비	2,700,000
⑥ (차) 집 합 손 익	50,000	(대) 이 자 비 용	50,000

위 분개들로 인해 수익과 비용 계정의 잔액은 모두 ₩0이 되고, 수익과 비용 계정의 잔액은 모두 집합손익계정에 모아진다(대체된다).

광고선전비

1/16 현금	1,000,000	② 집합손익	1,000,000
	1,000,000		1,000,000

임차료

1/31 선급임차료	2,000,000	③ 집합손익	2,000,000
	2,000,000		2,000,000

급 여

1/30 현금	5,500,000	④ 집합손익	5,500,000
	5,500,000		5,500,000

소모품비

1/31 소모품	2,700,000	⑤ 집합손익	2,700,000
	2,700,000		2,700,000

이자비용

1/31 미지급이자	50,000	⑥ 집합손익	50,000
	50,000		50,000

(3) 집합손익의 이익잉여금 대체분개

⑦ (차) 집 합 손 익	15,750,000	(대) 이익잉여금	15,750,000

집합손익의 잔액을 이익잉여금으로 대체하면 집합손익계정의 잔액은 ₩0이 되어 소멸한다.

집합손익

② 광고선전비	1,000,000	① 매출	27,000,000
③ 임차료	2,000,000		
④ 급여	5,500,000		
⑤ 소모품비	2,700,000		
⑥ 이자비용	50,000		
⑦ 이익잉여금	15,750,000		
	27,000,000		27,000,000

(4) 재무상태표계정의 마감

재무상태표계정인 자산과 부채, 자본에 대해서는, 마감분개 없이 다음과 같이 계정잔액을 다음 기로 이월한다.

재무상태표

현 금

차변	금액	대변	금액
1/2 자본금	50,000,000	1/2 선급임차료	24,000,000
1/16 단기차입금	10,000,000	1/11 소모품	8,000,000
1/17 매출	15,000,000	1/16 광고선전비	1,000,000
1/19 선수수익	20,000,000	1/30 선급보험료	1,200,000
1/29 매출채권	6,000,000	1/30 급여	5,500,000
		차기이월	61,300,000
	101,000,000		101,000,000
2/1 (전기이월)	61,300,000		

소모품

차변	금액	대변	금액
1/11 현금	8,000,000	1/31 소모품비	2,700,000
		차기이월	5,300,000
	8,000,000		8,000,000
2/1 (전기이월)	5,300,000		

선급보험료

차변	금액	대변	금액
1/30 현금	1,200,000	차기이월	1,200,000
	1,200,000		1,200,000
2/1 (전기이월)	1,200,000		

매출채권

차변	금액	대변	금액
1/18 매출	12,000,000	1/29 매출채권	6,000,000
		차기이월	6,000,000
	12,000,000		12,000,000
2/1 (전기이월)	6,000,000		

선급임차료

차변	금액	대변	금액
1/2 현금	24,000,000	1/31 임차료	2,000,000
		차기이월	22,000,000
	24,000,000		24,000,000
2/1 (전기이월)	22,000,000		

단기차입금

차변	금액	대변	금액
차기이월	10,000,000	1/16 현금	10,000,000
	10,000,000		10,000,000
		2/1 (전기이월)	10,000,000

선수수익

차변	금액	대변	금액
차기이월	20,000,000	1/19 현금	20,000,000
	20,000,000		20,000,000
		2/1 (전기이월)	20,000,000

미지급이자

차변	금액	대변	금액
차기이월	50,000	1/31 이자비용	50,000
	50,000		50,000
		2/1 (전기이월)	50,000

자본금

차변	금액	대변	금액
차기이월	50,000,000	1/2 현금	50,000,000
	50,000,000		50,000,000
		2/1 (전기이월)	50,000,000

포괄손익계산서계정과 재무상태표계정의 마감절차를 그림으로 요약하면 [그림 3-3]과 같다. 수익·비용계정은 마감후 잔액이 ₩0이 되지만, 자산·부채·자본계정은 기말잔액이 차기의 기초잔액으로 이월된다는 것을 알 수 있다.

그림 3-3

포괄손익계산서계정과 재무상태표계정의 마감절차

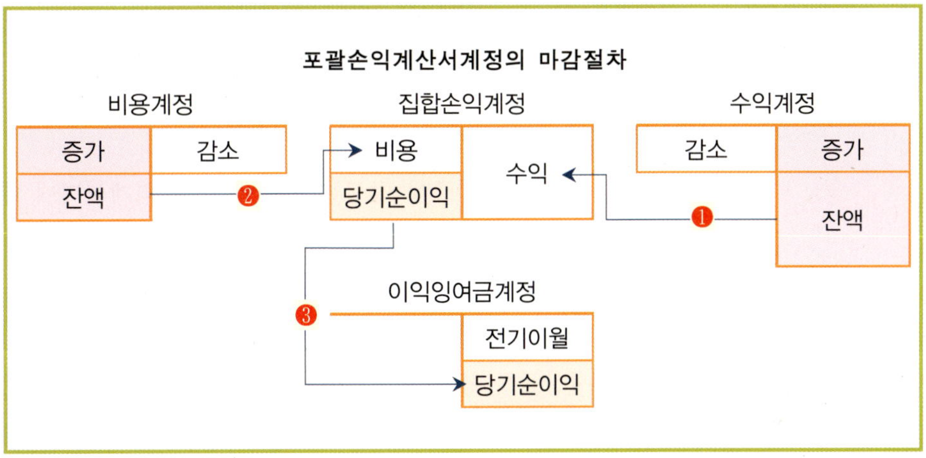

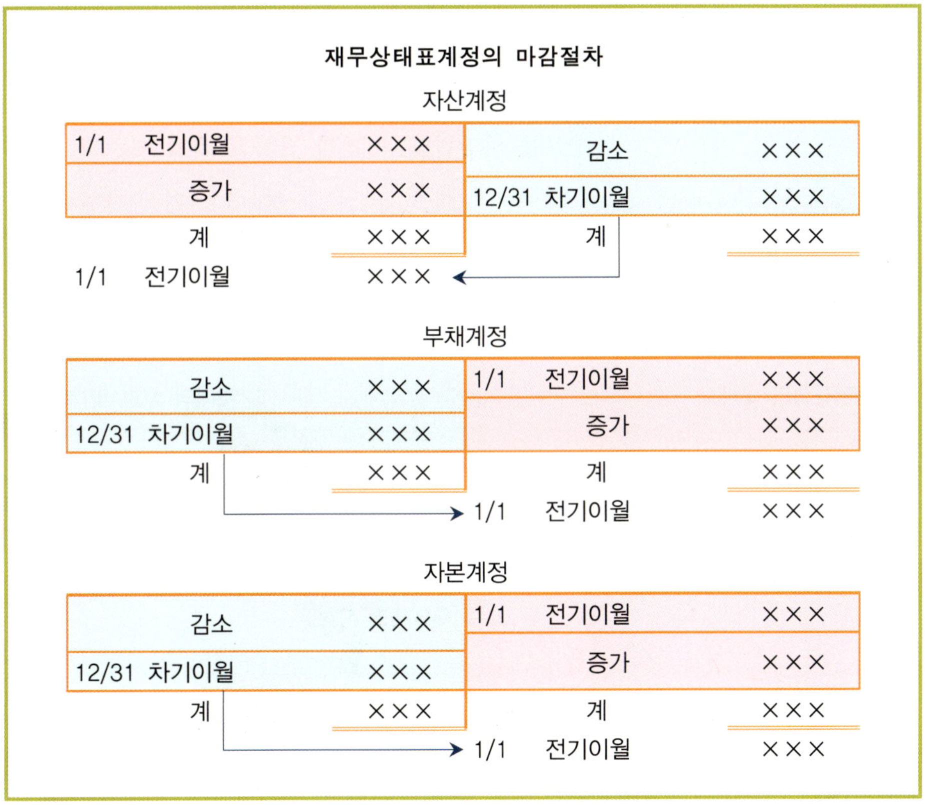

3.6 회계순환과정의 종합

이상에서 공부한 회계순환과정을 다시 정리하면 다음과 같다. 회계순환과정은 크게 한 회계기간의 기중에 발생한 거래에 대한 회계처리와 기말에 실시하는 회계처리로 구분한다.

우선 기중에 발생한 거래에 대한 회계처리에 대해 알아보자. 첫째, 기업에서 발생하는 사건들 중 회계거래를 식별해서 그 영향을 금액으로 측정한다. 둘째, 분개장에 이 회계거래를 분개한다. 셋째, 분개한 거래를 원장에 전기한다. 넷째, 원장에서 계산한 각 계정별 잔액을 이용하여 수정전 시산표를 작성한다. 수정전 시산표를 통해 차변합계와 대변합계가 일치하는지를 검증할 수 있다.

이상에 걸쳐서 기중에 발생한 거래를 기록한 후 기말이 되었다고 하자. 그러면 새로운 절차가 시작된다. 다섯째, 결산수정분개를 실시한 후 원장에 전기한다. 여섯째, 결산수정분개 자료를 포함하여 수정후 시산표를 작성한다. 일곱째, 수정후 시산표 자료를 바탕으로 재무제표를 작성한다. 여덟째, 마감분개를 수행하고 장부를 마감한다. 이러한 절차를 거쳐 기중과 기말의 모든 회계절차가 종료된다. 그 이후 새 회계기간이 시작되어 다시 거래를 식별하고 측정하는 일이 시작된다.

이러한 회계순환과정을 간단히 표현하면 [그림 3-4]와 같다.

그림 3-4
회계순환과정의 요약

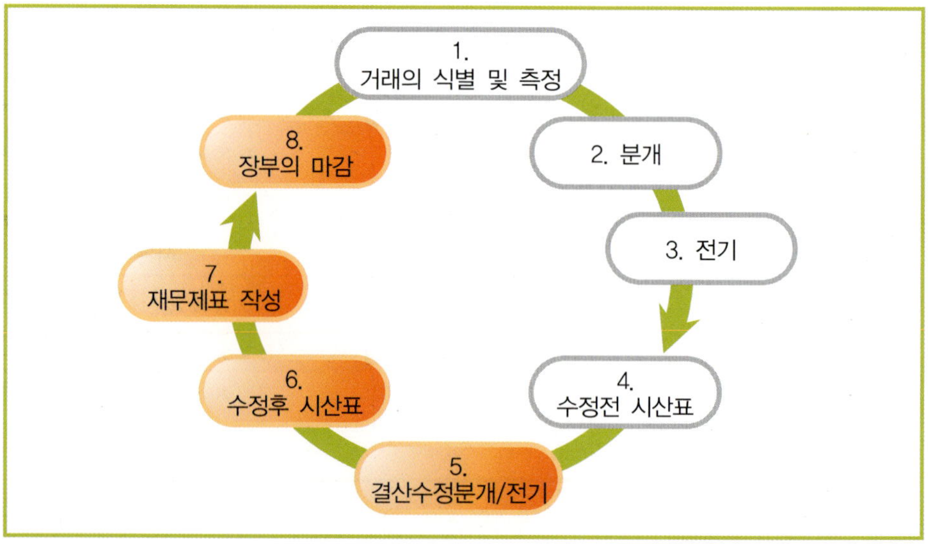

회계이야기 (2)

고(故) 정주영 회장과 회계

"이봐, 해보기나 했어?"라는 말로 유명한 현대그룹의 창업자 고 정주영 회장(1915~2001)은 불굴의 도전정신으로 유명한 기업가이다. 그는 일제 강점기 강원도 통천군에서 가난한 농부의 아들로 태어나 초등학교 교육만 받았을 뿐이다. 제대로 교육을 받지 못했음에도 불구하고 정 회장은 숫자에 대한 감각이 뛰어났고, 놀라운 판단력과 사업감각을 가진 것으로 유명하다. 한국전쟁 이후 세계에서 가장 못살던 나라였던 우리나라가 1960년대 후반부터 1970년대까지 경제기적을 이뤄내는 데 정 회장이 이끄는 현대그룹은 중추적인 역할을 하게 된다.

정 회장은 생전에 설계도면을 보거나 공사에 대한 개략적인 설명을 듣기만 해도, 그 정도 공사를 진행하는 데 얼마만큼의 인력과 장비가 투입되어야 하며 시간은 얼마나 걸리고 공사비는 얼마가 들 것인지를 대략적으로 즉석에서 계산해냈다고 한다. 당시 여러 연구소의 전문가들이나 대학교수들, 다른 기업들이 그 정도 비용으로는 절대 건설 불가능하다고 반대했던 경부고속도로나 소양강댐도 정 회장이 직관적으로 예측한 비용 수준에서 건설이 완료될 정도였다. 즉 정 회장은 초등학교 교육만 받았는데도 불구하고 숫자에 대한 감각이나 계산력이 탁월했던 것이다. 그러니 남들보다 훨씬 빨리 의사결정을 완료하고, 공사를 실제로 수행하는 데 집중할 수 있었다.

회계를 공부한 정주영 회장

정 회장이 어디에서 이런 지식을 얻었을까? 놀랍게도 그것은 정 회장이 회계를 배웠기 때문이다. 농사짓기 싫었던 정 회장은 아버지가 소를 판 돈을 훔쳐서 세 번째로 가출하여 서울로 온다. 그리고 회계학원에 등록하여 회계를 배운다. 그리고 회계지식이 있다는 이유로 쌀가게에 취직을 할 수 있었다. 그곳에서 열심히 배달도 하고, 가게를 깨끗하게 청소하고, 거래처별로 구분하여 회계장부를 깔끔하게 정리하는 것을 본 가게 주인의 신뢰를 얻는다. 몇 년 뒤 주인은 은퇴하면서 게으른 자신의 아들이 아니라 정 회장에게 쌀가게를 물려준다. 정 회장이 최초로 독립하게 된 것이다. 이 쌀가게가 정 회장의 사업밑천이 되어 나중에 현대건설을 세우게 된 모체가 된다. 그렇다면 왜 정 회장은 회계를 배우기로 결심했었을까? 과거 두 차례 가출을 해본 결과 숫자나 계산을 모르니 막노동이나 잡일밖에 할 수 있었던 일이 없었기 때문이다. 과거의 경험을 통해 회계지식의 중요성을 깨달았던 것이다.

이런 사실을 보면 회계지식 때문에 정 회장이 취직도 하게 됐고, 회계지식을 활용해서 업무를 수행한 것이 그의 사업의 기초가 되었다는 점을 알 수 있다. 물론 성공의 이유를 단지 회계지식 때문이라고 한다면 큰 과장일 것이다. 정 회장이 워낙 부지런한 성격으로 열심히 일했던 것과 숫자감각을 가지고 의사결정이 빨랐다는 점, 그리고 그가 사무실에서 설계도면만 보면서 지시만 내렸던 것이 아니라 사업 초기부터 공사현장에서 직접 일했었기 때문에 많은 현장지식을 가지고 있었다는 점도 그가 성공할 수 있었던 중요한 비결일 것이다.

정주영 회장의 고민과 혁신

정 회장은 어떤 일을 맡기만 하면 어떻게 그 일을 잘 완수할 수 있을지를 고민했다. 남이 하던 그대로 따라서 한다는 것은 정 회장의 머릿속에 없었다. 그래서 정 회장이 벌인 일들은 남들은 상상하지 못할 최초의 일들이 많았다. 초등학교만 마쳤으므로 아는 지식이 많지 않았다. 그래서 부딪힌 문제를 기존에 알고 있는 지식을 이용해서 푼 것이 아니라 스스로 어떻게 풀 것인지를 고민했었기 때문이 아닐까? 예를 들어 현대건설이 충남 서산 앞바다에 방조제를 쌓아서 간척지를 조성할 때, 마지막 물막이 공사 단계에서 물살이 빨라 물길을 막을 수 없었다. 트럭으로 실어와 바다에 던져 넣은 돌과 흙들이 모두 빠른 물길에 쓸려나갔던 것이다. 직원들이 물막이가 불가능하다고 보고하자 정 회장은 직접 현장을 둘러보며 고민을 했다. 그러다가 낡아서 폐기하기로 예정되어 있던 유조선을 가져다가 방조제 앞에 가라앉힌다는 아이디어를 낸다. 유조선으로 강한 물길을 막고 그 틈에 돌과 흙을 부어 물막이를 했다. 그 결과 서산방조제가 무사히 완성되어 엄청난 농토가 생겨났던 것이다.

이처럼 문제 해결을 위해 고민하는 정 회장의 습성은 오늘날에도 귀감이 된다. 인터넷이나 책에 나와 있는 내용을 주입식으로 외워서는 남을 능가할 수 있는 독창적인 아이디어를 내지 못할 가능성이 높다. '시련은 있어도 실패는 없다'나 '종교에는 기적이 있을지 몰라도 경제에는 기적이란 없다'는 정 회장이 남긴 어록은 지금도 널리 알려져 있다.

정 회장의 기업가 정신과 현대그룹의 오늘

현대그룹은 정 회장 사후 자녀들끼리 경영권 분쟁을 벌이면서 여러 그룹으로 갈라졌다. 그렇지만 정 회장이 창립한 현대자동차, 현대건설, HD현대중공업, HMM 등의 기업들은 지금도 각 분야에서 한국 산업을 이끄는 중추적인 역할을 하고 있다. 정 회장 같은 위대한 기업가가 계속해서 나타나 한국 기업을 다시 도약시키는 계기가 되기를 바란다.

학습목표의 요약

- 결산수정분개의 의의와 결산수정분개의 5가지 종류를 설명할 수 있다. ***3.1***
  - 결산수정분개(adjusting entries)는 회계기간 동안 발생했지만 실물의 이동이 없어 기록되지 않은 자산·부채·자본의 변동과 수익·비용의 발생을 결산일에 발생주의 기준에 따라 정확한 금액으로 조정하는 분개이다.
  - 결산수정분개에는 당기에 발생한 비용의 인식(예 : 미지급비용), 당기에 발생한 수익의 인식(예 : 미수수익), 차기에 귀속하는 비용의 이연(예 : 선급비용), 차기에 귀속하는 수익의 이연(예 : 선수수익), 당기에 사용된 소모품을 소모품비로 인식하는 분개 등 5가지가 있다.

- 수정후 시산표의 역할에 대해 이해할 수 있다. ***3.2***
  - 수정후 시산표(adjusted trial balances)는 수정전 시산표에 결산수정분개를 추가로 반영한 시산표이다. 결산수정이 필요 없는 사항과 수정사항의 계정잔액을 모두 모아 작성하며, 모든 계정의 차변잔액의 합계액과 대변잔액의 합계액이 일치하는가를 표로 작성하여 보여주는 것이다.

- 10위식 정산표를 이용하여 재무제표를 작성할 수 있다. ***3.4***
  - 정산표(worksheet)는 수정전 시산표로부터 결산수정분개 및 재무제표 작성까지 회계순환과정을 하나의 표로 정리하여 보여주며, 재무제표의 작성을 용이하게 해준다는 장점을 지니고 있다.
  - 10위식 정산표는 왼쪽에 계정과목을 나열하고 표의 나머지 부분을 수정전 시산표, 결산수정분개, 수정후 시산표, 포괄손익계산서, 재무상태표의 5개 영역으로 구분한 다음 각각의 영역들을 차변과 대변으로 다시 구분한 양식을 가진다. 금액을 기록할 수 있는 열의 수가 10개이기 때문에 이를 10위식 정산표(10-column worksheets)라고도 한다.

- 마감분개를 수행할 수 있다. ***3.5***
  - 장부의 마감(closing the books)은 한 회계기간의 기록내용과 다음 회계기간의 기록내용을 구분하고 다음 회계기간의 시작을 준비하기 위하여 이루어지는 결산과정이다. 대개의 경우 회계기간 동안 기록된 금액들의 합계액을 구하여 기록한 다음 마감분개를 실시하고 마감선을 긋는 것으로 이루어진다.
  - 포괄손익계산서계정의 경우 명목계정인 수익과 비용 계정잔액을 집합손익계정에 대체하고, 집합손익계정의 잔액을 다시 이익잉여금계정에 대체한다. 따라서 명목계정들은 차기에 기초잔액이 ₩0인 상태에서 시작하게 된다.
  - 재무상태표계정의 경우에는 마감분개를 수행할 필요가 없고, 영구계정인 자산·부채·자본 계정의 기말잔액을 다음 회계기간으로 이월시킨다. 따라서 영구계정들은 당기의 기말잔액이 차기의 기초잔액이 된다.

주요 용어

- 결산수정분개(adjusting entries)
- 마감분개(closing entries)
- 미수수익(accrued revenue)
- 미지급비용(accrued expenses)
- 선급비용(prepaid expenses)
- 선수수익(unearned revenue)
- 소모품(supplies)
- 수정후 시산표(adjusted trial balances)
- 영구계정 또는 실질계정(permanent account or real account)
- 임시계정 또는 명목계정(temporary account or nominal account)
- 정산표(8위식, 10위식) (8-column or 10-column worksheets)
- 집합손익(income summary)

회계이야기 (3)

회계학 전공자의 진로

회계지식은 경영학의 다른 분야와 비교할 때 상당히 전문적인 지식이다. 그래서 회계를 열심히 공부하지 않은 사람은 회계 관련 분야에서 일을 할 수 없는 경우가 많다. 반면에 회계는 다른 분야와 비교할 때 공부하기에 오랜 시간과 노력이 필요하므로, 심도 있게 공부하는 사람은 상대적으로 적다는 특징이 있다. 즉 상대적으로 진입장벽이 높으면서 공급이 적은 분야다.

회계학 지식을 갖춘 대학졸업자들이 활약할 수 있는 조직은 무수히 많다. 공인회계사나 세무사 자격증을 취득하여 회계법인이나 세무법인에서 회계감사, 세금계산, 세무조정, 기타 컨설팅 등의 업무를 수행할 수 있다. 오랜 경험을 쌓은 후 독립하여 자신 스스로의 사무실을 운영하는 경우도 종종 있다. 지금 현재 연간 약 1,300명 정도의 공인회계사와 700명 정도의 세무사가 배출되고 있다.

금융사 · 기업 · 정부기관에서의 회계인력 채용

기업가치평가나 재무제표분석 등의 업무를 수행하기 위해서 심도 있는 회계지식을 요구하는 사모펀드나 벤처캐피털 업계에서 활약하는 경우도 많다. 사모펀드나 벤처캐피털 등에 입사하기 위해서는 경쟁이 매우 치열하므로, 공인회계사로 수년의 경력을 쌓으면서 관련 업무(M&A 중개나 기업가치평가, 구조조정 방안 마련 등)에서 많은 경험을 쌓은 후 이들 분야로 이직하는 경우가 많다. 증권사나 신용평가회사에서 재무제표를 분석하는 애널리스트나 신용평가사로 일할 수도 있으며, 자산운용사나 증권사에서 주식이나 채권 투자 및 운영을 담당하기도 한다. 은행이나 기타 금융사에서 고객기업의 재무상태와 경영성과를 분석하고 대출이나 투자 여부를 결정하는 일을 하기도 한다. 즉 금융계에서 회계지식을 필요로 하는 경우가 많다.

일반 기업체로 진출하는 경우도 많은데, 기업에서 회계, 재무, 자금, 세무 등의 업무를 수행하다가 최종적으로 최고재무책임자(Chief Financial Officer; CFO)로 승진하는 경우도 많으며, CFO로서 일한 후 최고경영자(Chief Executive Officer; CEO)가 되기도 한다. 회계에 대한 전문지식이 있다고 꼭 CFO가 되는 것은 아니지만 없다면 CFO가 되기 힘들며, 혹시 된다고 해도 CFO의 역할을 제대로 수행하기 힘들다. 기업들 입장에서는 회계지식을 가진 사람이 어느 기업이나 꼭 필요하기 때문에, 꼭 회계사나 세무사가 아니더라도 회계 관련 지식을 충분히 갖추고 있다면 상대적으로 기업에 취직하기는 용이할 것이다.

정부조직으로는 금융감독원, 금융위원회, 감사원, 국세청 등에서 회계 관련 지식을 갖춘 사람들을 선발하고 있다. 특히 국세청은 공무원시험을 통해 세무 분야의 전문지식을 가진 공무원들을 다수 선발한다.

종합복습예제

HNT 하나투어

다음은 제2장 종합복습예제에서 다룬 하나투어의 기말 결산수정사항이다. 하나투어가 20×1년 7월 31일자로 재무제표를 작성한다고 할 때, 이를 이용하여 결산수정분개 및 전기를 하시오. 또한 수정 후 시산표와 재무제표(포괄손익계산서, 재무상태표)를 작성하시오.

〈기말 결산수정사항〉

(1) 장기차입금(7월 1일)에 대한 이자가 아직 지급되지 않았다.
(2) 선급임차료(7월 2일)에 대한 결산수정이 이루어지지 않았다.
(3) 선급보험료(7월 2일)에 대한 결산수정이 이루어지지 않았다.
(4) 소모품(7월 5일)의 재고액은 ₩1,000,000인 것으로 조사되었다.

풀 이

〈결산수정분개〉

(1) 장기차입금(7월 1일)에 대한 이자가 아직 지급되지 않았다.

차입 후 1개월이 경과하였으나 장기차입금에 대한 이자비용이 인식되지 않았다. 1개월분의 이자비용 ₩200,000(= ₩20,000,000 × 12% × 1/12개월)을 차변에 이자비용으로 회계처리하고, 대변에는 미지급이자라는 유동부채를 인식한다.

(차) 이 자 비 용 200,000 (대) 미지급이자 200,000

이자비용

7/31	200,000		
잔액	200,000		

미지급이자

		7/31	200,000
		잔액	200,000

(2) 선급임차료(7월 2일)에 대한 결산수정이 이루어지지 않았다.

7월 2일에 미리 지급된 1년치 임차료 ₩12,000,000 중에서 7월중에 발생한 1개월분 임차료는 ₩1,000,000(= ₩12,000,000/12개월)이다. 과대계상된 선급임차료를 감소시키는 분개를 하고, 동시에 차변에 임차료를 기록하여 비용으로 인식한다.

(차) 임 차 료 1,000,000 (대) 선급임차료 1,000,000

임차료

7/31	1,000,000		
잔액	1,000,000		

선급임차료

7/2	12,000,000	7/31	1,000,000
잔액	11,000,000		

(3) 선급보험료(7월 2일)에 대한 결산수정이 이루어지지 않았다.

7월 2일에 미리 지급된 1년치 보험료 ₩6,000,000 중에서 7월 발생한 1개월분 보험료는 ₩500,000(= ₩6,000,000/12개월)이다. 과대계상된 선급보험료를 감소시키는 분개를 하고, 동시에 차변에 보험료를 기록하여 비용으로 인식한다.

(차) 보 험 료 500,000 (대) 선급보험료 500,000

보험료

7/31	500,000		
잔액	500,000		

선급보험료

7/2	6,000,000	7/31	500,000
잔액	5,500,000		

(4) 소모품(7월 5일)의 재고액은 ₩1,000,000인 것으로 조사되었다.
소모품 ₩5,000,000 중에서 ₩4,000,000의 소모품이 7월중 사용되었다. 아래의 분개를 통해 소모품을 ₩4,000,000만큼 감소시키고, 동 금액을 소모품비로 인식한다.

(차) 소 모 품 비 4,000,000 (대) 소 모 품 4,000,000

소모품비

7/31	4,000,000		
잔액	4,000,000		

소모품

7/5	5,000,000	7/31	4,000,000
잔액	1,000,000		

〈결산수정분개 요약〉

(차)	이 자 비 용	200,000	(대) 미지급이자	200,000
(차)	임 차 료	1,000,000	(대) 선급임차료	1,000,000
(차)	보 험 료	500,000	(대) 선급보험료	500,000
(차)	소 모 품 비	4,000,000	(대) 소 모 품	4,000,000

10위식 정산표를 이용하여 포괄손익계산서와 재무상태표를 만들어보자.

회계이야기 (4)

회계지식을 갖추어야 하는 이유

한 나라의 언어를 모른다면 그 나라에 대해서 제대로 이해할 수 없다. 예를 들어 우리가 영어를 모른다면 단지 언어를 모르는 데 그치는 것이 아니라 영어를 사용하는 여러 나라들(미국, 영국, 캐나다, 호주, 인도 등)의 사회나 문화, 경제 등 다양한 측면에 대해서 심도 있는 지식을 얻을 수 없다. 그 결과 그 나라와 관련된 일을 한다면 성공하기가 쉽지 않을 것이다.

기업의 언어인 회계에 대해서 모르는 것도 마찬가지다. 회계를 공부해야 기업이 어떻게 구성되어 있고 어떻게 운영되는지에 대해서 깊이 있는 지식을 얻을 수 있다. 즉 회계는 기업의 상황을 이해하고 경영하는 데 필요한 기본지식으로서의 역할을 한다. 생산이나 투자에 대한 경영의사결정을 하거나 마케팅 전략을 마련할 때에도 가장 중요한 일은 결국 그 결정을 내렸을 때 얼마만큼의 수익이 창출되며 비용이 소요될 것인지를 판단하는 것이다. 회사의 수익이나 비용 및 원가에 대한 정확한 회계지식이 없다면 이런 의사결정들을 제대로 수행할 수 없을 것이다.

따라서 직원들에게 회계지식을 갖출 것을 강조하는 기업들이 많다. 두산그룹이 운영하는 중앙대학교는 전교생에게 회계과목을 필수적으로 수강하도록 하고 있다. 서울대학교에서도 경영학 분야 여러 기초과목들 중 가장 많은 학생들이 '회계원리' 과목을 자발적으로 수강한다. 이런 추세를 보면 회계지식이 사회에서 얼마나 중요하게 활용되는지를 짐작할 수 있을 것이다. 기업에서의 필요성은 제외하고 개인적인 측면에서 보더라도, 신문의 산업면이나 증권면을 읽고 그 내용을 제대로 이해하기 위해서라도 회계지식은 필요하다. 회계용어가 기업의 범위를 넘어 일상적으로도 널리 사용되고 있기 때문이다.

정 산 표

하나투어 20×1년 7월 31일 현재 (단위 : 천원)

계정과목	수정전 시산표		결산수정분개		수정후 시산표		포괄손익계산서		재무상태표	
	차변	대변	차변	대변	차변	대변	차변	대변	차변	대변
현 금	₩96,900				₩96,900				₩96,900	
매 출 채 권	5,500				5,500				5,500	
소 모 품	5,000			₩4,000	1,000				1,000	
선급보험료	6,000			500	5,500				5,500	
선급임차료	12,000			1,000	11,000				11,000	
선 수 수 익		₩18,000				₩18,000				₩18,000
장기차입금		20,000				20,000				20,000
자 본 금		70,000				70,000				70,000
이익잉여금 (20×1년 7월 1일)		0				0				0
매 출 액		25,500				25,500		₩25,500		
광고선전비	2,600				2,600		₩2,600			
급 여	5,500				5,500		5,500			
합 계	₩133,500	₩133,500								
이 자 비 용			₩200		200		200			
임 차 료			1,000		1,000		1,000			
보 험 료			500		500		500			
소 모 품 비			4,000		4,000		4,000			
미지급이자				200		200				200
당기순이익							11,700			11,700
합 계			₩5,700	₩5,700	₩133,700	₩133,700	₩25,500	₩25,500	₩119,900	₩119,900

포괄손익계산서

하나투어 20×1년 7월 1일~7월 31일 (단위 : 천원)

매 출 액		₩25,500
판 매 비		(2,600)
광고선전비	2,600	
관 리 비		(11,000)
임 차 료	1,000	
급 여	5,500	
보 험 료	500	
소 모 품 비	4,000	
금 융 원 가		(200)
이 자 비 용	200	
당기순이익		₩11,700
기타포괄이익		0
총포괄이익		₩11,700

재무상태표

하나투어	20×1년 7월 31일 현재	(단위 : 천원)
자　산 :		
현　　금		₩96,900
매출채권		5,500
선급비용*		16,500
소 모 품		1,000
자산총계		₩119,900
부　채 :		
미지급비용*		₩200
선수수익		18,000
장기차입금		20,000
부채총계		₩38,200
자　본 :		
자 본 금		₩70,000
이익잉여금		11,700
자본총계		₩81,700
부채와 자본 총계		₩119,900

* 재무상태표에 선급보험료와 선급임차료의 합을 선급비용계정으로 표시하였다. 또한 미지급이자도 미지급비용계정으로 표시하였다.

회계이야기 (5)

수익/비용, 이득/손실, 수취/지출

여러 개념들의 차이를 명확히 구분해보자. 수익(revenue)은 일정기간 동안 재화를 판매하거나 용역을 제공한 대가로 발생하는 경제적 효익의 증가분이며, 비용(expense)은 수익을 창출하기 위해 희생된 자산의 가치를 말한다. 수익과 비용은 모두 총액 개념이다. 서점이 출판사로부터 ₩20,000에 구입한 책을 고객에게 ₩25,000에 판매했다면, 고객으로부터 수취한 ₩25,000이 경제적 효익의 증가분으로서 수익이며, 그 과정에서 희생된 자산의 가치는 ₩20,000으로서 비용이다. 이 거래의 결과 증가한 경제적 효익의 순액은 ₩5,000인데, 이 수익과 비용의 차이를 이익(income)이라고 부른다. 즉 수익/비용과 달리 이익은 순액 개념이다.

주요 영업활동이 아닌 다른 활동으로부터 발생한 효익의 증가는 이득(gain, 차익, 이익)이라고 부르며, 자원의 감소는 손실(loss, 차손)이라고 부른다. 이득과 손실은 총액이 아니라 순액 개념이다. 예를 들어 화재가 발생해서 ₩20,000에 구입하여 보유하고 있던 책이 파손되었는데 보험에 가입하고 있어서 보험사로부터 ₩22,000의 보험금을 받았다고 가정해보자. 보험사로부터 보험금을 받는 것은 서점의 주영업활동이 아니다. 따라서 이 경우 발생한 효익의 순증가액은 ₩2,000으로서, 이 금액이 이득이다. 반대로 만약 보험사로부터 ₩17,000밖에 받지 못했다면 ₩3,000의 손실이 발생한 것이다.

회계상으로는 광의(廣義)의 수익 개념에 이득을, 광의(廣義)의 비용 개념에 손실을 포함시킨다. 일반인들은 수익이나 이득, 비용이나 손실의 개념차이를 잘 이해하지 못하며, 이들 용어들을 혼용하는 경우가 많다.

수취(receipt)나 지출(expenditure)은 현금의 이동과 관련된 활동이다. 현금이 회수되면 수취라고 표현하고, 현금이 지불되면 지출이라고 표현한다. 따라서 현금주의 기준으로 볼 때 현금의 수취가 수익이며, 현금의 지불이 비용인 셈이다. 그러나 발생주의 기준에서는 현금의 수취가 반드시 수익의 발생이 아니며 현금의 지불이 반드시 비용의 발생을 의미하지 않는다. 발생주의 기준에 의하면, 수익은 수익인식기준에 따라 그리고 비용은 수익·비용대응의 원칙에 따라 인식한다.

연습문제

주관식

1. [시산표]

시산표는 기업의 공식적인 장부인가? 시산표를 작성하는 이유는 무엇인가?

2. [시산표]

다음은 (주)덕송의 20×1년 12월 31일 현재 총계정원장상 기말잔액들을 표시한 것으로 기말 결산수정분개를 하기 이전의 금액들이다. (주)덕송의 수정전 잔액시산표를 작성하시오.

현 금	₩162,000	건 물	₩504,000
매출채권	288,000	토 지	390,000
차 입 금	90,000	자 본 금	600,000
용역수익	?	이자수익	57,000
급 여	372,000	이자비용	21,000

3. [결산수정분개]

결산수정분개를 하는 목적은 무엇인가? 발생주의 회계의 의의와 관련하여 답하시오.

4. [결산수정분개]

(주)덕송이 20×1년 12월 1일에 1년치의 보험료로 ₩90,000을 선급하고 전액을 선급보험료로 처리했다. 만약 (주)덕송이 12월 31일에 필요한 결산수정분개를 하지 않았다면, 이러한 결산수정분개의 누락이 20×1년도의 포괄손익계산서와 12월 31일 현재의 재무상태표에 어떠한 영향을 미치는가?

5. [결산수정분개]

다음은 (주)덕송의 20×1년 12월 31일 현재 기말 결산수정분개사항들이다. 기말 결산수정분개를 하시오.

(1) 20×1년 8월 1일 1년치 건물임차료 ₩48,000을 현금지급하고 전액을 비용으로 처리하였다.

(2) 20×1년중 소모품을 ₩5,000에 현금구입하고 구입시점에는 소모품의 과목으로 하여 자산으로 처리하였다. 20×1년 12월 31일 현재 미사용한 소모품은 ₩2,000이다.

(3) 20×1년 12월 31일 현재 선급보험료계정의 결산수정분개 전 기말잔액은 ₩16,000이며, 이 중 기간미경과분은 ₩7,000이다. (Hint : 1년간 보험계약을 한 경우 7개월이 지났다면 남은 5개월이 기간미경과분에 해당함)

(4) 사무실 중 일부를 임대하고 임대료로 ₩6,000을 수령한 즉시 임대료수익의 과목으로 수익으로 처리하였다. 20×1년 12월 31일 현재 임대료수익 중 기간미경과분은 ₩3,000이다.

(5) 거래처에 현금을 1년간 대여해주었으며, 이자는 원금과 같이 만기에 받기로 하였다. 20×1년 12월 31일 현재 기간경과이자는 ₩1,000이다.

6. [결산수정분개]

다음은 20×1년 12월 31일 현재 (주)덕송의 수정전 잔액시산표 및 수정후 잔액시산표이다.

20×1년 12월 31일

계정과목	수정전 시산표		수정후 시산표	
	차변잔액	대변잔액	차변잔액	대변잔액
현 금	₩13,000		₩13,000	
매출채권	1,500		1,800	
선급보험료	600		200	
사무용설비	60,000		60,000	
감가상각누계액		₩16,500		₩22,000
미지급급여				100
자 본 금		25,000		25,000
이익잉여금		11,600		11,600
매 출 액		38,000		38,300
급 여	16,000		16,100	
감가상각비			5,500	
보 험 료			400	
합 계	₩91,100	₩91,100	₩97,000	₩97,000

위의 자료를 바탕으로 기말에 (주)덕송이 수행한 결산수정분개를 추정하시오.

7. [마감분개]

회계기말에 마감분개가 필요한 계정의 종류에는 어떤 것이 있는가? 마감분개가 필요한 이유는 무엇인가?

8. [마감분개]

마감분개의 절차에 대해 설명하시오.

9. [마감분개]

다음은 20×1년 12월 31일 (주)덕송의 회계장부에 기록된 결산수정분개이다.

(차) 미수이자	2,000	(대) 이자수익	2,000
(차) 급 여	10,000	(대) 미지급급여	10,000

이 외에 다른 결산수정분개는 하지 않았다고 할 때, 마감분개를 한 직후의 다음 계정들의 잔액을 계산하시오.

계정과목	잔 액	
	차 변	대 변
(1) 미 수 이 자	₩	₩
(2) 이 자 수 익	₩	₩
(3) 급 여	₩	₩
(4) 미지급급여	₩	₩

10. [마감분개]

다음은 (주)덕송의 수정후 시산표이다.

수정후 시산표

계정과목	차변잔액	대변잔액
현 금	₩960	
매 출 채 권	600	
단기차입금		₩600
미 지 급 금		120
미지급이자		60
자 본 금		480
이익잉여금		120
용 역 수 익		720
종업원급여	300	
소 모 품 비	60	
임 차 료	120	
이 자 비 용	60	
합 계	₩2,100	₩2,100

위의 자료를 바탕으로 마감분개를 하시오.

11. [회계순환과정]

20×1년 10월 1일에 (주)덕송이 설립되어 세 달간 영업을 하였다. 20×1년 12월 31일의 수정전 시산표와 결산수정분개에 필요한 정보는 다음과 같다.

수정전 시산표

(주)덕송 20×1년 12월 31일 현재 (단위 : 만원)

계정과목	차변잔액	대변잔액
현 금	₩1,800	
당 좌 예 금	7,200	
매 출 채 권	4,500	
선급임차료	1,800	
미 지 급 금		₩2,400
장기차입금		4,500
자 본 금		7,500
용 역 수 익		5,400
급 여	4,200	
통 신 비	300	
합 계	₩19,800	₩19,800

① 12월 31일에 용역을 제공하고 용역대금 300만원을 1개월 후에 받기로 하였는데 이를 기록하지 않았다.

② 장기차입금에 대한 이자 135만원이 발생하였는데 지급하지 않았다.

③ 사무실 임차료 선급액은 10월 1일에 1년간 임차료(월 150만원)를 선급한 것이다.

④ 전화요금 75만원에 대한 청구서가 나왔는데 납부하지 않았다.

⑤ 소모품 90만원을 외상구입하여 60만원만큼 사용하였는데 구입시부터 전혀 기록하지 않았다.

(1) 위의 시산표와 결산수정분개에 관한 정보를 이용하여 20×1년말에 필요한 결산수정분개를 하시오.
(2) 수정후 시산표를 작성하시오.
(3) 20×1년도의 포괄손익계산서를 작성하시오.
(4) 20×1년말의 재무상태표를 작성하시오.
(5) 20×1년말에 필요한 마감분개를 하시오.

12. [회계순환과정]

회계순환과정에 대해 설명하시오.

객관식

1. [시산표]

시산표를 통해서 발견할 수 없는 오류는?

① 원장의 잔액을 계산할 때 발생하는 계산상의 오류
② 분개장의 차변기입을 원장의 대변에 전기하는 경우의 오류
③ 특정거래 기록의 완전한 누락
④ 시산표의 합계를 계산할 때 발생하는 계산상의 오류

2. [시산표]

잔액시산표에 대한 설명 중 틀린 것을 모두 고르면?

① 계정과목의 정확성을 검증하기 위해 만든다.
② 차변합계와 대변합계의 차이는 당기순손익으로서, 마감분개를 통해 이익잉여금으로 대체된다.
③ 대차평형의 원리에 의하여 기중에 이루어진 장부기록들이 정확하게 기록되어 있는가를 확인하기 위해 작성한다.
④ 차변합계와 대변합계가 일치하는 경우에도 오류가 발생했을 가능성이 있다.

3. [결산수정분개]

다음 중 결산수정분개에 대한 설명으로 잘못된 것은?

① 실제로 자산이나 부채 등의 물리적인 이동이 발생한 거래를 기록하는 것이다.
② 발생주의 기준에 따라 매기말 계정과목 및 잔액을 재무제표에 정확하게 기록하기 위해 수행한다.
③ 자산 · 부채 · 자본의 변동과 수익 · 비용의 발생을 정확한 금액으로 조정하기 위해 기말에 수행하는 분개이다.
④ 기중에 발생하였으나 아직 기록하지 않은 비용은 미지급비용(부채)으로 기록하면서 비용을 인식한다.

4. [결산수정분개]

당기에 현금으로 수취한 금액 중 수익인식조건을 만족하지 않은 금액은 선수수익계정으로 처리하여 다음 연도로 이월하는 것을 무엇이라 하는가?

① 수익의 이연　　② 비용의 이연
③ 수익의 발생　　④ 비용의 발생

5. [결산수정분개]

(주)덕송의 영업개시 첫해 수정전 시산표의 소모품계정에는 ₩124,000이 차변에 기입되어 있다. 기말의 실제 소모품 재고액이 ₩36,000이라면, 소모품에 대해 적절한 결산수정분개를 했을 때의 영향으로 맞는 것은?

① 비용은 ₩88,000만큼 증가한다. ② 비용은 ₩36,000만큼 증가한다.
③ 자산은 ₩124,000만큼 감소한다. ④ 순이익에는 영향이 없다.

6. [결산수정분개]

(주)덕송은 결산시 다음과 같은 결산수정분개를 하였다.

(차) 보 험 료	2,000	(대) 선급보험료	2,000

(주)덕송의 선급보험료 기초잔액은 ₩500이고, 기중 ₩2,500의 보험료를 지불하고 이를 선급보험료로 처리하였다. 위 결산수정분개 후 선급보험료계정의 기말잔액은 얼마인가?

① ₩1,200 ② ₩700
③ ₩2,200 ④ ₩1,000

7. [실질계정]

다음 중 실질계정에 대한 설명으로 옳지 않은 것은?

① 자본항목들이 이에 해당한다. ② 영구계정이라고도 부른다.
③ 수익항목들이 이에 해당한다. ④ 기말잔액이 차기의 기초잔액으로 이월된다.

8. [마감분개]

다음 계정 중 마감후 시산표에 나타나지 않는 것은?

① 자본금 ② 매출채권
③ 매 출 ④ 이익잉여금

9. [마감분개]

결산을 하면서 선급보험료 중 기간경과로 인하여 소멸된 부분에 대한 결산정리분개를 누락하였다. 이로 인한 영향을 올바르게 설명한 것은?

① 당기순이익과 자산 모두 과대계상된다.
② 당기순이익과 자산 모두 과소계상된다.
③ 당기순이익은 과대계상, 자산은 과소계상된다.
④ 당기순이익은 과소계상, 자본은 과대계상된다.

10. [집합손익]

집합손익계정에 관한 다음 설명 중 틀린 것은?

① 집합손익계정은 임시계정이다.
② 집합손익계정은 마감단계에만 나타난다.
③ 집합손익계정은 특정 회계기간이 지나도 계정잔액들이 소멸하지 않고 다음 회계기간에 이월되기 때문에 영구계정이라고 한다.
④ 집합손익계정은 최종적으로 이익잉여금계정으로 마감된다.

11. [정산표]

다음 중 정산표를 이용할 때의 장점으로 보기 어려운 것은?

① 결산수정분개를 편리하게 할 수 있다.
② 기업의 공식 재무보고서로서 재무제표를 대신할 수 있다.
③ 재무제표의 작성을 쉽게 할 수 있다.
④ 원장계정의 차변총계와 대변총계가 일치하는지 검증할 수 있다.

12. [회계순환과정]

다음의 회계순환과정 중 수익 - 비용과 같은 손익계정이나 배당금계정 잔액을 이익잉여금으로 대체하고 그 잔액을 '₩0'으로 만들기 위한 절차는?

① 원장계정으로 전기
② 시산표 작성
③ 결산수정분개
④ 마감분개

13. [회계순환과정]

다음 중 회계순환과정에 대한 설명으로 옳은 것은?

① 거래의 식별 및 측정을 거쳐 전기를 한다.
② 분개장에 기록된 분개내용을 이용하여 수정전 시산표를 작성한다.
③ 수정전 시산표나 정산표를 꼭 작성할 필요는 없다.
④ 분개 → 전기 → 수정전 시산표 → 결산수정분개 → 수정후 시산표 → 재무제표 작성 → 장부마감의 순서로 이루어진다.

미니케이스

(주)SK하이닉스는 현대전자와 LG반도체가 합병하여 탄생한 하이닉스반도체를 2012년 SK그룹이 인수해서 탄생한 회사다. 원래 현대그룹과 LG그룹이 독자적으로 반도체사업을 추진하고 있었는데, 1998년 금융위기가 닥치자 두 회사 모두 위기에 봉착하게 된다. 1999년 들어 정부가 두 회사를 합병시키고 현대그룹에 경영권을 넘겼다. 그러나 막대한 부채와 사업부진으로 회사가 경영난에 빠지자 은행들로 구성된 채권단이 2001년 경영권을 인수하고 회사명을 현대전자에서 하이닉스반도체로 변경하였다. SK그룹이 이 회사를 인수하여 (주)SK하이닉스가 탄생한 이후, SK그룹은 대규모 투자를 수행하여 회사를 환골탈태시켰다. 현재 회사는 세계 메모리반도체 시장에서 약 30%의 시장점유율을 가진 기업으로 성장하였다.

금융감독원 전자공시시스템(http://dart.fss.or.kr)에서 (주)SK하이닉스의 최근 연결재무제표에 대한 감사보고서(사업보고서의 첨부서류)를 찾아 다음의 물음에 답하시오.

물음

(1) (주)SK하이닉스의 주된 영업활동은 무엇인가?

(2) (주)SK하이닉스의 최근 회계연도말 연결재무상태표에서 아래 계정의 잔액을 찾고, 그 전년도에 비해 증가했는지 또는 감소했는지를 파악하시오.

2.1. 미수수익 (Hint : 기타수취채권의 항목 중 하나. 2023년의 경우 주석 8 참고)

2.2. 선급비용 (Hint : 기타자산의 항목 중 하나. 2023년의 경우 주석 10 참고)

2.3. 선수수익 (Hint : 기타유동부채의 항목 중 하나. 2023년의 경우 주석 18 참고)

2.4. 미지급비용 (Hint : 기타지급채무의 항목 중 하나. 2023년의 경우 주석 16 참고)

(3) (주)SK하이닉스의 최근 연결포괄손익계산서에서 매출, 영업이익, 당기순이익의 금액을 찾고, 그 전년도에 비해 증가했는지 또는 감소했는지를 파악하시오. 이와 같은 경영실적의 변화가 어떤 이유에 의해서 발생했는지 재무제표 정보를 통해 파악할 수 있는가?

(4) 사업보고서의 "IV. 이사의 경영진단 및 분석의견"은 경영진이 회사의 당해 연도의 경영성과와 그 변화 이유 등에 대해 설명한다. 이 부분을 참고하면 (3)에서 계산한 (주)SK하이닉스의 경영실적 변화의 이유에 대해 더 잘 파악할 수 있는가?

SK hynix

CHAPTER

4 재무보고를 위한 개념체계와 재무제표 표시

본장에서는 국제회계기준의 개념체계를 간략히 살펴보고, 재무제표의 작성과 표시에 대한 기본적인 원칙을 공부한다. 또한 각 재무제표에 등장하는 자산 · 부채 · 자본 · 수익 · 비용 등 여러 항목들의 자세한 정의와 분류에 대해 살펴본다. 재무상태표와 포괄손익계산서의 자세한 형식에 대해서도 알아본다.

현대그룹의 창업자 고(故) 정주영 회장은 한국전쟁 이후 가난했던 한국의 경제발전을 이끈 훌륭한 기업가로 칭송받고 있다. 그는 젊은 시절 가출을 한 후 회계공부를 한다. 그때 배운 회계지식과 숫자에 대한 감각이 현대그룹의 발전에 많은 기여를 한 것으로 알려져 있다.

학습목표 제4장 재무보고를 위한 개념체계와 재무제표 표시를 공부한 이후에는…

1. 재무보고의 개념체계, 목적, 재무제표의 기본가정, 그리고 질적 특성을 설명할 수 있다. *4.1*
2. 재무상태표의 표시원칙과 주요 계정을 설명할 수 있다. *4.2*
3. 포괄손익계산서의 표시원칙과 주요 계정을 설명할 수 있다. *4.3*
4. 별도재무제표와 연결재무제표를 구별할 수 있다. *4.4*

재무보고를 위한 개념체계와 재무제표 표시

framework and presentation of financial statements

- 재무보고를 위한 개념체계
  - 재무보고의 목적
  - 재무제표의 기본가정
  - 유용한 재무정보의 질적 특성
- 재무상태표의 작성원칙
  - 재무상태표의 표시
  - 재무상태표의 계정과목
- 포괄손익계산서의 작성원칙
  - 포괄손익계산서의 표시
  - 포괄손익계산서의 계정과목
  - 주당이익과 주가이익비율
- 별도재무제표와 연결재무제표

4.1 재무보고를 위한 개념체계[1]

재무보고를 위한 개념체계란 회계기준을 제정하고 이를 실무에서 적용할 때 판단과 해석의 기준이 되는 핵심 개념이다.

재무보고를 위한 개념체계(the conceptual framework for financial reporting)란 회계기준을 제정하고 이를 실무에서 적용할 때 판단과 해석의 기준이 되는 핵심 개념이다. 모든 법률의 제정과 해석의 기본이 되는 헌법과 같은 역할을 한다고 보면 된다. 이처럼 개념체계를 정립하면, 개념체계의 논리적인 틀 안에서 재무제표 작성자가 회계기준을 적용해서 다양한 회계처리방법 중 하나를 선택하거나 명확한 기준이 없는 거래에 대한 회계처리를 하는 데 도움이 된다.

〈표 4-1〉은 국제회계기준에서 정의한 개념체계와 각 개념 간의 관계를 간략히 보여준다. 개념체계 중 최상위 개념인 재무제표의 목적에 대해서는 제1장에서 살펴보았으며, 재무제표의 구성요소에 대해서는 제2장에서 공부하였다. 본절에서는 재무보고의 목적을 좀 더 자세히 살펴보고, 그 이외에 재무제표의 기본가정과 유용한 재무정보의 질적 특성에 대해서도 간략하게 살펴본다.

표 4-1

재무보고를 위한 개념체계

재무보고의 목적
기업 외부의 정보이용자가 기업에 자원을 제공하는 의사결정을 내리는 데 유용한 정보제공

↓

재무제표의 기본가정
계속기업

↓

유용한 재무정보의 질적 특성	
목적적합성	충실한 표현
· 비교가능성 · 검증가능성	· 적시성 · 이해가능성

↓

재무제표의 구성요소	
재무상태표	포괄손익계산서
· 자산 · 부채 · 자본	· 수익 · 비용

1) *4.1*에 설명된 내용들은 이해하기가 힘들 수 있다. 그러나 본장의 뒷부분 내용을 이해하는 데는 무리가 없을 것이다.

1. 재무보고의 목적

국제회계기준에서는 주요 정보이용자로서 자본의 공급자인 현재 및 잠재적 주주, 부채의 공급자인 대여자, 그리고 기타 채권자를 언급하고 있다.

개념체계의 최상위에서는 재무보고의 목적을 논의한다. 재무보고의 목적은 기업 외부의 정보이용자가 기업에 자원(resources)을 제공하는 것과 관련된 의사결정을 하는 데 유용한 정보를 제공하는 것이다. 국제회계기준에서는 주요 정보이용자로서 자본의 공급자에 해당하는 현재 및 잠재적 주주와, 부채의 공급자에 해당하는 대여자(lenders)와 기타 채권자(other creditors)를 언급하고 있다. 기업의 경영진, 소비자, 정부 등의 다른 이해관계자들도 재무정보를 사용할 수 있다. 그러나 일반목적 재무보고는 주주나 대여자 및 기타 채권자의 의사결정을 돕는 것을 주목적으로 하는 것이지, 기타의 정보이용자들을 위한 정보의 제공이 주목적은 아니다.[2)]

기업에 자원을 제공한다는 말은, 기업이 발행한 주식을 인수하는 대가로 기업에 현금이나 기타 자산을 제공하는 것(주주의 경우) 또는 기업에 금전을 대여(대여자의 경우)하거나 신용(외상판매)을 제공하는 등(기타 채권자의 경우)의 행위를 말한다. 따라서 이런 행위를 하는 주요 정보이용자들이 각자의 의사결정 목적에 따라 유용하게 사용할 수 있는 정보를 제공하는 것이 재무보고의 목적이다.

예를 들면 현재의 주주나 미래에 해당 주식을 구매할 가능성이 있는 잠재적 주주는 회사의 주식가격이나 배당이 앞으로 얼마가 될 것인지에 대해 관심이 많다. 기업의 재무제표에 포함된 이익, 현금흐름, 성장성 등의 정보를 확인하면 주식가격이나 배당이 어떻게 변할 것인지를 예측하는 데 도움이 된다. 대여자나 기타 채권자들은 기업에 빌려준 자금을 미래 기간 동안 상환받을 수 있을지에 대해 궁금해한다. 이들도 이익과 현금흐름 정보나 부채비율 등 기업의 재무상태 및 경영성과와 관련된 정보를 이용하여 부채의 상환가능성을 예측할 수 있다.

2. 재무제표의 기본가정

구체적인 회계처리를 수행해서 재무제표를 작성하기 위해서는 몇 가지 기본가정이 필요하다. 국제회계기준에서는 이러한 재무제표의 기본가정(underlying assumption)

2) 제1장에서 회계의 사회적 기능으로 '경제적 자원배분 의사결정에 유용한 정보의 제공'과 '수탁책임 이행여부 평가에 유용한 정보의 제공'에 대해 공부하였다. 이때 회계의 사회적 기능은 회계정보의 외부이용자들뿐만 아니라 내부이용자들의 입장에서 회계정보를 어떤 목적으로 사용하는지에 대해 언급한 것이지만, 본장에서 설명하는 '재무보고의 목적'은 국제회계기준의 규정으로 외부로 공시된 재무정보를 이용하는 외부이용자 관점만 배타적으로 파악한 것이다. 외부이용자가 내리는 경제적 의사결정에는 제1장에서 공부한 자원배분에 대한 의사결정과 수탁책임 이행여부 평가에 대한 의사결정이 모두 포함될 수 있다.

국제회계기준에서는 계속기업의 가정을 재무제표의 기본가정으로 정하고 있다. **계속기업**의 가정은 기업이 예상가능한 미래 기간 동안 존속하여 영업을 계속할 것이라고 가정하는 것이다.

으로 계속기업의 가정을 규정하고 있다. 일반적으로 재무제표는 기업이 예상가능한 미래 기간 동안 존속하여 영업을 계속할 것이라는 가정하에 작성된다. 재무제표 작성시 기업이 청산하거나 사업을 상당히 축소할 의도가 없으며, 그럴 필요도 없다는 것을 가정한다. 이를 계속기업(going concern)의 가정이라 한다.

이 가정은 회계에서 재무제표항목들을 역사적 원가나 사용가치로 기록하는 것에 대한 정당성을 제공한다.[3] 예를 들어 토지와 같은 자산을 취득시 지불한 가격으로 기록하는 것은, 기업이 청산하여 그 자산을 매각하는 상황을 가정하지 않고 앞으로 계속해서 사용할 것이라고 가정하기 때문이다. 즉 계속기업을 가정하면 자산의 매각가치는 큰 의미를 갖지 않는다. 그러나 만약 기업을 청산할 예정이라면 역사적 원가나 사용가치가 아니라 매각가치가 더 중요한 의미를 가지게 되므로, 이때는 매각가치를 이용해서 재무제표를 작성해야 할 것이다.

3. 유용한 재무정보의 질적 특성

유용한 재무정보의 질적 특성
① 근본적 질적 특성
- 목적적합성
- 충실한 표현

② 보강적 질적 특성
- 비교가능성
- 검증가능성
- 적시성
- 이해가능성

유용한 재무정보의 질적 특성(qualitative characteristics of useful financial information)이란 재무정보가 이용자에게 유용한 정보가 되기 위해 갖추어야 할 속성을 말한다. 개념체계에서는 질적 특성을 근본적 특성(fundamental qualitative characteristics)과 보강적 특성(enhancing qualitative characteristics)의 두 가지로 나누고 있다. 근본적 특성은 재무정보가 갖추어야 할 가장 중요한 사항들이며, 보강적 특성은 근본적 특성을 보충해주는 특성을 말한다. 근본적 질적 특성으로는 목적적합성과 충실한 표현의 두 가지 특성이 있다. 그리고 보강적 질적 특성으로는 재무정보가 비교가능하고, 검증가능하며, 적시성 있고, 이해가능해야 한다는 특성이 있다.

그림 4-1

유용한 재무정보의 질적 특성

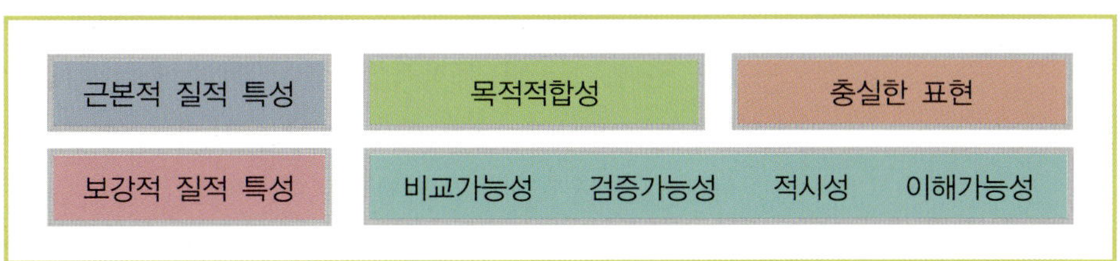

3) 역사적 원가(historical cost) 또는 취득원가(acquisition cost)란 해당 자산, 부채, 자본 등을 처음 취득했을 때 지불한 가격을 말한다. 사용가치(value in use)는 자산을 계속 사용함으로써 미래 기간 동안 얻을 수 있는 효익의 가치를 말한다.

(1) 근본적 질적 특성(fundamental qualitative characteristics)

목적적합성(relevance)

목적적합한 정보란 정보이용자가 재무정보를 사용해서 내리려는 의사결정에 영향을 미치는 정보를 말한다.

유용한 재무정보란 정보이용자의 의사결정 목적에 적합하게 사용될 수 있는 정보를 말한다. 목적적합한 정보란 이용자가 과거, 현재 또는 미래의 사건을 평가하거나 과거의 평가를 확인 또는 수정하는 데 도움이 되는, 즉 정보이용자의 경제적 의사결정에 차이를 가져올 수 있는 정보를 말한다.4)

경제적 의사결정은 일반적으로 미래에 대한 예측에 근거하여 이루어지기 때문에, 목적적합한 정보는 기업의 미래 재무상태, 경영성과, 순현금흐름 등을 새롭게 예측하거나 기존 예측치를 확인 또는 수정하는 과정에 사용될 수 있는 정보다. 예를 들어 주식투자자는 투자대상기업에 대한 새로운 정보에 근거하여 미래 이익 예측치를 하향수정하거나 보유하고 있는 주식을 매도하겠다고 결정할 수 있다. 이렇게 정보이용자의 의사결정에 직접적으로 영향을 주는 재무정보는 목적적합하다고 할 수 있다. 반면 새로운 재무제표가 발표되었음에도 불구하고 주식가격이 전혀 변하지 않거나, 투자자들이 재무제표 이외의 다른 정보들을 의사결정에 사용하는 경우에는 재무정보가 목적적합하지 않다고 할 수 있다.

충실한 표현(faithful representation)

충실한 표현을 가진 정보란 완전하고, 중립적이며, 오류가 없는 정보를 말한다.

재무정보가 정보이용자의 의사결정에 유용하기 위해서는 측정대상인 거래나 회계사건을 재무정보가 충실하게 표현해야 한다. 여기서 충실한 표현이란 완전하고, 중립적이며, 오류가 없는 표현을 의미한다. 완전한 표현은 정보이용자가 발생한 거래나 회계사건을 이해하는 데 필요한 모든 정보를 포함하는 것이며, 중립적 표현은 재무정보의 선택이나 표시에 편의(偏倚, bias)가 없는 것이다. 또한 오류가 없는 정확한 정보를 제공해야 한다.5)

재무정보가 유용하기 위해서는 목적적합성과 표현의 충실성을 모두 갖추어야 한다. 그러나 목적적합성과 표현의 충실성 간 상충관계(trade-off)가 발생하는 경우가 흔하다. 예를 들어 자산과 부채를 역사적 원가가 아니라 현재 시장가치(시가)로 표시한다고 가정해보자. 기업의 현재가치가 얼마인지를 정확하게 평가한다는 목적을 가진 투자자 입장에서는 시가가 좀 더 목적적합한 정보라고 할

4) 유용한 회계정보는 투자의사결정에 영향을 준다. 투자의사결정에 영향을 주려면 기업가치에 대한 정보여야 한다. 따라서 목적적합성(relevance)이란 용어는 기업가치와의 관련성으로 이해할 수 있다.

5) 오류(error)는 재무제표 작성자가 고의로 저지르지 않은 실수에 의해 발생한 정보의 왜곡을 의미한다. 이에 반해 편의(bias)란 재무제표 작성자가 낙관적 또는 비관적 의도를 가지고 고의로 정보를 왜곡하여 표시한 것을 말한다.

수 있으나, 시가는 역사적 원가에 비해 표현의 충실성이 떨어진다. 역사적 원가는 해당 자산(부채)의 최초 취득가격이므로 명확하게 알 수 있다. 그러나 시가는 어떤 가격을 시가로 볼 것인지 불명확하고, 명확한 시가가 존재한다고 하더라도 시가가 수시로 변하기 때문이다.[6] 또한 경영자가 발표하는 미래에 대한 예측정보는 목적적합성이 높지만 표현의 충실성은 낮은 경우가 많다.[7] 이처럼 목적적합성과 표현의 충실성이 상충되는 경우가 있으므로, 재무제표 작성자가 회계기준을 적용할 때 특정상황에서 어떤 질적 특성을 더 중요시해야 할지를 전문적으로 판단해야 한다.

목적적합성과 표현의 충실성 사이에 상충관계가 발생하는 경우가 흔하므로, 재무제표 작성자가 회계기준을 적용할 때 특정상황에서 어떤 질적 특성을 더 중요시해야 할지를 전문적으로 판단해야 한다.

(2) 보강적 질적 특성(enhancing qualitative characteristics)

근본적 질적 특성을 갖춘 재무정보가 정보이용자들에게 더욱 유용하게 사용되기 위해서는 보강적 질적 특성도 갖추어야 한다. 보강적 질적 특성에는 비교가능성, 검증가능성, 적시성, 이해가능성의 네 가지 속성이 있다.

비교가능성(comparability)

정보이용자가 한 기업의 재무상태와 경영성과의 추세를 분석하기 위해서는 재무정보를 기간별로 비교할 수 있어야 한다(기간별 비교가능성). 또한 다른 기업과 비교하여 상대적인 재무상태와 경영성과를 평가하기 위해서는 기업간 재무정보를 비교할 수 있어야 한다(기업간 비교가능성). 따라서 유사한 거래나 사건에 대해 회계처리하고 표시할 때는 일관된 방법이 적용되어야 한다.

비교가능성을 높이기 위해서는 일관성이 있어야 하지만, 때로는 비교가능성을 높이기 위해 일관성을 희생할 수도 있다. 예를 들어 어떤 기업이 경쟁회사와 다른 회계처리방법을 이제까지 사용해왔다면, 기간별 비교가능성을 유지하기 위해서 기존의 회계정책을 계속해서 사용하는 것이 항상 적절한 것은 아니다. 오히려 경쟁사와 같은 회계정책을 채택하는 것이, 기업간 비교가능성을 높일 수 있기 때문이다.

---

6) 예를 들면 중고차의 판매가격은 판매처, 판매조건, 차량의 상태 등에 따라 상당히 달라질 수 있다. 따라서 정확한 '시가'가 무엇인지 불명확하다. 중고차처럼 상대적으로 거래가 빈번히 발생하는 자산도 이런 문제가 있는데, 거래가 거의 발생하지 않는 물품은 이 문제가 더 심각하다. 무형자산(브랜드나 기술 등)의 시가를 계산하는 것이 얼마나 어려운 것인지를 생각해보면 이해가 될 것이다.

7) 경영자는 언론 인터뷰나 기타 보도자료를 통해 미래 사업계획이나 이익예측치 등을 알린다. 이런 계획은 주식이나 채권 투자자의 입장에서 볼 때에는 미래의 해당 기업의 업적에 대한 중요한 정보이다. 그러나 이런 정보에는 경영자의 주관, 특히 낙관적인 편의가 상당히 포함되어 있을 가능성이 높다.

검증가능성(verifiability)

여러 정보이용자가 동일한 거래나 회계사건을 동일한 측정방법으로 독립적으로 측정했을 때 유사한 결과가 나와야 한다. 검증은 직접적 또는 간접적으로 이루어질 수 있다. 직접검증은 현금을 세는 것과 같은 직접적인 관찰을 통하여 정보의 정확성을 검증하는 것이다. 간접검증은 모형, 공식 또는 그 밖의 기법에서 사용된 투입요소들이 무엇인지를 확인하고, 같은 방법을 사용하여 그 결과를 다시 계산하는 것을 말한다.[8] 측정치의 검증가능성이 높아질수록 나타내고자 하는 바를 충실하게 표현하고 있다고 믿을 수 있다.

적시성(timeliness)

적시성은 정보가 의사결정에 미치는 영향력이 소멸되기 전에 정보이용자에게 제공되는 것을 말한다. 적시에 제공되지 못한 정보는 의사결정에 사용될 수 없으므로, 그 정보는 목적적합성을 상실할 수 있다.

경영진은 적시성 있는 보고를 할 때 표현의 충실성 및 목적적합성에 대한 상대적 균형을 고려할 필요가 있다. 적시에 정보를 제공하기 위해서는 특정 거래나 사건의 모든 내용이 확인되기 전에 보고할 필요가 있는데, 이로 인해 표현의 충실성이 어느 정도 훼손될 수 있다. 반면 모든 내용이 확인될 때까지 보고를 지연할 경우 표현의 충실성은 매우 높아질 수 있으나, 신속한 의사결정을 해야 하는 정보이용자에게는 늦게 보고된 정보가 더 이상 유용하지 않을 수 있다. 즉 해당 정보의 표현의 충실성은 높아졌지만 목적적합성이 저하된 것이다. 따라서 상황에 따라 어떤 특성을 더 중요하게 고려할지를 판단해서 정보를 제공해야 한다.

이해가능성(understandability)

이해가능성이란 회계정보이용자가 보고된 정보를 쉽게 이해할 수 있어야 한다는 것을 말한다. 그러나 회계에 대해 전혀 모르는 사람도 쉽게 이해할 수 있어야 한다는 것을 의미하지는 않는다. 이때 이용자는 경영과 회계에 대한 합리적인 지식을 가지고 있으며, 관련 정보를 분석하기 위하여 합리적인 노력을 할 의지가 있는 사람으로 가정한다. 예를 들어 최소한 회계원리 수준의 회계지식을 가지고 있는 사람만이 재무제표나 기타 공시내용을 읽고서 그 의미를 이해할 수 있을 것이다.

8) 복잡한 금융·파생상품의 가치계산에 수리적 모형이나 공식에 여러 변수들의 값을 투입하여 계산하는 방법이 주로 사용된다. 이 경우 모형이나 공식에 변수들의 값을 직접 투입하고 재계산을 해본다면, 재무제표에 보고된 수치가 정확한 것인지 검증해 볼 수 있다.

회계이야기 (1)

회계의 역사 4 : 스페인 제국과 네덜란드에서 회계의 역할

복식부기를 기반으로 한 회계가 상인들과 은행가들에 의해 널리 사용되고 메디치 가문의 몰락이 시작되던 시기인 1494년, 루카 파치올리가 당시 사용되던 복식부기 방법을 요약하여 '산술, 기하, 비율, 비례에 관한 총람'을 출판했다. 이 책은 유럽 각국으로 퍼졌고, 그 결과 이탈리아의 상인들 사이에서만 사용되던 복식부기가 각국 왕실과 상인들에 의해 널리 사용되게 되었다. 상인들 사이를 넘어서 왕실이나 국가 차원으로 회계의 대상이 확대된 것이다.

이탈리아의 번영도 영원하지 않았다. 오스만 튀르크가 지금의 터키와 소아시아 지역을 차지하면서 동방과의 무역을 막자 이탈리아의 도시들은 점차 쇠퇴한다. 무역의 중심지는 대서양과 인도양 항로를 통해 동방과 무역을 할 수 있는 통로를 개척한 스페인으로 이동한다. 오랜 전쟁 끝에 이슬람 세력을 물리치면서 이베리아 반도의 통일을 이룩하고 신대륙을 발견하여 경영하던 시절, 스페인 제국은 유럽의 최고 부국이었다. 당시 스페인의 도시 세비야는 세계 최대의 도시로서 세계 각국의 문물들이 모여들었다. 콜럼버스가 신대륙을 향해 항해를 떠나거나 마젤란이 세계일주 항해를 출발한 곳도 세비야다. 지금도 세비야를 방문하면 찬란한 당시의 문화유산들을 만날 수 있다. 스페인은 상인 출신 인사들을 정부 관료로 고용하여 재정을 담당하게 해서 막대한 부와 수익 및 지출을 기록하고 관리하게 했다. 이러는 과정에 회계가 중요한 수단으로 사용되었다.

스페인의 몰락과 네덜란드의 부상

그러나 스페인 제국의 영화도 무한히 지속될 수 없었다. 펠리페 2세가 천주교의 수호자 역할을 자처하면서 오스만 튀르크(1571년 레판토 해전) 및 영국(1588년 칼레 해전) 등과 연속으로 전쟁을 벌이느라 막대한 전비를 사용하다가 스페인은 재정위기에 빠지게 된다. 스페인은 레판토 해전에서 승리했으나 튀르크가 곧 해군력을 재건해서 동유럽 바다를 다시 장악해서 스페인은 큰 실익을 얻을 수 없었다. 칼레 해전에서는 폭풍을 만나 스페인이 자랑하던 무적함대 아르마다의 절반이 난파되는 큰 손실을 입었다. 부족한 돈으로 수십 년간 지속된 전쟁과 대립기간 동안 필요한 군대를 유지할 수 없었던 스페인의 국력이 점차 쇠퇴하면서 스페인의 식민지였던 네덜란드가 1568년부터 독립전쟁을 시작한다. 재정위기 때문에 필요한 자금을 마련하고자 세금을 올렸고, 그러자 국민들의 생활형편이 더 열악해지고 상공업도 침체되면서 세금징수액도 거의 늘어나지 않았다. 그래서 상공업의 중심지이자 신교도들이 많이 거주하던 스페인 치하 네덜란드 지역에서 불만이 폭발하여 독립전쟁으로까지 확대된 것이다. 오랜 전쟁 끝에 1609년에 휴전이 이루어진 후 네덜란드가 독립하면서, 유럽 무역의 중심지도 스페인에서 네덜란드를 중심으로 한 지금의 벨기에와 북부 독일의 해안도시(한자동맹을 결성한 도시들)로 점차 이동한다.

국가의 경영과 회계

이탈리아가 동방무역의 중심지였다면 네덜란드는 당시 북유럽 및 영국과 거래하는 북방무역의 중심지 역할을 하고 있었다. 네덜란드의 주요 수출품은 당시 유럽 최고 수준의 기술을 자랑하던 모직품이었다. 이런 네덜란드의 부(富) 때문에 약소국 네덜란드가 당시 유럽의 강대국 스페인과 오랜 기간 동안 독립전쟁을 치르는 것이 가능했다. 풍부한 돈으로 외국에서 많은 용병을 고용하여 스페인과 전쟁을 할 수 있었던 것이다. 네덜란드에서 상업이 발전하면서 회계와 주산을 가르치는 교육기관이 여럿 생길 정도로 회계와 숫자가 중요시되었다. 1602년 세계 최초의 주식회사인 동인도회사가 네덜란드에서 설립된 것도 이런 토양이 있었기 때문에 가능했던 것이다.

당시 네덜란드의 유명한 과학자인 시몬 스테빈(1548~1620)은 젊은 시절 무역상의 직원으로서 일한 경험 때문에 회계의 중요성을 잘 파악하고 있었다. 그는 1604년 '군주를 위한 회계'라는 책을 저술했는데, 국가를 잘 경영하기 위해서는 회계에 따라 통합적으로 국가의 수익을 기록해야 하고, 그래야 국가가 지출할 수 있는 돈이 얼마인지를 정확하게 파악할 수 있어서 규모에 맞는 국가경영을 할 수 있다는 내용이다. 스페인의 몰락이나 당시 빈번한 전쟁과 사치 때문에 부채에 허덕이던 유럽 여러 왕가들의 상황으로부터 배운 교훈을 책으로 기록한 것이다. 그는 "책임성이 부족한 관리가 정부를 실패하게 만든다"라는 유명한 말을 남겼다. 이런 교훈들은 정부의 수입은 일정한데도 불구하고 정부 지출을 확대하려고만 하는, 그래서 미래 세대들에게 빚만 남겨줄 정책들을 자꾸 벌이는 현대의 정치인들도 배워야 할 것이다.

세계의 패권국으로 부상한 영국

이후 영국이 1600년대 중후반 네덜란드와 벌인 3차례에 걸친 전쟁(영국-네덜란드 전쟁)에서 승리하면서 패권은 영국으로 넘어간다. 전쟁의 결과 네덜란드는 미국이나 아시아 지역의 상당수의 식민지를 영국에게 뺏겼다. 그 결과 신대륙과 교류하는 해상무역의 중심지도 영국으로 바뀌고, 영국은 유럽의 바다를 장악한 해양강국으로 떠올랐다. 이런 영국의 패권은 제1차 세계대전의 발발 때까지 계속된다.

4.2 재무상태표의 작성원칙

계정은 재무제표 중 어디에 나타나는지에 따라 재무상태표계정과 포괄손익계산서계정으로 구분된다. 재무상태표계정은 특정시점의 기업의 재무상태를 표시하는 계정들로서, 자산·부채·자본 항목들이다. 포괄손익계산서계정은 일정기간의 기업의 경영성과를 표시하는 계정들로서, 수익·비용 항목들이다.

실제 기업활동에서 발생하는 많은 종류의 거래들을 기록하기 위해서 가장 빈번하게 사용하고 있는 계정과목들 또는 재무제표항목들의 예는 다음과 같다.

표 4-2 재무상태표와 포괄손익계산서의 계정과목의 예시

구 분		계정과목
재무상태표	자산	유동자산 : 재고자산, 매출채권, 현금및현금성자산 비유동자산 : 유형자산, 영업권, 기타무형자산, 기타포괄손익-공정가치측정금융자산
	부채	유동부채 : 매입채무, 단기차입금, 미지급법인세 비유동부채 : 장기차입금, 장기충당부채
	자본	자본금, 자본잉여금, 이익잉여금, 기타포괄손익누계액
포괄손익계산서	수익	매출액, 임대료, 이자수익
	비용	매출원가, 급여, 감가상각비, 광고선전비, 이자비용
	기타포괄손익	기타포괄손익-공정가치측정금융자산평가손익, 유형자산재평가손익

1. 재무상태표의 표시

본장에서는 국제회계기준 중 '재무제표의 작성과 표시'에 의한 재무제표의 구성요소를 기준으로 분류, 설명한다.

재무상태표(statement of financial position 또는 balance sheet)는 특정시점 현재 기업의 재무상태에 대한 정보, 즉 기업이 보유하고 있는 자산과 부채, 그리고 자본에 대한 정보를 제공한다.[9]

9) 국제회계기준에서는 'statement of financial position'이라는 명칭을, 미국에서는 'balance sheet'라는 명칭을 사용한다. 우리나라에서는 과거 국제회계기준 도입 이전까지 '대차대조표'라는 명칭을 사용했었다. 일본과 중국에서 사용하는 명칭이다. 지금도 많은 기업들에서 대차대조표라는 명칭을 관습적으로 사용하고 있으므로, 이 명칭도 알아두도록 하자.

재무상태표에서 차변에 자산계정을, 대변에 부채와 자본 계정을 배열하는 방식을 계정식이라고 한다. 이와 달리 자산계정, 부채계정, 자본계정을 상하로 차례로 배열하는 방식을 보고식이라고 한다.

(1) 재무상태표의 작성양식

재무상태표를 나타낼 때에는 재무상태표를 차변과 대변으로 나누어서 차변에는 자산계정을 표시하고 대변에는 부채와 자본 계정을 배열할 수 있다. 이 형식을 흔히 계정식이라고 한다. 또는 자산계정, 부채계정, 자본계정을 상하로 차례로 배열할 수도 있는데, 이를 흔히 보고식이라고 한다.

〈표 4-3〉은 보고식으로 표시한 재무상태표를 예시하고 있다.

표 4-3

보고식 재무상태표 예시

재무상태표

(주)덕송 (단위 : 원)

	20×1년 12월 31일	20×0년 12월 31일
자 산		
유동자산		
현금및현금성자산	₩332,000	₩302,900
매출채권	86,500	75,600
재고자산	125,000	132,500
	543,500	511,000
비유동자산		
유형자산	565,000	550,000
무형자산	55,000	86,000
	620,000	636,000
자산총계	₩1,163,500	₩1,147,000
부 채		
유동부채		
매입채무	79,400	76,000
단기차입금	160,000	186,000
유동성장기차입금	30,000	30,000
	269,400	292,000
비유동부채		
장기차입금	90,000	120,000
	90,000	120,000
부채총계	₩359,400	₩412,000
자 본		
납입자본	500,000	500,000
이익잉여금	293,100	221,000
기타포괄이익누계액	11,000	14,000
자본총계	₩804,100	₩735,000
부채와 자본총계	₩1,163,500	₩1,147,000

(2) 재무상태표의 분류와 표시

유동자산은 단기간 또는 정상적인 영업주기 내에 실현되거나 판매하거나 또는 소비할 것으로 예상되는 자산이다.

자산은 크게 유동자산(current assets)과 비유동자산(non-current assets)으로 분류한다. 일반적으로 유동자산은 단기간(12개월 이내) 또는 정상적인 영업주기(normal operating cycle)[10] 내에 실현되거나, 판매하거나, 또는 소비할 것으로 예상되는 자산이다. 비유동자산은 유동자산의 분류에 해당되지 않는 자산을 의미한다.

부채의 경우에도 단기간(12개월 이내) 또는 정상적인 영업주기 내에 결제될 것으로 예상되는 부채는 유동부채(current liabilities)로 분류하고, 유동부채의 분류에 포함되지 않는 부채는 비유동부채(non-current liabilities)로 분류한다.

재무상태표에는 유동성자산과 비유동자산, 유동부채와 비유동부채를 구분하여 표시해야 한다.

재무상태표에는 유동성자산과 비유동성자산, 유동부채와 비유동부채를 구분하여 표시해야 한다. 이처럼 실현 예정일을 기준으로 자산과 부채를 구분하면 기업의 유동성(liquidity)과 부채상환능력을 평가하는 데 유용한 정보를 제공할 수 있기 때문이다.[11] 다만 국제회계기준은 유동/비유동자산, 유동/비유동부채의 배열순서나 세부 자산과 부채 항목의 배열순서를 정하고 있지는 않다. 따라서 재무상태표에서 자산과 부채 항목의 배열순서는 나라마다 다를 수 있다. 우리나라 기업들은 일반적으로 유동자산을 비유동자산보다 먼저 표시하고, 그 다음에 유동부채, 비유동부채의 순서로 표시한다. 유동자산 내에는 보통 현금및현금성자산, 매출채권, 재고자산, 기타유동자산의 순서로, 유동성이 높은 항목부터 먼저 배열한다. 미국이나 일본 기업들도 비슷하다. 그러나 영국과 홍콩 기업들은 이와는 달리, 비유동자산, 유동자산, 유동부채, 비유동부채의 순서로 표시하는 것이 일반적이다.

2. 재무상태표의 계정과목

(1) 자산계정

자산의 주요 계정은 다음과 같다.

10) 영업주기는 영업활동을 위한 자산의 취득시점부터 그 자산이 현금이나 현금성자산으로 실현되는 시점(즉 매출의 대가로 고객으로부터 현금을 수취하는 시점)까지 소요되는 기간이다. 예를 들어 토지와 건물의 경우에는 정상적인 영업주기 내에 판매할 의도가 없기 때문에 일반적으로 비유동자산으로 분류된다. 대부분의 기업들의 경우 영업주기가 1년보다 짧으므로 1년을 기준으로 유동/비유동을 분류하지만, 영업주기가 1년보다 긴 일부 특수한 업종의 경우 영업주기를 기준으로 분류한다.

11) 유동성이란 자산을 현금으로 손쉽게 전환해서 부채를 상환하거나 기타 필요한 곳에 사용할 수 있는 능력을 말한다. 유동과 비유동의 구분에 대한 예외로서, 금융회사들은 각 개별자산 항목을 유동성이 높은 것 또는 낮은 것부터 유동성순서에 따라 차례대로 배열한다. 금융기업은 재화나 서비스를 명확한 식별가능한 영업주기 내에 제공하지 않기 때문에 유동과 비유동의 구분이 큰 의미가 없기 때문이다.

현금및현금성자산과 매출채권 및 기타채권은 제5장에서 보다 자세히 다루어지며, 재고자산은 제6장에서 설명한다.

① 현금및현금성자산(cash and cash equivalent): 현금뿐만 아니라 수표, 예금, 기타 큰 거래비용 없이 현금으로 전환이 쉽고 이자율 변동에 따라 가치가 쉽게 변하지 않는 금융상품은 현금및현금성자산으로 분류한다.

② 매출채권 및 기타채권(account receivable): 외상으로 상품, 제품을 판매하거나 용역을 제공하고 받을 금액을 매출채권계정에 기록한다. 기타채권은 주된 영업활동[12] 이외의 거래에서 발생한 미수금 등을 말한다.

③ 재고자산(inventory): 정상적인 영업과정에서 판매를 목적으로 보유중(상품, 제품)이거나 생산중(반제품, 재공품)인 자산, 혹은 생산에 사용될 원재료 등이다.

유형자산과 무형자산은 제7장에서 다루며, 주식투자와 채권투자에 대해서는 제9장에서 자세히 다룬다.

④ 유형자산(property, plant and equipment): 영업활동에 사용하기 위해 보유하는 물리적 형태가 있는 자산으로서 장기간 사용할 것이 예상되는 자산이다. 유형자산의 예로는 토지, 건물, 기계장치, 선박, 항공기, 차량운반구 등이 있다. 고정자산(fixed assets)이라는 명칭으로 불리기도 한다.

⑤ 무형자산(intangible assets): 물리적 실체는 없지만 식별가능한 자산으로 장기간에 걸쳐 기업의 영업활동에 경제적 효익을 제공하는 자산을 말한다. 예를 들어 영업권(goodwill)과 특허권(patent) 등이 있다.

⑥ 금융자산(financial assets): 다른 기업의 주식이나 채권 또는 기타 금융상품을 매입하여 보유하는 경우다. 투자기간에 따라 크게 단기와 장기 금융자산으로 구분한다.

표 4-4

자산의 분류

구분	계정	예
유동자산	현금및현금성자산	현금, 예금 등
	매 출 채 권	외상매출금, 받을어음
	재 고 자 산	상품, 제품, 반제품, 재공품, 원재료 등
	기타유동자산	미수금, 미수수익 등
비유동자산	장기금융자산	단기에 매각할 목적이 아닌 주식, 채권 등
	유 형 자 산	토지, 건물, 기계장치, 차량운반구 등
	무 형 자 산	특허권, 영업권 등

(2) 부채계정

부채의 주요 계정은 다음과 같다.

12) 주된 영업활동이란 상품의 판매 혹은 제품의 제조, 판매 혹은 용역의 제공에 관련된 거래를 의미한다. 유형자산 또는 유가증권 등을 매각하고 아직 그 대금을 받지 않았다면 일반적으로 미수금으로 기록한다. 이에 대해서는 제5장에서 자세히 배운다.

매입채무 및 기타채무는 제5장에서, 차입금과 사채는 제8장에서 보다 자세히 다루어진다.

① 매입채무(account payable) 및 기타채무(other payable) : 매입채무는 외상으로 상품이나 제품을 구입하거나 또는 용역을 제공받은 경우다. 기타채무로는 주된 영업활동 이외의 거래에서 발생한 채무인 미지급금 등이 있다.

② 차입금(borrowing) : 사업을 영위하는 데 필요한 자금을 조달하기 위하여 기업 외부의 개인이나 기업(주로 금융사들)으로부터 차입한 자금으로, 차입기간에 따라 단기차입금과 장기차입금으로 구분된다.

③ 사채(bond) : 원금의 상환기간과 정기적인 이자지급을 명시한 채권을 발행한 후 이를 채권시장에서 불특정 다수의 투자자들에게 매각해서 필요한 자금을 조달하는 것을 '사채를 발행한다'라고 한다. 이는 다수의 투자자로부터 자금을 차입한 부채에 해당된다.

표 4-5

부채의 분류

구분	계정	내용
유동부채	매입채무	: 외상매입금, 지급어음
	미지급금	: 주된 영업활동 이외의 거래에서 매입대금을 아직 지급하지 않은 경우 등
	단기차입금	: 만기가 1년 이내 도래하는 은행차입금
	유동성장기차입금	: 장기차입금 중 만기가 1년 이내 도래하는 부분
비유동부채	장기차입금	: 만기가 1년 이후 도래하는 은행차입금
	장기충당부채	: 제품보증충당부채 등

(3) 자본계정

자본은 크게 납입자본, 이익잉여금 및 기타자본으로 구분한다.

자본의 주요 계정은 다음과 같다. 자본에 대한 자세한 설명은 제10장에서 다룬다.

① 납입자본(paid-in capital) : 납입자본은 회사가 주식을 발행할 때 발행한 주식의 액면금액의 합을 나타내는 자본금과, 액면금액을 초과하여 납입한 금액인 자본잉여금(보다 정확히 설명하면 자본잉여금의 일부인 주식발행초과금) 등으로 구성된다.[13]

② 이익잉여금(retained earnings) : 기업이 일정기간 동안 벌어들인 순이익 중에서 주주들에게 배당하지 않고 기업 내에 유보된 부분을 말한다.

③ 기타자본 : 기타포괄손익누계액과 자본조정 등을 포함한다.

13) 주식의 발행금액은 액면금액과 꼭 일치하지 않는다. 예를 들어 주식시장에 상장된 기업이 오늘 액면가 ₩5,000인 새로운 주식(신주)을 발행하여 주식시장에서 매각했다면 액면금액인 ₩5,000이 아니라 시가에 따라 매각할 것이다. 따라서 주주들이 이 주식을 취득하기 위해 회사에 납입한 금액은 액면금액보다 월등히 높으므로, 양자의 차이를 의미하는 주식발행초과금이 발생한다. 이는 제10장 자본에서 자세히 배운다.

표 4-6
자본의 분류

납입자본	자본금 자본잉여금	: 발행한 주식의 액면금액의 합 : 주식발행초과금(주식발행시 주식의 액면금액을 초과하여 납입된 금액) 등
이익잉여금	이익잉여금	: 기업이 일정기간 동안 벌어들인 순이익 중에서 주주들에게 배당하지 않고 기업 내에 유보된 부분
기타자본	기타포괄손익누계액 자본조정	: 기타포괄손익-공정가치측정금융자산평가손익, 유형자산재평가잉여금 등의 기타포괄손익누계액 등 : 주주와의 자본거래에서 발생한 기타조정항목 등

회계이야기 (2)

주주의 참여와 기업경영

주식회사는 주식을 발행하여 주주들에게 판매함으로써 필요한 자금을 조달하여 사용한다. 따라서 주주들이 주식회사의 주인이다. 주주들이 직접 경영을 할 수 없으므로 주주를 대신하여 경영을 수행할 경영진을 선임한다. 즉 주인 또는 주체(principal)라고 불리는 주주들이 대리인(agent)으로 경영진을 고용하여 경영을 맡기는 것이다. 이에 따라 소유와 경영이 분리되는데, 이는 주식회사의 가장 중요한 특징들 중의 하나다.

주주총회에서의 투표를 통한 경영의사결정

경영진이 재무제표를 정기 주주총회에 제출하면 주주들이 이를 보고 회사가 잘 경영되었는지를 판단한다. 그 결과에 따라 최고경영자를 연임시킬 것인지 또는 교체할 것인지, 합병이나 기업분할 등의 중요한 경영정책이나 배당을 얼마나 지급할 것인지도 결정한다.

이런 결정은 투표를 통해 이루어지는데, 주주 1인당 1표를 행사하는 것이 아니라 주주가 보유한 주식수대로 투표를 한다. 따라서 이론적으로 보면 50%의 주식보다 한 주를 더 가지고 있기만 하면 주주총회에서 벌어지는 모든 투표에서 승리할 수 있다. 이런 경우 '경영권을 가졌다'고 표현한다. 경영권을 가진 주주를 대주주 또는 지배주주라고 하고 다른 주주들은 소액주주라고 부른다. 그러나 현실적으로 보면 모든 주주들이 주주총회에 참석하지는 않으므로, 대략 20~30%의 주식만 보유하고 있으면 경영권을 가질 수 있다. 그러나 경영권 분쟁이 벌어지면 20~30%의 주식을 보유하고 있더라도 투표에서 승리하지 못하는 경우도 발생할 수 있다. 따라서 대략 40% 이상의 주식을 보유해야 안정적으로 경영권을 유지할 수 있다.

소액주주를 대신하는 감사위원회의 역할

주주총회에서 선출된 경영진은 수탁책임에 따라 주주 모두를 위한 경영을 해야 한다. 그러나 지배주주가 자신의 사적 이익을 위해 기업가치를 희생하는 행동을 하는 경우가 가끔 있다. 예를 들어 회사의 돈을 사적 목적으로 사용해서 회사에 손해를 끼치거나 능력이 부족한 친인척이나 지인을 고위직으로 등용하는 경우다.

이런 행동을 막기 위해서는 소액주주들이 적극적으로 주주총회에 참석하여 지배주주의 행동을 견제해야 한다. 기업지배구조상에서 소액주주를 대표해서 경영자의 행동을 감시하는 역할을 수행하는 직책이 감사 또는 사외이사 중 감사위원회 위원들이다. 따라서 감사나 감사위원회 위원들을 선임하는 투표 때 소액주주들이 특히 적극 참여해서 지배주주로부터 독립적인 인물이 선임될 수 있도록 해야 할 것이다. 또한 감사위원회 위원 중 최소 한 명은 회계전문성을 가진 위원이 임명될 수 있도록 해야 한다. 회계전문성이 있어야 재무제표의 의미를 이해하고, 경영진이 기업가치를 저해하는 행동을 하지 않는지를 제대로 감시할 수 있기 때문이다.

주주들이 주주총회에 관심을 가져야…

미국은 주주들의 주주총회 참석률이 높기 때문에 소액주주들이 선정한 인물이 사외이사로 임명되는 경우가 종종 있으며, 지배주주가 추천한 이사의 선임이 부결되는 일이 발생하기도 한다. 따라서 주주들을 대표해서 감사나 사외이사가 경영진의 행동을 엄격히 감시하는 관습이 잘 적용되고 있다. 그런데 우리나라에서는 상당수의 주주들이 주주총회에 참석하지 않으며 경영이 어떻게 이루어지는지에 대한 관심도 없으므로 경영진에 대한 감시활동이 제대로 이루어지지 않는 것이다.

이런 문제점을 해결하려면 소액주주들이 열심히 주주총회에 참석하여 안건을 분석하고, 자신과 회사의 이익을 위해 적극적으로 투표권을 행사해야 한다. 그렇게 해야 지배주주도 사익을 편취하는 기회주의적인 행동을 삼가고 모든 주주의 비례적 이익을 고려할 것이다.

4.3 포괄손익계산서의 작성원칙

포괄손익계산서(statement of comprehensive income)는 일정기간 동안 기업의 경영성과에 대한 정보를 제공하는 재무보고서로서, 당기순손익, 기타포괄손익, 총포괄손익을 일정한 형식에 따라 나타낸다.

1. 포괄손익계산서의 표시

(1) 손익계산서 작성양식

일반적으로 포괄손익계산서는 다음과 같은 양식으로 작성된다.[14]

매출
－매출원가
＝매출총이익
－판매비와 관리비
＝영업이익
＋기타수익
－기타비용
＋금융수익
－금융비용
＝법인세비용차감전순이익
－법인세비용
＝당기순이익
±기타포괄손익
＝총포괄이익

포괄손익계산서에는 여러 단계의 이익이 표시된다. 보통 매출총이익, 영업이익, 법인세차감전순이익, 당기순이익, 총포괄이익이 표시된다.

위와 같이 포괄손익계산서에서는 수익과 비용을 분류하고, 이에 따라 여러 단계의 이익을 표시하는 것이 일반적이다.[15] 우선 매출에서 매출원가를 차감하

14) 본 예시는 일반적인 상기업 또는 제조기업의 포괄손익계산서이다. 서비스기업은 매출액 대신 영업수익을, 그리고 매출원가와 판매비 및 관리비 항목을 모두 합하여 영업비용이라는 명칭을 사용한다. 따라서 포괄손익계산서는 '영업수익－영업비용＝영업이익'의 구조로 구성되어 있다. 하지만 영업이익 하단의 경우는 예시에서 제시한 형식과 동일하다.

15) 비용항목을 분류할 때 매출원가, 판매비와 관리비, 금융비용, 기타영업외비용, 법인세비용, 기타포괄손실 등으로 분류하는 것을 비용의 기능별 분류라고 한다.

면 매출총이익이 계산된다. 매출원가는 판매한 제품 또는 상품의 원가로서 매출이라는 수익에 직접적으로 대응되는 비용항목이다. 매출총이익은 기업이 제품이나 판매로 직접적으로 얻게 되는 총이익을 나타낸다. 그 다음에 매출총이익에서 판매비와 관리비를 차감하여 영업이익을 계산한다. 판매비와 관리비는 광고비, 물류비, 급여, 임차료, 감가상각비, 지급수수료 등을 포함하며, 실무상 '판관비'라고 부르기도 한다. 영업이익은 기업의 주된 영업활동에서 창출된 이익을 반영하므로 기업의 수익성과 경쟁력 등을 판단하는 데 중요한 이익지표이다.

영업이익보다 하단에 위치한 기타수익, 기타비용, 금융수익, 금융비용은 영업 이외의 활동(대부분의 경우 투자활동과 재무활동)에서 발생한 수익과 비용(대부분의 경우는 광의의 수익과 비용 개념에 포함되는 차익과 차손임)에서 발생한 항목들이다. '금융비용'은 이자비용 등을 포함하며 '금융원가'로 불리기도 한다. '기타수익', '기타비용', '금융수익', '금융비용'을 합쳐서 '영업외손익(또는 영업외수익/영업외비용)'이라고 부르기도 한다. 영업이익에서 이러한 영업외손익을 차감하여 법인세비용차감전순이익을 계산하고, 여기서 다시 법인세비용을 차감하면 당기순이익이 계산된다. 당기순이익은 주된 영업활동과 관련된 항목 이외에도 부수적인 활동을 포함하여 그 기간 동안 벌어들인 이익을 반영한다.

포괄손익계산서를 작성하여 공시할 때는 다음 둘 중 한 가지 방법을 따른다.
① 단일 포괄손익계산서
② 두 개의 보고서 : 별개의 손익계산서와 포괄손익계산서

당기순이익에서 기타포괄손익을 가산하면 총포괄이익이 계산된다. 포괄손익계산서를 공시할 때는 다음 두 가지 방법 중에서 하나를 따른다. 지금까지 설명한 방법은 둘 중 첫 번째 방법을 사용한 것이다.

① 단일 포괄손익계산서(single statement of comprehensive income)를 공시
② ㉠ 당기순손익의 구성요소를 표시하는 보고서인 별개의 손익계산서(separate income statement)와 ㉡ 당기순손익에서 시작하여 기타포괄손익의 구성요소를 표시하는 보고서인 포괄손익계산서(statement of comprehensive income)를 나누어 공시

〈표 4-7〉은 첫 번째 방법인 단일 포괄손익계산서를 예시하고 있다. 두 번째 방법인 두 개의 보고서로 구분하는 방법을 사용하면, 일단 당기순이익의 계산을 보여주는 부분을 하나의 표로 보고하고, 그 다음 별도의 표에 당기손익에서 출발하여 기타포괄손익과 총포괄손익을 보고하는 것이다. 두 개의 보고서를 이용하는 방법은 〈표 4-8〉에 예시되어 있다. 단일 포괄손익계산서를 공시하면 당기손익과 기타포괄손익, 총포괄손익 등 모든 항목이 하나의 표에 투명하게 공시된다는 장점이 있다. 다만, 일시적인 손익을 반영하는 기타포괄손익까지 한꺼번에 제공

되어 정보의 복잡성이 증가하거나 경영성과를 분석할 때 초점이 분산될 수도 있다. 실무적으로는 두 가지 방법 모두 널리 사용되고 있다.

표 4-7

포괄손익계산서 양식-통합형

포괄손익계산서

(주)덕송 20×1년 1월 1일~12월 31일 (단위 : 원)

매 출 액	₩390,000	
매 출 원 가	(245,000)	
매출총이익		₩145,000
판매비와 관리비	(35,000)	
영 업 이 익		110,000
기 타 수 익	14,500	
기 타 비 용	(2,100)	
금 융 비 용	(5,000)	
법인세비용차감전순이익		117,400
법인세비용		(45,300)
당기순이익		₩72,100
기타포괄손익		
기타포괄손익-공정가치측정금융자산평가이익	24,000	
자산재평가이익	5,000	29,000
총포괄이익		₩101,100

표 4-8

포괄손익계산서 양식-분리 보고서형

손익계산서

(주)덕송 20×1년 1월 1일~12월 31일 (단위 : 원)

매 출 액	₩390,000	
매 출 원 가	(245,000)	
매출총이익		₩145,000
판매비와 관리비	(35,000)	
영 업 이 익		110,000
기 타 수 익	14,500	
기 타 비 용	(2,100)	
금 융 비 용	(5,000)	
법인세비용차감전순이익		117,400
법인세비용		(45,300)
당기순이익		₩72,100

포괄손익계산서

(주)덕송 20×1년 1월 1일~12월 31일 (단위 : 원)

당기순이익		₩72,100
기타포괄손익		
기타포괄손익-공정가치측정금융자산평가이익	₩24,000	
자산재평가이익	5,000	29,000
총포괄이익		₩101,100

(2) 손익계산서 작성기간

회계기간은 통상 1년을 단위 기간으로 하고 있으며, 1년 단위 회계기간을 대상으로 하는 재무제표를 연차재무제표라고 한다. 한편 1년보다 짧은 회계기간을 대상으로 하는 것을 중간재무보고라고 한다.

기업들은 1년 단위 회계기간을 대상으로 재무제표를 작성하여 보고하지만, 그보다 짧은 6개월(반기) 또는 3개월(분기)의 회계기간을 대상으로 재무제표를 작성하여 보고하기도 한다. 이를 중간재무보고(interim financial reporting)라고 부르며, 이렇게 작성된 재무제표를 반기(분기)재무제표라고 부른다. 연차재무제표가 적시성 있는 정보를 제공하지 못한다는 한계점을 보완하기 위해 중간재무보고를 한다.

회계이야기 (3)

손익계산서의 형식과 당기업적주의 및 포괄주의

경제학 이론에서는 이익을 '부(富)의 증가분'이라고 정의한다. 추상적인 개념을 다루는 경제학 분야에서는 이 '부의 증가분'을 구체적으로 어떻게 측정할 것인지에 대해서는 고민하지 않는다. 그러나 현실에서 부의 증가분을 어떻게 계산할 것이냐에 대해서는 다양한 견해가 존재한다. 이해관계자들마다 이익을 사용하려는 목적이 다르기 때문이다. 예를 들면 생산부서에서는 생산활동과 관련된 매출원가나 매출총이익을 기준으로 평가받기를 원하며, 생산활동과 관련 없는 다른 부서의 활동에 영향을 받는 항목을 기준으로 성과를 평가받는 것을 원하지 않을 것이다. 영업부서에서도 영업활동과 관련된 매출액이나 영업이익을 기준으로 평가받고 싶어 할 것이다. 이처럼 회계정보이용자 집단의 이해관계에 따라서 중요하다고 생각하는 이익 개념이 서로 다르므로, 이들 이용자 집단이 각각 자신의 목적에 맞는 이익을 이용할 수 있도록 이익을 여러 단계로 구분하여 손익계산서에 표시하게 된 것이다.

당기업적주의와 포괄주의에 대한 서로 다른 견해

경영자들은 자신이 영향을 미칠 수 없는 외부환경적인 요인의 변화 때문에 자신에 대한 평가가 영향받는 것을 원하지 않는다. 예를 들어 태풍으로 공장이 파손되어 영업외손실이 발생한 경우, 경영자는 이 손실이 자신의 능력 부족 때문이 아니니 이익수치만을 보고 자신을 평가하는 것은 불합리하다고 주장할 것이다. 즉 경영자는 자신이 노력한 결과에 따라 나타난 업적에 의해서만 평가받고 싶어 한다. 따라서 경영자는 주로 영업이익이나 당기순이익에 따라 평가받기를 원한다. 이런 견해를 당기업적주의라고 하는데, 이 견해에 따른 손익계산서는 제일 하단(bottom line)에 당기순이익이 나타난다. 이런 견해에 따른 손익계산서가 수백 년 동안 관습적으로 사용되어 왔다.

근래에 들어 외부환경적인 요인에 의해서 결정되는 이익 항목이더라도 기업의 가치에 영향을 미친다면 손익계산서에 포함시켜야 한다는 주장이 대두되었다. 이런 견해를 포괄주의라고 부른다. 당기순이익 계산에 포함되지 않더라도 당기에 발생한 기업가치에 영향을 미친 모든 항목을 포함하여 이익을 계산하자는 견해다. 이런 견해는 주로 주식이나 채권 투자 목적으로 재무제표를 사용하는 이해관계자들을 위해 손익계산서를 작성해야 한다는 입장이다. 주주나 채권 투자자들이 기업의 가치를 손쉽게 평가할 수 있도록 기업가치 변동과 관련된 정보를 모두 제공하는 것을 손익계산서의 주요 목적으로 본 것이다.

기타포괄손익이 탄생하게 된 배경

이런 견해가 받아들여져서, 2000년대부터 손익계산서의 당기순손익 하단에 기타포괄손익 항목들을 가감하여 포괄손익을 계산하여 표시하게 됐다. 기타포괄손익 항목들이 바로 경영자가 크게 영향력을 발휘할 수 없는 거시경제적 요인(환율, 금리, 물가 등)의 변동이 기업의 가치에 영향을 미친 항목들이다. 즉 미실현상태의 평가손익으로 존재하는 항목 중 일부를 기타포괄손익 항목으로 분류한다. 그 결과 손익계산서라는 명칭이 포괄손익계산서로 변했다.

투자자 입장에서 포괄손익계산서를 볼 때도 여러 항목들의 차이점을 이해하는 것이 중요하다. 포괄손익계산서상에서 위에 표시되는 이익일수록 기업의 본질적인 영업능력과 관련되어 있고 지속적으로 발생하는 항목이므로 가치평가시 더 중요하게 고려해야 한다. 그렇다고 해서 포괄손익계산서의 하단에 있는 항목들이 필요하지 않다는 의미는 아니다. 하단에 있는 항목들도 나름대로 의미를 가지고 있으므로, 포괄손익계산서 이용자는 자신의 이용목적에 맞게 세부항목들을 이용해야 할 것이다.

2. 주당이익과 주가이익비율

(1) 주당이익

주당이익(earnings per share; EPS)이란 주식 1주당 당기순손익을 나타낸다. 기업의 수익성을 평가할 때 당기순이익 수치를 주로 사용하지만, 당기순이익 지표는 기업의 크기나 발행주식의 수를 반영하지 못한다. 예를 들면 발행주식수가 많은 큰 기업의 당기순이익이 작은 기업보다 높은 것은 당연하다. 따라서 이런 점을 고려하여, 발행주식의 수가 서로 다른 기업들의 수익성을 비교할 수 있는 지표로 흔히 사용되는 것이 주당이익이다. 동일한 기업의 서로 다른 기간간 수익성을 비교할 목적으로도 사용된다.

주당이익이란 당기순손익을 주식수로 나눈 값으로서, 주식 1주를 보유한 주주 입장에서 기업이 이익을 얼마나 창출했는지를 나타낸다.

주당이익은 당기순이익을 주식수로 나누어 계산한다.[16] 즉 주당이익은 주식 1주를 보유한 주주의 입장에서 기업이 이익을 얼마나 창출했는지를 나타내는 지표다. 투자자들은 대부분 이 주당이익 수치를 투자의사결정에 사용한다.

$$\text{주당이익(EPS)} = \frac{\text{당기순손익}}{\text{주식수}}$$

국제회계기준에서는 포괄손익계산서의 제일 하단부에 주당이익을 공시하도록 하고 있다. 따라서 정보이용자가 직접 주당이익을 계산할 필요가 없이, 포괄손익계산서에 공시된 정보를 보고 의사결정에 이용할 수 있도록 한 것이다.

(2) 주가이익비율

주가이익비율이란 주가를 주당이익으로 나눈 값으로서, 주가가 주당이익과 비교할 때 얼마만큼 높은 수준인지를 나타낸다.

주당이익을 계산한 후, 해당 기업의 주가와 비교하여 주당이익이 얼마만큼 높은 수준인지를 확인하기 위해 사용되는 지표가 주가이익비율(price-earnings ratio; PER)이다. 이 지표는 해당 기업의 이익창출능력이 주가에 얼마나 반영되어 있는지를 알려준다.

$$\text{주가이익비율(PER)} = \frac{\text{주가}}{\text{주당이익}}$$

16) 실제로 주당이익을 계산하는 방법은 이것보다 더 복잡하다. 아직 공부하지는 않았지만 주식의 종류도 다양하며, 새로운 주식이 발행되어 주식수가 늘어나거나 다른 이유로 주식수가 감소하는 사건이 발생해서 회계기간 중 주식수가 변할 수 있기 때문이다. 주식에 대한 보다 자세한 내용은 제10장에서, 주당이익에 대한 보다 자세한 내용은 제12장에서 다루어진다.

우리나라 기업들의 경우 PER이 대략 11에서 13 정도의 범위에 있다.[17] 성장성이 높은 산업일수록 해당 산업에 속한 기업들의 PER이 크며, 성장이 멈춘 산업이나 미래 전망이 좋지 않은 산업일수록 해당 산업에 속한 기업들의 PER이 작다. 만약 특정산업에 속한 기업들의 평균 PER이 13인데 어떤 기업의 PER이 11이라면 이를 어떻게 해석해야 할까? 두 가지 상반된 해석이 가능하다. 첫째, 이 기업의 주가는 동종 산업에 속한 다른 기업들에 비해 상대적으로 저평가되어 있다는 것을 의미할 수 있다. 따라서 이 기업의 주식을 매수하면, 앞으로 시세차익을 기대할 수 있다. 둘째, 해당 기업이 동종 산업에 속한 다른 기업들보다 성장가능성이 낮기 때문에 주가와 PER이 낮은 것일 수도 있다. 이 경우 주식을 매수하면 상대적으로 낮은 수익률을 거두게 될 것이다.

PER뿐만 아니라 주가장부가치비율(price-book value ratio; PBR)도 주가의 적정성을 분석하기 위해 종종 사용된다. PBR은 주가를 주당자본(=자본 / 주식수)으로 나눈 수치다. 동종 산업에 속한 다른 기업들에 비해 PBR이 높다면 주가가 상대적으로 높아 고평가되어 있을 수 있다. 한편 다른 기업들보다 성장가능성이 높기 때문에 관련된 위험에 대해서도 주의 깊게 판단해야 한다.

회계이야기 (4)

애널리스트의 투자보고서를 믿어야 하나?

2023년말 여러 글로벌 투자은행이나 국내 증권사 소속 애널리스트들이 2024년의 주식시장 전망을 발표했다. 이들은 대부분 2024년 상반기에 한국 경제가 회복될 것이라면서 '투자 확대' 의견을 제시하였다. 그동안의 경기침체가 끝나고 세계 경제가 회복하기 시작할 것이라는 전망도 언급되어 있었다.

그러나 이런 이야기를 그대로 받아들이기는 힘들다. 애널리스트들은 대부분 긍정적인 전망을 제시하여 '주식을 더 사라'고 이야기하는 집단이기 때문이다. 많은 사람들이 주식시장에 진입하여 주식을 매수해야 주가도 올라가며, 그 결과 애널리스트들이 속한 글로벌 투자은행이나 증권회사가 더 많은 돈을 벌 수 있기 때문이다. 이런 이유에서 투자은행이나 증권사 소속 애널리스트들이 발표하는 이익예측치나 경기 전망은 상당한 낙관적 편의를 가지고 있으므로 주의해야 한다.

2024년 경기가 회복될 전망이라는 이들의 주장에 반해, 전문가들은 한국이 2010년대 말부터 이미 장기 경제침체에 진입해 앞으로 상당한 구조개혁이나 노동개혁 없이는 기업들이 크게 성장하기 어렵다고 전망하고 있다. 에너지 가격 폭등을 초래한 우크라이나 전쟁도 쉽게 끝날 것으로 보이지 않는다.

애널리스트들이 한국 주식시장의 주가가 상승할 것이라고 본 근거에는 다음과 같은 내용도 포함된다. 한국 기업의 2023년 PER은 대략 11배, PBR은 0.9배다. 그런데 미국 기업들은 PER이 15~18배, PBR이 1.5~3배에 이른다. 따라서 한국 기업의 주가가 상대적으로 저평가되어 있다고 볼 수 있다. 이처럼 PER과 PBR은 주가의 적정성을 나타내는 지표로 사용된다.

17) 선진 외국 주식시장은 PER이 우리나라보다 높은 경우가 대부분이다. 우리나라의 PER이 낮은 이유 중의 하나는 회계투명성이 낮아 투자자들이 이익정보를 상대적으로 덜 신뢰하기 때문이다. 또는 한국 기업들의 이익의 변동성이 상대적으로 선진 외국기업들에 비해 높으므로, 지금 현재 이익 수준이 높더라도 앞으로도 이 정도 수준의 이익을 올릴 수 있을지가 불명확하기 때문이기도 하다. 지정학적 위험(예 : 전쟁위험)도 한국 주가의 디스카운트가 발생하는 이유들 중 하나다.

4.4 별도재무제표와 연결재무제표

국제회계기준에서는 투자회사가 피투자회사에 대한 지배력을 행사하는 경우, 이들 피투자회사를 포함하여 작성한 연결재무제표를 투자회사의 주된 재무제표로 작성하여 공시해야 한다.

지금까지 설명한 재무제표는 개별 기업을 하나의 경제실체로 간주하여 이를 대상으로 작성하는 별도재무제표(separate financial statements)이다. 그런데 기업은 다른 기업의 주식을 일부 소유하여 영향력을 행사하는 경우가 종종 있다. 이 경우 주식을 소유하는 회사를 투자회사, 그 반대의 회사를 피투자회사라고 부른다. 그중 투자회사가 피투자회사에 대한 실질적인 지배력을 행사하고 있을 경우(예 : 피투자회사의 지분 100% 소유)에는 투자회사를 지배회사(parent), 피투자회사를 종속회사(subsidiary) 또는 자회사라고 부른다.

연결재무제표란 법률적으로 독립적인 회사들이라 하더라도 실질적으로 지배와 종속의 관계에 있는 회사들을 하나의 경제적 실체로 간주하여 작성되는 재무제표를 말한다.

지배회사와 종속회사는 법률적으로는 독립적인 별도의 회사이지만 실질적으로는 하나의 경제적 실체라고 볼 수 있다. 예를 들어, LG화학은 2차전지 제조회사인 LG에너지솔루션의 지분을 80% 이상 보유하고 있는데, LG화학의 영업성과를 제대로 평가하기 위해서는 자회사인 LG에너지솔루션의 실적을 포함해야 할 것이다. 이렇게 지배회사와 종속회사를 하나의 경제적 실체(연결실체)로 보아 작성한 재무제표를 연결재무제표(consolidated financial statements)라고 한다.[18] 구체적으로 별도재무제표를 합산한 후 지배회사와 종속회사 사이에서 발생한 거래(이를 내부거래라고 부름)를 제거하여 연결재무제표를 작성한다. 연결실체 내 내부거래를 제거한다는 것도 연결재무제표의 장점이다. 만약 지배회사가 매출을 높게 하기 위해 종속회사에 필요하지도 않은 제품을 판매한다면, 지배회사의 별도재무제표상에는 부풀려진 매출액이 보고되지만 연결재무제표에는 이러한 거래의 효과가 제거되어 보고된다.

연결재무제표는 연결재무상태표, 연결포괄손익계산서, 연결자본변동표, 연결현금흐름표로 구성된다. 국제회계기준에 따르면 지배회사는 연결재무제표를 주재무제표로 작성해야 한다. 연결재무제표를 작성하는 경우에도 기업들은 별도재무제표도 작성하여 공시한다. 예를 들어 상장기업들이 공시하는 사업보고서에는 연결재무제표와 재무제표가 공시되는데, 여기서 재무제표는 별도재무제표를 의미한다.

18) 관련된 개념으로 '개별재무제표'가 있다. 이는 종속회사가 없는 개별적으로만 존속하는 기업의 재무제표를 말한다. 따라서 별도재무제표를 만드는 기업들 중 종속회사가 없는 기업이라면 별도재무제표가 곧 개별재무제표가 된다.

연결재무제표 작성하는 방법은 상당히 복잡하기 때문에 본서에서는 다루지 않는다. 앞으로 고급회계를 수강하는 경우 배우게 될 것이다.

회계이야기 (5)

지주회사와 (주)CJ 사례

우리나라의 대규모기업집단(재벌)은 대부분 모회사, 자회사, 손자회사로 이어지는 지배구조를 가지고 있다. 이는 한국에만 특수한 형태가 아니며, 외국의 대규모기업도 거의 대부분 이런 형태를 가지고 있다. 이런 형태를 흔히 피라미드형 지배구조라고 한다. 지배구조의 맨 위에 모회사 하나가 있고, 그 밑에 다수의 자회사가 있고, 자회사의 밑에 더 많은 숫자의 손자회사가 있는 형태가 아래로 내려갈수록 크기가 커지는 피라미드의 모습과 유사하다고 해서 붙여진 명칭이다.

국내 대규모기업집단의 대표적인 예로 CJ그룹의 지배구조를 살펴보자. CJ그룹은 1953년에 창립된 CJ제일제당(원래 명칭은 제일제당공업)을 모체로 하고 있다. 원래 밀을 수입하여 밀가루를 생산하던 제분업으로 시작했지만, 이후 점차 사업영역을 늘린다. 현재 CJ그룹은 생명공학, 식품, 미디어 및 엔터테인먼트, 그리고 물류의 4개 주력업종을 영위하는 국내외 약 180개 회사로 구성되어 있다. 원래 삼성그룹의 일원이었지만 1993년부터 삼성그룹에서 독립해서 독자적인 경영을 하고 있다.

지주회사와 사업회사의 차이

CJ그룹의 모회사는 (주)CJ다. 원래 CJ제일제당의 일부분이었지만, CJ제일제당을 분할해서 탄생한 회사다. 제일제당이 분할되어 지주회사(CJ)와 사업회사(CJ제일제당)로 나눠진 것이다. (주)CJ는 다른 계열사들의 주식을 소유하여 지배하면서 계열사들을 관리하는 역할을 수행할 뿐 소비자나 다른 고객기업을 대상으로 하는 특정사업을 벌이지 않는다. 이런 회사를 지주회사라고 부른다. 이와는 달리 CJ그룹의 다른 계열사들은 소비자나 고객기업들을 대상으로 특정사업을 벌이고 있다. 이런 회사들을 지주회사와 구별하여 사업회사라고 부른다. 일반적으로 CJ제일제당은 단지 설탕, 밀가루, 식용류, 조미료, 햇반 등을 생산하여 소비자들에게 판매하는 식품업을 영위하는 것으로 알고 있다. 그러나 CJ제일제당은 이 외에도 라이신, 핵산, 아미노산 등을 생산하는 바이오 부분이 세계 1위를 다툴 정도이며, 동물사료 등을 생산하는 생물자원 부분도 존재한다. 이 세 사업부분이 상대적으로 균형 있게 엄청난 매출을 창출하고 있다. 바이오 부분이나 생물자원 부분은 소비자들을 직접 상대하지 않고 B2B거래를 하는 부분이므로 소비자들이 상대적으로 잘 알지 못하는 것뿐이다.

CJ그룹의 모든 기업들이 (주)CJ의 직접 자회사는 아니며, (주)CJ는 상장기업들을 포함한 일부 회사들만 직접 자회사로 거느리고 있다. 이들 자회사들이 또 다른 회사들을 자회사로 거느리고 있는데, (주)CJ의 자회사들의 자회사들을 (주)CJ의 입장에서는 손자회사라고 부른다. 손자회사들이 또 자회사를 거느리고 있다면 (주)CJ의 입장에서는 증손자회사라고 부른다.

예를 들어 (주)CJ의 자회사 중 CJ ENM은 TvN, Mnet, OCN 등의 채널과 OTT플랫폼인 TVING을 운영하고 있으며, 미디어플랫폼 사업 외에도 영화드라마, 음악, 커머스 사업을 운영하고 있다. CJ ENM은 국내와 해외에 여러 개의 자회사를 보유하고 있다. CJ ENM의 자회사가 (주)CJ의 손자회사다.

연결재무제표의 작성

이런 지배구조에 따라 (주)CJ는 별도재무제표뿐만 아니라 실질 지배력을 행사하고 있는 자회사와 손자회사 등(종속회사라고 한다)을 모두 포함한 연결재무제표를 작성해야 한다.

연결재무제표를 살펴보면 2023년말 (주)CJ의 자산규모는 약 47조원, 매출액은 약 41조원이다. 그러나 별도재무제표 기준으로 자산총계는 약 3.3조원, 매출액은 약 2,400억원으로, 연결재무제표의 수치와 별도재무제표의 수치 사이에 큰 차이가 있다. 별도재무제표는 (주)CJ 개별회사의 자산과 매출액이 보고된 것이고, 연결재무제표에는 (주)CJ와 모든 종속회사의 자산이나 매출액을 합산한 금액이 보고되기 때문이다. 따라서 기업에 대해 이야기할 때는 연결재무제표를 말하는 것인지 또는 별도재무제표를 말하는 것인지에 따라 크게 수치가 달라지므로 주의해야 한다. (주)CJ만 연결재무제표를 작성하는 것이 아니다. CJ ENM처럼 자회사를 가지고 있는 회사들은 자신과 자회사들의 재무상태와 경영성과를 모두 포함하여 연결재무제표를 작성해야 한다.

보론 재무제표 형식의 변경

국제회계기준을 제정하는 국제회계기준위원회(International Accounting Standards Baord; IASB)는 재무제표의 표시방법을 바꾸기 위한 개정작업을 지난 수년간 진행해 왔다. 개정작업의 목표는 회계정보이용자들의 의사결정에 좀 더 유용한 형식으로 정보를 제공하기 위함이다. 그 결과 2024년 IFRS 18 '재무제표의 표시와 공시'가 제정되어 발표되었고, 이는 2027년부터 적용될 예정이다.

개정된 기준에 따르면, 포괄손익계산서에서 매출액부터 당기순손익까지의 부분은 다음의 〈표 4-9〉와 같이 변경될 예정이다. 이를 보면 상당히 큰 변동이 일어난다는 것을 알 수 있다.

표 4-9
변경예정 손익계산서 예시

<table>
<tr><td>매출액</td><td>110,000</td><td rowspan="8">영업 범주</td></tr>
<tr><td>매출원가</td><td>(5,000)</td></tr>
<tr><td>매출총이익</td><td>105,000</td></tr>
<tr><td>급여</td><td>(6,000)</td></tr>
<tr><td>감가상각비</td><td>(4,000)</td></tr>
<tr><td>기타 판매관리비</td><td>(2,000)</td></tr>
<tr><td>손상차손</td><td>(2,000)</td></tr>
<tr><td>유형자산처분손익</td><td>(1,000)</td></tr>
<tr><td>영업손익</td><td>90,000</td><td></td></tr>
<tr><td>필수적 관계기업과 공동기업 투자에 대한 지분법손익</td><td>500</td><td>필수적 관계기업과 공동기업 범주</td></tr>
<tr><td>영업손익 및 필수적 관계기업과 공동기업 투자에서 발생하는 수익과 비용</td><td>90,500</td><td></td></tr>
<tr><td>필수적이지 않은 관계기업과 공동기업 투자에 대한 지분법손익</td><td>400</td><td rowspan="2">투자 범주</td></tr>
<tr><td>배당이익</td><td>600</td></tr>
<tr><td>재무손익 및 법인세비용차감전순이익</td><td>91,500</td><td></td></tr>
<tr><td>재무활동에서 발생한 손익</td><td>(1,500)</td><td>재무 범주</td></tr>
<tr><td>법인세비용차감전순이익</td><td>90,000</td><td></td></tr>
<tr><td>법인세비용</td><td>(3,500)</td><td>법인세 범주</td></tr>
<tr><td>당기순이익</td><td>86,500</td><td></td></tr>
</table>

개정된 기준에 따르면, 제1장에서 공부했던 영업활동의 정의가 과거보다 확대된다. 위의 예시에 등장하는 손상차손(제7장에서 배운다)이나 유형자산처분손익은 비유동자산과 관련된 항목으로서, 지금까지는 정상적인 영업활동과정에 발생하는 것이 아니라는 관점에서 포괄손익계산서상 영업외손익으로 분류했었다. 그러나 제품의 생산이나 판매 과정에 사용하기 위해 보유하고 있던 유형자산 또는 무형자산의 손상이나 처분에서 발생한 손익은 영업활동과 밀접하게 관련되어 있다고도 볼 수 있다. 개정된 국제회계기준에서는 이런 입장에 따라 이 두 항목을 영업손익의 구성항목으로 바꿔 분류하였다.

또한 투자활동이 필수적 관계기업과 공동기업에 대한 투자와 기타 기업에 대한 투자로부터 발생하는 손익의 두 가지로 구분된다. 필수적 관계기업과 공동기업이란 사업을 진행하는 데 없어서는 안 되는 피투자기업을 의미한다. 예를 들어 현대제철(주)는 기아(주)의 관계회사로서 기아(주)와 기아(주)의 모회사인 현대자동차(주)의 자동차 생산에 꼭 필요한 강판을 제작하여 납품하는 기업이다. 따라서 기아(주)의 입장에서 보면 현대제철(주)는 자동차의 생산과 판매라는 사업을 진행하는 데 필수적인 관계기업이라고 할 수 있다. 그러나 기아(주)가 여유자금을 활용할 목적으로 삼성SDI의 주식을 일부 매수하여 보유하고 있다면, 이는 필수적 관계기업이나 공동기업에 대한 투자가 아니라 기타 목적으로 투자를 한 셈이다. 따라서 기아(주)는 삼성SDI의 주식에 투자함으로써 발생하는 지분법손익이나 배당이익을 현대제철(주)의 주식을 보유함으로써 발생하는 손익과는 별도로 구분해서 표시하는 것이다.[19] 필수적 관계기업과 공동기업에 대한 투자로부터 발생하는 이익은 앞으로도 지속적으로 발생할 가능성이 높으며 영업이익만큼 중요하다고 볼 수 있기 때문에, 이를 다른 투자활동에서 발생한 이익과 구분하여 표시하는 것이다.

재무활동에 대한 정의는 변경되지 않는다. 따라서 이자비용이나 이자수익 등이 재무활동에서 발생한 손익으로 분류된다.

이 외에도 현금흐름표의 분류나 형식도 일부 바뀔 예정이다. 이에 대해서는 제11장에서 간단히 설명한다.

19) 관계기업과 지분법손익에 대해서는 제9장에서 설명한다. 공동기업의 정의는 본서의 범위를 넘어가므로 별도의 설명을 생략한다.

학습목표의 요약

- 재무보고의 개념체계, 목적, 재무제표의 기본가정, 그리고 질적 특성을 설명할 수 있다. **4.1**
  - 재무보고를 위한 개념체계란 회계기준을 제정하고 이를 실무에서 적용할 때 판단과 해석의 기준이 되는 핵심 개념이다. 개념체계에는 최상위에 재무보고의 목적, 그리고 그 하부에 재무제표의 기본가정, 유용한 재무정보가 갖추어야 할 질적 특성, 그리고 재무제표의 구성요소들이 제시되어 있다.
  - 국제회계기준에서는 재무보고의 목적으로 현재 및 잠재적 주주와 대여자 및 기타 채권자 등의 이해관계자들이 기업에 자원을 제공하는 의사결정을 내리는 데 유용하게 사용할 수 있는 정보를 제공하는 것이라고 정의한다.
  - 국제회계기준에서는 회계의 기본가정으로 계속기업을 규정하고 있다. 계속기업(going concern)의 가정은 기업이 예상가능한 미래 기간 동안 계속하여 존속하고 영업을 할 것이라는 가정을 말한다. 계속기업의 가정을 사용함에 따라 재무제표의 여러 항목들을 역사적 원가나 사용가치로 기록하는 것을 정당화할 수 있다.
  - 질적 특성(qualitative characteristics)이란 재무제표를 통해 제공되는 정보가 이용자에게 유용하기 위해 갖추어야 할 속성으로, 국제회계기준의 개념체계에서는 두 가지 근본적 특성과 네 가지 보강적 특성을 규정하고 있다. 근본적 질적 특성으로는 목적적합성과 충실한 표현이 있으며, 보강적 질적 특성으로는 비교가능성, 검증가능성, 적시성, 이해가능성이 있다. 목적적합하고 나타내고자 하는 바를 충실하게 표현하는 재무정보는 정보이용자들에게 유용하며, 재무정보가 비교가능하고, 검증가능하며, 적시성 있고, 이해가능한 경우 그 재무정보의 유용성은 보강된다.

- 재무상태표의 표시원칙과 주요 계정을 설명할 수 있다. **4.2**
  - 재무상태표는 일정시점 기업의 재무상태에 대한 정보를 제공하는 재무보고서로서, 기업이 보유하고 있는 자산과 부채, 그리고 자본에 대한 정보를 제공하는 보고서이다. 재무상태표에는 유동성자산과 비유동성자산, 유동부채와 비유동부채를 구분하여 표시해야 한다.
  - 자본은 크게 납입자본, 이익잉여금 및 기타자본으로 구분한다.

- 포괄손익계산서의 표시원칙과 주요 계정을 설명할 수 있다. **4.3**
  - 포괄손익계산서는 일정기간 동안 기업의 경영성과에 대한 정보를 제공하는 재무보고서로서, 당기순손익, 기타포괄손익, 총포괄손익을 일정한 형식에 따라 나타내는 보고서이다.
  - 기업이 포괄손익계산서를 보고할 때 단일 포괄손익계산서로 보고하거나 두 개의 보고서로 나누어 공시할 수 있다. 단일 포괄손익계산서란 한 보고서에 손익계산서를 포함한 후, 당기순이익에 기타포괄손익을 가감하여 기타포괄손익을 보고하는 형태의 보고서이다. 두 개의 보고서란 당기순손익의 구성요소를 표시하는 보고서인 별개의 손익계산서와 당기순손익에서 시작하여 기타포괄손익의 구성요소를 표시하는 보고서인 포괄손익계산서를 말한다.
  - 주당이익(earnings per share)이란 당기순이익을 주식수로 나눈 값으로서, 주식 1주를 소유한 주주 입장

에서 기업이 이익을 얼마나 창출했는지를 나타낸다. 포괄손익계산서의 제일 하단부에 주당이익을 공시한다. 투자자들은 주당이익 수치를 이용하여 주가이익비율이나 주가장부가치비율을 계산해서 투자의사결정과정에 사용한다.

- 별도재무제표와 연결재무제표를 구별할 수 있다. 4.4
  - 모든 기업이 자신을 하나의 경제실체로 해서 개별적으로 작성하는 것이 별도재무제표이며, 연결재무제표는 법률적으로 독립적인 회사들이라 하더라도 실질적으로 지배와 종속의 관계에 있는 회사들을 하나의 경제적 실체로 간주하여 각 회사의 자산, 부채, 자본을 합하여 하나로 작성되는 재무제표를 말한다. 국제회계기준에서는 타기업의 지분을 일정비율 이상 소유해서 실질적인 지배력을 행사하고 있을 경우 이런 회사를 지배회사라고 부르며, 지배받는 회사를 종속회사라고 부른다. 지배회사는 연결재무제표를 주된 재무제표로 공시해야 한다.

주요 용어

- 검증가능성(verifiability)
- 목적적합성(relevance)
- 보고빈도(frequency of reporting)
- 비유동부채(non-current liabilities)
- 역사적 원가(historical cost)
- 유동부채(current liabilities)
- 유동자산(current assets)
- 적시성(timeliness)
- 주가이익비율(price-earnings ratio; PER)
- 주당이익(earnings per share)
- 지배회사(parent)
- 충실한 표현(faithful representation)
- 계속기업(going concern)
- 별도재무제표(separate financial statements)
- 비교가능성(comparability)
- 비유동자산(non-current assets)
- 연결재무제표(consolidated financial statements)
- 유동성(liquidity)
- 이해가능성(understandability)
- 종속회사(subsidiary)
- 주가장부가치비율(price-book value ratio; PBR)
- 중간재무보고(interim financial reporting)
- 질적 특성(qualitative characteristics)
- 회계기간(accounting period)

종합복습예제

유한양행

고(故) 유일한 박사가 1926년 설립한 유한양행은 '한국에서 가장 존경받는 기업'으로 종종 선정되며, 의약품 및 건강보조식품을 생산하여 판매한다. 다음은 유한양행의 20×1년말 계정잔액이다. 이를 이용하여 20×1 회계연도 재무상태표와 포괄손익계산서를 작성하시오. 유한양행의 회계연도는 1월 1일부터 12월 31일까지이며, 발행주식수는 100,000주이다. (Hint : 유형자산재평가이익은 기타포괄손익 항목이다)

계정과목	금 액	계정과목	금 액
현 금	₩15,000,000	매 출	₩98,000,000
매 출 채 권	23,000,000	매 출 원 가	47,000,000
단기대여금	16,000,000	급 여	24,000,000
재 고 자 산	32,000,000	복리후생비	4,000,000
투자부동산	56,000,000	임 차 료	9,000,000
토 지	62,500,000	광고선전비	3,000,000
건 물	96,000,000	이 자 수 익	9,000,000
영 업 권	5,000,000	임 대 료	11,000,000
단기차입금	16,000,000	유형자산처분이익	7,000,000
매 입 채 무	24,000,000	이 자 비 용	6,000,000
사 채	30,000,000	유형자산처분손실	1,000,000
장기차입금	47,000,000	법인세비용	4,000,000
자 본 금	80,000,000	유형자산재평가이익	4,500,000
자본잉여금	35,000,000	기타포괄손익누계액(기말)	4,500,000
이익잉여금(기말)	69,000,000		

풀 이

재무상태표

유한양행	20×1년 12월 31일	(단위 : 원)
유동자산 :		
현 금		₩15,000,000
매 출 채 권		23,000,000
단기대여금		16,000,000
재 고 자 산		32,000,000
비유동자산 :		
토 지		62,500,000
건 물		96,000,000
투자부동산		56,000,000
영 업 권		5,000,000
자산총계		₩305,500,000

유동부채 :	
매 입 채 무	₩24,000,000
단기차입금	16,000,000
비유동부채 :	
사 채	30,000,000
장기차입금	47,000,000
부채총계	₩117,000,000
자 본 :	
자 본 금	₩80,000,000
자본잉여금	35,000,000
이익잉여금	69,000,000
기타포괄손익누계액	4,500,000
자본총계	₩188,500,000
부채와 자본총계	₩305,500,000

포괄손익계산서

유한양행	20×1년 1월 1일~12월 31일	(단위 : 원)
매 출	₩98,000,000	
매 출 원 가	47,000,000	
매출총이익		₩51,000,000
판매비와 관리비 :		40,000,000
광고선전비	3,000,000	
급 여	24,000,000	
복리후생비	4,000,000	
임 차 료	9,000,000	
영업이익		11,000,000
금융수익 :		
이 자 수 익	9,000,000	
금융비용 :		
이 자 비 용	6,000,000	
기타수익 :		
임 대 료	11,000,000	
유형자산처분이익	7,000,000	
기타비용 :		
유형자산처분손실	1,000,000	
법인세차감전순이익		31,000,000
법인세비용	4,000,000	
당기순이익		27,000,000
기타포괄손익		
유형자산재평가이익	4,500,000	
총포괄이익		₩31,500,000
주당순이익		₩270

연습문제

주관식

1. [재무보고의 목적]

재무보고의 목적과 기본가정에 대해 설명하시오.

2. [재무상태표 등식]

다음의 자료를 이용하여 기말의 자산총계를 계산하시오. 단 손익거래 이외에 자본에 영향을 미치는 거래는 없었다.

기초자산	기초부채	기말부채	총수익	총비용
₩30,000,000	₩14,000,000	₩11,000,000	₩32,000,000	₩33,000,000

3. [재무상태표]

다음은 (주)덕송의 20×1년 12월 31일로 종료되는 회계연도의 자산, 부채 및 자본과 관련된 계정잔액이다.

현금및현금성자산	₩40,000	건 물	₩30,000
토 지	100,000	매 출 채 권	25,000
매 입 채 무	22,000	자 본 금	60,000
선급보험료	1,500	상 품	35,000
단기차입금	40,000	제 품	44,000
장기차입금	28,000	이익잉여금	?

20×1년 12월 31일 현재의 재무상태표를 작성하시오. 단 유동성/비유동성 자산과 부채로 구분하여 작성한다.

4. [재무상태표]

다음의 빈칸에 적절한 금액을 넣으시오.

기초이익잉여금	₩300,000
당기순이익	?
배 당 금	56,000
기말이익잉여금	188,000

5. [포괄손익계산서]

다음은 단일 포괄손익계산서의 구조이다. (1)~(7)에 해당하는 것을 오른쪽의 <보기>에서 찾아 포괄손익계산서를 완성하시오.

(1)
－매출원가
＝매출총이익
－(2)
＝(3)
＋(4)
－기타비용
－금융비용
＝(5)
－법인세비용
＝당기순이익
±(6)
＝(7)
주당이익

〈보기〉
기타포괄손익
매　　출
총포괄이익
기 타 수 익
법인세비용차감전순이익
판매비와 관리비
영 업 이 익

6. [포괄손익계산서]

(주)덕송은 20×1년 12월 31일 종료되는 회계연도의 포괄손익계산서를 작성하려고 한다. 다음의 자료를 보고 (주)덕송이 20×1년도에 보고할 포괄손익계산서를 작성하시오.

(1) 20×1년 수익과 비용의 내역은 다음과 같다.

구 분	금 액
매　출　액	₩1,500,000
매 출 원 가	850,000
판매비와 관리비	30,000
금 융 원 가	210,000

(2) 법인세비용은 법인세비용차감전순이익에 20%를 곱해서 계산한다고 가정한다.

(3) (주)덕송에서 당기에 발생한 기타포괄이익은 유형자산재평가이익 ₩18,000이며, 법인세부담액을 차감한 이후의 금액이다.

(4) 회사의 발행주식수는 1,000주다.

7. [재무제표]

다음은 (주)덕송의 20×1년말 각 계정잔액이다.

계정	금액	계정	금액
매 출 채 권	₩340	이 자 비 용	₩100
매 출 원 가	3,000	감가상각비	500
기 계 장 치	4,000	급 여	350
배당금수익	150	자 본 금	2,000
매 출 액	5,000	유형자산처분이익	50
법인세비용	250	현 금	10
재 고 자 산	850	장기차입금	1,000
선급보험료	50	미 지 급 금	820
무 형 자 산	80	이익잉여금(기말)	?

(1) 재무상태표를 작성하시오.

(2) 단일 포괄손익계산서를 작성하시오. 단 회사의 발행주식수는 1,000주다.

8. [재무제표]

다음은 (주)덕송의 총계정원장상에 있는 계정과목들을 나열한 것이다. 각각의 물음에 답하시오.

매 출 채 권	현금및현금성자산	매 입 채 무
유형자산처분이익	미 지 급 금	미지급비용
미 수 금	임 대 료	자 본 금
감가상각비	선 수 금	선 급 금
종업원급여	법인세비용	기타포괄손익누계액
이익잉여금	재 고 자 산	임 차 료
이 자 비 용	장기차입금	배당금수익

(1) 자산에 속하는 항목은?

(2) 부채에 속하는 항목은?

(3) 자본에 속하는 항목은?

(4) 수익에 속하는 항목은?

(5) 비용에 속하는 항목은?

9. [재무제표]

(주)덕송의 20×1년 12월 1일 현재의 시산표는 다음과 같다.

시 산 표

(주)덕송 20×1년 12월 1일 현재 (단위 : 원)

계정과목	차변잔액	대변잔액
현 금	₩570	
매 출 채 권	52,000	
소 모 품	520	
선급보험료	560	
매 입 채 무		₩15,000
단기차입금		850
자 본 금		10,000
이익잉여금		27,800
합 계	₩53,650	₩53,650

12월중에 발생한 거래는 다음과 같다.

일 자	거래내용
12월 3일	고객에게 ₩1,200만큼의 용역을 외상으로 제공하였다. 대금은 월말에 받기로 하였다.
12월 5일	소모품 ₩410을 외상으로 구입하였다.
12월 24일	은행으로부터 단기로 ₩6,000을 차입하였다.
12월 31일	매입채무 중 ₩3,800을 현금으로 지급하였다.
12월 31일	종업원에게 급여를 ₩1,800 현금으로 지급하였다.
12월 31일	고객으로부터 외상매출금 ₩900을 회수하였다.
12월 31일	12월 동안의 보험료는 ₩450이다.
12월 31일	12월말 현재 소모품이 ₩440만큼 남아 있다.
12월 31일	은행차입금에 대한 이자 ₩600을 지급하였다. 이 중 ₩120은 20×2년 1월분 이자에 해당한다. 나머지 잔액은 12월분 이자를 지급한 것이다.

(1) 20×1년 12월 31일 현재의 시산표를 작성하시오.

(2) 20×1년 12월의 포괄손익계산서를 작성하시오. 단 서비스업의 성격을 고려하여 영업수익에서 영업비용을 차감하여 영업이익을 계산하는 형식을 사용한다. 주당이익 계산을 위한 회사의 발행주식수는 1,000주다.

(3) 20×1년 12월 31일 현재의 재무상태표를 작성하시오.

10. [연결재무제표]

어떤 경우에 연결재무제표를 작성해야 하는지 설명하시오.

객관식

1. [재무상태표]

다음의 계정과목 중 성격을 달리하는 하나는?

① 매입채무　　② 미지급법인세
③ 선수수익　　④ 장기차입금

2. [재무상태표계정]

다음의 계정과목 중 재무상태표계정이 아닌 것은?

① 재고자산　　② 매출원가
③ 이익잉여금　　④ 유형자산

3. [포괄손익계산서계정]

다음 중 포괄손익계산서에 나타나지 않는 항목은?

① 매출액　　② 판매비와 관리비
③ 기타포괄손익누계액　　④ 법인세비용

4. [재무상태표 등식의 응용]

(주)덕송의 총자산액은 기초에 ₩20,000,000이었는데 기말에는 ₩5,000,000만큼 증가하였다. 기말 부채총액은 ₩13,000,000, 당기순이익은 ₩320,000이었다. 다른 자본거래는 없었다. 기초의 자본은 얼마인가?

① ₩20,000,000　　② ₩40,000,000
③ ₩50,000,000　　④ ₩11,680,000

5. [재무상태표 등식의 응용]

20×1년초 (주)덕송은 이익잉여금계정에 ₩100,000의 대변잔액이 있었다. 20×1년 한 해 동안 (주)덕송은 ₩35,000의 순이익을 기록했으며, ₩12,000의 배당금을 지급하였다. 또한 기중에 주식을 추가로 발행하여 ₩520,000의 현금을 조달했다. 20×1년말 (주)덕송의 이익잉여금은 얼마인가?

① ₩200,000　　② ₩270,000
③ ₩245,000　　④ ₩123,000

6. [재무상태표 등식의 응용]

(주)덕송의 자료를 보고 알맞은 것을 고르면?

기초자산	기초부채	기초자본
(㉠)	₩1,200,000	₩800,000
기말자산	기말부채	기말자본
₩2,800,000	₩1,500,000	(㉡)
총수익	총비용	당기순이익
₩3,000,000	₩2,500,000	(㉢)

	㉠	㉡	㉢
①	₩2,000,000	₩1,500,000	₩500,000
②	₩2,000,000	₩1,600,000	₩1,200,000
③	₩2,000,000	₩1,300,000	₩500,000
④	₩800,000	₩1,800,000	₩2,200,000

7. [재무상태표 등식의 응용]

다음은 (주)덕송의 20×0년과 20×1년 말 현재 자본계정의 잔액이다.

계정과목	20×0년 12월 31일	20×1년 12월 31일
이익잉여금	₩500,000	₩900,000
기타포괄손익누계액	400,000	300,000

(주)덕송은 20×1년중에 ₩50,000의 배당을 지급하였다. (주)덕송의 20×1년 포괄손익계산서상에 공시될 당기순손익과 총포괄손익은 각각 얼마인가?

① 당기순이익 ₩450,000, 총포괄이익 ₩350,000
② 당기순이익 ₩450,000, 총포괄손실 ₩100,000
③ 당기순이익 ₩400,000, 총포괄이익 ₩300,000
④ 당기순이익 ₩400,000, 총포괄이익 ₩250,000

8. [포괄손익계산서]

다음은 포괄손익계산서에 대한 설명이다. 옳지 않은 것을 모두 고르면?

① 포괄손익계산서는 일정기간 동안 기업의 경영성과에 대한 정보를 제공하는 재무보고서이다.
② 한 회계기간에 속하는 수익과 비용 및 순이익, 기타포괄손익, 총포괄손익을 보고한다.
③ 한 회계기간의 경영성과를 당기순손익으로 보고하되, 주주에게 지급한 배당금은 당기순손익에서 차감하는 형식으로 포괄손익계산서상에 나타낸다.
④ 주당이익이란 포괄손익을 주식수로 나눈 값으로서, 포괄손익계산서의 제일 하단부에 보고된다.

9. [포괄손익계산서]

다음은 (주)덕송의 20×1년말 각 계정금액들이다. (주)덕송의 20×1년말 당기순이익은 얼마인가? (Hint : 유형자산재평가이익은 기타포괄손익 항목이다)

매 출 액	₩300,000	이 자 비 용	₩8,000
이 자 수 익	5,000	매 출 원 가	100,000
감가상각비	92,000	급 여	58,000
유형자산재평가이익	2,500	광고선전비	8,000

① ₩39,000 ② ₩41,000 ③ ₩55,000 ④ ₩188,000

10. [질적 특성]

다음 중 재무제표의 질적 특성에 대한 설명으로 옳지 않은 것은?

① 재무제표 정보의 유용성이 보강되기 위해 갖추어야 할 특성의 하나는 이용자가 그 정보를 쉽게 이해할 수 있어야 한다는 것이다.
② 정보가 유용하기 위해서는 이용자의 의사결정에 목적적합해야 한다. 목적적합한 정보란 이용자의 경제적 의사결정에 영향을 미치는 정보를 말한다.
③ 유사한 거래나 그 밖의 사건의 재무적 영향을 측정하고 표시할 때, 특별한 이유가 없다면 한 기업 내에서 그리고 당해 기업의 기간별로 일관된 방법이 적용되어야 한다.
④ 재무제표를 작성할 때 표현의 충실성은 목적적합성보다 항상 우선시되는 속성이다.

11. [재무보고를 위한 개념체계]

다음 중 재무보고를 위한 개념체계에 대한 설명으로 잘못된 것은?

① 재무보고의 목적은 외부정보이용자가 기업에 자원을 제공하는 의사결정을 하는 데 유용한 정보를 제공하는 것이다.
② 개념체계에서 주요 정보이용자란 불특정 다수의 외부 이해관계자들을 의미한다.
③ 재무제표를 작성하기 위한 기본가정은 계속기업의 가정이다.
④ 유용한 재무정보가 가져야 할 근본적 질적 특성으로 목적적합성과 표현의 충실성이 있다.

12. [별도재무제표와 연결재무제표]

다음 중 별도재무제표 및 연결재무제표에 대한 설명으로 옳지 않은 것은?

① 연결재무제표는 실질적으로 지배와 종속의 관계에 있는 회사들을 하나의 경제적 실체로 간주하여 작성하는 재무제표이다.
② 국제회계기준은 연결재무제표를 주된 재무제표로 공시하도록 규정하고 있다.
③ 연결재무제표를 작성하기 위해서는 지배회사와 종속회사가 법률적으로 동일한 실체이어야 한다.
④ 별도재무제표는 기업이 자신만을 하나의 경제실체로 간주하여 작성하는 재무제표로서 연결재무제표 작성의 토대가 된다.

미니케이스

삼성그룹의 창업자인 고(故) 이병철 회장이 1969년 설립한 삼성전자는 현재 한국 최대의 기업으로서 각종 전자제품을 제조하여 판매하는 사업을 영위한다. 매출액 중 약 90%를 수출하며 국내에서만 약 10만 명의 막대한 인력을 직접 고용하는 등 국내 경제에 중추적인 기여를 하고 있다. 특히 반도체나 휴대전화 부분에서는 세계 1위를 다툴 정도의 위상을 차지하고 있다.

금융감독원 전자공시시스템(http://dart.fss.or.kr)에서 삼성전자의 최근 연결재무제표에 대한 감사보고서(사업보고서의 첨부서류)를 찾아 다음의 물음에 답하시오.

물음

(1) 삼성전자의 최근 연결재무상태표를 보고 다음에 답하시오.
  1.1. 최근 회계연도말 현재 총자산은 얼마인가?
  1.2. 최근 회계연도말 현재 자본금은 얼마인가? 전년도에 비해 증가했는가?
  1.3. 최근 회계연도말 기타포괄손익누계액(기타자본항목의 일부임)을 구성하는 항목은 무엇인가?

(2) 삼성전자의 최근 회계기간의 연결포괄손익계산서를 보고 다음에 답하시오.
  2.1. 최근 회계연도의 당기순이익은 얼마인가? 그 전년도에 비해 증가했는가?
  2.2. 최근 회계연도의 영업이익은 얼마인가? 그 전년도에 비해 증가했는가?
  2.3. 최근 회계연도의 주당이익은 얼마인가? 그 전년도에 비해 증가했는가?
  2.4. 삼성전자의 최근 회계연도의 판매비와 관리비 가운데 가장 큰 비중을 차지하는 비용은 어떤 것인가?

(3) 삼성전자의 최근 연결재무제표와 별도재무제표를 비교하여 답하시오.[20]
  3.1. 최근 연결재무제표의 주석을 참고하면, 주요 연결대상 종속회사에는 어떤 회사가 있는가?
  3.2. 최근 회계연도말 현재 별도재무상태표의 총자산은 얼마인가? 연결재무상태표에 공시된 총자산(물음 1.1. 참고)과 차이가 나는가?
  3.3. 최근 회계기간의 별도포괄손익계산서의 당기순이익은 얼마인가? 연결포괄손익계산서에 공시된 당기순이익(물음 2.1. 참고)과 차이가 나는가?

20) 별도재무제표와 연결재무제표는 금융감독원 전자공시시스템에서 구분하여 공시된다. 사업보고서의 III. 재무에 관한 사항에 포함되어 있으며, 또한 "첨부"서류에서도 찾을 수 있다. 별도재무제표는 '감사보고서'에서, 연결재무제표는 '연결감사보고서'에서 찾을 수 있다.

CHAPTER

5 현금 · 수취채권과 지급채무

제5장부터는 자산, 부채, 자본의 각 구성요소들을 하나씩 살펴본다. 본장에서는 유동자산과 유동부채의 중요한 구성요소인 현금및현금성자산과 수취채권 및 지급채무에 대해서 살펴본다. 기업의 주요 영업활동은 상품 등을 구매하여 이를 판매하는 과정으로 볼 수 있는데, 현금은 기업의 여러 가지 거래의 수단이 된다. 즉 상품 등을 구매하면 발생하는 매입채무를 현금으로 지급하고, 상품 등의 판매로 인한 매출채권을 현금으로 회수하는 것이다. 상품 등의 매매 이외의 여러 거래에서도 현금의 지급과 수취가 일어난다.

코시모 데 메디치(Cosimo de' Medici, 1389~1464)는 회계지식을 바탕으로 은행업을 벌여서 메디치 가문을 유럽 최고의 부유한 가문으로 키웠다. 그의 영향과 후원 덕분에 르네상스 시대가 이탈리아의 피렌체에서 꽃피게 된다.

학습목표 제5장 현금 · 수취채권과 지급채무를 공부한 이후에는...

1. 현금및현금성자산의 구분을 이해한다. *5.1*
2. 내부통제제도에 대해 이해한다. *5.1*
3. 매출채권의 정의와 매출에누리와 환입 및 매출할인에 대해 이해한다. *5.2*
4. 매출채권의 손실(대손)충당금을 계산할 수 있다. *5.2*
5. 매출채권의 손상(대손)발생시의 회계처리를 할 수 있다. *5.2*
6. 매입채무의 정의와 회계처리를 이해한다. *5.2*

현금·수취채권과 지급채무

cash and cash equivalents, receivables and payables

- 현금및 현금성자산
  - 현금및현금성자산의 구성
  - 소액현금제도와 현금과부족
  - 내부통제제도
- 매출채권과 매입채무
  - 매출채권
  - 매출채권의 손상(대손)과 평가
  - 매입채무
- 기타유동자산과 기타유동부채
  - 대여금과 차입금
  - 미수금과 미지급금
  - 미수수익과 미지급비용
  - 선급금과 선수금
  - 선급비용과 선수수익
  - 예수금
  - 단기금융상품

5.1 현금및현금성자산

1. 현금및현금성자산의 구성

(1) 현금및현금성자산

현금은 통화, 통화대용증권, 당좌예금, 보통예금 등을 포함한다.

일상생활에서 현금(cash)은 지폐나 동전 등의 통화만을 의미한다. 그러나 회계상 현금은 자기앞수표나 타인이 발행한 당좌수표, 우편환증서 등 통화 대신으로 사용할 수 있는 통화대용증권 등을 포함한다. 또한 당좌예금이나 보통예금과 같은 요구불예금도 포함한다.

현금성자산에는 취득일로부터 만기일이 3개월 이내인 채권 및 정기예금 등이 있다.

기업은 여유자금을 현금으로 직접 보관하기도 하지만, 단기 투자목적으로 다른 금융자산을 취득하는 경우도 많다. 이 중 확정된 금액의 현금으로 전환이 용이하고 가치변동의 위험이 경미한 자산은 현금성자산(cash equivalents)으로 분류한다. 예를 들어 주식은 현금으로 전환이 용이하지만 가치가 수시로 변동하기 때문에 현금성자산이 아니라 금융자산으로 분류한다. 그러나 취득일로부터 만기일이 3개월 이내에 도래하는 채권이나 정기예금은 가치가 거의 확정되어 있으므로 현금성자산으로 분류한다.[1] 만약 만기가 3개월 이상 남았다면 만기까지 남은 기간에 따라 단기금융자산 또는 장기금융자산으로 분류한다.

재무상태표에서는 현금과 현금성자산을 합하여 현금및현금성자산(cash and cash equivalents)이라는 단일계정으로 보고한다.

표 5-1 현금및현금성자산

현 금	통 화	지폐, 동전
	통화대용증권	타인발행수표, 우편환증서, 송금환
	요구불예금	보통예금, 당좌예금
현금성자산		취득 당시 만기가 3개월 이내인 금융상품

1) 이런 금융상품으로는 양도성 예금증서(CD), 3개월 이내의 환매조건부채권(RP), 초단기 금융상품(MMF) 등이 있다. CD는 은행이 정기예금에 대해 발행하는 무기명 예금증서다. 현금이 필요하다면 예금자는 CD를 매각해 현금을 마련할 수 있다. RP는 금융사가 일정기간 후 되사는 조건으로 발행한 채권이다. MMF는 투자신탁회사가 고객들의 투자금을 모아 펀드를 구성한 후 여러 금융상품에 투자하는, 보통 만기가 한 달 이내의 금융상품이다. 이들 상품의 구체적인 내용은 본서의 범위를 벗어나므로 다루지 않는다.

(2) 당좌예금과 당좌차월

당좌예금은 기업이 수시로 입금 및 인출을 할 수 있으며, 수표(당좌수표)를 발행하여 인출할 수 있는 특수한 형태의 예금이다.

당좌예금(checking account)은 이자는 없지만 자금의 지출을 손쉽게 하기 위해서 개설하는 예금이다. 기업이 수시로 입금 및 인출을 할 수 있으며, 특히 수표(당좌수표)를 발행하여 예금을 인출할 수 있는 특수한 형태의 예금이다. 당좌예금 거래를 위해서는 사전에 은행과 당좌거래약정을 체결해야 하며, 은행은 기업에 당좌수표용지를 교부한다. 기업은 현금지출이 필요한 경우 당좌수표용지에 지출금액을 적어 거래 상대방에게 교부한다. 수표를 보유한 사람이 은행에 수표를 제시하면 은행은 수표에 명시된 금액을 지급한다.

당좌예금은 기업이 원할 때 언제든지 인출할 수 있으므로 사실상 통화와 같은 유동성을 갖고 있는 반면, 수표발행에 의해서 인출을 하게 되므로 현금을 직접 보유하다가 지불하는 경우와 비교할 때 도난이나 분실의 위험을 크게 줄일 수 있다. 따라서 많은 기업들은 은행과 당좌계약을 맺고 수취하는 현금을 은행의 당좌계정에 입금하고, 대금을 납부해야 하는 거래처에 대해서는 현금을 직접 지급하는 대신 수표를 발행하여 지급한다. 회사가 당좌수표를 발행하여 지급하면 당좌예금계정의 대변에 기록하여 당좌예금 잔액을 감소시키고, 현금이나 수표를 예금하면 당좌예금계정의 차변에 기록하여 당좌예금 잔액을 증가시킨다.

당좌차월은 일정한도까지 당좌예금의 잔액을 초과하여 수표를 발행할 수 있도록 설정한 부채계정이다.

기업은 원칙적으로 당좌예금 잔고 내에서만 수표를 발행할 수 있다. 그러나 은행과 당좌차월약정을 맺으면 잔액이 없을 때도 일정한도까지 당좌예금의 잔액을 초과하여 수표를 발행할 수 있다. 이는 은행으로부터 자금을 차입하여 사용한 것으로서, 그 결과 당좌차월(bank overdraft account)이라는 단기차입금이 발생한다. 기중에는 당좌차월이라는 별도의 계정을 사용하는 대신에 모든 거래를 당좌예금계정에 기록할 수 있다. 이 경우에는 기말에 당좌예금계정의 잔액이 차변에 있으면 당좌예금으로, 대변에 있으면 당좌차월로 분류하여 단기차입금으로 기록한다.

예제 5-1 당좌예금과 당좌차월

(주)엠로는 20×1년 당좌예금을 개설하고 다음의 거래를 하였다. 각 거래와 회계처리는 다음과 같다.

① 은행에 당좌예금계좌를 개설하고 현금 ₩650,000을 입금하였으며, 당좌차월 한도는 ₩2,000,000이다.

(차) 당좌예금	650,000	(대) 현금	650,000

② 비품을 구입하고 대금 ₩900,000을 당좌수표를 발행하여 지급하다.

(차) 비품	900,000	(대) 당좌예금	900,000

③ 거래처로부터 매출채권 ₩150,000을 당좌수표로 회수하여 당좌예금계좌에 입금하다.

(차) 당 좌 예 금	150,000	(대) 매 출 채 권	150,000

④ 은행으로부터 당좌차월에 대한 이자비용 ₩50,000을 차감하였다는 통지를 받았다.

(차) 이 자 비 용	50,000	(대) 당 좌 예 금	50,000

당좌예금의 잔액은 다음과 같이 대변 ₩150,000이므로, 이를 당좌차월로 분류하고 재무상태표에는 단기차입금으로 표시한다.

당좌예금

① 현금	650,000	② 비품	900,000
③ 매출채권	150,000	④ 이자비용	50,000
		잔액	150,000

부분재무상태표(20×1년 12월 31일)

유 동 부 채	
단기차입금	₩150,000

2. 소액현금제도와 현금과부족

(1) 소액현금제도

기업에서는 소액의 현금의 지출이 빈번하게 발생한다. 그때마다 매번 복잡한 결재과정을 거친 후 수표를 발행하여 지출을 한다면 중요하지 않은 일을 수행하는 데 많은 시간이 낭비되어 비효율적일 것이다. 또한 빈번한 업무처리과정에서 부정 또는 오류로 인하여 현금의 도난이나 분실이 발생할 가능성도 있다. 이러한 우려를 없애기 위하여 기업에서는 소액현금제도를 사용한다.

소액현금제도는 일정한 금액을 현금출납담당자가 보관하고 있다가 소액지출이 필요할 때 신속하게 현금으로 지급하는 제도이다.

소액현금제도(petty cash system)는 일정한 금액을 현금출납담당자가 보관하고 있다가 소액의 현금지출이 필요한 경우 보관하고 있는 현금에서 지급하는 제도를 말한다. 현금출납담당자는 주기적으로 지출결과를 회계부서에 보고하고, 회계부서에서는 이를 확인하고 지출금액을 보충해준다. 이때 회계부서에서는 현금이 어떻게 사용되었는지에 대해 회계처리한다.

예제 5-2 소액현금

(주)종근당은 20×1년 소액현금제도를 처음으로 실시하였는데, 3월과 4월 중에 다음 거래가 발생하였다.

① 3월 1일에 ₩200,000을 소액현금기금으로 설정하기 위하여 당좌예금에서 현금을 인출하여 일선부서에 건네주었다.

(차) 소 액 현 금	200,000	(대) 당 좌 예 금	200,000

② 지출 및 보고(3월 1일~3월 31일) : 증빙자료만 보관 및 메모하고, 회계처리는 하지 않는다.

③ 3월 31일에 일선부서에서 총 ₩150,000의 현금사용을 다음과 같이 보고하였다.

사무용품비 ₩30,000 교통비 ₩80,000 통신비 ₩40,000

④ 4월 1일에 소액현금기금 ₩150,000을 당좌예금에서 인출하여 보충해주었다. 그 결과 소액현금의 잔액은 ₩200,000으로 유지된다.

(차) 사무용품비	30,000	(대) 당 좌 예 금	150,000
교 통 비	80,000		
통 신 비	40,000		

(2) 현금과부족

기업은 부정과 오류로 인한 도난과 분실을 방지하기 위하여 주기적으로 현금의 실제보유액이 현금계정이나 현금출납장의 잔액과 일치하는지 조사한다. 현금과부족계정은 현금 실제보유액과 출납장상의 잔액일치여부의 확인 결과 발견된 차액을 임시로 회계처리하기 위한 계정이다.

현금의 실제보유액이 현금계정 잔액보다 작으면 현금과부족을 차변에, 크면 현금과부족을 대변에 분개한다.

현금의 실제보유액이 현금계정 잔액보다 작으면 원인을 알 수 없는 지출이 있었음을 의미하므로, 현금계정을 감소시키고 그 지출의 원인이 밝혀지기 전까지 현금과부족을 차변에 분개한다. 반대로 현금의 실제보유액이 현금계정 잔액보다 큰 경우에는 원인을 알 수 없는 수입이 있었음을 의미하므로, 현금계정을 증가시키고 그 수입의 원인이 밝혀지기 전까지 현금과부족을 대변에 분개한다.

현금과부족계정은 일시적으로만 존재하는 임시계정으로 재무제표에 보고되지 않는 것이 원칙이다. 따라서 추후에 불일치하였던 차액의 원인이 밝혀지면 그에 따라 회계처리를 하며, 원인이 밝혀지지 않는 경우에는 결산일에 잡이익 또는 잡손실로 처리한다.

표 5-2

현금과부족의 회계처리

구 분	차이 발생시	원인확인	원인미확인(결산일)
실제보유액 <현금계정 잔액	(차) 현금과부족 ×× (대) 현　　금 ××	(차) 비　　용 ×× (대) 현금과부족 ××	(차) 잡 손 실 ×× (대) 현금과부족 ××
실제보유액 >현금계정 잔액	(차) 현　　금 ×× (대) 현금과부족 ××	(차) 현금과부족 ×× (대) 수　　익 ××	(차) 현금과부족 ×× (대) 잡 이 익 ××

예제 5-3 현금과부족

(주)에코프로비엠이 20×1년 12월 31일 현재 현금의 실제보유액을 조사한 결과 ₩970,000이었다. 그러나 현금계정 잔액은 현재 ₩1,000,000이고 그 차이의 원인은 현재 알 수 없다. ₩30,000의 현금부족액을 다음과 같이 현금과부족계정으로 처리하고 현금계정에서 차감한다. 이 회계처리의 결과 현금계정 잔액은 ₩970,000이 되어 실제보유액과 일치된다.

(차) 현금과부족	30,000	(대) 현　　금	30,000

현금계정 잔액과 실제보유액의 차이 중에서 ₩25,000은 출장사원에게 지출된 교통비가 회계처리되지 않은 것으로 밝혀졌다.

(차) 교 통 비	25,000	(대) 현금과부족	25,000

결산일까지 차액 ₩5,000의 원인은 밝혀지지 않아 잡손실로 처리하였다.

(차) 잡 손 실	5,000	(대) 현금과부족	5,000

3. 내부통제제도

현금 관련 **내부통제제도**는 분실과 도난을 방지하고 정확한 기록을 유지하기 위해 기업이 구축하는 정책과 절차를 의미한다.

현금 및 어음이나 수표와 같이 실물이 있는 현금성자산은 이동 및 사용이 간편하다는 장점이 있으나, 동시에 부정과 오류로 인해 분실 또는 도난의 가능성이 높다. 따라서 기업은 분실이나 도난을 방지하고 정확한 기록을 유지하기 위해 내부통제제도를 구축한다. 이런 일이 이루어져야 신뢰할 수 있는 정확한 재무정보를 작성할 수 있기 때문이다. 내부통제제도(internal control system)는 기업의 자산을 보호하고 회계기록의 신뢰성을 높이기 위하여 구축하는 모든 정책과 절차를 의미하는 용어로서, 회계에 대한 제도뿐만이 아니라 일상적인 업무절차 및 업무환경에 대한 사항도 포함하는 개념이다. 즉 재무보고와 기업의 일반적인 활동 모두에 대한 내부통제제도가 수립되어야 한다.

기업의 모든 자산에 대한 내부통제제도가 수립되어야 하지만, 자산 중 현금이 가장 유동성이 높고 빈번한 유입과 유출이 발생하기 때문에 분실이나 도난 가능성이 높다. 따라서 현금에 대한 내부통제는 특히 중요하다고 볼 수 있다. 현금에 대한 내부통제는 크게 ① 현금 입출금에 대한 통제와 ② 현금 입출금의 문서화 및 검증절차로 구분된다.

(1) 현금 입출금에 대한 통제

권한과 책임의 부여 및 제한

현금 입출금에 대해서 소수의 지정된 인원에게 권한과 책임을 부여해야 하며, 현금의 지급과 수취에 대한 업무 영역별로 업무가 분장되어 있어야 한다.

현금 입출금에 대해서는 소수의 지정된 인원에게 현금출납을 담당하도록 권한과 책임을 부여해야 한다. 그래야만 분실이나 도난 가능성을 줄일 수 있고 문제 발생시 누구의 책임인지 알 수 있기 때문이다. 이때 상위 직급의 임직원이 권위를 이용하여 임의적인 현금 입출금이 이루어지도록 영향력을 행사해서는 안 된다.

또한 과도한 양의 현금을 소수의 출납담당 직원이 직접 보유하고 관리한다면 관리에 어려움이 있거나 부정이 발생할 수 있으므로 은행과 같은 금융기관에 예치하도록 한다. 은행으로부터의 입출금에 대해서 출납담당자에게 권한과 책임을 부여하고 다른 인원의 접근은 제한해야 한다. 기업들이 많이 사용하는 인터넷 뱅킹의 거래비밀번호 및 공인인증서와 같은 중요한 사항은 현금출납담당자만이 관리하도록 해서, 다른 사람이 몰래 예금을 인출하지 못하도록 해야 한다.

업무의 분장

기업의 경영활동 전반에서 이루어지는 현금의 지급과 수취에 대한 업무영역별로 별도의 담당자가 지정되어야 한다. 그리고 현금의 흐름과 관련된 담당업무가 충분히 분산되어 있어 현금의 분실과 도난을 방지할 수 있어야 한다.

예를 들어 채권의 지불을 담당하는 부서에서는 채권을 기록하는 부서의 요청이 있는 경우에만 요청서에 명시된 자(거래처)에게 현금을 지급해야 하며 임의로 타인에게 지급해서는 안 된다. 또한 현금지급대상 은행계좌는 타부서에서 통보해온 거래처의 은행계좌이어야 한다. 그리고 현금지급담당자는 현금출납 기록을 담당해서는 안 된다. 만약 이러한 업무가 한 종업원에게 동시에 주어지는 경우, 해당 종업원이 부정을 저지르기 위해 현금출금의 기록을 남기지 않거나 기록과는 전혀 다른 계좌로 현금을 지급할 수 있기 때문이다.

(2) 문서화 및 검증절차

현금의 입출금은 즉시 문서화(기록)되어야 하며 내부적으로 정기적인 검증절차를 거쳐야 한다.

문서화

모든 현금의 입출금은 즉시 전산시스템 내의 현금출납장과 같은 내부양식에 기록(즉 문서화)되어야 한다. 즉각적인 문서화가 이루어지지 않는 경우에는 현재의 현금 잔액이 얼마인지 모르므로, 빈번한 현금거래시 기재의 오류 및 누락이 발생하거나 현금이 분실 또는 도난될 가능성이 있다. 또한 문서화는 추후에 현금 입출금에 대한 검증을 하기 위해서도 필요하다.

검증절차

현금의 입출금이 즉각적으로 문서화되더라도 입출금 기록에 오류가 발생할 수 있다. 이러한 경우 부정확한 정보가 재무제표에 포함되어 공시되므로 재무제표의 정보이용자를 오도할 수 있다. 그러므로 기업은 정기적으로 보유 현금의 잔액과 은행 계좌의 현금 입출금 내역을 확인해야 한다.

회계이야기 (1)

내부통제의 부재와 회계부정 사례

2022년 서울 강동구청 직원이 115억원을 횡령한 것이 적발되었다. 관리하던 폐기물처리시설 조성비용 중 일부를 한 번에 5억원씩 수십 차례에 걸쳐 빼돌린 것이다. 이 돈으로 호화생활을 하고 주식투자를 하느라 77억원을 사용했다. 담당 직원이 바뀐 후 감사관의 조사 결과 이 사건이 적발되었다. 비슷한 사건이 2010년대 중반 여수시청에서도 발생했다. 해당 직원은 휴가를 가서 다른 사람이 업무를 대신하면 부정이 발각될까봐 10년이 넘는 기간 동안 휴가도 가지 않고 보직 변경도 마다하며 오랫동안 해당 업무를 수행했다. 열심히 일한다며 우수 직원으로 선정되어 표창도 다수 받았다. 자금의 수입과 지불을 한 사람이 담당하여, 즉 업무의 분장이 이루어지지 않아 발생했던 사건이다.

이와 비슷한 사례로 2022년에 드러난 우리은행 사건이 있다. 한 직원이 13년간 동일한 업무를 담당하면서 여러 차례에 걸쳐서 약 700억원을 횡령했다가 돈을 모두 써버린 후 자수를 해서 알려진 사건이다. 2023년에는 경남은행의 한 직원이 15년 동안 동일한 업무를 담당하면서 3,000억원을 횡령한 것이 적발됐다. 두 사건 모두 업무의 분장이 이루어지지 않아 횡령이 발생했던 것이다. 적절한 내부통제를 위해서는 주기적으로 직원의 보직을 바꿔야 하는데, 두 은행 모두 한 직원이 해당 업무를 오랫동안 담당하도록 방치하였다. 또한 내부감사도 형식적으로만 실시하여 횡령이 적발되지 않았던 것이다.

업무의 분장과 권한에 대한 접근제한의 필요성

2022년 오스템임플란트의 자금관리 팀장이 회사 자본금 규모를 초과하는 2,215억원을 횡령했다 적발됐다. 큰 규모의 자금을 회사 계좌에서 인출하기 위해서는 부장과 임원의 결재가 필요했는데, 이들은 해당 직원에게 결재에 필요한 아이디와 비밀번호를 알려줬을 정도로 해당 직원을 신임했다. 즉 자신들이 해야 할 일을 하위 직원에게 맡긴 것이다. 그러자 이 직원은 허위로 내부 서류를 만들고, 상급자들의 결재를 자신이 직접 한 후 그 서류를 은행에 제시하고 자금을 자신의 개인 계좌로 송금하였다. 그리고 그 돈으로 주식투자를 하고 금괴나 부동산을 사들였다. 그러다 큰 손실을 본 후 회사에 출근하지 않고 잠적해버려 횡령이 드러난 것이다. 권한에 대한 접근제한이 제대로 이루어지지 않아서 이런 일을 방지하지 못한 것이다. 신한은행은 거액의 오스템임플란트 회사 자금이 개인 계좌로 이체되는데도 이를 내부통제를 통해 적발해서 막지 못했다.

이런 예를 보면 내부통제를 철저히 수행하는 것이 부정을 예방하는 데 중요하다는 것을 알 수 있다. 정도의 차이는 있지만 이런 사건은 우리 주변에서 흔하게 벌어지고 있는 일이라는 점을 명심하자. 우리나라에서 벌어진 횡령은 연간 6만건이 넘어 인구 800명당 1명 꼴이며, 총횡령액 약 3조원 중 회수되는 금액은 5% 미만이다.

5.2 매출채권과 매입채무

1. 매출채권

(1) 매출채권

기업이 상품의 판매 등 경영활동과정에서 외상거래를 할 경우 현금을 수취할 수 있는 계약상 권리(채권)인 수취채권(receivable)이 발생한다. 이 중에서도 상품, 제품의 판매나 용역의 제공 등 기업이 주된 영업활동을 수행하는 과정에서 발생하는 채권을 매출채권(trade receivable)이라 부른다. 매출채권은 일반적인 외상거래 채권인 외상매출금(account receivable)과 어음을 수취한 경우 발생한 채권인 받을어음(note receivable)으로 구분할 수 있다.

매출채권 = 외상매출금 + 받을어음

외상거래가 발생할 경우 기업은 차변에 외상매출금 또는 받을어음을 인식하고 대변에는 매출을 인식하며, 채권이 현금으로 회수가 되면 차변에는 현금을 대변에는 외상매출금 또는 받을어음을 기록한다.

기중에는 외상매출금과 받을어음 계정을 분리하여 회계처리하되, 재무상태표를 작성할 때에는 두 계정을 통합하여 매출채권이라는 단일계정을 이용하여 표시한다.

예제 5-4 매출채권의 회계처리

(주)마녀공장은 20×1년 12월 15일 상품을 외상으로 ₩500,000, 어음을 받고 ₩1,000,000 판매하였으며, 20×2년 1월 4일에 전액을 회수하였다. 이에 따른 매출과 매출채권의 회계처리는 다음과 같다.

① 매출시

(차) 외상매출금	500,000	(대) 매 출	1,500,000
받 을 어 음	1,000,000		

부분재무상태표(20×1년 12월 31일)

유 동 자 산	
매 출 채 권	₩1,500,000

② 매출채권 회수시

(차) 현 금	1,500,000	(대) 외상매출금	500,000
		받 을 어 음	1,000,000

(2) 받을어음

받을어음은 일정기간 후에 대금의 지급을 약정하는 증권을 의미한다.

거래대금을 결제할 때는 현금을 직접 주고받는 것보다 어음을 주고받는 경우가 흔하다. 어음은 어음발행인이 수취인 또는 어음소지인에게 일정기일에 어음에 표시된 금액을 지급한다는 것을 약속한 증권이다. 어음은 결제를 연기하되, 말로 한 약속과 비교할 때 미래의 현금결제를 보다 확실히 보증하는 증거를 남기는 형태의 신용거래라고 할 수 있다. 예를 들어 KG모빌리티가 납품업체로부터 자동차 부품을 납품받는 경우, KG모빌리티는 아직 자동차를 생산하여 판매한 것이 아니므로 부품대금을 지급할 현금이 부족할 수 있다. 이런 경우 예를 들어 '납품 4주 후 현금을 지급한다'는 계약을 납품업체와 체결한 후 그 계약의 이행을 보증하기 위해 어음을 발행하여 납품업체에 지급하는 것이다. 보통 발행회사는 어음에 기록된 일정기일 전에 거래은행에 어음금액을 입금하고, 어음을 수취한 회사는 어음에 명시된 기일이 되면 해당 은행에 어음을 제시하고 현금을 지급받는다. [그림 5-1]에는 어음거래의 구조를 그림으로 표현했다.[2]

그림 5-1

어음거래의 구조

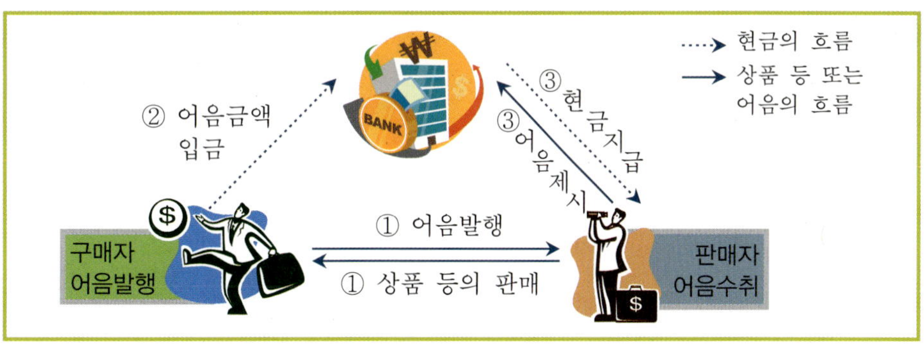

2) 과거에는 종이에 인쇄된 실물어음을 사용해서 [그림 5-1]의 ① 어음의 발행과 ③ 은행에의 어음 제시 등의 절차가 이루어졌다. 그러나 2024년부터는 전자어음 사용이 의무화되어 이제는 실물어음이 존재하지 않고 모든 절차가 전자적으로 이루어진다. 어음을 발행하기 위해서는 거래은행과 계약을 맺고 전자 계좌를 개설해야 한다.

어음을 지급받은 수취인은 구두로 대금지급을 약속받은 것과는 달리 결제일 이전에도 어음할인 등의 방법으로 어음의 현금화를 상대적으로 쉽게 할 수 있다는 장점이 있다. 또한 어음은 발행회사가 약정이자를 지급하는 이자부어음과 이자지급의 의무가 없는 무이자부어음이 있다. 이자부어음의 경우 만기일 이전에 재무제표 작성을 위한 결산일이 도래하면, 어음수취회사는 발생이자만큼을 이자수익(수익)과 미수이자(자산)로 인식한다. 또한 만기가 도래하여 어음의 액면금액과 이자를 수취하게 되면, 수취한 만큼 현금의 증가와 미수이자의 감소 또는 추가적인 이자수익의 발생을 기록한다.

예제 5-5 어음의 수취

12월 1일 : (주)덕송은 (주)농심에 상품 ₩200,000을 매출하고 대금으로 (주)농심이 발행한 전자어음을 받았다. 이 어음의 이자율은 연 12%다.

(차) 받을어음	200,000	(대) 매 출	200,000

12월 31일 : (주)농심으로부터 받은 어음 ₩200,000 및 관련 이자를 현금으로 지급받았다.

(차) 현 금	202,000	(대) 받을어음	200,000
		이자수익	2,000*

* 어음의 이자 : ₩200,000 × 12% × 1/12 = ₩2,000

(3) 매출에누리와 환입 및 매출할인

매출에누리와 환입

매출에누리와 환입은 하자나 반품을 사유로 매출대금을 차감하는 것을 의미한다.

판매한 상품에 하자(파손 및 변질된 상품, 주문과 다른 상품 등)가 발생하면 판매대금의 일부를 할인해주기도 하는데, 이를 매출에누리(sales allowance)라고 한다. 또한 판매한 상품에 결함이 있어 반품되는 경우 이를 매출환입(sales return)이라고 한다. 매출에누리와 매출환입은 성격상 서로 관련성이 높기 때문에 매출에누리와 환입이라는 단일계정으로 통합하여 기록하기도 한다.

다른 계정의 잔액에서 차감하는 형태로 표시하는 계정을 **차감계정**이라고 부른다.

매출에누리와 환입이 발생하면 그만큼 거래처로부터 수취할 금액이 감소하므로 매출채권을 감소시키는 회계처리를 한다. 또한 포괄손익계산서에 매출액을 공시할 때는 매출액에서 매출에누리와 환입을 차감한 순액으로 표시한다. 이렇게 다른 계정의 잔액(예를 들면 매출액의 잔액)에서 차감하는 형태로 표시하는 계정들을 차감계정(contra account)이라고 부른다. 즉 차감계정은 관련되는 계정에서 차감하는 형식으로 표시하는 계정들로서, 잔액이 관련되는 계정잔액의 반대편에 나타난다. 예를 들어 매출액은 대변잔액이 발생하는 수익계정이므로, 매출에누리와 매출환입은 대변의 반대인 차변에 잔액이 발생하는 계정들이다.[3]

매출할인

외상판매시 구매자가 상품대금을 조기에 지급하면 일정액을 할인해주는 것을 **매출할인**이라고 한다.

상품을 외상으로 판매할 때 채권의 회수를 촉진시키기 위해서 구매자가 상품의 매입대금을 조기에 지급하면 일정액을 할인해주기도 하는데, 이를 매출할인(sales discount)이라고 한다. 매출할인의 조건은 '할인율/할인기간, n/신용기간'의 형태로 표현된다. 예를 들어 '2/10, n/30'의 매출할인조건은 '10일 내에 지급하면 구매대금의 2%를 할인해주고, 30일 내에는 구매대금을 지급해야 한다'는 것을 의미한다. 또한 'n/기간/EOM'이라는 형태도 종종 사용되는데, EOM은 'end of month'의 약자다. 예를 들어 'n/10/EOM'이라는 매출할인조건은 월말이 지난 후 다음 달 10일 이내에 대금을 납부하라는 판매조건을 말한다.

매출대금이 할인기간 이내에 회수되는 경우 매출할인액만큼 당기의 매출액에서 차감한다.[4] 포괄손익계산서에 매출액을 공시할 때는, 매출에누리와 환입계정과 마찬가지로 총매출액에서 매출할인을 차감한 순액을 표시한다.

예제 5-6 매출에누리와 환입, 매출할인

(주)덕송은 현금회수를 촉진하기 위해서 '5/10, n/60' 조건으로 상품을 판매하고 있다. (주)덕송은 20×1년 12월 15일 상품을 (주)오리온에 외상으로 ₩1,500,000 판매하였다. 20×1년 12월 17일 ₩20,000만큼의 상품이 불량품이어서 반품되었다. (주)오리온은 20×1년 12월 20일에 구매대금을 지급하였다.

① 20×1년 12월 15일

(차) 외상매출금	1,500,000	(대) 매 출	1,500,000

② 20×1년 12월 17일

(차) 매 출 환 입	20,000	(대) 외상매출금	20,000

3) 매출자 입장에서는 매출에누리와 매출환입이지만, 매입자 입장에서는 매입에누리와 매입환출이 된다. 이 두 계정은 매입계정의 차감계정이다. 즉 자산, 부채, 자본, 수익, 비용의 각 항목마다 서로 다른 차감계정이 존재할 수 있다. 대조계정이라고도 부른다.

4) 매출할인을 회계처리하기 위한 방법으로 총액법과 순액법이 있다. 순액법은 매출시점에서 고객이 할인기간 내에 대금을 지급할 것이라고 가정하여, 판매대금에서 매출할인액을 차감한 금액을 상품을 판매하는 시점에 매출로 인식한다. 만약 고객이 할인기간 내에 대금을 지급하지 않으면 그 차이를 이자수익으로 인식한다. 총액법이 간편하여 실무상 많이 사용되고 있으므로, 본서에서는 총액법에 대해서만 설명한다.

③ 20×1년 12월 20일

(차) 현　　　금	1,406,000*	(대) 외상매출금	1,480,000
매 출 할 인	74,000		

* (₩1,500,000 − ₩20,000) × (1 − 5%) = ₩1,406,000

매출할인조건인 '5/10, n/60'은 10일 내에 대금을 지급하면 5%를 할인해준다는 의미이다. (주)오리온이 10일 내에 대금을 지급하였으므로 구매대금에서 5%만큼을 할인한 금액을 지급받는다. 이때 반품된 금액인 ₩20,000은 구매대금에서 제외해야 한다. 위 거래로 손익계산서상 매출은 총판매대금에서 차감계정인 매출환입과 매출할인을 차감한 ₩1,406,000으로 표시된다.

2. 매출채권의 손상(대손)과 평가

회계연도말에 손상예상금액을 추정하여 손실충당금(대손충당금)을 설정하고 관련 비용을 매출채권에 대한 손상차손(대손상각비)으로 인식한다.

거래 상대방의 경영상태의 악화나 파산 등의 이유로 매출채권을 회수하지 못하는 상황이 발생할 수 있다. 이를 채권의 손상(impairment) 또는 대손(bad debt)이 발생했다고 한다. 회계연도말 현재 아직 손상이 확정적으로 발생하기 전이라도 매출채권 중 일부는 손상가능성이 존재하므로, 이를 반영한 회계처리를 수행하지 않는다면 매출채권의 기말잔액이 실제 미래의 회수가능예상액을 정확하게 반영하지 못하게 된다. 따라서 회계연도말에 결산수정분개의 일부로서, 매출채권에서 발생할 것으로 예상되는 손상예상금액(기대신용손실)이 얼마인지를 추정하여 손실충당금(loss allowance)을 설정하고 관련 비용을 매출채권에 대한 손상차손(impairment loss)으로 인식한다. 손실충당금은 매출채권에 대한 차감계정이며, 손상차손은 비용계정이다.

이 회계처리의 결과 재무상태표에 표시되는 매출채권의 순액(매출채권 − 손실충당금)은 기말시점에서 기업이 추정한 매출채권의 회수가능예상액을 나타낸다. 실무적으로 손실충당금과 손상차손이라는 용어 대신 대손충당금(allowance for doubtful accounts)과 대손상각비(bad debt expense)라는 용어를 사용하기도 한다. 본서에서는 현재 국제회계기준에서 정하고 있는 공식용어인 손실충당금과 손상차손으로 표현하기로 한다.[5)]

5) 금융자산에 대한 국제회계기준이 2018년 개정(기준서 제1109호)됨에 따라 대손충당금과 대손상각비라는 용어 대신 손실충당금과 손상차손이라는 용어를 사용하게 되었다. 비상장기업이 사용할 수 있는 K-GAAP에서는 여전히 대손충당금과 대손상각비의 용어를 사용한다. 상장기업들 중에서도 아직 일부는 대손충당금과 대손상각비라는 용어를 계속해서 사용하고 있다.

매출채권에 대한 손실충당금을 설정하는 방법을 사용하면 수익·비용대응의 원칙에 따라, 외상매출로 인한 수익이 발생하는 시기에 이 외상매출로 발생하는 비용(매출채권손상차손)을 동시에 인식하게 된다.

이러한 회계처리의 목적은 실제 손상이 발생하기 이전에 예상되는 신용손실을 미리 비용으로 인식하는 것이다. 이 방법은 외상매출로 인한 수익(즉 매출)과 이 수익 때문에 발생한 비용(즉 손상차손)을 동일한 기간에 포괄손익계산서에 반영함으로써 수익·비용대응을 이루고, 재무상태표상의 매출채권을 회수가능금액으로 표시해서 매출채권의 과대평가를 방지한다는 장점이 있다. 그러나 기말에 손상예상금액을 주관적으로 추정하기 때문에 기업이 손실충당금을 고의로 과소추정하거나 과대추정하여 보고이익을 조정할 수 있다는 문제점이 있다.

(1) 손실충당금의 추정과 설정

① 계약상 지급받기로 한 금액과 ② 수취할 것으로 예상되는 금액의 차이를 신용손실(credit loss)이라고 한다. 회계연도말 현재 보유중인 매출채권에 대해 향후 발생할 것으로 예상되는 신용손실(손상예상금액), 즉 기대신용손실(expected credit loss)을 손실충당금으로 설정해야 한다. 회사는 거래처별로 채무불이행 확률, 미래 전망에 대한 정보 등 합리적이고 뒷받침될 수 있는 모든 정보를 고려하여 기대신용손실을 추정하게 되는데, 실무적으로 과거 신용손실 경험이나 연체이력 등의 정보를 사용할 수 있다.

기대신용손실을 추정하는 한 방법으로, 매출채권의 연체일수에 따라 다른 충당률을 설정할 수 있다. 장기간 연체되는 채권은 회수가능성이 낮다(손상가능성은 높다)고 예상할 수 있다. 이에 따라 연체일수가 긴 채권에 대해서는 높은 충당률을, 연체되지 않았거나 연체일수가 짧은 채권에 대해서는 낮은 충당률을 적용할 수 있다. 예를 들어 연체가 없는 경우에 1%, 연체일수가 30일 미만인 경우에 2%, 30일 초과 90일 미만인 경우에 3%, 90일과 180일 사이인 경우에 20% 등의 충당률을 적용하여 총매출채권에 대한 손상예상액을 추정하는 것이다. 이러한 방법을 연령분석법(aging method) 또는 충당금 설정률표를 사용한 방법이라고 한다.

추정된 손상예상금액이 손실충당금 잔액보다 큰 경우에는 그 차이금액만큼 손실충당금을 추가로 설정하고 이를 매출채권에 대한 손상차손으로 처리한다. 추정된 손상예상금액이 손실충당금 잔액보다 작은 경우에는 그 차이만큼 손실충당금을 환입한다.

기말 현재의 손상예상금액을 추정하고 나면, 이를 결산정리 전 시산표상 손실충당금 잔액과 비교한다. 그리고 손상예상금액과 동일한 금액만큼 손실충당금을 적립하는 회계처리를 수행한다. 예를 들어 추정된 손상예상금액이 손실충당금 잔액보다 큰 경우에는 그 차이금액만큼 손실충당금을 추가로 설정하고 이를 매출채권에 대한 손상차손(대손상각비)으로 처리한다. 반대로 추정된 손상예상금액이 손실충당금 잔액보다 작은 경우에는 그 차이만큼 손실충당금을 환입한다.

'환입한다'라는 용어의 의미는 손실충당금을 줄이고(차변) 손상차손환입(대손충당금환입)을 기록(대변)한다는 뜻이다. 매출채권에 대한 손상차손이 발생하면 포괄손익계산서상 판매관리비로 분류하며, 손상차손환입은 판매관리비에서 차감하는 형식으로 표시한다. 즉 손상차손환입이 발생하면 판매관리비가 감소한다.

결과적으로 결산정리 후 손실충당금 잔액은 항상 예상손실 추정액과 일치하게 된다. 또한 매출채권에서 손실충당금을 차감한 금액은 항상 추정된 회수가능금액과 일치하게 된다.

예제 5-7 손실충당금의 추정과 설정

(주)덕송은 20×1년 1월 1일 설립되어 당기중 다음의 상품거래를 기록하였다.

① 20×1년 6월 5일에 (주)덕송은 거래처인 (주)크라운제과에 상품 ₩1,000,000을 외상매출하고, ₩400,000은 7월 1일에 현금으로 회수하였다.

(차) 외상매출금	1,000,000	(대) 매　　출	1,000,000
(차) 현　　금	400,000	(대) 외상매출금	400,000

② 20×1년 12월 5일에 (주)덕송은 거래처인 (주)삼양식품에 상품 ₩500,000을 외상매출하였으며, 기말 현재 아직 회수되지 않았다.

(차) 외상매출금	500,000	(대) 매　　출	500,000

(주)덕송은 기대신용손실을 추정하기 위해 연령분석법을 사용하고 있다. 20×1년 기말에 손상에 대한 회계처리를 수행하기 위해 (주)덕송이 매출채권의 경과기간에 따라 적용하는 예상미회수율을 살펴보면 다음과 같다.

〈(주)덕송의 경과기간별 미회수율 예상〉

매출채권의 경과기간	예상 미회수율
30일 이내인 매출채권	5%
31~90일인 매출채권	10%
91~120일인 매출채권	25%
121일 이상인 매출채권	50%

손실충당금의 기말잔액은 다음과 같이 계산된다.

매출채권의 경과기간	매출채권액 (A)	손상추정률 (B)	손상추정액 (A×B)
30일 이내	₩500,000	5%	₩25,000
121일 이상	600,000	50%	300,000
합계	₩1,100,000		₩325,000

(주)덕송은 20×1년 1월 1일 설립되어 아직 손실충당금을 설정한 적이 없다. 따라서 12월 31일 현재 결산수정분개를 수행하기 이전의 손실충당금 잔액은 ₩0이다. 그러므로 결산수정분개를 실시할 때 손실충당금을 설정해서, 손실충당금의 기말잔액을 손상예상금액 ₩325,000과 일치시켜야 한다. 손실충당금의 상대계정은 매출채권손상차손(대손상각비)으로, 이는 포괄손익계산서상에 판매관리비의 일부로 분류된다.

(차) 매출채권손상차손	325,000	(대) 손실충당금	325,000

외상매출금

1/1	0	7/1	400,000
6/5	1,000,000		
12/5	500,000		
잔액	1,100,000		

손실충당금

		1/1	0
		대손설정	325,000
		잔액	325,000

손실충당금은 매출채권의 차감계정이다. 따라서 재무상태표에는 다음과 같이 표시된다. 매출채권 총액에서 손실충당금을 차감하여 계산된 매출채권 순액은 매출채권의 순실현가치(회수가능예상액)를 나타낸다.

부분재무상태표(20×1년 12월 31일)

유 동 자 산	
매 출 채 권	₩1,100,000
손실충당금	(325,000)
	₩775,000

(2) 손상확정시의 회계처리

매출채권의 회수가 불가능한 것으로 확정되면 매출채권과 손실충당금을 상계한다.

거래처의 파산 등의 이유로 매출채권의 회수가 불가능한 것으로 판명되는 경우에는 손상이 확정되었다 또는 대손이 발생하였다고 한다. 이 경우에는 해당 채권금액을 매출채권계정에서 제거(write-off)시키면서, 동시에 손실충당금계정과 상계시킨다. 따라서 이 시점에는 비용이 발생하지 않는다. 만약 발생한 손상금액이 손상처리 전의 손실충당금계정 잔액을 초과하는 경우에는 손실충당금 잔액은 전액 상계처리하고, 손실충당금 잔액의 초과금액만큼은 당기비용(매출채권손상차손 또는 대손상각비)으로 처리한다.

앞에서 공부한 손실충당금의 설정에 관한 회계처리는 경영자의 추정에 근거하여 미래에 손상이 발생할 것으로 예상되는 금액만큼 회계처리하는 것이지만, 손상이 확정되어 매출채권을 손실충당금과 상계시키는 회계처리는 거래처의 파산 등 객관적인 사건이 발생한 결과로 채권회수가 불가능한 것으로 판명되는 경우 실시하는 것이다.

예제 5-8 손상의 발생

(주)덕송의 20×1년 외상매출금 기초잔액은 ₩600,000(손실충당금 기초잔액은 ₩30,000)이다. (주)덕송은 매출채권의 기대신용손실금액을 기말채권 잔액의 5% 수준으로 추정하였다.

① 20×1년 8월 2일에 (주)덕송은 거래처인 (주)팔도에 상품 ₩1,500,000을 외상매출하고 ₩1,180,000은 9월 1일에 현금으로 회수하였다.

(차) 외상매출금	1,500,000	(대) 매　　출	1,500,000

(차) 현　　금	1,180,000	(대) 외상매출금	1,180,000

② 20×1년 10월 5일에 (주)팔도의 파산으로 인하여 (주)팔도에 대한 외상매출금 중 ₩20,000을 회수할 수 없게 되었다.

(차) 손실충당금	20,000	(대) 외상매출금	20,000

손상된 금액 ₩20,000이 손상처리 전의 손실충당금계정 잔액 ₩30,000보다 작다. 따라서 ₩20,000 전액을 손실충당금과 상계처리한다. 그러나 만약 손상된 금액이 ₩40,000이었다면 다음과 같이 회계처리한다.6)

(차) 손실충당금	30,000	(대) 외상매출금	40,000
매출채권손상차손	10,000		

③ 20×1년 기말 현재 외상매출금 잔액의 5%가 손상될 것으로 추정하였다.

손실충당금의 기말잔액을 외상매출금 잔액 ₩900,000의 5%인 ₩45,000으로 조정해야 한다. 20×1년 12월 31일 결산수정분개를 수행하기 이전의 손실충당금 잔액이 ₩10,000(=₩30,000−₩20,000)이므

6) 이와 같이 회계처리하지 않고 10월 5일에 '(차) 손실충당금 40,000 (대) 외상매출금 40,000'으로 회계처리하는 것도 가능하다. 이렇게 회계처리한 경우 손실충당금의 잔액이 ₩10,000(차변)이 된다. 이 경우 기말시점에 도달하면 ③에 주어진 내용에 따라 손실충당금의 기말잔액이 ₩45,000(대변)이 되도록 해야 한다. 따라서 '(차) 매출채권손상차손 55,000 (대) 손실충당금 55,000'의 회계처리를 기말에 실시해야 한다. 본문에 소개한 방법이나 본 주석에 소개한 방법 모두 20×1년 동안 인식한 매출채권손상차손은 ₩45,000, 손실충당금 기말잔액은 ₩45,000으로 동일하다.

로, 손실충당금 잔액이 ₩45,000이 되기 위해서는 ₩35,000만큼의 추가적인 손실충당금 설정이 필요하다.

(차) 매출채권손상차손	35,000	(대) 손실충당금	35,000

외상매출금

1/1	600,000	9/1	1,180,000
8/2	1,500,000	10/5	20,000
잔액	900,000		

손실충당금

10/5	20,000	1/1	30,000
		대손설정	35,000
		잔액	45,000

부분재무상태표에는 매출채권 총액에서 손실충당금을 차감한 금액인 매출채권의 순액(순실현가능가치) ₩855,000이 표시된다.

부분재무상태표(20×1년 12월 31일)

유 동 자 산	
매 출 채 권	₩900,000
손실충당금	(45,000)
	₩855,000

만약 기대신용손실금액이 ₩45,000이 아니라 ₩9,000이라고 가정해보자. 그렇다면 기말 회계처리 전 손실충당금 잔액이 ₩10,000이므로, ₩1,000만큼은 불필요하다. 이 불필요한 ₩1,000은 다음 회계처리를 통해 환입한다.

(차) 손실충당금	1,000	(대) 손실충당금환입	1,000

손실충당금환입계정은 포괄손익계산서의 판매관리비에서 차감하는 차감계정이다. 따라서 이 회계처리 후 판매관리비가 감소하기 때문에 이익이 증가하는 효과가 발생한다.

(3) 손상처리한 채권의 회수

과거에 손상이 확정되어 손실충당금과 상계처리하면서 회계장부상에서 제거하였던 매출채권이 시간이 흐른 후 다시 회수되는 경우가 있다. 파산했던 거래처가 회복하여 채권을 결제한 경우나 거래 당시 담보로 제공받았던 자산을 압류 후 매각하여 현금을 수취하는 경우가 이에 해당한다. 이때는 손상발생시 수행했던 분개를 취소하는 분개를 먼저 실시한 후, 매출채권의 회수에 대한 분개를 추가적으로 실시한다.

예제 5-9 손상처리한 채권의 회수

(주)덕송이 20×1년 손상처리한 (주)팔도에 대한 외상매출금 중 ₩18,000이 20×2년 1월 4일 회수되었다.

(차) 외상매출금	18,000	(대) 손실충당금	18,000
현　　　금	18,000	외상매출금	18,000

앞의 [예제 5-8]을 보면 ②에서 (주)팔도의 파산으로 외상매출금 ₩20,000을 감소시키고(대변) 손실충당금을 차감하는(차변) 분개를 수행하였다. 위의 두 분개 중 첫 번째 분개는 과거에 이루어진 손실충당금과 외상매출금을 동시에 줄였던 분개 중 ₩18,000만큼을 취소하는 분개이다. 그리고 외상매출금의 회수를 기록하는 두 번째 분개를 실시한 것이다. 동일한 금액의 외상매출금이 차변과 대변에 동시에 등장하므로, 위 두 분개를 합해서 다음과 같이 간단히 표시할 수 있다.

(차) 현　　　금	18,000	(대) 손실충당금	18,000

위의 회계처리로 인해서 손실충당금 잔액이 ₩18,000만큼 증가한다.

앞에서 설명한 매출채권의 손상과 관련된 회계처리를 간단히 정리하면 〈표 5-3〉과 같다.

표 5-3
매출채권손상회계처리

구분	조건	회계처리
손상의 추정	연령분석법 등을 사용하여 기대신용손실(손상예상액) 추정	
손실충당금의 설정	손상추정액 > 손실충당금 잔액	매출채권손상차손 ××× 　손실충당금 ×××
	손상추정액 < 손실충당금 잔액	손실충당금 ××× 　손실충당금환입 ×××
손상의 확정	손실충당금 잔액 > 손상발생금액	손실충당금 ××× 　매 출 채 권 ×××
	손실충당금 잔액 < 손상발생금액	손실충당금 ××× 매출채권손상차손 ××× 　매 출 채 권 ×××
손상처리한 채권의 회수	손상발생시 : 손실충당금 잔액 > 손상발생금액	현　　금 ××× 　손실충당금 ×××
	손상발생시 : 손실충당금 잔액 < 손상발생금액	현　　금 ××× 　손실충당금 ××× 　매출채권손상차손 ×××

3. 매입채무

매입채무는 주요 영업활동과 관련하여 발생하는 지급의무를 의미하며, 지급어음을 발행하여 지급하는 경우를 포함한다.

기업의 일반적 상거래과정 중에는 외상거래가 빈번하게 발생한다. 외상거래를 수행함으로써 발생하는 지급의무 중 상품 또는 제품 재고자산이나 부품의 구매와 같이 주요 영업활동을 수행하는 과정 중에 발생한 지급의무는 매입채무(trade payable)로 분류한다. 매입채무는 단순 외상거래에서 발생한 외상매입금(account payable)과 외상거래를 하면서 거래 상대방에게 어음을 발행하여 지급한 경우 발생하는 지급어음(note payable)으로 구분된다. 재무상태표를 작성할 때는 이 둘을 합하여 매입채무라는 단일계정을 이용하여 표시한다. 주요 영업활동을 수행하는 과정 이외의 다른 원인에 의해 발생한 지급의무는 미지급금이라고 부르는데, 이에 대해서는 5.3에서 설명한다.

매입채무 = 외상매입금 + 지급어음

상품 구매기업의 매입채무 회계처리는 상품 판매기업의 매출채권 회계처리와 대응된다고 볼 수 있다. 외상매출금과 받을어음을 합쳐 매출채권이라고 부르는 것은 앞에서 공부한 바 있다. 다음의 예제를 통해 동일한 거래에 대해 매입처와 매출처에서 각각 매입채무와 매출채권이 서로 대응되는 관계를 살펴보도록 한다.

예제 5-10 매입채무와 매출채권

(주)덕송은 20×1년 1월 5일 (주)카카오로부터 고객에게 판매하기 위한 목적으로 상품 ₩800,000을 매입하였다. 매입대금 중 ₩300,000은 현금으로 즉시 지급하고, 나머지는 3개월 후 만기가 도래하는 어음을 발행하여 지급하였다.

20×1년 4월 4일 (주)덕송이 발행한 어음이 만기가 되자 (주)덕송은 당좌예금에서 이 금액을 인출하여 지급하였다.

구 분	(주)덕송 – 매입	(주)카카오 – 매출
① 매입채무 발생	(차) 매 입 800,000 (대) 현 금 300,000 지 급 어 음 500,000	(차) 현 금 300,000 받 을 어 음 500,000 (대) 매 출 800,000
② 매입채무 상환	(차) 지 급 어 음 500,000 (대) 당 좌 예 금 500,000	(차) 현 금 500,000 (대) 받 을 어 음 500,000

회계이야기 (2)

Enron 사건과 내부통제제도

2001년말 미국에서 Enron(엔론)이라는 미국 규모 5위의 대기업이 갑자기 파산했다. Enron의 주식은 1999년에는 56%, 2000년에는 무려 87%나 폭등했었다. 불과 10년이 안 되는 기간 동안 중견기업에서 거대기업으로 급성장한 Enron의 성장 전략을 다루는 사례가 네 편이나 하버드 경영대학 교수들에 의해 작성되어 수업에서 사용될 정도로 각광받던 기업이 갑자기 파산한 것이다. 부사장 세런 왓킨스가 수상한 회계처리를 발견하고, 이를 감추려는 CEO나 CFO의 방해를 무릅쓰고 외부에 제보한 것이 Enron 몰락의 시발점이 된다. 이 사건의 결과 세런 왓킨스는 의로운 내부고발자(whistleblower)의 대명사로 유명인사가 된다.

파산 이후 실시된 원인에 대한 조사에서 엄청난 분식회계 규모가 드러났다. 과거 이루어진 급속한 회사의 성장이나 이익의 거의 전부가 가짜였던 것이다. 회사의 CEO와 CFO 및 파생상품 트레이더들이 회계분식을 주도했는데, 이런 엄청난 규모의 분식이 다년간에 걸쳐 이루어지는 동안 회사 내부에서는 거의 아무도 이 사실을 눈치 채지 못했다. 회사의 내부감사나 내부통제시스템이 제대로 작동하지 않았다는 증거이며, 사외이사로 구성된 감사위원회도 제대로 역할을 발휘하지 못했다는 증거다. 분식회계가 주로 복잡한 파생상품이나 외부에 설립한 특수목적법인을 통해서 이루어졌으므로, 회계에 대한 지식이 많은 사람들도 알아차리기 힘들었던 것이다. 너무나 광범위한 분야에서 분식회계가 벌어져서, 분식을 주도한 사람들조차도 분식의 크기나 범위를 제대로 알고 있지 못할 정도였다.

CEO, CFO, 그리고 회계법인

분식회계를 주도한 Enron의 케네스 레이 회장은 재판에서 24년형을 선고받은 직후 감옥에서 심장마비로 사망했다. 부회장은 재판을 앞두고 권총으로 자살했다. 실질적으로 분식을 주도했던 CEO 제프리 스컬링도 24년형을 선고받았다. 허위로 부풀린 이익에 대하여 매년 수십만에서 수백만 달러의 보너스를 받았던 트레이더들이나 임원들도 대부분 처벌을 받았거나 받았던 보너스를 반환해야 했다.

Enron에 대한 회계감사를 담당했던 당시 세계 최대의 회계법인 아서 앤더슨도 분식회계를 알고 있었지만 고의로 눈감아준 것이 아닌가 하는 혐의를 받기도 했으나, 결과적으로 재판에서 무죄판결을 받았다. Enron에 대한 감사를 직접 담당했던 파트너는 분식회계에 대해 알았지만, 회계법인 차원에서는 이를 사전에 알았거나 은폐하려고 했다는 증거는 발견되지 않았다. 그러나 검찰의 기소를 받은 후 피감기업들이 계속 이탈하여 아서 앤더슨은 자진해산했다. 독립적인 회계법인이 아니라서 감사품질을 믿을 수 없다는 소문이 퍼지자 피감기업들의 감사위원회가 회계법인을 교체했던 것이다. 그 결과 회계법인 업계는 Big 5라고 불리던 5대 대형회계법인이 과점하던 체제에서 Big 4 체제로 바뀌어 과점이 더 심화된다. 결과적으로 무죄판결을 받기는 했지만, 이 판결은 아서 앤더슨이 이미 해체된 후 나온 판결이라 아무 의미가 없었다.

이 사건은 또한 대학교와 컨설팅 회사의 도덕성에 대한 논란도 가져왔다. 분식을 주도한 CEO와 CEO가 이끄는 팀의 상당수가 하버드 대학에서 경영학 석사학위(MBA)를 받고 매킨지 컨설팅에서 일하다가 Enron으로 함께 옮겨왔던 사람들로 구성되어 있었다. CFO는 노스웨스턴 대학 MBA 출신이었다. 따라서 대학교에서 돈벌이 방법만 가르치는 것이 아니라 윤리교육도 해야 한다는 반성이 제기되었다. Enron을 칭송하는 경영전략 사례를 다수 만들었던 하버드 대학에서 특히 이런 움직임이 있었다.

내부통제제도의 기대효과

Enron 사건이 엄청난 사회적 파장을 가져오자 2002년 미국 의회는 대공황 직후 제정되었던 증권거래법 이후 최고로 강경한 기업규제법안 Sarbanes-Oxley Act를 통과시킨다. 이 법에 따라 미국 기업들은 내부통제제도를 수립하고, 회계감사인은 내부통제시스템이 제대로 작동하고 있는지를 감사하고 이에 대한 감사의견을 발표하게 되었다. 즉 재무제표에 대한 회계감사 의견과는 별도로 내부통제제도의 적정성에 대한 감사의견을 발표하게 된 것이다. 또한 부정행위가 발생하면 CEO나 CFO가 이 사항에 대해 알고 있었느냐의 여부에 관계없이 무조건 법적 책임을 지도록 했다. 이들의 관리책임을 크게 강화한 것이다.

우리나라에서도 2004년부터 2006년에 걸쳐서 Sarbanes-Oxley Act에서 규정한 내용과 유사한 제도들이 도입되었다. 그 결과 우리나라에서는 내부회계관리제도라는 이름으로 내부통제제도가 실시되고 있다. 우리나라에서는 이 제도가 형식적으로만 실시되고 있을 뿐 실제 기업의 업무관행은 크게 바뀌지 않았다는 비판도 제기되고 있다. 또한 이 제도가 번거롭다고 폐지해야 한다는 주장을 하는 인사들도 일부 있다. 이 제도가 일부 기업에서 제대로 시행되지 않는 이유는, 많은 사람들이 그런 제도를 준수하는 것이 번거롭다고 생각하고 다른 사람들이 부정을 저지르지 않을 것이라고 쉽게 믿기 때문이다. 또한 소액주주들을 대표해서 경영진의 행동을 감시하는 역할을 수행하며, 그 과정에서 내부통제제도나 외부감사 관련 업무를 주관해야 하는 사외이사들이 제 역할을 수행하지 못하기 때문이기도 하다.

5.3 기타유동자산과 기타유동부채

영업활동과 관련되어 발생한 매출채권이나 매입채무에 대해서는 앞에서 공부하였다. 본절에서는 주로 영업활동과 직접적인 관련이 없는 거래에서 발생하는 채권과 채무를 설명한다.

1. 대여금과 차입금

기업이 차용증서나 어음을 받고 타인에게 금전을 대여한 경우에 이를 대여금(loan)으로 표시한다. 대여금은 권리와 의무의 이행시기가 재무상태표를 작성하는 시점에서부터 1년 이내에 도래하는가 아니면 1년 이후에 도래하는가에 따라 단기대여금(유동자산)과 장기대여금(비유동자산)으로 구분한다. 일부의 경우 대여금은 약정에 따라 계약기간 동안 이자를 받아 이자수익을 올릴 수 있다. 한편 대여금을 빌린 기업은 이를 차입금(borrowing)으로 기록한다. 차입금은 권리와 의무의 이행시기가 1년 이내에 도래하는지의 여부에 따라 단기차입금(유동부채) 또는 장기차입금(비유동부채)으로 분류한다. 일부 차입금의 경우 약정기간 동안 계약에 따른 이자를 지급해야 하므로 이자비용이 발생한다.

미수금과 미수수익, 미지급금과 미지급비용을 혼동하기 쉬우며, 실무에서는 혼용하기도 한다. 엄밀히 구분하자면, **미수금**은 재고자산이 아닌 다른 자산을 판매하면서 대금을 수취하지 못한 경우이며, **미지급금**은 재고자산이 아닌 다른 자산을 구매하면서 대금을 지불하지 않은 경우다. **미수수익**은 발생주의 원칙에 근거하여 시간의 경과에 따라 수익이 발생하였으나 아직 현금을 받지 못한 경우이고, **미지급비용**은 발생주의 원칙에 근거하여 시간이 경과함에 따라 비용이 발생하였으나 아직 대금을 지불하지 않은 경우다.

2. 미수금과 미지급금

판매목적으로 보유하고 있는 재고자산이 아닌 다른 자산(예를 들면 기계나 비품 등의 유형자산)을 외상으로 매각한 경우와 같이 주요 상거래 이외의 원인으로 발생하는 채권을 자산항목인 미수금(account receivable-nontrade)이라 한다.

한편 미수금과는 반대로 재고자산 이외의 자산을 구입할 때 발생하는 채무는 미지급금(account payable-nontrade)으로 기록한다. 예를 들어 유형자산을 외상으로 매입하는 경우 지급할 채무는 매입채무가 아니라 미지급금으로 기록한다.

미수금과 미지급금의 만기일이 재무상태표 작성시점부터 1년 이내에 도래하는가에 따라 단기미수금(유동자산)과 장기미수금(비유동자산), 단기미지급금(유동부채)과 장기미지급금(비유동부채)으로 분류한다.

3. 미수수익과 미지급비용

발생주의 원칙에 근거하여 시간의 경과에 따라 수익이 가득되었으나 아직 현금을 수취하지 못한 금액을 자산항목인 미수수익(accrued revenue)으로 회계처리한다. 예를 들어 은행에 예금한 금액에서 이자수익이 발생하였으나 기말시점까지 아직 현금을 수취하지 못한 경우, 결산수정분개 때 이자수익(대변–수익)과 미수수익(차변–자산)으로 인식한다.

한편 발생주의 원칙에 근거하여 시간의 경과에 따라 당기의 비용으로 인식되지만 현금지급이 이루어지지 않은 금액은 부채항목인 미지급비용(accrued expense)으로 분류한다. 예를 들어 차입금에 대한 이자비용이 발생하였으나 기말시점까지 이자지급기일이 도래하지 않은 경우, 결산수정분개 때 이자비용(차변–비용)과 미지급비용(대변–부채)으로 인식한다.

4. 선급금과 선수금

선급금과 선급비용, 선수금과 선수수익을 혼동하기 쉬우며, 실무에서는 혼용하기도 한다. 엄밀히 구분하자면, 재화나 용역을 일시에 구입할 때 이에 대한 대가를 미리 지불한 돈은 **선급금**, 재화나 용역을 일시에 제공할 때 제공하기 이전에 미리 받은 돈은 **선수금**이다. 시간의 경과에 따라 미래 발생할 비용의 대가를 미리 지불한 것 중 당기 비용에 속하지 않은 것은 **선급비용**, 시간의 경과에 따라 미래에 발생할 수익의 대가를 미리 받은 금액 중 당기수익에 속하지 않은 부분은 **선수수익**이다.

재화나 용역을 구입할 목적으로 미리 그 구입대금의 일부를 계약금 형태로 공급자에게 지급한 경우에는 이를 자산항목인 선급금(advance payment)계정의 차변에 기록한다. 선급금은 미래에 재화나 용역을 공급받을 권리를 나타내는 자산계정이며, 나중에 해당 재화나 용역을 실제로 공급받는 시점에서 지급할 금액과 상계된다.

한편 재화나 용역을 판매하기 전에 대금을 미리 수취한 경우에는 부채항목인 선수금(advance receipt, advances)계정의 대변에 기록한다. 이 경우 해당 재화나 용역을 미래 기간 동안 제공해야 하는 경제적 의무가 발생하기 때문이다.

5. 선급비용과 선수수익

선급비용(prepaid expense)은 선급임차료, 선급보험료, 선급수수료와 같이 시간의 경과에 따라 미래에 발생할 비용의 대가를 미리 지급했을 때 발생하는 자산항목이다. 추후 결산수정분개 때 발생주의 원칙에 따라 당기 발생분에 해당되는 금액을 비용으로 인식하고, 이 금액만큼 선급비용에서 차감한다.

선급비용과는 반대로 시간의 경과에 따라 미래에 발생할 수익의 대가를 미리 현금으로 수취한 경우에는 부채항목인 선수수익(unearned revenue)으로 인식한다. 예를 들어 임대업을 하는 회사가 임대료를 미리 받은 경우 이를 선수수익으로 인식하고, 추후 결산수정분개 때 발생주의 원칙에 따라 당기 발생분에 해당되는 수익을 인식하고, 이 금액만큼 선수수익에서 차감한다.

선급비용과 선급금은 현금을 미리 지급한다는 측면에서 성격이 유사하며, 선수금과 선수수익도 현금을 미리 받는다는 측면에서 성격이 유사하다. 따라서 선급비용과 선급금을 엄밀히 구분하지 않고 둘을 합쳐서 선급금으로 회계처리하는 경우가 많다. 마찬가지로 선수금과 선수수익도 엄밀히 구분하지 않고 둘을 합쳐서 선수금으로 회계처리하는 경우가 많다.

6. 예수금

부가가치세 및 종업원의 근로소득세와 같이 제3자에게 지급해야 할 금액을 기업이 미리 받아 일시적으로 보관하는 경우가 발생한다. 이 경우에는 해당 금액을 유동부채에 속하는 예수금(withholding)계정으로 기록한다. 예를 들어 회사가 직원에게 급여를 지급하면 직원은 일정금액을 소득세로 세무서에 납부해야 한다. 회사는 급여를 지급할 때 소득세에 해당하는 부분을 직원에게 지급하지 않고 보관하고 있다가 이를 추후에 세무서에 직원 대신 납부한다. 이때 소득세부분은 예수금이라는 부채계정으로 표시하고, 추후에 납부할 때 예수금을 차감한다.

7. 단기금융상품

예금이나 적금, 기타 단기투자상품들 중 만기가 1년 이내인 것들을 말한다. 이들 중 만기가 3개월 이내이면 현금및현금성자산계정에 포함시키고, 만기가 3개월보다 길게 남아 있다면 단기금융상품으로 분류한다.[7] 만약 만기가 1년보다 길게 남아 있다면 장기금융상품(비유동자산)으로 분류한다.

7) 다른 기업이 발행한 주식이나 채권을 매입하여 보유하고 있는 것도 금융상품으로 분류하는데, 이에 대해서는 제9장에서 공부한다.

예제 5-11 기타유동자산과 기타유동부채

(주)디섹은 선박을 제조하여 판매한다. 20×1년 동안 다음의 거래가 발생하였다.

① (주)디섹은 20×1년 1월 1일 (주)대우건설에 ₩340,000을 대여하고 연 6%의 이자를 받기로 하였다. 20×1년 기말 현재 (주)대우건설은 이자 ₩20,400(=₩340,000×6%)을 아직 지급하지 않았다.

· 20×1년 1월 1일

(차) 대 여 금	340,000	(대) 현 금	340,000

· 20×1년 12월 31일

(차) 미 수 수 익	20,400*	(대) 이 자 수 익	20,400

② (주)디섹은 20×1년 3월 6일 두산에너빌리티로부터 기계장치를 ₩489,000에 외상으로 구입하였으며, 4월 3일에 동 금액을 현금으로 지급하였다.

· 20×1년 3월 6일

(차) 기 계 장 치	489,000	(대) 미 지 급 금	489,000

· 20×1년 4월 3일

(차) 미 지 급 금	489,000	(대) 현 금	489,000

③ (주)디섹은 20×1년 3월 23일 요트 한 대를 공급하기로 계약하였고, 계약금으로 ₩100,000,000을 수취하였다. 20×1년 9월 30일에 요트를 완성하여 인도하였고, 이때 잔금 ₩300,000,000을 수취하였다.

· 20×1년 3월 23일

(차) 현 금	100,000,000	(대) 선 수 수 익	100,000,000

· 20×1년 9월 30일

(차) 현 금	300,000,000	(대) 매 출	400,000,000
선 수 수 익	100,000,000		

④ (주)디섹은 20×1년 3월 25일 급여 ₩500,000 중 소득세 원천징수 금액인 ₩45,000을 제외한 잔액을 직원들에게 지급하였다. (주)디섹은 4월 10일 원천징수했던 금액을 세무서에 납부하였다.

· 20×1년 3월 25일

(차) 급 여	500,000	(대) 현 금	455,000
		예 수 금	45,000

· 20×1년 4월 10일

(차) 예 수 금	45,000	(대) 현 금	45,000

본장에서 공부한 다양한 수취채권과 지급채무의 구분과 관련된 내용을 정리하면 〈표 5-4〉와 같다.

표 5-4

수취채권과 지급채무의 구분

	자산계정	부채계정
상품의 외상거래 상품의 어음거래	매출채권 [외상매출금 받을어음	매입채무 [외상매입금 지급어음
금전의 대여	대여금	차입금
상품 이외의 외상거래	미수금	미지급금
계약이행 전 일부지급	선급금	선수금
수익과 비용의 이연	선급비용	선수수익
수익과 비용의 발생	미수수익	미지급비용

회계이야기 (3)

손실충당금을 사용한 이익조정

대부분의 기업에서 비용들 중 가장 큰 비중을 차지하는 항목이 매출원가다. 그러나 시중은행들의 경우는 대출금에 대한 손상차손의 비중이 매우 높다는 특징이 있다. 은행의 주 수익모델은 고객들에게 대출을 해주면서 이자를 받는 것이다. 그런데 대출해 간 고객들이 원금을 지불하지 않아 회수하지 못하는 경우가 종종 발생하므로 손상되는 대출금이 많다. 따라서 은행들은 손상되는 대출금을 줄이기 위해 대출심사를 까다롭게 하는 등 많은 노력을 기울인다.

은행들은 특수한 목적을 달성하기 위해 손실충당금을 적정한 수준보다 높거나 낮게 설정하여 이익조정을 하기도 한다. 김민석 등이 발표한 논문에 따르면(김민석 · 김한수 · 최관, '최고경영자 교체시점의 Big Bath 사례연구 - 대손상각 회계처리를 중심으로', 〈회계저널〉, 2012년), KB국민은행에서는 과거 1998년부터 2010년까지 3대에 걸쳐서 정권이 바뀔 때마다 새 정권에 의해 최고경영진이 임명되었다. 즉 정권에서 KB국민은행의 최고경영진을 전리품처럼 취급해 왔던 것이다. 정부가 주식을 한 주도 가지지 않은 민간기업임에도 말이다. 경영진이 정권이 바뀌었는데도 불구하고 물러나지 않고 버티면 검찰, 경찰, 금융감독원, 국세청 등을 이용하여 압력을 행사하는 경우도 종종 발생했다.

최고경영자 교체 직후의 big bath 회계처리

그런데 KB국민은행에서는 경영자 교체 직후마다 의도적으로 손실충당금을 더 많이 설정해서 이익을 낮추는 회계처리를 수행했다. 이런 회계처리를 회계절벽(big bath, 큰 목욕통) 회계처리라고 부른다. 이익이 갑자기 큰 폭으로 감소하는 모습이 목욕통이 아래쪽으로 오목하게 파진 모습과 유사하다고 해서 생겨난 명칭이다. 신임경영자의 부임 첫해 이익을 낮추어 보고해야 낮은 이익을 전임자의 잘못으로 돌릴 수 있다. 또한 그래야 임기가 계속되면서 이익이 상승하는 모습을 보고할 가능성이 높아지기 때문이다. 따라서 나중에 성과급을 더 많이 받을 수 있다.

모든 정치권에서 임명한 경영자가 이런 행동을 하는 것은 아니겠지만, 이런 모습들을 보면 정치권에서 임명한 경영자들이 좀 더 도덕적으로 해이한 행태를 보인다고 이야기할 수 있다. 이런 일을 막기 위해서는 주주나 독립적으로 임명된 사외이사들이 경영진의 행동을 엄격하게 감시해야 한다.

회계이야기 (4)

회계의 역사 5 : 회계, 주식회사, 그리고 자본주의

주식회사가 등장하기 이전의 사업은 가족이 운영하는 가내수공업 수준이었다. 이때 만약 사업에 실패했는데 빚이 있다면 사업가는 그 돈을 평생 갚아야 했다. 즉 무한책임을 진 것이다. 르네상스 시대 이탈리아에서 상인들이 연합해서 투자를 하는 초기 형태의 주식회사가 탄생한다. 이때의 사업도 투자자가 최대 십여 명 정도에 불과하고 사업내용도 제한되어 있었다. 현대의 주식회사처럼 영속적으로 지속되는 것이 아니라 배가 출항해서 이탈리아의 항구에 무사히 돌아올 때까지의 기간 동안에만 유지되었다. 배가 돌아오면 교역품을 팔아 생긴 이익을 계산해 투자자들에게 분배를 했다. 즉 회계기간이 1년이 아니라 배가 출항해서 돌아올 때까지의 기간이었다. 그럼에도 불구하고 투자자들의 이해관계를 조정하고 불만을 잠재우기 위해서는 발생한 모든 거래들을 정확하게 기록하는 것이 필수적이었다. 그래서 복식부기가 탄생하여 널리 사용된 것이다. 이를 보면 이탈리아 도시국가들이 르네상스 시대 찬란한 문명을 꽃피울 수 있었던 부의 원천이 동방무역인데, 이 무역이 성공적으로 이루어지는 데 회계가 큰 공헌을 했다는 점을 알 수 있다.

주식회사의 탄생이 가져온 결과

투르크 제국이 소아시아 지역을 점령하면서 무역을 막자 이탈리아 도시국가들이 쇠퇴한다. 무역의 중심지는 대서양 지역으로 옮겨가게 되고, 그곳에서 주식회사가 출현한다. 주식회사의 가장 큰 특징은 유한책임(limited liabilities)이다. 기업을 사업가와는 별도로 분리된 독립적인 실체(entity, 기업실체)로서 존속하는 존재로 취급하게 되면서 유한책임의 개념이 탄생한 것이다. 유한책임 때문에 주주의 위험부담이 줄게 되므로 더 많은 투자자들이 주식을 매수하게 되었고, 그 결과 다수의 투자자들로부터 큰 자금을 모아 대규모 투자를 수행하는 것이 가능하게 됐다. 또한 소유권이 양도가능하다는 것과 회사의 수명이 영속적으로 지속된다는 점(going concern, 계속기업)도 주식회사의 특징이다. 즉 회사 전체를 매매하는 것이 아니라 소유권의 일부만 매매할 수 있게 된 것이다. 따라서 소규모의 거래가 가능하게 되어, 큰돈 없어도 주식투자를 할 수 있으므로 주식투자가 보편화된다.

최초의 주식회사는 1600년대 초반에 설립된 영국과 네덜란드의 동인도회사였다. 이 회사는 자국민들의 투자금을 모아, 이를 식민지의 정복과 개발, 착취, 무역 등에 사용하고 이익금을 주주들에게 분배(배당)했다. 제국주의 시대 식민지에 대한 착취의 도구로서 주식회사가 탄생한 것이다. 많은 주주가 투자한 돈을 이용해서 사업을 벌이기 위해서는 다양한 문제점들을 해결해야 했다. 교통과 통신이 발전하지 않았던 당시 동인도회사가 세계 각지에서 통제하고 있는 수만 명의 직원 및 엄청난 자원의 정확한 규모와 회사의 수익과 비용을 계산하는 것도 어려운 일이었다. 경영자는 자신의 책임하에 주어진 자산을 효율적으로 관리하고, 그 결과를 주주에게 보고해야 했다. 즉 경영자가 수탁책임을 가지고, 그 책임을 수행한 결과를 주주들에게 보고하는 회계책임을 지게 되었다. 점차 시간이 지남에 따라 지배주주의 지분비율이 줄어들면서 소유와 경영이 분리되었고, 주주들은 경영자의 보고를 바탕으로 경영자의 업적을 평가해서 보수나 임기를 결정하는 관습이 생겼다. 복식부기를 기초로 기업의 활동을 정교하게 기록하는 회계가 없었다면 이런 일들은 불가능했었을 것이다.

회계가 자본주의의 탄생과 경제발전에 미친 영향

18세기 들어 산업혁명과 함께 과학이 비약적으로 발전한다. 그 과정에서 동인도회사와는 전혀 다른 생산활동에 종사하는 기업이 나타나면서 자연발생적으로 자본주의 체제가 탄생했다. 회계가 없었다면 대규모의 자금조달이 불가능했으므로, 산업혁명으로 인한 대기업의 발달이 어려웠을 것이다. 산업혁명 덕분에 생산력이 획기적으로 증가했고, 그 결과 인류의 평균 생활수준이 급격히 높아졌다. 그러나 빈부격차가 악화되는 부작용도 발생한다. 특히 자본주의 초기에 이런 문제점이 더 극심했는데, 당시 근로자들에 대한 열악한 처우에 실망한 학자들에 의해 공산주의(사회주의) 이념도 탄생했다. 그러나 장기적으로 보면 절대 다수의 농민과 소수의 귀족 및 왕족이 존재하던 중세 지배체제에서, 다수의 시민이 큰 역할을 담당하는 현대 민주사회로 이행하는 데 자본주의의 탄생과 발전이 큰 공헌을 한 것이다. 자본주의의 탄생으로 생산력이 획기적으로 증가하고 생산비용이 감소함에 따라, 비로소 전 인류의 대부분이 식량생산활동에 종사하지 않아도 되는 시대가 시작된 것이다.

이런 역사적인 내용들을 되돌아보면 회계가 기업의 발전, 그리고 더 나아가서는 자본주의의 탄생과 인간 생활의 향상에 얼마나 큰 역할을 했는지를 이해할 수 있다. 그래서 독일의 대문호 괴테는 회계를 '인류의 가장 위대한 발명품들 중 하나'라고 부르기도 했다. 저명한 사회학자이자 경제학자인 좀바르트(Werner Sombart), 정치가이자 경제학자인 슘페터(Joseph Schumpeter)도 모두 자본주의의 발전에 회계가 선결조건이었다고 강조했다. 이처럼 회계가 인류 문명, 부의 발달, 생활수준의 향상 등에 큰 공헌을 했다는 점을 보면 회계학도들이 자부심을 가질 수 있을 것이다.

보론 1 은행계정조정표

(1) 은행계정조정표의 정의

기업의 회계장부상의 예금거래와 은행이 제시하는 거래기록을 대조할 때 작성하는 표를 **은행계정조정표**라고 한다.

기업은 재무제표 이용자들에게 올바른 정보를 제공하고 현금에 대한 내부통제를 유지하기 위하여 정기적으로 현금성자산의 정확한 금액을 파악해야 한다. 이를 위해서 기업의 회계장부상의 예금거래내역과 은행이 제시하는 거래기록(은행거래내역서, bank statement)을 대조하는데, 이때 대조한 후 정확한 계정잔액을 계산하기 위해서 작성하는 표를 은행계정조정표(bank reconciliation)라고 한다. 은행거래내역서와 기업측 회계장부상의 잔액에 차이가 발생하는 경우가 있는데, 이는 주로 양측의 기록시점에서 시차가 존재하기 때문이다.[8] 일반적으로 다음과 같은 사항들 때문에 잔액에 차이가 발생한다.

은행에서 조정해야 할 경우는 미기록예금과 기발행미인출수표 등이며, **회사**에서 조정해야 할 경우는 미통지예금, 은행수수료, 부도수표, 이자수익, 당좌차월이자 등이다.

① 미기록예금(deposit in transit) : 타사 발행수표를 기업에서 수취한 후 은행에 입금하면서 기업측 당좌예금계정에 기록하였으나, 은행에는 업무마감시간 이후에 도착하였거나 타지역에서 입금된 이유로 은행의 당좌예금계정에 아직 기록되지 않은 경우가 있다. 이런 경우에는 은행측 잔액이 과소계상되어 있으므로 은행측 잔액을 증가시킨다.

② 기발행미인출수표(outstanding checks) : 기업이 수표를 발행하여 거래 상대방에게 지급하였으나 수표 수취인이 아직 은행에 지급을 요구하지 않은 경우 은행이 기업이 수표를 발행하였다는 사실을 알지 못해 은행측 잔액이 과대계상된다. 이런 경우에는 은행측 잔액을 감소시킨다.

③ 미통지예금(deposit by third parties) : 거래처에서 대금결제를 위해 기업의 당좌예금계좌에 직접 입금하였으나 기업은 아직 은행이나 거래처로부터 이를 통보받지 않아 기업측 잔액이 과소계상된 경우이다. 따라서 기업측 잔액을 증가시킨다.

④ 은행수수료(bank service charges) : 당좌차월에 대한 이자와 같은 은행 서비스에 대한 수수료가 당좌예금계좌에서 차감되었으나, 기업은 아직 이 사

8) 과거에는 양측에 차이가 많은 경우도 있었기 때문에 은행계정조정표를 꼭 작성해야 했다. 그러나 요즘은 온라인 송금이 일반화되면서 수표거래의 빈도가 크게 줄었고, 또 IT기술의 발달로 은행 예금 잔액을 실시간으로 확인할 수 있게 되어 양측 잔액에 차이가 발생하는 경우가 많이 줄었다. 따라서 은행계정조정표를 작성할 실익이 적다.

실에 대한 통보를 받지 못해 기록하지 않은 경우이다. 이 경우에는 기업측 잔액이 과대계상되어 있으므로 기업측 잔액을 감소시킨다.

⑤ 부도수표(not sufficient fund checks; NSF checks) : 기업은 타사로부터 받은 수표를 은행에 입금하고 당좌예금의 증가를 기록하였으나, 타사의 은행 잔고부족으로 상대방 은행으로부터 지급이 거절되어 반송되면 부도수표가 발생한다. 이 경우 은행에서는 부도수표 금액만큼의 당좌예금을 감소시키지만 기업이 이를 아직 은행으로부터 통보받지 못했다면 기업의 당좌예금장부는 과대계상되어 있다. 이런 경우 기업측 잔액을 감소시킨다.

⑥ 기장오류(entry error) : 기업과 은행 중 어느 한편에서 오류가 발생한 경우로, 오류가 발생한 측에서 잔액을 조정한다.

(2) 은행계정조정표의 작성과 결산정리분개

회사측의 조정사항, 오류가 발생한 경우에만 결산정리분개를 한다.

은행계정조정표를 작성할 때 일반적으로 조정되어야 할 내용에 따라 은행거래내역서상 잔액과 기업의 당좌예금계정 잔액을 각각 조정하여 올바른 잔액을 도출해 낸다. 기업이 어떤 사실을 몰라서 회계처리를 하지 못한 경우나 오류를 범한 경우에는 기업측에서 결산정리분개를 통해 조정하며, 그 이외의 이유로 불일치가 생겨난 경우에는 일단 기업측의 회계처리는 올바른 것으로 간주하고 은행측 잔액에서 조정한다. 다음 〈표 5-5〉는 불일치의 유형들과 잔액의 조정방향을 보여준다.

표 5-5

은행계정조정표 조정방향

구 분	은행거래내역서상 잔액	회사의 당좌예금계정 잔액
· 미기록예금 · 기발행미인출수표	가산(+) 차감(−)	조정 없음
· 미통지예금 · 이자수익 · 은행수수료 · 부도수표 · 당좌차월이자	조정 없음	가산(+) 가산(+) 차감(−) 차감(−) 차감(−)

예제 5-12 은행계정조정표

20×1년 12월 31일 현재 (주)덕송의 주거래은행인 IBK기업은행에서 은행거래내역서를 송부해왔다. 이를 확인한 결과 IBK기업은행의 당좌예금 잔액은 ₩58,920,000인 것으로 나타나, (주)덕송의 당좌예금 잔액

₩57,840,000과는 ₩1,080,000의 차이가 있었다. 당좌예금 잔액의 차이를 가져온 원인은 다음과 같다.

① 12월 29일에 (주)덕송은 거래처에서 발행한 수표 ₩8,480,000을 IBK기업은행에 당좌예금하였으나, IBK기업은행은 연말 전산처리지연으로 현재까지 입금처리하지 않았다.

② 12월 30일에 IBK기업은행은 직원 실수로 (주)동경이 발행한 수표 ₩900,000을 (주)덕송의 당좌예금계좌에서 인출하였으나, 현재까지 조정하지 않았다.

③ 12월에 (주)덕송이 발행한 수표 중 현재까지 인출되지 않은 금액은 ₩12,000,000이다.

④ IBK기업은행에서 예금에 대한 이자수익 ₩500,000을 당좌계좌에 가산하였으나, (주)덕송은 현재까지 회사장부에 반영하지 않았다.

⑤ 12월중 은행수수료는 ₩40,000인데, 은행은 이 금액을 당좌예금계좌에서 차감하였으나 (주)덕송은 이에 대해 통보를 받지 못해 현재까지 회사장부에 반영하지 않았다.

⑥ (주)덕송이 입금한 수표 중 부도처리가 되어 은행으로 반환된 것은 ₩2,000,000이며, (주)덕송은 이에 대해 은행으로부터 통보를 아직 받지 못했다.

은행계정조정표를 작성하면 다음과 같다. 조정후 은행과 회사의 잔액이 ₩56,300,000으로 일치한다.

은행계정조정표

(주)덕송 20×1년 12월 31일 현재

조정전 은행 잔액		₩58,920,000	조정전 회사 잔액		₩57,840,000
가산조정		9,380,000	가산조정		500,000
미기록예금	₩8,480,000		예금이자	₩500,000	
은행측 오류	900,000		차감조정		(2,040,000)
차감조정		(12,000,000)	은행수수료	₩40,000	
기발행미인출수표	₩12,000,000		부도수표	2,000,000	
조정후 은행 잔액		₩56,300,000	조정후 회사 잔액		₩56,300,000

(주)덕송에서는 회사 잔액에서 조정하는 위 3건에 대해서 다음과 같이 결산정리분개가 필요하다.

① 예금이자

(차) 당 좌 예 금	500,000	(대) 이 자 수 익	500,000

② 은행수수료

(차) 은행수수료	40,000	(대) 당 좌 예 금	40,000

③ 부도수표

(차) 부 도 수 표*	2,000,000	(대) 당 좌 예 금	2,000,000

* 부도수표는 추후에 매출채권으로 분류하고 손실충당금을 적절히 설정한다.

보론 2 현금이 부족한 상황에서의 매출채권 활용

외상판매를 위주로 하는 기업들은 많은 자금이 매출채권에 묶여 있기 때문에 영업활동에 필요한 자금이 부족한 경우가 있다. 매출채권은 발생시점부터 보통 몇 개월 이후에 회수가 이루어지기 때문이다. 예를 들어 자동차를 할부로 판매하는 회사라면 소비자에게 자동차를 할부로 판매한 결과 발생한 매출채권을 모두 회수하는 데 몇 년이 소요된다. 그렇다면 높은 당기순이익이 발생하는 수익성이 좋은 회사임에도 불구하고 현재 보유하고 있는 현금이 부족해서 직원들의 보수를 지급하지 못하거나 매입대금을 상환하지 못해서 부도가 발생하는 등 곤경에 처할 위험이 있다.

이러한 경우 부족한 현금을 마련하기 위해 받을어음의 배서양도, 어음의 할인, 팩토링 등의 방법을 사용한다. 이런 방법들은 일종의 담보를 제공하고 차입을 하는 것이므로, 담보 없이 차입하는 것보다 이자율이 낮기 때문에 이들 방법을 사용하는 것이다.

(1) 받을어음의 배서양도

거래를 통해 현금을 수취하지는 못했지만 어음을 받아 보유하고 있는 경우가 있다. 어음의 장점은 만기일까지 보유하다가 현금을 받을 수도 있지만 만기일 이전에 다른 사람에게 현금을 받을 수 있는 권리를 양도할 수 있다는 점이다. 이렇게 어음을 양도하는 행위를 배서양도(背書讓渡)라고 한다.[9] 어음의 배서양도를 통해 현금 없이도 필요한 자금을 확보할 수 있다. 이 경우 어음의 양도인을 배서인, 양수인(어음을 수취하는 자)을 피배서인이라고 부른다.

예를 들어 A가 B로부터 비품을 구입하면서 그 대가로 현금을 지급하는 대신 다른 거래처 C로부터 받아 보유하고 있던 받을어음을 배서양도할 수 있다. 이 경우 A는 비품의 증가와 받을어음의 감소로 회계처리하면 된다. 어음을 배서양도받은 피배서인 B는 어음의 만기일이 되면 어음의 최초 발행자 C에게 대금지불을 요구한다. 이 경우 어음의 최초 발행자 C는 배서인 A가 아니라 현재 어음

9) 과거 종이어음을 사용하던 때는 어음을 양도할 경우 어음의 뒷면(背, 등 배)에 서명을 하고(書, 글 서) 이를 양도했다. 따라서 배서양도라는 용어가 생긴 것이다. 지금은 전자어음이 사용되므로 실물어음에 배서할 필요가 사라졌다.

을 보유중인 피배서인 B에게 대금을 지불해야 한다.

(2) 받을어음의 할인

어음의 만기일 이전에 보유하고 있던 어음을 은행 또는 기타 금융사에 양도하고 어음의 액면금액에서 일정한 수수료를 차감한 잔액을 현금으로 받을 수 있다. 이를 어음의 할인(discounting of notes receivable)이라고 한다. 이 경우 은행에 지불하는 수수료는 현금을 어음의 만기일 이전 미리 받는 것에 대한 이자비용과 어음의 만기가 되었을 때 어음의 회수절차를 은행이 대신 수행하는 것에 대한 보상의 성격을 가진다.

따라서 어음의 할인은 어음의 배서양도와 유사한데, 다만 그 대상이 은행이라는 점이 다르다. 이처럼 어음, 수표, 채권 등의 회수를 은행 등에 위임하고, 위임을 받은 은행 등이 어음, 수표, 채권 등의 발행사에 대금지급을 요구하여 대금을 회수하는 일련의 절차를 추심이라고 한다.

(3) 팩토링

어음의 할인과 유사하게 보유하고 있던 외상매출금을 금융사에 양도하고 일정한 수수료를 차감한 잔액을 현금으로 받는 것을 팩토링이라고 한다. 즉 양도의 대상이 어음이 아니라 외상매출금이라는 점이 다르다. 은행은 외상매출금의 회수기일이 되면 거래처로부터 직접 외상매출금을 회수한다.

어음할인, 팩토링 또는 배서양도를 회계처리할 때에는 실질적으로 어음이나 매출채권에 대한 위험과 보상(즉 의무와 권리)을 대부분 이전했는지 또는 계속해서 보유하고 있는지에 따라 회계처리가 달라진다. 예를 들어 어음(매출채권)에 대한 위험과 보상을 거래 상대방에게 대부분 이전한 경우에는 해당 어음(매출채권)을 매각한 것으로 보아 어음(매출채권)을 장부에서 제거하고 이 과정에서 지급한 수수료는 어음(매출채권)처분손실로 처리한다.[10)]

반면 어음(매출채권)에 대한 위험과 보상이 충분히 이전되지 않은 경우에는 어음(매출채권)을 담보로 자금을 차입한 것으로 본다. 예를 들어 어음의 발행사에서 부도가 발생하여 어음을 회수하지 못하게 되었을 때, 어음을 매각한 회사가

10) 이런 경우에는 진실로 매각이 일어났다고 하여 '진성매각(眞性賣却, true sales)이 발생했다'고 표현한다. 국내에서 발생하는 대부분의 어음할인이나 팩토링은 위험과 보상이 이전되지 않는 형식, 즉 차입 형태의 거래다.

어음의 발행사 대신 어음의 보유자(은행 등)에게 대금을 지급해야 하는 조건(이를 어음보유자의 어음매각자에 대한 상환청구권이라고 부른다)이 있는 경우가 있다. 즉 어음을 매각한 회사가 계속적으로 현금을 상환하는 위험을 부담하는 것이다. 그렇다면 이 매각조건은 어음에 대한 위험과 보상을 거래 상대방에게 이전한 것으로 볼 수 없으므로 해당 어음을 계속 회사가 보유하고 있는 것으로 간주한다. 따라서 어음을 장부에서 제거하지 않고 은행에서 수취한 자금을 차입금으로 회계처리한다.

예제 5-13 어음의 할인에 대한 회계처리

(주)DL은 20×1년 1월 1일 (주)코웨이에 상품을 매출하고 3개월 만기 ₩100,000의 어음을 받았다. 납품업체에 지급할 현금이 필요했기 때문에, (주)DL은 2월 1일 (주)신한은행에 이 어음을 12%의 이자율로 할인하고 현금을 지급받았다.

① 상환청구조건이 없을 때

(차) 현 금	98,000	(대) 받 을 어 음	100,000
매출채권처분손실	2,000		

상환청구조건이 없다면 (주)신한은행이 어음의 회수에 대한 책임을 진다. 그렇다면 매출채권에 대한 위험과 보상이 (주)신한은행에 이전된 것이므로 매각거래로 회계처리한다. (주)신한은행에 지급한 수수료는 ₩2,000(= ₩100,000 × 12% × 2/12*)이다. 매달마다 기간이 조금씩 다르지만(예를 들어 1월은 31일이며 2월은 28일이다), 관습상 이자비용 계산을 위해서는 매달 30일씩이며 1년은 360일인 것으로 가정한다.

* 할인시점에서 만기까지의 기간인 2개월에 대해 수수료를 지급한다.

② 상환청구조건이 있을 때

(차) 현 금	98,000	(대) 단기차입금	100,000
이 자 비 용	2,000		

상환청구조건이 있다면 어음회수가 안 될 경우 (주)DL이 (주)신한은행에 ₩100,000을 지급해야 한다. 따라서 어음의 위험과 보상이 실질적으로 (주)신한은행에 이전된 것으로 볼 수 없으므로, (주)DL이 어음을 매각한 것이 아니라 (주)신한은행으로부터 자금을 차입한 것으로 본다. 3개월 만기 어음이므로 단기차입금으로 회계처리한다.

학습목표의 요약

- 현금및현금성자산의 구분을 이해한다. **5.1**
  - 현금(cash)은 즉각적인 지불의 수단이 되는 지폐나 동전 이외에도 당좌수표나 우편환증서 등을 의미한다. 현금성자산(cash equivalents)은 현금으로 전환이 용이하고 가치변동의 위험이 경미한 자산으로서, 취득일로부터 만기일이 3개월 이내인 채권이나 정기예금을 포함한다.

- 내부통제제도에 대해 이해한다. **5.1**
  - 내부통제제도(internal control system)는 기업의 자산을 보호하고 회계기록의 신뢰성을 높이기 위하여 구축하는 모든 정책과 절차를 의미하는 용어로서, 회계에 대한 제도뿐만이 아니라 일상적인 업무절차 및 업무환경에 대한 사항도 포함하는 개념이다.

- 매출채권의 정의와 매출에누리와 환입 및 매출할인에 대해 이해한다. **5.2**
  - 매출채권(trade receivable)은 상품 또는 제품의 판매나 용역의 제공 등 기업의 주된 영업활동과정에서 발생하는 채권을 의미한다. 매출채권은 일반적인 외상거래로 인해 발생한 채권인 외상매출금(account receivable)과 어음을 수취하는 경우 발생하는 받을어음(note receivable)으로 구분할 수 있다.
  - 판매한 상품이나 제품에 하자가 발생하여 판매대금의 일부를 할인해주는 것을 매출에누리(sales allowance)라고 하며, 하자를 이유로 반품이 되는 경우에 판매대금을 차감하는 것을 매출환입(sales return)이라고 한다. 한편 신용매출의 경우에 채권의 조기회수를 촉진시키기 위하여 조기에 현금을 지급하면 일정금액을 할인해주기도 하는데, 이를 매출할인(sales discount)이라고 한다. 매출에누리, 매출환입, 그리고 매출할인은 모두 매출의 차감계정이다.

- 연령분석법 등을 이용해 기대신용손실을 추정하여 매출채권의 손실(대손)충당금을 계산할 수 있다. **5.2**
  - 결산일에 남아 있는 매출채권에 대해서는 손상예상(기대신용손실)금액을 추정하여 손실충당금(loss allowance 또는 대손충당금 allowance for doubtful accounts)을 설정하고, 동시에 매출채권에 대한 손상차손(impairment loss 또는 대손상각비 bad debt expense)을 인식한다. 매출채권에 대한 손상차손은 포괄손익계산서상 판매관리비의 일부로 분류된다.
  - 연령분석법(aging method)은 채권의 발생시점부터의 연체일수에 따라 충당률을 다르게 적용하여 손상예상금액을 추정하는 방법이다.
  - 재무상태표에 보고할 때는 매출채권에서 손실충당금을 차감하는 방식으로 보고한다. 이때 보고된 매출채권 순액은 기업이 예상하는 매출채권의 회수가능예상액을 의미한다.

- 매출채권의 손상(대손)발생시의 회계처리를 할 수 있다. **5.2**
  - 거래처의 파산 등의 이유로 매출채권의 회수가 불가능한 것으로 확정되는 경우에는 손상이 확정되었다고 하며, 회수가 불가능한 금액만큼 매출채권과 손실충당금을 상계하는 회계처리를 하게 된다. 손상확정금액이 손상처리 전 손실충당금의 잔액을 초과하여 발생한 경우에는 그 초과금액만큼은 매출채권에 대한 손상차손으로 처리한다.

- 매입채무의 정의와 회계처리를 이해한다. *5.2*
  - ↔재고자산의 구매와 같이 주요 영업활동과정에서 발생하는 외상매입금(account payable)이나 지급어음(note payable)에 대해서는 매입채무(trade payables)로 인식한다. 외상매입금액만큼을 대변에 매입채무로 인식하며 현금이나 어음으로 이를 지불할 경우 매입채무를 감소시키는 회계처리를 한다.

주요 용어

- 기대신용손실(expected credit loss)
- 당좌차월(bank overdraft account)
- 대손충당금(allowance for doubtful accounts)
- 매입채무(trade payable)
- 매출채권(trade receivable)
- 미수금(account receivable-nontrade)
- 미지급금(account payable-nontrade)
- 받을어음(note receivable)
- 선급비용(prepaid expense)
- 선수수익(unearned revenue)
- 손상차손(impairment loss)
- 신용손실(credit loss)
- 연령분석법(aging method)
- 외상매출금(account receivable)
- 은행계정조정표(bank reconciliation)
- 차감계정(contra account)
- 팩토링(factoring)
- 현금및현금성자산(cash and cash equivalents)
- 당좌예금(checking account)
- 대손상각비(bad debt expense)
- 대여금(loan)
- 매출에누리(sales allowance)
- 매출할인(sales discount)
- 미수수익(accrued revenue)
- 미지급비용(accrued expense)
- 선급금(advance payment)
- 선수금(advance receipt, advances)
- 소액현금제도(petty cash system)
- 손실충당금(loss allowance)
- 어음의 할인(discounting of notes receivable)
- 예수금(withholding)
- 은행거래내역서(bank statement)
- 진성매각(true sales)
- 차입금(borrowing)
- 현금(cash)
- 현금성자산(cash equivalents)

종합복습예제

Hanwha

한화그룹은 고(故) 김종희 씨가 1952년 설립한 한국화약주식회사를 모태로 출범했다. 현재 금융과 화학, 방위산업, 레저 및 서비스 분야에 주력하고 있다. 특히 2014년 삼성그룹에서 사업구조 재편 목적으로 판매한 삼성종합화학과 삼성토탈을 인수하여 한화종합화학과 한화토탈로 개명하였으며, 2016년 두산그룹에서 매각한 두산DST를 인수하여 한화디펜스로 개명하였다. 이 회사들이 한화그룹의 기존 기업들과 시너지 효과를 발생시키면서 그룹의 발전을 주도하고 있다.

한화그룹이 20×1년초에 설립한 (주)한화솔루션은 국제회계기준의 규정에 따라 매출채권의 기대신용손실을 추정하여 손실충당금을 설정하고 있다.

물 음

1. 20×1년과 20×2년 중 다음 거래를 분개하고 물음에 답하시오.
   (1) 20×1년 2월 2일 (주)한화솔루션은 (주)쌍룡건설에 상품 ₩2,000,000을 외상매출하였다. 이 중 ₩1,500,000은 현금으로 회수하였다.
   (2) 20×1년 기말 현재 외상매출금 잔액의 10%가 기대신용손실(손상예상액)로 추정되었다. 전기말 손실충당금 잔액은 없었다.
   (3) 20×2년 5월 1일 (주)한화솔루션은 (주)대상에 상품 ₩3,000,000을 판매하고 ₩1,000,000은 받을어음을 받고, 잔액은 현금으로 회수하였다.
   (4) 20×2년 6월 30일에 (주)쌍룡건설이 현금흐름의 압박으로 (주)한화솔루션에 외상매출금 전액을 지급할 수 없을 것이라는 것을 알게 되었다.
   (5) 20×2년 9월 30일에 (주)한화솔루션은 (주)대상으로부터 받은 받을어음 중 ₩500,000을 KT캐피탈에 매각하였다. 이때 금융수수료는 액면금액의 5%이다. 이 매각은 진성매각(true sales)으로서, 받을어음과 관련된 위험과 보상이 KT캐피탈에게 이전된 것이다.[11)]
   (6) 위 (4)에서 손상처리하였던 채권 중 ₩30,000이 20×2년 10월 31일에 회수되었다.
   (7) 20×2년 기말 현재 기대신용손실금액은 매출채권 잔액의 8% 수준으로 추정하였다.
2. 위 거래내용을 바탕으로, 20×2년말 매출채권의 총액과 순액을 보여주는 부분재무상태표를 작성하시오.

풀 이

1. (1) 20×1년 2월 2일 매출거래 및 현금회수 회계처리 :

(차) 현 금	1,500,000	(대) 매 출	2,000,000
외상매출금	500,000		

   (2) 20×1년말 손실충당금의 설정 :

(차) 매출채권손상차손	50,000	(대) 손실충당금	50,000*

   * 외상매출금 잔액(₩500,000) × 10% = ₩50,000

11) 이 문제는 [보론 2]에서 다루어진 어음할인에 대한 것으로서, 지도하시는 교수님의 판단에 따라 생략할 수 있을 것이다.

(3) 20×2년 5월 1일 매출거래 및 현금회수 회계처리 :

(차) 현　　　금	2,000,000	(대) 매　　　출	3,000,000
받 을 어 음	1,000,000		

(4) 20×2년 6월 30일 매출채권의 손상처리 :

(차) 손실충당금	50,000	(대) 외상매출금	500,000*
매출채권손상차손	450,000		

* (주)쌍룡건설에 대한 채권잔액은 ₩500,000이며, 손실충당금 잔액 ₩50,000을 초과한 금액인 ₩450,000은 매출채권손상차손으로 처리한다.

(5) 20×2년 9월 30일 받을어음의 할인 :

(차) 현　　　금	475,000	(대) 받 을 어 음	500,000
매출채권매각손실	25,000*		

* 이 경우는 진성매각이므로, 받을어음을 매각한 것으로 회계처리한다.

(6) 20×2년 10월 31일 손상처리 채권의 회수 :

(차) 현　　　금	30,000	(대) 손실충당금	30,000

(7) 20×2년말 손실충당금의 설정 :

20×2년 12월 31일 현재 매출채권과 손실충당금의 결산 전 잔액은 다음과 같다.

매출채권

1/1	500,000	6/30	500,000
5/1	1,000,000	9/30	500,000
잔액	500,000		

손실충당금

6/30	50,000	1/ 1	50,000
		10/31	30,000
		잔액	30,000

기대신용손실금액은 매출채권 잔액의 8% 수준이므로 손상예상액은 ₩40,000(= ₩500,000 × 8%)이다. 손실충당금의 현재 잔액이 ₩30,000이므로, ₩10,000만큼 추가로 손실충당금을 설정하면 손실충당금 기말잔액이 ₩40,000이 된다.

(차) 매출채권손상차손	10,000	(대) 손실충당금	10,000

2. 매출채권 총액과 순액을 보여주는 부분재무상태표는 다음과 같다. 매출채권 순액을 매출채권의 순실현가능가치라고도 부른다.

부분재무상태표(20×2년 12월 31일)

유 동 자 산	
매 출 채 권	₩500,000
손실충당금	(40,000)
	₩460,000

연습문제

주관식

1. [현금및현금성자산]

20×1년 12월 31일 (주)덕송의 금고에는 다음과 같은 자산이 있었다. 재무상태표에 현금및현금성자산으로 표시될 금액은 얼마인가?

현금	₩700,000
타인발행 당좌수표	10,000,000
취득시 만기가 2개월인 환매채	800,000
매출채권으로 분류하는 타인발행 약속어음	300,000
만기가 도래한 국채이자표	10,000
지급기일이 도래한 사채이자표	15,000
20×1년 6월 15일 취득하고 만기가 20×2년 1월 31일인 사채	10,000

2. [소액현금제도]

(주)덕송은 소액현금제도를 채택하는 회사이다. (주)덕송은 소액현금기금이 매월 1일에 ₩450,000으로 유지되도록 설정한다. 2월 1일에 조사한 1월의 소액현금 잔액은 ₩100,000이고 소액현금에 관한 지출 관련 증빙은 다음과 같다. 지출내역에 대한 회계처리 및 2월 1일에 소액현금기금을 보충하는 회계처리를 하시오.

날 짜	영수증번호	지출내역	금 액
1월 5일	1	소모품비	₩50,000
17일	2	교 통 비	100,000
25일	3	통 신 비	200,000

3. [외상매출금과 받을어음]

다음은 (주)덕송의 20×1년의 상품매매거래 자료이다.

당기매출원가	₩700,000
기초매출채권 잔액	300,000
당기매출채권회수액	1,100,000

(주)덕송의 상품판매가는 매출원가의 30%를 이익으로 가산하여 책정한다. (주)덕송의 판매는 전액 외상판매이다.

(1) (주)덕송의 매출액을 구하시오.

(2) (주)덕송의 매출채권 기말잔액을 구하시오.

4. [매출할인]

(주)덕송은 현금회수를 촉진하기 위해 '5/15, n/60' 조건으로 상품을 판매하고 있다. (주)덕송은 20×1년 11월 1일 (주)일진에 상품을 외상으로 ₩2,400,000만큼 판매하였다. (주)덕송은 11월 13일에 판매대금 중 50%를 현금으로 수령하고, 11월 20일에 남은 판매대금을 현금으로 수령하였다.

(1) 각 시점에 (주)덕송의 회계처리를 하시오.

(2) 위 거래로 (주)덕송의 손익계산서상 매출은 얼마로 표시되는가?

5. [매출채권의 손상과 평가]

다음은 (주)덕송의 재무정보이다. (주)덕송은 20×1년에 ₩75,000의 외상매출금에 손상이 발생하여 손상처리하였고, 20×2년에 ₩40,000의 외상매출금을 손상처리하였다. (주)덕송의 20×2년 매출채권손상차손을 구하시오.

	20×1년말	20×2년말
외상매출금	₩450,000	₩600,000
손실충당금	30,000	50,000
순실현가능가치	₩420,000	₩550,000

6. [매출채권의 손상과 평가]

(주)덕송에 관한 자료는 다음과 같다. 각 시점의 회계처리를 하시오.

20×1년 12월 31일	외상매출금 잔액	₩1,000,000
	기대신용손실 추정액	외상매출금 잔액의 1%
	결산전 손실충당금 잔액	₩6,000
20×2년 5월 16일	외상매출금 중 ₩4,000이 회수불가능한 것으로 판명되었다.	
20×2년 8월 15일	외상매출금 중 ₩2,000이 회수불가능한 것으로 판명되었다.	
20×2년 12월 31일	외상매출금 잔액	₩200,000
	기대신용손실 추정액	외상매출금 잔액의 1%
20×3년 2월 14일	20×2년에 회수불능으로 처리한 외상매출금 중 ₩2,000을 회수하였다.	

7. [매출채권의 손상과 평가]

(주)덕송에서는 기대신용손실 추정을 위해 연령분석법을 이용하고 있다. 기말에 이 회사가 작성한 매출채권 연령분석표는 다음과 같다. 연령분석표에 의거하여, (주)덕송의 손실충당금 설정에 필요한 회계처리를 하시오. 단 수정전의 손실충당금 잔액은 ₩5,000이다.

경과기간	매출채권 금액	회수율
결제일 미경과	₩70,000	99%
1～30일	50,000	97%
31～60일	30,000	95%
61～90일	10,000	90%
91일 이상	5,000	70%
	₩165,000	

8. [매출채권의 손상과 평가]

20×1년 1월 1일 영업을 개시한 (주)덕송의 20×1년 12월 31일 결산수정분개 전 매출채권 기말잔액은 ₩500,000이다. 결산수정분개 도중 이 매출채권 중 ₩20,000이 회수불가능한 것으로 확정되어 손상처리하였다. 또한 결산수정분개에서 미래에 대한 기대신용손실을 예측하여 손실충당금 ₩15,000을 설정하였다. 20×2년 1월 1일 기초시점의 매출채권의 순장부금액(순액)은 얼마인가?

9. [기타유동자산과 기타유동부채]

다음을 회계처리하시오.

> (주)덕송은 판매가 ₩1,430,000의 제품을 (주)대림에 외상매출하였다. 이 금액에는 10%의 부가가치세가 포함되어 있다. 부가가치세는 소비자가 부담하는 세금이며, (주)덕송은 이를 원천징수하여 다음 달에 세무서에 납부할 책임이 있다.

10. [보론 : 은행계정조정표]

(주)덕송은 20×2년초 시티은행에 20×1년말 예금 잔액을 조회한 결과 ₩780,000이라는 은행거래내역서를 받았다. 그러나 (주)덕송은 은행거래내역서와 회사의 회계장부 사이에 차이점을 발견하였다. 차이조정 전 (주)덕송의 회계장부에 표시된 20×1년말 당좌예금계정 잔액은 얼마인가?

(1) (주)덕송이 20×1년 12월 30일 입금한 ₩80,000이 20×2년 1월 3일에 입금처리되었다.

(2) (주)덕송이 20×1년 12월 31일 발행한 수표 중 아직 인출되지 않은 금액은 ₩150,000이다.

(3) 시티은행에서 보내온 거래내역서에 포함된 금액 중 (주)덕송의 장부에 아직 반영되지 않은 것은 예금에 대한 이자 ₩80,000, 20×1년 은행수수료 ₩30,000, (주)덕송이 입금한 수표 중 부도처리된 금액 ₩90,000, (주)덕송의 거래처에서 시티은행에 직접 예금한 금액 ₩200,000이다.

11. [보론 : 은행계정조정표]

다음은 (주)덕송의 20×1년 7월의 당좌예금에 대한 자료이다.

7월 31일 (주)덕송의 당좌예금계정 잔액	₩970,000
7월 31일 농협은행의 은행계정명세서상 잔액	1,543,000
농협은행의 은행거래내역서와 (주)덕송 장부의 차이	
(주)덕송이 모르는 부도수표	45,000
농협은행에서 이자비용으로 차감한 금액	1,500
기발행미결제수표	500,000
마감시간이 경과한 후 농협은행에 전달하여 미기록된 예금	250,500
보험료를 자동이체시켜놓았는데 (주)덕송이 모르고 있었음	120,000
(주)일진에 입금시킬 돈을 (주)덕송에 잘못 입금시킨 금액	490,000

아래 물음에 답하시오.

(1) 은행계정조정표를 작성하시오.

(2) (주)덕송이 해야 할 수정분개를 하시오.

(3) 농협은행과 (주)덕송의 정확한 당좌예금 잔액은 얼마인가?

12. [보론 : 어음의 할인]

(주)덕송은 90일 만기, 액면금액 ₩50,000,000의 무이자부어음을 60일이 경과한 후에 사업자금확보를 위하여 KB국민은행에 연간 12%의 할인율로 할인하였다. 그 결과 당해 어음과 관련된 모든 실질적인 권리와 의무는 KB국민은행에 이전되었다.

(1) (주)덕송이 어음할인과 관련하여 인식할 매출채권처분손실은 얼마인가? 단 1년을 360일로 가정한다.

(2) (주)덕송의 어음할인과 관련한 회계처리를 하시오.

객관식

1. [현금및현금성자산]

다음은 (주)덕송의 20×1년말 현금및현금성자산에 대한 자료이다. (주)덕송의 20×1년말 현금및현금성자산은 얼마인가?

(1) 거래처인 (주)OCI로부터 대금을 회수하였으나 장부상 기록하지 않은 예금이 ₩450,000 있다.

(2) (주)덕송의 장부상 당좌예금계정으로 ₩800,000이 기재되어 있었다.

(3) 현재 보관중인 우표는 ₩3,700이다.

(4) (주)덕송은 20×1년도 12월 15일에 만기가 20×2년도 2월 1일인 환매채 ₩200,000을 취득하였다.

① ₩650,000　② ₩1,450,000　③ ₩1,456,000

④ ₩1,453,700　⑤ ₩1,465,700

2. [외상매출금과 받을어음]

다음은 (주)덕송의 20×1년 회계자료이다. 20×1년의 외상매출액과 20×1년말 외상매출금은 얼마인가?

기초외상매출금	₩70,000
20×1년 현금매출	74,000
20×1년 외상매출금 회수액	115,000
20×1년 손상확정액	5,000
20×1년 매출	324,000

	외상매출액	연말 외상매출금		외상매출액	연말 외상매출금
①	₩324,000	₩250,000	②	₩324,000	₩205,000
③	₩324,000	₩200,000	④	₩250,000	₩250,000
⑤	₩250,000	₩200,000			

3. [내부통제제도]

현금에 대한 내부통제에 대한 다음 설명 중 옳지 않은 것을 고르면?

① 내부통제제도는 기업의 자산을 보호하고 회계기록의 신뢰성을 높이기 위하여 구축하는 모든 정책과 절차를 의미한다.
② 현금 입출금은 소수의 지정된 인원이 담당해야 한다.
③ 현금 보유량이 많은 경우에는 은행과 같은 금융기관에 예치해야 한다.
④ 현금의 흐름과 관련된 담당업무가 충분히 분산되어 있어야 한다.
⑤ 현금지급담당자는 현금출납 기록을 동시에 담당해야 한다.

4. [매출채권의 손상과 평가]

매출채권에 대한 손실충당금이 과대설정되는 경우, 재무제표에 미치는 영향으로 옳은 것은?

① 매출채권손상차손(대손상각비) 과소계상
② 매출채권 과대계상
③ 부채의 과소계상
④ 부채의 과대계상
⑤ 자산의 과소계상

5. [매출채권의 손상과 평가]

다음은 (주)덕송의 20×1년 매출채권의 손상과 관련된 회계자료이다. (주)덕송의 결산일이 매년 12월 31일이라면, 20×1년 12월말 손실충당금계정의 잔액은 얼마인가?

기초손실충당금	₩200,000
20×1년 3월 손상발생액	100,000
20×1년 3월 손상발생액 중 5월에 회수된 금액	30,000
20×1년말 추가계상한 손실충당금	120,000

① ₩200,000 ② ₩250,000 ③ ₩300,000
④ ₩350,000 ⑤ ₩400,000

6. [매출채권의 손상과 평가]

(주)덕송의 20×1년말 현재 외상매출금의 연령분석표는 다음과 같다. (주)덕송의 20×1년말 재무상태표에 표시될 외상매출금의 장부금액은 얼마인가? 단 (주)덕송의 수정전 손실충당금 잔액은 ₩15,000이다.

경과기간	금 액	손상추정액
1~30일	₩90,000	₩0
31~60일	80,000	1,000
61~90일	50,000	2,000
91일~6개월	40,000	3,000
6개월 이후	10,000	4,000

① ₩240,000 ② ₩245,000 ③ ₩250,000
④ ₩255,000 ⑤ ₩260,000

7. [매출채권의 손상과 평가]

손상회계처리에 대한 다음 설명 중 옳지 않은 것을 고르면?

① 손실충당금의 금액을 결정하기 위해 연령분석법을 사용하여 기대신용손실을 추정할 수 있다.
② 추정한 손상예상금액이 손실충당금 잔액보다 큰 경우에는 그 차이금액만큼 손실충당금을 추가로 설정하고 이를 매출채권손상차손(대손상각비)으로 인식한다.
③ 추정한 손상예상금액이 손실충당금 잔액보다 작은 경우에는 그 차이금액만큼 손실충당금을 환입한다. 손실충당금환입은 판매관리비에서 차감하는 형식으로 표시한다.
④ 손상이 확정되었을 경우 해당 금액만큼 매출채권계정에서 제거시키면서 동시에 손실충당금계정과 상계시킨다. 단 발생한 손상금액이 손실충당금계정 잔액을 초과하는 경우 초과금액만큼 매출채권손상차손(대손상각비)으로 처리한다.
⑤ 손상이 확정되어 장부상에서 제거되었던 매출채권이 현금으로 다시 회수되는 경우 회수된 금액만큼 손실충당금을 환입시킨다.

8. [손실충당금]

매출채권 손실충당금 설정에 대한 다음 설명 중 옳지 않은 것을 고르면?

① 결산일에 보유중인 매출채권 잔액에 대해 미래 기간 동안 발생할 손실의 예상금액을 손실충당금으로 설정한다.
② 거래처별로 채무불이행 확률, 미래 전망정보 등 합리적이고 뒷받침될 수 있는 모든 정보를 고려하여 기대신용손실을 추정해야 한다.
③ 기대손실을 추정할 때 과거 경험에 근거한 연령분석법을 사용할 수 없으며 별도로 미래에 대한

추정을 해야 한다.

④ 수정전 손실충당금 잔액보다 기대신용손실이 더 큰 경우에는 추가로 비용을 인식해야 한다.

⑤ 결산정리 후 재무상태표상 매출채권의 장부금액은 매출채권 총액에서 손실충당금 잔액을 차감한 회수가능금액이다.

9. [기타유동자산과 기타유동부채]

다음 중 기타유동자산이 아닌 것은?

① 미수금 ② 미수수익 ③ 선수금
④ 선급금 ⑤ 선급비용

10. [기타유동자산과 기타유동부채]

3년 전에 ₩5,000,000을 지급하고 취득한 토지를 ₩4,500,000에 처분하였으며, 거래대금은 3개월 후에 받기로 하였다. 이 거래에 대한 설명으로 옳은 것은?

① 자산과 부채가 증가한다. ② 부채와 자본이 감소한다.
③ 자산과 자본이 감소한다. ④ 자산이 증가하고 자본은 감소한다.
⑤ 자산이 증가하고 부채는 감소한다.

11. [채권과 채무 종합]

다음 설명 중 옳지 않은 것을 고르면?

① 손실충당금은 매출채권에 대한 차감계정이며 매출채권손상차손(대손상각비)은 비용계정이다.

② 손상회계처리를 하는 이유는 외상매출로 인해 발생하는 수익과 외상매출 때문에 발생하는 비용을 동일한 기간에 포괄손익계산서에 반영하려는 수익·비용대응의 원칙 때문이다.

③ 이런 손상회계처리를 함으로써 재무상태표상의 매출채권을 회수가능액으로 표시하므로 매출채권의 과대평가를 방지한다. 그러나 기말에 손상예상액을 주관적으로 추정하므로 추정과정에서 기업의 편의가 개입될 수 있다는 문제점도 있다.

④ 발생주의 원칙에 근거하여 과거에 발생한 비용에 대해 현금을 이미 지급한 경우 선급비용으로 회계처리한다.

⑤ 제3자에게 지급해야 할 금액을 기업이 미리 받아 일시적으로 보관하는 경우 예수금으로 분류한다.

12. [보론 : 은행계정조정표]

20×1년 2월말 현재 (주)덕송의 당좌예금 잔액은 ₩26,000이었으나 2월말 현재 은행거래내역서상에 기록된 잔액은 ₩30,000이었다. 2월말 현재 (주)덕송의 정확한 당좌예금 잔액은 얼마인가?

(1) 기발행미인출수표　₩3,000
(2) 회사 미통지 입금　₩1,000

① ₩23,000　② ₩25,000　③ ₩27,000
④ ₩29,000　⑤ ₩31,000

13.

[보론 : 은행계정조정표]

다음은 20×1년 3월 31일 현재 (주)덕송의 은행계정의 잔액을 확정하기 위해 파악한 자료이다. 3월 31일의 은행계정의 정확한 잔액은 얼마인가?

거래은행으로부터 확인된 3월 31일의 은행잔액	₩300,000
3월 31일 현재 은행 미기입예금	15,000
3월 31일 현재 은행이 확인한 부도수표	10,000
3월 31일 현재 기발행미인출수표	10,000
3월 31일 현재 은행이 확인한 은행수수료	1,200

① ₩305,000　② ₩320,000　③ ₩325,000
④ ₩335,000　⑤ ₩336,200

14.

[보론 : 어음의 할인]

(주)덕송이 90일 만기 액면금액 ₩250,000의 무이자부어음을 30일이 경과한 후에 KB국민은행에 양도하고 연간 12%의 할인율로 할인한 경우 실제로 수령하는 금액은 얼마인가? 단 1년을 360일로 가정한다.

① ₩225,000　② ₩235,000　③ ₩245,000
④ ₩255,000　⑤ ₩265,000

15.

[보론 : 매출채권의 활용]

다음 설명 중 옳지 않은 것을 고르면?

① 어음을 타인에게 양도하는 것을 배서양도라고 한다.
② 어음을 금융사에 양도하고 수수료를 차감한 금액을 지급받는 것을 어음의 추심이라고 한다.
③ 어음을 할인하여 현금을 조달한 경우, 만약 어음의 발행사가 파산하여 어음 대금을 지불하지 못하는 경우 어음을 매각한 회사가 대신 이를 지불해야 하는 상환청구권이 존재한다면 이를 자금의 차입으로 회계처리한다.
④ 매출채권을 금융사에 양도하고 현금을 조달할 수 있는데, 이를 팩토링이라고 부른다.
⑤ 어음의 배서양도나 팩토링은 상대적으로 저렴한 이자율로 현금을 마련할 수 있는 방법이다.

미니케이스

(주)카카오게임즈는 2016년 (주)엔진과 (주)다음게임이 합병하여 탄생한 카카오의 게임 전문 자회사이다. 모바일뿐만 아니라 PC와 VR 등 다양한 플랫폼의 게임을 출시해 왔다. 국내시장에서의 인지도 강화와 북미와 유럽 등 해외시장 출시를 위해 노력하고 있다.

다음은 (주)카카오게임즈의 2023년 연결재무제표 중 매출채권에 대한 주석의 일부이다.

11. 매출채권 및 기타금융자산

(1) 매출채권 및 손실충당금

(단위 : 천원)

구 분	당기말	전기말
매 출 채 권	₩87,937,344	₩72,366,700
손실충당금	(1,942,752)	(1,138,794)
매출채권(순액)	₩85,994,592	₩71,227,906

물음

(1) (주)카카오게임즈의 2023년 매출채권에 대한 손상차손(대손상각비) 금액이 1,114,100천원이라 가정하자. 이때 거래기업의 부도 등의 사유로 인해 손상이 발생한 것으로 판단하여 손실충당금과 상계처리한 매출채권의 금액은 얼마인가?

(2) (주)카카오게임즈는 2022년과 2023년 각각 매출채권 잔액의 몇 %를 손실충당금으로 설정하였는가?

(3) 원하는 기업을 하나 선정하여, 해당 기업의 최근 연결재무제표상 매출채권에 대한 주석을 참조하여, 다음의 물음에 답하시오.

3.1. 작년 거래기업의 부도 등의 사유로 손실충당금과 상계처리한 매출채권 금액은 얼마인가?

3.2. 해당 기업의 손실충당금 설정방법이 무엇인지 확인해보시오.

3.3. 동종 산업에 속하는 다른 기업을 하나 골라, 두 기업의 매출채권 대비 손실충당금 설정비율을 서로 비교해보시오.

kakaogames

6 재고자산

재고자산은 기업이 정상적인 영업활동중에 판매할 목적으로 보유하는 상품과 제품 등의 자산이다. 또한 판매를 위하여 직접 생산중인 자산뿐만 아니라 생산 또는 용역제공과정에 사용될 원재료나 소모품도 재고자산에 포함된다. 재고자산이 판매되면 해당 재고자산을 구입 또는 생산하는 데 소요된 원가는 매출원가로 전환된다. 매출원가는 매출에 대응되는 비용으로, 포괄손익계산서에서 가장 중요한 비용항목이다. 따라서 재고자산에 대한 회계처리를 이해하는 것은 기업의 영업활동을 이해하는 데 필수적이다.

2001년 들어 미국 기업 랭킹 5위였던 엔론(Enron)은 막대한 분식회계가 적발되면서 파산했다. 회장 케네스 레이가 스카우트한 CEO 제프 스킬링(Harvard MBA, 매킨지 컨설팅 출신), CFO 앤드류 패스토(Northwestern MBA, 시카고 은행 출신) 등이 조직적으로 분식회계를 주도한 것으로 알려졌다. 이 사건의 결과로 미국에서는 대대적인 회계개혁이 일어난다. 한국에서도 이 사건 이후 여러 제도개혁의 필요성이 제기되었고, 일련의 제도개혁의 결과 사회 전체의 회계투명성이 개선되었다.

학습목표 제6장 재고자산을 공부한 이후에는…

1. 재고자산의 구분을 이해하고, 재고자산의 취득원가의 구성요소를 구분할 수 있다. *6.1*
2. 재고자산과 매출원가의 관계를 이해한다. *6.1*
3. 재고자산의 계속기록법과 실지재고조사법을 이해하고 비교할 수 있다. *6.2*
4. 재고자산의 네 가지 원가배분방법을 이해하고 각 방법이 재무제표에 미치는 영향을 비교할 수 있다. *6.3*
5. 저가법을 적용하여 재고자산을 평가할 수 있다. *6.4*

재고자산

inventory

- 재고자산의 의의와 취득원가
  - 재고자산의 의의와 종류
  - 재고자산의 취득원가
- 재고자산의 기록방법
  - 계속기록법
  - 실지재고조사법
- 재고자산의 원가배분방법
  - 개별법
  - 선입선출법
  - 후입선출법
  - 가중평균법
- 재고자산의 저가평가

6.1 재고자산의 의의와 취득원가

1. 재고자산의 의의와 종류

재고자산은 기업이 영업활동중에 판매할 목적으로 보유하는 상품과 제품 등의 자산이다. 판매를 위하여 직접 생산중인 자산이나, 생산이나 용역제공에 사용될 원재료나 소모품도 재고자산에 포함된다.

상품매매기업의 재고자산은 상품이라고 부르며, 제조기업의 재고자산은 원재료, 재공품, 제품 등으로 분류된다.

재고자산(inventory)은 기업이 정상적인 영업활동중에 '판매'할 목적으로 보유하는 상품과 제품 등의 자산이다. 또한 판매를 위하여 직접 생산중인 자산이나, 생산이나 용역제공에 사용될 원재료나 소모품도 재고자산에 포함된다. 재고자산이 판매되면 재고자산의 원가가 매출원가(비용)로 기록된다. 상품매매기업 또는 제조기업에게 재고자산의 판매는 수익을 창출하는 가장 중요한 활동이며 매출원가는 여러 비용항목 중 큰 비중을 차지한다. 따라서 재고자산을 적절히 관리하고 기록하는 것은 정확한 자산금액과 기간손익 계산을 위해 매우 중요하다.

동일한 자산이라도 판매목적이 아닌 자산은 재고자산으로 분류하지 않고, 자산의 성격에 따라 각각 다르게 분류한다. 예를 들어 기아자동차가 생산하여 판매목적으로 보유하고 있는 차량은 재고자산이지만, 회사에서 직접 사용할 목적으로 보유하고 있는 똑같은 종류의 차량은 유형자산으로 분류한다. 대방건설이 판매목적으로 건설했거나 건설중인 아파트나 빌딩 건물은 재고자산이지만, 본사가 위치하여 사용중인 건물은 유형자산이다.[1)]

기업의 종류에 따라 재고자산의 분류가 달라진다. 상품매매기업은 완성된 상품을 외부에서 구입하여 재판매하는 기업인데, 이러한 기업이 보유하는 재고자산은 상품(merchandise)이라고 부른다. 이에 반해 원재료를 구매하여 제품을 직접 제조하는 제조기업의 경우에는 재고자산을 원재료, 재공품, 제품 등으로 분류한다. 원재료(raw material)는 제조활동에 투입되어 완제품을 제조할 목적으로 구입한 원료와 재료를 말하며, 재공품(work in progress)은 생산공정중에 있는 미완성품을, 제품(finished goods)은 생산이 완료된 완제품을 말한다.

본장에서는 상품매매기업을 대상으로 상품 재고자산과 관련비용의 회계처리에 대해서 살펴본다.[2)] 상품매매기업의 영업순환과정은 [그림 6-1]로 나타낼 수 있다.

1) 유형자산의 회계처리는 제7장에서 살펴본다. 재고자산은 유동자산 항목이지만 유형자산은 비유동자산 항목이다.
2) 제조기업의 재고자산에 대한 회계처리는 상품매매기업보다 더 복잡하다. 이에 대해서는 후속과목인 관리회계나 원가회계에서 학습할 것이다. 다양한 제품을 제조·판매할수록, 그 원가를 정확하게 측정하고 관리하는 것은 복잡해진다.

그림 6-1

상품매매기업의 영업순환과정

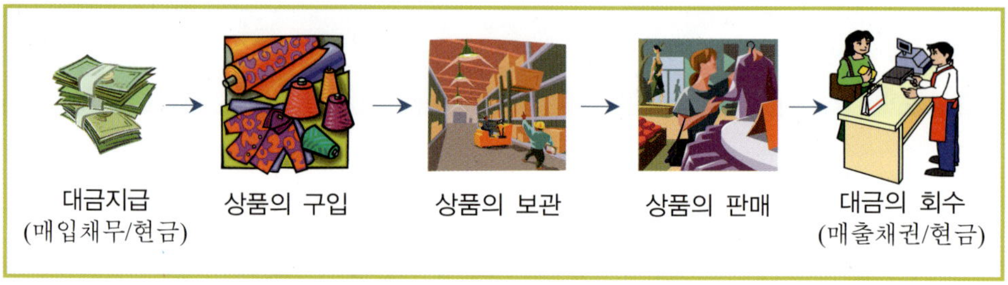

상품매매기업은 외부에서 완성된 상품을 구입하여 보관하다가 이를 고객에게 재판매하고 대금을 회수하는 것이 주요 영업활동이다. 예를 들어 (주)롯데백화점이 상품 100개를 원가 ₩100에 구입하여 이 중 80개를 개당 ₩150에 판매하였다고 가정하자. 이 경우 포괄손익계산서에 표시되는 매출액과 매출원가는 다음과 같다. 즉 개당 ₩100에 구입한 상품을 ₩150에 판매하여 단위당 ₩50의 매출총이익을 창출한 것이다.

매　　출	₩12,000	(=80개 × ₩150)
−매 출 원 가	8,000	(=80개 × ₩100)
매출총이익	₩4,000	

매출원가는 판매된 상품의 원가를 의미하며, 이는 판매된 상품에 대한 수익인 매출에 대응된다. 매출에서 매출원가를 차감한 것을 **매출총이익**이라고 한다.

매출원가(cost of goods sold)는 판매된 상품의 원가를 말한다. 위의 예에서 판매된 상품 80개에 대한 원가를 매출에 대응되는 비용으로 인식하는데, 이는 수익·비용대응의 원칙에 따라 상품이 판매되는 기간에 관련되는 수익과 비용을 서로 대응시키기 위한 것이다. 따라서 매출과 매출원가는 별개로 파악되는 것이 아니라 서로 밀접한 관련성을 가지고 있다. 매출에서 매출원가를 차감한 금액을 매출총이익(gross profit)이라고 한다. 한편 미판매된 상품 20개의 원가인 ₩2,000만큼은 해당 기간말에 재고자산으로 남아 있게 되는데, 이는 추후 판매되는 시점에 매출원가(비용)로 전환된다. 즉 미소멸된 원가(unexpired costs)가 자산(이 경우는 재고자산)이며, 이 자산이 수익을 창출하기 위해 소멸(expire) 또는 희생(sacrifice)되면 비용(이 경우는 매출원가)으로 전환된다.

미소멸된 원가가 자산이며, 자산이 수익을 창출하기 위해 소멸 또는 희생되면 비용으로 전환된다.

재고자산 회계처리에서 가장 중요한 주제는 기초재고자산과 당기에 매입한 재고자산의 합계액을 매출원가(판매된 부분)와 기말재고자산(미판매된 부분)으로 배분하는 것이다. 기초재고액과 당기매입액을 합한 금액을 판매가능재고자산(cost of goods available for sale)이라고 부르며, 판매가능재고자산에서 기말재고자산을 차

기초재고와 당기매입의 합을 **판매가능재고자산**이라고 부르는데, 이는 매출원가와 기말재고의 합과 일치한다.

그림 6-2

판매가능재고자산의 배분

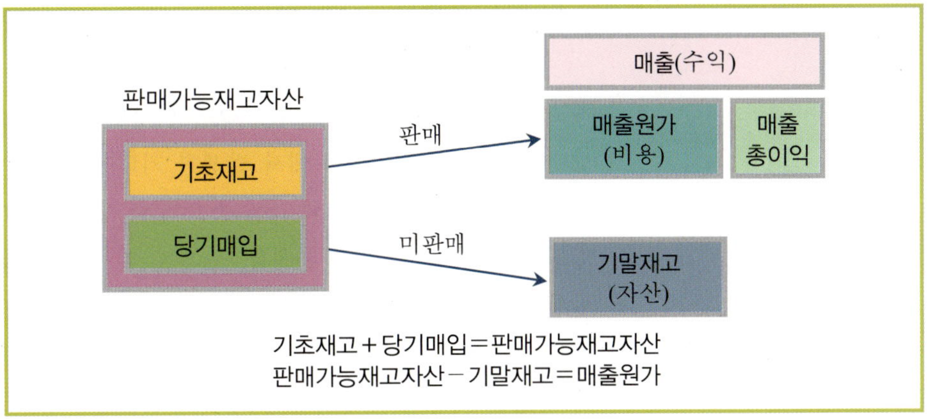

감한 금액은 당기의 매출원가가 된다. 이러한 관계를 그림으로 나타내면 [그림 6-2]와 같다.

[그림 6-2]에서 볼 수 있듯이 기초재고와 당기매입의 합(즉 판매가능재고자산)은 매출원가와 기말재고의 합과 일치한다. 따라서 기말재고자산 금액이 어떻게 결정되느냐에 따라 매출원가가 달라지며, 그 결과 매출액에서 매출원가를 차감하여 계산하는 매출총이익이 달라진다.

예제 6-1 상품매매기업의 매출총이익과 재고자산

(주)SSG.com은 20×1년 동안 개당 원가 ₩100의 상품을 100개 구입하고, 이 중 60개를 개당 ₩150에 판매하였다. 매출액과 매출원가, 매출총이익은 다음과 같다.

매 출 액	60개 × ₩150＝	₩9,000
매 출 원 가	60개 × ₩100＝	6,000
매출총이익		₩3,000

이때 판매되지 않은 상품 40개에 대한 원가 ₩4,000(＝40개 × ₩100)은 재고자산으로 남아 있게 된다. 이를 20×1년 12월 31일 시점의 부분재무상태표와 20×1년 동안의 부분포괄손익계산서에 나타내면 다음과 같다.

부분재무상태표 (20×1년 12월 31일)

유 동 자 산	
재 고 자 산	₩4,000

부분포괄손익계산서 (20×1년)

매 출	₩9,000
매 출 원 가	6,000
매출총이익	₩3,000

2. 재고자산의 취득원가

재고자산의 **취득원가**는 매입가격뿐만 아니라 재고자산을 현재의 상태로 이르게 하는 과정에서 발생한 기타 원가를 포함한다.

재고자산의 취득원가는 매입가격뿐만 아니라 재고자산을 현재의 장소에 현재의 상태로 이르게 하는 과정에서 발생한 기타 원가 모두를 포함한다. 즉 재고자산의 취득원가는 매입가격에 매입시 소요되는 직접부대비용인 수입관세와 제세금, 매입운임, 하역료, 그리고 완제품, 원재료 및 용역의 취득과정에 직접 관련된 기타 원가를 가산한 금액이다. 매입가를 낮추는 매입에누리와 환출, 매입할인 같은 항목은 재고자산의 취득원가에서 차감한다. 다만 취득이 아닌 판매활동과 관련하여 발생한 비용은 재고자산의 취득원가에 포함하지 않고 당기비용으로 처리하는데, 이 비용은 포괄손익계산서에서 판매비로 분류한다.

재고자산의 취득원가(순매입액)
= 매입가격 + 직접부대비용* − 매입에누리와 환출, 매입할인

* 직접부대비용 : 매입운반비, 하역비, 설치비, 창고비, 등기비용, 보험료, 세금

다음에서는 매입운반비, 매입에누리와 환출, 매입할인에 대해서 살펴본다.

(1) 매입운반비

구입한 상품을 구입처로부터 회사의 매장이나 창고까지 운송하는 과정에서 운반비가 발생한다. 상품을 구입하는 회사가 운반비를 부담하는 경우 이를 매입운반비라고 부르며, 상품의 취득원가에 가산한다.[3]

(2) 매입에누리와 환출

매입한 상품에 하자(파손 및 변질된 상품, 주문과 다른 상품 등)가 발생하면 판매자와의 협상을 통해 구입대금의 일부를 할인받기도 하는데, 이를 매입에누리(purchase allowance)라고 한다. 또한 구입한 상품의 하자를 이유로 반품하는 경우 이를 매입환출(purchase return)이라 한다. 매입에누리와 매입환출만큼 상품의 취득원가에서 차감한다.

3) 반대로 운송료를 판매자가 부담한다면 이 운송료는 판매비로 분류한다.

예제 6-2 재고자산의 취득원가

(주)쿠팡은 20×1년 7월 11일에 상품 1,000개를 매입하여 이를 단위당 ₩1,300에 판매하였다. 다음은 그에 관한 거래자료이다. 단 매입 및 판매시 운송비는 모두 (주)쿠팡이 부담하였다.

단위당 매입가격 :	₩800	단위당 매입시 운송비 :	₩300
단위당 판매시 운송비 :	₩150	단위당 매입에누리 :	₩100

상품의 단위당 취득원가는 매입가격에 운송비를 가산하고 매입에누리를 차감하여 계산한다. 이때 판매시 발생한 운송비는 재고자산을 취득하기 위해서가 아니라 판매활동 때문에 발생한 것이므로 상품의 취득원가에 포함하지 않고 판매비로 분류한다.

상품의 단위당 취득원가=(단위당) 매입가격+운송비−매입에누리

=₩800+₩300−₩100=₩1,000

(3) 매입할인

상품매입시 현금을 바로 지급하기보다는 외상으로 구입하는 경우가 일반적이다. 이때 구매자가 상품의 매입대금을 정해진 기간 내에 지급하면 일정액을 할인받기도 하는데, 이를 매입할인(purchase discount)이라고 한다. 매입할인의 조건은 '할인율/할인기간, n/신용기간'의 형태로 표현된다. 예를 들어 '2/10, n/30'의 매입할인조건은 '10일 내에 구매대금을 지급하면 구매대금의 2%를 할인해주고, 늦어도 30일 내에는 구매대금을 지급해야 한다'는 것을 의미한다. 매입대금을 조기에 지급하는 경우 매입할인액만큼 당기의 상품 취득원가에서 차감한다.

예제 6-3 매입에누리와 환출, 매입할인

(주)무신사는 20×1년 12월 15일 상품을 외상으로 ₩1,500,000만큼 매입하였다. 대금은 '5/10, n/60' 조건이다. 20×1년 12월 17일 ₩20,000만큼의 상품이 불량인 것으로 확인되어 반품하였다. (주)무신사는 20×1년 12월 20일에 구매대금을 지급하였다.

대금을 지급한 20×1년 12월 20일은 매입할인조건인 10일 내 기간이므로, 5%의 매입할인을 차감한 금액을 지급한다. 이때 불량으로 인해 이미 반품된 금액은 제외한다. 따라서 매입채무 잔액(₩1,500,000−₩20,000)의 5%에 해당하는 ₩74,000의 매입할인을 받을 수 있다.

이 경우 상품의 취득원가는 다음과 같이 계산할 수 있다.

취득원가=매입가격−매입환출−매입할인

=₩1,500,000−₩20,000−₩74,000=₩1,406,000

구매자의 입장에서 매입에누리와 환출 및 매입할인은, 판매자의 입장에서 제5장에서 공부한 매출에누리와 환입 및 매출할인과 대응된다. 위 [예제 6-3]을 제5장의 [예제 5-6]과 비교하여 이를 확인할 수 있다.

순매입액 = 총매입액(직접부대비용 포함) − 매입에누리와 환출, 매입할인
순매출액 = 총매출액 − 매출에누리와 환입, 매출할인

회계이야기 (1)

회계의 역사 6 : 감사(audit)의 기원과 공인회계사(certified public accountant)의 탄생

그리스·로마 시대 문헌에 세금 징수·사용과 관련된 기록을 하고, 이 기록이 맞는지에 대한 감사를 사후적으로 실시했다는 내용이 등장한다. 그만큼 감사의 역사는 오래되었다. 세금이 존재하기 시작할 때부터 감사가 탄생했을 가능성이 높다. 페르시아 제국에서는 감사인을 '왕의 눈과 귀'라고 불렀다. 감사한다는 것을 알고 있어야 부정을 저지를 가능성이 낮아지기 때문이다. 즉 당시만 해도 감사는 부정의 예방과 적발이라는 소극적인 역할에 머물러 있었다.

르네상스 시대, 베니스나 제노바 등 무역도시의 상인들은 선단이 항구로 돌아왔을 때 배의 선장이나 회계 담당 직원이 기록한 거래내역과 증빙자료를 감사해서, 이들이 혹시 자금을 몰래 빼돌리지 않았는지 확인했다. 이때까지의 감사는 부정기적으로 부정이 발생하는지를 확인하는 수준에서 수행되었던 것이다. 선장은 주주에 해당하는 선주(상인)로부터 수탁받은 자산을 잘 관리해야 할 책임(수탁책임)이 있었고, 주주는 선장이 수탁책임을 제대로 이행했는지를 감사한 것이다.

최초의 공식적 회계감사는 1720년 영국에서 발생했던 남해회사(South Sea Company) 사건 때문에 실시되었다. 남해회사는 남미와 노예무역을 해서 번 돈을 주주들에게 배당하겠다는 목적으로 영국 정부가 설립한 주식회사다. 그런데 남미를 스페인이나 포르투갈이 지배하고 있었으므로 이 회사는 제대로 사업을 하지도 못하고 계속 적자를 보고 있었다. 그런데 주당 100파운드에 불과했던 부실한 회사의 주식이 전 국민의 투기 대상이 되어 갑자기 1,000파운드까지 치솟았다가 150파운드까지 하락했다. 이 투기 광풍을 조장하고 유도했던 것이 막대한 국채를 남해회사에 넘겨 어려운 재정문제를 해결하려고 했던 영국 정부였기 때문에, 이 사건 이후 영국 정부는 큰 비난을 받았다. 그래서 이 사건 발생 이후 남해회사의 정확한 재무상황과 피해액에 대해 조사하기 위해 최초의 대규모 회계감사가 정부 주도로 실시되었던 것이다.

주식회사의 탄생과 감사범위의 확대

주식회사의 탄생 이후 점점 규모가 커지면서 주주와 경영자가 분리됨에 따라 연속적인 감사의 필요성이 생겼다. 따라서 독립적인 전문가를 채용해 정기적으로 감사받는 관행이 퍼진다. 그래서 이런 서비스를 수행할 전문가 집단인 회계사가 탄생했다. 이들은 부정적발뿐만이 아니라 회사의 재무상황과 경영성과가 적정하게 기록되었는지 조사하는 역할을 수행했다. 즉 감사의 범위가 확대된 것이다.

처음부터 감사가 법적으로 요구되었던 것은 아니나, 몇몇 대기업이 투자자를 안심시키기 위해 자발적으로 감사받은 재무제표를 공표하기 시작한 것이 시초다. 1862년 영국은 상장기업에 대한 회계감사를 최초로 의무화했다. 그리고 회계사의 자격을 국가가 공식적으로 인정해주기 위한 시험제도가 만들어져서 시험에 합격한 사람을 공인회계사라고 부르게 되었다. 오늘날 'Big 4'라고 불리는 세계 4대 회계법인(Deloitte, Ernst & Young, KPMG, PWC)의 모체가 되는 회사도 창립된다. 우리나라에도 삼일(PWC), 삼정(KPMG), 안진(Deloitte), 그리고 한영(Ernst & Young) 회계법인이 시장을 장악하고 있다.

회계는 현대 기업활동과 긴밀한 관계를 가지고 있다. 미국 500대 상장기업의 경우 CFO 중 약 70%가 공인회계사 경력을 가지고 있다. 그만큼 회계 전문지식이 기업을 제대로 경영하는 데 중요하다는 것을 나타내는 증거다. 우리나라의 경우 대부분의 회계사들이 회계법인이나 금융업종 기업(은행, 증권사, 자산운용사, 사모펀드, 벤처캐피털 등)에서 일하는데, 앞으로 외국처럼 여러 분야로 다양하게 진출해 활약하기를 바란다.

6.2 재고자산의 기록방법

상품매매기업의 경우 다양한 상품의 매입과 매출이 빈번하게 발생한다. 상품의 매입과 매출을 기록하기 위해 사용되는 방법으로는 계속기록법과 실지재고조사법이 있다.

1. 계속기록법

계속기록법은 재고자산의 매입과 매출이 발생할 때마다 재고자산의 증감을 기록하고, 매출과 매출원가를 기록하는 방법이다.

계속기록법(perpetual inventory system)은 재고자산의 매입과 매출이 발생할 때마다 계속해서 재고자산의 증가와 감소를 기록하고, 동시에 매출과 매출원가를 계산하여 기록하는 방법이다. 상품매매에 따른 기록을 위해 재고자산(상품), 매출, 매출원가 계정이 사용된다.

계속기록법에서는 상품을 매입하면 자산계정인 상품계정의 차변에 기록한다. 상품을 판매하면 판매대금을 수익계정인 매출계정 대변에 기록하면서 동시에 판매된 상품의 원가를 비용계정인 매출원가계정의 차변에 기록한다. 즉 수익·비용대응의 원칙에 따라, 수익(매출)을 창출하는 과정에서 소멸된 자산인 상품의 원가를 비용(매출원가)으로 동시에 기록하는 것이다. 이처럼 계속기록법하에서는 매입과 매출 시점마다 재고자산의 증감과 매출원가의 발생을 정확하게 기록하므로, 결산일에 기말재고자산이나 매출원가를 결정하기 위해 별도의 결산수정분개를 할 필요가 없다. 결산일 현재 회계장부에 있는 기말재고자산이나 매출원가 금액이 현재의 재고자산 금액과 당기 동안 발생한 매출원가 금액을 정확하게 나타내고 있기 때문이다.

예제 6-4 계속기록법

(주)덕송은 20×1년 2월 1일 상품 100개를 개당 ₩100에 현금으로 매입하였으며, 2월 4일 이 중 60개를 개당 ₩150에 현금을 받고 판매하였다. (주)덕송은 20×1년초 30개(개당 원가 ₩100)의 상품을 보유하고 있었다. (주)덕송은 계속기록법을 사용한다.

(주)덕송의 상품거래를 정리하면 다음과 같다.

		수 량	단 가	금 액
1월 1일	기초재고	30	₩100	₩3,000
2월 1일	당기매입	100	100	10,000
2월 4일	판 매	(60)		
12월 31일	기말재고	70	₩100	₩7,000

계속기록법을 사용하는 경우, 상품의 매입과 판매에 대한 회계처리는 다음과 같다.

① 상품매입시

(차) 상 품	10,000	(대) 현 금	10,000

② 상품매출시

(차) 현 금	9,000	(대) 매 출	9,000
매출원가	6,000*	상 품	6,000

* 판매된 상품 60개의 취득원가가 단위당 ₩100이므로 매출원가는 ₩6,000이다.

위의 분개의 결과를 T-계정으로 나타내면 다음과 같다.

상 품

차변		대변	
기초재고	3,000	② 매출원가	6,000
① 현금	10,000		
	7,000		

매출원가

차변		대변	
② 상품	6,000		
	6,000		

매 출

차변		대변	
		② 현금	9,000

위 분개에서 상품의 기초재고는 ₩3,000이다. 상품을 매입한 결과 상품계정이 ₩10,000만큼 증가하고 판매를 통해 ₩6,000이 감소하였기 때문에 기말의 상품재고는 ₩7,000이다. 수익계정인 매출이 ₩9,000이고 비용계정인 매출원가가 ₩6,000이므로 매출총이익은 ₩3,000이다.

계속기록법을 사용하면 재고자산계정의 차변 잔액은 각 시점에서의 재고금액을 표시하며, 매출원가계정의 차변 잔액은 현재까지의 누적 매출원가를 나타낸다. 따라서 기말시점에 재고자산과 매출원가 계정의 잔액을 보면 기말재고자산과 당기의 매출원가를 알 수 있다. 기말재고는 기초재고와 당기매입의 합에서 매출원가를 차감한 금액과 같다. 이를 수식으로 표현하면 다음과 같다.

기초재고 + 당기매입 − 매출원가 = 기말재고

그림 6-3

계속기록법에 따른 재고자산 수량의 흐름

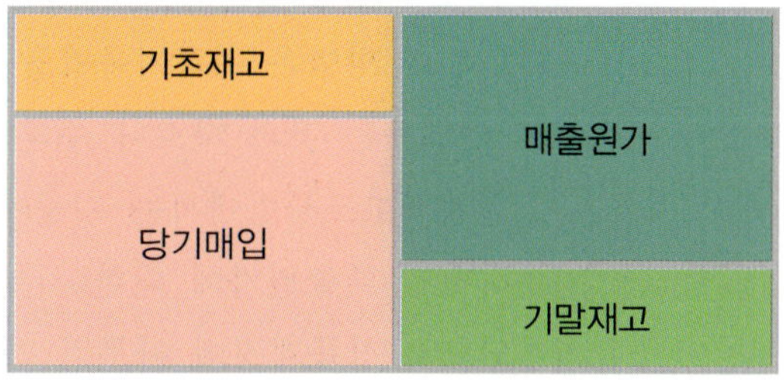

계속기록법에서는 기초재고와 당기매입의 합에서 매출원가를 차감한 금액을 기말재고로 본다.

계속기록법을 사용하면 기초재고와 당기매입의 합에서 매출원가를 차감한 금액만큼이 회사의 내부에 재고자산으로 남아 있다고 가정한다. 그러나 재고자산은 판매 이외에 도난이나 마모를 통해서도 감소할 수 있기 때문에, 실제 재고자산 보유액이 장부상 재고자산보다 적은 경우가 발생할 수 있다. 이를 확인하기 위하여 정기적으로 재고자산에 대한 재고실사를 하는 것이 바람직하다. 재고자산을 실사하여 평가한 금액이 장부금액보다 적은 경우에는 그 차이를 재고자산감모손실로 인식한다. 정상적인 범위에서 발생한 재고자산감모손실은 당기 매출원가에 가산한다. 비정상적인 감모손실은 영업외비용으로 처리한다.

재고자산을 실사하여 평가한 금액이 장부금액보다 적은 경우에는 그 차이를 **재고자산감모손실**로 인식한다.

계속기록법을 적용하면 재고자산을 판매할 때마다 매출원가를 계산해야 하기 때문에, 구입할 때마다 상품의 단가가 자주 변하는 경우, 다양한 상품을 취급하는 경우, 매매가 빈번하게 이루어지는 경우에는 시간과 비용이 많이 소요되어 적용하기 불편하다는 단점이 있다. 따라서 과거에는 고가의 품목을 소량판매하는 회사들만 계속기록법을 사용했으나, 최근 컴퓨터 기술의 발달로 정확한 원가의 계산과 재고수량의 관리가 가능해져서 더 많은 회사들이 이 방법을 사용하고 있다.

2. 실지재고조사법

실지재고조사법(periodic inventory system)은 기중에 상품을 매입할 때는 이를 매번 기록하지만, 기중에 상품을 판매할 때는 재고자산의 감소나 매출원가의 발생을 기록하지 않는 방법이다. 대신 기말에 실제로 남아 있는 재고량을 조사하여 기말

실지재고조사법은 기중에 상품을 매입할 때는 이를 매번 기록하지만, 기중에 상품을 판매할 때는 재고자산의 감소나 매출원가의 발생을 기록하지 않는 방법이다. 대신 기말에 실제로 남아 있는 재고량을 조사하여 기말재고를 결정하고 매출원가를 계산한다.

재고액을 파악하여 매출원가를 계산한다. 실지재고조사법하에서는 상품을 매입할 때마다 그 매입원가를 비용계정인 매입계정의 차변에 기록한다. 매입계정은 매출원가 계산을 위한 임시계정으로서, 기말 결산수정분개 후에는 잔액이 ₩0이 된다. 즉 이 방법은 계속기록법을 사용할 때 상품의 매입원가를 자산계정인 상품으로 기록하는 것과 다르니 주의하기 바란다.

실지재고조사법에서는 기중에 상품을 판매할 때는 수익계정인 매출계정에 기록하지만 매출원가에 대한 기록은 하지 않는다. 또한 기중매입은 매입계정에 기록되므로 상품계정에 아무런 기록도 이루어지지 않으므로, 상품의 기초재고액이 기말결산 직전까지 그대로 장부에 나타난다. 따라서 실지재고조사법을 사용하는 경우, 기중에 회계장부상의 잔액만 보아서는 보유한 재고상품의 금액이나 매출원가와 매출총이익이 얼마인지 파악할 수 없다.

실지재고조사법에서는 기초재고와 당기매입의 합에서 재고실사를 통해 얻어진 기말재고를 차감한 금액을 매출원가로 본다.

실지재고조사법을 사용하면 결산일에 기말재고를 파악하기 위해 창고나 매장에 있는 상품의 가치가 얼마인지에 대한 실지재고조사를 해야 한다. 이를 간단히 재고실사라고 한다. 즉 회계기간말에 창고나 매장에 있는 재고를 실사하여 남아 있는 기말재고를 파악하고, 이 수치를 사용하여 기중 판매된 상품에 대한 매출원가를 계산한다. 이때 아래의 식과 같이 기초재고와 당기매입의 합인 판매가능재고자산에서 기말재고를 차감하면 매출원가를 계산할 수 있다. 매출액에서 매출원가를 차감하면 매출총이익이 산출된다.

기초재고 + 당기매입 − 기말재고 = 매출원가

매 출 액 − 매출원가 = 매출총이익

계속기록법에서는 기말에 결산수정분개를 수행할 필요가 없지만, 실지재고조사법에서는 매출원가를 계산하기 위해 결산수정분개를 행해야 한다.

실지재고조사법에서는 당기 동안의 매출원가 계산을 위해 기말에 별도의 결산수정분개를 수행해야 한다. 결산수정분개시 매출원가를 구하기 위해서 기초재고와 당기매입액을 매출원가계정 차변으로 대체하고, 기말실사를 통해 파악된 기말재고는 매출원가계정 대변으로 대체한다. 그 결과 매출원가계정과 상품계정이 당기중 매출원가와 기말의 상품재고액을 반영하게 된다. 따라서 실지재고조사법을 사용하면, 기말에 결산수정분개가 이루어진 후에야 당기 동안의 매출원가나 기말의 상품재고액이 얼마인지를 파악할 수 있다.

〈상품매매기업의 매출원가〉

기초상품재고 + 당기상품매입 − 기말상품재고 = 매출원가

위의 설명이 복잡하지만, [예제 6-5]를 통해 기말결산을 위한 회계처리를 살펴보면 이해할 수 있을 것이다.

예제 6-5 실지재고조사법

실지재고조사법을 사용하고 있는 (주)덕송은 20×1년 2월 1일 상품 100개를 개당 ₩100에 현금으로 매입하고, 2월 4일 이 중 60개를 개당 ₩150에 현금을 받고 판매하였다. (주)덕송은 20×1년초 30개(개당 원가 ₩100)의 상품을 보유하고 있었다. 20×1년 12월 31일 기말재고실사 결과 70개의 상품 재고자산이 남아 있었다.

(주)덕송의 상품거래를 정리하면 다음과 같다.

		수 량	단 가	금 액
1월 1일	기초재고	30	₩100	₩3,000
2월 1일	당기매입	100	100	10,000
2월 4일	판 매	(60)		
	기말재고	70	₩100	₩7,000

실지재고조사법을 사용할 때에는 상품의 매입을 임시 비용계정인 매입계정에 기록하지만, 상품을 판매할 때에는 수익계정인 매출만 기록하고 이에 대응하는 비용계정인 매출원가는 기록하지 않는다.

① 상품매입시

(차) 매 입	10,000	(대) 현 금	10,000

② 상품매출시

(차) 현 금	9,000	(대) 매 출	9,000

기말에는 실사를 통해 파악한 재고를 바탕으로 아래와 같이 매출원가를 계산할 수 있다.

매출원가＝기초재고액＋당기매입액－기말재고액＝₩3,000＋₩10,000－₩7,000＝₩6,000

매출원가계정을 이용한 20×1년 기말결산시 결산수정분개는 다음과 같다.

③ 기초재고를 매출원가로 대체

(차) 매 출 원 가	3,000	(대) 상 품	3,000

④ 당기매입을 매출원가로 대체

(차) 매 출 원 가	10,000	(대) 매 입	10,000

위의 분개 ③이 이루어지기 전까지 회계기간 내내 상품계정의 잔액은 기초잔액과 일치하며, 매출원가계정의 잔액은 ₩0이다. 분개 ③과 ④를 한 이후 현재 매출원가는 기초재고와 당기매입액의 합인 ₩13,000으로 기록되며, 이는 판매가능재고액과 일치한다. 또한 상품계정과 매입계정의 잔액은 ₩0이 된다. 다음의 분개 ⑤를 통해 당기말에 남아 있는 재고자산만큼 매출원가에서 차감하면 매출원가계정의 잔액은 당기에 판매된 상품의 원가를 나타내게 되고, 상품계정은 기말재고액과 일치하게 된다.

⑤ 기말재고만큼 매출원가를 감소시키고 상품을 증가시킴

(차) 상 품	7,000	(대) 매 출 원 가	7,000

따라서 결산수정분개의 결과 매출원가는 ₩6,000이 산출된다. 기말결산시 필요한 분개 ③, ④, ⑤는 '기초재고+당기매입－기말재고=매출원가'식을 차례대로 분개로 나타낸 것이다. 이 분개들을 통해 매출원가(포괄손익계산서상 비용)와 기말재고(재무상태표상 재고자산)가 최종적으로 결정된다.

위의 분개의 결과를 T-계정으로 나타내면 다음과 같다.

상 품

차변	금액	대변	금액
기초재고	3,000	③ 매출원가	3,000
⑤ 매출원가	7,000		
	7,000		

매출원가*

차변	금액	대변	금액
③ 기초재고	3,000	⑤ 상품	7,000
④ 매입	10,000		
	6,000		

매 입

차변	금액	대변	금액
① 현금	10,000	④ 매출원가	10,000
	0		

매 출

차변	금액	대변	금액
		② 현금	9,000

* 매출원가계정은 기중에는 나타나지 않고, 기말결산시에만 매출원가산정을 위해 일시적으로 나타나는 비용계정이다. 다른 수익·비용계정과 마찬가지로 장부를 마감하면 소멸한다.

위의 분개에서처럼 실지재고조사법에 의하면 상품을 매입할 때 매입계정 차변에, 상품을 판매하면 매출계정 대변에 기록한다. 하지만 기중에는 매출원가 ₩6,000(=60개×₩100)에 대한 분개는 하지 않는다. 따라서 기중에 상품계정에는 아무런 변화가 없고 기초재고액이 기말결산시점까지 회계장부에 나타난다. 기중에 매출원가를 기록하지 않기 때문에 기말에 결산수정분개를 통해 매출원가를 한 번에 계산한다. 기초재고 ₩3,000에 당기매입액 ₩10,000을 합하면 판매가능상품원가가 ₩13,000이 된다. 판매가능상품원가에서 기말에 실지재고조사에 의해 파악된 재고금액인 ₩7,000을 차감하면 매출원가는 ₩6,000이다. 따라서 매출총이익은 매출액 ₩9,000에서 매출원가 ₩6,000을 차감한 ₩3,000이다.

실지재고조사법은 매출원가를 거래시점마다가 아니라 기말에 일괄적으로 계산하기 때문에 사용이 간편하다. 그러나 실지재고조사법만을 적용하게 되면 당기판매가능액과 기말재고실사금액의 차이, 즉 재고자산의 감소분을 모두 판매된 것으로 간주하기 때문에 분실이나 파손으로 인한 재고감모액이 얼마인지를 정확히 파악할 수 없는 단점이 있다.

실무에서는 계속기록법과 실지재고조사법을 혼용하여 사용하기도 한다. 즉 회계상으로는 계속기록법을 사용하되, 정기적으로 재고실사를 실시하여 장부상 수량과 실제 수량을 대조하고 부족분은 재고자산의 감모손실로 처리한다.[4]

표 6-1

계속기록법과 실지재고조사법의 비교

	실지재고조사법	계속기록법
기초재고	전기말에서 이월됨	전기말에서 이월됨
당기매입	'매입'계정에 기록	'재고자산'계정에 기록
기말재고	기말에 실사를 통해서 파악	기초재고와 당기매입재고의 합에서 매출원가를 차감하여 계산됨. 매출이 발생할 때마다 계산됨
매출원가	당기판매가능재고에서 기말재고를 차감하여 계산됨(기말)	매출이 발생할 때마다 계산됨

회계이야기 (2)

회계와 균형적인 시각

제품의 개발담당자는 최첨단 기술을 적용하여 뛰어난 성능을 자랑하는 제품을 만들고자 한다. 하지만 이러한 제품은 높은 원가로 인해 가격이 높을 수밖에 없고, 그 결과 소비자의 외면을 받을 가능성이 높다. 따라서 회사에서는 고가의 최첨단 제품보다 적정한 가격에 잘 팔릴 수 있도록 적정기술을 사용해서 적정한 원가로 제품을 만들어내는 것이 중요하다. 이처럼 원가(또는 비용)와 수익(또는 가격) 측면을 모두 고려해야 균형적인 시각에서 회사를 경영할 수 있다.

국가의 경영도 마찬가지다. 중세 유럽의 많은 왕가들은 과거 모아둔 자금이나 빌린 자금을 이용하여 최고의 군대를 보유한 적이 있었다. 그러나 그 군대를 먹이고 재우며 보수를 지급하는 데는 막대한 돈이 필요하다. 따라서 이 군대를 계속 유지할 수 있는 세입을 마련할 수 없어서 간혹 전쟁에서 승리를 거둬도 그 승기를 계속 유지할 수 없었다. 이 점은 우리나라의 경우도 마찬가지다. 조선시대 임진왜란이 발발하기 직전 10만 양병설을 율곡 선생이 주창했다고 알려져 있지만, 10만 군대를 양병할 수 있는 돈을 마련할 수 없었던 당시 국가의 재정상황을 보면 이 주장은 탁상공론일 뿐이었다.

정부의 세입과 세출의 균형

요즘은 군사력의 증강보다는 복지지출에 대한 요구가 거센 시대다. 많은 정치인들은 복지지출을 늘려야 한다는 주장을 할 뿐, 그 지출에 사용될 자금을 어떻게 마련할지에 대한 고민은 하지 않는다. 회계적 관점에서 자금의 수취와 지출에 대한 균형적인 시각을 가지고 이 문제를 바라봐야 할 것이다. 국가가 아닌 개인이 빚을 내서 소비를 늘렸다면, 나중에 가서 그 빚을 갚느라 큰 어려움에 처하게 될 것이다. 국가도 개인과 마찬가지로 빚으로 지출을 늘린다면 나중에 갚아야 한다.

회계지식을 갖춘다는 것은, 돈이 어떤 경로를 통해 마련되어 어떤 방법으로 사용될 것인지, 그리고 그 수입과 지출의 균형을 어떻게 맞출지를 생각하는 관점을 배우는 것이다. 이런 균형 잡힌 시각은 기업경영뿐만 아니라 국가경영이나 가계 운영에도 모두 적용되는 것이다. 회계를 배우면서 이런 균형 잡힌 시각을 가질 수 있도록 노력하자.

4) 과거에는 대량의 상품 관련 거래가 계속적으로 일어나는 경우 계속기록법을 사용하기가 거의 불가능했다. 그러나 지금은 IT와 바코드 기술의 발전으로 자동으로 재고자산의 유입과 유출 수량이나 단가를 파악하고 원가계산을 수행할 수 있게 되어 계속기록법의 사용이 상대적으로 손쉬워졌다. 따라서 계속기록법을 사용하는 기업들의 수가 많아져서, 현재 기업들은 대부분 계속기록법을 사용한다. 그렇다고 하더라도 재고자산의 통제와 도난 방지를 목적으로 재고자산의 실사는 매년 정기적으로 수행한다.

6.3 재고자산의 원가배분방법

실지재고조사법을 사용할 때 재고자산에 대한 실사를 통해 기말재고자산의 수량을 파악하고 나면, 재고자산의 단위당 매입원가를 적용하여 기말재고와 매출원가를 계산한다. 단위당 매입원가에 기말재고 수량을 곱하면 기말재고액이 되고, 판매수량을 곱하면 매출원가가 계산된다. 그러나 재고자산을 여러 번에 걸쳐 매입하고 매입시점마다 매입단가가 다른 경우라면, 기말재고와 매출원가에 어떤 단위당 원가를 적용해야 하는지를 결정해야 한다. 판매된 개별 재고의 실제 취득단가를 추적하여 매출원가와 재고자산을 결정할 수 있을 것이다. 이 방법을 개별법이라고 한다. 그러나 실무적으로 개별법을 적용하기는 어렵다. 모든 것이 동일한 상품(예를 들면 원유나 석탄)이 서로 섞여 있다면 언제 구입한 것인지 판단할 수 없으며, 동일한 상품이 아니더라도 수많은 항목의 매입단가를 개별적으로 정확히 파악하여 원가계산 목적으로 사용하는 것은 매우 번거롭기 때문이다. 이 경우 재고자산의 단위당 원가를 결정하기 위해서는 언제 얼마에 구입한 상품이 팔렸고 또는 재고로 남아 있는가에 대한 가정이 필요하다. 이때 사용하는 원가흐름에 대한 가정에는 선입선출법, 후입선출법, 가중평균법이 있다.

재고자산의 **단가 결정방법**으로 개별법, 선입선출법, 후입선출법, 가중평균법이 있다.

이러한 재고자산의 단위당 원가 결정은 당기 매출원가의 결정과도 밀접하게 연관되어 있다. 재고자산과 매출원가 결정의 핵심은 기초재고와 당기매입의 합을 기말재고와 매출원가로 배분하는 것이기 때문이다. 이러한 맥락에서 재고자산의 원가흐름의 가정을 원가배분방법(cost allocation)이라고도 한다.

표 6-2
재고자산의 원가배분방법

구 분	원가배분방법	설 명
실제원가흐름	개별법	판매된 개별 재고자산의 취득단가를 추적하여 매출원가와 기말재고를 결정하는 방법
원가흐름의 가정	선입선출법	먼저 매입한 재고자산이 먼저 판매되고 기말재고는 가장 최근 매입한 항목이라고 가정하는 방법
	후입선출법	가장 최근 매입한 재고자산이 먼저 판매되고 기말재고는 가장 오래전 매입한 항목이라고 가정하는 방법
	가중평균법	기초재고와 당기에 매입한 재고자산이 구분되지 않고 평균적으로 판매된다는 가정하에 기초재고와 당기매입의 원가를 평균하여 단위당 원가를 결정하는 방법

1. 실제원가흐름을 사용하는 개별법

개별법은 어떤 재고자산이 매입되고 판매되는지를 개별적으로 파악하여 매출원가와 기말재고를 결정하는 방법이다.

개별법(specific identification method)은 어떤 단가를 가진 재고자산이 매입되고 판매되는지를 개별적으로 파악하여 매출원가와 기말재고를 결정하는 방법이다. 즉 실제 물량의 흐름과 동일하게 회계기록을 하는 것이다.

개별법은 상호 교환될 수 없는 소량의 재고항목이나 특정 프로젝트별로 생산되는 고가의 제품, 특수기계를 주문생산하는 경우에 적절한 방법이다. 예를 들어, 고급 자동차 딜러, 고가의 귀금속 판매회사, 예술작품 거래회사들은 개별법을 사용할 수 있다. 그러나 상호교환 가능한 대량의 동질적인 상품에 대해서는 개별법을 적용하는 것이 적절하지 않다. 이 경우 경영자가 기말재고로 남아 있는 항목을 선택하는 방식을 이용하여 손익을 자의적으로 조정할 수 있기 때문이다. 개별법을 사용하면 아래에서 설명하는 원가흐름에 대한 가정이 필요하지 않다.

2. 원가흐름에 대한 가정을 사용하는 방법

동일한 재고자산이 계속적으로 또한 다량으로 매입되고 판매될 때 매입가격이 변동한다면, 거래가 발생할 때마다 판매된 재고자산의 원가를 정확하게 파악하기 힘들다. 이런 경우에는 일반적으로 원가흐름에 대해서 일정한 가정을 하여 원가를 결정한다. 원가흐름에 대한 가정은 실제의 물량흐름과 꼭 일치하는 것은 아니며, 그 방법으로는 선입선출법, 후입선출법, 가중평균법이 있다.

(1) 선입선출법

선입선출법은 먼저 매입된 상품이 먼저 판매된 것으로 가정하므로, 먼저 매입된 상품이 매출원가를 구성하고 나중에 매입된 상품이 기말재고액을 구성한다.

선입선출법(first-in first-out method; FIFO)은 먼저 매입한 재고자산이 먼저 판매되고 기말재고는 가장 최근에 매입한 항목이라고 가정하는 방법이다. 선입선출법을 적용하면 재무상태표상 표시되는 재고상품은 항상 나중에 구입한 상품들로 구성되므로 기말재고금액은 최근의 구입원가로 계산된다. 또한 포괄손익계산서상의 매출원가는 상대적으로 오래전에 구입한 상품들의 구입원가로 계산된다. 따라서 재무상태표의 재고자산 금액은 상대적으로 현재 재고자산의 가치를 정확하게 표시한다는 장점이 있지만, 포괄손익계산서상의 매출원가는 상대적으로 과거의 금액을 반영한다. 따라서 매입시점과 매출시점 사이에 가격변동이 일어났다면 판매된 재고자산의 매출원가가 현시점의 동일한 재고자산의 매입원가와 다르다는 문제점이 있다.

예제 6-6 선입선출법

(주)티몬의 20×1년 기초재고와 당기 재고자산 매입과 관련된 내용은 다음의 표에 정리되어 있다. (주)티몬은 6월 14일 170개의 상품을 판매하였다. 단위당 원가 결정방법으로 선입선출법을 사용한다.

		수 량	단 가	금 액
1월 1일	기초재고	30	₩90	₩2,700
4월 6일	매 입	60	100	6,000
6월 3일	매 입	100	105	10,500
7월 11일	매 입	30	120	3,600
합 계		220		₩22,800

기초재고와 당기매입의 합계인 판매가능재고자산은 총 220개, ₩22,800이며, 이를 기말재고와 매출원가로 배분해야 한다. 아래에서 계속기록법을 사용하는 경우와 실지재고조사법을 사용하는 경우 각각 기말재고와 매출원가를 계산해본다.

(1) 계속기록법

계속기록법에서는 매출시점마다 매출원가와 재고자산을 계산한다. 매출시점에서 계산한 재고자산에 매출 이후에 매입한 상품금액을 합산해주면 기말재고를 산출할 수 있다.

① 매출원가의 결정

20×1년 6월 14일 170개의 상품을 판매하는 시점에서 매출원가를 계산한다. 이때 먼저 매입한 상품부터 차례대로 매출된다고 가정한다. 따라서 아래와 같이 기초재고 30개, 4월 6일 매입한 상품 60개, 6월 3일 매입한 상품 80개가 매출된 것으로 보면, 총 170개의 상품이 매출된 것이다. 이때 매출원가는 다음과 같이 ₩17,100으로 계산된다.

	수 량	단 가	금 액
기초재고	30	₩90	₩2,700
4월 6일	60	100	6,000
6월 3일	80	105	8,400
			₩17,100

② 기말재고의 결정

6월 14일 현재 재고자산은 판매가능재고자산에서 위에서 계산된 매출원가를 차감하여 계산할 수 있다. 판매가능재고자산은 기초재고와 6월 14일 이전 매입액을 합산하여 ₩19,200으로 산출되며, 매출원가 ₩17,100을 차감하면 6월 14일 현재 재고자산은 ₩2,100이 된다.

기초재고	₩2,700
(+)당기매입	16,500
(−)매출원가(6월 14일)	(17,100)
기말재고(6월 14일)	₩2,100

7월 11일에 추가로 매입한 상품 30개(₩3,600)를 6월 14일의 재고자산(₩2,100)에 합산하면 기말재고자산(12월 31일)은 ₩5,700으로 계산된다.

(2) 실지재고조사법 : 기말재고실사 결과 50개의 상품이 남아 있다.

실지재고조사법에서는 우선 재고실사 결과를 이용하여 기말재고를 결정하고, 그 다음에 매출원가를 계산한다.

① 기말재고의 결정

선입선출법을 사용할 때에는 기말재고는 가장 나중에 매입한 상품들로 구성된다고 가정한다. 즉 기말재고 수량인 50개는 다음과 같이 7월 11일에 매입한 상품 30개와 6월 3일에 매입한 상품 20개로 구성되어 있다고 가정한다. 6월 3일에 매입한 상품 100개 중 나머지 80개는 판매된 것으로 간주되어 매출원가에 포함된다.

	수 량	단 가	금 액
7월 11일	30	₩120	₩3,600
6월 3일	20	105	2,100
기말재고	50		₩5,700

② 매출원가의 결정

매출원가는 판매가능재고자산에서 위에서 계산한 기말재고자산을 차감하여 계산한다.

기초재고	₩2,700
(+)당기매입	20,100
(−)기말재고	(5,700)
매출원가	₩17,100

위의 계산에 의한 결과는 아래와 같이 판매된 수량 170개를 기초재고와 4월 6일, 6월 3일에 매입한 재고자산에 배분하여 계산한 결과와 동일하다.

	수 량	단 가	금 액
기초재고	30	₩90	₩2,700
4월 6일	60	100	6,000
6월 3일	80	105	8,400
매출원가	170		₩17,100

먼저 매입한 상품이 먼저 팔렸다고 가정하므로, 선입선출법을 사용하면 계속기록법이나 실지재고조사법을 사용하는 경우 기말재고자산과 매출원가가 동일한 금액이 계산된다.

후입선출법은 나중에 매입된 상품이 먼저 판매된 것으로 가정하므로, 나중에 매입된 상품이 매출원가를 구성하고 먼저 매입된 상품이 기말재고액을 구성한다.

(2) 후입선출법

후입선출법(last-in first-out method; LIFO)은 가장 최근에 매입한 재고자산이 먼저 판매되고 기말재고는 가장 먼저 매입한 항목이라고 가정하는 방법이다. 후입선출법을 적용하면 재고는 항상 먼저 구입한 상품들로 구성되므로 기말재고금액은 과거의 구입원가로 계산된다. 또한 매출원가는 상대적으로 최근에 구입한 상품들의 구입원가로 계산된다. 따라서 재무상태표상의 재고자산 금액은 상대적으로 현재 재고자산의 가치를 정확하게 표시하지 못하지만, 포괄손익계산서상의 매출원가는 상대적으로 현재 매출된 상품의 가치를 정확하게 표시한다.

국제회계기준에서는 후입선출법을 허용하지 않는다. 후입선출법은 나중에 매입된 상품부터 판매한다는 비현실적인 원가흐름을 가정하고 있기 때문이다. 그러나 K-GAAP에서는 후입선출법도 허용한다.

예제 6-7 후입선출법

(주)CU의 20×1년 기초재고와 당기매입은 다음의 표와 같다. (주)CU는 6월 14일 170개의 상품을 판매하였다. (주)CU는 단위당 원가 결정방법으로 후입선출법을 사용한다.

		수 량	단 가	금 액
1월 1일	기초재고	30	₩90	₩2,700
4월 6일	매 입	60	100	6,000
6월 3일	매 입	100	105	10,500
7월 11일	매 입	30	120	3,600
합 계		220		₩22,800

(1) 계속기록법

계속기록법에서는 매출시점에 매출원가와 재고자산을 계산한다. 매출시점에서 계산한 재고자산에 매출 이후에 매입한 상품금액을 합산해주면 기말재고를 산출할 수 있다.

① 매출원가의 결정

20×1년 6월 14일 170개의 상품을 판매하는 시점에서 매출원가를 계산한다. 이때 나중에 매입한 상품부터 차례대로 매출된다고 가정한다. 따라서 아래와 같이 6월 3일에 매입한 상품 100개, 4월 6일에 매입한 상품 60개, 기초재고 10개가 매출된 것으로 보며, 매출원가는 ₩17,400으로 계산된다.

	수 량	단 가	금 액
6월 3일	100	₩105	₩10,500
4월 6일	60	100	6,000
기초재고	10	90	900
			₩17,400

② 기말재고의 결정

6월 14일 현재 재고자산은 판매가능재고자산에서 위에서 계산된 매출원가를 차감하여 계산할 수 있다. 판매가능재고자산은 기초재고와 6월 14일 이전 매입액을 합산하여 ₩19,200으로 산출되며, 매출원가 ₩17,400을 차감하면 6월 14일 현재 재고자산은 ₩1,800이 된다.

기초재고	₩2,700
(+)당기매입	16,500
(−)매출원가(6월 14일)	(17,400)
기말재고(6월 14일)	₩1,800

7월 11일에 추가로 매입한 상품 30개(₩3,600)를 6월 14일의 재고자산(₩1,800)에 합산하면 기말재고자산(12월 31일)은 ₩5,400으로 계산된다.

(2) 실지재고조사법 : 기말창고실사 결과 50개의 상품이 남아 있다.

실지재고조사법에서는 우선 기말재고를 결정하고 그 다음에 매출원가를 계산한다.

① 기말재고의 결정

후입선출법을 사용할 때에는 기말재고는 가장 먼저 매입한 상품들로 구성된다고 가정한다. 즉 기말재고 수량인 50개는 다음과 같이 기초재고 30개와 4월 6일에 매입한 상품 20개로 구성되어 있다고 가정한다. 4월 6일에 매입한 상품 60개 중 나머지 40개는 판매된 것으로 간주되어 매출원가에 포함된다.

	수 량	단 가	금 액
기초재고	30	₩90	₩2,700
4월 6일	20	100	2,000
	50		₩4,700

② 매출원가의 결정

매출원가는 판매가능재고자산에서 위에서 계산한 기말재고를 차감하여 계산한다.

기초재고	₩2,700
(+)당기매입	20,100
(−)기말재고	(4,700)
매출원가	₩18,100

위의 계산에 의한 결과는 아래와 같이 판매된 수량 170개를 4월 6일, 6월 3일, 7월 11일에 매입한 재고자산에 배분하여 계산한 결과와 동일하다.

	수 량	단 가	금 액
7월 11일	30	₩120	₩3,600
6월 3일	100	105	10,500
4월 6일	40	100	4,000
매출원가	170		₩18,100

위의 예제에서 볼 수 있듯이, 후입선출법을 사용하는 경우 계속기록법을 사용하는 경우와 실지재고조사법을 사용하는 경우의 기말재고자산과 매출원가가 다르게 산출된다. 계속기록법에서 매출원가는 ₩17,400, 기말재고는 ₩5,400이지만, 실지재고조사법에서는 매출원가가 ₩18,100, 기말재고가 ₩4,700이다.

(3) 가중평균법

가중평균법은 기초재고와 당기에 매입한 재고자산이 구분 없이 동시에 판매된다는 가정하에 기초재고와 당기에 매입한 재고의 원가를 평균하여 단위당 원가를 결정하는 방법이다.

가중평균법(weighted average method)은 기초재고와 당기에 매입한 재고자산이 구분없이 동시에 판매된다는 가정하에 기초재고와 당기에 매입한 재고의 원가를 평균하여 단위당 원가를 결정하는 방법이다.

구체적으로 실지재고조사법을 사용할 때는 회계기간말에 기초상품재고액과 당기에 매입한 상품가액을 모두 합쳐서 판매가능상품의 총금액을 계산한 후, 이를 총수량(기초재고 수량+당기매입 수량)으로 나누어 평균단가를 구한다. 이 단가를 기말재고액과 매출원가의 계산을 위해 사용한다. 이를 총평균법이라고 한다. 즉 총평균법을 적용할 때는 기중에 상품을 매입한 시점이 언제인지를 구별하지 않고, 기중거래를 모두 합해서 기말에 단위당 원가를 계산한다. 계산한 단위당 원가에 기말재고 수량을 곱하면 기말재고금액이, 판매한 재고수량을 곱하면 당기 매출원가가 계산된다.

총평균단위당 원가 = 판매가능재고자산 금액 ÷ 판매가능재고자산 수량
기말재고 = 기말재고 수량 × 총평균단위당 원가

반면 계속기록법을 사용할 때는 상품을 구입할 때마다 기존에 보유중인 재고와 새로 구입한 재고를 포함한 현재 보유재고에 대하여 새로운 평균단위당 원가를 계산한다. 이를 이동평균법(moving average method)이라고 한다. 따라서 이 방법을 사용하면, 새로운 재고를 구입할 때마다 평균단위당 원가가 변한다. 그러므로 재고자산의 매입이 빈번하게 발생하고 그 구입단가가 자주 변하는 기업의 경우에는 이 방법을 적용하기 매우 복잡하다. 계속기록법에 따르면 상품을 판매할 때마다 매출원가를 기록하는데, 최근에 계산된 평균단위당 원가를 사용하여 매출원가를 계산해야 한다.

예제 6-8 가중평균법

(주)휴스틸의 20×1년 기초재고와 당기매입은 다음의 표와 같다. (주)휴스틸은 6월 14일 170개의 상품을 판매하였다. (주)휴스틸은 단위당 원가 결정방법으로 가중평균법을 사용한다.

		수 량	단 가	금 액
1월 1일	기초재고	30	₩90	₩2,700
4월 6일	매 입	60	100	6,000
6월 3일	매 입	100	105	10,500
7월 11일	매 입	30	120	3,600
합 계		220		₩22,800

(1) 계속기록법 – 이동평균법

매출이 발생한 6월 14일 현재 매출원가와 기말재고를 계산하면 다음과 같다.

평균단위당 원가＝(₩2,700＋₩6,000＋₩10,500)÷190개＝₩101.05/개

	수 량	단 가	금 액
기말재고(6월 14일)	20	₩101.05	₩2,021
매출원가	170	101.05	17,179
			₩19,200

7월 11일 매입시 재고자산은 기존의 재고(₩2,021)에 매입액(₩3,600)을 더한 ₩5,621으로 계산된다. 7월 11일 이후 더 이상의 거래가 없다면 20×1년말 재고자산은 ₩5,621이며, 단위당 원가는 ₩112.42(＝₩5,621÷50개)이다.

(2) 실지재고조사법 – 총평균법

기초재고자산과 당기에 매입한 재고자산의 금액을 모두 합해서 계산되는 판매가능재고자산의 총금액을 총수량으로 나누어서 평균단위당 원가를 계산한다.

평균단위당 원가＝₩22,800÷220개＝₩103.64/개

위에서 계산된 단위당 원가에 기말재고 수량과 판매수량을 각각 곱해서, 다음과 같이 기말재고와 매출원가를 계산한다.

	수 량	단 가	금 액
기말재고	50	₩103.64	₩5,182
매출원가	170	103.64	17,618
			₩22,800

(4) 원가흐름에 대한 가정의 비교

원가흐름에 대한 가정을 사용하는 경우, 어떤 방법을 선택하느냐에 따라서 재무제표에 미치는 영향이 다르다. 〈표 6-3〉은 실지재고조사법을 사용할 때 예제에서 계산된 각 방법하에서의 매출원가와 기말재고 금액을 요약하고 있다.

표 6-3
원가흐름가정에 따른 매출원가와 기말재고

	선입선출법	후입선출법	총평균법
매출원가	₩17,100	₩18,100	₩17,618
기말재고	5,700	4,700	5,182
판매가능재고자산	₩22,800	₩22,800	₩22,800

세 가지 방법 모두 판매가능재고자산 금액은 ₩22,800으로 동일하지만 매출원가와 기말재고자산으로 배분된 금액은 각각 다르다. 선입선출법이 가장 낮은 매출원가를 보고하고 있고, 후입선출법이 가장 높은 매출원가를 보고하고 있다. 반면 기말재고자산은 선입선출법하에서 가장 높게 나타나고 후입선출법하에서 가장 낮게 나타난다. 가중평균법을 사용하여 계산된 매출원가와 기말재고액은 선입선출법과 후입선출법을 사용하여 계산된 값 사이에 존재한다. 이는 예제에서처럼 구입단가가 점진적으로 상승하는 경우, 즉 물가가 상승하는 경우에 일반적으로 나타나는 결과이다.

물가가 상승하면 나중에 구입한 재고자산의 단위당 원가가 높아지는데, 선입선출법은 먼저 구입한 (가격이 낮은) 재고가 먼저 판매된다고 가정하므로 매출원가에는 상대적으로 낮은 가격이 배분되고 기말재고액은 상대적으로 높은 단위원가로 기록된다. 그 결과 포괄손익계산서상 당기순이익은 커진다. 반면 후입선출법은 나중에 구입한 (가격이 높은) 재고가 먼저 판매된다고 가정하므로 매출원가는 상대적으로 높은 원가로 기록되고, 기말재고액은 상대적으로 낮은 단위당 원가로 표시된다. 따라서 포괄손익계산서상 당기순이익은 낮아진다. 요약하면 물가가 상승하는 상황에서 기말재고액은 선입선출법이 가장 크고 후입선출법이 가장 작으며, 매출원가는 후입선출법이 가장 크고 선입선출법이 가장 작다. 〈표 6-4〉

표 6-4
물가상승시 원가흐름의 가정이 재무제표에 미치는 영향

재무제표 항목	원가흐름의 가정에 따른 크기
기말재고	선입선출법 > 가중평균법 > 후입선출법
매출원가	선입선출법 < 가중평균법 < 후입선출법
당기순이익	선입선출법 > 가중평균법 > 후입선출법

는 이를 요약한 것이다. 물가가 하락하면 정반대의 현상이 나타난다.

원가흐름에 대한 가정에 따라 기말재고, 매출원가, 당기순이익이 달라진다. 그러나 모든 재고가 다 판매되면 어떤 방법을 사용해도 재고의 보유기간 동안 발생한 총매출원가는 동일하다.

이처럼 어떤 원가흐름에 대한 가정을 사용하는가에 따라 기말재고, 매출원가, 당기순이익이 달라진다. 그러나 이는 일시적인 차이일 뿐이다. 만약 보유하고 있는 모든 재고가 다 판매된다면, 어떤 방법을 사용하든 간에 재고의 총보유기간 동안 발생한 전체 매출원가는 동일하다. 즉 서로 다른 원가흐름을 가정하는 것은 동일한 매출원가를 어떤 기간에 나누어 기록하느냐의 여부에만 영향을 미치는 것이다. 그러므로 각 기간의 매출원가나 매출총이익을 모두 합하면 동일하다.

회계기준이 허용하는 방법 내에서 기업은 어떤 원가흐름에 대한 가정을 사용할지 선택할 수 있다. 그러나 회계정보의 기간별 비교가능성을 높이기 위해 일단 선택한 방법은 매기 계속해서 적용하고 정당한 사유 없이 변경할 수 없다.

예제 6-9 재고자산에 대한 회계처리(계속기록법과 실지재고조사법)

(주)펄어비스의 20×1년 기초재고와 당기매입은 다음의 표와 같다. 6월 3일 2,000개의 상품을 개당 ₩1,200에 판매했으며, 기말재고실사 결과 1,200개의 상품이 아직 팔리지 않고 남아 있었다. 매입과 매출은 전액 현금거래로 발생한다. (주)펄어비스는 재고자산의 단위당 원가 결정방법으로 선입선출법을 사용한다.

		수 량	단 가	금 액
1월 1일	기초재고	400	₩600	₩240,000
4월 6일	매 입	1,800	800	1,440,000
7월 11일	매 입	1,000	1,000	1,000,000
합 계				₩2,680,000

계속기록법과 실지재고조사법을 사용하는 경우 회계처리는 다음과 같다.

(1) 계속기록법

① 매출원가

6월 3일 2,000개의 상품을 매출할 때 다음과 같이 매출원가를 계산한다. 먼저 매입한 상품부터 차례대로 매출된다고 가정하므로, 기초재고 400개, 4월 6일 매입한 상품 1,600개가 판매되었다고 본다.

매출원가 = 400개 × ₩600 + 1,600개 × ₩800 = ₩1,520,000

② 기말재고

12월 31일 현재 기말재고는 판매가능재고자산에서 위에서 계산한 매출원가를 차감하여 계산한다.

기말재고 = 판매가능재고자산 − 매출원가
= (400개 × ₩600 + 1,800개 × ₩800 + 1,000개 × ₩1,000) − ₩1,520,000
= ₩1,160,000

〈기중 분개〉

① 4월 6일 매입

(차) 상 품	1,440,000	(대) 현 금	1,440,000

② 6월 3일 매출

(차) 현 금	2,400,000	(대) 매 출	2,400,000
(차) 매 출 원 가	1,520,000	(대) 상 품	1,520,000

③ 7월 11일 매입

(차) 상 품	1,000,000	(대) 현 금	1,000,000

상 품

기초재고	240,000	6/3	1,520,000
4/6	1,440,000		
7/11	1,000,000		
기말재고	1,160,000		

매출원가

6/3	1,520,000		

매 출

		6/3	2,400,000

〈기말 결산수정분개〉 필요 없음

(2) 실지재고조사법

① 기말재고

선입선출법을 사용하면 기말재고는 가장 나중에 매입한 상품들로 구성된다고 가정한다. 따라서 재고자산 실사를 통해 확인한 기말재고 1,200개는 7월 10일 매입한 상품 1,000개와 4월 6일 매입한 상품 200개가 된다.

기말재고 = 1,000개 × ₩1,000 + 200개 × ₩800 = ₩1,160,000

② 매출원가

매출원가는 판매가능재고자산에서 기말재고를 차감하여 아래와 같이 계산한다.

매출원가 = (400개 × ₩600 + 1,800개 × ₩800 + 1,000개 × ₩1,000) − ₩1,160,000
= ₩1,520,000

〈기중 분개〉

① 4월 6일 매입

(차) 매 입	1,440,000	(대) 현 금	1,440,000

② 6월 3일 매출

(차) 현 금	2,400,000	(대) 매 출	2,400,000

③ 7월 11일 매입

(차) 매 입	1,000,000	(대) 현 금	1,000,000

매 입

4/6	1,440,000		
7/11	1,000,000		
합계	2,440,000		

매 출

		6/3	2,400,000

〈기말 결산수정분개〉

① 기초재고

(차) 매 출 원 가	240,000	(대) 상 품	240,000

② 당기매입 (4월 6일 매입액과 7월 11일 매입액의 합계액은 ₩2,440,000이다)

(차) 매 출 원 가	2,440,000	(대) 매 입	2,440,000

③ 기말재고

(차) 상 품	1,160,000	(대) 매 출 원 가	1,160,000

상 품

기초재고	240,000	① 매출원가	240,000
③ 기말재고	1,160,000		
기말재고	1,160,000		

매 입

4/6	1,440,000	② 매출원가	2,440,000
7/11	1,000,000		

매출원가

① 기초재고	240,000	③ 기말재고	1,160,000
② 당기매입	2,440,000		

선입선출법을 사용하는 경우 계속기록법 또는 실지재고조사법을 사용할 때 매출원가와 기말재고 금액이 동일하다. 그러나 후입선출법이나 가중평균법을 사용하면 금액이 달라질 수 있다.

부분재무상태표
(20×1년 12월 31일)

유 동 자 산	
상 품	₩1,160,000

부분포괄손익계산서
(20×1년)

매 출	₩2,400,000
매 출 원 가	(1,520,000)
매출총이익	₩880,000

그림 6-4

재고자산의 평가

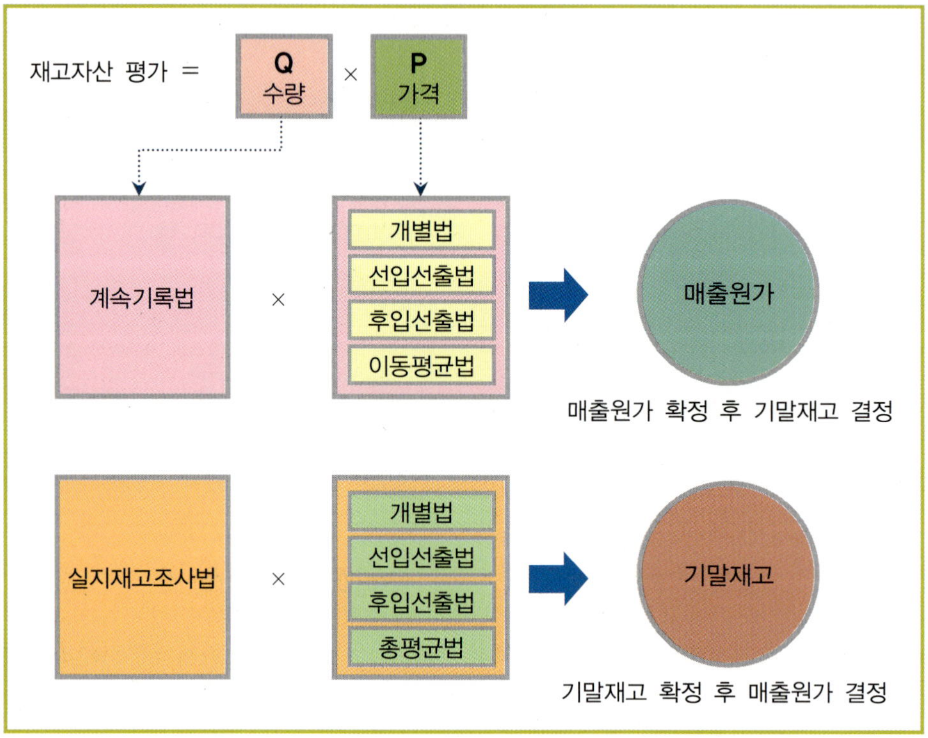

실지재고조사법을 사용한다면 기말에 재고실사를 실시하여 재고량을 파악한다. 기말재고실사시 발생한 착오 또는 회사 경영진의 의도적인 조작에 의해서 기말재고자산이 과대평가되었다고 가정해보자. 당기의 기말재고가 과대평가되면, 당기 매출원가가 과소평가된다. 매출원가는 판매가능상품액(=기초재고액+당기매입액)에서 기말재고를 차감하여 계산되기 때문이다. 그 결과 당기이익이 과대평가된다. 따라서 기말재고의 오류는 재무상태표의 자산에 영향을 미칠 뿐 아니라, 손익계산서를 통해 자본(이익잉여금)에도 영향을 미친다. 만약 반대로 기말재고자산이 과소평가되었다면, 위와 반대로 당기순이익과 이익잉여금이 과소평가되는 결과가 발생한다.

또한 당기말 재고자산의 오류는 다음 연도의 경영성과에도 영향을 미친다. 당기말의 재고자산이 과대평가되었다면 차기의 기초재고자산도 과대평가되었다는 것을 의미한다. 그 결과 차기의 판매가능상품액(=기초재고액+당기매입액)이 과대평가되므로, 차기의 매출원가가 과대평가되어 이익이 과소평가된다. 이 관계를 [그림 6-5]에 예시하였다.

그림 6-5

재고자산의 과대평가가 재무제표에 미치는 영향

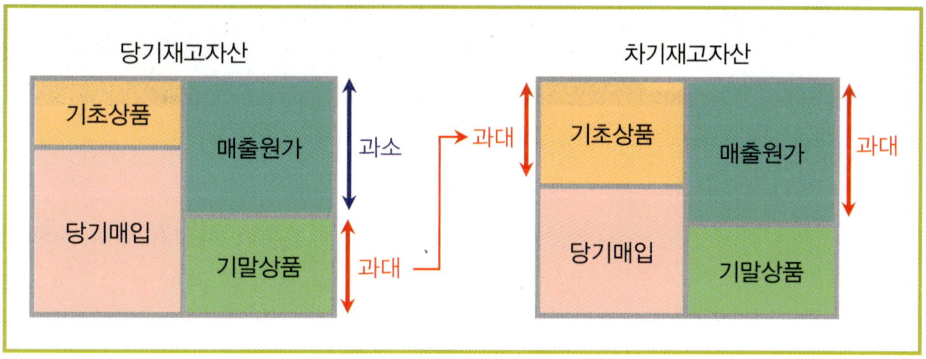

회계이야기 (3)

회계의 역사 7 : 유한책임과 증권화의 효과

앞에서 주식회사 설립이 자본주의의 발전과 인류의 생활수준 향상에 큰 기여를 했다는 점과, 회계가 주식회사 탄생의 기초를 제공하는 역할을 했다는 점을 설명했다. 이하에서는 주식회사가 구체적으로 어떻게 자본주의 발전에 기여했는지 설명한다. 주식회사의 설립으로 발생한 가장 큰 차이는 유한책임(limited liabilities)이 탄생하여 모험자본을 육성하게 된 것과 증권화(securitization)로 자금조달을 손쉽게 할 수 있게 된 점이다.

유한책임제도와 증권화의 효과

유한책임제도가 생기기 전 사업가들은 무한책임을 졌다. 동방으로 무역선을 보내기 위해서는 엄청난 자금이 필요했다. 돈을 빌리기 위해서는 가족들이 인질로 잡혀 있거나 전 재산을 담보로 제공해야 했다. 빚을 갚지 못해 사형을 당하거나 옥살이를 하기도 했다. 무역선이 무사히 돌아오면 대략 5~10배가 되는 큰돈을 벌 수 있었지만, 돌아올 확률이 절반 이하에 불과했다. 이렇게 위험하니 이 사업은 돈 많은 소수의 귀족이나 국가, 그리고 대상인들의 전유물이었다. 그런데 유한책임제도가 발명됨으로써 이런 위험이 크게 줄었다. 주주들은 출자한 만큼만 책임을 지고 더 이상의 손해는 책임지지 않게 되었다. 그 결과 주주들이 출자한 돈을 모아 위험한 사업에 투자하는 기업이 탄생하였다. 처음에는 동방무역에 한정된 사업이었지만, 산업혁명이 일어나자 제조업을 영위하는 기업들도 탄생한다.

증권(securities)이란 보유자가 특정권리를 가지고 있다는 것을 나타내는 증서다. 추상적인 권리를 유형의 형태로 바꿔 다른 사람에게 양도하도록 용이하게 만든 증서로서, 대표적인 예가 주식이나 채권이다. 이처럼 특정자산에 대한 권리를 증권으로 바꾸는 것을 증권화라고 하는데, 현대에 들어서는 주식이나 채권 외에도 부동산, 저작권, 미술품, 대출채권 등 다양한 형태의 자산이 증권화되어 거래되고 있다. 증권화라는 개념이 개발됨으로써, 회사에 대한 권리를 불특정 다수에게 나누어 팔 수 있게 됐다. 그 결과 사업가의 돈이 충분하지 않더라도 좋은 아이디어만 있다면 과거 상상할 수 없었던 대규모 자금을 외부로부터 조달할 수 있게 된 것이다.

네덜란드 동인도회사의 발달

현대적 의미의 최초의 주식회사는 1602년 네덜란드 정부 주도로 설립된 동인도회사다. 식민지와의 무역을 통해 번 이익금을 배당하겠다는 회사의 설립목적을 보고 1,143명의 주주가 최초에 참여한다. 그러나 회사가 운영을 해서 이익을 올려 배당을 하려면 최소 수년의 시간이 필요했으므로, 주주들이 그때까지 투자금을 회수할 방법이 필요했다. 그래서 주주권을 교환하는 장소인 주식시장도 탄생했다.

1602년 회사가 설립되었지만 준비과정을 거쳐 실제로 동방무역을 시작한 것은 1610년이다. 1620년 동인도회사의 배 50척이 아시아에서 교역품을 싣고 돌아왔다. 이 배의 수는 1690년 156척으로, 1750년 300척 이상으로 늘었고 주가는 10배가 됐다. 1750년 기록은 당시 패권국가였던 영국 전체의 교역량보다도 많은 것이었다. 1650년까지 회사가 지급한 총 배당금은 투자원금의 8배에 달했다. 이렇게 성공적으로 회사가 운영됐으므로 돈을 빌려서 주식투자에 나서는 사람들이 나타났고, 그 결과 암스테르담 은행이 설립되었다. 은행에서 주식을 담보로 돈을 빌려주었으며, 앞으로 주가가 떨어질 것이라는 예측에서 공매(short sale)도 탄생했다. 현대 자본시장에서 발생하는 거래 대부분의 원형이 당시 네덜란드에서 탄생한 것이다.

6.4 재고자산의 저가평가

재고자산의 취득원가와 순실현가치를 비교하여 이 중 낮은 금액으로 측정하는 것을 **저가법**이라고 한다. 저가법은 보수주의 회계철학이 적용되는 예다.

재고자산의 저가평가시 취득원가와 순실현가치의 차이는 **재고자산평가손실**로 인식하고 이를 매출원가에 가산한다. 재고자산을 저가로 평가한 차액은 **재고자산평가충당금**으로 기록하는데, 이는 재고자산의 차감계정이다.

앞에서는 여러 가지 원가흐름의 가정을 이용하여 기말재고와 매출원가를 구하는 방법을 살펴보았다. 이때 계산된 기말재고는 재고자산의 취득금액을 말한다. 그러나 재고자산의 판매가격이 하락한 경우, 진부화[5]된 경우, 물리적으로 손상된 경우 등에는 재고자산의 실제 가치가 하락했다고 볼 수 있다. 이런 경우라면 회계장부에 기록되어 있는 재고자산의 취득금액이 실제 재고자산의 가치를 제대로 반영하지 못할 것이다. 회계기준에 의하면 재고자산의 취득원가와 순실현가치를 비교하여 이 중 낮은 금액으로 재고자산을 측정해야 하는데, 이를 저가법(lower of cost or market; LCM)이라고 한다. 저가법을 사용하는 이유는 자산의 장부금액이 판매나 사용으로부터 실현될 것으로 기대되는 금액을 초과해서는 안 된다는 견해를 반영한 것이다. 이는 보수주의 회계철학이 적용되어 회계처리방법이 결정된 대표적인 예다.

여기서 순실현가치(net realizable value)란 정상적인 영업과정에서 재고자산의 판매를 통해 실현될 것으로 기대하는 순매각금액으로서, 예상판매가격에서 예상판매비용을 차감한 금액을 말한다. 취득원가와 순실현가치의 차이는 재고자산평가손실로 인식하고 이를 매출원가에 가산한다. 재고자산을 저가로 평가한 차액은 재고자산평가충당금으로 기록하는데, 이는 재고자산의 차감계정이다.[6]

기말재고 = min(순실현가치, 취득원가)

재고자산평가손실 = 취득원가 − 순실현가치

회사가 여러 종류의 재고자산을 보유하고 있는 경우에는 재고자산의 가치 하락이나 상승이 종목에 따라 다를 수 있다. 국제회계기준에서는 재고자산에 대

5) 진부화(obsolescence)란 상태는 정상임에도 불구하고 기술이나 기호의 변화로 자산의 가치가 감소한 것을 의미한다. 예를 들어 유행이 지난 옷을 정상가격에 판매하기는 힘들 것이다.

6) 앞에서 배운 '재고자산감모손실'과 지금 배울 '재고자산평가손실'의 명확한 구분이 어려울 수 있다. 전자의 경우에는 재고자산 보유중의 폐기, 증발, 감량, 도난, 분실 등의 사유에 따라 발생하는 손실이며, 재고자산 수량부족과 관련되어 있다. 후자는 순실현가치가 취득원가보다 낮을 때 발생하는 손실로서, 재고자산의 가치하락과 관련되어 있고 수량과는 무관하다. 발생한 재고자산감모손실 중 정상적인 범위라면 매출원가에 가산하고 비정상적으로 나타난 감모손실이라면 영업외비용으로 처리한다. 그러나 재고자산평가손실은 매출원가에 가산하고 재고자산평가손실충당금은 재고자산의 차감계정이라는 점에 주의하기 바란다.

한 저가법은 항목별로 적용하도록 하고 있으며, 경우에 따라서 서로 유사하거나 관련 있는 항목들을 통합하여 적용할 수 있다.

예제 6-10 재고자산의 저가법

(주)세아제강은 스테인리스 강관, 컬러 강판 등 철강 및 강관 관련 제품을 자체 생산 또는 구매하여 판매하는 회사다. (주)세아제강은 20×1년말 다음 네 가지 항목의 상품을 재고자산으로 보유하고 있다.

상품 항목	취득원가 ①	순실현가치 ②	차이(②－①)
A	₩7,000	₩9,500	₩2,500
B	5,000	4,000	－1,000
C	8,500	7,000	－1,500
D	1,000	1,000	0
합 계	₩21,500	₩21,500	－

(주)세아제강이 보유하고 있는 네 종류의 상품 중 A는 취득원가보다 순실현가치가 높다. 또한 D는 취득원가와 순실현가치가 동일하다. 그러므로 A와 D에 대해서는 상품평가충당금을 인식할 필요가 없다. 그러나 상품 B와 상품 C의 순실현가치가 취득원가보다 낮으므로 순실현가치와 취득원가의 차이를 상품(재고자산)평가손실로 인식한다. 재무상태표에 표시할 때에는 상품평가충당금을 상품의 차감계정으로 표시한다. 상품평가손실은 매출원가에 포함된다.

(차) 상품평가손실	2,500	(대) 상품평가충당금	2,500

부분재무상태표(20×1년 12월 31일)

유 동 자 산		
상 품	₩21,500	
상품평가충당금	(2,500)	
	₩19,000	

만약 종목을 구분하지 않고 전체 상품(A, B, C, D)을 합하여 저가법을 적용하면 평가손실이 ₩0으로 계산된다. 상품별로 순실현가치가 원가보다 높은 것과 낮은 항목들의 효과가 상쇄되기 때문이다. 따라서 저가법 적용시에 상품 A, B, C, D를 모두 합하지 않고 네 상품을 개별적으로 구분하여 따로 적용해야 한다는 점을 유의해야 한다. 또한 상품 A의 경우 순실현가치가 취득원가보다 높게 나타나고 있지만, 이러한 가치의 상승은 평가이익으로 인식하지 않는다.

이렇게 순실현가치가 취득원가보다 높을 때와 낮을 때의 회계처리가 달라지는 이유는 보수주의 회계철학 때문이다. 재고자산의 가치를 저가법을 적용해서 재무상태표에 기록하는 것은 보수주의 철학이 회계실무에 적용되는 대표적인 예이다.

학습목표의 요약

- 재고자산의 구분을 이해하고, 재고자산의 취득원가의 구성요소를 구분할 수 있다. **6.1**
  - 재고자산(inventory)은 기업이 영업활동에서 '판매'할 목적으로 보유하는 자산이다. 성격별로 상품 merchandise), 원재료(raw material), 재공품(work in progress), 제품(finished goods) 등으로 구분할 수 있다.
  - 재고자산의 취득원가는 매입원가에 취득과정에서 발생한 직접원가를 가산하고, 매입에누리(purchase allowance), 매입환출(purchase return), 매입할인(purchase discount)은 차감한다.

- 재고자산과 매출원가의 관계를 이해한다. **6.1**
  - 매출원가(cost of goods sold)는 판매된 상품의 원가를 말하며, 다음의 식을 통해 계산할 수 있다. 매출원가=기초재고자산+당기매입 재고자산−기말재고자산

- 재고자산의 계속기록법과 실지재고조사법을 이해하고 비교할 수 있다. **6.2**
  - 계속기록법(perpetual inventory system)은 재고자산의 매입과 매출이 발생할 때마다 매출과 매출원가를 계산하여 기록하는 방법이다. 실지재고조사법(periodic inventory system)은 기중에 상품을 매입할 때에는 이를 매번 기록하지만 기중에 상품을 판매할 때에는 재고자산의 감소나 매출원가를 기록하지 않고, 대신 기말에 실제로 남아 있는 재고량을 조사하여 기말재고를 결정하고 매출원가를 계산한다.

- 재고자산의 네 가지 원가배분방법을 이해하고 각 방법이 재무제표에 미치는 영향을 비교할 수 있다. **6.3**
  - 개별법(specific identification method)은 판매된 개별 상품의 취득단가를 추적하여 매출원가와 기말재고액을 결정하는 방법이다. 선입선출법(first-in first-out method; FIFO)은 먼저 매입한 재고자산이 먼저 판매되고 기말재고는 가장 최근에 매입한 항목이라고 가정하는 방법이며, 후입선출법(last-in first-out method; LIFO)은 가장 최근에 매입한 재고자산이 먼저 판매되고 기말재고는 가장 먼저 매입한 항목이라고 가정하는 방법이다. 가중평균법(weighted average method)은 기초재고와 당기에 매입한 재고자산을 구분하지 않고 평균적으로 판매된다는 가정하에 기초재고와 당기매입재고의 원가를 평균하여 단위당 원가를 결정하는 방법이다.

- 저가법을 적용하여 재고자산을 평가할 수 있다. **6.4**
  - 재고자산의 취득원가와 순실현가치(net realizable value)를 비교하여 이 중 낮은 금액으로 재고자산금액을 측정하는 것을 저가법(lower of cost or market; LCM)이라고 한다.
  - 취득원가와 순실현가치의 차이는 재고자산평가손실로 인식하여 매출원가에 가산하고, 재고자산의 차감계정인 재고자산평가충당금을 설정한다.

주요 용어

- 가중평균법(weighted average method)
- 계속기록법(perpetual inventory system)
- 매입할인(purchase discount)
- 매출원가(cost of goods sold)
- 상품(merchandise)
- 순실현가치(net realizable value)
- 원재료(raw material)
- 재고자산(inventory)
- 저가법(lower of cost or market; LCM)
- 판매가능재고자산(cost of goods available for sale)
- 개별법(specific identification method)
- 매입에누리(purchase allowance)
- 매입환출(purchase return)
- 매출총이익(gross profit)
- 선입선출법(first-in first-out method; FIFO)
- 실지재고조사법(periodic inventory system)
- 이동평균법(moving average method)
- 재공품(work in progress)
- 제품(finished goods)
- 후입선출법(last-in first-out method; LIFO)

회계이야기 (4)

업종에 따른 매출원가의 차이 분석

이번 장에서 매출원가와 재고자산에 대해서 공부를 했다. 대부분의 기업들의 경우 비용항목들 중 가장 중요한 항목이 매출원가이며, 유동자산항목들 중 가장 중요한 항목이 재고자산이다. 따라서 재고자산이나 매출원가를 어떻게 회계처리할 것인가가 매우 중요하다는 것을 알 수 있을 것이다.

매출원가는 업종에 따라 크게 비중이 다르다. 소위 명품이라고 불리는 사치품(luxury goods)을 판매하는 회사들은 매출원가가 매출액에서 차지하는 비중이 보통 30% 미만이며, 아주 고가 제품군의 경우는 10% 정도에 불과하다. Nike 등의 고급 브랜드의 제품을 판매하는 회사들도 매출원가의 비중이 50% 이하에 불과하다. 그런데 이들 회사들은 상대적으로 판매관리비의 비중이 높다. 브랜드의 가치를 높이기 위해 막대한 광고선전비를 지출하고, 소비자에게 만족을 주기 위해 다른 관리비용들도 대규모로 지출하는 것이다. 즉 매출원가는 낮지만 그 대신 판매관리비가 높은 것이다.

사치품이 아닌 다른 제품을 판매하는 기업들일수록 매출원가의 비중이 높다. 특히 손쉽게 비교가 가능하고 품질의 차별화가 쉽지 않은 제품을 판매하는 기업일수록 매출원가의 비중이 높다. 다른 회사의 위탁을 받아 제품을 생산해서 공급하는 하도급업체들의 경우는 매출원가 비중이 80%가 넘는 경우도 있다. 그러니 이윤이 얼마 되지 않는다는 것을 알 수 있다. 이런 점들을 보면 소비자들이 잘 알고 있는 독자적인 브랜드를 개발하고 그 가치를 높이는 것이 기업의 이익에 얼마나 크게 영향을 미치는지를 잘 알 수 있다.

백화점과 할인매장의 차이

소비자를 상대로 하는 소매점 중에서도 매출원가의 비중은 다르게 나타난다. 백화점들은 매출원가 비중이 50~70% 정도이지만 판매관리비가 높다. 그에 반해 대형할인매장들은 매출원가 비중이 70~80% 정도로 높지만 판매관리비는 상대적으로 낮다. 소위 '박리다매' 형식으로 재고자산을 판매하기 때문이다. 대신 이런 대형할인매장들은 재고자산회전율(매출액/재고자산)이 높다. 재고를 구입한 후 빠른 기간 내에 매출을 하는 것이다. 온라인 쇼핑몰들은 매출원가 비중이 더 높다.

이런 차이점들을 보면 기업들의 특성을 비교할 때 재무제표를 잘 분석해야 한다는 점을 이해할 수 있을 것이다. 또한 업종마다 재무제표가 크게 달라지므로, 서로 다른 업종에 속한 기업들을 1:1로 비교할 수 없다는 점에 대해서도 주의해야 한다.

종합복습예제

SHINSEGAE

(주)신세계는 일제 강점기인 1930년 설립된 미스코시백화점 경성지점을 기원으로 한다. 광복 이후 동화백화점으로 개명했다가 1963년 신세계백화점으로 다시 개명하여 현재에 이르고 있다. 현재는 백화점, 패션, 부동산, 호텔운영, 온라인쇼핑 등의 사업을 영위하고 있다.

(주)신세계의 백화점 부문은 20×1년 동안 다음과 같은 상품매매거래를 하였다. 백화점 부문은 많은 재고를 보유하고 있으며, 상품의 매입과 매출이 빈번히 발생하는 특징이 있다.

일 자	거 래	수 량	단 가
1월 1일	기초재고	200개	₩200
3월 5일	매 입	1,400	250
5월 12일	매 출	(1,000)	400
7월 17일	매 입	1,000	280
9월 2일	매 출	(1,300)	450
12월 10일	매 입	800	300

물음

실지재고조사법을 적용하는 경우 다음 각각의 방법에 따른 20×1년도의 기말재고액, 매출원가, 매출총이익을 구하시오. 또한 (1) 선입선출법을 가정한 경우에 각 일자별 회계처리와 기말결산수정분개도 하시오. 매입 및 매출 거래는 현금거래로 가정한다. 단 기말에 실사를 한 결과 기말재고 수량이 1,100개인 것으로 확인되었다.

(1) 선입선출법 (2) 후입선출법 (3) 총평균법

풀이

〈실지재고조사법〉

(1) 선입선출법

선입선출법을 사용할 때에는 기말재고가 제일 최근에 취득한 재고자산들로 구성되어 있다고 가정한다. 따라서 기말재고 1,100개는 12월 10일 취득한 상품 800개와 7월 17일 취득한 상품 300개로 구성된다.

• 기말재고액＝800개 × ₩300＋300개 × ₩280
＝₩324,000

• 매 출 원 가＝당기 판매가능액－기말재고액
＝(기초재고액＋당기매입액)－기말재고액
＝(₩40,000＋₩870,000)－₩324,000
＝₩910,000－₩324,000
＝₩586,000

• 매출총이익＝매출액－매출원가
＝₩985,000－₩586,000
＝₩399,000

〈기중 분개〉

① 3월 5일 매입

(차) 매 입	350,000	(대) 현 금	350,000

② 5월 12일 매출

(차) 현 금	400,000	(대) 매 출	400,000

③ 7월 17일 매입

(차) 매 입	280,000	(대) 현 금	280,000

④ 9월 2일 매출

(차) 현 금	585,000	(대) 매 출	585,000

⑤ 12월 10일 매입

(차) 매 입	240,000	(대) 현 금	240,000

〈기말 결산수정분개〉

① 기초재고

(차) 매출원가	40,000	(대) 상 품	40,000

② 당기매입(3월 5일, 7월 17일, 12월 10일 매입액의 합계액 ₩870,000)

(차) 매출원가	870,000	(대) 매 입	870,000

③ 기말재고

(차) 상 품	324,000	(대) 매출원가	324,000

(2) 후입선출법

후입선출법을 사용할 때에는 기말재고가 제일 오래전에 취득한 재고자산들로 구성되어 있다고 가정한다. 따라서 기말재고 1,100개는 기초재고 200개와 3월 5일 취득한 상품 900개로 구성된다.

• 기말재고액＝200개 × ₩200＋900개 × ₩250
＝₩265,000

• 매 출 원 가＝당기 판매가능액－기말재고액
＝(기초재고액＋당기매입액)－기말재고액
＝₩910,000－₩265,000
＝₩645,000

• 매출총이익＝매출액－매출원가
＝₩985,000－₩645,000
＝₩340,000

(3) 총평균법

$$\bullet \text{ 단위당 평균원가} = \frac{\text{당기 판매가능액}}{\text{당기 판매가능수량}}$$

$$= \frac{200\text{개} \times ₩200 + 1{,}400\text{개} \times ₩250 + 1{,}000\text{개} \times ₩280 + 800\text{개} \times ₩300}{200\text{개} + 1{,}400\text{개} + 1{,}000\text{개} + 800\text{개}}$$

$$= \frac{₩910{,}000}{3{,}400\text{개}} = ₩267.65$$

* 단가 계산시 편의상 소수점 셋째자리에서 반올림

- 기말재고액＝1,100개 × ₩267.65＝₩294,415
- 매 출 원 가＝당기 판매가능액－기말재고액
  ＝₩910,000－₩294,415＝₩615,585
- 매출총이익＝매출액－매출원가
  ＝₩985,000－₩615,585＝₩369,415

회계이야기 (5)

정유회사의 재고자산 평가방법

정유회사들은 막대한 재고자산을 보유하고 있다. 산유국으로부터 원유를 구입해서 한국까지 운반해오는 데도 긴 시간이 걸리고 국내에서 원유를 정제하여 소비자에게 판매될 때까지도 상당한 기간이 소요되기 때문이다. 예를 들어 국내 대형 정유4사인 HD현대오일뱅크, GS칼텍스, S-Oil, SK이노베이션은 2023년말 현재 각각 약 4조, 6조, 5조, 11조원의 재고자산을 보유하고 있다.

원유가는 전 세계적인 수요 및 공급 상황과 경기전망에 따라 급변한다. 예를 들어 지난 10년간 원유가가 배럴당 $100이 넘을 때도 있었지만 $30까지 떨어지기도 했다. 원유의 가격이 급변하면, 어떤 재고자산 평가방법을 사용하느냐에 따라 재고자산 평가금액이 크게 달라진다. 특히 원유의 가격이 하락하는 시기라면 저가평가에 따라 막대한 평가손실이 발생한다. 예를 들어 정유4사의 2023년말 재고자산 보유액의 총합계가 약 26조원이라는 점을 고려해보면, 원유가가 평균 10% 하락한 경우 약 2조 6천억원 정도의 재고자산평가손실이 발생할 것이라는 점을 알 수 있다. 이런 이유 때문에 정유사의 당기순손익과 주가는 원유가격의 변동에 따라 매우 민감하게 변한다.

과거 대부분의 국내 정유사들은 후입선출법을 사용하고 있었다. 2000년대 초반까지는 상대적으로 원유가가 상승하는 시기였으므로, 되도록 최근에 구입한 재고자산의 높은 원가를 매출원가로 기록하여 이익을 낮게 표시하기 위한 회계처리를 하였다. 이 경우 매우 오래전에 구입된 원유의 가치가 재고자산으로 기록되므로, 재고자산의 금액은 현재의 시가와 비교할 때 상당히 낮게 표시되었다. 이익이 높다면 석유가에 대한 소비자들의 저항이 심해질 수 있고, 또 세금도 많이 내야 하므로 이익을 적게 보고하기 위해 후입선출법을 사용했던 것이다.

후입선출법 사용중지의 효과

2011년부터 IFRS를 국내에서 사용하게 되자 더 이상 후입선출법을 사용하지 못하게 되었다. IFRS는 회사의 경제적 실질과 일치하는 회계처리방법을 사용하도록 규정하고 있는데, 최근에 구입한 원유부터 먼저 사용하고 오래전에 구입한 원유는 재고로 보유한다는 가정이 비현실적이기 때문이다. 이에 정유사들은 후입선출법에서 선입선출법이나 가중평균법으로 재고자산 회계처리방법을 변경하였다. 그 결과 오래전에 구입된 재고자산 금액들이 매출원가 계산에 포함되어, 2011년 매출원가가 낮아져 매우 큰 매출총이익이 발생하였다. 따라서 2011년에 그동안 덜 낸 세금을 한꺼번에 내게 되었다. 이처럼 재고자산 회계처리방법의 선택은 재무제표에 표시되는 기업의 경영성과나 재무상태에 큰 영향을 미친다. 따라서 기업들의 재무제표에 포함된 주석을 면밀하게 살펴서 기업들이 어떤 재고자산 평가방법을 사용하고 있는지, 또한 평가방법을 변경한 경우 변경한 효과가 어떠한지 확인해야 한다.

연습문제

주관식

1. [매입할인]

(주)덕송은 20×1년 1월 15일에 신용조건 2/10, n/30으로 매입거래를 하였다. 한편 (주)덕송은 대금을 지급하기 전에 구입한 물품에 이상이 있어서 일부를 반품시키거나 에누리를 받았다. 20×1년 1월 20일에 상품의 구입대금을 지급하였다. 운송비는 제3자의 운송회사에 지급하였다. 매입액, 운송비, 반품과 에누리의 금액이 다음과 같을 때 (주)덕송이 상품의 원가로 기록한 금액은 얼마인가?

	매입액	운송비	반품과 에누리
(1)	₩60,000	₩3,000	₩10,000
(2)	200,000	50,000	30,000

2. [계속기록법과 실지재고조사법]

(주)덕송은 재고자산을 실지재고조사법으로 기록하고 있다. 20×1년 1월 1일의 기초재고자산의 금액은 ₩1,000,000, 기중 매입액은 ₩5,070,000, 기중 매출액은 ₩6,700,000, 20×1년 12월 31일의 기말재고자산의 금액은 ₩1,300,000이다.

(1) (주)덕송의 매출원가를 구하기 위해 기말결산시 필요한 회계처리를 하고, (주)덕송의 20×1년의 매출원가를 구하시오.

(2) (1)에서 구한 매출원가를 이용하여 (주)덕송의 20×1년 매출총이익을 구하시오.

3. [재고자산]

다음 각각의 물음에 알맞은 재고자산의 회계처리방법을 쓰시오.

(1) (주)덕송은 고가의 특수기계를 취급하는 기업이다. (주)덕송이 20×1년말 현재 기말재고를 조사하려고 한다. (주)덕송이 기말재고로 보유하고 있는 특수기계들은 모두 종류가 다르며 가격 또한 매우 높다. (주)덕송이 20×1년말 기말재고를 결정하기 위해 사용할 수 있는 가장 적절한 방법은?

(2) (주)덕송은 20×2년말 기말재고자산의 가치를 결정하기 위해 선입선출법과 후입선출법 중에서 선택하려고 한다(후입선출법의 사용이 가능하다고 가정한다). 물가가 상승하는 추세라면 어떤 방법을 사용하면 이익을 더 높게 보고할 수 있는가?

(3) (주)덕송은 20×3년말 기말재고자산의 가치를 결정하기 위해 시장조사와 재고자산실사를 하다가 재고자산의 장부금액보다 순실현가치가 하락하였다는 것을 발견하였다. 이런 상황하에서는 어떤 회계처리를 수행해야 하는가?

(4) 물가가 하락하는 추세에 있는 경우 재무상태표의 재고자산계정 잔액이 더 높게 표시되는 재고자산 회계처리방법은 무엇인가?

(5) 국제회계기준에서 후입선출법의 사용을 금지한 이유는 무엇인가?

4. [재고자산의 원가배분방법]

다음은 (주)덕송의 20×1년 7월의 상품매매거래 자료이다. (주)덕송은 재고자산을 실지재고조사법에 의해서 회계처리하고 있다.

		수 량	단 가	금 액
7월 1일	기초재고	150	₩120	₩18,000
7일	매 입	90	130	11,700
14일	매 입	150	140	21,000
27일	매 출	280	300	84,000
	기말재고	110		

(1) 가중평균법을 이용할 경우 7월말 재고자산과 7월의 매출원가를 구하시오.
(2) 선입선출법을 이용할 경우 7월말 재고자산과 7월의 매출원가를 구하시오.
(3) 후입선출법을 이용할 경우 7월말 재고자산과 7월의 매출원가를 구하시오.

5. [재고자산의 원가흐름가정의 비교]

다음은 (주)덕송의 20×1년의 상품매매거래 자료이다. (주)덕송은 재고자산을 실지재고조사법에 의해서 회계처리하고 있다.

		수 량	단 가	금 액
1월 1일	기초재고자산	800	₩10	₩8,000
2월 7일	매 입	1,000	12	12,000
7월 10일	매 입	1,200	13	15,600
9월 29일	매 입	900	15	13,500
	판매가능상품	3,900		₩49,100
	당기매출	2,700		
12월 31일	기말재고자산	1,200		

(1) 가중평균법을 사용하는 경우 20×1년말 재고자산과 20×1년의 매출원가를 구하시오(단 단위당 원가계산 시 소수점 셋째 자리에서 반올림한다).
(2) 선입선출법을 사용하는 경우 20×1년말 재고자산과 20×1년의 매출원가를 구하시오.
(3) 후입선출법을 사용하는 경우 20×1년말 재고자산과 20×1년의 매출원가를 구하시오.
(4) 위의 세 가지의 방법 중, ① 어느 방법을 사용했을 때 기말재무상태표의 재고자산이 최근의 구입원가에 가까운지, 또한 ② 어느 방법을 사용했을 때 손익계산서의 매출원가가 최근의 구입원가에 가까운지 답하시오.

6. [재고자산 종합]

다음은 두산그룹 계열사들의 매입 및 매출 관련 자료이다. (a)~(h)를 채워 넣으시오.

	(주)두산	두산모빌리티 이노베이션	두산밥캣	두산로보틱스
기초상품	₩165	₩70	₩1,000	₩(g)
매입액	1,620	1,060	(e)	43,810
매입환출 및 에누리	40	(c)	290	2,720
매입운송비	(a)	250	1,730	2,240
순매입액	1,675	1,280	7,940	(h)
판매가능상품	1,840	1,350	(f)	49,530
기말재고상품	310	(d)	1,450	6,230
매출원가	(b)	1,260	7,490	43,300

7. [재고자산의 과대평가와 과소평가]

(주)덕송은 재고자산을 실지재고조사법에 의해서 회계처리하고 있다. 만약 20×1년말과 20×2년말 재고조사를 실시할 때 오류가 발생해서 20×1년말 기말재고가 ₩300만큼 과대평가되었고, 20×2년말 기말재고는 ₩100만큼 과소평가되었다고 가정하자. 20×3년의 재고자산 실사는 정확하게 수행되었다. 이 경우 3개 연도의 매출총이익은 각각 얼마씩 과대평가 또는 과소평가되었는지 계산하시오.

8. [재고자산의 저가평가]

(주)덕송은 재고자산평가에 있어서 저가법을 적용하고 있다. 다음의 자료는 20×1년 12월 31일의 재고자산에 관한 기록이다.

상품종목	재고수량	단위당 취득원가	단위당 추정판매가격	단위당 추정판매비
A	1,500	₩200	₩220	₩25
B	800	114	140	20
C	1,000	195	213	20

(1) 만약 종목을 구분하지 않고 전체 상품에 대해서 저가법을 적용하게 되는 경우, (주)덕송의 20×1년말 재고자산평가손실을 구하시오.

(2) 만약 항목별로 따로 저가법을 적용하게 되는 경우, (주)덕송의 20×1년말 재고자산평가손실을 구하시오.

(3) (1)과 (2)의 결과에 대해 논하시오.

객관식

1. [재고자산의 원가]

재고자산과 관련된 다음 설명 중 옳지 않은 것은?

① 재고자산은 기업의 정상적인 영업활동 중에서 판매할 것을 목적으로 보유하는 자산이다.

② 상품매매기업은 재고자산을 상품이라고 부르지만, 제조기업에서는 원재료, 재공품, 제품 등이 재고자산이다.
③ 재고자산 매입시 발생하는 운송비, 제세금, 기타 원가는 재고자산의 취득원가에 가산하여 표시한다.
④ 재고자산 판매시 발생하는 운송비, 제세금, 기타 원가도 재고자산의 취득원가에 가산하여 표시한다.
⑤ 재고자산 매입시 발생하는 매입에누리와 환출 및 매입할인은 재고자산의 취득원가에서 차감하여 표시한다.

2. [매출총이익]

다음은 (주)덕송의 20×1년 상품매출과 관련된 자료이다. 매출총이익은 얼마인가?

(1) 기초상품재고액	₩100,000	(2) 총매입액	₩730,000
(3) 매출액	1,000,000	(4) 매입환출	50,000
(5) 매출환입	30,000	(6) 매입에누리	10,000
(7) 매출에누리	20,000	(8) 기말상품재고액	380,000

① ₩270,000　② ₩550,000　③ ₩560,000
④ ₩570,000　⑤ ₩580,000

3. [재고자산]

(주)덕송의 20×1년 총매출액은 ₩450,000, 매출환입 및 에누리는 ₩50,000, 기초재고원가는 ₩150,000, 총매입액은 ₩250,000, 매입환출 및 에누리는 ₩25,000이다. 원가 대비 매출총이익의 비율은 25%이다. (주)덕송의 기말재고원가는 얼마인가?

① ₩135,000　② ₩115,000　③ ₩95,000
④ ₩75,000　⑤ ₩55,000

4. [계속기록법과 실지재고조사법]

(주)덕송은 재고자산에 대해 가중평균법을 적용하고 있다. 실지재고조사법 또는 계속기록법을 적용하는 경우 매출원가는 각각 얼마인가? (단 단가는 반올림하여 소수점 둘째자리까지 표시한다)

		수 량	단 가	금 액
2월 1일	기초재고	1,000	₩10	₩10,000
10일	매 입	2,000	11	22,000
20일	매 출	2,000		
25일	매 입	1,000	12	12,000
	기말재고	2,000		

	실지재고조사법	계속기록법
①	₩22,000	₩21,340
②	₩21,000	₩21,000
③	₩21,000	₩22,000
④	₩23,000	₩21,340
⑤	₩22,000	₩22,000

5. [재고자산의 원가흐름]
재고자산 회계에 관한 다음의 내용 중에서 맞는 것은?

① 선입선출법은 가장 최근에 매입된 상품이 먼저 판매되고 기말에 재고로 남아 있는 항목은 가장 먼저 매입된 항목이라고 가정하는 방법이다.
② 상호교환 가능한 대량의 동질적인 상품에 대해서는 개별법을 적용하는 것이 적절하다.
③ 선입선출법을 적용하면 재무상태표에 표시되는 재고는 항상 나중에 구입된 상품들로 구성되는 것이므로, 기말재고금액은 최근의 구입원가로 계산되고 손익계산서상의 매출원가는 상대적으로 먼저 구입한 상품들의 구입원가로 계산된다.
④ 국제회계기준에서는 선입선출법, 후입선출법, 가중평균법을 모두 허용한다.
⑤ 후입선출법에서는 기말재고자산이 최근의 판매단가를 반영하게 되어 기업의 현재 영업성과를 잘 나타낸다.

※ [6번~8번] 다음은 (주)덕송의 당기중 상품매매거래 자료이다.

		수 량	단 가	금 액
1월 1일	기초재고	10	₩100	₩1,000
2월 7일	매 입	50	120	6,000
4월 1일	매 출	30	300	9,000
5월 4일	매 입	100	110	11,000
6월 7일	매 출	80	310	24,800
7월 3일	매 입	40	150	6,000
	기말재고	90		

창고 실사를 통하여 파악된 기말재고 수량은 90개이다.

6. [선입선출법]
(주)덕송이 실지재고조사법과 선입선출법을 따르는 경우의 매출원가는 얼마인가?

① ₩8,500 ② ₩9,500 ③ ₩10,500
④ ₩11,500 ⑤ ₩12,500

7. [총평균법]

(주)덕송이 총평균법을 적용하는 경우의 기말재고액은 얼마인가?

① ₩11,700 ② ₩10,800 ③ ₩9,900
④ ₩9,000 ⑤ ₩8,100

8. [이동평균법]

(주)덕송이 이동평균법을 적용하는 경우의 기말재고액은 얼마인가? (소수 첫째자리에서 반올림)

① ₩10,500 ② ₩10,577 ③ ₩11,000
④ ₩11,500 ⑤ ₩11,577

9. [재고자산의 원가흐름가정의 비교]

재고자산의 원가흐름가정인 선입선출법, 후입선출법, 가중평균법에 대한 다음의 내용 중에서 옳지 않은 것은?

① 물가가 상승하면 기말재고액은 선입선출법이 가장 크고 후입선출법이 가장 작다.
② 물가가 상승하면 매출원가는 후입선출법이 가장 크고 선입선출법이 가장 작다.
③ 물가가 상승하면 당기순이익은 선입선출법이 가장 크고 후입선출법이 가장 작다.
④ 선입선출법을 사용하는 경우에는 실지재고조사법과 계속기록법을 적용할 때 항상 같은 금액의 재고자산과 매출원가가 계산된다.
⑤ 후입선출법을 사용하는 경우에는 실지재고조사법과 계속기록법을 적용할 때 항상 같은 금액의 재고자산과 매출원가가 계산된다.

10. [재고자산의 저가평가]

(주)덕송은 도매업에 종사하고 재고자산평가는 상품 종목별로 저가기준을 적용하고 있다. 다음 자료는 20×1년 12월 31일에 (주)덕송의 재고자산과 관련된 기록이다. 재고자산평가손실은 얼마인가?

상품종목	재고수량	단위당 취득원가	단위당 추정판매가격	단위당 추정판매비
A	500	₩6,000	₩8,000	₩600
B	800	7,000	6,400	400
C	400	4,600	4,400	200

① ₩0 ② ₩160,000 ③ ₩260,000
④ ₩800,000 ⑤ ₩960,000

미니케이스

(주)교보문고는 1980년 교보생명그룹의 계열사로 설립된 서점 및 출판사이다. (주)교보문고는 현재 도서, 음반, 문구류 등을 오프라인 매장과 인터넷을 통해 판매하는 국내 최대의 서점으로 성장하였다. 국내 오프라인 서점 시장에서는 점유율 1위를 차지하고 있으며, 글로벌 지식문화 브랜드로 성장하기 위해 노력하고 있다. (주)교보문고의 2023년 재무제표와 주석의 일부는 다음과 같다.

(단위 : 천원)

	당기말	전기말
상품	₩110,923,010	₩103,450,370
상품 평가충당금	(1,147,851)	(909,064)
제품	7,139,946	3,190,759
제품 평가충당금	(93,401)	(152,404)
원재료	16,329	–
합계	₩116,838,033	₩105,579,661

	당 기	전 기
매출액	₩901,374,433	₩832,378,991
매출원가	645,620,846	601,146,409

물 음

(1) (주)교보문고의 2023년과 2022년의 매출총이익과 매출총이익률은 각각 얼마인가?

(2) (주)교보문고의 2023년 재고자산 매입액은 얼마인가?

(3) 만약 위의 재무제표에 표시된 (주)교보문고의 기말재고자산이 1억원만큼 과대표시되어 있다고 할 때, 이를 수정한다면 매출원가와 당기순이익에 미치는 효과는 각각 얼마인가? (단 법인세효과는 무시한다)

KYOBO 교보문고

CHAPTER

7 유형자산과 무형자산

유형자산과 무형자산은 기업의 영업활동에 사용할 목적으로 취득, 보유하는 비유동자산이다. 유형자산은 토지, 건물, 기계장치 등으로 구성되며, 대부분의 경우 제조기업의 자산항목들 중에서 가장 큰 비중을 차지한다. 한편 무형자산은 영업권, 특허권, 상표권 등으로 구성되며, 물리적 실체가 없는 권리 등을 말한다.

본장에서는 유·무형자산의 취득, 유형자산의 감가상각, 무형자산의 상각, 유·무형자산의 인식시점 이후의 측정, 처분 등에 관한 회계처리를 다룬다.

독일의 대문호 괴테(Goethe, 1749~1832)는 '젊은 베르테르의 슬픔'이나 '파우스트' 같은 유명한 문학작품을 저술한 것으로 유명하다. 괴테는 회계를 '인류의 가장 위대한 발명품들 중 하나'라고 칭송했다. 회계의 중요성을 잘 나타내주는 표현이다.

학습목표 제7장 유형자산과 무형자산을 공부한 이후에는…

1. 유형자산과 무형자산을 정의하고 분류할 수 있다. *7.1, 7.2*
2. 유형자산의 취득원가에 포함되는 항목들을 이해하고 취득 후 발생하는 원가 중 자산의 취득원가에 가산하는 항목과 당기비용 처리하는 항목을 구분할 수 있다. *7.1*
3. 유형자산 감가상각의 개념을 이해하고 다양한 감가상각방법을 적용하여 감가상각비를 계산할 수 있다. *7.1*
4. 유형자산과 무형자산의 원가모형과 재평가모형을 이해하고 비교할 수 있다. *7.1, 7.2*
5. 유형자산의 손상을 이해하고 회계처리할 수 있다. *7.1*
6. 유형자산의 처분에 대해 회계처리할 수 있다. *7.1*
7. 무형자산의 내용연수 구분에 따른 상각방법을 이해하고 회계처리할 수 있다. *7.2*
8. 영업권의 개념을 이해할 수 있다. *7.2*

유형자산
property, plant and equipment

- 유형자산의 정의와 종류
  - 유형자산의 정의
  - 유형자산의 종류
- 유형자산의 취득원가 및 취득 후 지출
  - 유형자산의 취득원가 결정
  - 유형자산의 취득 후 지출
- 감가상각
  - 정액법
  - 체감잔액법
  - 생산량비례법
  - 회계추정의 변경
- 최초 인식 이후 측정
  - 원가모형
  - 유형자산의 손상
  - 재평가모형
- 유형자산의 처분

무형자산
intangible assets

- 무형자산의 정의와 종류
  - 무형자산의 정의
  - 무형자산의 종류
- 무형자산의 상각과 인식 후 측정방법
  - 무형자산의 상각
  - 무형자산의 인식 후 측정방법
- 영업권

7.1 유형자산

1. 유형자산의 정의와 종류

(1) 유형자산의 정의 및 특징

유형자산은 기업이 통제하고 있는 자산으로, 정상적인 영업활동과정중에 장기간 사용하기 위한 목적으로 보유하는 물리적 실체가 있는 자산이다.

유형자산(property, plant and equipment)은 기업이 통제하고 있는 자산으로, ① 정상적인 영업활동과정중에 ② 장기간 사용하기 위한 목적으로 보유하는 ③ 물리적 실체가 있는 자산이다. 대부분의 제조업에게 유형자산은 전체 자산 중 가장 높은 비중을 차지하는 중요한 자산항목이다. 따라서 유형자산에 대한 회계처리는 자산가액과 기간손익 결정에 중요한 영향을 미친다. 유형자산에 대해 좀 더 구체적으로 살펴보면 다음과 같다.

첫째, 유형자산은 기업의 정상적인 영업활동과정에서 (판매할 목적이 아닌) 사용할 목적으로 보유하고 있는 자산이다. 정상적인 영업활동이란 재화의 생산, 용역의 제공, 자체적 사용 등을 말한다. 따라서 판매를 목적으로 보유하는 재고자산이나 투자를 목적으로 보유하고 있는 자산과 구별된다. 예를 들어 유통기업이 본사나 판매 매장으로 사용하는 건물은 유형자산으로 분류하지만, 부동산판매회사나 건설회사가 판매를 목적으로 보유하고 있는 건물은 재고자산으로 분류한다. 또한 부동산임대회사가 아닌 회사가 건물을 영업활동에 사용하기 위한 목적이 아닌 임대수익이나 시세차익을 얻기 위해서 보유하고 있다면 투자부동산(investment property)으로 분류해서, 다른 유형자산과 구분하여 표시한다.[1]

둘째, 유형자산은 한 회계기간을 초과하여 장기간 동안 기업에 미래 경제적 효익을 가져다주는 자산이다.[2] 토지를 제외한 다른 유형자산(예 : 건물, 기계)은 유한한 기간 동안만 사용될 수 있는데, 유형자산의 취득원가는 감가상각이라는 원가배분과정을 통하여 자산을 사용하는 기간 동안 비용화된다.

셋째, 유형자산은 물리적 실체가 있는 자산으로, 물리적 실체가 없는 권리 등을 말하는 무형자산과 구별된다. 무형자산에 대해서는 7.2에서 살펴본다.

1) 투자부동산은 임대수익이나 시세차익 또는 두 가지 모두를 얻기 위하여 보유하고 있는 부동산인데, 회계처리방법은 유형자산과 비슷하다.

2) 기업의 특정자산이 정상적인 영업활동과정에 사용할 목적으로 보유하고 있으며 물리적 실체가 있더라도, 만약 한 회계기간 내의 단기간 동안에만 효익을 제공한다면 유형자산이 아니라 소모품(유동자산)으로 분류한다.

유형자산을 인식하기 위해서는 자산으로부터 발생하는 미래 경제적 효익이 기업에 유입될 가능성이 높고, 자산의 원가를 신뢰성 있게 측정할 수 있어야 한다.

유형자산을 인식하기 위해서는 다음의 두 가지 인식조건을 모두 만족해야 한다. ① 자산으로부터 발생하는 미래 경제적 효익이 기업에 유입될 가능성이 높아야(probable) 하고, ② 자산의 원가를 신뢰성 있게 측정할 수 있어야(measurable) 한다. 이 두 조건은 제2장에서 설명한 자산의 인식조건과 동일하다.

(2) 유형자산의 종류

유형자산은 영업상 유사한 성격과 용도로 분류하여 표시하게 되는데, 개별 분류의 예는 다음과 같다.

① 토지, ② 건물, ③ 기계장치, ④ 선박, ⑤ 항공기, ⑥ 차량운반구, ⑦ 비품

2. 유형자산의 취득원가 및 취득 후 지출

(1) 유형자산의 취득원가

유형자산을 최초로 인식할 때에는 **원가**로 측정한다. 원가는 구입가격, 매입관련원가, 추정복구원가를 포함한다.

유형자산을 최초로 인식할 때에는 원가로 측정한다. 원가는 ① 구입가격, ② 매입관련원가, ③ 추정복구원가로 구성된다. 유형자산의 취득과 관련한 세금이 있으면 이를 구입가격에 포함하고, 매입할인 등의 이유로 정상가격보다 할인받은 금액은 구입가격에서 차감한다. 매입관련원가는 경영진이 의도하는 방식으로 관련 자산을 가동하는 데 필요한 장소와 상태에 이르게 하는 데 직접 관련되는 원가이다. 예를 들어 기계장치의 설치원가 및 조립원가, 운송비 등이 이에 해당한다. 한편 원자력발전소, 쓰레기매립장 등 일부 유형자산의 경우에는 그 사용종료 후에 환경보존을 위해 복구작업을 해야 한다. 이와 같이 원상복구를 위하여 시설물을 제거, 해체하거나 또는 부지를 복원할 의무가 있는 경우에는 복구원가추정액을 유형자산 취득원가에 포함한다. 복구원가는 관련 유형자산을 사용하기 위해서 반드시 부담해야 할 원가이기 때문에 이를 취득원가에 포함시키는 것이다.

취득원가 = 구입가격* + 매입관련원가 + 추정복구원가

* 관련세금 포함, 매입할인 차감

(2) 유형자산의 취득 후 지출 : 후속원가

유형자산을 사용하는 동안에 그 자산과 관련된 여러 가지 지출이 발생한다. 예를

들어 사용하고 있는 기계가 고장난 경우 기계를 수리하는 과정에서 수선비가 발생하고, 기계의 주요 부품을 정기적으로 교체하기도 한다. 이러한 지출은 유형자산의 증가로 회계처리할 수도 있고(즉 유형자산의 원가에 가산하고),[3] 또는 당기의 비용으로 처리할 수도 있다. 어떻게 회계처리하느냐에 따라 자산과 당기비용 금액이 크게 달라진다. 이러한 후속원가를 어떻게 분류할 것인지를 결정하기 위해서는 앞에서 살펴본 유형자산의 인식원칙 두 가지를 모두 충족하는지 평가해야 한다. 즉 ① 자산으로부터 발생하는 미래 경제적 효익이 기업에 유입될 가능성이 높고, ② 자산의 원가를 신뢰성 있게 측정할 수 있는 경우 해당 유형자산의 증가로 회계처리하는데, 이를 자본적 지출(capital expenditure)이라고 한다. 한편 이 두 가지 조건을 한 가지라도 충족하지 않는 경우에는 발생시점에 당기비용으로 처리하며, 이를 수익적 지출(revenue expenditure)이라고 한다.

유형자산의 인식조건을 충족하는 지출의 경우에는 원가에 가산하고(**자본적 지출**), 인식조건을 충족하지 않는 경우에는 당기비용 처리한다(**수익적 지출**).

유형자산의 일상적인 수선·유지와 관련하여 발생하는 지출은 수익적 지출로 처리한다. 이는 수선·유지활동이 미래효익을 증가시키기보다는 성능수준을 회복하거나 유지하는 목적이기 때문이다.[4] 한편 일부 유형자산의 경우 주요 부품을 정기적으로 교체하거나 정기검사를 실시해야 하는 경우가 있다. 예를 들어 제철소에서 사용하는 용광로의 경우 일정시간 사용 후 내부의 내화벽돌을 교체해야 한다. 항공사가 보유중인 항공기 엔진은 일정시간 사용 후 안전성 검사를 해야 한다. 내화벽돌이나 항공기 엔진은 해당 유형자산(즉 용광로나 항공기)의 핵심부품이다. 이와 같이 유형자산의 일부를 대체하거나 검사할 때 발생하는 원가가 중요하며 해당 자산을 계속 사용하기 위해 꼭 필요한 경우 자본적 지출로 인식한다.

표 7-1

자본적 지출과 수익적 지출의 구분

구 분	자본적 지출	수익적 지출
인식요건	(1) 미래 경제적 효익의 유입가능성 높음 (2) 원가를 신뢰성 있게 측정가능	왼쪽의 (1)과 (2)가 충족되지 아니할 때
회계처리	유형자산의 증가로 처리하고 향후 감가상각을 통해 비용처리함	발생시점에 당기비용 처리함
사례	(1) 정기적 교체가 필요한 부품 원가(제철소의 용광로 등) (2) 항공기 등 유형자산의 가동을 위해 정기적인 종합검사 등이 필요할 경우 이때 발생하는 원가	일상적인 수선·유지와 관련하여 발생하는 원가

3) 이 경우 '자본화(capitalize)'한다고 표현한다.
4) 일상적인 수선·유지과정에서 발생하는 원가는 주로 노무비와 소모품비로 구성되며, 사소한 부품원가가 포함될 수 있다. 중요한 부품의 원가라면 자본적 지출로 분류해야 한다.

예제 7-1 자본적 지출과 수익적 지출

(주)포스코는 2×11년 1월 1일에 용광로 50호기의 가동을 시작하였다. 제철소의 경우 정상적인 생산을 위해 매 10년마다 용광로를 교체해야 한다. 2×21년 1월 1일 용광로 가동 10년이 되어 (주)포스코는 정기적인 용광로 교체를 수행하였는데, 그 과정에 총 ₩1,000,000의 금액이 소요되었다. 이 경우 회계처리는 다음과 같다.

① 자본적 지출의 회계처리

(차) 기 계 장 치	1,000,000	(대) 현 금	1,000,000

용광로 교체는 제품생산에 필수적인 주요 부품을 교체한 것이므로 자본적 지출에 해당한다. 또한 (주)포스코가 건물의 외벽을 다시 페인트칠하였는데, 이에 대해 ₩500,000을 지출하였을 경우에 다음과 같이 회계처리한다.

② 수익적 지출의 회계처리

(차) 수 선 비	500,000	(대) 현 금	500,000

페인트칠은 일상적인 수선·유지와 관련하여 발생한 것이므로, 수익적 지출로 회계처리하여 전액 당기비용으로 기록한다.

자본적 지출로 처리하면 수익적 지출로 처리했을 때보다 당기이익은 높게, 그리고 미래 이익은 낮게 나타난다. 그러나 어떤 방법을 사용하건 자산의 전체 사용기간에 걸친 총비용과 이익은 동일하다.

유형자산의 취득 후 발생하는 여러 가지 지출을 유형자산의 원가에 포함시키면(즉 자본적 지출로 회계처리하면) 자산(해당 유형자산)이 증가하게 되고, 이는 아래에서 설명할 감가상각비를 통해서 남은 내용연수 동안 점진적으로 비용처리된다. 반면 취득 후 발생한 지출을 수익적 지출로 회계처리하면 발생한 시점에 모두 비용처리된다. 따라서 자본적 지출로 처리하면 수익적 지출로 처리하는 방법에 비해 당기이익이 더 높아지지만, 미래 기간의 이익은 더 낮아진다. 그러나 어떤 방법을 사용하건 자산의 전체 사용기간에 걸친 총비용과 총이익은 동일하다.[5)]

5) 예를 들어 [예제 7-1]에서 소개한 (주)포스코의 용광로 교체를 위해 지출한 ₩1,000,000의 경우, (주)포스코가 이를 자본적 지출로 회계처리하고 감가상각 회계처리방법으로 정액법을 사용한다면 앞으로 10년간 매년 추가적인 감가상각비를 ₩100,000씩 기록할 것이다. 그러나 만약 이를 수익적 지출로 회계처리한다면 2×21년 동안 지출한 ₩1,000,000이 전액 당기비용으로 기록될 뿐 2×22년부터 미래 기간의 비용은 변하지 않는다. 그 결과 수익적 지출로 회계처리하면 2×21년의 비용은 ₩900,000 많게 기록되며, 2×22년부터 2×30년까지 9년 동안의 비용은 매년 ₩100,000씩 적게 기록된다. 감가상각에 대한 내용은 *7.1*의 3.에서 공부한다.

3. 감가상각

(1) 감가상각의 정의 및 계산요소

감가상각이란 감가상각대상금액을 그 자산의 내용연수 동안 체계적이고 합리적으로 배분하여 비용화시키는 과정을 말한다.

감가상각은 수익 · 비용대응의 원칙을 적용하기 위해 수행되는 **원가배분**과정이다.

감가상각계산의 세 가지 요소는 ① 감가상각대상금액, ② 내용연수, ③ 감가상각방법이다.

감가상각(depreciation)이란 유형자산의 원가에서 추정잔존가치를 차감한 잔액인 감가상각대상금액을 그 자산의 내용연수 동안 체계적이고 합리적으로 배분하여 비용화시키는 과정을 말한다. 즉 수익을 창출하는 과정에서 사용된 유형자산의 원가를 수익이 창출된 기간 동안 비용으로 인식하여 수익과 비용을 적절히 대응시키는 것이다. 이런 측면에서 감가상각은 수익 · 비용대응의 원칙을 적용하기 위해 수행되는 원가배분(cost allocation)과정으로서, 유형자산의 공정한 가치를 평가하여 기록한다는 것과는 다른 개념이다. 단 유형자산 중 토지는 사용할 수 있는 기간이 무한하므로 감가상각을 하지 않는다.

감가상각비를 계산하기 위해서는 감가상각대상금액, 내용연수, 감가상각방법의 세 가지 요소를 알아야 한다.

감가상각대상금액

감가상각대상금액(depreciable amount)은 유형자산의 원가에서 추정잔존가치를 차감한 금액이다. 추정잔존가치(estimated residual value)란 자산의 내용연수 종료시점이 되었을 때 자산을 처분해서 얻을 수 있는 금액에서 처분과정에 소요되는 원가(처분부대원가)를 차감한 금액의 추정치이다. 예를 들어 회사에서 사용하던 낡은 기계를 고철로 판매할 수 있다면, 예상판매금액에서 판매에 소요되는 원가를 차감한 금액을 말한다.

감가상각대상금액 = 취득원가 − 추정잔존가치

내용연수

내용연수는 자산이 사용가능할 것으로 기대되는 기간 또는 자산에서 얻을 것으로 기대되는 생산량이나 이와 유사한 단위 수량을 의미한다.

내용연수(useful life)란 자산이 사용가능할 것으로 기대되는 기간 또는 자산으로부터 예상되는 생산량이나 이와 유사한 단위 수량을 의미한다. 내용연수는 일반적으로 예상사용기간(예 : 3년, 10년)으로 표시되는 경우가 많지만, 생산량 등이 더 적절한 경우에는 생산량이나 이와 유사한 단위 수량으로 표시할 수 있다. 예를 들어 특정 기계장치가 제품 1,000개를 생산하면 더 이상 사용할 수 없다고 할 때, 내용연수를 총생산제품개수인 1,000개로 정할 수 있다.

내용연수 기간에 걸쳐 매년 감가상각비를 인식하므로, 내용연수를 짧게 설정하면 해당 자산의 감가상각비를 짧은 기간 내에 모두 인식하게 되어 각 연도 감가상각 내용연수에 따라 매 기간 감가상각비가 달라지지만, 전 기간에 걸쳐 인식되는 감가상각비의 총합계는 동일하다.

에 기록되는 감가상각비가 증가하는 효과가 있다. 내용연수를 길게 설정하면 좀 더 긴 기간 동안 감가상각비를 배분하여 기록하므로 각 연도에 기록되는 감가상각비는 줄어들게 된다. 따라서 내용연수를 몇 년으로 정하느냐에 따라 매년 포괄손익계산서에 보고되는 이익이 달라지지만, 전 기간에 걸쳐 인식되는 감가상각비의 총합계는 동일하다.

한편 감가상각은 유형자산이 사용가능한 시점부터 시작한다. 즉 경영진이 의도하는 방식으로 자산을 가동하는 데 필요한 장소와 상태에 이른 때부터 시작하는 것이다.

(2) 감가상각비의 회계처리

감가상각비는 감가상각누계액을 상대계정으로 한다. **감가상각누계액**은 자산에 대한 차감계정이다.

당기의 감가상각비 금액이 계산되면, 감가상각비를 차변에 기록하고 대변에 감가상각누계액(accumulated depreciation)을 기록한다.[6] 감가상각누계액계정은 대변계정이지만 부채가 아니라 자산에 대한 차감계정이다. 감가상각비는 당기에 인식한 비용으로서 포괄손익계산서에 반영된다. 그러나 감가상각누계액은 취득 이후 현재까지 인식한 감가상각비의 누적합계액을 나타내는 계정으로서, 재무상태표의 유형자산 취득원가에서 차감하는 형식으로 표시한다. 유형자산의 취득원가에서 감가상각누계액을 차감한 금액을 간단히 유형자산의 장부금액(carrying amount)이라 한다.

그림 7-1

감가상각비의 개념

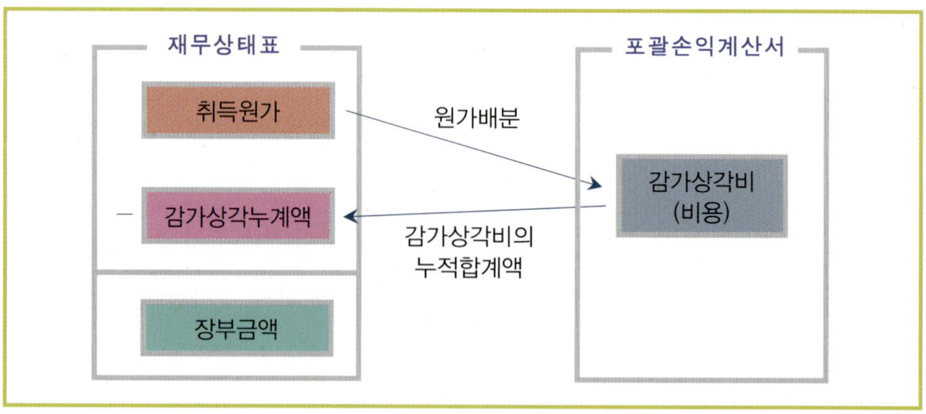

6) 유형자산의 가치감소는 회계기간중 점진적으로 발생하지만, 편의상 1년간의 감가상각비 총액을 보고기간말에 계산하여 회계처리한다. 즉 감가상각 회계처리는 결산수정분개의 일부다.

예제 7-2 감가상각비의 회계처리

동국제강은 20×1년 1월 1일에 기계장치를 ₩2,000,000에 취득하였다. 20×1년에 계산한 감가상각비가 ₩600,000인 경우 다음과 같이 회계처리한다.

① 기계장치 취득시

(차) 기 계 장 치	2,000,000	(대) 현 금	2,000,000

② 감가상각비

20×1년 기말시점에, 아래와 같이 감가상각비를 차변에 기록하고 대변에 감가상각누계액을 사용하여 회계처리한다.

(차) 감가상각비	600,000	(대) 감가상각누계액	600,000

20×1년 재무상태표에 기계장치를 표시할 때는 아래와 같이 취득원가와 감가상각누계액(차감계정)을 함께 나타낸다. 20×1년말 기계장치의 장부금액은 ₩1,400,000이 된다.

부분재무상태표(20×1년 12월 31일)	
비유동자산	
기 계 장 치	₩2,000,000
감가상각누계액	(600,000)
	₩1,400,000

부분포괄손익계산서(20×1년)	
감가상각비	₩600,000

다음 연도인 20×2년에 ₩600,000의 감가상각비를 인식했다면, 20×2년 손익계산서에 반영되는 감가상각비는 ₩600,000이며 감가상각누계액은 20×1년과 20×2년에 인식한 감가상각비의 합인 ₩1,200,000이다.

부분재무상태표(20×2년 12월 31일)	
비유동자산	
기 계 장 치	₩2,000,000
감가상각누계액	(1,200,000)
	₩800,000

부분포괄손익계산서(20×2년)	
감가상각비	₩600,000

(3) 감가상각방법

감가상각방법은 감가상각대상금액을 해당 유형자산의 내용연수 동안 체계적으로 배분하는 방법으로, 정액법, 체감잔액법 및 생산량비례법 등이 있다. 기업은 해당 유형자산을 사용함으로써 발생할 미래 경제적 효익이 감소하는 형태를 반영해서 감가상각방법을 결정해야 한다.

정액법

정액법은 자산의 내용연수 동안 매 기간 일정액의 감가상각액을 인식하는 방법이다.

정액법(straight-line method)은 자산의 내용연수 동안 매 기간 일정액의 감가상각액을 인식하는 방법이다. 해당 자산의 경제적 효익이 시간의 경과에 따라서 일정하게 감소하는 경우에 적합한 방법이다. 계산이 간편하기 때문에 가장 널리 사용된다.

정액법에 의한 연간 감가상각비는 다음과 같이 감가상각대상금액(=취득원가−잔존가치)을 내용연수로 나누어서 계산한다.

$$\text{연간 감가상각비} = \frac{(\text{취득원가} - \text{잔존가치})}{\text{내용연수}}$$

여러 가지 감가상각방법을 비교하기 위해서 다음의 [예제 7-3]을 공통적으로 사용하도록 한다.

예제 7-3 감가상각방법 : 정액법

(주)애경은 20×1년 1월 1일에 기계장치를 ₩2,000,000에 취득하였다. 내용연수는 3년이며 잔존가치는 ₩200,000으로 추정되었다. 감가상각방법으로 정액법을 사용한다.

정액법을 사용하는 경우 매년 감가상각비와 장부금액은 아래 표와 같다.

연 도	계 산	감가상각비	감가상각누계액	장부금액
				₩2,000,000
20×1	₩1,800,000 × 1/3	₩600,000	₩600,000	1,400,000
20×2	₩1,800,000 × 1/3	600,000	1,200,000	800,000
20×3	₩1,800,000 × 1/3	600,000	1,800,000	200,000
		₩1,800,000		

정액법을 적용하면 20×1년부터 20×3년의 내용연수 동안 인식하는 감가상각비가 ₩600,000으로 매년 동일하다. 20×3년말 장부금액은 ₩200,000이 되는데, 이는 잔존가치와 동일하다. 3년 동안 인식하는 감가상각비의 합은 감가상각대상금액인 ₩1,800,000이다. 따라서 3년간의 감가상각이 끝난 후의 장부금액 ₩200,000은 잔존가치와 일치한다.

20×1년말 감가상각비를 인식하는 분개는 다음과 같다.

(차) 감가상각비	600,000	(대) 감가상각누계액	600,000

체감잔액법

체감잔액법(diminishing or declining balance method)은 감가상각액이 매 기간 감소하는 방법이다. 감가상각 초기에는 많은 금액이 상각되고 시간이 경과할수록 상각액이 점차 감소하므로 가속상각법(accelerated depreciation method)이라고도 부른다. 체감잔액법의 대표적인 방법으로 정률법과 연수합계법이 있다. 유형자산의 가치가 자산 사용초기에 더 많이 감소하는 경우에 적합한 방법이다.

정률법은 유형자산의 기초 장부금액(미상각잔액)에 상각률을 곱한 만큼을 감가상각비로 계산한다.

정률법(constant percentage method)은 유형자산의 기초 장부금액(미상각잔액)에 일정한 비율(상각률)을 곱한 금액을 감가상각비로 인식하는 방법이다. 정률법하에서는 매년 감가상각비를 기록함에 따라 감가상각누계액이 증가하므로 각 기간의 기초 장부금액(원가−감가상각누계액)은 매년 감소한다. 감소하는 기초 장부금액에 일정한 상각률을 곱하므로 연간 감가상각비는 점차 감소하게 된다.[7]

정률법에 의한 감가상각비는 다음과 같이 계산한다.

연간 감가상각비 = 기초 장부금액 × 상각률

$$\text{상각률} = 1 - \sqrt[n]{\frac{\text{잔존가치}}{\text{취득원가}}}, \quad n: \text{내용연수},$$

기초 장부금액 = 취득원가 − 전기말의 감가상각누계액

연수합계법은 내용연수의 합계를 분모로 하고 잔여내용연수를 분자로 하여 상각률을 계산한다.

연수합계법(sum-of-years' digit method)은 정률법을 사용할 때 상각률 계산이 어렵다는 단점을 보완하기 위해 개발되어 사용된 방법이다. 연수합계법을 적용할 때는 내용연수의 합계를 분모로 하고 잔여내용연수를 분자로 하여 매년 상각률을 계산한다. 계산된 상각률을 감가상각대상금액에 곱하여 각 연도의 감가상각비를 계산하는 방법이다. 예를 들면 내용연수가 3년인 경우 상각률을 계산할 때 분모는 향후 3년의 내용연수의 합계인 6(=3+2+1)이다. 분자는 잔여내용연수에 따라 매년 3, 2, 1의 순서대로 사용한다. 즉 3개 연도의 상각률은 각각 3/6, 2/6, 1/6이다.

연수합계법은 감가상각대상금액(원가−잔존가치)에 해당 연도에 적용되는 상각률을 곱해서 연간 감가상각비를 계산하는 방법이다. 반면 정률법은 감가상각대상금액이 아니라 기초 장부금액(미상각잔액)에 상각률을 곱하여 연간 감가상각비를 계산한다는 점에 주의해야 한다.

7) 정률법의 상각률 계산을 간편하게 하기 위한 방법으로 이중체감잔액법(double declining balance method)이 있다. 이중체감잔액법은 정액법에 의한 상각률의 두 배([1/내용연수]×2)를 상각률로 적용한다. 예를 들어 내용연수가 3년인 유형자산은 (1/3)×2=2/3를 상각률로 하고, 이를 기초 장부금액에 곱하여 연간 감가상각비를 계산한다. 간단히 체감잔액법을 적용하기 위해 개발된 방법이다.

예제 7-4 감가상각방법 : 정률법과 연수합계법

(주)애경은 20×1년 1월 1일에 기계장치를 ₩2,000,000에 취득하였다. 취득시점에 이 기계장치의 내용연수는 3년, 잔존가치는 ₩200,000으로 추정되었다. 정률법 상각률은 0.5358이다. 정률법과 연수합계법을 사용한 회계처리는 다음과 같다.

① 정률법

정률법을 사용하는 경우 매년 감가상각비와 장부금액은 아래 표와 같다.

연 도	계 산	감가상각비	감가상각누계액	장부금액
				₩2,000,000
20×1	₩2,000,000×0.5358	₩1,071,600	₩1,071,600	928,400
20×2	₩928,400×0.5358	497,437	1,569,037	430,963
20×3	₩430,963×0.5358	230,963*	1,800,000	200,000
		₩1,800,000		

* 정률법의 경우 내용연수 마지막 연도의 감가상각비 금액은 반올림 차이로 인하여 정확하게 계산되지 않는다. 따라서 내용연수 마지막 연도의 감가상각비는 상각률을 적용하여 계산하는 것이 아니라 내용연수 동안의 감가상각비의 합이 감가상각대상금액과 일치하도록 조정해준다. 예를 들면 위의 예에서 20×3년의 경우 공식에 따라 계산하면 감가상각비는 ₩430,963×0.5358=₩230,910이다. 그러나 감가상각비로 ₩230,910을 기록하면 기말장부금액이 ₩200,000이 되지 않는다. 따라서 기말장부금액이 ₩200,000이 되도록 20×3년의 감가상각비로 ₩230,963을 인식하는 것이다.

20×1년말 정률법에 의한 감가상각비를 인식하는 분개는 다음과 같다.

(차) 감가상각비	1,071,600	(대) 감가상각누계액	1,071,600

② 연수합계법

연수합계법을 사용하는 경우 매년 감가상각비와 장부금액은 아래 표와 같다.

연 도	계 산	감가상각비	감가상각누계액	장부금액
				₩2,000,000
20×1	₩1,800,000×3/6	₩900,000	₩900,000	1,100,000
20×2	₩1,800,000×2/6	600,000	1,500,000	500,000
20×3	₩1,800,000×1/6	300,000	1,800,000	200,000
		₩1,800,000		

20×1년말 연수합계법에 의한 감가상각비를 인식하는 분개는 다음과 같다.

(차) 감가상각비	900,000	(대) 감가상각누계액	900,000

생산량비례법

생산량비례법은 생산량, 운행거리, 작업시간 등에 비례하여 감가상각비를 계산하는 방법이다.

생산량비례법(units of production method)은 생산량, 운행거리, 작업시간 등에 비례하여 감가상각비를 계산하는 방법이다. 예를 들어 생산량비례법에 의한 감가상각비는 다음과 같이 감가상각대상금액에 예상 총생산량(사용량)에 대한 실제생산량(사용량)의 비율을 곱하여 계산한다.

$$\text{연간 감가상각비} = (\text{취득원가} - \text{잔존가치}) \times \frac{\text{실제 연간생산량(사용량)}}{\text{예상 총생산량(총사용량)}}$$

예제 7-5 감가상각방법 : 생산량비례법

(주)애경은 20×1년 1월 1일에 기계장치를 ₩2,000,000에 취득하였다. 기계의 총사용시간은 100,000시간, 잔존가치는 ₩200,000으로 추정되었다. 실제사용시간은 20×1년 20,000시간, 20×2년 45,000시간, 20×3년 35,000시간이었다. 생산량비례법을 사용할 경우의 매년 감가상각비와 장부금액은 아래 표와 같다.

연 도	계 산	감가상각비	감가상각누계액	장부금액
				₩2,000,000
20×1	₩1,800,000×20,000/100,000	₩360,000	₩360,000	1,640,000
20×2	₩1,800,000×45,000/100,000	810,000	1,170,000	830,000
20×3	₩1,800,000×35,000/100,000	630,000	1,800,000	200,000
		₩1,800,000		

20×1년말 생산량비례법에 의한 감가상각비를 인식하는 분개는 다음과 같다.

(차) 감가상각비	360,000	(대) 감가상각누계액	360,000

(4) 감가상각방법간의 비교

각 자산의 미래 경제적 효익이 소비되는 형태에 따라 감가상각방법을 선택한다.

감가상각방법에 따라 매 회계기간마다 기록되는 감가상각비 금액은 달라진다. 기간별 감가상각비는 정액법의 경우 내용연수 동안 매 기간 동일하고, 체감잔액법의 경우 시간이 흐름에 따라 점차 감소하며, 생산량비례법의 경우에는 각 기간 생산량에 따라 변동한다. 이렇게 다양한 감가상각방법이 존재하는 이유는 각 자산의 미래 경제적 효익이 소비되는 형태(즉 해당 자산을 사용함으로써 자산의 가치가 감소하는 형태)가 다르기 때문에, 이를 반영하여 체계적이고 합리적인 방법으로 감가상각비를 각 기간에 배분하기 위해서이다. 다만 내용연수 전체 동안 인식하는 감가상각비 총액은 감가상각방법에 상관없이 감가상각대상금액(취득원가－잔존

표 7-2

감가상각방법 요약

구 분	연간 감가상각비	감가상각비 인식
정액법	$\frac{\text{취득원가}-\text{잔존가치}}{\text{내용연수}}$	매년 동일
정률법	(취득원가−감가상각누계액)×상각률	초기연도에 많이 인식
연수합계법	$(\text{취득원가}-\text{잔존가치})\times\frac{\text{특정연도초의 잔존내용연수}}{\text{연수의 합계}}$	
생산량 비례법	$(\text{취득원가}-\text{잔존가치})\times\frac{\text{실제 연간생산량}}{\text{예상 총생산량}}$	생산량 또는 사용량에 비례

가치)과 일치한다. 즉 감가상각총액은 일정한데, 매 회계기간마다 인식하는 감가상각비 금액만 감가상각방법에 따라 달라지는 것이다. 어느 방법을 사용하든, 내용연수 종료 후 장부금액은 잔존가치로서 모두 동일하다.

감가상각방법의 선택은 감가상각비에 영향을 주고, 결과적으로 당기순손익에도 영향을 준다.

어떤 감가상각방법을 선택해서 사용하느냐에 따라 기간별 감가상각비가 달라지기 때문에, 그 결과 각 기간별 당기순손익도 달라지게 된다.[8]

감가상각방법별로 내용연수 동안 감가상각비와 장부금액을 그림으로 나타내면 [그림 7-2]와 같다.

회계이야기 (1)

재무적 어려움과 감가상각 내용연수

2008년 세계금융위기 발발 이후 많은 기업들이 어려움에 직면하게 된다. 특히 금융위기 발발 이후 교역량이 급감하자 부존자원이 없어 수출에 의존할 수밖에 없는 우리나라 기업들은 큰 타격을 입었다.

위기에 몰린 기업들은 비용을 절감하기 위해 노력했다. 사업부문 매각이나 청산, 인원 감축, 봉급 감축, 기타 각종 비용절감 등의 방법이 동원됐다. 이런 방법들을 사용하면 비용과 현금의 유출이 동시에 줄어든다. 이 외에도 기업들은 유형자산 내용연수를 수차례에 걸쳐서 늘렸다. 그 결과 연간 기록되는 감가상각비가 줄어들었다. 이는 현금흐름의 변화 없이 회계상의 비용만 줄이는 방법으로서, 발생액 기반 이익조정(accrual-based earnings management)이라고 부른다. 이해관계자들이 의사결정을 위해 재무제표를 사용하기 때문에, 존폐의 위기에 처한 회사는 이를 숨기기 위해 이익조정을 통해 회사의 재무상황이나 경영성과를 좋게 보이도록 할 유인이 있다.

그럼에도 불구하고 위기를 극복하지 못한 많은 회사들이 2010년대 초중반 파산하여 사라졌다. 그 결과 안타깝게도 많은 사람들이 직장을 잃었다. 이처럼 기업의 성공이나 실패는 국민의 생활에 큰 영향을 미친다. 따라서 경기가 살아나고 일자리가 창출되기 위해서는 기업들이 살아나야 한다는 점을 이해할 수 있을 것이다. 최근 COVID-19 사태, 강대국들의 갈등과 국지전 발생, 에너지 가격의 폭등, 보호무역주의의 대두 등 다양한 이유 때문에 경기가 침체되자, 많은 기업들에서 직원들을 해고하였다. 또한 신규채용도 중지하여 대학생들이 취직할 일자리도 줄어들었다. 이런 사례들 모두 기업의 생존과 발전이 일자리와 직결된다는 것을 잘 보여준다.

8) 우리나라의 경우 세법에서 각 유형자산 종류별로 세무상 감가상각비 계산을 위한 기준내용연수와 선택가능한 감가상각방법을 규정하고 있다. 따라서 재무제표 작성을 위해 선택된 내용연수와 감가상각방법에 따라 계산된 회계상 감가상각비는 세금계산을 위해 인정되는 감가상각비와 다를 수 있다.

그림 7-2
시간에 따른 감가상각비와 장부금액의 변화

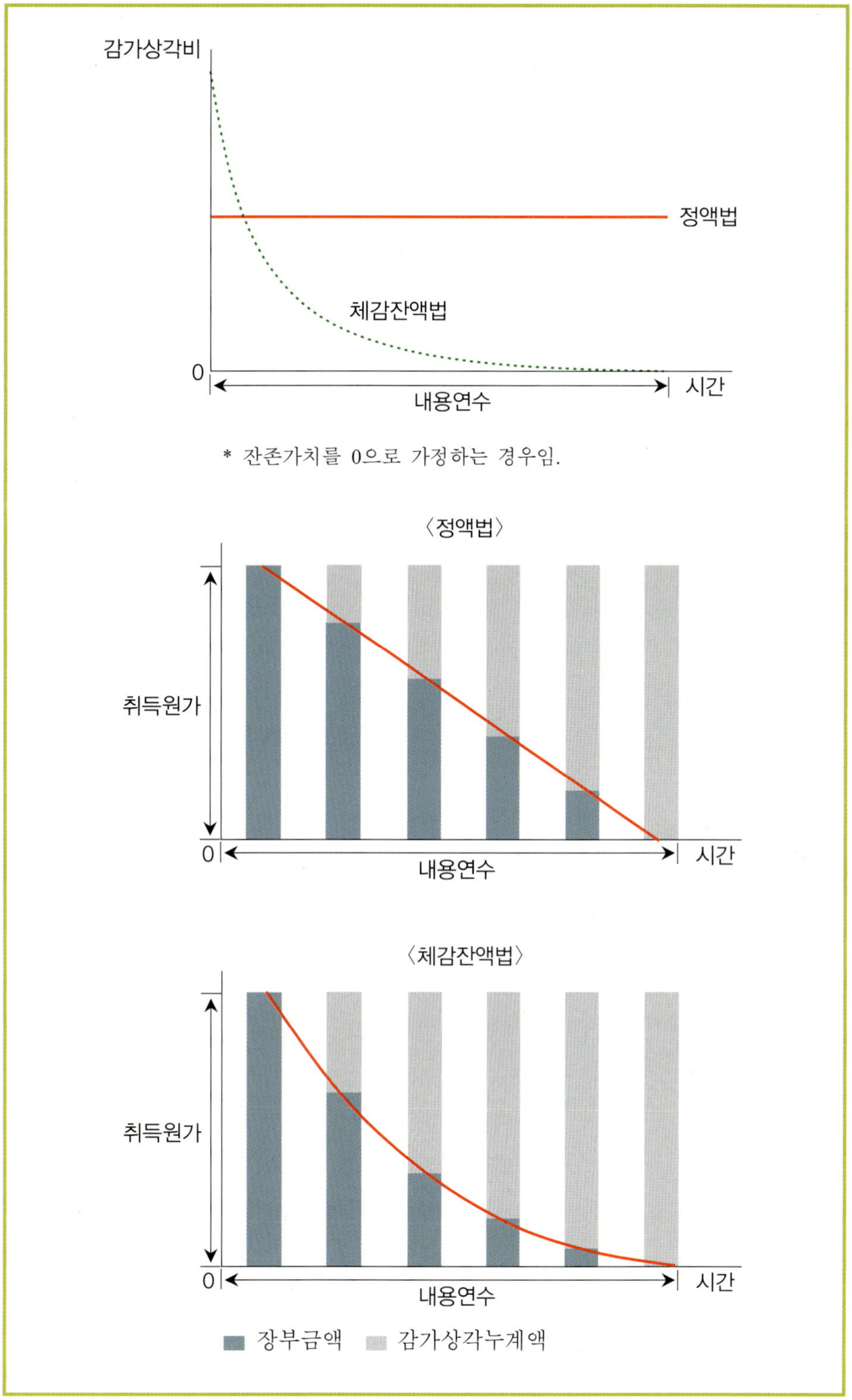

(5) 기중에 구입한 유형자산의 감가상각

기중에 구입한 **유형자산**은 사용한 기간에 대한 감가상각비를 인식해야 한다.

지금까지 살펴본 예에서는 유형자산이 1년 동안 사용되었다고 가정하고 1년 전체에 대한 감가상각비를 계산하였다. 이는 회계연도초에 자산을 취득했거나, 당기 이전에 취득한 자산의 경우에 적절한 방법이다. 그러나 회계연도중에 자산을 취득한 경우에는 해당 자산을 실제로 사용한 기간에 비례해서 감가상각비를 인식해야 한다.

기중에 취득한 유형자산의 감가상각비를 계산하기 위해서는 월할상각법을 흔히 사용한다. 월할상각법은 취득한 달을 기준으로 하여 사용한 기간을 계산한다. 예를 들어 10월초에 취득한 자산은 10월부터 12월까지 총 3개월을 사용하였으므로 연간 감가상각비의 3/12만큼을 해당 회계연도에 비용으로 인식한다.

예제 7-6 감가상각 대상자산의 기중취득

(주)코스맥스는 20×1년 8월 1일에 기계장치를 ₩2,000,000에 취득하였다. 내용연수는 3년이며 잔존가치는 ₩200,000으로 추정되었다. 정액법을 사용하는 경우 20×1년말 회계처리는 다음과 같다.

8월에 취득하였으므로, 12월까지 총 5개월에 해당하는 감가상각비는 다음과 같이 ₩250,000이다.

$$\frac{(₩2,000,000 - ₩200,000)}{3} \times \frac{5}{12} = ₩250,000$$

(차) 감가상각비	250,000	(대) 감가상각누계액	250,000

(6) 감가상각 관련 회계추정의 변경

앞에서 감가상각의 세 가지 구성요소는 감가상각대상금액(원가－잔존가치), 내용연수, 감가상각방법이라고 설명하였다. 이 중 잔존가치와 내용연수는 미래에 대한 추정이다. 감가상각방법도 해당 자산의 경제적 효익이 소비되는 형태에 대한 예상을 반영하고 있으므로 역시 추정치라고 할 수 있다.

현재 사용중인 유형자산의 잔존가치나 내용연수, 그리고 감가상각방법이 적절한지는 적어도 매 회계연도말에 재검토해야 한다. 재검토 결과 최초의 추정·선정시점에 고려하지 못했던 새로운 정보들이 입수되거나 경영환경이 변해서 잔존가치나 내용연수의 추정치, 또는 적정한 감가상각방법에 대한 판단이 바뀔 수 있다. 그렇다면 이런 판단을 반영해서 기존에 사용하던 방법을 수정해야 한다.

이를 회계추정(accounting estimates)의 변경이라고 부른다.

회계추정의 변경의 효과는 변경이 발생한 기간과 미래 기간에만 반영할 뿐, 과거 기간에는 소급해서 적용하지 않는다. 예를 들어 3년 전에 구입한 차량을 정액법을 사용하여 감가상각하다가, 4년이 지난 후 이 차량의 감가상각방법으로 정률법이 더 적정한 것으로 판단했다고 가정해보자. 그렇다면 앞으로 남은 내용연수와 현재의 장부금액 및 예상잔존가치를 이용하고 정률법을 적용하여 새로운 감가상각비를 계산해서 지금부터 미래 기간 동안에만 적용하면 된다. 이처럼 과거 수치를 수정하지 않고 현재부터 미래 수치만 수정하여 적용하는 방법을 전진법(prospective approach)이라고 한다. 즉 회계추정의 변경은 전진법을 적용해서 회계처리한다.

회계추정의 변경의 효과는 변경이 발생한 기간과 미래 기간에만 반영할 뿐, 과거 기간에는 소급해서 적용하지 않는다. 이런 처리방법을 **전진법**이라고 한다.

예제 7-7 회계추정의 변경

(주)한국콜마는 20×1년 1월 1일 기계장치를 ₩2,000,000에 취득하였다. 내용연수는 6년이며 잔존가치는 ₩200,000으로 추정되었다. 감가상각방법으로 정액법을 사용한다.

① 20×1년말의 회계처리는 다음과 같다.

(차) 감가상각비	300,000	(대) 감가상각누계액	300,000

연간 감가상각비는 다음과 같이 계산된다.

$$\frac{(₩2,000,000 - ₩200,000)}{6} = ₩300,000$$

② 20×2년초 (주)한국콜마는 이 기계의 내용연수가 6년이 아니라 5년이며 사용 후의 잔존가치가 ₩100,000이라고 판단하였다. 기술이 예상보다 빨리 진보하여 이 기계의 사용가능기간이 짧아졌고, 사용 후 중고로 처분할 때 받을 수 있을 것으로 기대했던 예상처분가격이 하락했기 때문이다. 이 경우 20×2년말의 회계처리는 다음과 같다.

(차) 감가상각비	400,000	(대) 감가상각누계액	400,000

추정이 변경된 시점인 20×2년초 기계의 장부금액은 ₩1,700,000(=₩2,000,000−₩300,000)이다. 20×1년말 시점에서 감가상각누계액 ₩300,000을 계상했기 때문이다. 기계의 내용연수가 5년인데 이미 1년이 경과했으므로, 앞으로 남은 잔여내용연수는 4년이다. 그렇다면 앞으로 4년 동안 ₩1,600,000(=₩1,700,000−₩100,000)을 상각해야 한다. 따라서 연간 감가상각비는 다음과 같이 계산된다.

$$\frac{(₩1,700,000 - ₩100,000)}{4} = ₩400,000$$

즉 20×1년은 ₩300,000의 감가상각비를 기록했지만, 20×2년부터 20×5년까지 매년 ₩400,000의 감가상각비를 기록하면 된다. 이처럼 감가상각 관련 회계추정이 변한 경우는 과거 이미 회계처리한 감가상각비(예를 들면 본 예제의 경우는 20×1년의 감가상각비)를 소급하여 수정하지 않고, 앞으로의 기간 동안만 변경된 내용을 적용하여 새로운 감가상각비를 계산하여 회계처리한다. 이런 방법을 전진법이라고 한다.[9] 즉 회계추정의 변경시에는 전진법을 적용하기 때문에, 과거의 기록은 수정하지 않고 회계추정의 변경 이후 새로 계산된 감가상각비를 남은 내용연수 기간 동안 기록하는 것이다.

4. 인식시점 이후의 측정 : 원가모형과 재평가모형

토지를 제외한 유형자산의 경우 내용연수 동안 점진적으로 감가상각비를 인식하기 때문에 유형자산의 장부금액은 시간이 지남에 따라 점차 감소한다. 그러나 유형자산의 장부금액은 실제 유형자산의 가치를 제대로 반영하지 못하는 경우가 많다. 예를 들어 유형자산 중 건물과 토지의 현재 시장가치가 장부금액보다 높은 경우가 흔히 발생한다.

기업은 유형자산의 평가방법으로 원가모형이나 재평가모형 중 하나를 선택하여 적용한다.

유형자산의 장부금액과 현재 시장가치의 차이 문제를 처리하는 접근방법으로는 원가모형과 재평가모형이 있다. 기업은 이 중 하나를 선택하여 적용한다. 이때 선택한 방법은 유형자산 분류별로 동일하게 적용해야 한다. 예를 들어 한 회사가 보유하고 있는 기계장치의 일부에 대해서는 원가모형을 적용하고 나머지 기계장치에 대해서는 재평가모형을 사용하는 것은 허용되지 않는다. 반면 다른 종류의 유형자산에 대해서는 서로 다른 방법을 적용할 수 있다. 예를 들어 토지에 대해서는 재평가모형을 적용하고 나머지 유형자산에는 원가모형을 적용하는 것은 가능하다.

(1) 원가모형

원가모형은 매기 감가상각비와 손상차손을 인식하여 유형자산의 장부금액을 결정하는 방법이다.

원가모형(cost model)은 유형자산을 최초로 인식한 후에 매기 감가상각비와 손상차손을 인식하여 유형자산의 장부금액을 결정하는 방법이다. 원가모형에서는 기본적으로 감가상각을 반영할 뿐 유형자산의 공정가치 변동을 장부에 반영하지 않는다. 그러나 유형자산의 가치가 장부금액보다 하락했다면, 유형자산을 계속 사용 또

9) 본서에서 공부하지는 않지만, 회계정책을 변경하는 경우에는 과거의 회계처리를 소급해서 수정한다.

는 처분함으로써 회수가능한 금액과 장부금액의 차이를 손상차손(asset impairment loss)으로 인식하여 당기비용으로 기록하고, 그만큼 손상차손누계액(자산의 차감계정)으로 표시하여 유형자산 장부금액을 감소시킨다. 이는 보수주의적인 관점에서 자산이 과대표시되는 것을 방지하기 위해서 수행하는 것이다. 유형자산의 손상에 대한 회계처리는 다음 (3)에서 살펴본다.

원가모형을 사용할 때에는 유형자산의 취득원가에서 감가상각누계액과 손상차손누계액을 차감한 금액이 장부금액이 된다. 이 두 가지 누계액계정은 모두 유형자산의 차감계정이다. 원가모형은 객관적인 취득원가를 기준으로 회계처리를 하는 것이므로 신뢰성이 높다는 장점이 있는 반면, 유형자산의 공정가치가 장부금액보다 높은 경우 장부금액이 자산의 공정가치를 정확하게 반영하지 못한다는 한계를 가지고 있다.[10] 실무적으로는 대부분의 기업이 원가모형을 사용한다.

원가모형은 신뢰성이 높지만 공정가치를 정확히 반영하지 못한다는 단점이 있다.

(2) 재평가모형

최초인식 후에 유형자산을 공정가치로 평가하는 방법을 **재평가모형**이라고 한다.

재평가모형은 공정가치를 반영해 유용한 정보를 제공할 수 있지만, 공정가치에 대한 신뢰성이 낮을 수 있다는 단점이 있다.

최초 인식 후에 유형자산을 공정가치로 평가하는 방법을 재평가모형(revaluation model)이라고 한다. 이때 공정가치(fair value)란 합리적인 판단력과 거래의사가 있는 독립된 당사자 사이의 거래에서 자산을 매각할 수 있는 금액이다. 원가모형이 객관성 또는 신뢰성을 중요시하는 반면, 재평가모형은 자산을 공정가치로 표시하여 정보이용자에게 현시점에서 기업의 가치를 판단하는 데 보다 유용한 정보를 제공하는 것을 목표로 한다. 다만 유형자산의 공정가치가 얼마인지 명확하지 않은 경우도 많기 때문에, 공정가치를 추정할 때 경영자의 주관적인 판단이 개입될 수 있다는 단점이 있다. 회계정보의 근본적 질적 특성인 목적적합성과 충실한 표현의 차이를 생각해보면 된다.[11]

재평가모형을 적용할 때는 기말에 유형자산의 공정가치를 추정하여 이를 장부금액과 비교한다. 유형자산의 재평가금액(공정가치)이 장부금액보다 큰 경우에는 유형자산의 장부금액을 재평가금액으로 증가시킨다. 이때 그 증가액은 우선 재평가이익이라는 계정과목으로 기타포괄손익으로 인식하고, 기말에 마감분개를 거쳐 재평가잉여금이라는 계정과목으로 자본(기타포괄손익누계액)에 대체된

10) 원가모형을 사용하는 경우에도 유형자산의 공정가치가 장부금액보다 낮은 경우에는, 손상차손 인식을 통해서 장부금액이 자산의 공정가치를 일부 반영한다고 볼 수도 있다. 다만 손상차손 인식에 기준이 되는 회수가능액은 순공정가치(=공정가치 − 처분부대비용)와 사용가치를 비교하여 결정되므로, 손상차손을 반영했다고 하더라도 반드시 공정가치를 반영하는 것은 아니다. 손상차손에 대해서는 뒤에서 설명한다.

11) 재평가모형과 원가모형의 장단점과 이들의 목적적합성 및 충실한 표현이라는 근본적 질적 특성과의 관련성에 대해서는 뒤의 '회계이야기 (4)'에서 자세히 설명한다.

다. 즉 유형자산의 재평가금액이 장부금액보다 큰 경우는 재평가 회계처리가 당기순이익에 영향을 미치지 않으므로 결과적으로 이익잉여금에 영향을 미치지 않는다. 한편 유형자산의 재평가금액(공정가치)이 장부금액보다 작은 경우에는 유형자산의 장부금액을 재평가금액으로 감소시킨다. 그 감소액은 재평가손실로서 당기손익 계산시 영업외손익의 일부로서 포함한다. 따라서 재평가손실이 발생하면 이익잉여금이 감소하게 된다.

재평가모형을 사용하면 유형자산 가치의 증가와 감소를 모두 해당 자산의 장부금액에 반영하게 된다. 따라서 재무상태표에 표시되는 유형자산 금액은 공정가치를 적절히 반영하게 된다. 그러나 앞에서 설명한 것처럼 재평가이익과 재평가손실을 포괄손익계산서에 반영하는 방법은 각각 다르다. 자산의 가치증가금액은 기타포괄이익으로 처리하기 때문에 당기순손익에 영향을 주지 않는 반면, 자산의 가치감소금액은 당기순손익에 포함되므로 당기순이익을 감소시킨다.

유형자산의 재평가로 인한 장부금액 증가금액은 기타포괄이익으로 처리하고 감소금액은 당기순이익에 반영된다.

예제 7-8 재평가 회계처리 I

(주)LH공사는 20×1년 1월 1일에 토지를 ₩5,000,000에 취득하였다. 20×1년말 감정평가를 받아보니 토지의 공정가치가 ₩5,500,000으로 크게 상승하였다. 즉 재평가금액이 장부금액을 ₩500,000만큼 초과하고 있다. (주)LH공사가 재평가모형을 적용하여 토지를 평가할 때 20×1년말 회계처리는 다음과 같다.

(차) 토 지	500,000	(대) 재평가이익	500,000

재평가이익 ₩500,000은 기타포괄이익 항목이다. 기말에 마감분개((차) 재평가이익 500,000 (대) 재평가잉여금 500,000)를 통해 재평가이익은 재평가잉여금으로 대체된다. 따라서 재무상태표에는 재평가잉여금이라는 계정과목으로서 기타포괄손익누계액에 포함되어 표시된다.

부분재무상태표(20×1년 12월 31일)	
비유동자산	
토 지	₩5,500,000
자본-기타포괄손익누계액	
재평가잉여금	500,000

부분포괄손익계산서(20×1년)	
재평가이익	₩500,000
(기타포괄손익)	

만약 20×1년말 평가한 토지의 공정가치가 ₩5,500,000이 아니라 ₩4,400,000인 경우, 현재의 장부금액 ₩5,000,000과 비교하면 ₩600,000만큼 가치가 하락한 것이다. 공정가치와 장부금액의 차이 ₩600,000은 재평가손실로 당기손익에 반영한다. 즉 재평가손실에 대한 회계처리는 위에서 설명한 재평가이익이 기타포괄손익으로 분류되는 경우와 다르니 주의해야 한다. 재평가손실은 포괄손익계산서에서 영업외손익(기타비용)으로 분류되는 항목이다. 회계처리는 다음과 같다.

(차) 재평가손실	600,000	(대) 토　　지	600,000

부분재무상태표(20×1년 12월 31일)	
비유동자산	
토　　지	₩4,400,000

부분포괄손익계산서(20×1년)	
재평가손실	₩600,000
(영업외손익)	

[예제 7-8]에서는 유형자산 중 감가상각을 하지 않는 토지에 대해 재평가모형을 적용하였다. 감가상각대상인 유형자산을 재평가할 때에는 이미 인식한 감가상각누계액을 고려하여 유형자산의 장부금액을 공정가치로 조정해야 한다. 이때 기존의 감가상각누계액을 모두 제거하여 자산의 순장부금액이 재평가금액이 되도록 수정하는 방법(감가상각누계액 제거법)이 흔히 사용된다.12) 이 방법의 사용 예는 [예제 7-9]에서 설명한다.

예제 7-9 재평가 회계처리 Ⅱ

(주)가스안전공사는 20×1년 1월 1일 건물을 ₩5,000,000에 취득하였고, 20×1년 감가상각비 ₩1,000,000을 인식하였다. 20×1년말 건물의 공정가치는 ₩5,000,000이다. 즉 재평가금액이 장부금액(₩4,000,000)보다 ₩1,000,000만큼 크다. (주)가스안전공사가 재평가모형을 적용할 경우 회계처리는 다음과 같다.

건물의 장부금액을 공정가치인 ₩5,000,000으로 조정하기 위해서 감가상각누계액을 전액 제거한다. 위의 문제에서는 감가상각누계액 전체인 ₩1,000,000을 제거하면 건물의 장부금액이 ₩5,000,000이 되어 공정가치와 일치한다. 만약 감가상각누계액 전체를 제거했는데도 공정가치가 장부금액보다 더 큰 경우에는 해당 자산의 취득원가를 증가시켜준다.

	재평가 전	누계액의 조정	재평가 후	차 이
건　　물	₩5,000,000		₩5,000,000	₩0
감가상각누계액	(1,000,000)	₩1,000,000	0	1,000,000
장 부 금 액	₩4,000,000		₩5,000,000	

12) 이 방법 이외에 재평가 후 자산의 장부금액이 재평가금액과 일치하도록 감가상각누계액과 총장부금액을 비례적으로 수정하는 방법(비례적 조정법)도 사용가능하다. [예제 7-9]의 경우 비례적 조정법을 사용하면, 장부금액 ₩4,000,000을 공정가치 ₩5,000,000으로 조정해주기 위해 취득원가(₩5,000,000)와 감가상각누계액(₩1,000,000)에 각각 (공정가치/장부금액)의 비율인 5/4를 곱해준 금액이 나오도록 다음과 같은 분개를 수행한다. 결과적으로 건물의 취득원가는 ₩6,250,000, 감가상각누계액은 ₩1,250,000이 되어 장부금액은 ₩5,000,000이 된다.

(차) 건　　물	1,250,000	(대) 감가상각누계액	250,000
		재평가이익	1,000,000

(차) 감가상각누계액	1,000,000	(대) 재평가이익	1,000,000

* 재평가이익은 포괄손익계산서상에서 기타포괄이익으로 분류된다. 재무상태표에 표시할 때는 기말 마감분개를 거쳐 재평가이익이 재평가잉여금계정으로 바뀌어 기타포괄손익누계액에 반영된다.

위의 회계처리의 결과 재평가 이후 건물의 장부금액은 공정가치 ₩5,000,000으로 기록된다.[13] 재평가 이전 및 이후의 20×1년말 기준 부분재무상태표를 나타내면 다음과 같다.

부분재무상태표(20×1년 12월 31일)

	① 재평가 이전	② 재평가 이후
비유동자산		
건 물	₩5,000,000	₩5,000,000
감가상각누계액	(1,000,000)	−
	₩4,000,000	₩5,000,000
자본−기타포괄손익누계액		
재평가잉여금	0	1,000,000

회계이야기 (2)

원가모형이냐 재평가모형이냐?

재평가모형을 선택한 회사들이 자산재평가를 할 때 재평가의 대상이 되는 자산은 주로 도심에 위치한 본사 사옥이나 공장 부지다. 수십년 전에 구입한 본사 사옥이나 공장 부지의 경우 장부금액은 낮지만 시가는 크게 상승했을 수 있다. 따라서 이 자산을 재평가해 자산과 자본의 증가를 동시에 기록하는 것이다. 재평가모형을 선택하면 원가모형으로 다시 돌아가는 것은 불가능하다. 즉 앞으로 해당 자산의 공정가치가 변하면 계속 재평가를 실시해야 한다. 미세한 가치변동이 일어날 때마다 다 재평가를 하는 것은 아니며, 장부금액과 공정가치 사이에 중요한 차이가 발생하지 않도록 주기적으로 재평가를 실시한다.

회사들이 불경기 때 자산재평가를 하는 이유

일반적으로 경기가 어려운 시기에 회사들이 그동안 사용하던 원가모형을 포기하고 재평가모형을 선택한다. 그 이유는 자금조달비용을 낮추기 위해서다. 재평가를 한다고 해서 회사의 본질가치가 변하지 않는다. 그렇지만 많은 이해관계자들은 재무제표와 주석에 포함된 회계정보를 해석해서 기업의 본질가치를 추정할 충분한 지식을 갖추고 있지 못하다. 따라서 재무제표에 보고된 숫자만을 그대로 이용해서 의사결정을 내린다. 즉 자산재평가의 결과 부채비율이 하락한다면 회사의 재무상황이 개선됐다고 해석하는 것이다. 그 결과 부채를 빌릴 때 이자율이 하락하며 주가는 상승하는 단기적인 효과가 생긴다. 그래서 경기가 나빠서 회사의 재무상황이나 영업성과가 좋지 않은 시기에 자금조달을 유리한 조건으로 하기 위해 재평가모형을 선택하는 것이다. 그렇지만 자산이나 자본의 장부금액이 커졌으므로 수익성 평가에 사용하는 여러 지표들(제12장에서 공부할 총자산이익률이나 자본이익률)이 하락하기 때문에, 장기적으로는 이자율이나 주가에 부정적인 영향이 생긴다. 따라서 자산재평가 실시를 고민하는 회사의 담당자라면 이런 장단기 효과를 종합적으로 고려하여 의사결정을 내려야 할 것이다.

13) 만약 재평가이익이 아니라 재평가손실이 발생한 경우라도, [예제 7-9]에서 소개한 방법으로 해당 유형자산의 장부금액을 감소시킨다. 그러나 앞의 [예제 7-8]에서 설명한 토지의 경우는 감가상각을 하지 않으므로 토지의 장부금액을 직접 감소시킨다.

(3) 유형자산의 손상

유형자산이 진부화되거나 물리적 손상이 발생한 경우 또는 자산으로부터 발생할 것으로 예상되는 현금흐름이 심각하게 악화된 경우라면 유형자산의 가치가 하락했음을 시사한다. 이렇게 자산의 가치가 하락하는 것을 손상(impairment)이라고 한다. 예를 들어 기존 제품보다 우수한 신제품이 개발되어 기존 제품의 판매실적이 저조하여 제품생산에 사용되던 기계설비가 더 이상 사용되지 않거나 일부분만 사용되고 있는 경우를 가정해보자. 이 경우 해당 기계설비에 손상이 발생했을 가능성이 높다.

유형자산의 가치가 감소하여 장부금액이 회수가능액보다 클 경우에는, 장부금액을 회수가능액으로 감소시키고 그 차이를 **손상차손**으로 인식한다.

자산의 손상을 시사하는 징후가 있다면 유형자산의 회수가능액을 추정한다. 그 후 장부금액과 회수가능액을 비교하는데, 이를 손상검사(impairment test)라고 한다. 장부금액이 회수가능액보다 큰 경우에는 장부금액을 회수가능액으로 감소시키고 그 차이를 손상차손(impairment loss)으로 인식한다. 회수가능액(recoverable amount)이란 순공정가치와 사용가치 중 큰 금액으로 정의된다. 순공정가치(net fair value)란 자산을 처분하여 얻을 것으로 예상하는 금액이며, 공정가치에서 처분과정에서 발생하는 비용(처분부대비용)을 차감하여 계산한다. 이를 순실현가치(net realizable value)라고도 한다. 사용가치(value in use)란 자산을 계속 사용하는 경우 창출될 것으로 기대되는 미래 현금흐름의 현재가치를 말한다.[14] 즉 자산을 처분하는 경우와 계속 사용하는 두 가지 경우를 비교하여, 둘 중 더 높은 금액을 그 자산으로부터 회수할 수 있는 금액(즉 회수가능액)으로 판단하는 것이다.

장부금액 > 회수가능액 : 손상차손 인식

회수가능액 = max(순공정가치*, 사용가치)

* 순공정가치 = 공정가치 − 처분부대비용

손상여부를 판단할 때 기준이 되는 유형자산의 장부금액은 당기의 감가상각비를 반영한 후의 금액(순액)이다. 장부금액과 회수가능액의 차이인 손상차손은 당기손익에 반영하며, 상대계정으로 손상차손누계액이라는 자산의 차감계정을 사용하여 해당 유형자산의 장부금액을 감소시킨다. 즉 해당 유형자산의 취득원가에서 감가상각누계액과 손상차손누계액을 차감하는 형식으로 유형자산의 순액을 표시하는 것이다.[15]

14) 현재가치(present value)를 계산하는 방법에 대해서는 제8장에서 자세히 설명하고 있다. 손상차손과 관련해서 현재가치를 구체적으로 계산하는 방법은 중급회계 등의 과목에서 배우게 될 것이다.

회사는 유형자산에 대해 선택한 인식 후 측정방법(원가모형 또는 재평가모형)과 상관없이 추가적으로 손상여부를 검토해야 하며, 손상발생시 손상차손을 인식해야 한다.

예제 7-10 유형자산의 손상

(주)수산중공업은 신사업 진출을 목적으로 20×1년 1월 1일에 새로운 첨단 기계장치를 ₩2,000,000에 취득하였다. (주)수산중공업은 기계장치에 대해서 원가모형을 적용하고 있다. 20×2년말 감가상각비를 인식한 후 이 기계장치의 장부금액은 ₩800,000이다. 20×2년말 기계장치를 평가해보니 기계장치를 매각하면 ₩600,000을 받을 수 있는 것으로 추정되었다. 별도의 매각 부대비용은 발생하지 않을 것으로 기대된다. 현재의 시장상황이 매우 안 좋기 때문에, 이 기계장치를 기업이 계속 사용하여 제품을 생산한다면 이 제품을 소비자에게 판매하는 과정에서 벌어들일 수 있는 금액의 현재가치는 ₩650,000으로 평가되었다. 즉 손상이 발생한 것으로 판단된다.

기계장치의 손상에 관한 회계처리는 다음과 같다. 기계장치의 회수가능액은 순공정가치(₩600,000)와 사용가치(₩650,000) 중 큰 금액인 ₩650,000이다. 장부금액인 ₩800,000이 회수가능액보다 크므로, 차액인 ₩150,000을 다음과 같이 손상차손으로 인식한다.

(차) 유형자산손상차손	150,000	(대) 손상차손누계액	150,000

이 회계처리의 결과, 해당 기계장치의 장부금액은 취득원가에서 감가상각누계액과 손상차손누계액을 차감한 후의 잔액인 ₩650,000이 된다. 손상차손은 당기손익에 영업외손익 항목의 일부로 반영된다. 이 점은 감가상각비가 영업손익(매출원가 또는 판관비)의 일부로 반영되는 것과 다르니 주의하기 바란다.

부분재무상태표(20×2년 12월 31일)	
비유동자산	
기 계 장 치	₩2,000,000
감가상각누계액	(1,200,000)*
손상차손누계액	(150,000)
	₩650,000

부분포괄손익계산서(20×2년)	
손 상 차 손	₩150,000
(영업외비용)	

* 20×2년말 손상차손 인식 전 기계장치의 장부금액이 ₩800,000이므로, 감가상각누계액은 ₩1,200,000(= ₩2,000,000 − ₩800,000)이 된다.

15) 제5장에서 공부한 매출채권에 대한 회계처리의 경우, 매출채권의 장부금액과 회수가능액의 차이, 즉 기대신용손실액(대손예상액)을 추정하여 손실충당금(대손충당금)을 설정하고 이를 손상차손(대손상각비)으로 인식하였다. 본장에서 공부한 유형자산에 대한 회계처리의 경우, 유(무)형자산의 손상차손을 추정하고 이의 누계액(손상차손누계액)을 자산의 장부금액에서 차감한다. 결과적으로 손실충당금을 차감한 매출채권의 순장부금액과, 손상차손누계액을 차감한 유(무)형자산의 장부금액은 각 자산의 회수가능액과 일치하게 된다. 따라서 이러한 회계처리의 결과, 보수적인 입장에서 자산의 과대평가를 방지하고 자산의 가치가 하락한 시점에 비용(손상차손)을 기록하여 수익·비용대응을 이룬다는 장점이 있다.

회계이야기 (3)

롯데쇼핑의 손상차손 인식

2017년 북한이 미국 본토까지 겨냥할 수 있는 대륙간 탄도미사일 발사에 성공했다. 그러자 한국과 미국, 그리고 중국과 북한 사이에 큰 갈등이 발생했다. 미국은 북한이 미사일을 발사하면 즉시 이를 발견하여 요격할 수 있는 미사일 탐지 시스템인 사드(THAAD)를 한국에 배치한다. 배치 장소는 한반도 남부인 경남 성주군에 있던 롯데그룹 계열사 롯데상사가 소유하고 있는 골프장으로서, 롯데그룹이 정부에 골프장을 기부하고 정부가 이 골프장을 미군에게 양도한 것이다. 원래 서울 근교에 있는 미군 부대에 설치할 계획이었지만, 그 경우 사드가 감시하는 범위에 중국 땅 일부까지 포함된다고 중국이 강하게 반발했기 때문에, 사드가 감시하는 범위가 중국 땅을 포함하지 않도록 한반도의 남쪽에 사드를 배치하게 된 것이다.

한국 정부가 중국의 요구를 반영하여 사드를 한반도 남부에 배치했는데도 불구하고, 중국은 사드 배치 자체를 반대하면서 한국에 대한 많은 경제적 제재를 내렸다. 한국에 대한 중국인의 단체 여행을 금지하고, 중국에서 진행되던 한국 기업의 사업을 더 이상 진행하지 못하게 방해하며, '애국소비'라는 명목으로 한국 기업의 제품을 사지 않도록 하는 등의 제재다. 시진핑 주석이나 주한 중국 대사 등 여러 정부 고위관계자들이 한국을 비난하거나 무시하는 발언도 수차례 되풀이했다. 이러자 한국에서도 반중감정이 폭발했다. 중국에 대해 저자세를 취하는 정부를 향해 굴욕외교를 한다는 비판도 제기되었다.

중국 정부의 롯데그룹에 대한 제재

중국 정부의 한국에 대한 제재 결과 중국에 진출해서 사업을 하던 많은 한국 기업들이 어려움을 겪었다. 예를 들어 한국 연예인들의 중국 공연이나 방송 출연이 금지됐으며, 한국 드라마의 중국 TV 방송도 금지됐다. 사드 제재 이전인 2016년 연간 180만대 이상의 차량을 판매하던 현대자동차의 판매량은 1/4로 급감했다. 아모레퍼시픽과 LG생활건강의 대 중국 화장품 판매량도 절반 정도로 급감했다. 게임 회사들의 경우도, 중국에서 신규 게임을 서비스할 수 없어 큰 타격을 봤다.

여러 기업들 중에서도 롯데그룹은 중국의 직접 제재대상이 되어 특히 큰 피해를 봤다. 롯데가 골프장을 정부에 내어줘서 사드를 배치한 것이라는 중국의 입장 때문이다. 어떻게 보면 롯데는 잘 운영하고 있던 골프장을 정부의 요청으로 빼앗긴(?) 셈이니 억울하게 당한 것이다. 그 결과 롯데는 유통, 제과, 음료, 건설 등 분야의 중국 사업에서 큰 손실을 보고 사업을 철수해야 했다. 그렇지만 한국 정부가 이렇게 큰 손실을 본 롯데그룹에 대해 보상해준 것은 없었다.

롯데그룹 계열사들의 대규모 손상차손 인식

사드와 무관하게 국내 경기가 어려워지면서 국내 소비가 침체된 결과 때문에 발생한 피해도 크다. 롯데그룹의 주력사인 롯데쇼핑의 경우 중국 관광객들에게 크게 의존하던 백화점 매출액이 정체상태에 빠지거나 감소하면서 이익도 크게 감소했다. 2018년도 들어서도 마찬가지였다. 쇼핑 추세가 오프라인에서 온라인으로 점점 이동하면서, 오프라인 매장을 운영하던 롯데그룹 계열사들이 어려움에 직면하기 시작한 것이다. 실적부진이 계속되자 롯데쇼핑은 자회사 롯데하이마트의 영업권 2,700억원과 롯데백화점 인천점에서 5,300억원의 자산에 대한 손상차손을 기록했다. 그 결과 2018년의 이익이 전년도 대비 다시 크게 감소해서 당기순손실이 4,650억원을 기록했다.

손상차손은 유형자산이나 무형자산이 진부화되거나 물리적 손상이 발생한 경우, 또는 자산으로부터 발생할 것으로 예상되는 현금흐름이 심각하게 악화된 경우가 발생했을 때 자산의 가치하락을 기록하면서 동시에 손실을 기록하는 회계처리를 말한다. 보수주의적인 철학에 따라, 미래 기간 동안 예상되는 손실을 미리 현재 시점에 손실로 반영하면서 자산의 장부금액을 하락시키는 것이다. 롯데하이마트는 당시 약 1조 7,000억원의 영업권을 보유하고 있었는데, 이는 롯데그룹이 과거 유진기업으로부터 하이마트를 인수하면서 공정가격을 크게 초과하는 매입대금을 지불했기 때문에 발생한 것이다. 롯데그룹이 하이마트를 인수하면서 회사명이 롯데하이마트로 변한 것이다.

COVID-19와 추가적인 손상차손의 인식

2020년과 2021년은 COVID-19의 영향으로 경기침체가 지속되었다. 특히 오프라인 매출이 크게 감소했다. 더군다나 2019년부터 정치적인 이유에서 정부 주도로 시작한 일본과의 갈등으로 롯데는 국내 시장에서 불매운동까지 겪었다. 롯데 대주주의 선친이 재일교포이며, 그룹 지주사인 롯데지주 주식의 일부를 일본인들이 가지고 있으므로 롯데가 일본 기업이라는 공격이 발생한 것이다. 한국에서 이런 일이 발생하자, 일본에서도 롯데가 한국 기업이라면서 작은 규모이지만 불매운동이 벌어졌다. 한 · 중 · 일 3국에서 모두 롯데는 타격을 입은 것이다.

롯데쇼핑의 매출부진이 계속된 결과, 롯데쇼핑은 2020년 약 8,700억원, 2021년 2,600억원, 2022년 6,100억원의 추가적인 손상차손을 인식하였다. 그 결과 2022년까지 적자행진을 이어갔지만 2023년 들어 매출이 일부 회복되면서 흑자전환에 성공했다. 롯데그룹이 이런 어려움을 극복하고 앞으로 발전하기를 기대한다.

5. 유형자산의 처분

기업은 사용하던 유형자산을 처분하기도 한다. 예를 들면 새 설비를 도입하게 되어 기존에 사용하던 설비를 매각할 수 있다. 이 경우 처분하는 유형자산의 취득원가와 감가상각누계액 등 관련 계정 전부를 유형자산 처분시점에 장부에서 제거해야 한다.

유형자산의 처분대가와 장부금액의 차이를 **유형자산처분손익**으로 당기손익에 반영한다.

유형자산을 처분할 때에는 처분대가와 장부금액의 차이를 유형자산처분손익(gain or loss on disposal of fixed assets)으로 당기손익에 반영한다.[16] 이때 주의해야 할 점은, 처분손익을 계산하기 위해서는 우선 당기의 기초부터 처분시점까지의 감가상각비를 계산하고 이를 인식해야 한다는 점이다. 그래서 계산된 처분시점에서의 장부금액과 처분대가를 비교하여 유형자산처분손익을 산출한다. 유형자산처분손익은 영업외손익으로 분류된다. 또한 처분시점에 해당 유형자산의 취득원가와 감가상각누계액도 모두 제거하는 분개를 수행해야 한다.

유형자산처분손익 = 처분대가 − 장부금액

예제 7-11 감가상각 대상자산의 처분

(주)KGC인삼공사는 20×1년 1월 1일에 기계장치를 ₩2,000,000에 취득하였다. 내용연수는 3년이고 잔존가치는 ₩200,000으로 추정되었다. (주)KGC인삼공사는 보유중인 기계장치들에 정액법을 적용하고 있다. (주)KGC인삼공사는 20×2년 12월 31일에 이 기계장치를 ₩900,000에 처분하였다. 20×2년의 감가상각비는 처분시점까지 아직 인식하지 않았다.

① 감가상각비 인식

20×2년에 해당하는 감가상각비를 우선 계산하여 이를 인식해야 한다.

$$\text{정액법에 의한 매년 감가상각비} = \frac{₩2,000,000 - ₩200,000}{3\text{년}} = ₩600,000/\text{년}$$

(차) 감가상각비	600,000	(대) 감가상각누계액	600,000

즉 20×1년 12월 31일과 20×2년 12월 31일에 1년간의 감가상각비의 발생을 인식하는 동일한 회계처리를 수행하는 것이다.

16) 다만 유형자산에 재평가모형을 적용할 때 자본의 일부분으로 포함되어 있는 재평가잉여금은 처분손익을 계산할 때 고려하지 않는다. 해당 자산을 처분하거나 폐기할 때 재평가잉여금 잔액 전부를 이익잉여금으로 대체한다.

② 기계장치의 처분이익

20×2년 12월 31일은 취득일(20×1년 1월 1일)로부터 2년이 지난 시점이므로, 감가상각누계액은 ₩1,200,000(=₩600,000×2년)이 된다. 분개를 통해 해당 유형자산의 취득원가(₩2,000,000)와 감가상각누계액(₩1,200,000)을 모두 제거한다. 즉 처분시점에 해당 유형자산과 관련된 모든 계정들(기계장치, 감가상각누계액)을 함께 제거하는 것이다.

처분대가		₩900,000
장부금액	₩2,000,000	
	(1,200,000)	800,000
처분이익		₩100,000

(차) 현　　금	900,000	(대) 기 계 장 치	2,000,000
감가상각누계액	1,200,000	유형자산처분이익	100,000

부분재무상태표(20×1년 12월 31일)	
비유동자산	
기 계 장 치	₩2,000,000
감가상각누계액	(600,000)
	₩1,400,000

부분포괄손익계산서(20×1년)	
감가상각비 (영업비용)	₩600,000

부분재무상태표(20×2년 12월 31일)	
비유동자산	
기 계 장 치	₩0

부분포괄손익계산서(20×2년)	
감가상각비	₩600,000
유형자산처분이익 (영업외손익)	100,000

이 분개의 결과 기계장치와 감가상각누계액 계정의 잔액은 모두 ₩0이 된다.

③ 기계장치의 처분손실

20×2년 12월 31일 (주)KGC인삼공사가 기계장치를 ₩900,000이 아니라 ₩500,000에 처분한 경우를 살펴보자. 이 경우의 회계처리는 다음과 같다. 처분시점의 감가상각누계액은 ②와 같다. 분개를 통해 기계장치의 취득원가(₩2,000,000)와 감가상각누계액(₩1,200,000)을 모두 제거한다.

처분대가		₩500,000
장부금액	₩2,000,000	
	(1,200,000)	800,000
처분손실		₩300,000

(차) 현　　금	500,000	(대) 기 계 장 치	2,000,000
감가상각누계액	1,200,000		
유형자산처분손실 (영업외손익)	300,000		

이 분개의 결과 기계장치와 감가상각누계액 계정의 잔액은 모두 ₩0이 된다.

회계이야기 (4)

목적적합성과 충실한 표현

제4장에서 유용한 재무정보가 갖추어야 할 두 가지 질적 특성으로서 목적적합성(relevance)과 충실한 표현(faithful representation)에 대해서 공부했다. 목적적합성이란 회계정보이용자의 의사결정 목적에 도움이 되는 정보를 말하며, 충실한 표현이란 완전하고, 중립적이고, 오류가 포함되지 않은 표현을 말한다. 과거에는 충실한 표현 대신 신뢰성(reliability)이라는 용어를 사용했다. 신뢰할 수 있는 정보여야 한다는 의미다. '충실한 표현'이 아니라 '표현의 충실성'이라고 번역하기도 한다.

목적적합성과 충실한 표현의 상충

회계정보가 목적적합성과 충실한 표현이라는 두 가지 특성을 모두 갖추었으면 좋겠지만, 실제로 이 두 특성을 겸비하는 것은 쉽지 않다. 예를 들어 유형자산평가를 위해 원가모형을 사용한다면, 원가는 쉽게 측정할 수 있고 누구나 동의할 수 있는 객관적인 정보이므로 충실한 표현이라는 질적 특성을 잘 만족시킨다. 그러나 취득 후 시간이 많이 흘렀거나 가치가 급변하는 유형자산이라면, 현재 해당 유형자산의 정확한 가치와 장부가(원가에서 감가상각누계액을 차감한 금액) 사이에는 차이가 있을 수 있다. 회계정보를 사용하려는 정보이용자들(예를 들면 은행의 대출심사 담당자나 주식투자자)은 해당 유형자산의 장부가가 아니라 시가가 얼마인지에 더 큰 관심이 있다. 시가가 현재의 기업의 가치나 담보의 가치와 더 밀접하게 관련되어 있기 때문이다. 따라서 원가모형은 목적적합성이라는 질적 특성을 잘 만족시키지 못한다.

그에 반해 재평가모형을 사용하면 목적적합성을 잘 만족시킬 수 있다. 그러나 해당 유형자산의 현재 시가(공정한 가격)가 얼마인지는 명확하지 않다. 부동산이나 차량 등 활발히 거래가 일어나고 가격이 명확히 알려진 시장(활성시장(active market)이라고 함)이 존재하는 경우는 상대적으로 시가가 명확하지만, 사용중인 기계설비는 활발히 거래가 일어나는 활성시장이 없으므로 시가가 명확하지 않다. 대부분의 무형자산은 거래가 거의 발생하지 않으므로 공정한 시가를 평가하는 것이 더 어렵다. 따라서 이를 측정하는 사람이나 기업의 의도에 따라 측정된 수치가 일부 왜곡될 수 있다. 그러므로 충실한 표현이라는 질적 특성을 상대적으로 만족시키지 못한다.

예를 들면 2008년 세계금융위기가 일어났을 때 많은 은행이나 금융사들이 투자한 파생상품에서 큰 손실이 발생했다. 그 결과 당시 세계 제3위의 투자은행이던 리만 브라더스를 포함한 여러 회사들이 파산했다. 파산 이후 나중에 이들 금융사들이 파생상품을 평가할 때 필요한 미래에 대한 여러 가정을 낙관적으로 적용하여 파생상품의 가치를 크게 부풀려 평가하고 있었다는 점이 드러났다. 가치를 부풀려서 발생한 평가이익에 대한 보너스를 받기 위해 고의적으로 이런 일을 했던 것이다. 이런 예를 보면 평가수치를 왜곡하는 경우가 종종 발생하며, 공정한 가치를 평가한다는 것이 이론적으로는 단순하지만 실무적으로는 매우 어렵다는 것을 알 수 있다. 파생상품은 매우 복잡하기 때문에 회계사들이 감사를 할 때도 파생상품의 가치가 제대로 평가되었는지 판단하기 힘들다.

회계기준들의 차이점

회계기준들마다 조금씩 더 강조하는 질적 특성이 다르다. IFRS 도입 이전 한국에서 사용했던 회계기준(K-GAAP)이나 미국 회계기준(US GAAP)에서는 상대적으로 충실한 표현을 더 강조하고 있으며, IFRS는 상대적으로 목적적합성을 더 강조한다. 따라서 US-GAAP에서는 유형자산에 대해 원가모형만을 허용하고 있으며, IFRS에서는 원가모형과 재평가모형 중 하나를 선택할 수 있도록 허용하고 있다. 그러나 IFRS의 기본 입장은 재평가모형을 선호한다. 이런 차이를 보면, IFRS는 상대적으로 볼 때 좀 더 주식투자자나 지배주주의 입장에서 기업의 정확한 현재가치를 재무상태표에 표시하려는 견해가 강조되고 있는 셈이다. 그에 반해 미국 회계기준은 상대적으로 좀 더 채권투자자나 비지배주주의 입장에서 보수적이고 객관적인 가치를 재무상태표에 표시하려는 견해가 강조된 것이라고 볼 수 있다. 기업이 부담하는 법적 책임 정도가 다른 나라에서보다 미국이 훨씬 크다는 점도 미국에서 객관적인 가치를 더 재무상태표에 표시하려는 견해가 강조되고 있는 원인으로 볼 수도 있다. 부정확한 시가를 사용해서 자산의 가치를 기록했다가 나중에 그 가치가 틀린 수치인 것으로 판명된다면 소송의 대상이 될 수 있기 때문이다.

이런 내용을 보면 모든 기준을 다 만족시키는 완벽한 측정치는 존재하지 않는다는 점을 알 수 있다. 수학책에서는 1+1=2라는 공식이 통하지만, 사회에서는 1+1=2처럼 명확한 일은 거의 존재하지 않는다. A라는 기준으로 보면 B라는 대안이 더 좋아 보이고, C라는 기준으로 보면 D라는 대안이 더 좋아 보인다. 따라서 어떤 대안을 선택할지 명확하게 구별하기 힘든 경우가 더 많다. 그러므로 나 나름대로의 우선순위에 대한 선택기준을 정해두어야 한다. 회계에서도 목적적합성과 충실한 표현 중 무엇이 더 중요하냐고 선택하기 힘들다. 시대가 변하면서 당시의 상황이나 사람들의 생각, 환경, 제도 등에 따라 조금씩 우선시하는 특징이 달라지는 것이다.

7.2 무형자산

1. 무형자산의 정의와 종류

(1) 무형자산의 정의

무형자산은 기업이 통제하고 있는 자산으로, 장기간에 걸쳐 사용되며, 물리적 실체가 없지만 식별가능한 자산을 말한다.

무형자산(intangible assets)은 기업이 통제하고 있는 자산으로, ① 정상적인 영업활동과정중에 ② 장기간 사용하기 위한 목적으로 보유하는 ③ 물리적 실체가 없지만 식별가능한 자산이다.[17] 식별가능하다는 것은 다른 자산으로부터 독립적으로 분리되어 거래의 발생 또는 가치의 측정이 가능하거나, 자산이 계약상 권리 또는 기타 법적 권리로부터 발생하는 경우를 의미한다. 계약상 또는 법적 권리란 특허권, 상표권(브랜드), 저작권, 라이선스, 프랜차이즈권 등 계약 때문에 생겨난 권리 또는 법적으로 보장받는 권리를 의미한다.

무형자산을 인식하기 위해서는 자산으로부터 발생하는 미래 경제적 효익이 기업에 유입될 가능성이 높아야 하고, 자산의 원가를 신뢰성 있게 측정할 수 있어야 한다.

이런 특성을 가진 항목들이 모두 무형자산으로 분류되는 것은 아니다. 무형자산을 인식하기 위해서는 ① 자산으로부터 발생하는 미래 경제적 효익이 기업에 유입될 가능성이 높아야(probable) 하고, ② 자산의 원가를 신뢰성 있게 측정할 수 있어야(measurable) 한다. 이러한 두 가지 인식조건은 유형자산의 경우와 동일하다.

무형자산을 최초로 인식할 때는 원가로 측정한다. 원가는 구입가격과 무형자산을 의도한 목적에 사용할 수 있도록 준비하는 데 직접 관련된 금액을 포함한다. 이 점도 유형자산의 경우와 동일하다.

(2) 무형자산의 종류

앞에서 설명한 특허권, 상표권(브랜드), 저작권, 라이선스, 프랜차이즈권 이외에도 개발비와 영업권 등 다양한 종류의 무형자산이 존재한다. 그중 상표권과 연구·개발비에 대해 좀 더 자세히 설명한다. 영업권에 대해서는 뒤의 3.에서 별도로 설명한다.

기업은 브랜드의 가치를 높이기 위해 광고선전비 또는 다른 지출을 하기도

17) 즉 ①과 ②는 유형자산의 경우와 동일하고 ③만 다르다.

하며, 새로운 제품 개발을 위한 연구·개발활동에 많은 자금을 투자하기도 한다. 다만 이런 노력의 결과로서 내부적으로 창출한 브랜드 가치나 연구·개발활동의 결과 획득한 기술 등은 대부분 무형자산으로 인식하지 않고 이와 관련하여 지출된 원가는 당기비용으로 처리한다. 이런 지출의 결과 미래 경제적 효익을 창출할 수 있는 식별가능한 자산이 존재하는지 여부와 그 효익창출시점 및 창출된 가치가 얼마인지(창출된 브랜드 가치가 얼마인지 또는 개발된 기술의 상업적 가치가 얼마인지)를 객관적으로 평가하기 어렵기 때문이다. 그래서 기업이 회계장부에 무형자산으로 기록하고 있는 상표권은 대부분 내부에서 개발한 것이 아니라 외부에서 구매한 경우가 많다.

특히 기업들은 연구·개발에 많은 자금을 투자하기 때문에 이와 관련된 지출에 대한 회계처리는 관련 자산가치와 기간손익 결정에 중요한 영향을 미친다. 내부적으로 연구·개발활동을 통해 창출한 무형자산이 자산인식기준을 충족하는지를 평가하기 위하여 무형자산의 창출과정을 연구단계와 개발단계로 구분한다. 연구단계는 기술을 찾는 단계이며, 개발단계는 발견된 기술을 상용화시키는 과정이다. 연구단계에서 발생한 지출은 발생시점에 전액 '연구비'라는 비용으로 인식한다. 연구단계에서는 앞으로 연구·개발에 성공한 결과 미래 경제적 효익이 발생할 수 있을지의 여부가 불확실하기 때문이다. 개발단계에서 발생한 지출 중 앞으로 실제로 기술 개발이 성공적으로 완료되어 판매를 통해 수익을 창출할 가능성이 높은 경우(기술적 실현가능성) 등 회계기준에서 정한 특정조건을 모두 만족하는 경우에만 '개발비'라는 계정으로 무형자산을 인식한다. 개발단계에서 발생한 지출이라도 인식조건을 만족시키지 못하는 경우는 '경상개발비'라는 비용으로 인식한다.[18]

연구단계에서 발생한 지출은 발생시점에 비용으로 인식하며, 개발단계에서 발생한 지출 중 앞으로 실제로 기술개발이 완료되어 판매를 통해 수익을 창출할 가능성이 높은 경우에만 **'개발비'**라는 계정과목의 무형자산을 인식한다.

그림 7-3

연구·개발활동 지출액의 회계처리

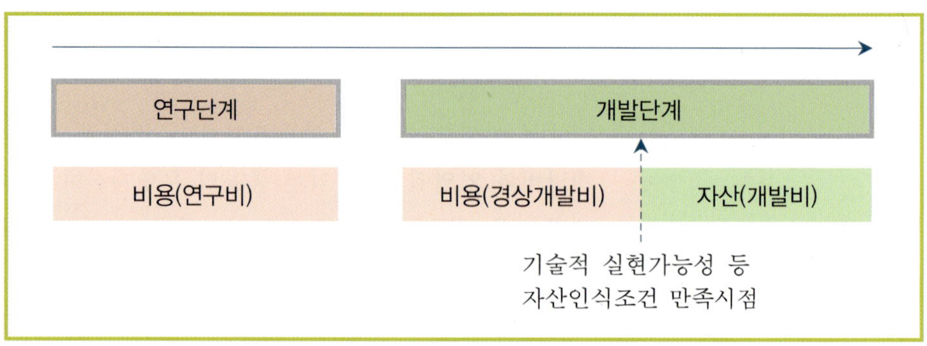

18) '연구비'나 '경상개발비'는 비용항목이지만 '개발비'는 자산항목이라는 점에 주의하기 바란다.

2. 무형자산의 상각과 인식 후 측정방법

(1) 무형자산의 상각

무형자산은 유형자산과 마찬가지로 매기 상각을 통해 비용화된다. 무형자산의 상각(amortization)은 유형자산의 상각인 감가상각(depreciation)과 마찬가지로 무형자산의 취득원가를 내용연수에 걸쳐 체계적으로 배분하는 원가배분과정이다. 무형자산의 내용연수는 기업에서 자산이 사용가능할 것으로 기대되는 기간, 또는 자산으로부터 예상되는 생산량이나 이와 유사한 단위 수량이다.

무형자산의 상각방법을 결정하기 위해서는 우선 무형자산의 내용연수가 유한한지 또는 비한정인지를 평가해야 한다. 만약 해당 무형자산이 순현금유입을 창출할 것으로 기대되는 미래 기간에 대하여 예측가능한 제한이 없을 경우, 그 무형자산의 내용연수가 비한정(indefinite)인 것으로 본다. 비한정이라는 용어는 내용연수가 무한(infinite)하다는 것을 의미하는 것은 아니다. 예를 들어 취득한 방송라이선스가 5년 후에 만료되지만 일반적으로 거의 원가 없이 만료시점마다 갱신이 가능하고 기업이 라이선스를 계속 갱신할 의도를 가지고 있다면, 해당 방송라이선스는 미래 기간 동안 비한정으로 기업의 순현금유입에 기여할 것으로 기대된다. 따라서 이러한 방송라이선스는 내용연수가 비한정인 것으로 본다.

내용연수가 유한한 무형자산은 내용연수 동안 상각하고, 내용연수가 비한정인 무형자산은 상각하지 않는다.

해당 무형자산의 내용연수가 유한하면 내용연수 동안 상각하고, 내용연수가 비한정인 무형자산은 상각하지 않는다.

내용연수가 유한한 무형자산

예를 들어 법으로 5년 동안 권리가 보장되는 특허권을 외부로부터 구입했다면, 이때 발생한 무형자산 특허권의 내용연수는 5년으로서 유한하다. 이처럼 내용연수가 유한한 무형자산은 유형자산의 감가상각과 비슷한 방법으로 내용연수 동안 매기 상각한다. 무형자산의 상각방법은 자산의 경제적 효익이 소비되는 형태를 반영한 방법이어야 한다. 다만 소비되는 형태를 신뢰성 있게 결정할 수 없는 경우에는 정액법을 사용한다. 실제로 많은 기업들이 정액법을 사용하여 무형자산을 상각한다.

무형자산의 회수가능액이 장부금액보다 낮을 경우에는 이 차이를 손상차손으로 인식하며, 손상차손은 당기손익에 반영한다.

무형자산도 유형자산과 마찬가지로 손상검사를 실시한다. 만일 무형자산의 회수가능액이 장부금액보다 낮을 경우에는 이 차이를 손상차손으로 인식하며, 손상차손은 당기손익에 반영한다.

내용연수가 유한한 무형자산의 상각/손상 회계처리는 유형자산의 감가상각/

손상 회계처리와 유사하지만 다음과 같이 세 가지 다른 점이 있다.

첫째, 유형자산에 대해서는 감가상각(depreciation)이라는 용어를 사용하지만, 무형자산에 대해서는 무형자산상각(amortization)이라는 용어를 사용한다.

둘째, 유형자산과는 달리 무형자산의 잔존가치는 일반적으로 ₩0으로 본다. 따라서 무형자산의 취득원가 전부가 상각대상이 된다. 다만 내용연수 종료시점에 계약을 통해 제3자가 자산을 특정가격에 구입하기로 확정되어 있거나, 활성시장(active market)이 존재하는 무형자산이라서 잔존가치를 객관적으로 결정할 수 있는 경우에는 해당 무형자산의 잔존가치가 ₩0 이상인 것으로 볼 수 있다.[19)]

셋째, 유형자산상각의 경우 해당 유형자산의 취득원가에서 감가상각누계액을 차감하는 형식으로 재무상태표에 표시한다. 무형자산상각의 경우도 이와 동일한 방법을 사용할 수 있지만, 대부분의 경우 상각누계액계정을 이용하지 않고 무형자산 금액에서 직접 차감하는 직접차감법을 사용한다.

내용연수가 비한정인 무형자산

내용연수가 비한정인 무형자산은 상각하지 않고 매년 손상검사(impairment test)를 실시한다. 손상검사 결과 회수가능액이 장부금액보다 낮다고 판단되는 경우, 무형자산 가액을 감소시키면서 두 금액의 차이를 손상차손으로 인식한다. 손상차손은 당기손익에 반영한다.

표 7-3
무형자산의 회계처리

구 분	상 각	손상검사	인식 후 측정방법
내용연수가 유한한 무형자산	매년 상각	실시	원가모형이나 재평가모형 중 하나를 선택가능. 다만 해당 무형자산에 대한 활성시장이 존재하는 경우에만 재평가모형 적용가능
내용연수가 비한정인 무형자산	상각하지 않음		

(2) 무형자산의 인식 후 측정방법

무형자산도 유형자산과 동일하게 인식 후 측정방법으로 원가모형과 재평가모형 중 하나를 선택할 수 있으며, 각 방법의 회계처리는 유형자산의 회계처리와 비슷하다. 다만 유형자산의 경우 공정가치를 측정할 수 있으면 재평가모형을 적용할

19) 해당 자산의 거래가 활발히 일어나며 거래가격이 공개되어 있는 시장을 활성시장이라고 한다. 예를 들어 주식이나 채권시장은 가격이 공개되어 있고 거래도 활발히 발생하므로 활성시장이라고 할 수 있다. 활성시장에서의 거래가격은 객관적인 공정한 가격이라고 볼 수 있다. 그러나 무형자산의 경우는 활성시장이 존재하는 경우가 매우 드물다.

무형자산의 인식 후 측정방법으로 **원가모형**과 **재평가모형** 중 하나를 선택할 수 있다. 그러나 해당 무형자산에 대한 활성시장이 존재하는 경우에만 재평가모형이 적용가능하다.

수 있지만, 무형자산의 경우에는 해당 무형자산에 대한 활성시장이 존재하는 경우에만 재평가모형을 적용할 수 있다. 해당 무형자산이 활발히 거래되고, 거래가격이 공개되는 시장인 활성시장에서만 공정가치를 신뢰성 있게 측정할 수 있기 때문이다.

그러나 대부분의 무형자산(예 : 브랜드, 음악과 영화 출판권, 특허권, 상표, 영업권)은 그 성격이 독특하기 때문에 빈번한 거래가 발생하는 활성시장이 존재하지 않는 경우가 많다. 따라서 실무에서 무형자산에 대해서 재평가모형을 적용하는 경우는 매우 드물다.

예제 7-12 무형자산의 취득과 상각

(주)종근당은 20×1년 1월 1일에 특허를 취득하였다. 특허등록을 위해 지출된 비용은 ₩1,050,000이다. (주)종근당은 향후 이 특허권이 법률로 보호되는 10년 동안 특허권을 이용해서 순현금흐름을 창출할 수 있을 것으로 기대하고 있다. 특허권의 상각방법은 정액법을 사용한다. 이 특허권은 내용연수를 10년으로, 10년 후 잔존가치는 ₩0으로 추정한다.

특허권은 무형의 권리이므로 무형자산에 해당한다. 특허권의 취득과 상각에 관련한 회계처리는 다음과 같다.

① 취득시 분개 (20×1년 1월 1일)

(차) 특 허 권	1,050,000	(대) 현 금	1,050,000

② 상각시 분개 (20×1년 12월 31일)

(차) 무형자산상각비 (특허권상각비)	105,000	(대) 특 허 권	105,000*

* ₩1,050,000/10년＝₩105,000. 위의 분개는 특허권 가액에서 직접 상각액을 차감하는 직접차감법을 사용한 것이며, 대변에 특허권 대신 무형자산상각누계액(또는 특허권상각누계액)을 사용할 수도 있다. 이 경우 상각누계액계정은 재무상태표의 특허권계정에서 차감하는 형식으로 표시한다.

부분재무상태표(20×1년 12월 31일)	
자산-특허권	₩945,000

부분포괄손익계산서(20×1년)	
무형자산상각비 (영업비용)	₩105,000

무형자산과 유형자산의 회계처리를 비교하여 정리하면 〈표 7-4〉와 같다.

표 7-4
유형자산과 무형자산의 비교

구 분	유형자산	무형자산
상각비용의 명칭	감가상각비(depreciation)	무형자산상각비(amortization)
상각여부	상각	한정된 내용연수인 경우만 상각
상각방법	정액법 체감잔액법 생산량비례법	보통 정액법
잔존가치	보통 양(+)의 값을 갖는다.	보통 ₩0으로 본다.
재무상태표 표시	상각누계액계정을 설정하여 유형자산에서 상각누계액을 차감하는 형식으로 표시한다.	상각누계액계정을 설정할 수도 있지만, 보통 직접차감법을 사용한다.

3. 영업권

영업권(goodwill)은 개념적으로 다른 기업에 비해 정상적인 수익률 이상의 이윤을 획득할 수 있는 초과이윤창출능력을 화폐가치로 표시한 것이다. 경영자의 탁월한 경영능력, 기업의 명성이나 좋은 평판, 고정 단골고객, 브랜드 가치, 우수한 기술력, 우수한 직원의 능력 등도 초과이윤창출능력을 발생시키는 이유가 될 수 있다. 그러나 회계기준상 앞의 예와 같이 기업 내부적으로 창출된 영업권은 자산으로 인식할 수 없다. 왜냐하면 이러한 영업권은 이를 보유한 기업과 구별하여 개별적으로 식별가능하지 않으며, 공정한 가치를 평가할 수도 없기 때문이다.

다른 기업을 합병하거나 매수하는 경우, 피매수기업의 식별가능한 순자산의 공정가치를 초과하여 지급한 금액은 **영업권**으로 인식하여 무형자산으로 분류한다.

그러나 다른 기업을 합병하거나 매수하는 경우, 피매수기업의 식별가능한 순자산의 공정가치를 초과하여 지급한 금액은 영업권으로 인식하여 무형자산으로 분류한다. 예를 들어 피매수기업의 식별가능한 순자산의 공정가치가 100억원인데 120억원의 매수대가를 지급하였다면, 그 차액인 20억원이 영업권이다. 공정가치보다 20억원을 더 지급한 이유는 피매수기업의 기술력, 경영 비법, 우수한 경영진, 명성, 노조, 고객과의 좋은 관계 등 여러 무형의 가치가 미래에 추가적인 수익을 창출할 것이라고 매수기업에서 기대하기 때문이다. 이런 경우 기업의 인수·합병을 통해 '시너지 효과(synergy effect)가 발생한다'고 표현한다. 이러한 무형의 가치는 피매수기업의 개별자산과 부채의 공정가치에는 반영되어 있지 않기 때문에, 매수대가와 순자산의 공정가치 간에 차이가 발생한다.

영업권인식액 = 매수대가 − 피매수기업의 순자산공정가치

영업권으로는 피매수기업과 분리될 수 없지만 예외적으로 무형자산으로 인식한다. 피매수기업과 분리할 수 없으므로 내용연수를 결정할 수 없다. 그러므로 영업권은 상각하지 않고 손상평가를 수행한다.

기업합병과정에서 발생한 영업권은 피매수기업과 분리될 수 없다. 따라서 앞에서 소개한 무형자산의 정의 중 식별가능한 자산의 범위에 해당하지 않지만, 예외적으로 영업권을 무형자산으로 분류하는 것이다. 영업권의 내용연수는 별도로 결정할 수 없으므로 비한정(indefinite)인 것으로 본다. 따라서 영업권은 상각하지 않고 매년 손상평가를 수행한다.[20] 영업권을 지불하고 다른 기업을 인수했다는 것은 피매수기업이 미래에 더 많은 이익을 창출할 것이라고 인수기업이 기대하고 있다는 것을 의미하는 것일 뿐, 그 기대가 실현된다는 보장은 없다. 따라서 영업권의 가치가 기대보다 낮을 수 있으므로, 인수 이후 매년 손상평가를 통해 만약 가치가 하락한 것이 판명될 경우 손상차손을 인식하는 것이다.[21]

영업권 인식액이 음수일 경우, 즉 매수대가보다 피매수기업의 순자산공정가치가 클 경우 부(負, 음)의 영업권(negative goodwill)이 발생했다고 말한다. 이 금액은 염가매수차익(gain from bargain purchase)으로 분류하고 당기손익에 포함한다.

예제 7-13 영업권의 회계처리

2014년 하나은행은 외환은행의 주식 100%를 ₩5,000에 인수하였다. 인수 당시 외환은행의 식별가능한 자산의 공정가치는 ₩7,000이었으며, 부채의 공정가치는 ₩3,000이었다. 2015년 들어 하나은행은 외환은행과 합병하여 한 회사가 된다. 그 결과 현재의 통합 KEB하나은행이 탄생한 것이다.

이 사례의 경우 인식해야 할 영업권의 금액은 다음과 같다.

순자산(=자산−부채)공정가치 : ₩7,000 − ₩3,000 = ₩4,000
영업권 : ₩5,000 − ₩4,000 = ₩1,000

(차)			(대)	
(차)	자 산	7,000	(대) 부 채	3,000
	영 업 권	1,000	현 금	5,000

만약 외환은행의 식별가능한 자산의 공정가치가 ₩7,000, 부채의 공정가치가 ₩1,000이었다면, 인수대가가 순자산공정가치에 미달하게 되어 부의 영업권이 발생한다. 즉 부의 영업권이란 공정가치보다 싼 가격을 지불하고 다른 회사를 인수·합병했을 때 발생하게 된다.

20) 국제회계기준과는 달리 K-GAAP에서는 영업권을 20년 이내의 합리적인 기간 동안 매년 균등액을 상각하도록 규정하고 있다. K-GAAP에서는 이와 함께 매년 영업권의 가치가 하락했는지를 분석하여(즉 손상평가를 수행해서), 만약 영업권의 실제 가치가 장부가보다 하락했다면 손상차손을 인식한다.

21) 영업권의 공정한 가치를 판단한다는 것은 대단히 어려운 일이다. 타 회사를 매입함으로써 미래에 얼마나 추가적인 이익을 얻을 수 있는지를 정확하게 평가한다는 것은 현실적으로 불가능한 일이기 때문이다. 따라서 영업권과 손상차손을 인식하는 의사결정에는 경영자의 주관이나 편의가 개입될 가능성이 높다.

순자산공정가치 : ₩7,000 − ₩1,000 = ₩6,000
부의 영업권 : ₩5,000 − ₩6,000 = − ₩1,000

(차)			(대)	
자 산	7,000		부 채	1,000
			현 금	5,000
			염가매수차익	1,000

부의 영업권에 해당하는 ₩1,000만큼은 염가매수차익으로 분류하고, 당기손익에 포함한다. 즉 영업권을 무형자산으로 분류한 것과 회계처리방법이 다르니 주의해야 한다.

회계이야기 (5)

기업 인수 · 합병시의 프리미엄은?

회계법인들은 감사업무 외에도 여러 컨설팅 업무(회계법인에서는 비감사서비스라고 부른다)를 수행한다. 회계법인의 수익은 크게 감사, 세무, 컨설팅 서비스에서 발생한다.

회계법인들이 자주 수행하는 비감사서비스 중의 하나가 한 기업이 다른 기업을 인수(acquisition, 한 기업이 다른 기업의 경영권을 매수하는 경우)하거나 합병(merger, 둘 이상의 기업을 합치는 경우)할 때의 자문이다. 이 두 경우를 합쳐 기업 인수 · 합병(M&A)이라고 표현한다. 회계법인은 이 과정에서 피인수기업의 기업가치가 얼마인지 평가하는 역할과 인수 후 서로 다른 조직을 결합시키거나 기존 조직을 최적으로 개편하는 방안에 대해 조언을 주는 역할을 수행한다. 이런 활동을 인수 후 통합작업(post-merger integration, PMI)이라고 부른다. 또한 인수 직전에 인수경쟁에 참여한 회사들의 요청을 받아 피합병기업의 재무제표가 회사의 재무상태와 경영성과를 정확히 파악하고 있는지를 조사하는 역할도 수행한다. 이런 업무를 '실사(due diligence)', 특히 기업 인수를 위해 발생하므로 '인수 실사'라고 한다. 인수 실사를 통해 숨겨진 부실이 발생되는 경우가 종종 있다. 피인수회사가 매각가를 높이기 위해 부실자산을 상각하거나 손상차손 처리를 하지 않고 남겨두거나, 이익을 더 많이 기록하기 위해서 이익조정을 하는 경우가 있기 때문이다.

우리나라 M&A시의 평균 인수 프리미엄

가치평가과정을 통해 피인수기업의 적정한 인수가가 결정된다. 인수가와 피인수회사의 공정한 가치 사이의 차이를 영업권으로 재무상태표에 기록한다. 보통 인수가 결정되는 시점의 주가와 인수가를 비교하여 인수 프리미엄이 얼마인지 계산한다. 우리나라의 경우 평균 인수 프리미엄은 40%대다. 미국의 경우는 이것보다 약간 낮은 30%대라고 알려져 있다. 우리나라 기업들의 성장률이 평균적으로 미국 기업들보다 높으므로, 인수 후 시너지 효과(synergy effect)가 발생하여 기업의 가치가 미래에 더 높게 성장할 것이라는 기대감이 높은 프리미엄으로 나타난 현상일 것이다. 또는 한국의 경영자들이 미래의 발전가능성을 더 낙관적으로 평가한다고도 볼 수 있다.

치열한 인수경쟁이 발생했던 몇몇 국내 M&A들의 경우 인수 프리미엄이 거의 100% 정도까지 올라가기도 했다. 이런 경우 인수회사가 인수 후 재무적으로 어려움을 겪는 일이 종종 발생했다. '승자의 저주(winner's curse)'라는 말이 이런 상황을 묘사하는 용어로 사용된다. STX, 금호아시아나, 웅진그룹의 실패사례가 그 예다. 모두 인수실패의 결과 그룹의 경영권이 채권단 소유로 넘어갔다. 미래에 대한 지나치게 낙관적인 기대가 실패를 초래하는 것이다.

많은 M&A가 실패한다!

M&A가 벌어질 때 미래에 회사가 더 발전할 것이라고 큰 기대를 한다. 그래서 높은 인수 프리미엄을 지불하면서까지 M&A를 하는 것이다. 그러나 실제로 M&A 이후 회사가 더 발전할 확률은 1/3 이하라고 알려져 있다. 오히려 역효과가 발생하여 회사의 성과가 나빠지는 경우도 빈번하다. 따라서 욕심만 앞세우고 무리하게 자금을 동원하여 M&A를 실시하는 일은 삼가야 할 것이다. 또한 인수를 하는 일보다 인수 후 PMI를 제대로 하는 것이 훨씬 더 중요하다는 점도 알아야 한다.

M&A를 위한 기업가치 평가방법은 '재무제표분석과 기업가치평가' 과목에서 공부하게 될 것이다. 본서의 제12장에서도 이와 관련된 기초적인 내용들을 공부할 수 있다.

학습목표의 요약

- 유형자산과 무형자산을 정의하고 분류할 수 있다. *7.1, 7.2*
  - 유형자산(property, plant and equipment)은 기업이 통제하고 있는 자산으로서, 정상적인 영업활동과정 중에 장기간 사용하기 위한 목적으로 보유하는 물리적 형태가 있는 자산이다. 성격과 용도에 따라 토지, 건물, 기계장치, 건설중인 자산 등으로 분류할 수 있다.
  - 무형자산(intangible assets)은 기업이 통제하고 있는 자산으로서, 정상적인 영업활동과정중에 장기간 사용하기 위한 목적으로 보유하는 물리적 형태가 없지만 식별가능한 자산이다.

- 유형자산의 취득원가에 포함되는 항목들을 이해하고 취득 후 발생하는 원가 중 자산의 취득원가에 가산하는 항목과 당기비용 처리하는 항목을 구분할 수 있다. *7.1*
  - 유형자산을 최초로 인식할 때에는 원가로 측정하며, 원가는 구입가격, 매입관련원가 및 추정복구원가로 구성된다.
  - 유형자산을 취득한 이후 추가적인 지출이 발생했을 때에는, 미래 경제적 효익과 원가 측정의 신뢰성 기준에 따라서 자산의 원가에 포함하거나 또는 당기비용으로 처리한다.

- 유형자산 감가상각의 개념을 이해하고 다양한 감가상각방법을 적용하여 감가상각비를 계산할 수 있다. *7.1*
  - 감가상각(depreciation)이란 유형자산의 원가에서 잔존가치를 차감한 감가상각대상금액을 그 자산의 내용연수 동안 체계적이고 합리적으로 배분하여 비용화시키는 원가배분과정을 말한다.
  - 감가상각방법에는 정액법(straight-line method), 체감잔액법(diminishing or declining balance method) 및 생산량비례법(units of production method)이 있다.

- 유형자산과 무형자산의 원가모형과 재평가모형을 이해하고 비교할 수 있다. *7.1, 7.2*
  - 원가모형(cost model)은 유형자산을 최초로 인식한 후에 매기 감가상각비와 손상차손을 인식하여 유형자산의 장부금액을 결정하는 방법이다.
  - 재평가모형(revaluation model)은 최초 인식 후에 유형자산을 공정가치로 평가하는 방법이다. 유형자산의 재평가금액이 장부금액보다 큰 경우에는 유형자산의 장부금액을 재평가금액으로 증가시킨다. 이때 그 증가액은 기타포괄손익으로 인식하고 재평가잉여금의 과목으로 자본(기타포괄손익누계액)에 가산한다. 한편 유형자산의 재평가금액이 장부금액보다 작은 경우에는 유형자산의 장부금액을 재평가금액으로 감소시키고 그 감소액은 재평가손실로 기록하는데, 이는 당기손익 계산에 포함한다.

- 유형자산의 손상을 이해하고 회계처리할 수 있다. *7.1*
  - 자산이 진부화되거나 물리적 손상이 발생한 경우 등과 같이 자산의 가치가 하락하는 것을 손상(impairment)이라고 한다.
  - 장부금액이 회수가능액보다 큰 경우에는 장부금액을 회수가능액으로 감소시키고 그 차이를 손상차손(impairment loss)으로 인식한다.

- 유형자산의 처분에 대해 회계처리할 수 있다. *7.1*
  - 사용하던 유형자산을 처분하는 경우에는 해당 자산의 취득원가와 감가상각누계액 등 관련 계정 전부를 장부에서 제거하고, 처분대가와 장부금액의 차이를 유형자산처분손익으로 당기손익에 반영한다.
- 무형자산의 내용연수 구분에 따른 상각방법을 이해하고 회계처리할 수 있다. *7.2*
  - 내용연수가 유한한 무형자산은 내용연수 동안 상각한다.
  - 자산이 순현금유입을 창출할 것으로 기대되는 기간에 대하여 예측가능한 제한이 없을 경우, 무형자산의 내용연수가 비한정(indefinite)이라고 한다. 내용연수가 비한정인 무형자산은 상각하지 않는다.
- 영업권의 개념을 이해할 수 있다. *7.2*
  - 영업권(goodwill)은 개념적으로 다른 기업에 비해 정상적인 수익률 이상의 이윤을 획득할 수 있는 초과 이윤창출능력을 화폐가치로 표시한 것이다.
  - 내부적으로 창출된 영업권은 기업과 별도로 분리하여 식별가능하지 않기 때문에 자산으로 인식할 수 없다. 그러나 다른 기업을 합병하거나 매수하는 경우, 피매수기업의 식별가능한 순자산의 공정가치를 초과하여 지급한 금액은 영업권으로 인식하여 무형자산으로 분류한다.

주요 용어

- **감가상각**(depreciation)
- **감가상각대상금액**(depreciable amount)
- **내용연수**(useful life)
- **무형자산상각**(amortization)
- **생산량비례법**(units of production method)
- **손상검사**(impairment test)
- **수익적 지출**(revenue expenditure)
- **순실현가치**(net realizable value)
- **염가매수차익**(gain from bargain purchase)
- **원가모형**(cost model)
- **유형자산**(property, plant and equipment)
- **장부금액**(carrying amount)
- **전진법**(prospective approach)
- **정액법**(straight-line method)
- **추정잔존가치**(estimated residual value)
- **회계추정의 변경**(change of accounting estimates)
- **감가상각누계액**(accumulated depreciation)
- **공정가치**(fair value)
- **무형자산**(intangible assets)
- **부의 영업권**(negative goodwill)
- **손상**(impairment)
- **손상차손**(impairment loss)
- **순공정가치**(net fair value)
- **연수합계법**(sum-of-years' digit method)
- **영업권**(goodwill)
- **원가배분**(cost allocation)
- **자본적 지출**(capital expenditure)
- **재평가모형**(revaluation model)
- **정률법**(constant percentage method)
- **체감잔액법**(diminishing or declining balance method)
- **활성시장**(active market)
- **회수가능액**(recoverable amount)

종합복습예제

롯데렌탈

롯데렌탈의 원조는 1986년 설립된 금호렌터카이다. 금호렌터카는 원래 금호아시아나그룹 소속 회사로서 국내 렌터카 시장 1위의 시장점유율을 차지하고 있었으나, 2000년대 후반 금호아시아나그룹이 무리하게 대우건설을 인수했다가 재무적 위기에 빠져 채권단 소유로 넘어간 후 시장에 매물로 나오게 되었다. 2010년 KT가 이를 인수하여 KT금호렌터카로 바뀌었으나, 2015년 KT가 이 부분 시장에서 철수하면서 롯데그룹이 인수하게 된다. 현재 롯데렌탈이 롯데렌터카라는 브랜드로 사업을 영위하고 있다.

20×1년 1월 1일에 롯데렌탈이 자동차를 ₩5,000,000에 취득하였다. 자동차 취득에는 ₩500,000의 부대비용이 발생하였다. 다음 주어진 자료를 이용하여 각 물음에 답하시오. 각각의 문제는 독립적이다.

- 내용연수 : 4년 / 50,000km
- 잔존가치 : ₩500,000
- 정률법 상각률 : 0.50(가정)
- 운행거리 : 20×1년에 15,000km, 20×2년에 20,000km,
20×3년에 10,000km, 20×4년에 5,000km

물음

1. 정액법에 따라 매년 감가상각비와 장부금액을 계산하고 20×1년말 회계처리를 하시오.
2. 생산량비례법에 따라 매년 감가상각비와 장부금액을 계산하시오.
3. 정률법에 따라 매년 감가상각비와 장부금액을 계산하시오.
4. 연수합계법에 따라 매년 감가상각비와 장부금액을 계산하시오.
5. 롯데렌탈은 20×4년 4월 1일에 위 자동차를 ₩1,000,000에 처분하였다. 감가상각방법으로 정액법을 이용하는 경우 처분시의 분개를 하시오. 기중처분시 감가상각은 월할상각법(=매월 단위로 감가상각비를 계산하는 방법)을 이용한다.
6. 위 자동차에 대해 재평가모형을 사용한다고 할 때, 20×1년말 공정가치가 ₩4,500,000인 경우와 ₩3,000,000인 경우의 회계처리를 하시오. 정액법을 사용한 감가상각비는 이미 인식하였다.
7. 새로운 자동차 모델이 출시되면서, 롯데렌탈이 보유하고 있는 자동차의 가치가 하락하였다. 20×2년말 순공정가치는 ₩1,500,000이고 사용가치는 ₩2,200,000으로 추정된다. 롯데렌탈이 원가법을 적용하고 있을 때 필요한 회계처리를 하시오. 정액법을 사용한 감가상각비는 이미 인식하였다.

풀이

1. 정액법

취득원가 = 구입가격 + 취득부대비용 = ₩5,000,000 + ₩500,000 = ₩5,500,000

감가상각대상금액 = 취득원가 − 잔존가치 = ₩5,500,000 − ₩500,000 = ₩5,000,000

연 도	계 산	감가상각비	감가상각누계액	장부금액
				₩5,500,000
20×1	₩5,000,000 × 1/4	₩1,250,000	₩1,250,000	4,250,000
20×2	₩5,000,000 × 1/4	1,250,000	2,500,000	3,000,000
20×3	₩5,000,000 × 1/4	1,250,000	3,750,000	1,750,000
20×4	₩5,000,000 × 1/4	1,250,000	5,000,000	500,000
		₩5,000,000		

〈20×1년 12월 31일〉

(차) 감가상각비 1,250,000 (대) 감가상각누계액 1,250,000

2. 생산량비례법

연 도	계 산	감가상각비	감가상각누계액	장부금액
				₩5,500,000
20×1	₩5,000,000 × 15,000/50,000	₩1,500,000	₩1,500,000	4,000,000
20×2	₩5,000,000 × 20,000/50,000	2,000,000	3,500,000	2,000,000
20×3	₩5,000,000 × 10,000/50,000	1,000,000	4,500,000	1,000,000
20×4	₩5,000,000 × 5,000/50,000	500,000	5,000,000	500,000
		₩5,000,000		

3. 정률법

연 도	계 산	감가상각비	감가상각누계액	장부금액
				₩5,500,000
20×1	₩5,500,000 × 0.5	₩2,750,000	₩2,750,000	2,750,000
20×2	₩2,750,000 × 0.5	1,375,000	4,125,000	1,375,000
20×3	₩1,375,000 × 0.5	687,500	4,812,500	687,500
20×4	₩687,500 × 0.5	187,500	5,000,000	500,000
		₩5,000,000		

4. 연수합계법

연 도	계 산	감가상각비	감가상각누계액	장부금액
				₩5,500,000
20×1	₩5,000,000 × 4/10	₩2,000,000	₩2,000,000	3,500,000
20×2	₩5,000,000 × 3/10	1,500,000	3,500,000	2,000,000
20×3	₩5,000,000 × 2/10	1,000,000	4,500,000	1,000,000
20×4	₩5,000,000 × 1/10	500,000	5,000,000	500,000
		₩5,000,000		

5. 기중처분(20×4년 4월 1일)

(1) 정액법에 의할 경우 매년 감가상각비는 $\frac{₩5,500,000-₩500,000}{4년}$ = ₩1,250,000이다.

따라서 3개월 동안의 감가상각비(20×4년 1월 1일~20×4년 3월 31일)

$= ₩1,250,000 \times \frac{3개월}{12개월} = ₩312,500$

(차) 감가상각비	312,500	(대) 감가상각누계액	312,500

(2) 20×4년 4월 1일 처분시의 감가상각누계액은 매년 감가상각비 ₩1,250,000(20×1년), ₩1,250,000(20×2년), ₩1,250,000(20×3년), ₩312,500(20×4년)의 합계액인 ₩4,062,500이고, 장부금액은 취득원가 ₩5,500,000에서 감가상각누계액 ₩4,062,500을 차감한 ₩1,437,500이다. 장부금액이 ₩1,437,500인 자동차를 ₩1,000,000에 처분하였기 때문에 유형자산처분손실 ₩437,500이 발생한다.

(차) 현　　금	1,000,000	(대) 자 동 차	5,500,000
감가상각누계액	4,062,500		
유형자산처분손실	437,500		

6. (1) 공정가치가 ₩4,500,000인 경우

20×1년말 자동차의 장부금액은 ₩4,250,000이므로, 공정가치가 장부금액보다 ₩250,000만큼 크다. 감가상각누계액 제거법을 이용하여 회계처리하면 다음과 같다.

(차) 감가상각누계액	1,250,000	(대) 자 동 차	1,000,000
		재평가이익	250,000

위 분개 이후 자동차의 장부금액은 ₩4,500,000이 되어 공정가치와 일치한다. 재평가이익은 포괄손익계산서상 기타포괄손익으로 처리하고, 마감분개를 통해 재평가잉여금으로 대체한다. 그 결과 재무상태표에는 재평가잉여금의 계정과목으로 기타포괄손익누계액에 포함된다.

(2) 공정가치가 ₩3,000,000인 경우

20×1년말 자동차의 장부금액은 ₩4,250,000이므로, 공정가치가 장부금액보다 ₩1,250,000만큼 작다. 감가상각누계액 제거법을 이용하여 회계처리하면 다음과 같다.

(차) 감가상각누계액	1,250,000	(대) 자 동 차	2,500,000
재평가손실	1,250,000		

위 분개 이후 자동차의 장부금액은 ₩3,000,000이 되어 공정가치와 일치한다. 재평가손실은 당기손익에 반영한다.

7. 회수가능액은 순공정가치 ₩1,500,000과 사용가치 ₩2,200,000 중 큰 금액인 ₩2,200,000이다. 20×2년말 장부금액은 ₩3,000,000, 회수가능액은 ₩2,200,000이므로 차이 ₩800,000을 손상차손으로 인식한다.

(차) 손 상 차 손	800,000	(대) 손상차손누계액	800,000

연습문제

주관식

1. [유형자산의 회계처리]

다음 거래에 따른 회계처리를 하시오.

(1) 새 건물을 건설하기 위하여 토지와 구건물을 ₩2,500,000에 일괄 구입하면서 대금은 현금으로 지급하였다. 또한 구건물을 철거하면서 철거비용 ₩100,000은 현금으로 지급하였다.

(2) 작업능률의 향상을 위해 기계장치의 부품을 추가하고 대금 ₩200,000은 현금으로 지급하였다.

2. [유형자산의 취득]

(주)덕송이 취득한 기계의 구입 및 설치와 관련된 다음의 정보를 이용하여 기계의 취득원가를 구하시오.

송장가격	₩10,000,000	취 득 세	₩490,000
운 송 비	20,000	운송기간중 기계의 보험료	50,000
설 치 비	100,000	기계시험가동비	100,000

3. [수익적 지출과 자본적 지출]

다음과 같은 유형자산에 대한 추가적 지출을 자본적 지출과 수익적 지출로 구분하시오.

(1) 지출금액이 상대적으로 작으며, 지출효과가 당기 내에 소멸하는 경우

(2) 가치증가를 위한 수선비

(3) 유형자산이 제공하는 용역의 양이나 질이 증대되는 경우

(4) 유형자산의 상태나 기능을 유지하기 위한 경우

(5) 유형자산의 내용연수 연장을 위한 지출

(6) 건물의 냉난방설치비

(7) 건물의 파손된 유리를 대체하기 위한 지출

4. [감가상각 - 정액법 및 생산량비례법]

(주)덕송은 20×1년 1월 1일에 제품 A를 생산하기 위해 필요한 기계장치를 현금 ₩50,000,000에 구입하였다. 이 기계장치의 내용연수는 3년이고 잔존가치는 ₩5,000,000이며, (주)덕송의 제품 A를 총 9,000개 생산할 수 있을 것으로 예상된다.

(1) 정액법에 따라 향후 3년간의 감가상각액을 연도별로 계산하시오.

(2) 생산량비례법에 따라 향후 3년간의 감가상각액을 연도별로 계산하시오. (주)덕송은 제품 A를 20×1년에는 4,000개, 20×2년에는 3,000개, 20×3년에는 2,000개를 생산하였다.

5. [감가상각 - 정률법]

(주)덕송은 20×1년 1월 1일에 제품 Z를 생산하기 위해 필요한 설비자산을 현금 ₩3,000,000에 구입하였다. 이 기계장치의 내용연수는 3년이고 잔존가치는 ₩300,000이다. 정률법(상각률 : 0.5358)을 사용하는 경우 연도별 감가상각비와 장부금액을 구하시오.

6. [감가상각 - 연수합계법]

(주)덕송은 20×1년 1월 1일에 ₩1,000,000의 비품을 현금으로 구입하였다. 잔존가치가 ₩100,000이고 내용연수가 4년이며 연수합계법을 사용한다. 20×3년에 인식할 감가상각비와 20×3년말 장부금액을 구하시오.

7. [감가상각 - 연수합계법]

(주)덕송은 20×1년 1월 1일에 ₩1,000,000에 기계장치를 취득하였다. 내용연수는 5년이고 잔존가치는 ₩100,000이었다. (주)덕송이 연수합계법을 사용하는 경우 20×1년과 20×2년의 감가상각비는 각각 얼마인가?

8. [감가상각 - 회계추정의 변경]

(주)덕송은 20×1년 1월 1일에 ₩2,000,000에 기계장치를 취득하였다. 내용연수는 4년이고 잔존가치는 ₩100,000이며 정액법으로 상각한다. (주)덕송은 기계를 취득한 시점부터 2년이 지난 20×3년 1월 1일에 잔여내용연수와 잔존가치를 검토한 결과 잔여내용연수는 4년으로, 잔존가치는 ₩0으로 추정을 변경하였다. (주)덕송이 20×1년, 20×2년, 20×3년에 각각 인식한 감가상각비는 얼마인가?

9. [유형자산의 재평가]

(주)덕송은 유형자산 측정방법으로 재평가모형을 적용하고 있으며 결산일은 매년 12월 31일이다. 다음의 관련 자료를 참고하여 유형자산과 관련한 회계처리를 나타내시오.

(1) (주)덕송은 20×1년초에 기계장치를 ₩230,000(내용연수 3년, 잔존가치 ₩20,000)에 취득하여 정액법으로 감가상각하였다.

(2) 20×1년말 재평가결과 기계장치의 공정가치가 ₩240,000으로 추정되었다.

10. [유형자산의 손상]

(주)덕송은 20×1년초에 노트북을 생산하기 위한 기계를 ₩6,000,000의 현금으로 구입하였다. 이 기계의 잔존가치는 ₩600,000, 내용연수는 5년으로 추정된다. (주)덕송은 유형자산을 원가모형으로 기록하며, 정액법으로 상각한다. 한편 20×2년말 급격한 시장가치의 하락으로 인해 이 기계의 사용가치가 ₩1,600,000, 순공정가치가 ₩2,400,000으로 평가되었다. (주)덕송의 20×2년의 회계처리를 하고, 손상차손액을 구하시오.

11. [유형자산의 회계처리]

다음은 유형자산의 회계처리에 대한 설명이다. 설명이 옳으면 ○, 옳지 않으면 ×를 표시하시오.

(1) 유형자산을 사용하는 과정에서 유형자산의 가치가 감소하여 장부금액이 회수가능액보다 클 경우, 장부금액을 회수가능액으로 감소시키고 그 차이를 손상차손(impairment loss)으로 인식한다. ( )

(2) 재평가모형은 유형자산을 재평가일의 원가에서 감가상각누계액과 손상차손누계액을 차감한 금액을 장부금액으로 하는 방법이다. ( )

(3) 재평가모형을 사용할 때 유형자산의 재평가금액이 장부금액보다 큰 경우에는, 유형자산의 장부금액을 재평가금액으로 증가시키고 그 차이를 재평가이익으로 인식한다. 이때 자산의 재평가로 인한 증가금액은 당기손익으로 인식한다. ( )

(4) 유형자산의 재평가금액이 장부금액보다 작은 경우에는, 유형자산의 장부금액을 재평가금액으로 감소시키고 그 감소액은 당기손익으로 인식한다. ( )

(5) 한 회사가 보유하고 있는 기계장치의 일부에 대해서는 원가모형을 적용하고, 나머지 기계장치에 대해서는 재평가모형을 사용할 수 있다. ( )

(6) 유형자산을 처분할 때에는 처분대가와 장부금액의 차이를 유형자산처분손익으로 당기손익에 반영한다. 이때 주의해야 할 점은 처분손익을 계산하기 위해서는 우선 기초부터 처분시점까지의 감가상각비를 계산해서, 처분시점에서의 장부금액이 얼마인지를 계산해야 한다는 점이다. ( )

12. [유형자산의 처분]

(주)덕송은 취득원가가 ₩3,500,000이고 현재까지 감가상각누계액이 ₩2,500,000인 기계장치를 ₩1,500,000에 처분하였다. 이에 따른 회계처리를 제시하시오.

13. [무형자산 - 영업권]

다음 물음에 답하시오.

(1) 내부적으로 창출된 영업권을 무형자산으로 인식할 수 없는 이유에 대하여 논하시오.

(2) 20×1년 1월 1일에 (주)덕송은 (주)대한항공의 주식 100%를 인수하였다. (주)대한항공의 식별가능한 순자산의 공정가치가 100억원인데 (주)덕송은 120억원의 매수대가를 지급하였다. (주)덕송이 이 거래로 인식해야 할 영업권 금액을 구하고, 20×1년말에 해야 할 영업권 회계처리에 대해 설명하시오.

14. [무형자산]

(주)덕송은 20×1년 5월 1일 (주)아시아나항공으로부터 특허권을 ₩3,000,000에 취득하면서 등록에 필요한 비용 ₩600,000을 추가로 지급하였다. 대금은 현금으로 지급되었다. 특허권의 내용연수는 10년으로 한다. 20×1년 특허권 취득과 무형자산상각과 관련된 회계처리를 하시오.

객관식

1. [유형자산의 취득]
유형자산의 회계처리에 대한 설명으로 적절하지 않은 것을 모두 고르면?

① 유형자산은 한 회계기간을 초과하여 장기간 동안 기업에 미래 경제적 효익을 발생시키는 자산이다.
② 유형자산을 인식하기 위해서는 ㉠ 자산으로부터 발생하는 미래 경제적 효익이 기업에 유입될 가능성이 높아야 하고, ㉡ 자산의 원가를 신뢰성 있게 측정할 수 있어야 한다.
③ 기업의 정상적인 영업활동과정에서 사용 또는 판매할 목적으로 보유하고 있는 자산이다.
④ 유형자산은 감가상각이라는 원가배분과정을 통하여 자산을 사용하는 기간 동안 비용화(감가상각비)된다.
⑤ 기계장치의 설치원가 및 조립원가, 운송비, 유형자산의 매입 또는 건설과 직접 관련되어 발생한 종업원원가, 복구원가 등은 당기비용으로 처리한다.

2. [수익적 지출과 자본적 지출]
(주)덕송이 20×1년 1월 1일에 일상적인 수선비 ₩200,000을 비용처리하지 않고 기존 유형자산의 증가로 기록했을 경우, 당기말 재무제표에 미치는 영향은? (단 감가상각은 정액법을 사용하고 내용연수는 3년이며, 잔존가치는 없다. 다른 법인세효과는 없다고 가정한다)

① 20×1년 자산이 ₩200,000 과소계상된다.
② 20×1년 자산이 ₩133,333 과대계상된다.
③ 20×1년 부채가 ₩200,000 과대계상된다.
④ 20×1년 비용이 ₩66,667 과대계상된다.
⑤ 20×1년 비용이 ₩133,333 과대계상된다.

3. [감가상각비]
유형자산의 감가상각에 대한 설명으로 적절하지 않은 것은?

① 감가상각은 관련 유형자산에서 발생하는 수익에 비용을 적절하게 대응시키기 위해서, 특정기간에 사용된 유형자산의 원가를 동 기간 동안 발생한 수익에 대응시켜 비용으로 인식하는 것이다.
② 내용연수 기간이 감가상각 대상기간이 된다. 따라서 내용연수를 짧게 설정하면 해당 자산의 감가상각비를 짧은 기간 내에 모두 인식하게 되므로 해당 기간의 비용이 증가하는 효과가 있고, 내용연수를 길게 설정하면 좀 더 긴 기간 내에 감가상각비를 배분하게 된다.
③ 토지는 일반적으로 내용연수가 무한하므로 감가상각하지 않으며, 건설중인 자산은 아직 완성되지 않아 경영자의 의도대로 사용할 수 없기 때문에 감가상각을 하지 않는다.
④ 체감잔액법에는 정률법과 연수합계법이 있는데, 이 두 방법은 감가상각대상금액(원가－잔존가치)에 계산된 상각률을 곱한다.
⑤ 기업은 해당 유형자산의 미래 경제적 효익이 소비되는 형태를 반영해서 감가상각방법을 결정해야 하며, 예상 소비형태가 변하지 않는 한 매 회계기간에 일관성 있게 동일한 방법을 적용해야 한다.

4. [감가상각 - 정액법]

(주)덕송은 20×1년 1월 1일에 건물을 ₩20,000,000에 구입하였다. 20×3년말 결산정리 전 건물 감가상각누계액이 ₩4,000,000이라면, (주)덕송의 20×3년의 정리분개로 옳은 것은? (단 감가상각은 정액법이며 잔존가치는 ₩0으로 가정한다)

① (차) 감가상각비 6,000,000 (대) 감가상각누계액 6,000,000
② (차) 감가상각비 4,000,000 (대) 감가상각누계액 4,000,000
③ (차) 감가상각비 4,000,000 (대) 건 물 4,000,000
④ (차) 감가상각비 2,000,000 (대) 감가상각누계액 2,000,000
⑤ (차) 감가상각비 2,000,000 (대) 건 물 2,000,000

5. [감가상각 - 정률법]

(주)덕송은 20×1년 1월 1일에 기계장치를 ₩1,600,000에 취득하였다. 이 기계장치의 내용연수는 4년, 잔존가치는 ₩100,000으로 추정되었다. 정률법(상각률 : 0.5)을 사용할 경우 20×1년 감가상각비는 얼마인가?

① ₩800,000 ② ₩400,000 ③ ₩375,000
④ ₩200,000 ⑤ ₩600,000

6. [감가상각 - 연수합계법]

(주)덕송은 20×1년 1월 1일에 ₩2,000,000에 기계장치를 구입하였다. 이 기계장치의 추정내용연수는 5년이며, 잔존가치는 ₩200,000으로 추정된다. (주)덕송이 연수합계법으로 감가상각한다면, 20×4년에 인식할 감가상각비는 얼마인가? (단 (주)덕송은 12월 결산법인이다)

① ₩120,000 ② ₩240,000 ③ ₩360,000
④ ₩480,000 ⑤ ₩600,000

7. [감가상각 - 생산량비례법]

(주)덕송은 20×1년 3월 1일에 제품 A를 생산하기 위해 필요한 기계장치를 현금 ₩25,000,000에 구입하였다. 이 기계장치의 내용연수는 5년이고, 잔존가치는 ₩5,000,000이다. 이 기계장치는 (주)덕송의 제품 A를 총 10,000개를 생산할 수 있을 것으로 예상된다.

연 도	생산량
20×1년	3,000개
20×2년	2,300개
20×3년	2,000개
20×4년	1,500개
20×5년	1,200개

20×1년에 (주)덕송이 생산량비례법을 사용할 때 인식해야 할 감가상각비는?

① ₩2,000,000 ② ₩3,000,000 ③ ₩4,000,000
④ ₩5,000,000 ⑤ ₩6,000,000

8. [감가상각방법간의 비교]
(주)덕송은 20×1년 1월 1일에 제조활동에 필요한 기계장치를 ₩1,600,000에 구입하였다. 이 기계장치의 내용연수는 4년, 잔존가치는 ₩100,000으로 추정되었다. (주)덕송은 감가상각방법으로 정액법을 선택하였다. 20×3년 1월 1일 현재 이 기계장치의 감가상각누계액에 대한 설명으로 옳은 것은? (단 (주)덕송은 12월 결산법인이다. 정률법 사용시 상각률은 0.5이다)

① 정률법보다 ₩450,000 많다.
② 정률법보다 ₩450,000 적다.
③ 연수합계법보다 ₩60,000 많다.
④ 연수합계법보다 ₩60,000 적다.
⑤ 정률법보다 ₩500,000 적다.

9. [감가상각방법간의 비교]
(주)덕송은 20×1년 1월 1일에 기계장치를 ₩3,000,000에 취득하였다. 내용연수는 7년, 잔존가치는 ₩200,000으로 추정되었다. 정액법과 비교하였을 때, 정률법으로 감가상각을 한다면 감가상각 내용연수 초기에 회사의 재무상태에 미치는 영향은 어떠한가? (단 회계상 감가상각비는 법인세법상에서 인정되는 감가상각비와 같다고 가정한다)

	감가상각비	세전이익	법인세
①	크다	작다	크다
②	크다	작다	작다
③	크다	크다	크다
④	작다	크다	작다
⑤	작다	작다	크다

10. [유형자산의 재평가]
(주)덕송은 유형자산 측정방법으로 재평가모형을 적용하고 있다. (주)덕송은 기계장치를 20×1년초에 ₩1,000,000(내용연수 4년, 잔존가치 ₩200,000)에 취득하여 정액법으로 감가상각하였다. 20×1년말 재평가 결과 기계장치의 공정가치가 ₩950,000으로 확인된 경우 20×1년말 자본항목에 표시될 재평가잉여금은 얼마인가? (단 재평가잉여금에 영향을 미치는 다른 거래는 없다)

① ₩50,000 ② ₩100,000 ③ ₩150,000
④ ₩200,000 ⑤ ₩250,000

11. [유형자산의 손상]

(주)덕송은 컴퓨터를 제조하여 판매하고 있다. 부품생산에 사용하고 있는 기계장치의 장부금액은 ₩10,000,000이다. 그러나 컴퓨터모델의 변경으로 기존부품에 대한 수요가 급감하여 생산규모의 대폭적인 감소가 예상된다. 수요감소로 인하여 기계장치의 순실현가치는 ₩4,000,000, 사용가치는 ₩5,000,000으로 감소하였다면, 해당 기계장치에 대한 손상차손은 얼마인가?

① ₩2,000,000 ② ₩3,000,000 ③ ₩4,000,000
④ ₩5,000,000 ⑤ ₩6,000,000

12. [무형자산]

무형자산의 회계처리에 대해 옳은 것은?

① 고정 단골고객, 브랜드 가치, 우수한 직원들과 같이 내부적으로 창출된 항목들은 자산으로 인식할 수 있다.
② 유형자산과 달리 무형자산의 잔존가치는 일반적으로 ₩0으로 본다.
③ 기업합병에서 발생한 영업권은 정액법을 적용하여 매년 상각한다.
④ 무형자산의 상각기간은 항상 유한하다.
⑤ 내용연수가 비한정인 무형자산은 매년 상각을 함과 동시에 손상검사를 실시한다.

13. [영업권]

영업권의 회계처리에 대해 옳지 않은 설명은?

① 개념적으로 보면 다른 기업에 비해 정상적인 수익률 이상의 이윤을 획득할 수 있는 초과이윤창출능력을 화폐가치로 표현한 것이다.
② 내부적으로 창출된 초과이윤창출능력은 자산으로 인식할 수 없다.
③ 다른 기업을 합병 또는 인수할 때 순자산의 공정가치보다 더 지불한 금액을 영업권으로 기록한다.
④ 국제회계기준에서는 영업권을 20년 이내의 합리적인 기간 동안 매년 균등액을 상각하도록 규정하고 있다.
⑤ 매수대가보다 피매수기업의 순자산의 공정가치가 클 경우는 염가매수차익으로 기록한다. 염가매수차익은 당기손익에 포함된다.

미니케이스

(주)이스트소프트는 1993년에 설립된 소프트웨어 및 인터넷솔루션 개발 및 공급업체다. 1999년에 압축 프로그램 알집을 개발하여 대성공을 거두고 코스닥시장에 상장했다. 그 후 계속해서 알툴바, 알툴즈 등의 소프트웨어가 성공하여 현재 국내에서 널리 사용되고 있다. 이 외에도 여러 관련분야에 자회사를 세워 진출하였는데, 카발이나 고양이다방 등의 컴퓨터 게임을 만드는 이스트게임즈, 정보보안 프로그램을 만드는 이스트시큐리티 등의 자회사를 거느리고 있는 강소기업이다.

(주)이스트소프트는 2023년말에 토지와 건물에 대한 자산재평가를 실시하였다. 2023년말 자산재평가의 결과 연결재무제표상 토지의 장부금액은 재평가 전 456억원에서 643억원으로 187억원만큼 증가하였다. 건물의 경우 재평가로 인한 증가액은 6백만원으로 2023년말 순장부금액은 129억원이다.

물음

(1) 가치가 증가한 유형자산에 대해서 재평가를 실시한다면, 재무상태표의 자산・부채・자본에 각각 어떤 영향을 미치는가? 또한 포괄손익계산서에 어떤 영향을 미치는가? 단 답변시 법인세효과는 고려하지 않는다.

(2) 토지를 재평가하는 것과 건물을 재평가하는 것은 미래 당기순이익에 어떤 차이가 있는가? 단 토지와 건물의 가치가 동일한 금액만큼 증가했다고 가정한다.

(3) 2023년말 현재 (주)이스트소프트의 부채총계는 649억원, 총자산은 1,217억원, 총자본은 568억원이다. 만약 유형자산재평가로 인해 자산과 자본이 각각 187억원만큼 증가했다고 하면, 자산재평가를 하지 않았을 때와 했을 경우 각각 부채비율(=총부채/총자본)을 계산하시오. 단 답변시 법인세효과는 고려하지 않는다.

(4) 최근에 유형자산재평가를 실시한 다른 기업을 찾아서, 재평가 관련 내용이 주석에 어떻게 설명되어 있는지를 확인하시오.

CHAPTER

8 사채와 비유동부채

부채는 크게 유동부채와 비유동부채로 분류된다. 부채의 정의는 제1장에서, 유동부채에 대해서는 제5장에서 공부한 바 있다. 본장에서는 비유동부채에 대해 공부한다. 비유동부채는 일반적으로 재무상태표 작성시점을 기준으로 1년 이후에 결제되는 부채이며, 성격에 따라 장기차입부채, 장기충당부채 및 기타비유동부채로 구분할 수 있다. 장기차입부채 중 사채는 기업이 영업 및 투자 활동에 필요한 자금을 조달하기 위해 발행하여 판매하는 증권으로, 사채를 발행한 회사는 사채보유자에게 일정기간마다 약정된 이자를 지급하고 만기에는 원금을 상환한다. 사채를 취득한 투자자의 입장에서는 사채가 금융자산에 해당하는데, 이에 관해서는 제9장에서 살펴본다.

슘페터(Schumpeter, 1883~1950)는 1차대전 이후 재무상으로서 오스트리아의 경제재건을 이끌었으며, 후에는 본 대학과 하버드 대학 교수를 역임한 저명한 학자다. 그는 '자본주의의 발전에 회계가 선결조건이었다'고 회계의 중요성에 대해 언급했다.

학습목표 제8장 사채와 비유동부채를 공부한 이후에는…

1. 화폐의 시간가치와 복리법에 대해 이해한다. *8.1*
2. 현재가치와 미래가치의 개념을 이해하고 계산할 수 있다. *8.1*
3. 사채의 구조를 이해하고 발행금액을 계산할 수 있다. *8.3*
4. 사채할인발행차금 또는 사채할증발행차금의 개념을 이해하고, 유효이자율법을 이용하여 사채발행차금을 상각 또는 환입할 수 있다. *8.3*
5. 사채의 상환에 대해 회계처리할 수 있다. *8.3*
6. 충당부채의 개념을 설명할 수 있다. *8.4*

사채와 비유동부채

corporate bonds and non-current liabilities

- 화폐의 시간가치
  - 단순이자와 복리이자
  - 미래가치
  - 현재가치
- 비유동부채의 의의 및 구분
  - 장기차입부채
  - 장기충당부채
  - 기타비유동부채
- 사채의 회계처리
  - 사채의 발행금액 결정
  - 사채발행차금상각과 이자비용
  - 사채의 상환
- 충당부채
  - 충당부채의 의의
  - 충당부채의 예

8.1 화폐의 시간가치

만약 지금 당장 100만원을 받거나 혹은 1년 후에 100만원을 받을 수 있는 대안 중에 하나를 선택할 수 있다면 당연히 지금 100만원을 받는 것이 더 유리하다. 지금 받은 100만원을 1년 동안 다른 곳에 투자하여 투자수익을 얻을 수 있기 때문이다. 예를 들어 100만원을 연 10%의 이자를 얻을 수 있는 예금에 투자하면 1년 후에는 110만원이 된다. 이와 같이 현재 갖고 있는 1원의 가치가 미래에 갖게 될 1원의 가치보다 크다. 이를 화폐의 시간가치(time value of money)라고 한다.

화폐의 시간가치란 현재 갖고 있는 1원의 가치가 미래에 갖게 될 1원의 가치보다 크다는 개념이다.

화폐의 시간가치는 본장에서 공부할 사채와 밀접한 관련이 있으므로, 우선 이자계산과 화폐의 시간가치에 대해 알아보자.

1. 단순이자계산과 복리이자계산

이자를 계산하는 방법에는 단순이자계산(단리법, simple interest method)과 복리이자계산(복리법, compound interest method)이 있다.

단순이자계산은 최초의 원금에 대해서만 이자를 계산하는 방법이다. 예를 들어 연간 10%의 단순이자계산을 조건으로 ₩10,000을 은행에 예치하면, 1년 후에 이자가 ₩1,000만큼 발생하여 예금잔액은 ₩11,000이 된다. 2차연도에도 원금 ₩10,000에 대해서만 10%의 이자 ₩1,000이 발생하여, 2차연도말 은행의 예금잔액은 총 ₩12,000이 된다. 즉 이자발생액이 매년 동일하다.

복리이자계산은 원금에 대하여 발생한 이자를 원금에 다시 가산한 후 다음 기간의 이자를 계산하는 방법이다. 예를 들어 연간 10%의 복리이자계산을 조건으로 ₩10,000을 은행에 예치하면, 1년 후에 이자가 ₩1,000만큼 발생한다. 만약 그 이자를 은행에서 인출하지 않는다면, 2차연도에는 원금과 이자의 합계인 ₩11,000에 대해서 10%의 이자가 계산되어 ₩1,100만큼의 이자가 발생한다. 따라서 2차연도말 은행의 예금잔액은 총 ₩12,100이 된다.

기업활동을 포함한 일상생활에서 사용되는 이자계산법은 대부분 복리이자계산이다. 따라서 이하에서는 복리이자계산을 전제로 논의를 진행한다.

이자계산을 할 때에는 단리법이 아닌 복리법을 이용한다.

표 8-1

단리계산과 복리계산 비교

원금 ₩10,000, 이자율 10% 가정시 시간흐름에 따른 원금과 이자 합계

n	단리계산	복리계산
1	$10,000+10,000\times0.1=11,000$	$10,000\times(1+0.1)^1=11,000$
2	$10,000+10,000\times0.1\times2=12,000$	$10,000\times(1+0.1)^2=12,100$
3	$10,000+10,000\times0.1\times3=13,000$	$10,000\times(1+0.1)^3=13,310$
4	$10,000+10,000\times0.1\times4=14,000$	$10,000\times(1+0.1)^4=14,641$
5	$10,000+10,000\times0.1\times5=15,000$	$10,000\times(1+0.1)^5=16,105$
6	$10,000+10,000\times0.1\times6=16,000$	$10,000\times(1+0.1)^6=17,716$
7	$10,000+10,000\times0.1\times7=17,000$	$10,000\times(1+0.1)^7=19,487$
8	$10,000+10,000\times0.1\times8=18,000$	$10,000\times(1+0.1)^8=21,436$
9	$10,000+10,000\times0.1\times9=19,000$	$10,000\times(1+0.1)^9=23,579$
10	$10,000+10,000\times0.1\times10=20,000$	$10,000\times(1+0.1)^{10}=25,937$

예제 8-1 복리계산과 단리계산

김덕송 씨는 여유자금 ₩1,000,000을 투자하기 위해 은행을 찾았다. 은행직원은 두 가지 상품을 권유해 주었다. 첫 번째 상품은 연 10%의 복리계산조건이며, 두 번째 상품은 연 11%의 단리계산조건이다. 김덕송 씨가 1년, 2년, 3년, 4년, 그리고 10년 동안 예금에 투자한다고 할 때, 각각의 경우 두 상품 중 어느 것이 유리한지 살펴보자.

	현 재	1년 후	2년 후	3년 후	4년 후	…	10년 후
상품 **1** : 복리계산, 연 10%							
원금	₩1,000,000	₩1,000,000	₩1,000,000	₩1,000,000	₩1,000,000	…	₩1,000,000
이자 −1년		100,000	100,000	100,000	100,000	…	100,000
이자 −2년			110,000	110,000	110,000	…	110,000
이자 −3년				121,000	121,000	…	121,000
이자 −4년					133,100	…	133,100
⋮						…	⋮
이자 −10년						…	235,795
합 계		₩1,100,000	₩1,210,000	₩1,331,000	₩1,464,100	…	₩2,593,742
상품 **2** : 단리계산, 연 11%							
원금	₩1,000,000	₩1,000,000	₩1,000,000	₩1,000,000	₩1,000,000	…	₩1,000,000
이자 −1년		110,000	110,000	110,000	110,000	…	110,000
이자 −2년			110,000	110,000	110,000	…	110,000
이자 −3년				110,000	110,000	…	110,000
이자 −4년					110,000	…	110,000
⋮						…	⋮
이자 −10년						…	110,000
합 계		₩1,110,000	₩1,220,000	₩1,330,000	₩1,440,000	…	₩2,100,000

위의 표에서 보는 바와 같이 11% 단리계산조건의 상품(상품 2)이 10% 복리계산조건의 상품(상품 1)보다 1년과 2년 후의 예금잔액이 더 크다. 이는 단리조건예금의 경우 첫 2년 동안은 이자가 더 많기 때문이다. 따라서 김덕송 씨가 2년 내에 만기가 돌아오는 예금상품에 가입하려고 한다면 단리조건의 상품 2가 더 유리하다. 그러나 3년째는 복리조건의 잔액이 더 크다. 복리조건에서는 발생한 이자를 원금에 가산한 전체 예금잔액에 대해서 다음 기간의 이자를 계산하기 때문이다. 4년 후에도 역시 상품 1의 잔액이 더욱 큰데, 이런 양상은 그 이후에도 계속된다. 위의 예에서 김덕송 씨가 3년 이상의 장기 예금에 가입하려고 한다면 이자율은 좀 낮더라도 복리조건의 상품 1이 더 유리하다는 점을 알 수 있다.

2. 미래가치

(1) 단일금액의 미래가치

미래가치는 현재의 일정금액과 동일한 가치를 가지는 미래 일정시점의 금액이다.

현재 보유하고 있는 ₩10,000을 연 10%의 이자율로 예금에 투자한 경우, 1년 후의 예금잔액은 ₩11,000이 된다. 또한 2년 후에는 ₩12,100이 된다. 여기서 ₩11,000과 ₩12,100은 각각 현재 ₩10,000의 1년과 2년 후 미래가치라고 할 수 있다. 미래가치(future value)는 현재의 화폐액을 미래 시점에서 평가한 가치이다. 달리 표현하면, 현재의 일정금액과 동일한 가치를 가지는 미래 일정시점의 금액이라고 할 수 있다. 현재 자본시장에서 일반적으로 통용되는 이자율이 10%라고 가정하면, 현재 ₩10,000을 받는 대안과 1년 후 ₩11,000을 받는 대안 또는 2년 후 ₩12,100을 받는 대안이 경제적으로 동일하다고 할 수 있다.

연간이자율이 r일 때 현재금액(P_0)의 n년 후 미래가치(F_n)는 다음과 같이 계산된다.

$$F_n = P_0 \times (1+r)^n$$

F_n = n년 후의 미래가치, P_0 = 현재 현금흐름, r = 연간이자율

위의 식에 나타나 있듯이, 미래가치는 이자율이 높을수록 그리고 기간이 길수록 더 커진다. 예를 들어 이자율이 연 10%인 경우 현재의 ₩10,000의 미래가치는 시점에 따라 〈표 8-2〉와 같이 계산된다.

미래가치를 산출하기 위해서는 〈표 8-2〉처럼 $(1+0.1)^1$, $(1+0.1)^2$, $(1+0.1)^3$ 값을 계산해야 한다. 그러나 본서의 뒤편에 있는 부록의 〈표 A-1〉에 있는 미래가치표

를 이용하여 간단히 미래가치를 계산할 수도 있다. 이 표에서 세로축은 기간(연도, n), 가로축은 이자율(%)을 나타낸다. 예를 들어 [그림 8-1]을 보면 알 수 있듯이 기간이 1년이며 이자율이 5%이면 미래가치는 1.050, 이자율이 10%이면 미래가치는 1.100이다. 이는 현재 ₩1을 투자하고 이자율이 5%라면 1년 후 ₩1.050, 10%라면 ₩1.100이 된다는 의미이다. 이자율이 10%일 때 기간이 2년이면 미래가치는 1.210, 3년이면 1.331이다. 이 숫자를 이용하여 미래가치를 계산하는 방법이 〈표 8-2〉에 표시되어 있다.

그림 8-1

〈표 A-1〉을 이용한 미래가치 계산

〈표 A-1〉 단일금액 1원의 미래가치

기간수 (n)	1%	2%	3%	4%	5%	……	10%
1년	1.0100	1.0200	1.0300	1.0400	1.0500		1.1000
2년	1.0201	1.0404	1.0609	1.0816	1.1025		1.2100
3년	1.0303	1.0612	1.0927	1.1249	1.1576		1.3310
⋮	⋮	⋮	⋮	⋮	⋮		⋮

이자율이 5%일 때 3년 후 ₩1의 미래가치

이자율이 5%일 때 2년 후 ₩1의 미래가치

이자율이 5%일 때 1년 후 ₩1의 미래가치

이자율이 10%일 때 3년 후 ₩1의 미래가치

이자율이 10%일 때 2년 후 ₩1의 미래가치

이자율이 10%일 때 1년 후 ₩1의 미래가치

표 8-2

단일금액의 미래가치 계산

기 간	구 분	계산방법		미래가치
		공 식	미래가치표 이용	
1년	F_1	₩10,000 × $(1+0.1)^1$	₩10,000 × 1.1000	₩11,000
2년	F_2	₩10,000 × $(1+0.1)^2$	₩10,000 × 1.2100	₩12,100
3년	F_3	₩10,000 × $(1+0.1)^3$	₩10,000 × 1.3310	₩13,310

F_n = n년 후의 미래가치

(2) 연금의 미래가치

일정기간 동안 동일한 금액의 현금흐름이 매 기간 발생하는 것을 **연금**이라고 한다. 연금의 미래가치는 단일금액의 미래가치의 합으로 계산된다.

앞에서는 단일금액의 미래가치(예 : 현재 ₩10,000이 2년 후 얼마가 되는가?)에 대하여 설명하였다. 이와는 달리 일정기간 동안 동일한 금액의 현금흐름이 매 기간 발생하는 경우를 생각해볼 수 있다. 예를 들어 향후 3년 동안 매년말에 ₩10,000씩 은행에 예치하는 적금이 이에 해당한다. 이러한 현금흐름을 연금(annuity)이라고 한다. 연금 중 매 기간말에 현금흐름이 발생하면 정상연금이라고 하고, 매 기간초에 현금흐름이 발생하면 선불연금이라고 한다. 본서에서 별도의 언급이 없으면

그림 8-2

연금의 미래가치 계산

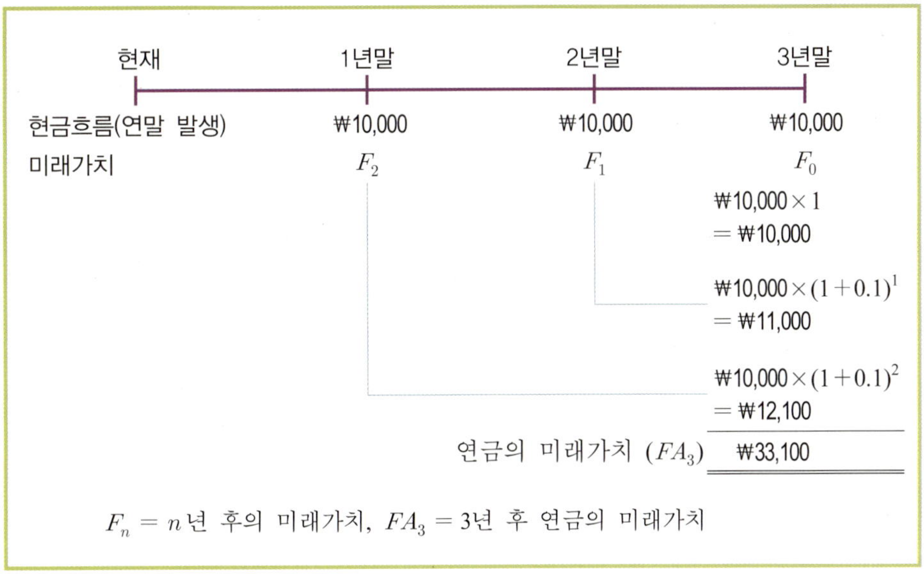

연금은 정상연금을 의미한다.

연금의 미래가치는 단일금액의 미래가치의 합으로 계산된다. 향후 3년간 매년말에 ₩10,000씩을 예치하는 적금의 경우 3년 후 시점에서의 미래가치는 [그림 8-2]와 같이 계산된다. [그림 8-2]에서 1년말에 불입한 ₩10,000은 적금의 만기인 3년말까지 2년이 남았으므로 적용되는 미래가치는 2년 후의 미래가치인 F_2이다. 2년말의 현금은 F_1이 되고, 3년말의 현금은 기간이 경과하지 않기 때문에 이자가 발생하지 않아 F_0이다. 따라서 3년 후 미래가치는 각 연도의 말에 불입한 ₩10,000에 대한 미래가치인 ₩12,100, ₩11,000, ₩10,000의 합인 ₩33,100이 된다.[1)]

이 방법보다 더 쉽게 미래가치를 계산할 수도 있다. 부록 〈표 A-3〉의 '정상연금 1원의 미래가치'에서 $n=3$, 이자율=10%에 해당되는 '3.3100'을 매년 불입하는 연금액(₩10,000)에 곱하면 3년 후 연금의 미래가치를 쉽게 산출할 수 있다. 이 방법을 [그림 8-3]에 소개하였다.

만약 현재 4% 이자율로 매년 ₩10,000씩을 투자한다면, 이 돈은 5년 후와 10년

1) 연간이자율이 r이고 매년말에 현금흐름이 발생할 때 n년 후 연금(A)의 미래가치(FA_n)는 다음과 같이 계산된다.

$$FA_n = A\times(1+r)^{n-1} + \cdots\cdots + A\times(1+r)^2 + A\times(1+r)^1 + A$$

FA_n=n년 후 연금의 미래가치, A=매년 불입하는 연금액, r=연간이자율

이를 간단히 요약하면 다음과 같다.

$$FA_n = A\times\frac{(1+r)^n-1}{r}$$

그림 8-3

〈표 A-3〉을 이용한 연금의 미래가치 계산

〈표 A-3〉 정상연금 1원의 미래가치

기간수 (n)	1%	2%	3%	……	10%
1년	1.0000	1.0000	1.0000		1.0000
2년	2.0100	2.0200	2.0300		2.1000
3년	3.0301	3.0604	3.0909		3.3100
⋮	⋮	⋮	⋮		⋮

이자율 10%
기간 3년

이자율 10%로 매년말 ₩10,000씩 3년간 은행에 예치한 경우 3년차 말 미래가치 = ₩10,000 × 3.3100 = ₩33,100

후에 각각 얼마가 될까? 〈표 A-3〉에서 이자율이 4%일 때 5년과 10년에 대한 미래가치는 각각 5.4163과 12.0061이다. 즉, 현재 4% 이자율로 매년 ₩10,000씩을 투자한다면, 이 돈은 5년 후에는 ₩54,163(=₩10,000×5.4163), 10년 후에는 ₩120,061(=₩10,000×12.0061)이 되는 것을 쉽게 계산할 수 있다.

3. 현재가치

(1) 단일금액의 현재가치

현재가치란 미래 일정시점에 발생하는 현금흐름을 현재 시점을 기준으로 평가한 가치이다.

현재가치(present value)란 미래 일정시점에 발생하는 현금흐름을 현재 시점을 기준으로 평가한 가치이다. 예를 들어 이자율이 10%인 경우 2년 후에 받을 ₩12,100을 현재 시점을 기준으로 평가하면 ₩10,000인데, 이를 현재가치라고 한다. 연간 이자율이 r일 때 n년 후 현금흐름(F_n)의 현재가치(P_0)는 다음과 같이 계산된다.

$$P_0 = F_n \times \frac{1}{(1+r)^n}$$

P_0=현재가치, F_n=n년 후의 현금흐름, r=연간이자율

예를 들어 이자율이 연 10%인 경우 미래에 발생하는 ₩10,000의 현재가치는 다음의 〈표 8-3〉과 같이 공식을 이용하여 계산된다.

표 8-3

단일금액의 현재가치 계산

기 간	구 분	계산방법		현재가치
		공 식	현가표 이용	
1년	P_1	$₩10,000 \times \frac{1}{(1+0.1)^1}$	₩10,000 × 0.9091	₩9,091
2년	P_2	$₩10,000 \times \frac{1}{(1+0.1)^2}$	₩10,000 × 0.8264	₩8,264
3년	P_3	$₩10,000 \times \frac{1}{(1+0.1)^3}$	₩10,000 × 0.7513	₩7,513

$P_n = n$년말 발생하는 현금흐름의 현재가치

위 공식을 이용하여 계산하는 대신, 부록 〈표 A-2〉에 제시된 '단일금액 1원의 현재가치'를 표시한 현가계산표(현가표)를 이용하여 현재가치를 구할 수도 있다. '현가'란 '현재가치'의 약자다. 부록 〈표 A-2〉를 보면 이자율이 10%인 경우 1년 후($n=1$), 2년 후($n=2$), 그리고 3년 후($n=3$)의 현재가치는 각각 0.9091, 0.8264, 그리고 0.7513이다. 이 방법은 [그림 8-4]에 소개되어 있다.

그림 8-4

〈표 A-2〉를 이용한 단일금액의 현재가치 계산

〈표 A-2〉 단일금액 1원의 현재가치

기간수 (n)	1%	2%	3%	……	10%
1년	0.9901	0.9804	0.9709		0.9091
2년	0.9803	0.9612	0.9426		0.8264
3년	0.9706	0.9423	0.9151		0.7513
⋮	⋮	⋮	⋮		⋮

이자율 10%
기간 3년

이자율이 10%일 경우 3년 후 받을 수 있는 ₩10,000의 현재가치 = ₩10,000 × 0.7513 = ₩7,513

현재가치 개념은 미래가치와 밀접하게 관련되어 있다. 즉 화폐의 시간가치라는 동일한 개념을 현재 시점을 기준으로 평가하면 현재가치이고, 미래 일정시점을 기준으로 평가하면 미래가치이다. 위 현재가치를 구하는 식은 미래가치를 계산하는 식을 좌변과 우변을 반대로 표현한 것으로, 궁극적으로 동일한 계산방법을 적용한 것이다.

(2) 연금의 현재가치

미래의 일정기간 동안 동일한 금액의 현금흐름(연금)이 발생하는 경우 현재 시점을 기준으로 평가한 가치를 **연금의 현재가치**라고 한다. 연금의 현재가치는 단일 현금흐름의 현재가치들을 합한 것과 같다.

미래의 일정기간 동안 동일한 금액의 현금흐름이 매 기간 발생하는 것을 연금이라고 한다는 것을 앞에서 설명하였다. 연금의 가치를 현재 시점을 기준으로 평가한 것을 연금의 현재가치라고 한다.

연금의 현재가치는 단일 현금흐름의 현재가치들을 합한 것과 결과가 같다. 예를 들어 이자율이 연 10%인 경우 3년 동안 매년말 ₩10,000을 지급받는 현금흐름의 현재가치는 [그림 8-5]와 같이 각 연도말 발생하는 현금흐름의 현재가치의 합으로 계산된다.

그림 8-5

연금의 현재가치 계산

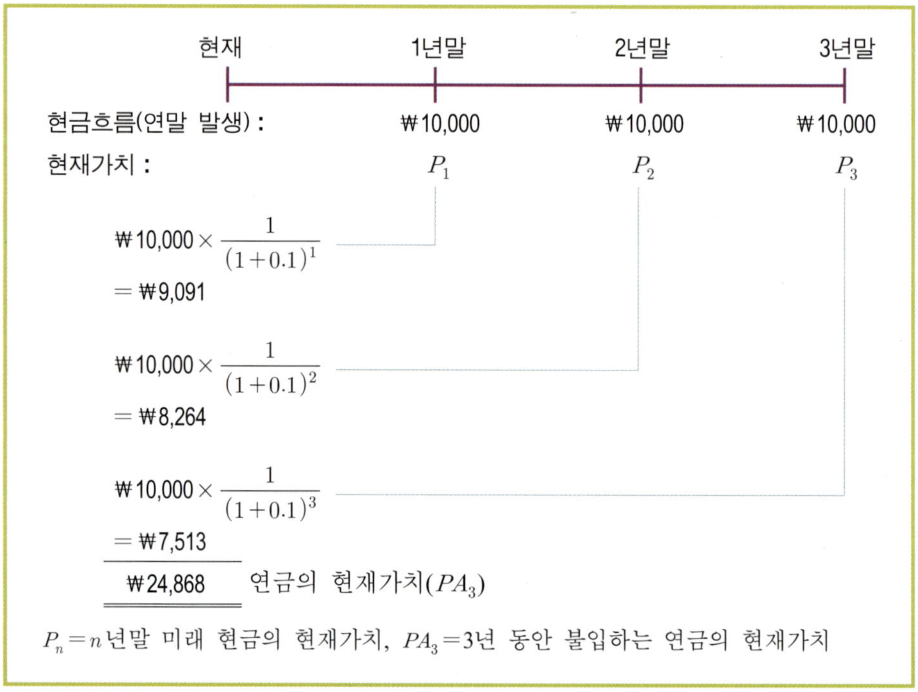

[그림 8-5]에서 1년말에 받은 ₩10,000을 현재 시점에서 계산한 현재가치는 P_1이며, 2년말에 받은 현금흐름의 현재가치는 P_2, 3년말의 현금흐름의 현재가치는 P_3이 된다. 따라서 3년 동안 발생하는 연금의 현재가치는 각 연도말에 받은 ₩10,000에 대한 현재가치인 ₩9,091, ₩8,264, ₩7,513의 합이 된다. 또한 부록 〈표 A-4〉에 수록되어 있는 '정상연금 1원의 현재가치'에서 $n=3$, 이자율=10%에 해당되는 '2.4868'을 매년 불입하는 연금액(₩10,000)에 곱하면 현재가치를 쉽게 산출할 수 있다.[2)] 이를 그림으로 설명하면 [그림 8-6]과 같다.

그림 8-6

〈표 A-4〉를 이용한 연금의 현재가치 계산

〈표 A-4〉 정상연금 1원의 현재가치

기간수 (n)	1%	2%	3%	……	10%
1년	0.9901	0.9804	0.9709		0.9091
2년	1.9704	1.9416	1.9135		1.7355
3년	2.9410	2.8839	2.8286		2.4868
⋮	⋮	⋮	⋮		⋮

이자율 10% 기간 3년

이자율이 10%일 경우 3년 동안 매년말 ₩10,000을 받는 연금의 현재가치 = ₩10,000 × 2.4868 = ₩24,868

지금까지 설명한 화폐의 시간가치에 대한 개념은 재무와 회계에서 매우 중요하게 사용되는 기본적인 개념이다. 특히 단일금액과 연금의 현재가치를 계산하는 것은 **8.3**에서 설명할 사채의 발행금액을 계산하고 회계처리를 하는 데 직접 사용될 것이다.

회계이야기 (1)

회계의 역사 8 : 대공황(The Great Depression)과 회계의 중요성

1차 세계대전 이후 승전국인 미국은 승리의 기쁨에 취해 있었다. 1차 세계대전 때문에 산업시설이 파괴된 유럽에 막대한 물품을 수출하면서 세계 1위의 경제대국이 될 수 있었다. 경제가 호황을 보임에 따라 주식가격이 폭등하자 수많은 사람들이 대출까지 받아서 주식투자에 나섰다. 그러다 수요보다 과잉생산된 물품들이 팔리지 않고 재고로 쌓이기 시작하면서 기업들의 경영성과는 주춤하기 시작했다.

1929년 10월 24일 목요일, 갑자기 뉴욕 증권거래소의 주식가격이 폭락하기 시작했다. 사람들은 깜짝 놀라 너나 할 것 없이 주식을 팔려고 했고, 그 결과 주식가격은 더 폭락했다. 이 날을 '검은 목요일(Black Thursday)'이라고 부르는데, 바로 대공황의 시작이었다. 계속해서 주식가격이 폭락해서 마침내 주식이 휴지조각처럼 가치가 떨어지자 자본시장이 완전히 마비되어 거래가 이루어지지 않았다. 주식투자 실패로 막대한 손실을 본 개인투자자들이 대출금을 상환하지 못하자 은행들이 타격을 입었고, 이에 따라 필요한 자금을 조달할 방법이 막힌 기업들

2) 연간이자율이 r이고 현금흐름이 매년말 발생할 때 n년 동안 불입하는 연금(A)의 현재가치(PA_n)는 다음과 같이 계산된다.

$$PA_n = A \times \frac{1}{(1+r)^1} + A \times \frac{1}{(1+r)^2} \cdots\cdots + A \times \frac{1}{(1+r)^n}$$

PA_n = n년 동안 불입하는 연금의 현재가치, A = 매년말 불입하는 연금액, r = 연간이자율

이를 간단히 표현하면 다음과 같다.

$$PA_n = \frac{A}{r} \times \left[1 - \frac{1}{(1+r)^n}\right]$$

이 생존의 위기에 처하고 도산하기 시작하였다. 1933년까지 불과 4년 동안 전체 근로자의 약 1/3이 실업자가 되고, 전체 공업생산의 절반이 감소했다. 미국발 대공황은 서유럽까지 전파되어 전 세계가 극심한 고통에 시달렸다. 생계가 어려운 사람들이 급증하자 빈부격차에 대한 불만과 사회적 갈등도 증폭되어 폭력사태도 빈번하게 일어났다. 이에 대한 반발로 유럽에서는 공산주의와 전체주의 세력이 커지고, 결과적으로 2차 세계대전의 발발까지 이르게 된다.

대공황 극복을 위한 뉴딜 정책의 실시

당시 미국 대통령에 당선된 루스벨트는 대공황을 극복하기 위해 정부가 직접 나서는 뉴딜(New Deal) 정책을 시행했다. 세금을 늘리거나 돈을 찍어내서 마련한 돈으로 정부가 재정지출을 늘려서 사회간접자본에 투자함으로써 직접 고용을 창출하는 정책이다. 대내적으로는 기업들의 경쟁이나 농민들의 농업생산도 제한하는 쿼터제를 도입하고, 대외적으로는 보호무역주의와 미국 우선주의를 실시했다. 즉 뉴딜 정책을 시발점으로 전통적인 1세대 자본주의 개념인 자유방임주의가 쇠퇴하고, 2세대 자본주의라고 할 수 있는 수정자본주의 시대가 도래한다. 적극적인 재정정책의 실시와 통화 공급을 증대하는 케인스(Keynes) 경제학의 시발점이 되는 시대다.

그러나 현대 경제학자들은 전반적으로 뉴딜 정책의 효과를 그리 높이 평가하지 않는다. 뉴딜 정책이 경기를 반짝 살아난 것처럼 보이게 했지만, 정책을 실시한 후 3~4년이 지나자 경기는 대공황 초기 상황으로 되돌아가 버렸다. 이런 사례를 보면 증세를 통해 마련한 자금을 이용한 정부지출의 증대를 통한 경기부양 정책의 실시가 거의 효과를 보지 못한다는 점을 알 수 있다. 증세 때문에 민간경기가 위축되는 효과와 정부지출 증가로 경기가 증진되는 효과가 서로를 상쇄시키기 때문이다. 민간보다 정부가 더 효율적으로 소비를 하기 어렵다는 점을 고려하면, 증세를 통해 확보한 돈을 이용한 정부지출 증대가 장기적으로 긍정적인 효과를 보기 힘들다는 것을 이해할 수 있다. 아이러니하게도 대공황의 회복은 2차 세계대전 발발 때문에 이루어진다.

회계적 입장에서 본 대공황의 원인

경제학적 관점이 아닌 회계학적 관점에서 보면 대공황의 원인들 중의 하나는 주식가격이 기업의 내재가치와는 동떨어질 정도로 급격하게 상승한 거품(bubble)이 발생했다가 꺼진 것이다. 주식가격에 거품이 발생한 이유는 기업의 가치를 외부이해관계자들에게 제대로 알려줄 수 있는 투명한 회계시스템이 없었기 때문이다. 당시에는 모든 기업이 준수해야 하는 회계기준이나 공통적인 재무제표의 형식이 존재하지 않았다. 많은 기업들이 엉터리로 회계처리를 수행해서 이익을 부풀렸다. 일부 기업들이 자발적으로 회계감사를 받았지만, 감사도 형식적으로만 수행되어 이러한 분식회계를 적발하지 못했다.

부풀린 업적에 기초하여 주식시장에서 조달한 자금으로 기업들은 과잉투자를 실시했고, 경영자와 주주들에게 각각 큰 금액의 성과급과 배당금을 지급했다. 그래서 수많은 사람들이 일확천금의 꿈을 꾸며 주식투자에 뛰어들어서 주가가 내재가치와는 비교할 수 없을 만큼 치솟았다. 내부자거래도 빈번하게 발생해서, 많은 권력자나 기업가들이 부당하게 돈을 벌었다. 몰래 회사의 돈을 횡령하는 경우도 많았다. 그러다가 기업들이 재무제표에서 보여주는 장밋빛 상황과는 달리 과잉투자한 설비를 통해 과다생산한 제품들을 판매하지 못해 어려움을 겪고 있다는 것이 외부에 점차 알려지기 시작하자, 두려움에 빠진 사람들이 주식을 투매하면서 순식간에 주가가 폭락한 것이다.

물론 부실한 회계가 대공황의 제일 중요한 원인이라고 할 수는 없을 것이다. 그렇지만 이런 사실들을 살펴보면 부실한 회계가 대공황의 중요한 원인들 중 하나였다는 점을 알 수 있다. 경제학에서는 대공황의 발생원인을 '유효수요의 부족' 때문이라고 가르치는데, 유효수요가 부족할 만큼 과다한 설비자산에 대한 투자와 그 결과로 인한 과잉생산이 이루어질 수 있었던 이유가 바로 분식회계의 결과 과다한 자금이 주식 및 채권시장으로 흘러들어 갔고, 기업들이 그 돈으로 적정 수준을 크게 넘어선 설비자산을 구매하고 사람을 고용해서 기업규모를 확장했기 때문이다.

제도개선의 실시

이런 문제점의 재발을 막기 위해서 대공황 이후 미국 정부는 증권시장을 규제하는 방안을 담은 증권법과 증권거래법을 제정하고, 증권거래위원회(Securities and Exchange Commission)를 만들어 증권시장을 관리하게 한다. 증권거래위원회의 주도로 점차 기업, 지배주주, 경영자 등의 불법행위를 막고 기업의 투명성을 높이기 위한 공시(disclosure)와 연차보고서를 포함한 재무보고 규정이 확립되었으며, 모두가 준수해야 하는 재무제표의 표준형식과 회계기준이 제정된다. 회계감사기준도 마련되었다.

즉 대공황을 극복하고 또 다른 대공황의 발생을 방지하려는 노력중에 회계의 중요성이 강조되었고, 그 결과 재무제표를 포함한 연차보고서를 외부이해관계자들이 신뢰하고 의사결정에 사용할 수 있도록 제도들이 정비된 것이다. 이런 사례는 투명한 회계와 재무보고가 자본시장의 건전한 발전과 안정에 얼마나 중요한지를 잘 보여준다.

8.2 비유동부채의 의의 및 구분

비유동부채는 재무상태표 작성시점을 기준으로 1년 이후에 결제되는 부채이다.

비유동부채(non-current liabilities)는 재무상태표 작성시점을 기준으로 1년 이후에 결제되는 부채이다. 다만 정상영업주기가 1년 이상인 기업의 경우에는 정상영업주기 후에 만기가 도래하는 부채를 말한다. 비유동부채는 성격상 장기차입부채, 장기충당부채 및 기타비유동부채로 구분할 수 있다.

(1) 장기차입부채

장기차입부채는 외부에서 자금을 차입하는 경우에 발생하는 부채로서, 만기가 1년 이후에 도래하는 부채를 말한다. 사채, 장기차입금 등이 장기차입부채에 해당한다.

장기차입부채는 외부에서 자금을 차입하는 경우 발생하는 부채로서, 만기가 재무상태표 작성시점을 기준으로 1년 이후에 도래하는 부채를 말한다. 보통 차입의 대가로 일정이자를 정기적으로 지급하며 만기일에 원금을 상환하게 된다. 사채, 장기차입금 등이 장기차입부채에 해당한다.

장기차입부채의 현재가치와 명목금액(상환해야 할 금액)에 중요한 차이가 발생하는 경우에는, 장기차입부채를 현재가치로 평가하고 명목금액과의 차이를 현재가치할인차금으로 기록한다. 현재가치할인차금은 장기차입부채의 차감계정으로, 재무상태표에 장기차입부채와 함께 표시된다.

거래가 발생했을 때는 비유동부채였더라도, 시간이 경과하여 재무상태표 작성시점을 기준으로 1년 이내에 상환될 예정이라면 이를 유동부채로 재분류해야 한다. 이 경우 원래의 계정과목 명칭에 '유동성'이라는 말을 추가한다. 예를 들어 원래 장기차입금이었으나 시간이 경과하여 만기가 1년 이내로 다가왔다면 '유동성장기차입금'으로 재분류한다. 사채의 경우는 '유동성사채'로 재분류한다. 유동부채와 비유동부채를 명확하게 구분해 표시하기 위해 명칭을 바꿔 재분류하는 것이다.[3]

장기차입금은 은행 등 금융기관으로부터 1년 이상의 기간 동안 자금을 차입한 것을 말한다. 다음의 [예제 8-2]를 통해 장기차입금에 대한 회계처리를 살펴보고 8.3에서 사채에 대한 회계처리를 자세히 공부한다.

---

3) 이와는 달리 처음 차입시점부터 만기가 1년 이내에 도래하는 차입금은 단기차입금, 사채는 단기사채로 회계처리하며, 이들은 유동부채로 분류된다.

예제 8-2 장기차입금

(주)금호건설은 20×1년 7월 1일에 3년 만기로 KDB산업은행으로부터 ₩1,000,000을 차입하였다. 이자율은 원금에 대해 연 8%이며, 이자는 6개월마다 후급으로 지급하기로 한다. 차입시점과 20×1년말, 20×3년말, 그리고 차입금 상환시점의 회계처리는 다음과 같다.

① 20×1년 7월 1일 : 차입시

(차) 현 금	1,000,000	(대) 장기차입금	1,000,000

② 20×1년 12월 31일 : 이자비용 지급

(차) 이 자 비 용	40,000*	(대) 현 금	40,000

* 6개월분 이자비용 = ₩1,000,000 × 8% × 6/12 = ₩40,000

6개월마다 이자를 지급할 때 위와 같이 이자비용을 인식한다. 이자비용은 포괄손익계산서에서 영업외손익 중 금융비용으로 분류된다. 만약 12월 31일이 되었지만 현금을 아직 지급하지 않았다면 미지급이자비용(유동부채)으로 회계처리한다. 위 차입금은 20×1년 12월 31일 현재 재무상태표에 다음과 같이 표시된다.

부분재무상태표(20×1년 12월 31일)

비유동부채	
장기차입금	₩1,000,000

③ 20×3년 12월 31일 : 이자비용 지급과 유동성 재분류

20×3년말 시점에서는 우선 이자비용 지급에 대한 회계처리를 수행한다. 그리고 만기가 6개월밖에 남지 않았으므로 장기차입금을 유동부채로 재분류한다. 그 결과 비유동부채인 장기차입금계정은 감소하고 유동부채인 유동성장기차입금이 증가한다.

(차) 이 자 비 용	40,000	(대) 현 금	40,000
(차) 장기차입금	1,000,000	(대) 유동성장기차입금	1,000,000

20×3년 12월 31일 현재 재무상태표에는 다음과 같이 표시된다.

부분재무상태표(20×3년 12월 31일)

유 동 부 채	
유동성장기차입금	₩1,000,000

④ 20×4년 6월 30일 : 이자비용 지급과 차입금의 만기상환

(차) 이 자 비 용	40,000	(대) 현 금	40,000
(차) 유동성장기차입금	1,000,000	(대) 현 금	1,000,000

(2) 장기충당부채

장기충당부채는 과거 발생한 사건에 의해 현재 의무가 존재하며, 그 의무를 이행하기 위해 미래 지출이 예상되는 부채이다. 퇴직급여부채, 장기제품보증충당부채 등이 이에 해당한다.

장기충당부채는 과거 발생한 사건에 의해 현재 의무가 존재하며, 그 의무를 이행하기 위해 미래 지출이 예상되는 부채이다. 퇴직급여부채, 장기제품보증충당부채 등이 이에 해당한다. 이러한 충당부채는 이자를 지급하지 않으며, 미래의 지출시기와 지출금액이 불확실하다는 점에서 장기차입부채와 구분된다.

충당부채에 대해서는 *8.4*에서 구체적으로 살펴본다.

(3) 기타비유동부채

기타비유동부채는 비유동부채 중 장기차입부채와 장기충당부채에 속하지 않는 부채이다. 장기매입채무, 임대보증금, 이연법인세부채, 장기미지급금, 장기선수금 등이 있다.

8.3 사채의 회계처리

1. 사채의 발행금액 결정

기업이 자금을 조달하는 방법은 크게 자기자본과 타인자본을 이용하는 것으로 구분할 수 있다. 주식을 주주들에게 성공적으로 매각하여 필요한 자금을 조달하는 것을 '주식발행을 통한 자금조달'이라고 부르는데, 이 방법은 자기자본을 이용해 자금을 조달하는 것이다. 이렇게 조달한 자금은 회계상 자본으로 처리된다.

부채를 이용하여 필요한 자금을 조달하는 방법으로는 대출을 하는 방법과 사채를 발행하는 방법이 있다.

사채를 통한 자금조달은 이자와 원금상환 등 확정채무사항이 표시되어 있는 증권을 투자자들에게 발행하여 필요한 자금을 조달하는 것을 말한다. 회사는 일정기간마다 약정된 이자를 지급하고, 만기에는 원금을 상환하게 된다.

한편 회계상 부채로 표시되는 타인자본을 이용하여 필요한 자금을 조달하는 방법으로는 크게 두 가지가 있다. 은행 등 금융기관으로부터 대출을 받는 방법(차입금)과 사채를 다수의 일반투자자에게 판매하는 방법이다. 후자를 '사채발행을 통한 자금조달'이라고 부른다. 사채(corporate bond)란 이자와 원금상환 등 확정채무사항이 표시되어 있는 증권(사채권, bond certificate)으로서, 기업은 사채를 투자자들에게 발행하여 필요한 자금을 조달한다. 사채를 발행한 회사는 사채보유자(채권투자자)에게 일정기간마다 약정된 이자를 지급하고, 만기일에는 원금을 상환한다. 즉 사채의 기본적인 구조는 은행으로부터의 차입금과 비슷하지만, 사채는 일반투자자를 대상으로 직접 자금을 조달할 수 있다는 점에서 차입금과 다르다. 사채를 구입한 투자자들은 필요하다면 만기 이전에 채권시장에서 사채를 매도해 현금을 회수할 수 있다.

사채는 액면금액과 발행금액이 다른 경우가 많아 회계처리가 복잡하다. 다음 [그림 8-7]과 같이 사채발행회사는 사채를 발행하여 자금을 조달하고 이를 부채로 기록하며, 사채를 취득한 투자자는 사채를 금융자산으로 기록한다. 대부분의 사채는 만기가 1년 이상 장기로 발행되지만 1년 이내 만기조건으로 발행되는 경우도 있다. 따라서 사채의 만기까지 남아 있는 기간에 따라 발행회사는 유동 또는 비유동 부채로 분류한다.

그림 8-7

사채의 구조

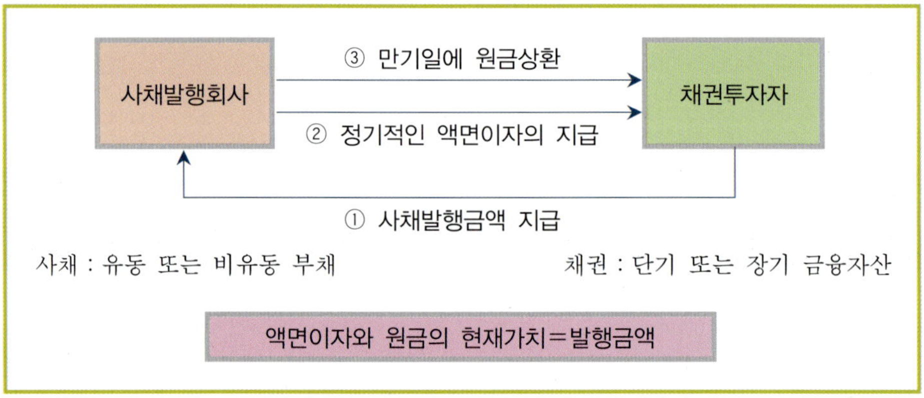

채권투자자 입장에서의 회계처리는 제9장에서 자세히 살펴보고, 본장에서는 사채발행자 입장에서의 회계처리를 다룬다. 사채의 구조를 이해하기 위해서 우선 사채와 관련된 주요 용어를 살펴보자.

① 발행일과 만기일 : 발행일(issue date)은 발행회사가 사채를 발행한 일자를

말하며, 만기일(maturity date)은 사채의 원금(액면금액)을 상환하는 일자를 의미한다. 발행일로부터 만기일까지의 기간을 사채기간이라고 한다.

② 액면금액 : 만기일에 상환하기로 약속한 금액을 액면금액 또는 원금(face value, par value)이라고 한다. 사채권면에 액면금액이 기재되어 있다.

액면이자율은 사채의 표면에 기록되어 있는 이자율로, 사채발행회사가 정기적인 이자지급일에 현금으로 지급하는 이자를 결정하는 이자율을 말한다. **시장이자율**은 사채를 매입하는 투자자의 기대수익률이다.

③ 액면이자율과 액면이자 : 액면이자율(stated interest rate, coupon interest rate : 표시이자율, 약정이자율)은 사채의 표면에 기록되어 있는 이자율로, 사채발행회사가 정기적인 이자지급일(연 1회, 2회 등)에 현금으로 지급하는 이자를 결정하는 이자율을 말한다. 사채발행회사는 이자지급일에 사채의 액면금액에 액면이자율을 곱한 금액을 투자자들에게 지급한다. 1년마다 이자를 지급하는 경우 액면이자는 다음과 같이 계산한다.

이자지급일에 지급할 액면이자 = 사채의 액면금액 × 액면이자율

④ 시장이자율 : 시장이자율(market interest rate)은 그 당시 경제상황에 따른 기준금리와 사채를 발행하는 회사의 위험을 반영한 신용도 등에 의해 결정된다. 시장이자율은 사채를 매입하는 투자자의 기대수익률이기도 하다. 투자자들이 사채 대신 동일한 위험을 가진 다른 금융상품에 투자한다면 시장이자율만큼 수익을 얻을 수 있으므로, 투자자들은 사채를 구입함으로써 시장이자율만큼의 수익을 올릴 수 있는 기회를 포기한 것이다. 따라서 사채발행회사는 투자자들에게 시장이자율만큼의 수익을 보장해 주어야 한다.[4] 반면 액면이자율은 시장이자율에 관계없이 사채발행회사가 회사의 미래 현금사정 등을 고려하여 결정한다. 결과적으로 시장이자율과 액면이자율이 다른 경우가 종종 있다.

사채의 액면이자율과 시장이자율이 다른 경우가 종종 있다.

⑤ 발행금액 : 사채의 발행금액이란 발행회사 입장에서는 사채를 발행해서 판매하는 가격이고, 투자자 입장에서는 사채를 매입할 때 지급하는 가격이다. 발행금액은 사채로부터 발생하는 미래 현금흐름의 현재가치로 결정된다. 즉 매 기간 발생하는 사채의 액면이자와 만기에 발생하는 원금상환액을 시장이자율로 할인하여 현재가치를 계산한 금액이다. 다음의 [예제 8-3]을 통해 사채의 발행금액의 계산방법을 알아본다.

4) 만약 어떤 기업이 시장이자율보다 낮은 액면이자율로 사채를 액면발행하고자 한다면, 아무도 이 사채를 매수하려고 하지 않을 것이다. 따라서 기업은 사채를 액면금액보다 낮은 금액으로 할인발행하여 궁극적으로는 시장이자율만큼의 수익률을 제공하게 된다. 투자자 입장에서 사채의 수익률은 액면이자율과 사채의 발행금액에 따라 결정되기 때문이다. 시장이자율이 어떻게 결정되는지에 대해서는 '회계이야기 (4)'에서 설명한다.

예제 8-3 사채의 발행금액 결정

(주)홍국생명은 20×1년 1월 1일 액면금액이 ₩1,000,000이고 액면이자율이 8%이며 매년말에 이자를 지급하는 조건의 3년 만기의 사채를 발행하였다. (주)홍국생명과 비슷한 위험을 가진 사채에 대해 형성된 시장이자율은 10%이다. 이 사채의 현금흐름은 다음 그림과 같다.

	현재	1년말	2년말	3년말
이자		₩80,000	₩80,000	₩80,000
원금				₩1,000,000

현재가치

$₩80,000 \times \frac{1}{(1+0.1)^1}$

$= ₩72,727$

$₩80,000 \times \frac{1}{(1+0.1)^2}$

$= ₩66,116$

$₩80,000 \times \frac{1}{(1+0.1)^3}$

$= ₩60,105$

$₩1,000,000 \times \frac{1}{(1+0.1)^3}$

$= ₩751,315$

₩950,263 이자와 원금의 현재가치

그림에서 보는 바와 같이, (주)홍국생명은 향후 3년 동안 매년말 액면이자 ₩80,000을 지급하고, 3년 후에는 액면금액인 ₩1,000,000을 상환하게 된다. 미래에 발생하는 위 현금흐름의 가치를 현재기준으로 환산하기 위해서는, 각 현금흐름을 시장이자율인 10%로 할인하여 합산해주면 된다. 사채에서 발생하는 현금흐름의 현재가치는 ₩950,263이며, 이 금액이 사채의 발행금액이 된다. 이때 주의할 것은 현재가치 계산시 적용하는 이자율은 액면이자율이 아니라 시장이자율이라는 것이다.

사채의 발행금액은 액면이자와 원금을 나누어 현가표를 이용하여 계산할 수 있다. 원금에 대해서는 '단일금액 1원의 현재가치'를 이용하고, 액면이자에 대해서는 '정상연금 1원의 현재가치'를 이용한다.

원금의 현재가치	₩1,000,000 × 0.7513* =	₩751,300
사채이자의 현재가치	₩80,000 × 2.4868** =	198,944
		₩950,244***

* 이자율이 10%인 경우 3년 만기의 현가(부록 〈표 A-2〉)

** 이자율이 10%인 경우 3기간의 정상연금의 현가(부록 〈표 A-4〉)

*** 현가표를 이용하여 계산한 결과(₩950,244)는 실제 계산한 수치(₩950,263)와 반올림 차이 때문에 약간 다를 수 있다. 그러나 그 차이가 크지 않으므로 실무상 어느 수치를 써도 된다.

액면이자율이 시장이자율보다 낮으면 사채는 액면금액보다 낮은 금액으로 발행되는데, 이를 **사채의 할인발행**이라고 한다. 반대로 액면이자율이 시장이자율보다 높은 경우에는 사채는 액면금액보다 높은 금액으로 발행되는데 이를 **사채의 할증발행**이라고 한다. 사채의 액면이자율과 시장이자율이 동일한 경우 사채는 액면금액으로 발행된다.

[예제 8-3]에서 사채의 발행금액 ₩950,263은 사채의 액면금액 ₩1,000,000보다 낮다. 현재의 시장이자율이 10%인데 사채의 액면이자율은 8%에 불과하므로, 사채투자자 입장에서 보면 사채투자에서 얻는 수익률(8%)보다 이 사채를 매수하면 포기하게 되는 기회비용(10%)이 더 크다. 따라서 사채투자자에게 그 차이를 보상해주기 위해서 사채의 발행금액이 액면금액보다 낮은 것이다. 즉 액면이자를 상대적으로 적게 지급하는 대신 할인된 가격으로 발행해서, 결과적으로 투자자들이 시장이자율인 10%의 수익률을 얻을 수 있도록 만든 것이다. 이런 경우를 사채의 할인발행(bonds issued at a discount)이라고 한다.

반대로 액면이자율이 시장이자율보다 높은 경우 사채는 액면금액보다 높은 금액으로 발행된다. 이런 경우를 사채의 할증발행(bonds issued at a premium)이라고 하는데, 투자자 입장에서는 높은 액면이자를 미래 기간 동안 지급받는 대신 현재 액면금액보다 높은 가격을 지급하고 사채를 구입하는 것이다.

사채의 액면이자율과 시장이자율이 동일한 경우에는 사채의 발행금액은 액면금액과 동일해진다. 이를 사채의 액면발행(bonds issued at par)이라고 한다. 액면발행, 할인발행, 할증발행의 여부와 관계없이 만기일에는 액면금액을 상환해야 한다.

표 8-4

사채의 발행금액 결정

액면이자율 = 시장이자율 : 액면발행
액면이자율 < 시장이자율 : 할인발행
액면이자율 > 시장이자율 : 할증발행

유효이자율은 사채로 인해 유출되는 미래 현금흐름의 현재가치와 사채의 발행으로 인해 유입되는 현재의 현금흐름을 일치시키는 이자율을 말한다.

⑥ 유효이자율 : 유효이자율(effective interest rate)은 사채로 인해 유출되는 미래 현금흐름의 현재가치와 사채의 발행으로 인해 유입되는 현재의 현금흐름을 일치시키는 이자율을 말한다. 개념적으로 유효이자율과 시장이자율은 일치한다. 그러나 사채권 인쇄비나 수수료 등 사채발행비가 발생하면 유효이자율은 시장이자율보다 커진다. 사채발행비만큼 사채발행으로 인해 유입되는 현재의 현금흐름이 감소하기 때문에 사채회사가 시장이자율보다 더 비용을 부담하기 때문이다. 따라서 발행회사가 실제로 부담하는 이자비용은 유효이자율이다.

사채발행비가 없는 경우 :
시장이자율 = 유효이자율
사채발행비가 있는 경우 :
시장이자율 < 유효이자율

사채의 발행회사는 유효이자율을 적용해서 매 기간마다 사채의 이자비용을 인식하는데, 이를 유효이자율법(effective interest method)이라고 한다. 즉 회계처리를 할 때 기록하는 이자비용은 현금이자지급액과 다를 수 있다는 점에 주의해야 한다. 구체적인 이자비용은 다음과 같이 계산한다.

유효이자율법에 의한 이자비용 = 사채의 기초장부금액 × 유효이자율[5)]

2. 사채발행차금상각과 이자비용[6)]

사채가 할인발행 또는 할증발행된 경우에 발행금액과 액면금액의 차이를 각각 **사채할인발행차금**과 **사채할증발행차금**이라고 한다.

사채가 할인발행 또는 할증발행된 경우 발행금액과 액면금액의 차이를 각각 사채할인발행차금(bond discount)과 사채할증발행차금(bond premium)이라고 한다. 사채와 사채할인발행차금을 재무상태표에 표시할 때는 사채의 액면금액을 사채계정에 표시하고, 사채할인발행차금은 사채계정의 차감계정으로 표시한다. 반대로 사채할증발행차금은 사채계정의 가산계정으로 표시한다.[7)]

그림 8-8

사채발행차금과 장부금액

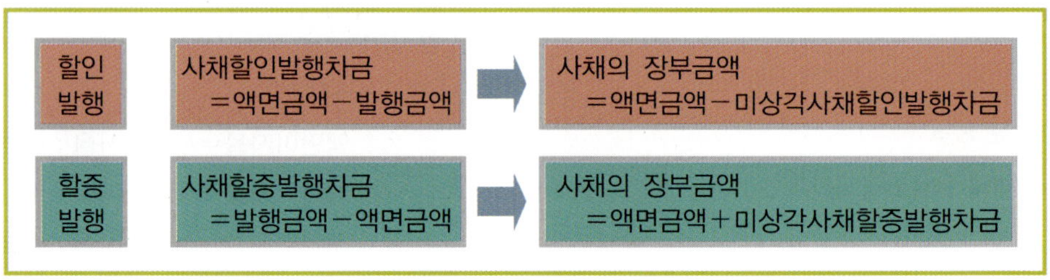

5) 유효이자율을 계산하려면 다음 식을 만족시키는 r을 구해야 한다.

$$\text{순수취액}^* = I \times \frac{1}{(1+r)^1} + I \times \frac{1}{(1+r)^2} + \cdots\cdots + I \times \frac{1}{(1+r)^n} + P \times \frac{1}{(1+r)^n}$$

* 순수취액＝발행금액－사채발행비, I＝액면이자, P＝액면금액, r＝유효이자율

유효이자율을 계산하는 방법이 복잡하므로, 본서에서는 유효이자율의 구체적인 계산에 대해서는 더 이상 다루지 않는다. 학생들은 유효이자율의 개념에 대해서만 공부하면 충분하다. 사채발행비가 발생했다면 이를 차감하여 순수취액을 계산하는 것에 주의하기 바란다.

6) 이 부분의 내용 중 사채의 할인 및 할증 발행 관련 이자비용의 계산과 관련된 내용은 상당히 어렵다. 따라서 이 부분을 지도하시는 교수님들의 판단에 따라 액면발행을 제외한 내용은 회계원리 수업에서 생략할 수 있을 것이다.

7) 사채할인(할증)발행차금의 별도의 계정을 사용하지 않고, 할인 또는 할증 발행된 순금액을 사채계정으로 기록하는 회계처리도 가능하다.

예제 8-4 사채발행차금

(주)홍국생명은 20×1년 1월 1일 액면금액이 ₩1,000,000이고, 액면이자율이 8%이며 매년말에 이자가 지급되는 3년 만기의 사채를 발행하였다. 시장이자율에 따른 사채발행금액과 회계처리는 다음과 같다.

① 시장이자율 10%인 경우

[예제 8-3]에서 계산한 바와 같이 사채발행금액은 ₩950,263이다. 시장이자율(10%)이 액면이자율(8%)보다 높으므로 할인발행된 것이다. 이 경우 발행금액과 액면금액의 차이 ₩49,737은 사채할인발행차금으로 기록한다. 사채할인발행차금은 사채계정의 차감계정이다. 사채발행시점에서 (주)홍국생명은 다음과 같이 회계처리한다.

(차) 현 금	950,263	(대) 사 채	1,000,000
사채할인발행차금	49,737		

발행시점에서 재무상태표에는 다음과 같이 표시된다. 사채의 순장부금액은 ₩950,263이 된다.

부분재무상태표(20×1년 1월 1일)	
비유동부채	
사 채	₩1,000,000
사채할인발행차금	(49,737)
	₩950,263

② 시장이자율이 6%인 경우

사채의 발행금액은 다음과 같이 계산된다.

$$₩80,000 \times \frac{1}{(1.06)^1} + ₩80,000 \times \frac{1}{(1.06)^2} + ₩80,000 \times \frac{1}{(1.06)^3} + ₩1,000,000 \times \frac{1}{(1.06)^3} = ₩1,053,460$$

즉 액면이자율(8%)이 시장이자율(6%)보다 높으므로 사채는 할증발행되고, 발행금액과 액면금액의 차이 ₩53,460만큼이 사채할증발행차금으로 기록된다. 사채할증발행차금은 사채계정의 가산계정이다.

(차) 현 금	1,053,460	(대) 사 채	1,000,000
		사채할증발행차금	53,460

부분재무상태표(20×1년 1월 1일)	
비유동부채	
사 채	₩1,000,000
사채할증발행차금	53,460
	₩1,053,460

이때 사채의 발행금액을 현가표를 이용하여 다음과 같이 구할 수도 있다.

액면금액의 현재가치	₩1,000,000 × 0.8396* =	₩839,600
사채이자의 현재가치	₩80,000 × 2.6730** =	213,840
		₩1,053,440***

* 이자율이 6%인 경우, 3년 만기의 현가(부록 〈표 A-2〉)
** 이자율이 6%인 경우, 3기간의 정상연금의 현가(부록 〈표 A-4〉)
*** 현가표를 이용하여 계산한 결과는 실제 계산한 수치와 반올림 차이 때문에 약간 다를 수 있다.

③ 시장이자율이 8%인 경우
사채의 발행금액은 다음과 같이 계산된다.

$$₩80,000 \times \frac{1}{(1.08)^1} + ₩80,000 \times \frac{1}{(1.08)^2} + ₩80,000 \times \frac{1}{(1.08)^3} + ₩1,000,000 \times \frac{1}{(1.08)^3} = ₩1,000,000$$

액면이자율(8%)과 시장이자율(8%)이 같으므로 사채는 액면발행된다. 이때 회계처리는 다음과 같다.

(차) 현 금	1,000,000	(대) 사 채	1,000,000

부분재무상태표(20×1년 1월 1일)	
비유동부채	
사 채	₩1,000,000

유효이자율법에서는 사채의 기초장부금액(액면금액−기초의 사채발행차금)에 유효이자율을 곱해서 당기에 인식해야 할 이자비용을 계산하고, 현금으로 지급하는 이자비용과의 차이만큼 사채발행차금을 상각 또는 환입한다.

사채할인발행차금은 사채기간 동안 사채의 발행회사가 현금으로 채권자에게 지급하는 이자금액(액면이자) 이외에 추가적으로 부담해야 할 회계상의 이자비용을 나타낸다. 발행시점에 사채를 할인된 가격으로 발행하였더라도 만기에는 액면금액을 상환해야 하므로, 그 차이를 사채기간 동안 배분하여 이자비용으로 인식하는 것이다. 반대로 발행시점에 할증된 가격으로 발행하고 만기에 액면금액을 상환해야 하는 할증발행의 경우, 사채할증발행차금만큼 사채발행자가 사채기간 동안 이자를 덜 부담하는 것으로 볼 수 있다. 따라서 사채기간 동안 현금으로 채권자에게 지급하는 금액(액면이자)에서 사채할증발행차금을 차감해서 회계상의 이자비용을 계산한다. 이러한 회계처리는 할인 또는 할증된 사채의 발행금액을 사채기간 동안 액면금액으로 점차적으로 조정해주는 과정으로 이해할 수도 있다.

사채발행차금을 기간별로 배분하는 방법이 유효이자율법이다. 유효이자율법에서는 사채의 기초장부금액('액면금액−기초의 사채할인발행차금' 또는 '액면금액+기초의 사채할증발행차금')에 유효이자율을 곱해서 당기에 인식해야 할 이자비용을 계산하고, 현금으로 지급하는 이자비용과 이 금액의 차이만큼 사채할인발행차금을 상각(즉 비용처리) 또는 사채할증발행차금을 환입(즉 비용에서 차감처리)한다. 상각과 환입은 모두 사채발행차금을 점진적으로 감소시켜 결과적으로 사채의 만기시점에 발행차금의 잔액을 ₩0이 되도록 하는 과정인데, 상각은 비용의 증가를 의미하고 환입은 비용의 감소를 의미한다.

이하에서는 예제를 이용하여 유효이자율법에 의한 사채할인발행차금의 상각에 대해서 알아본다.

예제 8-5 사채할인발행차금상각 및 이자비용

(주)동원에프앤비는 20×1년 1월 1일 액면금액이 ₩1,000,000이고, 액면이자율이 8%이며 매년말에 이자를 지급하는 3년 만기의 사채를 ₩950,263에 발행하여 성공적으로 투자자들에게 매각하였다. 사채발행비는 발생하지 않았다. 시장이자율과 유효이자율은 10%이다.

① 20×1년 1월 1일 : 사채발행시

(차) 현 금	950,263	(대) 사 채	1,000,000
사채할인발행차금	49,737		

발행 직후 사채의 장부금액은 ₩950,263(=액면금액 ₩1,000,000−사채할인발행차금 ₩49,737)이다.

② 20×1년 12월 31일

(i) 액면이자의 계산 : 20×1년말 (주)동원에프앤비가 지급하는 액면이자는 아래의 식에 따라 ₩80,000이다.

$$\text{액면이자} = \text{사채의 액면금액} \times \text{액면이자율}$$
$$= ₩1,000,000 \times 8\% = ₩80,000$$

(ii) 유효이자의 계산 : 사채발행회사가 사채를 통해 자금을 조달하면서 실제로 부담하는 이자율은 유효이자율이므로, 유효이자만큼 당기 이자비용으로 인식해야 한다. 유효이자는 사채의 기초장부금액에 유효이자율을 곱해서 계산할 수 있다.

$$\text{유효이자} = \text{사채의 기초장부금액}^{*} \times \text{유효이자율}$$

* 기초장부금액=사채의 액면금액−기초의 사채할인발행차금

즉 ₩950,263×10%=₩95,026의 이자비용을 20×1년에 인식해야 한다.

(iii) 사채할인발행차금의 상각 : 투자자들에게 현금으로 지급하는 액면이자비용 ₩80,000과 유효이자 ₩95,026의 차이인 ₩15,026만큼 사채할인발행차금을 상각한다(즉 사채할인발행차금계정을 줄인다).

사채할인발행차금상각액 = 유효이자 − 액면이자
이자비용 = 액면이자 + 사채할인발행차금상각액

위에서 계산한 금액을 이용하여, 액면이자의 지급, 사채할인발행차금의 상각, 이자비용의 인식을 위한 회계처리를 수행하면 아래와 같다.

(차) 이 자 비 용	95,026	(대) 현 금	80,000
		사채할인발행차금	15,026

위의 분개를 통해 현금으로 지급한 액면이자만큼 현금의 감소를 기록하고, 유효이자만큼 당기의 이자비용이 인식되었다. 또한 사채할인발행차금이 ₩15,026만큼 감소하였다. 사채할인발행차금이 사채계정의 차감계정인 것을 고려하면, 이 분개의 결과 사채의 장부금액은 ₩15,026만큼 증가한 것을 알 수 있다.

20×1년말 부분재무상태표와 포괄손익계산서는 다음과 같다.

부분재무상태표(20×1년 12월 31일)	
비유동부채	
사 채	₩1,000,000
사채할인발행차금	(34,711)*
	₩965,289

부분포괄손익계산서(20×1년)	
이 자 비 용	₩95,026

* 사채발행시 사채할인발행차금(₩49,737)에서 20×1년 상각액(₩15,026)을 차감한 잔액이다.

③ 20×2년 12월 31일

20×2년에 인식할 유효이자는 사채의 기초장부금액 ₩965,289에 유효이자율인 10%를 곱한 ₩96,529이며, 액면이자 ₩80,000과의 차이인 ₩16,529을 사채할인발행차금상각액으로 인식한다. 즉 이 금액만큼 사채할인발행차금의 잔액을 감소시키는 것이다. 아래 회계처리로 인해 사채할인발행차금의 잔액은 ₩18,182(= ₩34,711 − ₩16,529)으로 줄어들고, 사채의 장부금액은 ₩981,818(= ₩1,000,000 − ₩18,182)으로 증가한다.

(차) 이 자 비 용	96,529	(대) 현 금	80,000
		사채할인발행차금	16,529

20×2년말에는 사채의 만기(20×3년 12월 31일)가 1년 이내이므로 유동부채로 재분류한다. 즉 비유동부채로 분류된 사채와 이의 차감계정인 사채할인발행차금을 감소시키고, 유동부채로 분류된 유동성사채와 이의 차감계정인 유동성사채할인발행차금을 증가시킨다.

(차) 사 채	1,000,000	(대) 유동성사채	1,000,000
유동성사채할인발행차금	18,182	사채할인발행차금	18,182

사채와 사채할인발행차금을 유동성사채와 유동성사채할인발행차금으로 재분류한 후 20×2년말 부분재무상태표와 포괄손익계산서는 다음과 같다.

부분재무상태표(20×2년 12월 31일)	
유 동 부 채	
유동성사채	₩1,000,000
유동성사채할인발행차금	(18,182)*
	₩981,818

부분포괄손익계산서(20×2년)	
이 자 비 용	₩96,529

* 20×1년말 사채할인발행차금(₩34,711)에서 20×2년 상각액(₩16,529)을 차감한 잔액이다.

④ 20×3년 12월 31일

20×3년에 인식할 유효이자는 사채의 기초장부금액 ₩981,818에 유효이자율인 10%를 곱하여 계산한 ₩98,182이며, 이 금액과 액면이자 ₩80,000의 차이인 ₩18,182을 사채할인발행차금상각액으로 인식한다.

(차) 이 자 비 용	98,182	(대) 현　　금	80,000
		유동성사채할인발행차금	18,182

상환 직전 부분재무상태표와 포괄손익계산서는 다음과 같다.

상환 직전 부분재무상태표(20×3년 12월 31일)	
유 동 부 채	
유동성사채	₩1,000,000
유동성사채할인발행차금	(0)
	₩1,000,000

부분포괄손익계산서(20×3년)	
이 자 비 용	₩98,182

만기일에는 사채할인발행차금계정은 모두 상각되어 잔액이 ₩0이 되어 소멸된다. 그 결과 사채의 액면금액에서 사채할인발행차금을 차감하여 계산한 사채의 장부금액은 액면금액 ₩1,000,000과 일치하게 된다. 만기일의 사채상환에 대한 회계처리와 상환 후 부분재무상태표와 포괄손익계산서는 다음과 같다.

(차) 유동성사채	1,000,000	(대) 현　　금	1,000,000

상환 후 부분재무상태표(20×3년 12월 31일)	
유 동 부 채	
유동성사채	₩0

부분포괄손익계산서(20×3년)	
이 자 비 용	₩98,182

위와 같이 사채기간 동안 이자비용 인식과 사채할인발행차금상각, 사채의 장부금액을 계산하기 위해서 다음과 같이 사채할인발행차금상각표를 작성하여 사용하면 편리하다.

사채할인발행차금상각표

	① 사채 기초장부금액	② 유효이자	③ 액면이자	④ 상각액	⑤ 사채 기말장부금액
20×1년	₩950,263	₩95,026	₩80,000	₩15,026	₩965,289
20×2년	965,289	96,529	80,000	16,529	981,818
20×3년	981,818	98,182	80,000	18,182	1,000,000
		₩289,737		₩49,737	

① 기초장부금액
② 유효이자=① 기초장부금액×유효이자율(10%)
③ 액면이자=액면금액×액면이자율(8%)
④ 사채할인발행차금상각=② 유효이자－③ 액면이자
⑤ 기말장부금액=① 기초장부금액+④ 사채할인발행차금상각

위의 상각표에서 사채의 장부금액(①과 ⑤)은 사채의 액면금액에서 사채할인발행차금을 차감한 순액을 의미한다. 매년 ② 유효이자만큼 포괄손익계산서상 이자비용으로 인식되며, ③ 액면이자만큼 현금으로 사채권 보유자(즉 사채의 투자자, 채권자)에게 지급된다. 또한 ④ 상각액만큼 사채할인발행차금이 감소한다. 사채할인발행차금이 감소하면 사채의 장부금액은 증가하므로, ⑤ 기말장부금액은 ① 기초장부금액에서 ④ 사채할인발행차금상각액을 더해서 구할 수 있다(⑤=①+④). 또한 위 상각표를 통해 사채의 장부금액이 매년 증가하고, 유효이자인 이자비용도 매년 증가한다는 사실을 알 수 있다. 유효이자는 매년 증가하지만 현금으로 지급하는 이자인 액면이자는 일정하므로, 사채할인발행차금상각액이 매년 증가한다.

위 예제에서는 할인발행의 경우를 살펴보았다. 할인발행의 경우 유효이자율이 액면이자율보다 높다. 따라서 매 기간마다 유효이자에서 액면이자를 차감하면 사채할인발행차금상각액을 구할 수 있다. 따라서 이 금액만큼 사채할인발행차금 잔액이 감소하므로, 시간이 경과함에 따라 사채의 장부금액이 점차 증가한다. 반면 할증발행의 경우에는 액면이자가 유효이자보다 크므로, 액면이자에서 유효이자를 차감하면 사채할증발행차금환입액을 구할 수 있다. 환입액은 사채할증발행차금을 줄이는 방식으로 회계처리한다. 그 결과 시간이 경과함에 따라 사채의 장부금액이 점차 감소한다. 이를 그림으로 표현하면 [그림 8-9]와 같다.

할인이나 할증 발행 모두 만기일이 되면 사채발행시의 수취액이 아니라 액면금액을 사채보유자(채권투자자)에게 상환해야 한다. 그런데 만기일이 되면 사채할인발행차금이나 사채할증발행차금의 잔액이 ₩0이 되어, 사채의 장부금액과 액면금액은 동일하게 된다.

사채 할인이나 할증 발행의 경우와 무관하게 사채 만기일에는 액면금액을 상환하는데, 이 시점에는 사채발행차금의 잔액이 ₩0이 되어 사채의 장부금액과 액면금액은 동일하게 된다.

그림 8-9

사채발행차금의 상각 및 사채의 장부금액

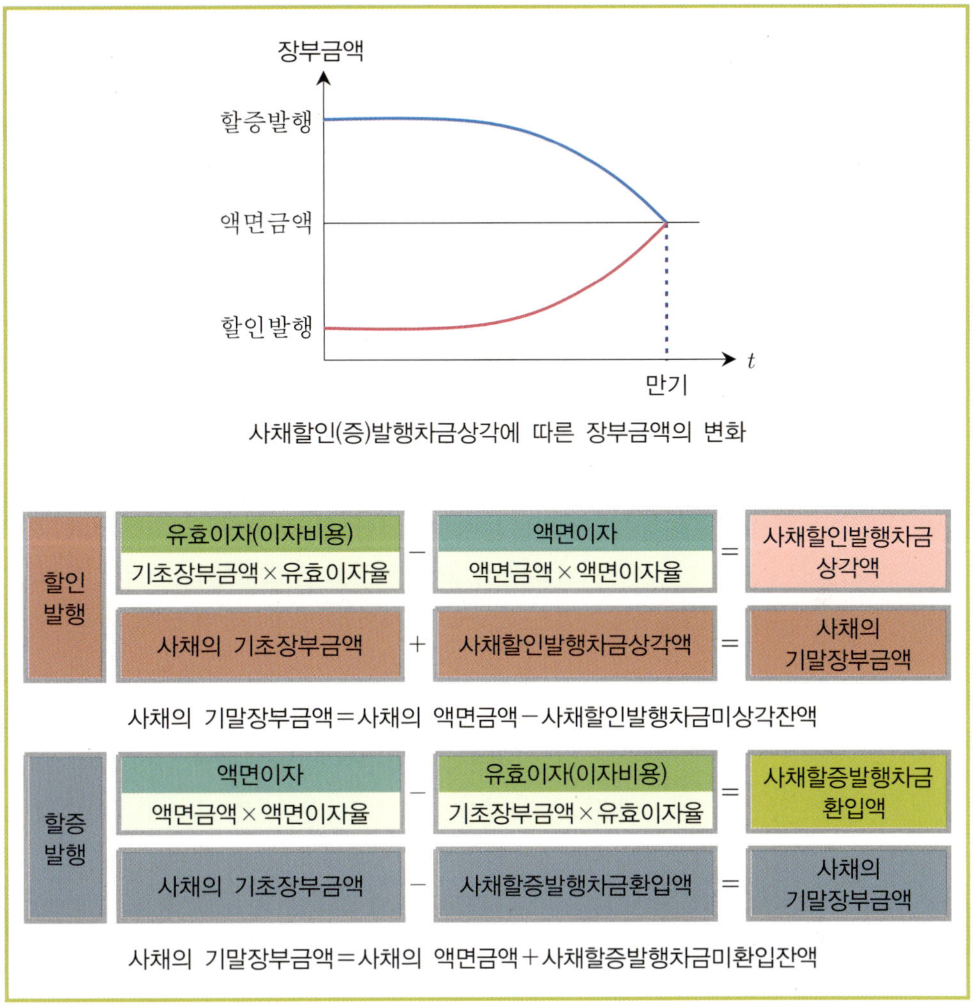

3. 사채의 상환

사채를 발행한 회사는 사채의 만기일이 도래하면 사채의 보유자(채권투자자)에게 액면금액을 상환한다. 즉 돈을 빌려 사용하다가 해당 만기일에 이 돈을 갚는 것이다. 다만 사채의 보유자와의 협의를 통해 만기일 이전에 사채를 상환할 수도 있다. 이를 사채의 조기상환이라고 부른다. 이하에서는 만기상환과 조기상환의 회계처리에 대해 알아본다.

(1) 만기상환

사채를 만기에 상환하는 것을 **만기상환**이라고 하고 만기 이전에 사채를 상환하는 것을 **조기상환**이라고 한다.

사채를 만기에 상환하는 것을 만기상환이라고 한다. 앞에서 공부한 바와 같이, 사채발행차금의 상각 또는 환입의 회계처리를 통해 사채의 만기일에는 사채발행차금이 전액 상각되어 잔액이 ₩0이 된다. 따라서 만기에는 사채의 액면금액과 장부금액이 일치한다. 만기상환시에는 사채의 액면금액만큼을 현금으로 지급하고, 동시에 해당 사채를 장부에서 제거한다.

(2) 조기상환

사채를 발행한 회사는 자본시장의 이자율 변동, 회사의 자금사정 등의 이유로 채권자와 협상을 통해 만기 이전에 사채를 상환하는 경우가 있다. 이를 사채의 조기상환(early retirement)이라 한다. 예를 들어 사채를 발행했을 때보다 시장이자율이 하락했다면, 높은 이자율로 발행했던 사채를 조기상환하고 낮은 이자율로 다시 자금을 조달하는 것이 유리할 것이다.

사채를 조기상환하는 경우에는 사채와 관련된 계정인 사채, 사채할인발행차금 또는 사채할증발행차금 계정을 모두 장부에서 제거한다. 사채를 만기 전에 상환할 때는 사채의 장부금액과 상환금액 사이에 차이가 발생할 수 있는데, 그 차이를 사채상환손익으로 처리한다. 즉 사채의 장부금액보다 높은 금액을 지급하고 사채를 상환하면 사채상환손실이 발생하고, 장부금액보다 낮은 금액으로 상환하면 사채상환이익이 발생한다.[8] 사채상환손익은 포괄손익계산서에서 영업외손익 항목이다.

예제 8-6 사채의 상환

(주)교보생명보험은 20×1년 1월 1일 액면금액이 ₩1,000,000이고 액면이자율이 8%이며 매년말에 이자를 지급하는 3년 만기의 사채를 ₩950,263에 발행하여 성공적으로 필요한 자금을 조달했다. 이 사채의 유효이자율은 10%이다.

① 사채를 만기(20×3년 12월 31일)에 상환하는 경우

(차) 유동성사채	1,000,000	(대) 현 금	1,000,000

8) 자산을 처분하는 경우 자산의 장부금액보다 높은 금액으로 처분하면 처분이익이 발생하고 장부금액보다 낮은 금액으로 처분하면 처분손실이 발생한다. 그러나 부채를 상환하는 경우는 이와 반대이다. 부채의 장부금액보다 높은 금액을 주고 상환하면 상환손실이 발생하고, 장부금액보다 낮은 금액을 주고 상환하면 상환이익이 발생한다는 점을 주의해야 한다.

20×2년말에 사채를 유동부채로 분류했다면, 20×3년말 만기시 현금을 지급하고 사채를 상환하는 시점에 위와 같은 회계처리를 수행해 유동성사채를 제거한다.

만기상환의 경우에는 사채의 액면금액을 채권자에게 상환하기 때문에 사채상환손익이 발생하지 않는다. 처음 사채의 발행시점으로부터 시간이 지나 사채의 만기시점이 될 때까지 사채할인발행차금(사채할증발행차금)이 전액 상각(환입)되므로, 만기시점에 사채할인발행차금(사채할증발행차금)의 잔액은 ₩0이다.

② 20×2년말 이자지급 직후에 ₩990,000에 상환하는 경우

[예제 8-5]에서처럼 20×2년말 사채의 장부금액은 액면금액에서 사채할인발행차금을 차감한 ₩981,818이다. 상환금액 ₩990,000이 장부금액보다 높으므로 그 차이인 ₩8,182만큼 사채상환손실이 발생한다. 회계처리시에는 사채와 관련된 계정을 모두 제거해야 한다.

사채가 조기상환되는 경우에는, 상환일까지 사채할인차금상각을 먼저 하고 난 후 사채상환손익을 계산해야 한다는 점을 유의해야 한다.

(차) 사　　채	1,000,000	(대) 현　　금	990,000
사채상환손실	8,182	사채할인발행차금	18,182

회계이야기 (2)

채권시장과 주식시장의 비교

회사가 사업에 필요한 자금을 조달하는 방법으로는 자본(즉 주식의 발행)과 부채(즉 은행 등 금융기관으로부터 대출 또는 채권의 발행)를 이용하는 방법이 있다. 자본에 대해서는 제10장에서 자세히 공부할 것이다. 자본(즉 주식)이 거래되는 시장을 주식시장, 부채(즉 채권)가 거래되는 시장을 채권시장이라고 부르며, 이 두 시장을 합쳐 자본시장(capital market)이라고 부른다.

채권시장과 주식시장의 차이

자본시장에 대해 친숙하지 않은 대부분의 국민들은 주식시장에 대해서는 알지만 채권시장에 대해서는 알지 못한다. 직접 주식투자를 하는 사람은 많으나 채권투자를 직접 하는 사람은 상대적으로 주식투자를 하는 사람보다 많지 않으며 언론에도 채권에 대한 내용이 거의 등장하지 않기 때문이다. 따라서 국민 대부분은 회사들이 대부분 주식시장을 통해 필요한 자금을 조달할 것으로 생각하는 경향이 있다.

그러나 이런 일반적인 생각과는 달리 연간 거래되는 자금의 규모를 보면 채권시장이 더 크다. 세계적으로 보면 주식시장의 거래규모는 약 120~130조 달러 규모인데, 채권시장의 규모가 이보다 대략 20~30% 정도 더 큰 것으로 추정된다. 미국 자본시장이 전 세계 시장 중 대략 45% 정도를 차지한다. 한국의 비중은 1% 정도로서 미미한 수준이다. 국내 채권시장에서의 거래규모는 대략 매달 400조원 정도다.

전통적으로 채권에 대한 투자는 기관투자자들에 의해 주로 이루어졌으나, 최근에는 개인투자자들도 채권에 투자하는 경우가 증가하고 있다. 채권을 손쉽게 거래할 수 있는 디지털 플랫폼이 널리 전파됨에 따라 이런 현상이 나타났다. 기업이 발행한 채권(사채)만 채권시장에서 거래되는 것이 아니라 국가가 발행한 채권(국채)이나 공공기관이 발행한 채권(공채)도 많이 거래된다.

주식의 가격은 기업에 영향을 미치는 새로운 사건이 발생해서 알려짐에 따라 빈번하게 변한다. 그러나 채권의 가격은 자주 변하지 않는다. 따라서 채권에 투자하는 투자자들은 만기까지 채권을 보유하려는 장기투자자인 경우가 많다.

8.4 충당부채

1. 충당부채의 의의

충당부채는 지출의 시기 또는 금액이 불확실한 부채이다. 과거 사건의 결과로 현재 의무가 존재하고, 그 의무를 이행하기 위해서는 경제적 효익이 내재된 자원이 유출될 가능성이 높으며, 의무의 이행에 소요되는 금액을 신뢰성 있게 추정할 수 있을 때 충당부채를 인식한다.

충당부채(provision)는 과거 사건이나 거래의 결과 발생한 현재의 의무로서, 지출의 시기 또는 금액이 불확실한 부채이다. 충당부채는 [그림 8-10]의 세 가지 인식조건을 모두 충족하는 경우에만 인식한다. ① 과거 사건의 결과로 현재 의무가 존재하고, ② 그 의무를 이행하기 위해서는 경제적 효익이 내재된 자원이 유출될 가능성이 높으며(probable), ③ 의무의 이행에 소요되는 금액을 신뢰성 있게 추정할 수 있어야(measurable) 한다.

그림 8-10

충당부채의 인식기준

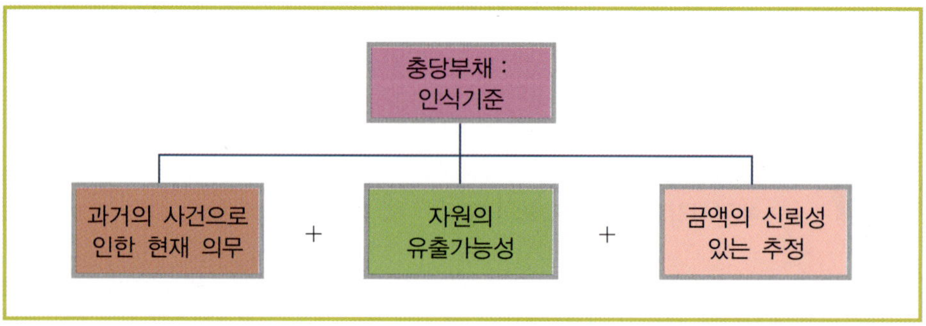

충당부채로 인식하는 금액은 현재 의무를 이행하기 위하여 소요되는 미래 지출에 대한 최선의 추정치로 하며, 화폐의 시간가치가 중요한 경우에는 예상지출액의 현재가치로 평가한다. 충당부채를 설정함과 동시에 비용을 인식한다. 충당부채를 설정한 이후에 실제로 이와 관련된 지출이 발생한 경우 설정된 충당부채금액을 한도로 하여 충당부채를 차감한다. 따라서 지출발생 금액이 충당부채 설정액보다 작다면 지출발생 시점에 추가적인 비용이 발생하지 않는다. 만약 설정한 충당부채보다 더 많은 금액을 지출했다면, 충당부채를 초과한 금액만큼은 실제 지출이 발생한 기간의 당기비용으로 인식한다.[9]

9) 이런 회계처리방법은 매출채권에 대한 손실(대손)충당금의 설정과 손상차손(대손상각비) 인식 관련 회계처리와 유사하다. 단 손실충당금이 매출채권의 차감계정인 것과 달리 충당부채는 부채계정이라는 점에 주의해야 한다.

현금을 실제로 지출할 때 비용을 인식하지 않고 충당부채를 설정할 때 비용을 인식하는 이유는 수익·비용대응의 원칙 때문이다. 수익·비용대응의 원칙에 따라 관련된 수익을 인식하는 기간(즉 매출이 인식되는 기간)에 관련된 비용을 함께 인식하는 것이다. 매출채권에 대해 기말에 미래 손상예상액을 추정하여 손실충당금을 적립하면서 매출채권손상차손을 인식하는 것과 같은 이유이다.

부채로 인식하는 충당부채와 달리 다음의 경우에는 부채로 인식하지 않는다. (1) 과거 사건의 결과 발생했으나, 기업이 통제할 수 없는 불확실한 미래 사건의 발생여부로만 그 존재유무를 확인할 수 있는 잠재적인 의무 또는 (2) 과거 사건의 결과 발생했으나, 위의 충당부채 인식조건 중 ② 또는 ③의 조건을 만족시키지 못한 경우이다. 이를 우발부채(contingent liability)라고 한다. 예를 들어 진행 중인 소송이 있지만 패소할 가능성이 낮은 경우가 이에 해당한다. 우발부채에 해당되는 경우에는 부채로 인식하지 않지만, 기업은 관련 내용을 주석으로 공시해야 한다.

2. 충당부채의 예

충당부채의 예로는 제품보증의무, 유전이나 광산을 개발하고 복구해야 하는 의무(복구충당부채), 직원의 퇴직시 또는 퇴직한 이후 지급해야 하는 퇴직금 또는 연금지급의무(퇴직급여충당금) 등이 있다.[10] 다음의 [예제 8-7]을 통해 충당부채 중 제품보증충당부채에 대해 살펴본다.

예제 8-7 제품보증충당부채

(주)현대백화점은 고객만족도를 높이기 위하여 제품을 판매할 때 구매자에게 판매한 제품에 대한 보증을 제공하고 있다. 보증조건에 따르면 (주)현대백화점은 판매시점으로부터 2년 동안 고장난 제품에 대해 수선하거나 새 제품으로 교체해주어야 한다. (주)현대백화점은 20×1년 12월말 제품을 ₩200,000에 판매하고 현금을 회수하였다. 과거 경험에 따르면 이 제품의 판매와 관련하여 향후 2년 동안 ₩60,000만큼의 수리비(회계상의 명칭은 제품보증비)가 발생할 것이라고 추정된다(단 현재가치 평가는 중요하지 않다고 가정한다). 판매 후 1년이 지난 20×2년말에 이 제품이 고장나서 수리를 위해 ₩35,000의 현금지출이 발생

10) 퇴직금 또는 퇴직연금은 직원이 회사를 위하여 근무한 것에 대한 대가이므로, 미래 시점이 되어 직원이 퇴직해서 퇴직금을 지급할 때 비용으로 인식하는 것이 아니라 수익·비용대응의 원칙에 따라 직원이 근무한 기간 동안에 나누어서 비용으로 인식해야 한다.

하였다.

① 20×1년말 : 매출과 충당부채 설정

(차) 현 금	200,000	(대) 매 출	200,000

(차) 제품보증비	60,000	(대) 제품보증충당부채	60,000

제품보증의무는 제품판매라는 과거 사건의 결과로 현재 의무가 존재하고, 제품보증을 위해서 지출이 소요되며, 제품보증비용을 신뢰성 있게 측정할 수 있으므로 충당부채로 설정한다. 부채 설정시 관련된 비용을 인식한다. 즉 매출(수익)이 발생하는 기간에, 수익 · 비용대응의 원칙에 따라 매출 때문에 발생하는 비용(제품보증비)을 인식하는 것이다.

② 20×2년 제품보증비 지출

(차) 제품보증충당부채	35,000	(대) 현 금	35,000

다음 연도에 제품보증활동 때문에 실제로 현금유출이 발생했다면, 이를 비용으로 기록하는 대신 제품보증충당부채에서 차감하는 형식으로 회계처리한다. 결과적으로 제품을 판매한 20×1년에 충당부채를 설정하면서 동시에 제품보증비용을 인식하고, 그 이후 기간에 실제로 지출이 발생할 때에는 지출이 발생한 만큼만 이미 설정된 충당부채에서 차감하기 때문에 포괄손익계산서에 비용으로 인식되지 않는다.

만약 20×2년에 제품보증비가 ₩70,000이 발생하여 (주)현대백화점이 현금을 지출하였다면 다음과 같이 회계처리한다.

(차) 제품보증충당부채	60,000	(대) 현 금	70,000
제품보증비	10,000		

즉 설정된 충당부채보다 더 많은 제품보증 관련 지출이 이루어졌다면, 그 차액만큼만 지출이 이루어진 시점인 20×2년의 비용(제품보증비)으로 회계처리한다.

이런 회계처리는 매출채권에 대한 손실(대손)충당금의 설정과 손상차손(대손상각비) 인식 관련 회계처리와 유사하다. 단 손실충당금이 매출채권의 차감계정인 것과 달리 충당부채는 부채계정이라는 점에 주의해야 한다.

회계이야기 (3)

회계의 역사 9 : 대공황 이후 회계의 발전과 한국의 현황

대공황 기간 동안 재무제표상으로는 멀쩡하게 보였던 많은 기업들이 갑자기 파산하자 미국인들의 자본시장과 기업 및 재무제표에 대한 신뢰가 바닥까지 추락했다. 모두가 주식을 팔려고 했지만 아무도 사려는 사람이 없어 주식시장에서 거래가 거의 일어나지 않자, 거대 기업의 주가가 몇 센트 수준까지 떨어질 정도였다. 대공황 발발 이후 또 다른 대공황이 발생하는 것을 막고자 여러 제도들에 대한 정비가 시작된다. 이때 제정된 증권법(Securities Act of 1993)과 증권거래법(Securities Exchange Act of 1934)에 의해서 독립적 감사인에 의한 상장기업에 대한 외부감사가 의무화됐다. 그 이전에도 많은 기업들이 자발적으로 감사를 받았지만, 투자자의 신뢰를 회복한다는 의미에서 영국에서 이미 의무화되어 있었던 상장기업 의무감사제도를 미국에 도입한 것이다.

또한 미국 정부는 모든 기업들이 회계처리시 따라야 하는 공통의 회계기준을 만드는 작업에 착수한다. 이때까지도 공통의 회계기준이 없었으므로, 기업들은 자신이 원하는 방식에 따라 회계처리를 자의적으로 할 수 있었다. 그 당시에도 대규모 회계법인들은 독자적인 회계처리에 대한 기준을 일부 가지고 있어 이에 따라 회계처리를 하고 감사를 수행했지만 통일된 기준이 아니었고 이를 강제할 수도 없었다. 또한 공인회계사가 부담하는 법적 책임도 거의 없었다. 따라서 공인회계사가 열심히 감사를 수행할 유인도 크게 존재하지 않았던 것이다. 또한 감사기법도 크게 발전하지 못한 상태였으므로, 감사를 통해 분식회계를 적발하기도 힘들었을 것이다.

회계기준과 회계감사기준의 제정

처음에는 미국 공인회계사회 중심으로 회계기준 제장작업을 시작했으나, 1959년부터 국가가 직접 설립한 기관에서 회계기준을 만들기 시작했다. 그 결과 재무제표의 표준 형식이 제정되고 공시기준도 만들어졌다. 회계감사기준도 미국 공인회계사회에 의해 1947년 처음 제정되었다. 이렇게 제도가 정비되자 다른 나라들도 미국 제도를 모방해 각각 독자적인 회계기준과 회계감사기준을 제정해 사용했다. 다양한 국가별 회계기준이나 감사기준을 통일하고자 국제회계기준위원회가 만들어져서 국제회계기준을 발표하자 세계 대부분의 국가에서 이를 사용하게 되었다. 우리나라도 2011년부터 상장기업에 한해 국제회계기준을 적용하고 있다. 비상장기업은 한국의 독자적인 회계기준(K-GAAP이라고 불림)을 사용한다.

현재 사용되는 형태의 감사의견이 처음 제시된 것은 1934년 뉴욕 증권거래소에서 상장기업이 연차재무제표를 제출할 때 감사보고서를 첨부하도록 하면서부터다. 감사보고서를 어떤 형식으로 제출할 것인지를 규정함에 따라, 이 형식에 따라 감사보고서가 작성되기 시작했다. 그 후 점차 시간이 흐르면서, 적정의견, 한정의견, 비적정의견, 의견거절이라는 현재 사용되는 네 종류 범주의 감사의견이 사용되기 시작했다. 2000년대 들어 감사보고서의 내용이 더 확대되어, 감사를 실시하던 도중 발견한 중요한 사항을 감사보고서에 기술하고 그에 대해 어떤 감사조치를 수행했는지를 설명하는 것이 제도화됐다. 이런 중요한 사항을 핵심감사사항(key audit matter)이라고 부른다.

이렇게 자본시장과 관련된 제도를 정비하게 된 것은 회계투명성을 높이기 위한 목적에서다. 회계투명성이 향상된다면 외부이해관계자들이 기업들이 발표하는 회계정보를 더욱 신뢰할 수 있다. 그렇다면 더 많은 사람들이 주식이나 채권 시장에 투자할 것이며, 그 결과 그 돈을 예금하는 것보다 더 높은 수익을 올릴 수 있다. 또한 상대적으로 좀 더 명확한 정보를 이용해서 투자여부를 결정하므로 투자자들의 위험부담이 낮아지게 된다. 따라서 투자할 때 기대하는 요구수익률이 낮아질 수 있다. 위험한 투자안일수록 요구수익률이 높기 때문이다. 자금을 조달하는 기업 입장에서 보면 자금조달금리 또는 자본비용이 낮아진다고 표현한다. 그러므로 투자자와 기업 모두가 윈-윈(win-win)하게 되는 것이다. 기업은 손쉽게 자금을 조달하여 투자를 할 수 있고, 그 결과 투자가 활성화되어 기업이 발전하는 동시에 일자리도 창출되며 경제가 발전하게 된다.

한국에서 공인회계사 직군의 탄생과 발전

한국에서는 일제 강점기 시절 회계가 도입되었다. 그때부터 회계업무를 담당하는 계리사라는 직업이 탄생했다. 즉 당시에는 회계사 대신 계리사라는 명칭으로 불렸던 것이다. 해방 직후인 1945년 10월 조선계리사회가 설립되었다가 1950년 대한계리사회로 명칭을 바꾼다. 자격을 갖춘 사람에게 자격증을 수여하기 위한 계리사 시험은 1955년에 처음 실시되었다. 1966년 계리사법을 대체하는 공인회계사법이 제정되면서, 단체의 명칭도 한국공인회계사회로 바뀌어서 오늘에 이르고 있다.

초기의 공인회계사는 회계처리를 대신해주거나 감사를 실시하는 업무를 수행하였으나, 시간이 지남에 따라 다양한 분야로 업무의 범위가 확대되었다. 현재는 회계감사 이외에 재무자문(컨설팅) 서비스와 세무자문 서비스를 제공하는 역할을 하고 있다.

학습목표의 요약

- 화폐의 시간가치와 복리법에 대해 이해한다. **8.1**
  - 화폐의 시간가치(time value of money)는 현재 갖고 있는 1원의 가치가 미래에 갖게 될 1원의 가치보다 크다는 개념을 말한다.
  - 복리이자계산(compound interest)은 원금에 대하여 발생한 이자를 원금에 다시 가산한 후 다음 기간의 이자를 계산하는 방법이다.

- 현재가치와 미래가치의 개념을 이해하고 계산할 수 있다. **8.1**
  - 미래가치(future value)는 현재의 화폐액을 미래 시점에서 평가한 가치이며, 현재가치(present value)는 미래 일정시점에 발생하는 현금흐름을 현재 시점을 기준으로 평가한 가치이다.

- 사채의 구조를 이해하고 발행금액을 계산할 수 있다. **8.3**
  - 사채(corporate bond)를 통한 자금조달은 이자와 원금상환 등 확정채무 사항이 표시되어 있는 증권을 발행하여 자금을 조달하는 것을 말하며, 사채를 발행한 회사는 일정기간마다 약정된 이자를 지급하고 만기에는 원금을 상환하게 된다.
  - 사채의 발행금액은 사채로부터 발생하는 미래 현금흐름(이자와 원금)의 현재가치로 결정된다.

- 사채할인발행차금 또는 사채할증발행차금의 개념을 이해하고 유효이자율법을 이용하여 사채발행차금을 상각 또는 환입할 수 있다. **8.3**
  - 사채의 발행금액이 액면금액보다 낮은 경우 할인발행, 높은 경우에는 할증발행이라고 한다. 액면금액과 발행금액의 차이를 사채할인발행차금(bond discount) 또는 사채할증발행차금(bond premium)이라고 한다. 사채할인발행차금은 사채의 차감계정이고, 사채할증발행차금은 사채의 가산계정이다.
  - 사채의 미래 현금흐름의 현재가치와 발행으로 인한 순현금유입액을 일치시키는 이자율인 유효이자율을 적용하여 이자비용을 인식하는 방법을 유효이자율법(effective interest method)이라고 한다.

- 사채의 상환에 대해 회계처리할 수 있다. **8.3**
  - 사채를 만기에 상환하는 것을 만기상환이라고 하고, 만기 이전에 상환하는 것을 조기상환(early retirement)이라고 한다.
  - 사채를 조기상환하는 경우에는 사채와 관련된 계정인 사채, 사채할인발행차금 또는 사채할증발행차금 계정을 모두 장부에서 제거하고, 사채의 장부금액과 상환금액의 차이를 사채상환손익으로 처리한다.

- 충당부채의 개념을 설명할 수 있다. **8.4**
  - 충당부채(provision)는 지출의 시기 또는 금액이 불확실한 부채이다. 충당부채는 ① 과거 사건의 결과로 현재 의무가 존재하고, ② 의무를 이행하기 위해서 자원이 유출될 가능성이 높으며, ③ 의무의 이행에 소요되는 금액을 신뢰성 있게 추정할 수 있을 때 인식한다.

주요 용어

- 만기일 (maturity date)
- 발행일 (issue date)
- 비유동부채 (non-current liabilities)
- 사채할인발행차금 (bond discount)
- 시장이자율 (market interest rate)
- 액면이자율 (stated interest rate)
- 원금 (face value, par value)
- 유효이자율 (effective interest rate)
- 조기상환 (early retirement)
- 할인발행 (bonds issued at a discount)
- 현재가치 (present value)
- 미래가치 (future value)
- 복리법 (compound interest method)
- 사채 (corporate bond)
- 사채할증발행차금 (bond premium)
- 액면발행 (bonds issued at par)
- 연금 (annuity)
- 우발부채 (contingent liability)
- 유효이자율법 (effective interest method)
- 충당부채 (provision)
- 할증발행 (bonds issued at a premium)
- 화폐의 시간가치 (time value of money)

회계이야기 (4)

채권이자율과 채권평가

채권은 크게 국가가 발행한 채권(국채)과 기업이 발행한 채권(사채)으로 구분한다. 본서에서는 기업에 대한 회계를 가르치기 때문에 사채의 회계처리만 언급하였지만, 국채에 대한 회계처리도 본질적으로 동일하다.

채권을 발행하기 위해서는 먼저 신용평가를 받아야 한다. 신용평가기관이 채권을 발행한 국가나 기업의 재무상태, 경영성과, 미래 전망을 분석하여 채권의 위험을 평가하고, 이에 따라 신용등급을 결정한다. 따라서 재무제표를 평가하고 분석하는 과정에서 많은 회계지식이 필요하므로, 신용평가사는 회계에 대한 전문지식을 갖춘 사람들을 많이 채용한다.

신용평가 업계는 세계적으로 Fitch, Moody's, 그리고 Standard & Poors(S&P)라는 3대 업체가 시장을 장악하고 있다. 우리나라에서는 한국기업평가(Fitch와 제휴), 한국신용평가(Moody's 계열), 나이스신용평가의 3개 업체가 시장을 장악하고 있다. 국내에서는 기업들이 채권 발행시 최소 2개의 신용평가사로부터 신용등급을 받도록 법률로 규정하고 있다. 국내 전체 채권평가 시장의 규모는 2023년 기준 연간 2,000억원 정도다.

채권이자율의 결정방법

신용등급이 나쁠수록 채권의 발행자가 부채를 상환할 가능성이 낮은 위험한 채권이므로 더 높은 이자율이 적용된다. 위험한 채권은 투자자들이 투자를 꺼리기 때문에, 높은 이자를 지급해야만 투자자들이 투자를 할 것이기 때문이다. 이를 위험 프리미엄(risk premium)이라고 부른다. 즉 채권의 가치 계산에 사용하는 시장이자율이란 발행시점의 기준금리에 해당 기업의 위험 프리미엄을 더한 것이다. 따라서 기준금리나 회사의 상황이 변함에 따라 시장이자율은 변할 수 있다. 다만 경제학 과목에서 배울 수 있겠지만 기준금리는 수시로 변하지는 않는다.

종합복습예제

종합식품기업인 (주)오뚜기는 20×1년 1월 1일에 액면금액이 ₩100,000이고 액면이자율이 6%이며 매년말에 이자가 지급되는 3년 만기의 사채를 발행하였다. (주)오뚜기는 이 자금을 사용하여 요즘 수요가 급증하고 있는 '진짜장'과 '진짬뽕'의 생산설비 증설에 사용할 예정이다. 사채와 관련하여 다음 각 물음에 답하시오.

관련 현가계수는 다음과 같다.

$n=3$, 이자율=6%일 때 단일금액 1원의 현가계수=0.8396
$n=3$, 이자율=6%일 때 정상연금 1원의 현가계수=2.6730
$n=3$, 이자율=8%일 때 단일금액 1원의 현가계수=0.7938
$n=3$, 이자율=8%일 때 정상연금 1원의 현가계수=2.5771

물음

1. 사채발행시 시장이자율이 8%일 때, 사채발행금액은 얼마인가? 사채발행에 관한 분개를 하고 발행 직후 사채와 관련된 부분재무상태표를 작성하시오.
2. 유효이자율법을 적용하여 사채할인발행차금상각표를 작성하고 매기 이자지급시의 분개를 하시오. 또한 매년말 사채 관련 부분재무상태표와 부분포괄손익계산서를 작성하시오.
3. 사채를 만기에 상환하는 경우와 2회 이자지급 직후 ₩95,000에 상환하는 경우의 분개를 하시오.

풀이

1. 사채발행

액면이자율(6%)이 시장이자율(8%)보다 낮으므로 할인발행된다. 사채의 발행금액을 구하면 다음과 같다.

액면금액의 현재가치	₩100,000×0.7938*	=	₩79,380
사채이자의 현재가치	₩6,000×2.5771**	=	15,463
사채의 발행금액			₩94,843

* 이자율 8%, 3년 만기 단일금액 현가
** 이자율 8%, 3기간의 정상연금의 현가

(차) 현 금	94,843	(대) 사 채	100,000
사채할인발행차금	5,157		

부분재무상태표(20×1년 1월 1일)

비유동부채	
사 채	₩100,000
사채할인발행차금	(5,157)
	₩94,843

2. 사채할인발행차금상각표를 작성하면 다음과 같다.

사채할인발행차금상각표

기 간	① 사채 기초장부금액	② 유효이자	③ 액면이자	④ 상각액	⑤ 사채 기말장부금액
20×1년	₩94,843	₩7,587	₩6,000	₩1,587	₩96,430
20×2년	96,430	7,714	6,000	1,714	98,144
20×3년	98,144	7,856*	6,000	1,856	100,000
합계		₩23,157	₩18,000	₩5,157	

① 기초장부금액
② 유효이자=기초장부금액×유효이자율(8%)
③ 액면이자=액면금액×액면이자율(6%)
④ 사채할인발행차금상각=② 유효이자－③ 액면이자
⑤ 기말장부금액=① 기초장부금액+④ 사채할인발행차금상각
* 마지막 연도에는 만기의 장부금액이 액면금액 ₩100,000이 되도록 사채할인발행차금 잔액을 모두 상각하여 유효이자를 계산한다(반올림 차이 때문임).

(1) 1회 이자지급시(20×1년 12월 31일)

(차)	이 자 비 용	7,587	(대) 현 금	6,000
			사채할인발행차금	1,587

부분재무상태표(20×1년 12월 31일)

비유동부채	
사 채	₩100,000
사채할인발행차금	(3,570)
	₩96,430

부분포괄손익계산서(20×1년)

이 자 비 용	₩7,587

(2) 2회 이자지급시(20×2년 12월 31일)

(차)	이 자 비 용	7,714	(대) 현 금	6,000
			사채할인발행차금	1,714
(차)	사 채	100,000	(대) 유동성사채	100,000
	유동성사채할인발행차금	1,856	사채할인발행차금	1,856

부분재무상태표(20×2년 12월 31일)

유 동 부 채	
사 채	₩100,000
사채할인발행차금	(1,856)
	₩98,144

부분포괄손익계산서(20×2년)

이 자 비 용	₩7,714

(3) 3회 이자지급시(20×3년 12월 31일)

(차)	이 자 비 용	7,856	(대) 현 금	6,000
			사채할인발행차금	1,856

부분재무상태표(20×3년 12월 31일)			부분포괄손익계산서(20×3년)	
유동부채			이자비용	₩7,856
사　　채	₩100,000			
사채할인발행차금	(0)			
	₩100,000			

3. 사채상환

(1) 만기상환

(차) 사　　채	100,000	(대) 현　　금	100,000

만기상환의 경우에는 액면금액이 상환가액이므로 사채상환손익이 발생하지 않는다.

(2) 2회 이자지급 이후 상환시(조기상환)

(차) 사　　채	100,000	(대) 현　　금	95,000
		사채할인발행차금	1,856
		사채상환이익	3,144

상환 직전의 사채의 장부금액은 ₩98,144이다. ₩95,000의 상환가격으로 상환을 하였으므로 사채상환이익 ₩3,144이 발생한다.

회계이야기 (5)

통상임금과 관련한 대법원의 판결과 미지급퇴직급여

오랫동안 노사분규 상태가 지속되고 있는 중소 자동차부품회사 갑을오토텍의 전현직 직원들은 2010년대 중반 회사를 상대로 퇴직급여 관련 소송을 제기하였다. 법원은 1심과 2심에서 원고 승소판결을 내렸다. 이 소송은 통상임금의 범위에 관한 것으로서, 법원은 정상적인 급여 외에 회사가 직원들에게 지급한 상여금이나 휴가비 등 각종 수당들도 직원의 성과나 근무조건에 관계없이 모두에게 고정적으로 지급되었다면 통상임금의 범위에 해당한다고 판단했다. 따라서 퇴직 직전 통상임금의 일정배수로 결정되는 퇴직금을 더 많이 지급해야 한다는 판단이다. 그전까지는 정상급여만을 기준으로 퇴직금을 지급해 왔었다.

이 판결은 갑을오토텍뿐만 아니라 다른 회사들에게도 큰 후폭풍을 가져왔다. 현재 근무하고 있는 직원들에 대한 퇴직금 부담이 늘어나게 되는 것뿐만 아니라 과거 퇴직한 수많은 퇴직자에게 소급해서 퇴직금을 추가로 지급해야 하기 때문이다. 그 금액은 상당수의 회사들, 특히 중소기업의 거의 대부분이 감당할 수 없을 만큼의 수준이었다. 이 판결에 따라 회사들은 막대한 금액의 퇴직급여(비용)와 미지급퇴직급여(부채)를 일시에 기록해야 했다.

판결 결과가 재무제표에 미친 영향

계속된 법정다툼에서, 대법원은 하급심과 마찬가지로 정기성, 일률성, 고정성의 3가지 조건을 충족시키는 금액은 상여금이나 보너스라는 명목상의 명칭에 관계없이 통상임금에 해당한다고 판단했다. 그렇지만 과거의 퇴직자들에 대해 이렇게 해서 계산한 퇴직급여를 추가로 지급해야 한다면 그 금액이 너무 커서 중대한 경영상의 위기에 빠지게 될 수 있는 회사들이 많이 있으며, 신의성실의 원칙에 입각해볼 때 과거의 퇴직자들은 이 정도 수준의 퇴직급여를 받을 것을 기대하지 않은 채 회사에서 근무하거나 퇴직한 것이라고 봤다. 따라서 앞으로 이 기준을 적용해서 퇴직급여를 지급하는 것은 옳지만, 이 기준을 적용하면 경영상 문제가 생기는 회사들은 과거까지 소급적용할 필요는 없다고 판단했다.

이 판단의 결과에 따라 많은 회사들은 하급심 판단 이후 회계장부에 기록했던 미지급퇴직급여(부채)의 상당부분을 감소시키고 기록했던 퇴직급여(비용)도 환입했다. 한 회사에 대한 소송사건의 판결내용이 국내 모든 회사들의 재무제표에 중대한 영향을 미쳤던 사례다.

연습문제

주관식

1. [화폐의 시간가치]

다음 각 경우의 20×3년 12월 31일 시점의 미래가치를 평가하시오. 단 현재는 20×1년 1월 1일이다.

(1) 복리이자 연 5%를 지급하는 은행에 ₩10,000을 예금하는 경우

(2) 복리이자 연 8%를 지급하는 은행에 매년초 ₩50,000을 예금하는 경우

(3) 복리이자 연 10%를 지급하는 은행에 매년 2회(1월 1일, 7월 1일) ₩100,000을 예금하는 경우

2. [화폐의 시간가치]

다음 각 경우의 현재가치를 평가하시오. 단 현재는 20×1년 1월 1일이며 시장이자율은 10%이다.

(1) 3년 후 ₩200,000을 수령하는 경우

(2) 매년말 ₩100,000을 5년간 수령하는 경우

(3) 매년 2회(6월 30일, 12월 31일) ₩50,000씩 3년간 수령하는 경우

(4) 매년말 ₩50,000을 5년간 수령하며, 20×5년 12월 31일에는 ₩1,000,000을 추가적으로 수령하는 경우

3. [사채의 발행금액]

다음 각 사채의 발행금액을 구하시오. 단 사채발행시점의 시장이자율은 10%이다.

	만 기	액면금액	액면이자율(연간)	이자지급
사채 1	3년	₩100,000	10%	연 2회 지급[11)]
사채 2	2년	₩300,000	8%	연 1회 지급
사채 3	5년	₩500,000	12%	연 1회 지급

4. [사채의 발행금액]

사채는 발행금액과 액면금액을 비교함으로써 할인발행, 할증발행 또는 액면발행 여부를 알 수 있다. 액면금액 ₩10,000인 사채가 ₩11,200에 발행되었다면 이는 어느 종류에 속하는가? 이때 액면이자율과 유효이자율 중 어느 것이 더 큰가?

5. [사채의 발행금액]

(주)덕송은 다음과 같은 조건의 사채를 발행하려고 한다.

11) 이 경우는 매 6개월마다(예를 들면 6월 30일과 12월 31일) 이자를 지급한다. 이 문제는 이자율 5%이며 기간은 6기간인 경우로 분류하여 현재가치를 계산한다.

액 면 금 액 : ₩1,000,000 　　　액면이자율 : 연 6%(연 1회 지급)
발 　행 　일 : 20×1년 1월 1일 　　　만 　기 　일 : 20×3년 12월 31일
이자지급일 : 매년 12월 31일

20×1년 1월 1일 현재 시장이자율이 각각 5%, 6%, 7%일 때 사채의 발행금액을 구하시오.

6. [이자비용과 사채발행차금]

다음 중 맞는 것에는 ○, 틀린 것에는 ×표를 하시오.

(1) 이자를 지급하지 않는 사채의 경우 시장이자율이 0보다 높다면 할인발행된다. (　)
(2) 사채의 표시이자는 항상 시장이자율과 일치하도록 정해야 한다. (　)
(3) 사채할인발행차금계정은 차변계정으로 자산에 포함된다. (　)
(4) 사채할인발행차금을 상각하면 사채의 장부금액은 감소한다. (　)

7. [사채의 발행과 상환]

(주)덕송은 20×1년 1월 1일, 3년 만기의 액면금액 ₩500,000의 사채를 발행하였다. 액면이자율은 8%로 연말에 지급한다. 20×1년 1월 1일 현재 시장이자율은 8%이다. 이자는 매년 12월 31일에 지급하며, 사채발행차금은 유효이자율법에 따라 연말에 상각한다.

(1) 20×1년 1월 1일 사채발행에 대한 회계처리를 하시오.
(2) 20×1년, 20×2년, 20×3년 사채발행차금상각표를 작성하시오.
(3) 20×3년 12월 31일 이자지급 및 사채상환에 필요한 회계처리를 하시오.

8. [사채의 발행과 상환]

(주)덕송은 20×1년 1월 1일, 3년 만기의 액면금액 ₩300,000의 사채를 발행하였다. 액면이자율은 10%로 연말에 지급한다. 20×1년 1월 1일 현재 시장이자율은 8%이다. 이자는 매년 12월 31일에 지급하며, 사채발행차금은 유효이자율법에 따라 연말에 상각한다.

(1) 20×1년 1월 1일 사채발행에 대한 회계처리를 하시오.
(2) 20×1년, 20×2년, 20×3년 사채발행차금상각표를 작성하시오.
(3) 20×1년 12월 31일 이자지급과 관련된 회계처리를 하시오.
(4) 20×3년 12월 31일 이자지급 및 사채상환에 필요한 회계처리를 하시오.

9. [사채의 발행과 상환]

(주)덕송은 20×1년 1월 1일, 3년 만기의 액면금액 ₩500,000의 사채를 발행하였다. 액면이자율은 10%로 연말에 지급한다. 20×1년 1월 1일 현재 시장이자율은 12%이다. 이자는 매년 12월 31일에 지급하며, 사채발행차금은 유효이자율법에 따라 연말에 상각한다.

(1) 20×1년 1월 1일 사채발행에 대한 회계처리를 하시오.
(2) 20×1년, 20×2년, 20×3년 사채발행차금상각표를 작성하시오.
(3) 20×1년 12월 31일 이자지급과 관련된 회계처리를 하시오.
(4) 20×3년 12월 31일 이자지급 및 사채상환에 필요한 회계처리를 하시오.

10. [사채의 발행과 상환]

(주)덕송은 20×1년 1월 1일, 3년 만기의 액면금액 ₩500,000의 사채를 발행하였다. 액면이자율은 8%로 연말에 지급한다. 20×1년 1월 1일 현재 시장이자율은 10%이다. 이자는 매년 12월 31일에 지급하며, 사채발행차금은 유효이자율법에 따라 연말에 상각한다.

(1) 20×1년 1월 1일 사채발행에 대한 회계처리를 하시오.

(2) 20×1년 12월 31일 이자지급과 관련된 회계처리를 하시오.

(3) 20×2년 1월 1일에 (주)덕송은 여유자금을 활용해 사채를 ₩480,000에 조기상환하였다. 상환과 관련된 회계처리를 하시오.

11. [장기차입부채]

(주)덕송은 20×1년 3월 1일에 5년 만기로 ₩100,000을 차입하였다.

(1) 차입시점에서 필요한 회계처리를 하시오.

(2) 20×5년말 결산시점에 필요한 회계처리를 하시오.

(3) (2)의 회계처리에 따라 재무상태표에 어떤 변화가 발생하는지 서술하시오.

12. [충당부채]

다음 중 맞는 것에는 ○, 틀린 것에는 ×표를 하시오.

(1) 충당부채는 발생가능성이 높은 미래 의무에 대해서 인식한다. ( )

(2) 충당부채 금액은 신뢰성 있게 추정할 수 있을 때 인식한다. ( )

(3) 충당부채가 증가하면 당기순이익이 감소한다. ( )

객관식

1. [사채의 발행금액]

(주)덕송은 20×1년 1월 1일 다음과 같은 조건의 사채를 발행하였다. 발행일의 분개로 맞는 것은?

> 액면금액 : ₩1,000,000　　　연 이 율 : 9%
> 발행금액(발행비 차감 후) : ₩980,000　　　이자지급 : 연 1회(매년 12월 31일)
> 상환조건 : 20×4년 12월 31일 일시상환

	차변	금액	대변	금액
①	(차) 현　금	980,000	(대) 사　채	1,000,000
	사채할인발행차금	20,000		
②	(차) 현　금	1,000,000	(대) 사　채	1,000,000
③	(차) 현　금	950,000	(대) 사　채	950,000
④	(차) 현　금	1,000,000	(대) 사　채	980,000
			사채할증발행차금	20,000

2. [사채의 발행금액]

(주)덕송은 만기가 다가온 유동성부채를 상환하기 위해 20×1년 1월 1일에 3년 만기의 액면금액 ₩1,000,000의 사채를 발행하였다. 액면이자율은 10%로 연말에 지급한다. 20×1년 1월 1일 현재 시장이자율은 12%이다. 사채의 발행금액 및 할인/할증발행 여부를 알맞게 짝지은 것을 고르시오.

이자율	₩1의 현재가치(3년)	정상연금 ₩1의 현재가치(3년)
10%	0.7513	2.4869
12%	0.7118	2.4018

① ₩1,049,728, 할인발행
② ₩1,049,728, 할증발행
③ ₩951,980, 할인발행
④ ₩951,980, 할증발행
⑤ ₩1,000,000, 액면발행

3. [사채의 이자비용]

(주)덕송은 20×1년 1월 1일에 3년 만기의 액면금액 ₩2,000,000의 사채를 발행하였다. 그 결과 현금 ₩1,900,504을 조달하였다. 액면이자율은 8%로 이자는 매년말에 지급한다. 20×1년 1월 1일 현재 사채의 유효이자율은 10%이다. (주)덕송이 이 사채를 발행함에 따라 만기까지 인식하는 이자비용의 총합은 얼마인가?

이자율	₩1의 현재가치(3년)	정상연금 ₩1의 현재가치(3년)
8%	0.7938	2.5771
10%	0.7513	2.4869

① ₩99,484
② ₩480,000
③ ₩579,496
④ ₩600,000
⑤ ₩699,484

4. [사채의 이자비용]

20×1년 7월 1일 (주)덕송은 이자율 8%, 액면금액 ₩100,000, 5년 만기의 사채를 발행하여 ₩90,000을 수취하였다. 이자지급일은 매년 6월 30일이며 시장이자율이 10%이다. (주)덕송은 유효이자율법으로 사채할인발행차금을 상각하고 있다. 이 회사의 20×1년 12월 31일 포괄손익계산서에 기록될 사채이자비용은 얼마인가?

① ₩3,600
② ₩4,000
③ ₩4,300
④ ₩4,500
⑤ ₩5,000

5. [사채의 조기상환]

(주)덕송은 20×1년 1월 1일, 2년 만기의 액면금액 ₩200,000의 사채를 발행하였다. 액면이자율은 9%로 연말에 지급한다. 20×1년 1월 1일 현재 시장이자율은 11%이다. 이자는 매년 12월 31일에 지급하며 사채발행차금은 유효이자율법에 따라 연말에 상각한다. (주)덕송은 사채와 관련하여 아래와 같이 회계처리하였다.

〈20×1년 1월 1일〉

(차) 현 금	193,145	(대) 사 채	200,000
사채할인발행차금	6,855		

〈20×1년 12월 31일〉

(차) 이 자 비 용	21,246	(대) 현 금	18,000
		사채할인발행차금	3,246

20×2년 1월 1일에 유휴현금을 이용해 사채를 ₩193,000에 조기상환하였다. 인식해야 할 상환손익은 얼마인가?

① ₩3,391, 상환이익 ② ₩3,391, 상환손실 ③ ₩7,000, 상환이익
④ ₩7,000, 상환손실 ⑤ ₩0, 상환손익 없음

6. [이자비용과 사채발행차금]

시장이자율보다 낮은 액면이자율로 사채를 발행하면 사채를 할인발행하게 되어 사채할인발행차금이 발생한다. 유효이자율법에 따라 사채할인발행차금을 상각하는 것은 당기순이익과 사채의 장부금액에 어떤 영향을 미치는가?

	당기순이익	사채의 장부금액
①	불변	증가
②	불변	감소
③	감소	증가
④	증가	감소
⑤	감소	감소

7. [이자비용과 사채발행차금]

사채의 회계처리와 관련한 다음 설명 중 맞는 것은?

① 사채의 기초장부금액에 유효이자율을 곱하여 당해 연도에 인식할 이자비용을 계산한다.
② 유효이자율법 적용시 할인발행차금상각액은 매기 감소한다.
③ 할증발행된 경우 이자비용은 매기 증가한다.
④ 할인발행된 경우 이자비용은 매기 감소한다.

8. [이자비용과 사채발행차금]

사채에 관한 사항으로 잘못된 것을 고르면?

① 시장이자율보다 액면이자율이 낮은 경우 사채는 액면가보다 낮은 가액으로 발행된다.
② 사채할증발행차금을 유효이자율법으로 상각할 경우 사채할증발행차금상각액은 기간의 경과에 따라 감소한다.
③ 사채할인발행차금을 유효이자율법으로 상각할 경우 이자비용은 기간의 경과에 따라 증가한다.
④ 기 발행사채의 할인발행차금상각액은 사채기간 동안의 시장이자율에 영향을 받지 않는다.
⑤ 사채를 할인발행할 경우 액면가보다 낮은 금액의 현금을 조달하게 된다.

9. [장기차입부채]

(주)덕송이 은행으로부터 차입한 내역은 다음과 같다.

	금 액	만 기	차입일	만기일
A은행	₩1,000,000	4년	20×1년 3월 1일	20×5년 2월 28일
B은행	₩200,000	6개월	20×4년 9월 1일	20×5년 2월 28일
C은행	₩500,000	3년	20×3년 4월 1일	20×6년 3월 30일
D은행	₩300,000	2년	20×3년 12월 1일	20×5년 11월 30일

20×4년말 결산시점에서 장기부채에서 유동성장기부채로 재분류할 차입금 금액은 얼마인가?

① ₩500,000 ② ₩1,000,000 ③ ₩1,200,000
④ ₩1,300,000 ⑤ ₩2,000,000

10. [충당부채]

충당부채에 관한 설명 중 잘못된 것을 고르면?

① 과거 사건이나 거래의 결과 발생한 미래의 의무로서 지출의 시기 또는 금액이 불확실한 부채이다.
② 충당부채로 인식하는 금액은 현재 의무를 이행하기 위해 소요되는 지출액에 대한 최선의 추정치로 한다.
③ 충당부채를 설정하는 것과 동시에 비용을 인식한다.
④ 실제 미래 기간 동안에 발생했을 때 비용을 인식하는 것이 아니라 현재 시점에서 미래를 예측하여 불확실한 추정치로 비용을 인식하는 이유는 수익·비용대응의 원칙 때문이다.
⑤ 제품보증충당부채와 퇴직급여부채는 충당부채의 예이다.

미니케이스

LG전자는 해방 직후인 1958년 설립된 금성사를 모태로 하고 있다. 국내 최초로 라디오와 텔레비전을 생산했으며, 삼성전자와 치열한 경쟁을 하면서 가전 분야 국내 및 세계 1위를 다투는 기업으로 발전하였다. LG생활건강, LG디스플레이, LG유플러스 등과 함께 LG그룹의 주력사이기도 하다. LG라는 브랜드는 과거 그룹의 계열사에서 사용하던 Lucky라는 브랜드와 Goldstar(금성)라는 브랜드를 합쳐서 탄생한 것이다. 다음은 LG전자의 2023년 연결재무제표에 대한 주석 21번 중 일부이다.

(1) 충당부채의 변동내역 (단위 : 백만원)

	판매보증충당부채	복구충당부채	소송충당부채	합 계
기초장부금액	₩1,556,634	₩36,374	₩175,927	₩1,768,935
충당부채 순전입액	963,334	18,767	191,810	1,173,911
사용액	(1,528,187)	(2,993)	(47,562)	(1,578,742)
환산외환차이	9,901	363	2,752	13,016
기말장부금액	1,001,682	52,511	322,927	1,377,120
유동항목	906,701	9,619	133,305	1,049,625
비유동항목	94,981	42,892	189,622	327,495

물음

(1) LG전자가 판매보증활동과 관련하여 2023년 연결포괄손익계산서에 비용으로 인식한 금액은 얼마인가?

(2) 만약 LG전자가 판매보증충당금을 사전에 설정하지 않고 지출이 발생할 때 비용으로 처리한다면, 2023년 연결포괄손익계산서에 판매보증활동비용은 얼마가 반영되었겠는가? (단 외화환산차이는 고려하지 않는다)

CHAPTER

9 금융자산 (지분투자와 채권투자)

기업들은 주식 또는 채권을 발행하여 투자자들에게 판매함으로써 필요한 자금을 조달한다. 만약 회사가 주식이나 채권을 매입한(즉 투자한) 경우 매입한 주식이나 채권은 보유목적과 보유능력에 따라서 상각후원가측정(AC)금융자산, 기타포괄손익-공정가치측정(FVOCI)금융자산, 당기손익-공정가치측정(FVPL)금융자산으로 분류된다. 또한 다른 기업의 주식을 일정 지분율 이상 취득한 경우에는 유의한 영향력 또는 지배력을 행사하게 되는데, 이 경우에는 일반적인 금융자산과는 달리 회계처리한다.

록펠러(J.D. Rockefeller, 1839~1937)는 회계지식과 회계업무를 수행하면서 얻은 습관을 이용하여 회사를 경영하여 크게 성공한 결과 세계 최고의 부자가 되었다. 그 후 활발히 자선사업을 벌여 자신의 부를 사회에 환원한다. 수많은 노벨상 수상자를 배출한 시카고 대학이 바로 록펠러가 설립한 대학이며, 현재 세계 최대의 석유회사 엑슨모빌(Exxon Mobil)이 그가 설립한 스탠더드 오일(Standard Oil)의 후신이다.

학습목표 제9장 금융자산(지분투자와 채권투자)을 공부한 이후에는…

1. 금융자산의 정의를 이해하고 지분투자와 채권투자의 차이를 이해한다. *9.1*
2. 채무상품과 지분상품을 보유의도와 보유능력에 따라 적절한 계정으로 분류할 수 있다. *9.1*
3. 상각후원가측정(AC)금융자산의 성격을 이해하고, 취득, 평가, 처분에 대한 회계처리를 할 수 있다. *9.2*
4. 기타포괄손익-공정가치측정(FVOCI)금융자산의 성격을 이해하고, 취득, 평가, 처분에 대한 회계처리를 할 수 있다. *9.3*
5. 당기손익-공정가치측정(FVPL)금융자산의 성격을 이해하고, 취득, 평가, 처분에 대한 회계처리를 할 수 있다. *9.4*
6. 금융자산의 범주 재분류의 개념을 이해한다. *9.5*
7. 관계기업투자와 지분법에 대한 개념을 이해한다. *9.6*
8. 종속기업투자와 연결재무제표의 기본개념을 이해한다. *9.6*

금융자산
(지분투자와 채권투자)

financial assets

- 금융자산의 정의, 보유목적, 분류
  - 금융자산의 정의
  - 금융자산의 보유목적
  - 금융자산의 분류
- 상각후원가측정(AC)금융자산
  - 취득
  - 평가
  - 처분
- 기타포괄손익-공정가치측정(FVOCI)금융자산
  - 취득
  - 평가
  - 처분
- 당기손익-공정가치측정(FVPL)금융자산
  - 취득
  - 평가
  - 처분과 배당금수익
- 금융자산의 범주 재분류
- 관계기업과 종속기업 투자
  - 관계기업투자 : 지분법
  - 종속기업투자 : 연결재무제표

9.1 금융자산의 정의, 보유목적, 분류

1. 금융자산의 정의

금융자산은 현금 및 기타 현금성자산, 다른 기업의 지분이나 채권, 또는 거래상대방으로부터 다른 금융자산을 수취할 수 있는 계약상의 권리 등을 말한다.

기업들은 여유 현금을 활용해 투자이익을 얻기 위해 다른 자산을 취득하여 보유하고 있는 경우가 있는데, 이런 자산을 **투자자산**이라고 한다. 투자자산의 대부분은 다른 기업이 발행한 주식(지분)이나 채권 등의 금융상품이다.

지분투자는 다른 기업이 발행한 주식에 투자하는 것으로, 흔히 주식투자라고 부른다.

채권투자는 기업이 발행한 사채나 국가, 공공단체가 발행한 국채, 공채에 투자하는 것이다.

금융자산은 현금 및 기타 현금성자산, 다른 기업의 지분이나 채권, 또는 거래상대방으로부터 다른 금융자산을 수취할 수 있는 계약상의 권리 등을 말한다. 금융자산은 그 종류에 따라 유동자산으로 분류될 수도 있고 비유동자산으로 분류될 수도 있다. 금융자산 중 현금및현금성자산, 대여금 및 수취채권은 제5장에서 이미 다루었으며, 본장에서는 다른 기업이 발행한 주식이나 채권에 투자한 경우를 다룬다. 기업들은 여유 현금이 있다면 이를 활용하여 투자이익을 얻기 위해 다른 자산을 취득하여 보유하고 있는 경우가 종종 있는데, 이를 투자자산이라고 한다. 투자자산의 대부분은 금융상품인데, 그중에서도 다른 기업이 발행한 주식(지분)이나 채권을 취득하는 경우가 많다.

지분투자(equity investment)는 다른 기업이 발행한 주식을 매수하는 것으로, 흔히 주식투자라고 부른다. 예를 들어 증권시장에서 에코프로비엠(주)의 주식을 취득하는 경우이다. 주식을 취득하여 주주가 되면 보유기간 동안 배당금을 받을 수 있고, 만약 보유기간 동안 주가가 상승했다면 주식을 처분하여 처분이익을 얻을 수 있다. 그러나 주가가 하락하여 구입가격보다 낮은 가격으로 주식을 처분하는 경우 처분손실이 발생하기도 한다.

채권투자(debt investment)는 기업이 발행한 사채, 국가가 발행한 국채, 또는 공공단체가 발행한 공채를 매수하는 것이다. 예를 들어 호반건설(주)가 발행한 사채, 국가가 발행한 채권, 법령에 따라 국토교통부가 발행한 국민주택채권을 매수하는 것이 채권투자에 해당한다. 채권을 취득하면 보유기간 동안 사전에 정해진 이자를 지급받고 만기가 되면 원금을 상환받는다. 만기 전에 채권시장에서 다른 투자자에게 매각할 수도 있다. 이 경우에 처분이익이나 손실이 발생할 수 있다. 제8장에서는 채권을 발행한 회사의 입장에서 사채발행에 관한 회계처리를 배웠고, 본장에서는 채권을 취득한 투자자의 입장에서 회계처리하는 방법에 대해 공부할 것이다.

채권의 경우 만기와 이자율이 사전에 정해져 있지만, 주식은 투자 원금을 상환하는 시기인 만기라는 개념이 없고 배당을 지급받는 금액이 기업의 경영성과나 향후 현금지출계획에 따라 매년 달라질 수 있다. 지분투자와 채권투자의 차이를 비교하면 〈표 9-1〉과 같다.

표 9-1

지분투자와 채권투자의 비교

구 분	종 류	투자수익	만 기	원금상환
지분투자	주식	배당금, 처분손익	만기 없음	원금상환이 보장되지 않음
채권투자	사채나 국채, 공채	이자수익, 처분손익	만기 존재	만기에 원금을 상환받음

2. 금융자산의 보유목적

기업은 현금이나 단기예금 등의 현금성자산을 보유하고 있다. 만기가 돌아오는 부채를 상환하거나 회사 운영에 필요한 운영자금(임금이나 각종 비용의 지급)을 지불해야 하기 때문이다. 충분한 현금성자산이 없다면, 거래처에 거래대금을 지불하지 못하거나 직원들에게 임금을 지불하지 못해 부도가 발생할 위험이 있다. 현금성자산은 유동자산으로 분류한다.

앞에서 설명한 것처럼 현금성자산을 제외한 대부분의 금융자산은 타 기업이 발행한 주식이나 채권이다. 대부분의 금융사는 고객이 맡긴 현금을 이용하여 주식 또는 채권 등 금융상품에 투자하여, 이를 통해 시세차익, 배당수익, 이자수익 등을 얻는 것을 주요 영업활동으로 수행한다. 따라서 금융사는 투자수익을 얻기 위해 주식과 채권을 매수하거나 매도하는 거래를 빈번하게 수행한다.

비금융사들은 주로 미래 투자를 위해 모아둔 자금을 활용하려는 의도로 주식이나 채권에 투자한다. 예를 들어 현재 시점이 20×1년인데, 대상(주)가 20×5년에 신공장을 건설하는 대규모 설비투자를 계획하고 있다고 가정해보자. 그렇다면 이 투자에 필요한 자금을 향후 5년 동안 마련해야 한다. 그런데 이렇게 모은 자금을 현금이나 예금으로만 보유한다면 5년 동안 충분한 수익을 얻을 수 없다. 20×5년 예정된 설비투자시점에 현금으로 손쉽게 전환이 가능한 채권이나 주식에 투자하여 20×5년까지 보유한다면, 현금 또는 예금으로 보유하는 것보다 더 높은 수익을 얻을 가능성이 높다.

또한 많은 기업들은 종속회사나 관계회사의 주식을 보유하고 있다.[1] 이는 주식을 보유하고 있다가 매각하여 시세차익을 얻거나 배당수익을 얻기 위해서가 아니라 해당 종속회사나 관계회사를 지배하거나 경영활동에 영향력을 미치기 위해서이다. 이런 주식들은 순수한 투자목적으로 보유하고 있는 주식과 별도로 구분하여 회계처리한다.

3. 금융자산의 분류

채권은 상각후원가측정(AC)금융자산, 기타포괄손익-공정가치측정(FVOCI)금융자산, 당기손익-공정가치측정(FVPL)금융자산으로 분류한다.

순수 투자목적으로 취득한 주식이나 채권 등의 금융자산의 회계처리를 위해서는 우선 해당 금융자산을 적절한 항목으로 분류해야 한다.[2] 이때 회사가 해당 금융자산을 취득하여 보유하는 목적[3]과 금융자산으로부터 발생하는 현금흐름의 특성에 따라 금융자산을 분류한다. 그리고 어떤 항목으로 분류되느냐에 따라 매 회계연도말에 금융자산을 측정하는 방법이 결정된다. 본절에서는 우선 채권(채무상품)을 취득한 경우의 분류방법을 살펴보고, 그 다음 주식(지분상품)에 대한 분류방법을 알아본다.

채권은 다음과 같이 세 가지 범주로 분류된다.

① 상각후원가측정(AC)금융자산
② 기타포괄손익-공정가치측정(FVOCI)금융자산
③ 당기손익-공정가치측정(FVPL)금융자산

계약상 사전에 정해진 이자와 원금을 수취하기 위한 목적으로 매수하여 만기까지 보유할 채권은 AC금융자산으로 분류한다.

계약상 사전에 정해진 이자와 원금을 수취하기 위한 목적으로 채권을 매수하여 보유할 때는 상각후원가측정금융자산(financial assets carried at amortized cost; AC금융자산)으로 분류한다. 예를 들어 투자자가 채권을 매수하여 만기까지 보유한다면, 만기 이전에는 사전에 정해진 이자를 수취하며 만기에는 원금을 돌려받을 수 있다. 투자자 입장에서 이러한 채권은 AC금융자산으로 분류한다.

만기까지 보유할 목적이 아니라, 추후 특정시점에 금융자산을 매도하려는 목적으로 채권에 투자할 수 있다. 이러한 채권은 기타포괄손익-공정가치측정금융

1) 종속회사나 관계회사의 정의에 대해서는 9.6에서 설명한다.
2) 투자목적이 아니라 영업활동의 과정에서 금융자산이 발생하기도 한다. 대여금이나 매출채권이 그 예다. 이들 금융자산은 대부분 유동자산 중 별도의 계정과목으로 분류한다.
3) 'K-IFRS 제1109호 금융상품'에는 이 조건을 '금융자산의 관리를 위한 사업모형(entity's business model for managing the financial assets)'이라는 용어로 표현하고 있다. 이는 회사가 사업목적을 달성하기 위해서 금융자산을 어떻게 운용할 것인지와 관련되어 있다. 본서에서는 이를 의역하여 '회사가 금융자산을 취득하여 보유하는 목적'이라고 서술하였다.

자산(financial assets at fair value through other comprehensive income; FVOCI금융자산)으로 분류한다. 예를 들어 투자자가 채권 보유기간 동안에는 이자를 수취하다가 만기 이전에 매각하여 처분이익을 얻기 위한 목적으로 매수한 채권은 FVOCI금융자산으로 분류한다.

위의 두 가지 분류에 해당되지 않는 채권의 경우 당기손익-공정가치측정금융자산(financial assets at fair value through profit or loss; FVPL금융자산)으로 분류한다. 예를 들어 단기간에 매각하여 시세차익을 얻으려는 목적으로 취득한 채권이 FVPL금융자산이다.[4)]

AC금융자산으로 분류된 채권은 만기까지 보유할 예정이므로 취득 후 발생한 공정가치 변동을 회계장부에 반영하지 않는다. 그러나 FVOCI금융자산이나 FVPL금융자산으로 분류된 채권은 취득 후 매 회계기간말에 공정가치로 평가한다. 이때 공정가치의 변동으로 인해 발생한 FVPL금융자산의 평가손익은 당기손익으로, FVOCI금융자산의 평가손익은 기타포괄손익으로 인식한다.

그림 9-1

채무상품과 지분상품의 분류와 측정

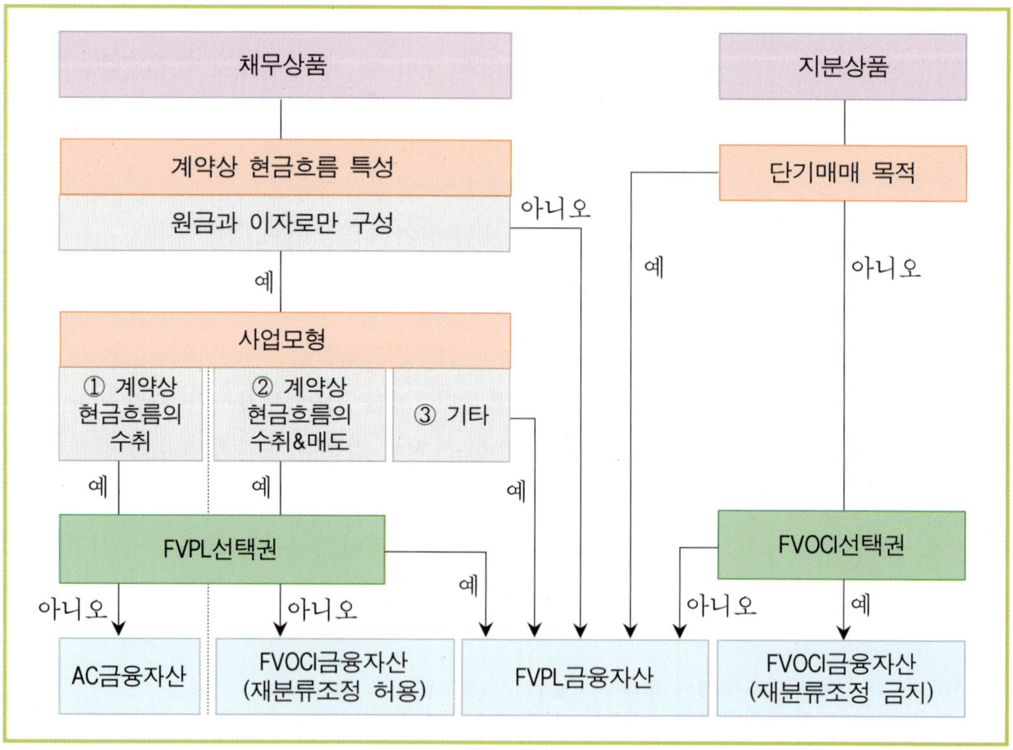

4) AC금융자산이나 FVOCI금융자산으로 분류가 될 수 있는 채권이라도, 일정조건을 만족한다면 기업의 선택에 따라 최초 인식시점에서 FVPL금융자산으로 분류하는 것이 가능하다. 이를 FVPL선택권이라고 한다.

위와 같이 금융자산 범주의 명칭은 후속기간 측정방법과 회계처리를 나타내는데, 이에 따라 계정과목명이 다소 길다. 본서에서는 편의상 상각후원가측정금융자산을 AC금융자산으로, 기타포괄손익-공정가치측정금융자산을 FVOCI금융자산으로, 당기손익-공정가치측정금융자산을 FVPL금융자산으로 표현한다. AC는 상각후원가(amortized cost), FV는 공정가치(fair value)로 측정한다는 것을 나타낸다. 또한 OCI는 평가손익을 기타포괄손익(other comprehensive income)으로, PL은 평가손익을 당기손익(profit or loss)으로 회계처리한다는 것을 나타낸다.

주식은 FVPL금융자산 또는 FVOCI금융자산으로의 분류만 가능하다.

순수 투자목적으로 매수한 주식(지분상품)은 다음과 같이 두 가지 범주로 분류된다.

① 기타포괄손익-공정가치측정(FVOCI)금융자산
② 당기손익-공정가치측정(FVPL)금융자산

주식을 취득한 경우는 원칙적으로 FVPL금융자산으로 분류한다. 다만 주식을 단기매매 이외의 목적으로 취득한 경우에는 회사의 선택에 의해 예외적으로 해당 주식을 FVOCI금융자산으로 분류할 수 있다. FVPL금융자산이나 FVOCI금융자산으로 분류된 주식은 어떻게 분류되는지 상관없이 취득 후 매 회계기간말에 공정가치로 평가한다. 그 결과 주식의 공정가치 변동으로 인해 발생한 FVPL금융자산의 평가손익은 당기손익으로 인식하며, 이와는 달리 FVOCI금융자산의 평가손익은 기타포괄손익으로 인식한다.

채권과 주식의 분류를 비교해보면, 주식은 AC금융자산으로 분류할 수 없다는 것을 알 수 있다. 주식은 사전적으로 정해진 현금흐름(즉 일정한 이자의 지급이나 원금의 상환)이 없고 정해진 만기도 없다. 따라서 주식은 계약상 정해진 이자와 원금을 수취할 목적으로 취득하는 것이 아니므로 AC금융자산으로 분류할 수 없는 것이다.

다른 기업의 경영활동에 적극적으로 영향력을 행사할 목적으로 주식을 취득한 경우에는 **관계기업투자주식**으로 구분한다.

한편 다른 기업의 주식을 순수 투자목적이 아니라 경영에 대해 적극적 영향력을 행사할 목적으로 취득한 경우에는 위의 분류기준을 적용하지 않는다. 이런 주식은 별도로 관계기업투자주식으로 구분한다. 다른 기업의 지분 20% 이상을 소유하여 중요한 영향력을 행사하는 경우 지분법(equity method)이라는 방법을 사용하여 회계처리한다. 지분법이란 피투자회사의 순자산(=자본)의 장부금액의 변동을 변동이 발생한 원천에 따라 구분하여 투자회사의 당기손익 또는 기타포괄손익으로 인식하는 방법이다.

금융자산을 최초로 취득할 때에는 **공정가치**로 측정한다.

금융자산은 위 분류와 상관없이 최초로 취득할 때 공정가치로 측정한다. 앞에서 설명한 것처럼 최초 인식 후의 측정방법은 금융자산의 분류별로 다른데, 이를 간략히 요약하면 [그림 9-2]와 같다.

그림 9-2
금융자산의 평가손익 회계처리

구 분	평가손익 인식방법	공정가치 변동분의 회계처리
AC금융자산	상각후원가법	공정가치 변동을 장부에 인식하지 않음
FVOCI금융자산	공정가치법	공정가치 변동에 의해 발생한 평가손익을 기타포괄손익으로 인식함
FVPL금융자산	공정가치법	공정가치 변동에 의해 발생한 평가손익을 당기손익으로 인식함
관계기업투자주식	지분법	피투자회사 순자산(=자본)이 변동한 부분을 (변동의 원천에 따라) 당기손익 또는 기타포괄손익으로 인식함

- 상각후원가법 : 금융상품을 최초로 인식하는 시점의 취득원가와 만기의 상환금액의 차이를 보유기간 동안 유효이자율법에 따라서 조정하는 방법
- 공정가치법 : 결산일 현재의 공정가치(=시가)로 금융상품을 평가하는 방법. 금융상품의 공정가치 변동분을 금융상품의 장부금액에서 직접 가감하고 동 금액을 평가손익으로 인식
- 지분법 : 지분을 최초로 인식할 때에는 원가로 측정하고, 취득시점 이후 발생한 피투자회사의 순자산가치 변동액 중 투자자의 지분만큼 해당 투자자산에 가감하고 동 금액을 지분법손익으로 인식

금융자산에 대한 거래는 ① 금융자산을 최초에 취득하고, ② 회계기간말 금융자산을 평가(후속측정)하고, ③ 만기가 도래했거나 금융자산을 더 이상 보유할 의사가 없어질 때 금융자산을 처분하는 순서로 발생할 것이다. 따라서 이하 본문에서는 금융자산의 분류별로 취득, 평가, 처분과 관련된 회계처리를 순서대로 설명한다.

9.2 상각후원가측정금융자산[5]

1. 상각후원가측정금융자산의 취득

AC금융자산은 계약상 정해진 이자와 원금을 수취하기 위한 목적으로 보유하는 금융자산(채권)이다.

AC금융자산은 최초 취득시점에 미래 현금흐름을 시장이자율로 할인하여 계산한 현재가치, 즉 공정가치로 인식한다.

상각후원가측정(AC)금융자산은 계약상 정해진 이자와 원금을 수취하기 위한 목적으로 취득하여 보유하는 금융자산이다. 고정된 투자기간 동안에 받을 이자와 원금이 사전에 확정되어 있는 채권이 대표적이다.

AC금융자산을 최초로 인식할 때에는 공정가치(fair value)로 측정한다. 특정시점의 AC금융자산의 공정가치는 특정시점 이후에 발생하는 미래 현금흐름(이자 및 원금)을 해당 시점의 시장이자율로 할인한 현재가치로 결정된다. 이는 제8장에서 공부한 사채의 현재가치를 계산하는 방법과 동일하다. AC금융자산은 해당 금융상품의 만기까지 남은 기간이 1년 이내라면 유동자산, 1년보다 길다면 비유동자산으로 분류한다.

2. 상각후원가측정금융자산의 평가

최초 인식 후 AC금융자산은 상각후원가로 측정한다. **상각후원가**는 유효이자율법을 적용하여 계산한다.

AC금융자산을 보유한 투자자 입장에서 보면, 해당 금융상품을 만기까지 보유할 것이므로 보유기간 동안 공정가치(시가)가 일부 변한다고 해도 해당 금융상품(채권)을 발행한 주체가 파산하지만 않는다면 만기에 채권 액면금액을 상환받을 수 있다. 따라서 공정가치의 변동이 투자수익에 영향을 주지 않으므로, 이를 별도의 평가손익으로 인식하지 않는다. 대신 AC금융자산을 취득한 이후에는 매 회계연도말에 유효이자율법을 사용하여 상각후원가를 측정한다. 상각후원가(amortized cost)란 취득시점의 공정가치를 최초 장부금액으로 인식한 후, 상환받은 원금을 차감하고 최초 취득금액과 만기금액의 차액에 유효이자율법을 적용하여 계산된 상각액을 가감한 금액이다. 채권이 할증발행 또는 할인발행되면 취득금액과 만

5) 본장을 지도하시는 교수님에 따라서는, **9.1**만을 강의한 후 **9.2** 이하를 생략하고 바로 **9.6**을 가르칠 수 있을 것이다. 특히 제8장에서 사채의 할인발행이나 할증발행에 대해 강의하지 않은 경우에는 이 부분을 생략하는 것을 권장한다. 또한 **9.2** 이하를 강의하시는 교수님들도 판단에 따라 금융자산의 처분에 대한 내용은 생략할 수 있을 것이다.

기금액이 일치하지 않는데, 이를 조정하기 위해 보유기간 동안 유효이자율법(effective interest method)을 적용하여 AC금융자산의 장부금액을 만기가 될 때까지 매년 조정한다.

유효이자율은 채권투자로부터 기대하는 예상현금흐름의 현재가치와 취득원가를 일치시키는 이자율이다. 유효이자율법에 의한 이자수익은 채권의 기초장부금액에 유효이자율을 곱한 금액이다. 이자수익과 현금이자 수취액 사이의 차이는 채권의 장부금액을 조정한다.

제8장에서 공부한 대로, 유효이자율은 채권투자로부터 기대하는 예상현금흐름의 현재가치와 취득원가를 일치시키는 이자율이다. 유효이자율법에 의한 이자수익은 채권의 기초장부금액에 유효이자율을 곱한 금액이다. 즉 제8장에서 계산한 채권발행자의 이자비용과 채권을 매수하여 보유하고 있는 투자자의 이자수익은 원칙적으로 서로 동일하다. 채권의 표시이자율에 의해 현금으로 수취하는 금액과 회계상의 이자수익의 차이만큼 채권의 장부금액을 조정한다. 이 점도 제8장에서 공부한 것처럼, 채권발행자의 현금이자 지급액과 회계상의 이자비용상의 차이를 채권의 장부금액에서 조정하는 방법과 동일하다.

유효이자율법에 의한 이자수익 = 채권의 기초장부금액 × 유효이자율

제8장에서 배운 채권발행자 입장에서의 회계처리는 사채할인발행차금 또는 사채할증발행차금이라는 별도의 계정을 사용하였다. 그러나 채권을 보유한 투자자 입장에서 채권에 대해 유효이자율법을 적용할 때는 별도의 차금계정을 사용하지 않고 AC금융자산의 장부금액을 직접 조정한다.

3. 상각후원가측정금융자산의 처분

AC금융자산으로 분류된 채권은 보유기간 동안 유효이자율로 장부금액을 조정하므로 채권 만기시점의 장부금액이 액면금액과 일치한다. 따라서 별도의 비용이 발생하지 않으면 처분손익도 발생하지 않는다.

AC금융자산은 계약상 정해진 현금흐름을 수취할 목적으로만 보유한 금융자산이며, 현금흐름이 원금과 이자만으로 구성되어 있는 채권이 대표적이다. 만기일이 되면 채권 보유자(투자자)는 채권의 발행자로부터 액면금액을 지급받게 된다. 채권 보유기간 동안 유효이자율법에 의해 채권의 장부금액을 조정하기 때문에 만기일에는 AC금융자산의 장부금액이 액면금액과 일치한다. 이는 제8장에서 공부한 것처럼 채권의 발행자가 기록한 채권의 장부금액이 만기일이 되면 액면금액과 일치하는 것과 같다.

만기일에 액면금액을 상환받으면, 액면금액의 수취를 기록하고 AC금융자산을 장부에서 제거한다. 따라서 이때 별도의 비용이 발생하지 않는다면, 채권 만기로 원금을 상환받는 시점에서 처분손익이 발생하지 않는다.

예제 9-1 AC금융자산

(주)신한은행은 20×1년 1월 1일 (주)한국타이어가 발행한 3년만기의 채권을 ₩950,244에 취득하였다. 이 채권은 액면금액이 ₩1,000,000이고 액면이자율이 8%이며 매년말에 이자가 지급되는 조건이다. 유효이자율은 10%이다. (주)신한은행은 취득한 채권을 만기까지 보유하면서 계약상 정해진 원금과 이자만을 수취할 목적이다.

① 20×1년 1월 1일 : 채권의 취득

(차) AC금융자산	950,244*	(대) 현 금	950,244

* AC금융자산의 취득원가
= 원금의 현가 + 이자의 현가
= ₩1,000,000 × 0.7513(3년, 10%, 현가계수) + ₩80,000 × 2.4868(3년, 10%, 연금현가계수)
= ₩950,244

채권의 보유기간 동안 계약상 정해진 원금과 이자만을 수취할 목적으로 채권을 취득하였으므로 AC금융자산으로 분류한다.

② 20×1년 12월 31일

20×1년에 해당하는 유효이자만큼을 이자수익으로 인식하고, 20×1년말에 수취한 현금이자와 유효이자의 차이만큼 채권의 장부금액을 조정한다. 채권의 상각표를 작성하면 다음과 같다. 상각표를 작성하는 방법은 채권을 발행하는 발행자 입장에서 수행하는 사채에 대한 회계처리를 다룬 제8장의 [예제 8-5]에서 사용한 방법과 동일하다.

	① 기초장부금액	② 유효이자	③ 액면이자	④ 상각액	⑤ 기말장부금액
20×1년	₩950,244	₩95,024	₩80,000	₩15,024	₩965,268
20×2년	965,268	96,527	80,000	16,527	981,795
20×3년	981,795	98,205	80,000	18,205	1,000,000
합계		₩289,756		₩49,756	

① 기초장부금액
② 유효이자 = 기초장부금액 × 유효이자율(10%)
③ 액면이자 = 액면금액 × 액면이자율(8%)
④ 상각액 = ② 유효이자 − ③ 액면이자
⑤ 기말장부금액 = ① 기초장부금액 + ④ 상각액

(차) 현 금	80,000	(대) 이 자 수 익	95,024
AC금융자산	15,024		

20×1년말 부분재무상태표와 포괄손익계산서는 다음과 같다. 앞으로 만기가 2년 남아 있으므로 비유동자산으로 분류한다.

부분재무상태표(20×1년 12월 31일)			부분포괄손익계산서(20×1년)	
비유동자산			이 자 수 익	₩95,024
AC금융자산	₩965,268*			

* 채권의 취득금액 ₩950,244에 상각액 ₩15,024을 가산한 금액이다.

③ 20×2년 12월 31일

20×2년에 인식할 유효이자는 채권의 기초장부금액 ₩965,268에 유효이자율인 10%를 곱한 금액인 ₩96,527이며, 유효이자 ₩96,527과 현금이자 ₩80,000의 차이인 ₩16,527만큼 채권의 장부금액에 가산한다.

(차) 현 금	80,000	(대) 이 자 수 익	96,527
AC금융자산	16,527		

만기가 1년 이내이므로 재무상태표에 유동자산으로 분류한다.

부분재무상태표(20×2년 12월 31일)			부분포괄손익계산서(20×2년)	
유 동 자 산			이 자 수 익	₩96,527
AC금융자산	₩981,795*			

* 채권의 기초장부금액 ₩965,268에 당기 상각액 ₩16,527을 가산한 금액이다.

④ 20×3년 12월 31일

20×3년에 인식할 유효이자는 채권의 기초장부금액 ₩981,795과 액면금액 ₩1,000,000의 차이인 ₩18,205에 현금이자 ₩80,000을 더한 금액인 ₩98,205이며, ₩18,205만큼 채권의 장부금액에 가산한다. 채권의 만기시점이므로 이 회계처리의 수행 이후 채권의 장부금액이 액면금액과 같아질 수 있도록 이자수익 금액을 조정한다. 즉 기초시점의 채권 장부금액인 ₩981,795의 10%인 ₩98,180을 이자수익으로 기록하는 것이 아님에 주의하기 바란다.

(차) 현 금	80,000	(대) 이 자 수 익	98,205
AC금융자산	18,205		

위 회계처리의 결과 만기일에는 채권의 장부금액이 액면금액 ₩1,000,000과 일치하게 된다. 만기일에 액면금액을 상환받으면 다음과 같이 AC금융자산을 장부에서 제거한다.

(차) 현 금	1,000,000	(대) AC금융자산	1,000,000

AC금융자산의 회계처리는 채권을 취득한 투자자 입장에서의 회계처리이다. 채권을 발행하는 발행자 입장에서 회계처리를 다룬 제8장의 [예제 8-5]와 비교하여 회계처리의 유사점과 차이점을 살펴볼 수 있다. 사채발행자의 회계처리와 비교할 때, 채권투자자는 할인발행차금이나 할증발행차금을 별도의 계정으로 기록하지 않고 채권의 장부금액에 직접 가산 또는 차감하여 조정하는 점에 주의하기 바란다.

9.3 기타포괄손익-공정가치측정금융자산

1. 기타포괄손익-공정가치측정금융자산의 취득

FVOCI금융자산은 보유기간 동안 계약상 정해진 이자와 원금을 수취하는 것은 물론, 경우에 따라서는 특정시점에 금융자산을 매도하려는 목적으로 보유하는 채무증권을 포함하며, 단기매매 목적이 아닌 주식 중 회사가 선택한 경우도 해당될 수 있다.

기타포괄손익-공정가치측정(FVOCI)금융자산은 보유기간 동안 계약상 정해진 이자와 원금을 수취하는 것은 물론, 경우에 따라서는 특정시점에 금융자산을 매도하려는 목적으로 보유하는 채무증권을 포함한다. 예를 들어 은행, 증권사 또는 일반기업이 채권에 투자하여 일정기간 동안 이자를 수취하다가, 만약 가격이 상승한다면 만기 이전 시장에서 매도하려는 목적으로 보유하는 채권은 FVOCI금융자산에 해당된다. 단기매매 목적으로 보유하는 것이 아닌 주식의 경우도 회사가 선택하는 경우 FVOCI금융자산으로 분류할 수 있다. 예를 들어 전략적 협력을 목적으로 다른 회사 주식을 취득했다면 FVOCI금융자산으로 분류될 것이다. FVOCI금융자산을 최초로 인식할 때에는 공정가치로 측정한다.

2. 기타포괄손익-공정가치측정금융자산의 평가

최초 인식 후 FVOCI금융자산은 공정가치로 평가한다. 이때 장부금액과 공정가치 간의 차이는 FVOCI금융자산평가손익으로 인식하고 기타포괄손익에 포함한다.

FVOCI금융자산을 취득한 이후 매 회계연도말에 공정가치로 평가한다. 공정가치(fair value)란 합리적인 판단력과 거래의사가 있는 독립된 당사자 사이의 거래에서 자산을 매각하거나 부채가 결제될 수 있는 금액을 말하는데, 대부분의 경우 현재 시장에서 거래되는 가격(시가)을 말한다. 이때 장부금액과 공정가치 간의 차이가 발생하면 FVOCI금융자산평가손익으로 인식하며, 이는 기타포괄손익에 포함된다.

FVOCI금융자산을 보유하는 목적 중 하나는 시장에서 매도하여 매각차익을 얻는 것이다. 따라서 매 회계연도말의 공정가치는 향후 실현될 가치에 대한 정보를 제공해준다. 한편 FVOCI금융자산에 해당하는 채권이라면, 계약상 정해진 원리금(원금과 이자)을 계약기간 동안 수취하는 것도 또 다른 보유목적이다. 그래서 FVOCI금융자산은 단기간에 매매하기보다는 비교적 장기간 보유할 가능성이 높다. 따라서 공정가치의 변동을 매 회계기간의 당기손익에 반영하는 것의 실익은 크지 않다. 이러한 이유로 FVOCI금융자산을 매 회계연도말에 공정가치로 평가하여 정보이용자에게 유용한 정보를 제공하되, 공정가치의 변동은 당기손익이 아닌 기타포괄손익에 포함시킨다.

FVOCI금융자산으로 분류한 채권은 우선 회계기간말에 유효이자율법을 적용하여 채권의 상각후원가를 계산하고, 공정가치와의 차이를 비교하여 평가손익을 인식한다.

FVOCI금융자산으로 분류한 채권을 공정가치로 평가하는 방법에 대해 자세히 살펴보자. 우선 **9.2**에서 살펴본 AC금융자산의 경우와 유사하게, 매 회계연도말에 유효이자율법을 적용하여 FVOCI금융자산의 상각후원가를 계산한다.[6] 이때 계산된 상각후원가는 FVOCI금융자산의 취득금액을 유효이자율법을 이용하여 조정한 장부금액이다. 매 회계연도말에 이 금액과 공정가치(즉 현재의 시가)의 차이를 비교하여, 양자의 차이를 평가손익으로 인식한다. 이 평가손익은 기타포괄손익에 포함한다.

FVOCI금융자산으로 분류한 채권의 평가
(1단계) 유효이자율법을 적용하여 채권의 상각후원가 계산
(2단계) 공정가치와 상각후원가를 비교하여 평가손익 계산
– 기타포괄손익으로 분류

FVOCI금융자산으로 분류한 주식은 매 회계기간말 현재 시가가 공정가치다. 공정가치와 장부금액을 비교하여 평가손익을 인식한다.

FVOCI금융자산으로 분류한 주식이라면, 대부분의 경우 기말시점 주식의 현재 시가가 공정가치다. 공정가치와 장부금액을 비교하여 평가손익을 인식하고, 이를 기타포괄손익에 포함한다.

3. 기타포괄손익-공정가치측정금융자산의 처분

FVOCI금융자산으로 분류된 채권의 처분손익은 당기손익으로 분류하지만 주식의 처분손익은 기타포괄손익으로 분류한다.

FVOCI금융자산을 처분할 때는 우선 처분시점에 금융자산을 공정가치로 재측정하여 평가손익을 기타포괄손익으로 인식한다. 그 결과 FVOCI금융자산의 장부금액이 공정가치와 일치된다. 그리고 공정가치로 측정된 장부금액을 제거하면서 수취한 현금을 기록한다. 보통 공정가치로 거래가 이루어지므로 공정가치로 평가된 장부금액과 수취한 현금이 동일하여, 처분시점에 추가적인 처분손익은 발생하지 않을 것이다. 그러나 만약 거래비용 등이 발생한다면 공정가치로 평가된 장부금액과 수취한 현금 사이에 차이가 발생할 수 있다. 이때 해당 금융상품이 채권인지 또는 주식인지에 따라 처분손익의 회계처리가 달라진다. 채권의 경우 그 차이금액은 처분손익으로 인식하고 당기손익에 반영하며, 주식의 경우 그 차액을 기타포괄손익에 반영하는데,

6) **9.2**에서 살펴본 AC금융자산과 마찬가지로 FVOCI금융자산으로 분류하는 채권도 보유기간 동안에 수취할 수 있는 현금흐름, 즉 원금과 이자가 사전적으로 정해져 있다. 따라서 여기서 계산한 상각액은 해당 금융자산을 FVOCI금융자산이 아닌 AC금융자산으로 분류하였을 때의 상각액과 일치한다.

아래에서 더 자세히 설명한다.

FVOCI금융자산에 대해 처분시점까지 누적적으로 기타포괄손익으로 인식한 평가손익누계액이 있다면, 이는 보유기간 동안 인식한 미실현상태의 평가손익이다. 이제 관련 자산이 처분되었으므로 미실현손익이 실현되었다고 볼 수 있다. FVOCI금융자산 중 채권의 처분시에는 그동안 기타포괄손익으로 인식한 평가손익누계액을 당기손익(FVOCI금융자산처분손익)으로 대체하는데, 이를 재분류조정(reclassification adjustment) 또는 재순환(recycling)이라고 한다. 결과적으로 FVOCI금융자산 중 채권에 대해서는 취득일로부터 처분시점까지 발생한 미실현손익(평가손익누계액)은 기타포괄손익누계액으로 기록하였다가, 처분시점에 그 누계액을 재분류하여 당기손익에 반영하는(즉 누계액을 차감하여 처분손익으로 인식하는) 것이다.

FVOCI금융자산 중 주식의 경우에는 처분시 이러한 재분류조정이 허용되지 않는다. 즉 FVOCI금융자산으로 분류된 주식으로부터 발생한 기타포괄손익누계액에 포함되어 있던 미실현손익(평가손익누계액)은 관련 주식을 처분하더라도 처분손익으로 인식하지 않는다. 실무에서는 보통 주식 처분 후 평가손익누계액을 이익잉여금으로 대체한다. 즉 당기손익을 거치지 않고 바로 이익잉여금으로 대체하는 것이다. 이는 자본항목간의 대체이므로 총자본에 미치는 영향은 없다.

회계이야기 (1)

기타포괄손익과 당기손익의 차이와 금융자산의 분류

기타포괄손익은 보유중인 자산 또는 부채의 가치가 변동해서 생긴 미실현평가손익 중 변동성이 높은 외부 거시경제적인 요인(환율, 금리, 주가 등) 때문에 발생한 손익이다. 이 평가손익은 기업의 본질적인 활동과 큰 관련이 없지만 가치변동이 빈번하게 발생하므로, 이 평가손익이 당기손익 계산에 포함되면 당기손익이 크게 영향을 받고 변동성이 커져서 당기손익을 이용해서 기업의 본질적인 가치를 평가하기 어려워진다. 따라서 기타포괄손익 항목으로 별도로 분류하는 것이다. 해당 자산이나 부채가 처분 또는 제거될 때 관련 기타포괄손익누계액은 당기손익으로 재분류하는 것이 일반적이다. 이를 재분류조정이라고 한다. 그러나 경우에 따라서는 당기손익으로 재분류할 수 없다.

주식의 분류기준 차이가 당기순손익에 미치는 영향

FVOCI금융자산으로 분류한 주식의 평가손익은 매각되더라도 당기손익에 반영하지 않는다. 즉 재분류조정이 허용되지 않는다. 주식은 빈번하게 거래가 발생하고 언제라도 매각할 수 있는 자산이므로 FVPL금융자산으로 분류하여 평가손익을 당기손익으로 분류하는 것이 일반적이다. 그럼에도 불구하고 FVOCI금융자산으로 분류했다면, 해당 주식이 매각되더라도 평가손익을 당기손익에 포함시키지 못하게 한 것이다. 이렇게 주식의 재분류조정을 금지해야, 이익을 상향조정하려는 의도를 가진 기업이 평가이익이 누적된 주식만 선택적으로 매각해 평가이익을 실현시켜 당기손익을 늘려 보고하는 것을 방지할 수 있다.

채권 분류기준의 영향

이와는 달리 FVOCI금융자산으로 분류한 채권의 경우는, 기타포괄손익에 해당하는 다른 항목들(예를 들면 환율변동으로 나타난 평가손익)과 마찬가지로, 매각되면 평가손익이 실현된 손익으로 바뀌므로 당기손익 계산에 포함된다. 기타포괄손익의 정의에 따라, 미실현평가손익만 기타포괄손익에 해당되기 때문이다. 따라서 보유기간 동안 누적되어 기타포괄손익으로 분류했던 평가손익을 처분시점에 당기손익에 반영하는 것이다.

보유기간중 FVOCI금융자산으로 지정한 주식으로부터 배당금을 수취하면 배당금수익으로 기록한다. 배당금수익은 당기손익에 포함된다.[7)]

표 9-2

FVOCI금융자산의 회계처리 요약

구분	회계처리	차변	대변
취득시	(차) FVOCI금융자산	×××	
	(대) 현　　금		×××
결산시	공정가치와 장부금액의 차액을 FVOCI금융자산평가손익(기타포괄손익)으로 처리		
	(차) FVOCI금융자산	×××	
	(대) FVOCI금융자산평가이익		×××
	(차) FVOCI금융자산평가손실	×××	
	(대) FVOCI금융자산		×××
배당금 수령 (주식의 경우)	(차) 현　　금	×××	
	(대) 배당금수익		×××
처분시	① 장부금액의 측정 : 금융자산을 재측정하여 장부금액을 처분시점의 공정가치(시가)로 조정하고, 장부금액과 공정가치의 차액은 FVOCI금융자산평가손익으로 인식		
	(차) FVOCI금융자산	×××	
	(대) FVOCI금융자산평가이익(기타포괄손익)		×××
	② 처분거래의 기록 : 공정가치로 재측정된 금융자산의 장부금액을 제거하고, 거래비용으로 인해 수취한 현금과 공정가치 사이에 차이가 발생하면 처분손실로 인식		
	(차) 현　　금	×××	
	처분손실(당기손익)*	×××	
	(대) FVOCI금융자산		×××
	③ 재분류조정** : 제거된 금융자산에 해당되는 FVOCI평가손익(기타포괄손익)은 당기손익으로 재분류됨		
	(차) FVOCI평가손익(재분류조정)	×××	
	(대) 처분이익(당기손익)		×××

* 채권투자의 경우에만 해당한다. 지분투자의 경우라면 기타포괄손익으로 분류한다.

** 채권투자의 경우에만 해당한다. 지분투자의 경우라면 당기손익에 반영하지 않고, 이익잉여금으로 대체하거나(본서에서 사용한 방법) 계속 기타포괄손익누계액으로 남겨 놓을 수 있다. 즉 FVOCI금융상품 중 주식의 경우 평가손익이 실현되더라도 당기손익 계산에 포함시키지 않는다.

7) 뒤에서 설명하지만, 금융업종 기업의 경우는 금융자산에 대한 투자가 주영업활동이므로 배당금수익은 매출(또는 영업수익)로 분류하지만, 비금융업종 기업은 금융자산에 대한 투자가 주영업활동이 아니다. 따라서 이 경우 배당금수익은 영업외손익(금융수익)으로 분류한다. FVOCI금융자산이나 FVPL금융자산으로 분류한 주식의 경우, 분류에 관계없이 배당금수익은 모두 당기순손익 계산에 포함된다.

예제 9-2 FVOCI금융자산 – 지분투자

(주)한국투자증권은 20×1년 12월 20일에 (주)에듀윌의 주식을 취득하고 현금을 지급하였다. (주)한국투자증권은 이 주식을 장기간 보유하다가 매각하여 차액을 얻고자 한다. (주)한국투자증권은 이 주식을 취득하고 최초에 인식할 때 FVOCI금융자산으로 지정하고 공정가치의 변동분을 기타포괄손익으로 반영하기로 하였으며, 처분된 금융자산의 기타포괄손익누계액은 자본 내의 이익잉여금으로 대체하기로 하였다. (주)한국투자증권은 동 주식을 20×3년 1월 1일에 처분하였다.

아래 내용을 참고하여, 각 날짜에 (주)한국투자증권이 수행해야 하는 회계처리를 알아보자.

구 분	취득원가 (20×1년 12월 20일)	공정가치 (20×1년 12월 31일)	공정가치 (20×2년 12월 31일)	처분가격 (20×3년 1월 1일)
(주)에듀윌 주식	₩5,000,000	₩5,600,000	₩5,200,000	₩5,200,000

① 20×1년 12월 20일 : FVOCI금융자산 취득

(차) FVOCI금융자산	5,000,000	(대) 현 금	5,000,000

원칙적으로 주식(지분상품)은 보유기간 동안 수취할 수 있는 현금흐름이 사전적으로 정해져 있지 않기 때문에 FVPL금융자산으로 분류한다. 그러나 주식을 단기매매 목적으로 취득한 것이 아니라면, 회사가 주식을 FVOCI금융자산으로 지정하고 공정가치의 변동분을 기타포괄손익으로 인식할 수 있다. 독립된 당사자간의 거래가격은 공정가치를 반영하므로 FVOCI금융자산의 취득금액으로 최초 인식하였다.

② 20×1년 12월 31일 : FVOCI금융자산 기말평가

평가손익 = 20×1년말 공정가치 – 취득원가
= ₩5,600,000 – ₩5,000,000 = ₩600,000(이익)

(차) FVOCI금융자산	600,000	(대) FVOCI금융자산평가이익	600,000

FVOCI금융자산평가이익은 포괄손익계산서의 기타포괄손익에 반영되며, 마감분개를 통해 재무상태표에 기타포괄손익누계액으로 분류된다.

부분재무상태표(20×1년 12월 31일)	
자산	
FVOCI금융자산	₩5,600,000
자본-기타포괄손익누계액	
FVOCI금융자산평가손익	600,000

부분포괄손익계산서(20×1년)	
FVOCI금융자산평가이익 (기타포괄손익)	₩600,000

③ 20×2년 12월 31일 : FVOCI금융자산 기말평가

평가손익＝20×2년말 공정가치－장부금액
＝₩5,200,000－₩5,600,000＝－₩400,000(손실)

(차) FVOCI금융자산평가손실	400,000	(대) FVOCI금융자산	400,000

평가손실은 FVOCI금융자산평가손실의 계정으로 처리하며, 마감분개를 통해 재무상태표상 FVOCI금융자산평가손익누계액을 감소시킨다.

부분재무상태표(20×2년 12월 31일)		부분포괄손익계산서(20×2년)	
자산		FVOCI금융자산평가손실	₩400,000
FVOCI금융자산	₩5,200,000	(기타포괄손익)	
자본-기타포괄손익누계액			
FVOCI금융자산평가손익	200,000*		

* 20×1년 평가이익 ₩600,000에서 20×2년 평가손실 ₩400,000을 차감한 금액이다. 이를 위해서는 기말에 '(차) FVOCI금융자산평가손익(자본, 누계액) 400,000 (대) FVOCI금융자산평가손실(당기기타포괄손실) 400,000'의 마감분개를 수행하여 누적평가이익을 ₩600,000에서 ₩200,000으로 줄인다.

④ 20×3년 1월 1일 : FVOCI금융자산 처분

1) 장부금액의 측정 : FVOCI금융자산을 처분할 때에는 장부금액을 처분일의 공정가치로 재측정한다. 본 문제에서는 20×2년 12월 31일의 공정가치와 처분일의 공정가치가 일치하므로 추가로 회계처리할 사항은 없다.

공정가치의 재측정＝처분시점의 공정가치－장부금액
＝₩5,200,000－₩5,200,000＝₩0(평가손익)

2) 처분거래의 기록 : 본 문제에서는 처분과 관련된 거래비용이 별도로 언급되어 있지 않으므로 공정가치 전액을 현금으로 수취한 것으로 회계처리하며, 이때 FVOCI금융자산의 장부금액도 제거된다.

(차) 현 금	5,200,000	(대) FVOCI금융자산	5,200,000

3) 평가손익누계액의 처리 : 본 문제는 (주)에듀윌의 주식에 투자한 것이다. 주식의 경우 금융자산의 취득일부터 처분일까지 누적적으로 인식한 평가손익누계액(기타포괄손익누계액)은 당기손익으로 재분류하지 않고 마감분개를 통해 자본 내의 이익잉여금으로 대체한다.

(차) FVOCI금융자산평가손익 (기타포괄손익누계액)	200,000	(대) 이익잉여금	200,000

부분재무상태표(20×3년 1월 1일)	
자산	
FVOCI금융자산	₩0
자본–기타포괄손익누계액	
FVOCI금융자산평가손익	0
자본–이익잉여금	
이익잉여금	200,000
(기타포괄손익누계액으로부터 대체됨)	

부분포괄손익계산서(20×3년)*	
FVOCI금융자산처분이익 (기타포괄손익)	₩0**
FVOCI금융자산평가이익 (기타포괄손익)	0

* 20×2년 12월 31일의 공정가치와 처분시점의 공정가치가 동일하므로 20×3년에 포괄손익계산서에서 인식되는 FVOCI금융자산평가손익은 없다. 또한 본 문제는 최초 취득시점에 공정가치의 변동분을 기타포괄손익으로 인식하는 것으로 지정한 주식에 대한 것이기 때문에, 처분시점까지 누적된 평가손익누계액(기타포괄손익)은 당기손익을 거치지 않고 자본 내에서 이익잉여금으로 이전된다.

** 본 예제는 지분투자에 대한 것이므로 처분손익 발생시 기타포괄손익으로 분류한다. 채권투자시 발생하는 처분손익의 경우는 당기손익으로 분류한다.

회계이야기 (2)

트럼프와 바이든의 미국 대통령 당선과 채권 및 주식 가격의 변화

2016년말 예상을 뒤엎고 도널드 트럼프가 미국 대통령으로 당선되었다. 그러자 전 세계의 채권가격이 급락했고, 그 결과 채권에 투자했던 많은 금융사들이 엄청난 투자손실을 기록하게 된다. 반대로 주식가격은 상승하여 미국의 주가지수가 사상 최고치를 돌파한다. 왜 이런 서로 상반되는 일이 발생했는지 알아보자.

트럼프가 대통령에 당선되자 2008년 금융위기 이후 지지부진하던 미국 경제가 회복될 것이라는 기대가 커져 주가가 상승했다. 그러나 경제성장률이 상승하면 미국 중앙은행이 이에 비례하여 기준금리를 올릴 가능성이 증가한다. 기준금리가 무엇인지와 경제성장률과 기준금리 사이의 관계에 대해서는 경제학개론 수업에서 배울 수 있다. 기준금리가 올라가면 기준금리에 위험 프리미엄을 더해 결정되는 시장이자율이 올라가는데, 이는 채권의 가치 계산에 사용하는 시장이자율이 상승하게 된다는 의미다. 똑같은 현금흐름을 가진 채권을 더 높은 이자율로 할인하여 현재가치를 계산하면 현재가치가 낮아진다. 제8장의 연습문제 주관식 5번의 예를 참조하면 더 쉽게 이해할 수 있다. 따라서 채권의 가격이 하락한 것이다.

대통령 선거 당시 대다수의 언론이나 투자자들은 힐러리 클린턴의 당선을 기대하고 있었다. 힐러리 클린턴이 주창한 경제정책은 2016년 당시 현직 대통령인 버락 오바마의 정책과 큰 차이가 없었기 때문에 주식이나 채권의 가격은 대통령 선거 기간 동안 크게 변하지 않았다. 그러나 예상을 뒤엎고 트럼프가 당선되자, 트럼프의 경제정책 방향에 따라 주식과 채권 가격이 급변한 것이다. 따라서 주식투자자와 채권투자자들의 희비가 엇갈리는 결과가 나타난 것이다.

2016년과는 달리 2020년말 열린 선거에서 민주당 후보 바이든이 트럼프를 꺾고 대통령에 당선되자 주식과 채권 가격 모두 큰 변동이 발생하지 않았다. 그 이유는 다음과 같이 생각해볼 수 있다. 첫째, 바이든의 당선이 예상되던 상황이기 때문에 그에 대한 기대가 자본시장에 이미 반영되어 있었다. 둘째, COVID-19 바이러스가 확산되고 있어서 경제활동이 위축된 상태였는데, 대통령이 바뀌어도 COVID-19 문제를 해결할 수 있을 것으로 보이지 않았다. 오히려 선거 이후 COVID-19에 대한 백신이 개발되었다는 뉴스가 나오자 주가가 폭등했다는 점이 그 증거다. 2024년말 미국 대통령 선거가 예정되어 있으므로, 어떤 후보가 당선되느냐에 따라 또 자본시장에 큰 변화가 있을 수 있다.

이상에서 알 수 있듯이 주식이나 채권의 가격에는 정치나 경제 등 많은 거시환경적 변수들이 영향을 미친다. 이런 요인들을 모두 예측해서 주식이나 채권 가격을 정확히 예측한다는 것은 거의 불가능하다고 할 수 있다.

9.4 당기손익-공정가치측정금융자산

1. 당기손익-공정가치측정금융자산의 취득

FVPL금융자산은 주로 단기간 내에 매각하여 시세차익을 얻을 목적으로 취득하는 금융자산이다.

AC금융자산이나 FVOCI금융자산에 해당하지 않는 금융자산은 당기손익-공정가치측정(FVPL)금융자산으로 분류한다. 단기간 내에 매도하여 시세차익을 얻을 목적으로 채권이나 주식을 취득하는 경우가 대표적이다. 단순 투자 목적으로 보유한 주식의 경우, 기업이 예외적으로 FVOCI금융자산으로 분류하는 것을 선택하지 않는다면 FVPL금융자산으로 분류한다.

FVPL금융자산의 취득과 관련된 부대비용은 취득원가에 가산하지 않고 당기비용으로 처리한다.

FVPL금융자산을 취득하는 과정에서 직접적으로 발생한 거래원가는 당기비용으로 처리하여 당기순손익 계산에 포함한다.[8] 이런 지출의 예로는 대리인 또는 중개인에게 지급하는 수수료, 감독기구와 증권거래소의 부과금 등이 있다.

2. 당기손익-공정가치측정금융자산의 평가

최초 인식 후 FVPL금융자산은 공정가치로 측정하고 평가손익은 당기순이익에 반영한다.

FVPL금융자산을 취득한 이후에는 매 회계연도말에 공정가치로 평가한다. 대부분의 경우 공정가치란 현재 시장에서 거래되는 가격(시가)을 말한다. 보유중인 FVPL금융자산의 장부금액과 평가시점의 공정가치의 차이는 FVPL금융자산평가손익으로 인식하고 당기손익에 반영한다.

FVPL금융자산의 평가손익은 미실현된(즉 현금이 지출되거나 수취되지 않은) 평가손익이다. 즉 FVPL금융자산의 가격이 취득시점에 비해서 상승하여 인식한 평가이익은 처분되어 현금화되기 전까지는 미실현된 것이며, 반대로 가격이 하락하여 발생한 평가손실도 처분되어 현금화되기 전까지는 미실현된 것이다.

8) FVPL금융자산의 취득과정에서 직접적으로 발생한 거래원가를 당기비용처리하는 것과는 달리, AC금융자산이나 FVOCI금융자산의 취득시 발생하는 거래원가는 취득원가에 가산한다. 따라서 AC금융자산의 경우에는 거래원가를 가산한 후의 금액과 액면가의 차액에 유효이자율법을 적용하여 상각액을 계산하게 된다. 본서에서는 AC금융자산과 FVOCI금융자산의 거래원가에 대해서는 추가로 다루지 않는다.

〈FVPL금융자산의 공정가치 상승시〉
(차) FVPL금융자산 ×××
(대) FVPL금융자산평가이익 ×××
〈FVPL금융자산의 공정가치 하락시〉
(차) FVPL금융자산평가손실 ×××
(대) FVPL금융자산 ×××

이처럼 FVPL금융자산의 보유중 발생한 미실현된 평가손익은 확정되지 않았음에도(즉 평가손익이므로 추후 매각시점에 정확히 얼마나 현금을 수취하게 될지를 아직 알지 못함에도) 불구하고, 공정가치의 변동이 발생한 회계기간에 당기손익으로 인식한다.[9] 애초에 FVPL금융자산은 대부분 시세차익을 얻기 위해서 취득한 것이므로, 공정가치의 변동이 이 금융자산에 투자한 기업에게 중요한 의미를 가진다. 따라서 FVPL금융자산을 보유한 회사는 공정가치의 변동을 당기손익에 반영함으로써 투자자들이 회사의 경영성과를 판단하는 데 더 유용한 정보를 제공할 수 있다. 이 점은 FVOCI금융자산의 경우 장부금액과 공정가치 간의 차이가 발생하여 인식한 평가손익을 기타포괄손익에 포함하는 것과 다르니 주의하기 바란다.

3. 당기손익-공정가치측정금융자산의 처분과 배당금수익

FVPL금융자산은 처분시점에 금융자산을 공정가치로 재측정하여 평가손익을 인식한다. 그 후 처분을 기록한다. 만약 거래비용이 발생하여 공정가치와 수취한 현금 사이에 차이가 발생하면 이를 처분손익으로 인식한다.

보유중이던 FVPL금융자산을 처분할 때에는 우선 처분시점에 해당 금융자산을 공정가치로 재측정하여 평가손익을 당기손익으로 인식한다. 그 결과 금융자산의 장부금액이 공정가치와 일치하게 된다. 그리고 공정가치로 측정된 금융자산의 장부금액을 제거하면서 수취한 현금을 기록한다. 만약 처분과정에서 거래비용 등이 발생하여 수취한 현금과 처분시점의 공정가치 사이에 차이가 있다면, 이 차이를 처분손익으로 인식하고 당기손익에 반영한다. 이 점은 금융자산 취득시점에 발생한 부대비용을 당기비용으로 처리하여 당기손익에 반영하는 것과 일관된다.

한편 FVPL금융자산으로 분류한 주식을 보유하는 기간중에 주식의 발행자로부터 현금 배당금을 수령하는 경우 이를 배당금수익으로 당기순이익에 반영한다. 이 점은 FVOCI금융자산으로 분류한 주식의 배당금수익 회계처리와 동일하다.

9) 일반적으로 회계기준은 미실현평가손익은 당기손익에 직접 반영하지 않도록 규정하고 있다. 자산의 처분 이전에는 현금이 회수되지 않아서 정확한 평가손익이 얼마인지가 아직 확정되지 않았기 때문이다. 9.3에서 살펴본 FVOCI금융자산의 경우에도 공정가치의 변동을 평가손익으로 인식하는데, 이를 당기손익에 반영하지 않고 기타포괄손익에 반영한다. FVPL금융자산은 단기간 내에 재판매하기 위해 취득하여 보유하는 것이기 때문에 일반적인 자산과 성격이 다르다는 점을 명심하기 바란다. 따라서 미실현평가손익을 당기손익 계산에 포함시키는 것이다.

예제 9-3 FVPL금융자산

(주)키움증권은 20×1년 12월 20일에 (주)효성의 주식을 현금으로 취득하고, 매입부대비용 ₩50,000을 현금으로 지급하였다. (주)키움증권은 이 주식을 단기간 내에 매각하여 투자이익을 얻고자 한다. (주)키움증권은 20×2년 2월 20일 동 주식을 처분하였다.

구 분	취득원가 (20×1년 12월 20일)	공정가치 (20×1년 12월 31일)	처분가격 (20×2년 2월 20일)
(주)효성 주식	₩5,000,000	₩5,600,000	₩5,500,000

① 20×1년 12월 20일 : FVPL금융자산의 취득

(차) FVPL금융자산	5,000,000	(대) 현 금	5,050,000
수수료비용	50,000		

단기간 내 매각할 목적으로 취득한 주식은 FVPL금융자산으로 분류한다. 일반적으로 은행이나 증권회사 등의 금융사는 주식과 채권의 거래를 빈번하게 하여 투자수익을 얻는다. 비금융기업이 금융사와 같이 빈번한 거래를 할 목적으로 주식이나 채권을 취득하는 경우는 드물다. FVPL금융자산의 취득과 관련된 거래비용은 당기손익에 반영한다.

② 20×1년 12월 31일 : FVPL금융자산의 평가

기말에 FVPL금융자산을 공정가치로 평가하고 그 차이를 당기손익에 반영한다.

평가손익＝20×1년말 공정가치－취득원가

＝₩5,600,000－₩5,000,000＝₩600,000(이익)

(차) FVPL금융자산	600,000	(대) FVPL금융자산평가이익	600,000

부분재무상태표(20×1년 12월 31일)	
FVPL금융자산	₩5,600,000

부분포괄손익계산서(20×1년)	
FVPL금융자산평가이익	₩600,000

③ 20×2년 2월 20일 : FVPL금융자산의 처분

1) 장부금액의 측정 : 장부금액을 처분일의 공정가치로 재측정한다.

공정가치의 재측정＝처분시점의 공정가치－장부금액

＝₩5,500,000－₩5,600,000＝－₩100,000(평가손실)

이 평가손실은 당기손익에 반영한다.

(차) FVPL금융자산평가손실	100,000	(대) FVPL금융자산	100,000

2) 처분거래의 기록 : 본 문제에서는 처분과 관련된 거래비용이 별도로 언급되어 있지 않으므로 처분가격 전액을 현금으로 수취한 것으로 회계처리한다. 즉 처분부대비용이 없다고 가정한 것이다. 만약 거래를 중개한 증권사에 수수료를 지급하는 등의 처분부대비용이 발생했다면 그만큼 처분시 수취한 현금에서 차감하여 기록한다. 만약 처분부대비용이 발생하여 처분대가로 수취한 현금이 FVPL금융자산의 장부금액보다 낮다면 처분손실을 기록하며, 동시에 FVPL금융자산의 장부금액도 제거한다.

(차) 현 금	5,500,000	(대) FVPL금융자산	5,500,000

부분재무상태표(20×1년 12월 31일)	
FVPL금융자산	₩0

부분포괄손익계산서(20×1년)	
FVPL금융자산평가손실	₩100,000

표 9-3
FVPL금융자산의 회계처리 요약

구분	내용
취득시	취득시점의 공정가치를 취득원가로 기록* (차) FVPL금융자산 ××× (대) 현 금 ×××
결산시	공정가치(=시가)와 장부금액의 차이를 FVPL금융자산평가손익으로 처리 (차) FVPL금융자산 ××× (대) FVPL금융자산평가이익 ××× (차) FVPL금융자산평가손실 ××× (대) FVPL금융자산 ×××
배당금 수령 (주식의 경우)	(차) 현 금 ××× (대) 배당금수익 ×××
처분시	① 장부금액의 측정 : 금융자산을 재측정하여 장부금액을 처분시점의 공정가치(=시가)로 조정하고, 장부금액과 공정가치의 차액은 FVPL금융자산평가손익으로 인식 (차) FVPL금융자산 ××× (대) FVPL금융자산평가이익 ××× ② 처분거래의 기록 : 공정가치로 재측정된 금융자산의 장부금액을 제거하고, 거래비용으로 인해 수취한 현금과 공정가치 사이에 차이가 발생하면 처분손실로 인식 (차) 현 금 ××× 처분손실(당기손익) ××× (대) FVPL금융자산 ×××

* 취득시 발생한 부대비용은 당기비용으로 처리한다.

회계이야기 (3)

채권투자와 주식투자의 차이

채권을 매수한 투자자는 채권을 보유하는 동안 이자를 지급받으며, 만기가 되면 원금을 상환받는다. 드문 경우에 만기 이전에 채권시장에서 보유하고 있는 채권을 매각하기도 한다. 채권의 가치는 기준금리가 변하거나 위험 프리미엄이 변할 때 바뀌므로 이때 평가손익이 발생한다. 기준금리는 거시경제의 상황에 따라 변한다. 경제전망이 좋다면 보통 기준금리가 상승하고, 그 반대의 경우라면 기준금리가 하락한다. 그러나 개별기업의 위험 프리미엄은 개별기업의 재무상태와 경영성과에 따라 달라진다. 위험이 큰 기업일수록 위험 프리미엄이 증가한다. 따라서 채권투자에 성공하기 위해서는 거시경제뿐만 아니라 개별기업의 상황에도 주의를 기울여야 한다. 물론 주식의 시장가격도 거시경제 및 개별기업의 상황에 따라 바뀌게 된다.

만약 회사가 파산한 경우 청산(liquidation, 보유자산을 매각하여 현금화하는 과정)을 통해 마련한 현금을 우선적으로 채권자들에게 지급하여 부채를 상환한다. 그 후 남는 돈은 주주들이 받는다. 즉 채권투자자들이 상대적으로 주주들보다 선순위에 있으므로 회사가 위기에 빠진다고 하더라도 원금을 상환받을 수 있는 가능성이 더 높다. 그렇지만 채권투자자들은 회사가 정상적으로 영업하다가 만기가 되어 부채를 상환하는 경우 이자를 지급받는 것 말고는 추가적인 수익을 얻을 수 없다. 즉 채권투자로 얻을 수 있는 수익금액이 제한되어 있다. 채권의 가격도 기준금리나 회사의 위험도에 따라 변하기는 하지만, 상대적으로 그 변화의 정도가 작으므로 채권의 가격변동에 따라 만기 이전에 채권을 매각하여 큰 투자이익이나 투자손실을 얻는 경우는 드물다. 그에 반해 주식의 경우, 회사가 성공하여 크게 성장한다면 주가가 수 배에서 수십 배까지도 올라갈 수 있다. 따라서 주식투자를 통해서 상당히 높은 수익을 얻을 가능성이 있다. 그러나 반대로 회사가 실패한다면 주주들이 우선적으로 손실을 부담해야 한다. 즉 동일한 기업이라고 하더라도 주식가격의 변동폭이 채권가격의 변동폭보다 훨씬 크다.

채권투자자와 주식투자자의 성향차이

이런 내용을 보면 상대적으로 좀 낮지만 안정적인 수익을 원하는 사람들은 채권투자를, 변동성이 높고 위험하더라도 좀 더 높은 수익을 원하는 사람들은 주식투자를 선호한다는 것을 알 수 있다. 국내 각종 연기금 등의 기관투자자들은 대부분 채권투자의 비중이 더 높다. 국민의 노후생활을 보장해야 하는 연기금의 특성상 안정적인 투자를 할 수밖에 없기 때문이다. 투자에 성공한다고 해도 큰 보상이 없지만 투자에 실패한다면 징계나 비난을 받을 수 있는 공무원 조직의 특성 때문에 나타나는 현상일 수도 있다. 그러나 개인투자자들, 특히 나이가 어린 사람일수록 주식투자를 선호하는 경향이 높다. 이들 집단이 좀 더 공격적인 투자를 하는 것이다. 상대적으로 소득을 벌 수 있는 기간이 많이 남아 있으므로, 좀 위험하더라도 평균적인 기대수익률이 높은 주식투자를 선호하는 것이라고 볼 수 있다.

개인들의 경우 직접 주식거래를 하기도 하지만 증권사나 자산운용사에서 판매하는 펀드를 매수하여 간접적으로 주식투자를 하기도 한다. 이들 회사의 펀드매니저가 개인들이 제공한 자금을 모아 주식투자를 대행하면서 수수료를 받는 것이다. 주식 분야 펀드매니저들은 많은 회계 및 재무 관련 지식이 필요하다. 주식과는 달리 채권의 거래는 큰 금액 단위로 이루어지기 때문에 개인이 직접 채권투자를 하기 어렵다. 따라서 대부분의 채권투자는 펀드를 매수하는 간접투자다. 채권의 특성상 채권 분야에 종사하는 펀드매니저들은 주식 분야 펀드매니저들과 비교할 때 상대적으로 더 많은 경제학 지식을 필요로 한다. 채권의 경우는 주식에 비해 상대적으로 거시경제의 움직임, 특히 금리의 변동이 채권의 가격에 미치는 영향이 더 크기 때문이다. 물론 채권을 발행한 개별기업의 위험도 파악해야 하므로, 회계지식은 당연히 필요하다.

채권의 신용평가

채권발행시 각 기업의 위험도를 평가하는 일은 신용평가사에서 수행한다. 위험평가를 위해서는 재무제표를 분석하여 재무상태나 수익성 등을 파악하는 것이 기본이다. 따라서 신용평가를 위해서는 상당한 회계지식이 필요하다. 평가 결과에 따라 신용등급을 발표하는데, 이 신용등급에 따라 위험 프리미엄이 결정된다. 그렇다고 하더라도 개별기업의 재무상황이나 위험은 계속 변할 수 있으므로, 채권투자자들이나 주식투자자들 모두 개별기업의 상황을 민감하게 주시해야 한다. 개별기업의 상황이 변하더라도 신용평가사가 이를 반영해서 새로운 신용등급을 발표하기까지는 상당한 시간이 걸리기 때문이다.

개인의 특성이 투자성향에 미치는 영향

재미있는 사실은 개인투자자들의 경우 남성이 여성보다 훨씬 공격적인 투자성향을 보인다는 것이다. 남성의 경우 주식투자를 하더라도 좀 더 위험한 주식에 투자하며 거래빈도나 거래량도 훨씬 높다. 그런데 투자수익률은 평균적으로 여성이 남성보다 높다. 평균적으로 젊은 사람일수록 그리고 미혼자일수록 투자수익률이 낮다. 왜 이런 차이가 발생하는지 궁금하다. 나의 투자성향은 어떤지 한번 생각해보자.

9.5 금융자산의 범주 재분류

주식이나 채권 모두 어떤 범주로 분류하여 회계처리할지의 여부는 해당 금융자산의 취득시점에 결정한다. 주식의 경우는 한번 결정된 범주를 변경할 수 없다.

채권의 경우는 회계처리방법이 주식과 다르다. 채권을 취득하여 보유하고 있던 중 보유목적이 변한다면 분류한 범주를 변경할 수 있다. 예를 들면 채권을 최초 취득시점에 AC금융자산으로 분류하여 회계처리해 오다가, 시간이 경과한 후 보유목적이 변했다고 판단되면 FVOCI금융자산으로 변경할 수 있다. 이를 금융자산의 범주 재분류라고 부른다. 금융자산의 범주 재분류에 대한 회계처리는 본서의 범위를 벗어나므로 별도로 설명하지 않는다.

회계이야기 (4)

금융상품의 선별적 매각이나 재분류를 통한 이익조정

금융상품을 많이 보유하고 있는 금융사들은 필요하다면 AC금융자산으로 분류되어 있던 채권을 FVOCI금융자산으로 재분류하는 방법을 이용해 자본을 높여 보고하는 경향이 있다. AC금융자산의 경우는 공정가치의 변동을 장부에 반영하지 않으므로, 평가이익이 발생한 금융자산만 FVOCI금융자산으로 재분류한 것이다. 그 결과 평가이익을 기타포괄이익으로 인식해서 자본의 가액이 상승하게 된다. 금융사들은 당국의 엄격한 재무건전성에 대한 규제를 받으므로, 이 규제기준을 넘어서기 위해 이런 방식을 이용한 것이다. 예를 들면 자본가액의 상승을 통해 부채비율을 낮춰 표시할 수 있다.

금리의 변동과 기업의 행동변화

특히 2016년 미국 트럼프 대통령의 당선 이전에는 경기전망이 좋지 않아 미국 정부가 계속 금리를 낮추었다. 그 결과 채권가격이 상대적으로 계속 상승해서 채권의 평가이익이 상당했다. 그래서 금융자산의 종류를 재분류해서 그동안 누적된 평가이익을 자본(기타포괄손익누계액)에 반영한 것이다. 그러나 트럼프 대통령 당선 이후 경기전망이 상승함에 따라 금리가 상승할 것으로 예측되었고, 그 결과 채권의 가격이 하락해서 많은 평가손실이 발생했다. 따라서 2016년 중반까지 FVOCI금융자산으로 채권을 재분류해서 평가이익을 인식했던 금융사들은 2016년 말 많은 평가손실을 회계장부에 기록해야만 했다. 따라서 2016년 이후 채권을 다시 AC금융자산으로 재분류하는 기업들이 증가했다. 2022년과 2023년 동안 금리가 급등함에 따라 이런 기업들이 다시 많이 등장했다.

회계기준의 변경과 기업의 행동변화

주식을 많이 보유하고 있던 기업들은 FVOCI금융자산 중 평가이익이 발생한 주식들만 골라 매각하는 경우가 있다. 2017년까지 허용된 회계처리방법은 FVOCI금융자산의 평가손익은 기타포괄손익에 반영되지만, 이 금융자산이 매각되어 평가손익이 실현되면 당기손익으로 재분류되었기 때문이다. 이런 기업들의 회계처리에 대해서는 지현미와 송인만의 연구('매도가능증권의 선별적 처분을 통한 이익조정', 2009년, 회계학연구)를 참조하기 바란다.

그러나 2018년부터 적용된 새 회계기준에서는 FVOCI금융자산의 평가손익은 해당 금융자산이 매각된 경우 당기손익으로 재분류하지 않는다. 선별적으로 보유주식을 매각한다고 해도 당기손익에 영향을 미칠 수 없게 된 것이다. 따라서 기업들의 선별적 보유주식 매각행위가 2018년 이후 줄어들었을 것으로 예상된다. 그러나 채권의 경우는 매각이 이루어지면 누적된 기타포괄손익이 당기손익으로 재분류되므로, 평가이익이 발생 중인 채권만을 골라 선별적으로 매각하는 사례는 앞으로도 계속 발생할 수 있을 것이다.

9.6 관계기업과 종속기업 투자

1. 관계기업투자

(1) 관계기업투자의 의의

피투자회사의 의결권 있는 주식을 20% 이상 보유하고 있는 경우에는 피투자기업에 대하여 **유의적인 영향력**을 행사할 수 있는 것으로 보고 지분법을 적용한다.

기업은 배당수익을 얻거나 추후에 재판매하여 시세차익을 얻기 위해 다른 기업의 지분에 투자한다. 그런데 투자회사가 취득한 피투자회사의 지분이 일정수준 이상일 때에는 피투자회사의 재무정책과 영업정책에 관한 의사결정에 참여할 수 있는 능력, 즉 유의적인 영향력(significant influence)을 갖게 된다. 이때의 지분투자는 단순히 소극적으로 투자수익을 얻기 위한 목적이 아니라 피투자회사의 경영에 적극 참여하여 투자회사가 원하는 효익을 얻기 위한 것이다.[10] 이처럼 지분투자의 결과로 투자기업이 유의적인 영향력을 행사할 수 있게 된 피투자회사를 관계기업(associate)이라고 한다. 일반적으로 투자기업이 직접 또는 간접으로 피투자회사의 의결권 있는 주식을 20% 이상 보유하고 있는 경우에는 피투자기업에 대하여 유의적인 영향력을 행사할 수 있는 것으로 본다. 관계기업투자 중 유의적인 영향력을 행사할 수 있는 경우라면, 앞에서 설명한 금융자산의 세 가지 분류기준을 따르지 않고 별도로 지분법을 적용하여 회계처리한다.

(2) 지분법의 적용

지분법은 투자자산(지분)을 최초로 취득할 때에는 원가로 인식하고, 취득시점 이후에 발생한 피투자회사의 순자산 변동액 중 투자자의 지분비율만큼을 해당 투자자산에 가감하여 보고하는 회계처리방법을 말한다.

지분법(equity method)은 지분을 최초로 취득할 때에는 원가로 인식하고, 취득시점 이후에 발생한 피투자회사의 순자산(=자본) 변동액 중 투자자의 지분비율만큼을 해당 투자자산에 가감하여 보고하는 방법이다. 피투자회사의 순자산은 당기순손익 발생시점과 배당금을 지급하는 시점에 변하므로, 이 두 시점에 회계처리를 하는 것이다. 즉 지분법을 사용할 때는 피투자회사 주식의 공정가치 변동에 따라 발생하는 평가손익은 반영하지 않는다.

관계기업투자주식의 취득

관계기업투자주식의 취득원가는 지분의 매입금액에 관련 부대비용을 합한 금액

10) 예를 들어 자동차생산회사인 A가 부품생산회사인 B의 지분의 30%를 취득하였다면, A는 B의 거래처선정이나 임원선정, 판매조건 결정 등의 의사결정에 참여하여 A에게 유리한 방향으로 B를 운영할 수 있게 된다.

으로 한다.

지분법손익의 인식과 배당금의 수취

피투자회사가 당기순이익 또는 당기순손실을 보고하면, 투자회사는 지분율에 해당하는 금액만큼을 지분법이익 또는 지분법손실로 기록하고 투자주식의 장부금액을 그만큼 증가 또는 감소시킨다. 지분법손익은 당기손익에 포함된다.[11)]

투자회사가 피투자회사로부터 배당금을 수령하게 되면 수령한 배당금만큼 투자주식의 장부금액을 감소시킨다. 피투자회사가 배당금을 지급하게 되면 그만큼 피투자회사의 순자산금액이 감소되기 때문에, 이를 투자회사가 인식하는 것이다.

관계기업투자주식의 처분

관계기업투자주식을 처분하면 처분시점의 장부금액과 처분금액의 차이를 처분이익이나 손실로 인식한다. 관계기업투자주식의 일부를 처분하게 되어 피투자기업에 대한 유의적인 영향력을 상실하게 되면, 지분법적용을 중단하고 해당 주식을 FVPL금융자산이나 FVOCI금융자산으로 재분류한다.

예제 9-4 관계기업투자주식

(주)JYP는 20×1년 1월 2일 에이블씨앤씨(주)의 총주식(1,000주)의 30%인 300주를 주당 ₩2,000에 취득하여 유의적인 영향력을 행사할 수 있게 되었다. 20×1년 12월 31일에 에이블씨앤씨(주)는 당기순이익 ₩20,000을 기록하였다. 이때 에이블씨앤씨(주)의 주식은 주당 ₩2,200에 거래되고 있었다. (주)JYP는 20×2년 3월 1일에 에이블씨앤씨(주)로부터 총 ₩3,000의 배당금을 수령했다.

① 20×1년 1월 2일 : 관계기업투자주식의 취득

(주)JYP가 피투자회사의 주식 30%를 취득하여 유의적인 영향력을 행사할 수 있게 되었으므로, 동 주식을 관계기업투자주식으로 분류한다. 이때 취득금액으로 기록한다.

(차) 관계기업투자주식	600,000*	(대) 현　　금	600,000

* 300주 × ₩2,000 = ₩600,000

② 20×1년 12월 31일

(주)JYP는 에이블씨앤씨(주)의 당기순이익의 30%에 해당하는 ₩6,000에 대하여 지분법이익을 인식한다. 한편 관계기업투자주식에 대해서는 공정가치로 평가하지 않으므로 20×1년 12월 31일의 주식

11) 만약 피투자회사가 기타포괄손익을 기록하여 순자산의 변동이 발생하면, 투자회사는 지분율에 해당하는 금액만큼 기타포괄손익으로 인식하면서 투자주식의 장부금액을 조정한다. 그러나 이 점은 본서의 범위를 벗어나므로 더 이상 언급하지 않는다.

가격인 ₩2,200은 (주)JYP의 회계처리에 영향을 미치지 않는다.

(차) 관계기업투자주식	6,000	(대) 지분법이익	6,000

③ 20×2년 3월 1일 : 배당금 수취
피투자회사로부터 수령한 배당금만큼 투자주식의 장부금액을 감소시킨다.

(차) 현 금	3,000	(대) 관계기업투자주식	3,000

2. 종속기업투자

투자회사가 피투자회사의 의결권의 과반수를 초과하여 소유하는 경우 투자회사는 **지배력**을 갖게 되는데, 이때 지배기업과 종속기업들의 경영성과인 재무제표는 세부항목별로 합산한 금액으로 표시하여 **연결재무제표**를 작성한다.

투자회사가 피투자회사 의결권의 50%를 초과하여 소유하거나 50% 이하이지만 실질적으로 지배력을 행사하는 경우, 투자회사는 유의적인 영향력을 미치는 수준을 넘어 피투자회사의 재무정책과 영업정책을 결정할 수 있는 능력을 갖게 된다. 이를 지배력(control, 경영권 또는 통제권)을 가졌다고 표현한다. 이때 투자회사는 지배기업(parent)이라고 하고, 피투자회사는 종속기업(subsidiary)이라고 한다.[12)]

지배기업과 종속기업들은 법률적으로는 별도의 회사들이지만 실질적으로 하나의 경제적 실체라고 할 수 있다. 따라서 경제적인 실질을 반영하기 위해서 별도재무제표는 지분법을 이용해서 회계처리하지만, 별도재무제표에 추가하여 지배기업과 종속기업들의 경영성과인 재무제표는 세부항목별로 합산한 금액으로 표시하여 연결재무제표(consolidated financial statements)를 작성하게 된다.[13)]

취득한 주식의 지분율에 따른 회계처리방법을 정리하면 [그림 9-3]과 같다.

그림 9-3
지분율에 따른 회계처리방법

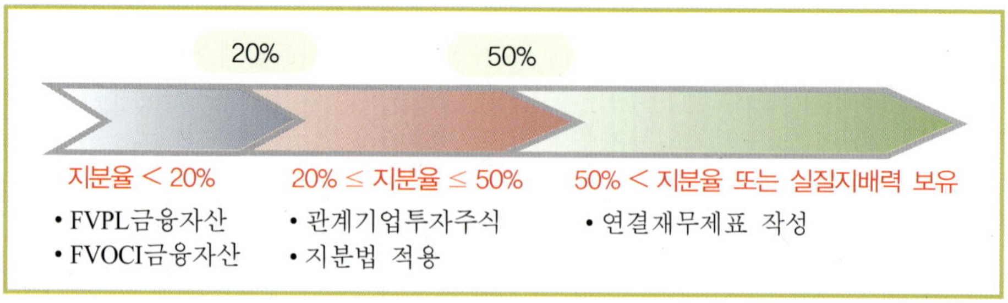

12) 주주총회에서 다른 모든 주주들이 참석하여 안건에 반대하더라도, 지배기업이 피지배기업의 주식 50%를 초과하여 소유한다면 모든 투표에서 승리할 수 있기 때문이다. 의결권의 50% 이하를 소유하고 있는 경우라도, 다른 이유에서 실질적인 지배력을 행사하고 있을 수도 있다. 이 경우도 지배기업으로 분류가 가능하다. 우리나라의 대부분의 대기업집단의 경우가 이에 해당한다.
13) 국제회계기준에서는 연결재무제표를 주재무제표로 정하고 있다. 연결재무제표의 작성방법은 고급회계 과목에서 다룬다.

회계이야기 (5)

회계의 역사 10 : 외부감사인이라는 전문직업의 발달

영국에서 주식시장에서 거래되는 상장기업에 대한 독립적인 외부감사인의 감사가 의무화된 이후에도 외부감사인의 역할은 크게 강조되지 않았다. 대다수의 사람들은 회계정보의 중요성에 대해 인지하지 못했으며, 회계에 대해 알지도 못하고 관심도 없었다. 물론 재무제표를 읽을 수 있는 지식을 갖춘 사람도 극소수에 불과했다. 기업들이 회계처리를 할 때 준수해야 하는 공통적인 회계기준도 존재하지 않았다. 기업들은 자신들만의 고유한 기준을 사용해서 자의적으로 회계처리를 했으며, 감사도 상당수의 경우 형식적으로만 수행되었다. 산업혁명 이후 가내수공업 수준을 넘어선 대기업들이 탄생하고 발전하였는데도 불구하고, 외부감사인이라는 전문직업이 크게 각광받지 못했던 것이다.

이 당시는 최대주주가 기업의 경영을 담당하는 경영자였으며, 다른 주주들은 대부분 지인들로 이루어졌다. 즉 주주들의 범위가 제한되어 있었다. 따라서 외부이해관계자들을 대상으로 한 일반적인 재무보고의 중요성이 크게 강조되지 않았으며, 회계감사의 역할은 경영자가 통제하기 힘든 지역이나 부문에서 벌어지는 사기나 횡령 등의 부정적발을 중심으로 수행되었다. 즉 회계감사의 역할은 소극적인 수준에 머물러 있었다.

철도의 발달과 소유와 경영의 분리

외부감사인이라는 전문직업이 크게 발전하게 된 계기는 철도의 발달 때문이다. 영국에서는 조지 스티븐슨이 1829년 맨체스터와 리버풀을 연결하는 철도를 최초로 건설했다. 철도의 건설은 당시까지의 교통과 물류의 개념을 혁명적으로 바꿔놓았다. 말이나 마차를 타고 다닐 때보다 여행속도가 10배 이상 빨라졌으며, 지역마다 나누어져 있던 시장이 통합되고 확대되기 시작했다. 보다 큰 시장에 제품을 공급하는 대기업이 탄생하는 배경이 된 것이다. 그런데 철도를 건설하기 위해서는 당시 존재하던 초기 주식회사가 조달가능한 금액의 몇 십 배가 되는 막대한 자금이 필요했다. 지인들을 통해서 조달한 자금만으로는 불충분했으므로, 불특정 다수의 주주들로부터 더 많은 자금을 모집해서 큰 회사를 만들어야 했다. 그 과정에서 잠재적 투자자들에게 회사의 상황을 알리고 투자를 권유하기 위해 재무제표가 더욱 널리 사용되기 시작한 것이다.

신대륙이 개발되면서 철도의 중요성은 더욱 부각된다. 광활한 미국의 각 지역을 잇는 교통망으로서 철도가 대규모로 건설되었다. 그러기 위해서는 영국에서의 철도건설 때와 비교할 수 없는 더 큰 규모의 자금이 필요했다. 철도건설을 위한 회사가 설립되어 대규모 자금을 공개모집(공모, public offerings)하면서 많은 영국인들이 주식투자에 뛰어들게 된다. 이렇게 조달된 자금이 미국으로 건너와서 철도건설에 사용된 것이다. 상당수의 주주들은 영국에 거주했지만 사업은 미국에서 벌어졌기 때문에, 주주들로서는 사업이 제대로 진행되고 있는지를 직접 확인할 수 없었다. 소유와 경영의 분리가 자연스럽게 퍼지게 된 것이다. 만약 설립자의 후손이 체계적으로 경영수업을 받지 않았다면, 설립자가 사망한 후 그 후손이 경영을 맡아 수행할 수 없을 정도로 사업규모가 너무 커지고 복잡해진 것도 소유와 경영의 분리가 널리 퍼지게 된 주요 원인이다. 따라서 대주주와 분리된 전문경영인이라는 직업이 탄생하게 된다. 외부감사인들이 영국에서 미국으로 건너와서 주주들 대신 감사를 진행하고, 그 결과를 주주들에게 정기적으로 보고하는 관행이 자리잡게 되었다. 즉 주기적인 외부 재무보고가 시작된 것이다.

공인회계사가 탄생하게 된 배경

이런 제도적인 발전에도 불구하고 소유와 경영이 분리되자 여러 문제점이 나타난다. 철도산업이 '황금알을 낳는 거위'라는 환상에 빠져서 많은 사람들이 주식투자에 나섰는데, 그 꿈을 만족시켜주고 계속적인 투자를 받기 위해 경영진이 나서서 분식회계를 저지르기 시작한 것이다. 대부분의 주주가 영국에 거주하는데 사업은 미국에서 이루어졌으므로, 철저하게 경영진의 행동을 감시하는 것이 어려웠다. 그래서 분식회계가 널리 행해진 것이다. 여러 분식회계 사건들이 발생하자, 회계감사의 목적이 점차 부정의 방지 차원을 넘어서서 경영진의 의도적인 재무제표의 왜곡을 적발하거나 예방하는 적극적인 의미로까지 확대된다. 사업에 실패하여 파산한 철도가 나타남에 따라, 이들 철도에 대출을 해줬거나 주주로서 투자했던 금융사들을 중심으로 철도들을 인수하여 통합하고 직접 경영자를 임명해서 경영에 나서는 일도 발생했다. 이들이 투자한 회사에 대해 감사를 받을 것을 요구해서, 대규모의 기업들이 대부분 감사를 받기 시작했다. 외부감사가 중요한 역할을 수행한다는 것이 인정받게 되면서, 1882년 영국에서는 시험에 합격해야 회계사 자격증을 주는 제도도 최초로 생겨났다. 공인회계사의 탄생이다.

그럼에도 불구하고 모든 기업들이 회계처리시에 반드시 따라야 하는 공통적인 회계기준이 존재하지 않았으며, 회계감사시 외부감사인들이 따라야 하는 감사기준도 없었다. 즉 기업이 자의적으로 회계처리를 하고, 감사도 감사인이 누구냐에 따라 제각각 수행되었던 것이다. 이때까지도 기업이 작성한 재무제표나 외부감사인의 감사결과를 신뢰하기가 힘들었다. 회계의 중요성이 부각되고 현재 존재하는 여러 시스템이나 회계기준이 마련된 것은 대공황 이후부터다.

회계이야기 (6)

삼성바이오로직스가 보유한 주식의 회계처리방법 변경

삼성바이오로직스(이하 로직스)는 삼성물산의 자회사로서, 삼성그룹이 의약품 사업에 진출하기 위해 설립한 회사다. 삼성그룹은 2010년대 초반 이후 큰돈을 이 분야에 투자했다. 로직스는 삼성바이오에피스(이하 에피스)라는 자회사를 거느리고 있었다. 로직스는 생산 중심의 회사, 에피스는 연구·개발 중심의 회사다. 로직스는 에피스의 지분을 50% 초과 보유하고 있었으므로 에피스를 종속기업으로 분류하여 연결재무제표를 작성했다. 에피스는 2012년 로직스와 미국 바이오젠의 합작으로 출범한 회사였다. 의약품 개발에 상당한 자금이 필요하지만 성공가능성도 불확실하기 때문에, 개발단계 초기 적자가 발생하는 것은 일반적인 현상이다. 따라서 모회사 로직스는 그동안 상당히 많은 손실을 기록했었다.

그러던 중 2015년 들어 에피스가 지난 3년간 투자를 해온 바이오시밀러 의약품의 상업화에 성공한다. 이 뉴스가 2015년말 발표되자 갑자기 에피스의 가치가 급등한다. 아직 이익이 발생한 것은 아니지만 앞으로 의약품이 잘 팔릴 것이라는 기대 때문에 가치가 상승한 것이다. 따라서 에피스의 지분을 보유한 로직스의 가치도 급등한다. 그리고 2016년 들어 로직스는 국내 주식시장에 상장한다. 원래 미국 나스닥(NASDAQ)시장에 상장하려는 계획이었던 로직스를 국내 코스피시장에 상장시키기 위해 관련기관이 적극 나서서 설득한 결과다. 적자회사인 로직스는 코스피 상장기준을 만족하지 못했는데, 로직스의 상장을 위해 증권거래소는 상장기준을 변경해서 적자회사도 우수한 기술을 보유하고 있다면 상장할 수 있도록 했다. 미국 나스닥시장은 성장가능성을 주요 상장기준으로 삼는 데 반해, 우리나라 코스피시장은 현 시점의 재무상태나 경영성과를 더 중요한 상장기준으로 삼고 있었으므로 이런 차이가 발생한 것이다.

분식회계 의혹의 제기

그런데 상장 이후 일부 시민단체와 정치인들이 로직스가 상장을 앞두고 분식회계를 통해 이익을 부풀렸으며, 상장조건을 만족하지 못하는 로직스를 상장시켜주기 위해 증권거래소와 금융위원회가 특혜를 베풀었다는 주장을 했다. 따라서 관련자들을 처벌하고 상장을 취소해야 한다고 주장했다. 또한 이 사건을 그 이전에 벌어졌던 삼성물산과 제일모직의 합병과 관련시켜, 합병조건을 삼성의 이재용 회장에게 유리하게 만들고자 벌인 일이라고 주장했다. 그 후 관련된 여러 기관들이나 회계법인, 기업이 연이어 반론을 제기하면서, 이 사건과 관련된 논란이 상당기간 동안 벌어졌었다.

우선 첫 번째 주장에 대해 알아보자. 로직스는 원래 종속회사로 분류하던 에피스의 주식을 2015년말 들어 지배력이 상실된 것으로 판단하여 종속기업 분류를 중지하고 공정가치로 평가함으로써 2015년 약 2.7조원의 일시적 이익을 기록했다. 이 일시적 이익 덕분에 로직스는 큰 흑자를 기록할 수 있었다. 이 회계처리가 분식회계라고 주장한 것이다.

로직스는 회계처리방법을 바꾼 이유에 대해, 에피스의 가치가 급등하면서 에피스에 지분 일부를 투자한 바이오젠이 콜옵션을 행사해서 주식의 50%를 보유하게 될 가능성이 거의 확실해졌다고 설명했다. 이 경우 로직스가 경영권을 행사할 수 없게 되므로 연결재무제표를 작성해야 하는 조건을 충족하지 않아서 회계처리를 바꾼 것이라는 설명이다. 즉 에피스가 종속기업에서 관계기업으로 변경된 것이다. 이런 내용을 보면 보유하고 있는 주식을 어떤 방식으로 회계처리하느냐에 따라 똑같은 주식이라도 이익이 크게 달라질 수 있다는 점을 이해할 수 있다. 연결재무제표 작성대상인 종속기업이라면 공정가치의 변동이 평가손익으로 포괄손익계산서에 반영되지 않지만, 종속기업이 아닌 관계기업으로 재분류되면서 주식 보유기간 동안의 가치변동분이 한꺼번에 손익에 반영되게 된 것이다.

관련기관이나 회계업계 및 학계의 반론

두 번째 주장에 대해 증권거래소나 금융위원회는 우수한 기업이 해외에 나가지 않도록 적극 설득하고 상장기준의 문제점을 해결해주어 좋은 결과를 얻은 것이라면서, 비난이 아니라 오히려 칭찬을 받아야 하는 일이라고 반론을 제기했다. 국부 유출을 막고 국내 주식시장을 활성화시키기 위해서 한 행동이라는 것이다. 상장 이후 주가가 많이 올랐으므로 상장 덕분에 많은 국내 주식투자자들이 혜택을 보게 되었다는 사실도 설명했다. 일부 정치인들이나 시민단체의 억지주장 때문에 열심히 일하고 의심과 비난을 받는다는 불만도 이야기했다.

회계처리에 대해서 조사를 실시한 후 공인회계사회나 금융감독원은 모두 분식회계가 아니라 적절한 회계처리라고 발표했다. 그러나 금융감독원은 정권이 교체된 2017년말부터 견해를 바꿔 분식회계라고 주장하기 시작한다. 그러자 회계법인 업계와 대다수의 회계학 교수들은 '정치가 분식회계의 정의까지 바꾸냐'면서 반발했다. 이처럼 똑같은 사항에 대해서도 입장에 따라 해석이 크게 다르다. 이 사례를 보면 정치 이슈와 관련된 복잡한 문제에 대해서는 어느 한편의 주장만을 듣고 섣부른 판단을 내려서는 안 된다는 점을 알 수 있을 것이다. 2024년 2월 내려진 형사재판 1심에서 법원도 분식회계 혐의에 대해 무죄판결을 내렸다.

학습목표의 요약

- 금융자산의 정의를 이해하고 지분투자와 채권투자의 차이를 이해한다. **9.1**
  - 금융자산은 현금, 다른 기업의 지분상품, 거래상대방으로부터 금융자산을 수취할 수 있는 계약상의 권리 등이다.
  - 지분투자(equity investment)는 다른 기업이 발행한 주식에 투자하는 것이며, 채권투자(debt investment)는 기업이나 국가, 공공단체가 발행한 사채나 국채, 공채에 투자하는 것이다.

- 채무상품과 지분상품을 보유의도와 보유능력에 따라 적절한 계정으로 분류할 수 있다. **9.1**
  - 투자목적으로 취득한 채무상품(채권)은 상각후원가측정금융자산(financial assets carried at amortized cost; AC금융자산), 기타포괄손익-공정가치측정금융자산(financial assets at fair value through other comprehensive income; FVOCI금융자산), 당기손익-공정가치측정금융자산(financial assets at fair value through profit or loss; FVPL금융자산) 중 하나로 분류한다.
  - 투자목적으로 취득한 지분상품(주식)은 기타포괄손익-공정가치측정금융자산(financial assets at fair value through other comprehensive income; FVOCI금융자산)이나 당기손익-공정가치측정금융자산(financial assets at fair value through profit or loss; FVPL금융자산) 중 하나로 분류한다.
  - 지분증권 투자 결과 다른 기업의 지분 20% 이상을 소유하여 중요한 영향력을 행사하는 경우에는 관계기업투자주식으로 분류한다.

- AC금융자산의 성격을 이해하고, 취득, 평가, 처분에 대한 회계처리를 할 수 있다. **9.2**
  - AC금융자산은 계약기간 동안 계약상 정해진 원금과 이자만을 수취할 목적으로 취득한 금융자산이다. 이 경우 금융자산의 만기가 고정되어 있고 계약상 지급받을 원리금이 확정되어 있다. 주식은 이런 조건을 만족하지 못하므로 채권만이 AC금융자산으로 분류될 수 있다.
  - 최초 인식 후 AC금융자산은 유효이자율법을 이용하여 상각후원가(amortized cost)로 측정한다.

- FVOCI금융자산의 성격을 이해하고, 취득, 평가, 처분에 대한 회계처리를 할 수 있다. **9.3**
  - FVOCI금융자산은 계약상 정해진 원금과 이자를 수취하는 것 또는 제3자에게 매각하여 현금화하려는 목적으로 취득한 금융자산이다.
  - 최초 인식 후 FVOCI금융자산은 공정가치(fair value)로 측정한다. 장부금액과 공정가치 간의 차이는 FVOCI금융자산평가손익으로 인식하고 기타포괄손익에 포함한다.

- FVPL금융자산의 성격을 이해하고, 취득, 평가, 처분에 대한 회계처리를 할 수 있다. **9.4**
  - FVPL금융자산은 AC금융자산이나 FVOCI금융자산에 해당하지 않는 금융자산이다. 주로 단기간 내에 매각하여 시세차익을 얻을 목적으로 취득하는 금융자산이다.
  - 최초 인식 후 FVPL금융자산은 공정가치(fair value)로 측정한다. 장부금액과 공정가치의 차이는 FVPL금융자산평가손익으로 인식하고 당기손익에 반영한다.
  - 주식은 보유기간 동안 사전적으로 정해진 현금흐름이 없으므로 FVPL금융자산으로 분류하는 것이 원칙

이다. 그러나 회사의 선택에 따라 FVOCI금융자산으로 분류할 수 있다.

- 금융자산의 범주 재분류의 개념을 이해한다. **9.5**
  - 주식의 경우는 취득시점에 선택된 범주를 사후에 변경할 수 없지만, 채권의 경우는 보유목적이 바뀐다면 범주를 변경할 수 있다.
- 관계기업투자와 지분법에 대한 개념을 이해한다. **9.6**
  - 지분투자의 결과로 투자기업이 유의적인 영향력(significant influence)을 행사할 수 있게 된 경우, 피투자회사를 관계기업(associate)이라고 한다.
  - 관계기업투자에는 지분법(equity method)을 적용하여 회계처리한다. 지분법은 지분을 최초로 취득할 때에는 원가로 인식하고, 취득시점 이후에 발생한 피투자회사의 순자산 변동액 중 투자자의 지분만큼을 해당 투자자산의 가치에 가감하여 보고하는 회계처리방법을 말한다. 동시에 가치의 변동액은 지분법이익 또는 손실로 인식한다.
- 종속기업투자와 연결재무제표의 기본개념을 이해한다. **9.6**
  - 투자회사가 피투자회사의 의결권의 50%를 초과하여 소유하는 경우나 다른 방식으로 피투자회사의 재무정책과 영업정책을 결정할 수 있는 능력을 가지고 있다면 이를 지배력(control, 경영권 또는 통제권)을 가졌다고 표현한다. 이때 투자회사는 지배기업(parent)이라고 하고, 피투자회사는 종속기업(subsidiary)이라고 한다.
  - 지배기업과 종속기업들의 경영성과인 재무제표는 세부항목별로 합산한 금액으로 표시하여 연결재무제표(consolidated financial statements)를 작성한다.

주요 용어

- 공정가치(fair value)
- 관계기업(associate)
- 금융자산(financial assets)
- 기타포괄손익-공정가치측정금융자산(financial assets at fair value through other comprehensive income) 또는 FVOCI금융자산
- 당기손익-공정가치측정금융자산(financial assets at fair value through profit or loss) 또는 FVPL금융자산
- 상각후원가측정금융자산(financial assets carried at amortized cost) 또는 AC금융자산
- 연결재무제표(consolidated financial statements)
- 유의적인 영향력(significant influence)
- 유효이자율법(effective interest method)
- 종속기업(subsidiary)
- 지배기업(parent)
- 지배력(control, 경영권 또는 통제권)
- 지분법(equity method)
- 지분투자(equity investment)
- 채권투자(debt investment)

종합복습예제

1. (주)스튜디오드래곤은 연구개발에 필요한 자금을 마련하기 위해 20×1년 1월 1일에 만기 5년, 액면금액 ₩1,000,000, 액면이자율 5%, 이자지급일 매년 12월 31일인 사채를 발행하였다. 발행시점의 시장이자율은 7%이다. (주)네이버는 만기까지 보유할 목적으로 (주)스튜디오드래곤이 발행한 사채를 전부 매입하였다. 다음 각 물음에 답하시오.

NAVER

STUDIO Dragon

관련 현가계수는 다음과 같다.

n=5, 이자율=5%일 때 단일금액 1원의 현가계수=0.7835
n=5, 이자율=5%일 때 정상연금 1원의 현가계수=4.3295
n=5, 이자율=7%일 때 단일금액 1원의 현가계수=0.7130
n=5, 이자율=7%일 때 정상연금 1원의 현가계수=4.1002

물음

1. (주)네이버는 취득한 채권을 만기까지 보유하면서 계약상 정해진 원금과 이자만을 수취할 목적이다. 취득시점에 (주)네이버가 취득한 채권의 취득원가는 얼마인가?
2. (주)네이버의 입장에서 유효이자율법에 따라 상각표를 작성하시오.
3. 20×1년, 20×2년, 20×5년에 대해 (주)스튜디오드래곤과 (주)네이버가 각각 사채의 발행자와 취득자로서 필요한 회계처리를 하시오.

풀이

1. 이 문제는 제8장에서 공부한 채권의 발행자 입장에서의 회계처리와 제9장에서 공부한 채권의 투자자 입장에서의 회계처리를 동시에 살펴보는 것이다. (주)네이버가 취득한 채권의 취득원가를 구하기 위해서는 (주)스튜디오드래곤이 발행한 사채발행금액을 구하면 된다. 사채의 발행금액은 다음과 같이 구할 수 있다.

액면금액의 현재가치	₩1,000,000 × 0.7130*	=	₩713,000
사채이자의 현재가치	₩50,000 × 4.1002**	=	205,010
사채의 발행금액			₩918,010

* 이자율 7%, 5년 만기 단일금액 현가
** 이자율 7%, 5기간의 정상연금의 현가

즉 (주)네이버가 취득한 채권의 취득원가는 사채발행시점에 ₩918,010이다. 이 금액은 (주)스튜디오드래곤의 사채발행금액과 동일하다.

2. 채권의 상각표를 작성하면 다음과 같다.

기 간	① 기초장부금액	② 유효이자	③ 액면이자	④ 상각액	⑤ 기말장부금액
20×1년	₩918,010	₩64,261	₩50,000	₩14,261	₩932,271
20×2년	932,271	65,259	50,000	15,259	947,530
20×3년	947,530	66,327	50,000	16,327	963,857
20×4년	963,857	67,470	50,000	17,470	981,327
20×5년	981,327	68,673*	50,000	18,673	1,000,000
합계		₩331,990	₩250,000	₩81,990	

① 기초장부금액

② 유효이자=기초장부금액×유효이자율(7%)

③ 액면이자=액면금액×액면이자율(5%)

④ 상각액=② 유효이자−③ 액면이자

⑤ 기말장부금액=① 기초장부금액+④ 상각액

* 마지막 연도에는 만기의 장부금액이 액면금액 ₩1,000,000이 되도록 유효이자를 계산한다(반올림 차이 때문임).

3. (주)네이버는 채권의 보유기간 동안 계약상 정해진 원금과 이자만을 수취할 목적으로 채권을 취득하였으므로, 취득한 채권을 AC금융자산으로 분류한다. 사채발행자인 (주)스튜디오드래곤과 사채취득자인 (주)네이버의 20×1, 20×2, 20×5년의 회계처리는 다음과 같다.

(주)스튜디오드래곤 : 사채발행자	(주)네이버 : 사채취득자
20×1년 1월 1일	
(차) 현 금 918,010 사채할인발행차금 81,990 (대) 사 채 1,000,000	(차) AC금융자산 918,010 (대) 현 금 918,010
20×1년 12월 31일	
(차) 이 자 비 용 64,261 (대) 현 금 50,000 사채할인발행차금 14,261	(차) 현 금 50,000 AC금융자산 14,261 (대) 이 자 수 익 64,261
20×2년 12월 31일	
(차) 이 자 비 용 65,259 (대) 현 금 50,000 사채할인발행차금 15,259	(차) 현 금 50,000 AC금융자산 15,259 (대) 이 자 수 익 65,259
20×5년 12월 31일	
(차) 이 자 비 용 68,673 (대) 현 금 50,000 사채할인발행차금 18,673	(차) 현 금 50,000 AC금융자산 18,673 (대) 이 자 수 익 68,673
(차) 사 채 1,000,000 (대) 현 금 1,000,000	(차) 현 금 1,000,000 (대) AC금융자산 1,000,000

2.

국내에는 기관 또는 개인 투자자들로부터 자금을 모아 채권이나 주식에 투자하는 자산운용사가 많이 있다. 이들을 크게 특정 은행이나 증권사의 자회사로서 은행이나 증권사에서 모아주는 자금을 운용하는 계열 자산운용사와, 계열사가 아니라 독립적으로 자금을 모아 운용하는 독립 회사로 구분된다. 대부분의 경우 계열 자산운용사가 독립 회사보다 압도적으로 크다.

자산운용사의 순위는 대개 고객의 위탁을 받아 운용하고 있는 자금의 크기로 구분하는데, 이 금액을 운용자산(assets under management; AUM)이라고 한다. 운용자산의 크기를 기준으로 보면 1위는 삼성자산운용, 2위는 미래에셋자산운용이다. 그 뒤를 KB자산운용, 신한자산운용, 한화자산운용 등이 추격하고 있다. 이들을 보통 대형 자산운용사로 분류한다. 이들 자산운용사에서는 회계지식을 갖춘 직원들을 많이 채용하고 있다.

트러스톤 자산운용은 대표적인 독립운용사다. 트러스톤 자산운용은 20×1년 12월 20일에 아래와 같은 세 주식을 취득하고 현금을 지불하였다. 20×1년 12월 31일의 주식가격에 대한 정보와, 20×2년 2월 20일 이들 주식을 모두 처분했을 때의 처분가격에 대한 정보도 함께 제시되어 있다. 이들 내용을 기초로 하여 주식에 대한 회계처리와 관련한 다음 물음에 답하시오.

구 분	취득원가 (20×1년 12월 20일)	공정가치 (20×1년 12월 31일)	처분가격 (20×2년 2월 20일)
A사 주식	₩100,000	₩130,000	₩140,000
B사 주식	200,000	170,000	180,000
C사 주식	150,000	200,000	210,000
합 계	₩450,000	₩500,000	₩530,000

물음

1. 위 주식들을 단기매매 목적으로 취득하였을 때, 20×1년 12월 20일의 분개를 하시오.
2. 20×1년 12월 31일의 FVPL금융자산 기말평가에 대해 분개를 하시오.
3. 20×2년 2월 15일에 보유하고 있던 B사 주식에 대한 배당금을 현금으로 받았을 때의 분개를 하시오. 단 B사 주식의 액면금액은 ₩5,000(보유주식수 : 20주)이며, 배당금 지급액은 주식 액면금액의 10%이다.
4. 20×2년 2월 20일에 보유하고 있던 FVPL금융자산 전체를 ₩530,000에 처분하였을 때의 분개를 하시오.
5. 위 주식은 단기매매 목적으로 취득한 것이 아니라고 하자. 회사가 취득시 위 주식을 모두 FVOCI 금융자산으로 분류한 경우 [물음] 1, 2, 3, 4에 대하여 각각 답하시오. 단 회사는 처분된 주식의 평가손익누계액(기타포괄손익)은 자본 내의 이익잉여금으로 대체하기로 하였다.

풀 이

1. 20×1년 12월 20일 : FVPL금융자산 취득

(차) FVPL금융자산(A)	100,000	(대) 현 금	450,000
FVPL금융자산(B)	200,000		
FVPL금융자산(C)	150,000		

2. 20×1년 12월 31일 : FVPL금융자산 기말평가

평가손익 = 20×1년말 공정가치 − 취득원가

= ₩500,000 − ₩450,000 = ₩50,000(이익)

(차) FVPL금융자산(A)	30,000	(대) FVPL금융자산평가이익	30,000
FVPL금융자산평가손실	30,000	FVPL금융자산(B)	30,000
FVPL금융자산(C)	50,000	FVPL금융자산평가이익	50,000

3. 20×2년 2월 15일 : B사가 지급한 배당금수익

현금배당액 = 액면금액의 10% × 주식수

= (₩5,000 × 10%) × 20주 = ₩10,000

(차) 현 금	10,000	(대) 배당금수익	10,000

4. 20×2년 2월 20일 : FVPL금융자산 처분

장부금액의 측정 : 처분하는 FVPL금융자산을 처분일의 공정가치로 재측정한다.

(차) FVPL금융자산(A)	10,000	(대) FVPL금융자산평가이익	10,000
(차) FVPL금융자산(B)	10,000	(대) FVPL금융자산평가이익	10,000
(차) FVPL금융자산(C)	10,000	(대) FVPL금융자산평가이익	10,000

처분거래의 기록 : FVPL금융자산의 장부금액을 제거하고 수취대가를 인식한다.

(차) 현 금	530,000	(대) FVPL금융자산(A)	140,000
		FVPL금융자산(B)	180,000
		FVPL금융자산(C)	210,000

당기손익에 미친 영향 : 처분대가(₩530,000)에서 FVPL금융자산의 직전 회계연도 장부금액(₩500,000)을 차감한 ₩30,000만큼 당기순이익이 증가한다(FVPL금융자산평가이익).

5. 주식을 FVOCI금융자산으로 지정한 경우

(1) 20×1년 12월 20일 : FVOCI금융자산 취득

(차) FVOCI금융자산(A)	100,000	(대) 현 금	450,000
FVOCI금융자산(B)	200,000		
FVOCI금융자산(C)	150,000		

(2) 20×1년 12월 31일 : FVOCI금융자산 기말평가

평가손익 = 20×1년말 공정가치 − 취득원가

= ₩500,000 − ₩450,000 = ₩50,000

(차) FVOCI금융자산(A)	30,000	(대) FVOCI금융자산평가이익	30,000
FVOCI금융자산평가손실	30,000	FVOCI금융자산(B)	30,000
FVOCI금융자산(C)	50,000	FVOCI금융자산평가이익	50,000

FVOCI금융자산평가이익은 마감분개를 통해 기타포괄손익누계액으로 대체된다.

(3) 20×2년 2월 15일 : B사가 지급한 배당금수익

현금배당액＝액면금액의 10%×주식수＝(₩5,000×10%)×20주＝₩10,000

(차) 현　　금	10,000	(대) 배당금수익	10,000

(4) 20×2년 2월 20일 : FVOCI금융자산 처분

장부금액의 측정 : 처분하는 FVOCI금융자산을 처분일의 공정가치로 재측정한다.

(차) FVOCI금융자산(A)	10,000	(대) FVOCI금융자산평가이익	10,000
(차) FVOCI금융자산(B)	10,000	(대) FVOCI금융자산평가이익	10,000
(차) FVOCI금융자산(C)	10,000	(대) FVOCI금융자산평가이익	10,000

처분거래의 기록 : FVOCI금융자산의 장부금액을 제거하고 수취대가를 인식한다.

(차) 현　　금	530,000	(대) FVOCI금융자산(A)	140,000
		FVOCI금융자산(B)	180,000
		FVOCI금융자산(C)	210,000

처분시점에 인식한 평가이익 마감분개 : 20×2년에 인식한 평가이익을 기타포괄손익누계액으로 대체하는 마감분개를 기말에 실시한다.

(차) FVOCI금융자산평가이익(A, B, C)	30,000	(대) FVOCI금융자산평가이익누계액	30,000

회사가 주식의 후속적인 공정가치 변동분을 기타포괄손익으로 표시하겠다는 선택을 한 경우에는 주식의 처분시점에 보유기간 동안 발생하여 누적된 공정가치 변동분을 당기손익으로 이전할 수 없다. 본 문제에서는 회사가 평가손익누계액을 자본 내의 이익잉여금으로 대체하기로 하였으므로, 처분시점까지 인식한 평가손익누계액은 전액 이익잉여금으로 직접 재분류한다. 즉 FVOCI금융자산으로 분류한 주식(지분상품)은 보유기간 동안 발생한 평가손익이나 처분손익이 당기손익에 영향을 미치지 않는다. 이 점은 FVOCI금융자산으로 분류한 채권(채무상품)의 처분시의 회계처리와 다르므로 주의해야 한다.

이익잉여금으로 이전될 기타포괄손익누계액
＝취득시점부터 처분시점까지의 공정가치 변동분
＝처분시점의 공정가치(처분금액)－취득원가＝₩530,000－₩450,000＝₩80,000

평가손익누계액의 이익잉여금 대체 : 20×1년 평가이익 인식액 ₩50,000과 20×2년 평가이익 인식액 ₩30,000의 합인 ₩80,000이 기타포괄손익누계액의 잔액이므로, 이를 기말에 마감분개를 통해 이익잉여금으로 대체한다.

(차) FVOCI금융자산평가이익누계액	80,000	(대) 이익잉여금	80,000

연습문제

주관식

1. [금융자산]

다음 중 맞는 것에는 ○, 틀린 것에는 ×표를 하시오.

(1) FVPL금융자산의 취득수수료는 당기비용으로 처리한다. (　　)
(2) 주식은 FVOCI금융자산으로 분류할 수 없다. (　　)
(3) FVOCI금융자산의 기말평가손익은 당기손익에 반영한다. (　　)
(4) AC금융자산의 장부금액은 만기까지 변하지 않는다. (　　)
(5) 관계기업투자주식은 기말에 공정가치 평가에 따른 평가손익을 인식하지 않는다. (　　)

2. [FVPL금융자산]

다음 거래에 따른 회계처리를 하시오.

(1) 단기적인 시세차익을 목적으로 주식 100주를 주당 ₩3,000에 취득하였다. 주식취득에 따른 수수료는 ₩1,000이었으며 취득대금 및 수수료 모두 현금으로 지급하였다.
(2) 여유자금의 단기운용 목적으로 액면금액 ₩1,000,000의 채권을 ₩980,000에 취득하였다. 채권취득에 따른 수수료는 ₩3,000이었으며 취득대금 및 수수료 모두 현금으로 지급하였다.
(3) 위의 (1)번 거래에서 취득한 주식으로부터 주당 ₩700의 배당금을 수취하였다.

3. [FVPL금융자산]

다음은 (주)HD현대중공업의 주가 변화를 나타낸 것이다.

일 자	주당 공정가치
20×1년 7월 20일	₩6,000
20×1년 12월 31일	7,200
20×2년 12월 31일	5,800
20×3년 7월 26일	6,100

(주)덕송은 20×1년 7월 20일 (주)HD현대중공업의 주식을 100주 취득하였다. 취득한 주식은 20×3년 7월 26일에 전부 처분하였다. 취득한 주식을 FVPL금융자산으로 분류한 경우 각 일자별 필요한 회계처리를 하시오. 단 (주)HD현대중공업은 배당금을 지급하지 않았다.

4. [FVOCI금융자산]

위 문제에서 취득한 주식을 회사가 FVOCI금융자산으로 분류한 경우 필요한 회계처리를 하시오.

5. [FVPL금융자산/FVOCI금융자산의 비교]

기업이 주식을 취득한 경우 회사의 선택에 따라 FVPL금융자산 또는 FVOCI금융자산으로 분류할 수 있다. 공정가치 평가는 회계연도말에 이루어지는데, 분류에 따라 평가손익을 당기손익에 반영하거나 기타포괄손익에 반영한다. 이렇게 다르게 회계처리하는 이유는 무엇인가?

6. [FVOCI금융자산]

(주)덕송은 20×1년 1월 1일에 만기 3년 액면금액 ₩1,000,000, 액면이자율 8%, 이자지급일 매년 12월 31일인 사채를 ₩1,000,000에 액면발행하였다. 발행시점의 시장이자율은 8%이다. (주)한화오션은 계약상 정해진 원리금을 수취할 뿐만 아니라 미래의 특정시점에 제3자에게 매도할 목적으로 (주)덕송이 발행한 사채를 전부 매입하였다.

(1) (주)한화오션이 취득한 사채를 금융자산의 세 가지 범주 중 하나로 분류하고 그 근거를 설명하시오.

(2) 사채의 취득에 따른 회계처리를 하시오.

(3) 유효이자율법에 따라 20×1년, 20×2년, 20×3년에 대한 상각표를 작성하시오.

(4) 20×1년 12월 31일 사채의 공정가치가 ₩950,000일 때 기말에 필요한 회계처리를 하시오.

(5) (주)한화오션이 20×2년 1월 1일 사채를 전부 ₩950,000에 매각하였을 때 필요한 회계처리를 하시오.

7. [AC금융자산]

(주)덕송은 20×1년 1월 1일에 만기 3년 액면금액 ₩1,000,000, 액면이자율 12%, 이자지급일 매년 12월 31일인 사채를 발행하였다. 발행시점의 시장이자율은 15%이다. (주)삼성중공업은 계약상 정해진 원리금만을 수취할 목적으로 (주)덕송이 발행한 사채를 ₩931,508에 전부 매입하였다.

(1) (주)삼성중공업이 취득한 사채를 금융자산의 세 가지 범주 중 하나로 분류하고 그 근거를 설명하시오.

(2) 사채의 취득에 따른 회계처리를 하시오.

(3) 유효이자율법에 따라 20×1년, 20×2년, 20×3년에 대한 상각표를 작성하시오.

(4) 20×1년 12월 31일 사채의 공정가치가 ₩950,000일 때 기말에 필요한 회계처리를 하시오.

(5) 만기일 사채상환시점에 필요한 회계처리를 하시오.

8. [AC금융자산]

국제회계기준에서는 AC금융자산을 공정가치로 평가하지 않는다. 그 이유는 무엇인가?

9. [관계기업투자주식]

20×1년 2월 21일 (주)덕송은 경영참여 목적으로 (주)메리츠증권의 주식 20%를 ₩100,000,000에 취득하였다. 취득금액과 (주)메리츠증권의 순자산금액은 일치하였다. 20×1년 3월 3일 (주)메리츠증권은 총 ₩500,000의 배당금을 지급하였다. 또한 (주)메리츠증권은 20×1년 ₩40,000,000의 당기순이익을 보고하였으며, 20×1년 12월 31일 현재 주가는 취득시보다 10% 상승하였다. 각 시점에 필요한 회계처리를 하시오.

(1) 주식취득

(2) 배당금 수취

(3) 20×1년 12월 31일

객관식

1. [FVPL금융자산]

다음은 (주)웹젠의 주가 변화를 나타낸 것이다.

일 자	공정가치
20×1년 7월 20일	₩300,000
20×1년 12월 31일	340,000
20×2년 12월 31일	355,000

(주)덕송은 20×1년 7월 20일 단기운용 목적으로 (주)웹젠의 주식을 취득하였으며, 취득수수료 ₩3,000을 지급하였다. 20×2년 12월 31일에 인식할 FVPL금융자산평가손익은 얼마인가?

① 평가손익 없음　② 평가이익 ₩12,000　③ 평가이익 ₩15,000
④ 평가이익 ₩52,000　⑤ 평가이익 ₩55,000

2. [FVPL금융자산]

(주)덕송은 20×1년 7월 20일에 액면금액 ₩5,000인 (주)위메이드의 주식을 주당 ₩5,500에 30주 매입하여 FVPL금융자산으로 분류하였다. 20×1년말 (주)위메이드의 주식은 공정가치가 주당 ₩6,000으로 알려졌다. 20×2년 1월 3일 보유한 (주)위메이드의 주식을 모두 주당 ₩6,100에 매각하였다. 주식처분으로 20×2년의 당기손익에 미치는 영향은 얼마인가?

① 손익영향 없음　② 이익 ₩3,000　③ 이익 ₩6,000
④ 이익 ₩18,000　⑤ 이익 ₩33,000

3. [FVPL금융자산]

(주)덕송은 20×1년 4월 1일 (주)넷마블이 발행한 사채를 ₩460,000에 취득하여 FVPL금융자산으로 분류하였다. 사채의 액면금액은 ₩500,000, 이자율은 연 8%, 만기는 5년, 이자지급일은 매년 3월 31일이다. (주)덕송은 20×1년 12월 31일 해당 자산의 공정가치에 변화가 없다고 판단하였다. (주)덕송은 20×2년 3월 31일에 (주)넷마블로부터 이자를 지급받고, 그 직후 사채를 공정가치인 ₩480,000에 매각하였다. 사채의 처분으로 (주)덕송의 당기손익에 미치는 영향(이자수익 인식으로 당기손익에 미치는 영향은 제외)은 얼마인가?

① 손실 ₩40,000　② 손실 ₩20,000　③ 손익영향 없음
④ 이익 ₩20,000　⑤ 이익 ₩50,000

4. [FVOCI금융자산]

(주)덕송은 20×1년 7월 26일 (주)네오위즈의 주식 100주를 ₩3,000,000에 취득하고 FVOCI금융자산으로 분류하였다. (주)네오위즈 주가의 공정가치 변화는 다음과 같다.

일 자	주당 공정가치
20×1년 7월 26일	₩30,000
20×1년 12월 31일	28,000
20×2년 12월 31일	27,000

20×2년 12월 31일에 (주)덕송의 FVOCI금융자산평가손익은 얼마인가?

① 평가손실 ₩300,000 ② 평가손실 ₩100,000 ③ 평가손익 없음
④ 평가이익 ₩100,000 ⑤ 평가이익 ₩300,000

5. [FVOCI금융자산]

(주)덕송은 20×1년 11월 29일 (주)NC소프트의 주식 100주를 장기투자 목적으로 ₩2,500,000에 취득하고, 후속적인 공정가치의 변동을 기타포괄손익으로 인식하도록 최초 인식시점에 선택하였다. (주)NC소프트 주가의 공정가치 변화는 다음과 같다.

일 자	주당 공정가치
20×1년 11월 29일	₩25,000
20×1년 12월 31일	26,000
20×2년 12월 31일	28,000
20×3년 6월 30일	28,000

20×3년 6월 30일에 (주)덕송이 (주)NC소프트의 주식 50주를 시가에 매각하였을 때 처분으로 인해 20×3년의 당기손익에 미치는 영향은 얼마인가?

① 손실 ₩75,000 ② 손실 ₩25,000 ③ 손익영향 없음
④ 이익 ₩25,000 ⑤ 이익 ₩150,000

6. [FVPL금융자산/FVOCI금융자산의 비교]

12월말 결산법인인 (주)덕송은 20×1년초에 (주)스마일게이트의 주식 1,000주를 1주당 ₩2,000에 취득하였으며, 20×1년말 현재 (주)스마일게이트의 1주당 공정가치는 ₩2,400이다. 20×2년중에 (주)덕송은 보유중인 (주)스마일게이트 주식의 절반인 500주를 1주당 ₩2,200에 처분하였다. 이러한 주식의 처분과 관련하여 (주)덕송이 20×2년 포괄손익계산서에 반영할 당기손익을 주식이 FVPL금융자산인 경우와 FVOCI금융자산인 경우로 나누어 제시한 것으로 옳은 것은?

	FVPL금융자산	FVOCI금융자산
①	손실 ₩100,000	이익 ₩0
②	이익 ₩100,000	이익 ₩0
③	손실 ₩100,000	손실 ₩100,000
④	이익 ₩200,000	손실 ₩150,000
⑤	이익 ₩200,000	손실 ₩200,000

7. [AC금융자산]

(주)덕송은 20×1년 1월 1일에 계약상 정해진 원리금만을 수취할 목적으로 한국투자증권(주)가 발행한 액면금액 ₩1,000,000인 사채를 취득하였다. 이 사채는 20×5년 12월 31일 만기로 표시이자율은 연 8%이다. 이자지급일은 매년 12월 31일이다. 취득일 현재 이자율은 10%이다. 사채의 취득가격은 얼마인가?

기간	할인율	단일금액(₩1)의 현재가치	정상연금(₩1)의 현재가치
5	8%	0.68058	3.99271
5	10%	0.62092	3.79079

① ₩924,183 ② ₩999,997 ③ ₩1,000,000
④ ₩1,020,191 ⑤ ₩1,240,000

8. [금융상품의 분류 및 개념]

지분법적용투자주식을 제외한 금융상품(지분증권 또는 채무증권)의 회계상 분류 및 평가에 관한 설명으로 옳지 않은 것은?

① AC금융자산이나 FVOCI금융자산으로 분류되지 않는 금융상품은 FVPL금융자산으로 분류한다.
② 지분증권도 장기보유 목적으로 취득한 경우 AC금융자산으로 분류할 수 있다.
③ FVOCI금융자산으로 분류한 채무증권은 만기까지 보유할 수도 있고, 또는 만기가 도래하기 이전에 시장에서 매각할 목적으로 보유하고 있는 금융상품이다.
④ 지분증권의 취득원가는 공정가치로 한다.
⑤ 만기가 확정된 채무증권으로서 계약상 현금흐름이 원금과 이자만으로 구성되어 있고, 투자자가 채무증권을 만기까지 보유하면서 원리금만을 수취할 목적으로 취득한 경우에는 AC금융자산으로 분류한다.

9. [금융상품의 분류 및 개념]

다음의 금융상품에 관한 거래 중 당기순이익에 영향을 미치지 않는 거래는?

① 액면발행된 AC금융자산 ₩200,000에 대한 10%의 이자를 수취하였다.
② 당년도 ₩300,000에 매입한 FVPL금융자산이 당년말 ₩350,000으로 상승하였다.
③ 전년도 ₩100,000에 매입하여 FVOCI금융자산으로 분류한 지분상품의 시가가 작년말 ₩120,000으로 상승하였는데, 당기중 공정가치가 다시 하락하여 ₩110,000에 매각하였다.
④ 40%의 지분을 소유하여 지분법을 적용하는 관계기업이 ₩2,000,000의 순이익이 발생하였으나 배당은 하지 않는다는 보고를 하였다.
⑤ 주식을 매입하여 FVPL금융자산으로 인식하였다. 투자한 기업으로부터 ₩10,000의 현금배당을 받았다.

10. [관계기업투자주식]

20×1년 1월 3일 (주)덕송은 (주)넥슨의 주식 40%를 ₩500,000,000에 취득하였다. 20×1년중에 (주)넥슨은 총 ₩30,000,000의 배당금을 현금으로 지급하였다. 또한 (주)넥슨은 20×1년 ₩1,000,000,000의 당기순이익을 보고하였다. 20×1년말 (주)덕송의 재무상태표에 기록될 관계기업투자주식은 얼마인가?

① ₩488,000,000　② ₩500,000,000　③ ₩888,000,000
④ ₩900,000,000　⑤ ₩912,000,000

11. [관계기업과 종속기업 투자]

다음 중 관계기업과 종속기업에 대한 투자와 관련된 설명으로 옳지 않은 것은?

① 투자회사가 피투자회사의 지분을 취득할 때, 취득한 지분율이 일정수준 이상이면 유의적인 영향력을 행사할 수 있다.
② 유의적인 영향력을 행사하는 경우라면, 지분투자가 단순한 투자수익을 얻기 위한 것이 아니라 피투자회사의 경영에 참여하여 투자회사가 원한 효익을 얻기 위해서다.
③ 지분투자의 결과 투자회사가 유의적인 영향력을 행사할 수 있게 된 피투자회사를 관계기업이라고 부른다.
④ 지분법은 지분을 최초로 취득한 때에는 원가로 인식하고, 취득시점 이후에 발생한 피투자회사의 순자산 변동액 중 투자회사의 지분비율만큼을 해당 투자자산에 가감하는 방법이다.
⑤ 피투자회사에 대한 지분율이 50%를 초과하는 경우에만 피투자회사를 종속기업으로 분류하여 지배기업과 합해서 연결재무제표를 작성한다.

12. [범주 재분류와 재분류조정]

범주 재분류와 재분류조정에 대한 다음 설명 중 옳지 않은 것은?

① 금융자산의 취득시점에 어떤 범주로 분류할 것인지 결정한다.
② 금융자산을 보유하는 동안 보유목적이 변한다면 금융자산의 범주를 재분류할 수 있다.
③ FVOCI금융자산으로 분류한 채권의 경우, 처분시점에서 누적된 평가손익을 당기손익으로 재분류한다.
④ 위의 ③의 설명에서, 재분류를 하면 해당하는 금액만큼 기타포괄손익이 감소하고 당기손익이 증가한다.
⑤ FVOCI금융자산으로 분류한 주식의 경우, 처분하더라도 누적된 평가손익을 당기손익으로 재분류하지 않는다.

미니케이스

신영증권은 우리나라의 대표적인 증권회사 중 하나로 1956년 2월 25일 설립되었으며, 1987년 8월 24일에 유가증권시장에 주권을 상장하였다. 외형적으로 보면 대규모 증권사는 아니다. 그러나 신영증권은 대한민국 최고기업 대상을 수상하는 등 증권업계에서는 널리 알려진 강소회사다. 증권업계에서는 드물게 단기업적보다는 장기업적, 외형적인 성장보다 내실을 다져나가는 경영방침을 가지고 있다. 그 결과 직원들이 장기근속을 하며, 1971년부터 현재까지 단 한 번도 적자를 기록하거나 인위적 구조조정을 하지 않은 것으로도 유명하다. 신영증권의 자회사인 신영자산운용은 여러 주식형 또는 채권형 펀드를 운용하고 있는데, 신영자산운용의 우수한 자산운용 성과도 동종업계에는 널리 알려져 있다.

다음은 다양한 종류의 금융상품에 대한 투자의 내역을 보여주는 신영증권의 2024년 3월말 현재 연결재무제표에 대한 주석 3. 금융상품의 범주 및 공정가치 중 일부이다.

(5) 금융상품 공정가치

1) 금융상품 종류별 장부금액과 공정가치

보고기간말 현재 연결실체의 재무제표에 계상된 금융상품의 장부금액과 공정가치의 비교 내역은 다음과 같습니다.

〈당 기〉 (단위 : 천원)

종 류	구 분	장부금액	공정가치
금융자산 :			
당기손익-공정가치측정 금융자산	유가증권	₩7,153,286,644	₩7,153,286,644
	파생결합증권	?	179,444,018
	투자자예탁금별도예치금(신탁)	100,208,900	100,208,900
	파생상품자산	?	180,587,948
	소 계	7,613,527,510	7,613,527,510
기타포괄손익-공정가치측정금융자산	시장성 있는 주식	134,766,235	?
	시장성 없는 주식	260,013,052	260,013,052
	채무증권	60,393,401	60,393,401
	소 계	455,172,688	455,172,688
상각후원가측정금융자산	현금및예치금	606,842,037	606,842,037
	유가증권	65,105,729	65,105,729
	대출채권	474,147,265	474,147,265
	기타금융자산	548,284,127	548,284,127
	소 계	1,694,379,158	1,694,379,158
합 계		₩9,763,079,356	₩9,763,079,356

물음

(1) 당기손익-공정가치측정금융자산의 세부항목인 파생결합증권과 파생상품자산의 2024년 3월말 현재 장부금액은 얼마인가?

(2) 기타포괄손익-공정가치측정금융자산의 세부항목인 시장성 있는 주식의 2024년 3월말 현재 공정가치는 얼마인가?

(3) 신영증권의 2024년 3월말 연결재무상태표에서, 전체 자산 중 당기손익-공정가치측정금융자산과 기타포괄손익-공정가치측정금융자산이 차지하는 비중을 계산하고, 신영증권이 왜 이렇게 금융자산을 많이 보유하고 있는지 이유를 설명하시오.

(4) 신영증권의 2024년 3월말로 종료되는 연도의 연결포괄손익계산서에서, 금융상품평가및처분이익과 금융상품평가및처분손실을 찾으시오. 두 금액을 비교하여 신영증권의 작년 1년 동안의 투자성과는 어땠는지를 설명하고, 그런 결과가 나온 이유를 추측해보시오.

(5) 다른 증권사 하나를 골라서, 최근 회계연도말 연결재무상태표에서 전체 자산 중 당기손익-공정가치측정금융자산과 기타포괄손익-공정가치측정금융자산이 차지하는 비중을 계산하고, 이 수치를 신영증권의 경우와 비교하시오.

(6) 위의 (5)에서 고른 증권사의 경우, 최근 회계기간의 금융상품평가및처분이익과 금융상품평가및처분손실은 얼마인가? 이 수치를 신영증권의 경우와 비교하시오.

신영증권

CHAPTER

10 자 본

주식회사는 주식의 발행을 통해 조달된 자금으로 설립된 기업이다. 주주들은 자금을 출자한 대가로 배당금을 수취하고, 주주총회에서 의결권을 행사하여 회사의 중요한 정책결정에 참여하는 등의 방법으로 자신들의 권리를 행사할 수 있다. 주주의 지분은 재무상태표에 자본으로 표시되는데, 자본은 총자산에서 채권자지분인 부채를 차감한 잔여지분 또는 순자산으로 정의된다.

대공황은 유효수요의 부족으로 기업들의 경영성과가 점차 악화되자 주가가 폭락하면서 시작되었다. 유효수요의 부족이 발생했던 이유는 당시 기업들이 왜곡된 재무제표를 이용하여 많은 자금을 조달했고, 그 자금을 사용하여 과다한 투자를 해서 수요를 초과하는 많은 제품을 생산해냈기 때문이다. 이 제품들이 팔리지 않고 재고자산으로 쌓이기 시작하면서 불황이 시작된다.

학습목표 제10장 자본을 공부한 이후에는…

1. 타인자본과 자기자본의 차이를 이해하고, 자본의 성격을 설명할 수 있다. *10.1*
2. 주식회사의 자본을 발생원천별로 구분하고, 각 항목별로 분류할 수 있다. *10.1*
3. 보통주와 우선주의 차이를 이해하고, 납입자본에 대한 회계처리를 할 수 있다. *10.2*
4. 자본금의 증가 또는 감소를 발생시키는 여러 가지 자본거래들의 개념을 이해할 수 있다. *10.2*
5. 이익잉여금의 개념을 이해하고, 이익잉여금의 처분과 배당에 대해 설명할 수 있다. *10.3*
6. 자본조정의 성격을 이해하고, 자기주식 관련 거래를 회계처리할 수 있다. *10.4*
7. 자본변동표의 의의를 이해하고, 자본변동표를 통해 기중에 발생한 자본거래를 파악할 수 있다. *10.5*

자본

equity

- 자본의 의의와 구성
  - 자본의 의의
  - 자본의 구성
- 납입자본
  - 주식의 종류와 주식수의 체계
  - 납입자본
  - 주식의 발행
  - 자본금의 증가와 감소
- 이익잉여금
  - 이익잉여금의 의의
  - 이익잉여금의 처분
  - 배당
- 자본조정과 기타포괄손익누계액
  - 자본조정의 성격과 종류
  - 자기주식
  - 기타포괄손익누계액
- 자본변동표
  - 자본변동표의 정의 및 의의
  - 자본변동표의 구조

10.1 자본의 의의와 구성

1. 자본의 의의

기업의 자금조달의 원천은 크게 **타인자본**과 **자기자본**으로 분류된다.

기업활동에 필요한 자금을 조달하는 원천은 크게 타인자본과 자기자본으로 분류한다. 타인자본은 주주를 제외한 다른 개인이나 집단으로부터 조달한 자금으로서, 제8장에서 살펴본 사채나 은행으로부터 빌린 차입금 등을 말한다. 타인자본을 사용하여 자금을 조달하면 그 대가로 확정된 이자를 지급하다가 만기에 원금을 상환해야 한다. 이에 반해 자기자본은 주식을 발행해서 주주들에게 판매함으로써 조달한 자금을 말하는데, 자기자본은 투자원금을 상환할 의무가 없다. 또한 자금을 사용한 대가로 이익의 일부를 배당으로 지급하는데, 배당은 사전에 확정된 것이 아니라 기업의 경영성과나 향후 현금지출계획에 따라 당기지급액이 달라진다.

자본은 투자자가 투자한 원금을 상환할 필요가 없으며, 이익의 일부를 주주들에게 배당한다. 따라서 기업의 경영성과에 따라 배당지급액이 달라진다.

회사가 파산 등의 이유로 청산하게 되면 채권자지분을 먼저 지급하고 남은 부분이 주주들의 몫이 된다. 이를 '기업의 자산에 대해 주주가 채권자보다 후순위 청구권을 가진다'고 표현한다. 따라서 자본은 독립적으로 결정되는 것이 아니라 기업의 자산에서 채권자지분(부채)을 차감하고 남은 잔여분이라는 의미에서 잔여지분(residual interest) 또는 순자산(net assets)이라고도 부른다. 회사의 영업성과가 좋은 경우 주주들은 배당이나 주가상승의 형태로 성과를 분배받는데, 정해진 원리금만을 회수하는 채권자보다 더 많은 성과를 분배받을 수 있다. 반면 영업성과가 나빠서 회사를 청산하는 경우 주주는 투자원금을 회수하지 못할 가능성이 채권자보다 높다. 즉 주주는 회사를 경영하여 얻어진 결과에 대한 최종적인 위험을 부담하지만 효익도 누리는 것이다.

자산 = 부채 + 자본
자산 − 부채 = 자본
= 잔여지분
= 순자산
= 자기자본

2. 자본의 구성

주식회사의 자본을 발생원천별로 살펴보면 크게 주주와의 자본거래로 인해 발생한 항목과 손익거래로 인해 발생한 항목으로 분류할 수 있다. 여기서 자본거래란

자본거래는 포괄손익계산서를 거치지 않고 직접 재무상태표의 자본(자본금, 자본잉여금, 자본조정)에 반영되나, **손익거래**는 포괄손익계산서의 당기순손익이나 기타포괄손익을 거쳐서 자본(이익잉여금, 기타포괄손익누계액)에 반영된다.

자본은 크게 납입자본, 이익잉여금, 기타자본으로 분류할 수 있다.

증자나 감자 그리고 자사주의 취득이나 처분 등 기업과 주주 사이에 발생한 거래를 말한다. 이러한 자본거래는 포괄손익계산서를 거치지 않고 직접 재무상태표의 자본에 반영된다. 한편 손익거래는 자본거래로 분류되지 않는 거래로서, 수익이나 비용을 발생시키는 거래를 말한다. 손익거래는 일단 포괄손익계산서의 당기순손익이나 기타포괄손익 계산에 포함된 후 이익잉여금이나 기타포괄손익누계액의 변동을 통해 자본에 영향을 미친다.

자본은 크게 납입자본, 이익잉여금, 기타자본으로 분류할 수 있다. 납입자본은 주주가 주식을 취득하기 위해 실제로 회사에 납입한 자본으로 자본금과 자본잉여금으로 나뉜다. 이익잉여금은 설립 이후에 발생한 당기순이익의 합계액(누계액)에서 배당금 등을 차감한 금액을 말한다. 기타자본은 기타포괄손익누계액과 자본조정을 합한 금액이다.

그림 10-1

손익거래로 인한 자본의 변동

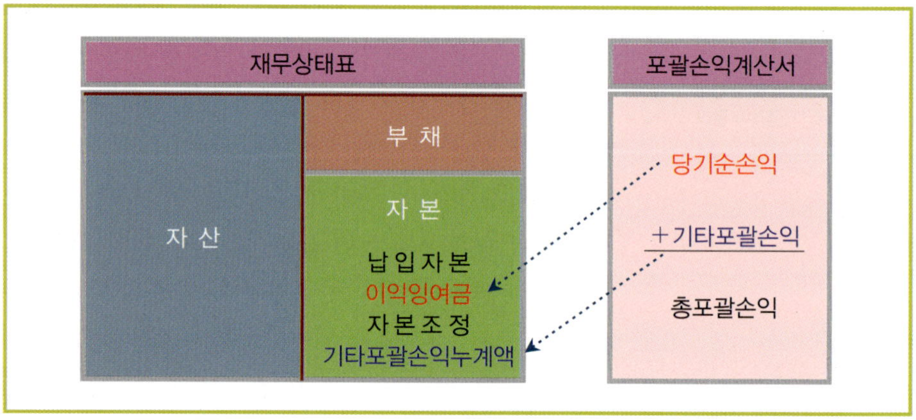

표 10-1

자본의 분류

구분		내용
납입자본	자본금	· 보통주자본금 · 우선주자본금
	자본잉여금	· 주식발행초과금 · 기타자본잉여금 : 자기주식처분이익, 감자차익
이익잉여금		· 법정적립금 : 이익준비금 · 임의적립금 : 배당평균적립금, 사업확장적립금, 감채적립금 · 미처분이익잉여금(또는 미처리결손금)
기타자본	자본조정	· 자기주식 · 기타자본조정 : 주식할인발행차금, 감자차손, 자기주식처분손실
	기타포괄손익누계액	· FVOCI금융자산평가손익, 유형자산재평가손익

자본을 납입자본과 이익잉여금으로 구분하는 것은 배당의 결정에 있어 매우 중요하다. 이익잉여금으로만 배당을 지급할 수 있으며 납입자본으로는 배당을 지급할 수 없다. 납입자본으로 주주에게 배당을 하는 것은 주주들이 출자한 금액을 주주에게 돌려주는 것과 마찬가지이기 때문이다. 만약 납입자본의 배당이 가능하다면 채권자의 청구권을 침해할 수도 있기 때문에,[1] 자본을 납입자본과 이익잉여금으로 구분하고 손익거래인 영업활동을 통해 얻은 이익잉여금의 한도 내에서만 주주에게 배당이 가능하도록 정한 것이다.

주주가 기업에 출자한 자금을 자본금, 자본잉여금, 자본조정으로 구분하여 표시한다. 이 중 자본금은 주주가 출자한 대가로 주주에게 발행한 주식의 액면금액을 말한다. 즉 자본금계정을 자본잉여금계정이나 자본조정계정과 분리하여 표시하는 이유는 주주들이 취득한 주식의 액면금액이 얼마인지를 재무상태표에 표시하기 위해서다. 액면금액 이외에 주주들이 추가적으로 회사에 기여한 금액을 자본잉여금으로 표시하고, 액면보다 덜 기여한 부분이나 주주들에게 상환한 금액을 자본조정으로 구분하여 표시한다.

회계이야기 (1)

아라비아 숫자의 사용이 회계에 미친 영향

문명의 혜택을 받지 못한 원시부족들 중 일부는 숫자의 개념을 명확하게 갖고 있지 못하고 1과 2만 사용한다. 그래서 3을 표시하기 위해서는 1+2라는 방식을, 4를 표시하기 위해서는 2+2라는 방식을, 5를 표시하기 위해서는 2+2+1이라는 방식을 사용한다고 한다. 이런 방법이 너무 복잡하므로, 대부분의 경우 1과 2 다음에는 그냥 '많다'라고 표현을 한다. 이런 경우 복잡한 경제활동이 이루어지지 못할 가능성이 높다.

고대부터 중세 유럽까지는 로마 숫자를 사용했다. 이 경우 1, 2, 3, 4, 5, … 10은 각각 I, II, III, IV, V, … X로, 20은 XX로, 50은 L로, 100은 C로 표기된다. 예를 들어 234라는 숫자를 표기한다면 CCXXXIV이다. 한국에서도 근대에 이르기까지 사용했었던 중국 한자의 경우도 살펴보자. 예를 들어 234를 한자로 표기한다면 二百三十四이다. '234'와 비교하면 얼마나 복잡한지 쉽게 이해할 수 있다. 따라서 수를 이용한 복잡한 계산이 이루어지기가 어려웠을 것이라는 점을 이해할 수 있다.

인도에서 발명된 아라비아 숫자

오늘날 전 세계에서 사용하는 아라비아 숫자(1, 2, 3, 4, …)는 인도에서 발명된 것이다. 이 숫자들을 아라비아 상인들이 배워서 사용했다. 이탈리아의 수학자 레오나르도 피사노가 지중해 연안을 여행하다가 이 숫자를 배운 후, 1202년 수학책을 저술해 유럽에 소개한다. 그 후 유럽 각국으로 전파된 것이다. 이탈리아에서 복식부기가 탄생한 것은 바로 아라비아 숫자가 사용되고 있었기 때문이라고 짐작할 수 있다. 손쉽게 계산을 할 수 있어야 복잡한 경제활동이 발생할 수 있고, 그 결과 활동을 기록하기 위한 회계의 필요성이 생긴 것이다. '1, 2, 많다'라는 개념밖에 없었다면 복잡한 거래가 발생할 수 없었을 것이다.

---

1) 예를 들어 만약 회사가 유동성 높은 자산을 대부분 현금으로 전환하여 배당을 지급한다면 회사 내에는 부채를 상환할 수 있는 자산이 없게 된다. 이 경우 채권자는 채권을 회수할 수 없다. 따라서 회사의 자산을 다 주주들이 배당받을 수 없도록 배당을 할 수 있는 금액에 제한을 둔 것이다.

10.2 납입자본

1. 주식의 종류와 주식수의 체계

(1) 보통주와 우선주

보통주는 주식회사의 기준이 되는 주식이고, **우선주**는 보통주에 비하여 특정권리를 우선 보장받는 주식이다.

보통주(common stock)는 주식회사가 여러 종류의 주식을 발행할 때 기준이 되는 주식이다. 즉 원칙적으로 모든 주식회사는 보통주를 발행한다. 보통주를 소유한 주주들은 주주총회에 참가하여 투표를 통해 회사의 주요 경영방침에 참여할 수 있는 권리(즉 의결권)와 배당금을 지급받을 수 있는 권리(즉 배당권)를 가진다.[2] 또한 회사가 부도가 나거나 청산하는 경우 채권자들이 채권을 먼저 회수한 후 주주가 잔여재산에 대한 청구권을 가진다.

우선주(preferred stock)는 이익을 배당하거나 회사를 청산할 때 보통주보다 우선적인 청구권을 갖는 주식을 말한다. 우선적 청구권을 가졌다는 말의 의미는 우선주주가 보통주주보다 먼저 배분을 받는다는 의미다. 우선주는 보통 의결권이 없기 때문에 주주총회시 투표에 참여할 수 없다. 그래서 보통주보다 낮은 가격으로 거래되는 것이 일반적이다. 우선주에 대해서는 마치 부채에 대해 이자를 지급하는 것처럼 사전에 정해진 일정률의 배당을 우선적으로 지급해야 하는 경우가 많다. 따라서 우선주는 자본이지만 부채의 성격도 일부 갖고 있다고 볼 수 있다.

그림 10-2

주식의 실물 견본

2) 보통주주는 1인당 1표가 아니라 1주당 1표의 의결권을 가진다. 주주총회에서 투표를 통해 배당의 지급, 이사진의 구성, CEO의 선임 등 기업의 중요한 경영방침에 대한 의사결정이 내려진다. 주주가 직접 [그림 10-2]에 제시된 주식 실물을 보유하는 것은 아니며, 주식은 한국예탁결제원에 보관되어 있고 그 주식의 소유주만 전자적으로 기록된다.

(2) 주식수의 체계

주식회사 설립시 회사가 앞으로 발행할 수 있는 총주식수를 회사의 정관(articles of incorporation)[3]에 정하는데, 이를 수권주식수(authorized number of shares)라고 한다. 그러나 수권주식을 항상 모두 발행하는 것은 아니며, 회사가 실제로 발행한 주식의 숫자를 발행주식수(number of issued shares)라고 부른다. 발행주식수 중 일부를 기업이 주식시장에서 취득하여 보유하고 있다면 이를 자기주식(treasury stock)이라고 부르는데, 자기주식을 취득하면 주식시장에서 실제로 거래될 수 있는 주식수인 유통주식수(number of outstanding shares)는 감소한다. 즉 유통주식수와 자기주식수를 더하면 발행주식수가 된다.[4]

발행주식수에서 **자기주식수**를 차감하면 주식시장에서 실제로 거래될 수 있는 주식수인 **유통주식수**가 계산된다. 유통주식을 보유한 주주만 배당을 받거나 의결권을 행사할 수 있다.

회사가 지급하는 배당은 유통주식을 보유하고 있는 주주들만 받을 수 있다. 즉 자기주식의 경우는 배당을 받을 수 없다. 또한 주주총회에 참석하여 의결권을 행사하는 주식도 유통주식뿐이다. 즉 자기주식은 주식으로서의 권리를 행사하지 못하는 주식이다.

그림 10-3
주식수의 체계

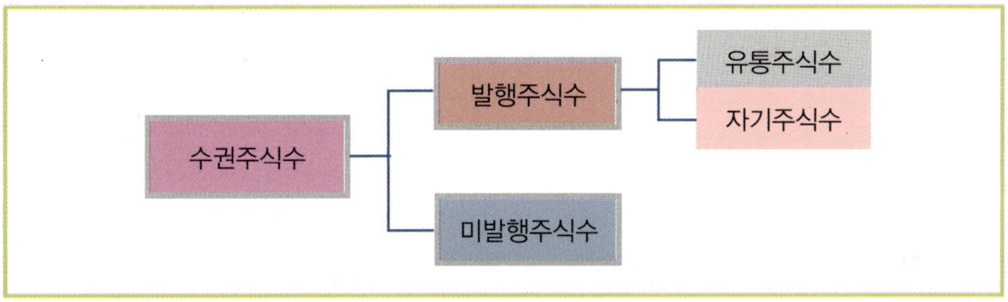

2. 납입자본

납입자본(paid-in capital)이란 회사가 주식을 발행하여 판매할 때 주식을 취득하기 위해 주주들이 회사에 납입(=지급)한 금액으로, 크게 자본금과 자본잉여금 두 가지로 구분된다.

3) 정관이란 법인의 조직이나 활동내역을 정한 근본적인 규칙을 말한다. 총주식수(수권주식수)를 정관에 정한 이유는 경영자가 함부로 주식을 발행하지 못하게 억제하기 위해서다. 주식수가 너무 많이 늘어나면 기존 주주들이 보유한 주식의 가치가 하락할 수 있기 때문이다. 정관에 포함된 내용은 쉽게 변경시키지 못한다.

4) 유통주식수에 주당 주가를 곱한 금액을 시가총액이라고 한다.

(1) 자본금

자본금은 발행주식의 액면금액의 합계를 나타낸다.

자본금(capital stock, legal capital)은 발행주식의 액면금액(par value)의 합계를 나타낸다.[5] 주식을 추가로 발행하거나 기존 주식의 일부를 소각[6]하는 경우 자본금이 증가하거나 감소한다. 보통주와 우선주를 모두 발행하는 경우에는 자본금을 보통주자본금과 우선주자본금 계정으로 구분하여 표시한다.

자본금 = 발행주식수 × 주당 액면금액

(2) 자본잉여금

자본잉여금은 주식의 액면금액을 초과하여 주주들로부터 수취한 부분 또는 기타 자본거래에서 발생한 잉여금을 말하는데, 주식발행초과금과 기타자본잉여금으로 구성된다.

자본잉여금(additional paid-in capital)은 발행한 주식의 액면금액을 초과하여 주주들로부터 수취한 부분, 또는 기타 자본거래에서 발생한 잉여금(이익)을 말한다. 자본잉여금은 다음과 같이 주식발행초과금과 기타자본잉여금으로 분류된다.

주식발행초과금

주식을 발행하여 판매했을 때 주주로부터 수취한 금액이 액면금액을 초과하는 경우 그 초과하는 금액을 말한다.

기타자본잉여금

주식발행초과금 이외의 자본잉여금은 기타자본잉여금으로 분류한다. 기타자본잉여금에는 자기주식처분이익과 감자차익 등이 있다. 자기주식처분이익과 감자차익에 대해서는 본장의 후반부에서 자세히 살펴보도록 한다.

3. 주식의 발행

주식회사는 최초 설립시에 주식을 발행하여 필요한 자금을 조달하지만, 설립 이후에도 추가적인 자금을 조달하기 위해 다시 주식을 발행할 수 있다. 주식의 발행금액은 액면금액과 같을 수도 있지만 다를 수도 있다.[7] 발행금액이 액면금액

5) 주식에는 액면금액이 기재되어 있다. 우리나라에서는 주당 ₩5,000 또는 ₩500의 액면금액이 일반적이다. 회사가 처음 설립되었을 때는 주주들이 출자한 자본을 액면금액으로 나누어 발행할 주식의 숫자가 결정된다. 즉 회사가 처음 설립되었을 때는 액면금액이 주식의 주당 발행금액과 동일한 것이 일반적이다. 그러나 주식시장에 상장되어 거래중인 주식의 가격은 액면금액과는 상관이 없다는 점에 주의해야 한다. 시간이 지남에 따라 기업의 가치가 변하므로 주가가 변하기 때문이다.

6) '주식의 소각'이란 주식을 없애는 것이다. 그 결과 발행주식수가 감소한다.

7) 상장회사의 주식을 발행할 때의 주당 가격은 최근 주식가격 등을 반영하여 결정되며, 비상장사가 주식을 발행할 때의 주당 가

액면발행 : 발행금액 = 액면금액
할증발행 : 발행금액 > 액면금액
할인발행 : 발행금액 < 액면금액

과 같으면 액면발행, 발행금액이 액면금액을 초과하면 할증발행, 발행금액이 액면금액에 미달하면 할인발행이라고 한다. 주식을 발행할 때 수수료나 광고비 등이 발생하는 경우, 그만큼 실제 조달한 금액이 감소한다. 회계처리상 주식의 발행금액은 이러한 비용을 차감한 후 실제로 조달한 금액을 기준으로 한다.

주식발행을 회계처리할 때에는 발행금액에 상관없이 액면금액에 해당하는 부분을 자본금계정에 기록한다. 따라서 자본금계정은 발행주식의 액면금액의 합과 일치한다.[8] 할증발행시에는 발행금액이 액면금액을 초과하는 부분을 주식발행초과금(자본잉여금)으로 기록하며, 할인발행시에는 액면금액과 발행금액의 차이를 주식할인발행차금(자본조정)으로 기록한다.[9]

예제 10-1 주식발행

(주)오스템은 20×1년 1월 1일에 액면금액 ₩5,000인 보통주 1,000주를 발행하여 회사를 설립하였다. 발행금액에 따른 회계처리는 다음과 같다.

① 1주당 발행금액이 ₩5,000인 경우
주식의 발행금액과 액면금액이 동일하므로 액면발행에 해당한다. 액면금액을 자본금계정으로 처리한다.

(차) 현　　금	5,000,000	(대) 자 본 금	5,000,000

② 1주당 발행금액이 ₩8,000인 경우
주식의 발행금액이 액면금액보다 높으므로 할증발행에 해당한다. 할증발행시에는 발행금액과 액면금액의 차이를 주식발행초과금으로 처리한다.

(차) 현　　금	8,000,000	(대) 자 본 금	5,000,000
		주식발행초과금	3,000,000*

* 발행금액 − 액면금액 = ₩8,000 × 1,000주 − ₩5,000 × 1,000주 = ₩3,000,000

③ 1주당 발행금액이 ₩4,000인 경우
주식의 발행금액이 액면금액보다 낮으므로 할인발행에 해당한다. 발행금액과 액면금액의 차이를 차감

격은 회사의 수익성이나 시장상황, 주식에 대한 수요 등을 종합적으로 반영한 가치평가과정을 거쳐 결정된다. 따라서 주식의 액면금액이 발행금액과 꼭 일치하지 않는다. 할인발행은 상법상 자본유지 및 채권자 보호를 위해 원칙적으로 금지되고 있어 예외적인 경우에 한하여 인정된다.

8) 다만 자기주식을 이익소각의 방법으로 소각했을 때는 자본금이 발행주식수와 주당 액면금액을 곱한 금액과 일치하지 않는다. 이에 대해 **10.4**에서 자세히 설명한다.

9) 단 주식할인발행차금이 발생한 경우 과거에 발생해 회계장부에 기록되어 있는 주식발행초과금이 있다면 우선적으로 이와 상계한다. 마찬가지로 주식발행초과금이 발생한 경우 기존에 주식할인발행차금 잔액이 있다면 우선적으로 이와 상계한다.

계정인 주식할인발행차금으로 하여 자본조정으로 나타낸다.

(차) 현　　금	4,000,000	(대) 자 본 금	5,000,000
주식할인발행차금	1,000,000		

위의 주식발행의 회계처리의 결과를 재무상태표의 자본항목에 표시하면 다음과 같다.

부분재무상태표(20×1년 1월 1일)

	① 액면발행	② 할증발행	③ 할인발행
자 본 금	₩5,000,000	₩5,000,000	₩5,000,000
주식발행초과금		3,000,000	
주식할인발행차금			(1,000,000)
총자본	₩5,000,000	₩8,000,000	₩4,000,000

위에서 보는 바와 같이, 할증발행 또는 할인발행과 상관없이 자본금은 항상 ₩5,000,000으로 동일하다.[10]

4. 자본금의 증가와 감소

회사의 자본금이 증가하는 것을 **증자**라고 하고, 자본금이 감소하는 것을 **감자**라고 한다. 회사의 자본이 증가(감소)하면서 자본금도 증가(감소)하는 경우를 **실질적 증자(감자)**라고 하고, 기업의 자본은 변하지 않고 자본금만 증가(감소)하는 경우를 **형식적 증자(감자)**라고 한다.

회사의 자본금이 증가하는 것을 증자라고 하고, 자본금이 감소하는 것을 감자라고 한다. 새로운 주식을 발행해서 성공적으로 주주들에게 매각한 결과 현금을 수취하는 것을 유상증자(capital increase with consideration)라고 하는데, 그 결과 자본이 증가하면서 자본금도 증가하게 된다. 이런 경우를 실질적 증자라고 한다. 반면 기업의 자본은 증가하지 않고 자본금만 증가하는 경우를 형식적 증자라고 하는데, 이익잉여금을 자본금에 전입하는 경우(주식배당)와 자본잉여금을 자본금에 전입하는 경우(무상증자)가 이에 해당한다.[11] 즉 형식적 증자의 경우 현금 등의 자산이 기업으로 유입되지 않으며, 자본총계도 변하지 않는다. 자본의 개별 구성항목만 변동할 뿐이다.

자본금이 감소하는 경우도 실질적 감자와 형식적 감자로 구분할 수 있다. 회사가 현금 등을 지급하여 주식을 매입한 후 소각하여 총자본이 감소하는 경우를 유상감자(capital reduction with consideration)라고 한다. 이 경우 현금이 외부로 유출되

10) 단 이 문제의 경우 ②와 ③이 독립적인 문제이지만, 만약 ②의 할증발행이 먼저 일어난 후 ③의 할인발행이 일어난 경우라면 회계처리가 달라진다. 이 경우 주식발행초과금을 우선적으로 상계하기 때문에, 할인발행의 결과 자본잉여금(주식발행초과금) 잔액이 ₩2,000,000이 된다.

11) 'A를 B에 전입한다' 또는 '대체한다'라는 말의 의미는 A를 줄이고 B를 늘린다는 뜻이다.

면서 자본금이 감소되므로 실질적 감자라고 한다. 반면 현금의 유출과 총자본의 감소가 발생하지 않고 자본금만 감소하는 경우인 무상감자(capital reduction without consideration)를 형식적 감자라고 한다. 실무상 감자는 자주 발생하지 않는다. 본서에서는 실질적 감자의 한 예인 자기주식의 취득 후 소각에 대해 본장의 후반부에서 살펴본다.

표 10-2
자본금의 증가와 감소

	자본금의 증가		자본금의 감소	
	실질적 증자	형식적 증자	실질적 감자	형식적 감자
거래의 예	유상증자	주식배당 무상증자	유상감자 자기주식 취득 후 소각	무상감자

(1) 주식배당

주식배당이란 주식을 발행하여 배당을 지급하는 것을 말한다. 주식배당의 결과 이익잉여금이 감소하고 자본금이 증가한다.

주식배당(stock dividend)이란 배당금을 현금 등으로 지급하는 대신 새로운 주식을 발행하여 기존 주주들에게 지급하는 것을 말한다. 현금배당시에는 배당금액만큼 현금의 유출이 발생하므로 자산(현금)과 자본(이익잉여금)이 동시에 감소한다.[12] 반면 주식배당은 이익잉여금을 자본금으로 대체시키면서 신주를 발행하기 때문에 현금의 유출이 발생하지 않는다. 회계처리는 다음과 같다. 주식배당으로 발행되는 주식의 액면금액만큼 자본금을 증가시키고, 동시에 이익잉여금을 감소시킨다. 즉 이익잉여금이 자본금으로 변하는 것이다.

주식배당을 실시하면 기존 주주들은 보유하고 있던 주식수에 비례하여 주식을 받는다. 예를 들어 10%의 주식배당이 있다면 100주를 보유한 주주는 10주의 주식을 추가로 받는다. 모든 주주들이 이렇게 10%씩의 주식을 추가로 받으므로 주주들의 지분비율은 주식배당 전과 변화가 없다. 이익잉여금이 줄면서 자본금이 늘어나는 것이므로 회사의 자본총액도 변하지 않는다. 따라서 형식적 증자에 해당한다. 회사의 시가총액도 배당 전과 똑같으므로 주주들의 부(富)도 이론적으로는 변하지 않지만, 주식수가 증가하므로 1주당 주식가격이 하락한다.

(2) 무상증자

주주들에게 무상으로 새로운 주식을 발행하여 지급하는 것을 무상증자(capital increase without consideration)라고 한다. 자본잉여금을 자본금으로 전입하면서 주식

12) 현금배당은 ***10.3***에서 살펴본다.

주주들에게 무상으로 주식을 발행해주는 것을 **무상증자**라고 한다. 무상증자의 결과 자본잉여금이 감소하고 자본금이 증가한다.

을 발행하는데, 자본의 구성(자본잉여금이 자본금으로 전환)만 바뀔 뿐이므로 총자본이나 총자산에 미치는 영향은 없다. 현금의 유입이 발생하는 것도 아니다. 따라서 형식적 증자에 해당한다. 모든 주주들이 동시에 비례적으로 주식을 받으므로, 증자 이후 주주들의 지분비율이나 이론적인 부(富)도 변하지 않는다.

무상증자의 경우도 주식배당과 마찬가지로 회사의 시가총액은 변하지 않는데 주식수가 늘어나는 것이다. 따라서 1주당 가격은 하락한다. 기업이 1주당 가격을 하락시키기 위해(그래서 누구나 손쉽게 주식을 매수할 수 있도록) 주식배당이나 무상증자를 실시하기도 한다. 이익잉여금이 충분하지만 현금이 충분하지 않다면 주식배당을 선택하고, 그 반대로 이익잉여금은 부족하지만 자본잉여금이 충분하다면 무상증자를 선택하기도 한다.

예제 10-2 형식적 증자

(주)크래프톤은 20×1년 1월 1일에 액면금액 ₩5,000인 보통주 1,000주를 주당 ₩8,000에 발행하여 회사를 설립하였다. 20×1년 동안 ₩1,000,000의 당기순이익이 발생하였다. 20×2년 3월 15일 주주총회에서 보통주 1주당 0.1주의 주식배당을 결의하였다.

① 회사설립시

(차) 현 금	8,000,000	(대) 자 본 금	5,000,000
		주식발행초과금	3,000,000

② 당기순이익을 이익잉여금으로 대체 (마감분개)

(차) 집 합 손 익	1,000,000	(대) 이익잉여금	1,000,000

③ 주식배당시

보통주 1주당 0.1주의 주식배당을 실시하므로 총 100주(=1,000주×0.1)를 주주들에게 지급한다. 주주들에게 발행하는 100주의 액면금액에 해당하는 ₩500,000(=100주×₩5,000)만큼 이익잉여금을 자본금으로 대체한다. 주식의 시가를 고려하지 않고 액면금액 기준으로 회계처리를 하는 점에 주의하자. 즉 이 경우에는 주식발행초과금이나 주식할인발행차금이 발생하지 않는다.

(차) 이익잉여금	500,000	(대) 자 본 금	500,000

주식배당의 결과로 발행주식수는 100주만큼 증가하여 총발행주식수는 1,100주가 되었다. 또한 자본금이 ₩500,000만큼 증가하고 이익잉여금이 동 금액만큼 감소하여, 결과적으로 총자본은 ₩9,000,000으로 변화가 없다. 주식배당 전과 후의 부분재무상태표는 다음과 같다.

부분재무상태표		
	주식배당 전	주식배당 후
자 본 금	₩5,000,000	₩5,500,000
주식발행초과금	3,000,000	3,000,000
이익잉여금	1,000,000	500,000
총자본	₩9,000,000	₩9,000,000

(3) 주식분할과 주식병합

주식분할 또는 **액면분할**이란 하나의 주식을 여러 개의 주식으로 분할하는 것을 말한다. 반대로 **주식병합** 또는 **액면병합**이란 여러 개의 주식을 하나의 주식으로 통합하는 것을 말한다.

주식분할(stock split) 또는 액면분할이란 하나의 주식을 여러 개의 주식으로 분할하여, 주식의 액면금액을 줄이면서 비례적으로 발행주식수를 늘리는 것이다. 주식분할을 실시해도 자본금의 변동이 없으므로 별도의 회계처리를 할 필요가 없다. 예를 들어 액면금액 ₩5,000인 보통주 1,000주를 발행하고 있는 회사가 1 대 10으로 주식분할을 실시하면 1주당 액면금액은 1/10인 ₩500으로 감소하고 대신 발행주식수는 10배만큼 증가하여 10,000주가 된다. 주식분할 전 주식시장에서 주당 주식가격이 ₩15,000이었다면 주식분할의 결과 주식가격은 주당 ₩1,500으로 하락하게 된다. 이때 자본금은 주식분할과 상관없이 계속 ₩5,000,000으로 동일하며 별도의 회계처리를 할 필요가 없다.

반대로 주식병합(reverse stock split) 또는 액면병합이란 여러 개의 주식을 하나의 주식으로 통합하는 것을 말한다. 주식의 액면금액을 증가시키면서 비례적으로 발행주식수를 줄이기 때문에 자본금의 변동이 없다. 위의 예에서 액면금액 ₩5,000인 발행주식 10주를 1주로 병합하면, 1주당 액면금액은 10배인 ₩50,000으로 증가하고 발행주식수는 1/10인 100주로 감소한다. 그 결과 주당 가격은 10배로 증가한다. 자본금은 계속 ₩5,000,000으로 동일하기 때문에 별도의 회계처리를 할 필요가 없다.

기업에서 주식분할이나 주식병합을 하는 목적은, 1주당 주가를 높이거나 낮추기 위함이다. 주가가 변함에 따라 거래빈도나 주주의 특성이 달라진다.[13)]

13) 주가가 너무 낮다고 판단한다면 주식수를 줄여서 주가를 올리고, 주가가 높다고 판단하면 주식수를 늘려서 주가를 낮출 수 있다. 가격이 낮(높)아지면 상대적으로 거래빈도가 늘어난다(줄어든다). 시가총액은 변하지 않는데 주식수를 늘려 주당가격을 낮춘다는 측면에서 주식분할은 주식배당 및 무상증자와 효과가 비슷하다. 주식배당이나 무상증자의 효과와 동일하게 주식분할이나 주식병합 이후 주식수가 변하더라도 주주가 보유한 이론적인 부(富)는 변하지 않지만, 주가가 하락하여 거래빈도가 늘어나면 장기적으로 주가가 약간 상승하여 시가총액도 증가하는 효과가 있다. 이에 반해 주식병합을 통해 발행주식수를 줄여서 주가를 높이는 것은, 장기적으로는 거래빈도가 줄어들어 주가가 약간 하락하더라도 비싼 주식을 구입할 만큼 자금의 여유가 있어 주식을 장기간 보유하는 경향이 높은 투자자들만 주식을 보유하도록 유도하려는 목적에서 실시한다.

표 10-3

주식배당, 무상증자, 주식분할과 주식병합의 비교

	주당 액면금액	발행주식수	자본금	총자본	주식가격
주식배당	불변	증가	증가	불변	하락
무상증자	불변	증가	증가	불변	하락
주식분할	감소	증가	불변	불변	하락
주식병합	증가	감소	불변	불변	상승

회계이야기 (2)

자본과 부채의 구분

부채가 자본과 비교할 때 얼마 정도의 비중을 차지하는지를 보여주는 비율이 부채비율이다. 부채비율이 높다면 부채를 상환하지 못해 부도가 날 위험이 높다. 그래서 부채비율이 기업의 재무건전성을 평가할 때 널리 사용된다. 대략 부채비율 200~300%를 기준으로, 이보다 더 높다면 부채를 갚지 못할 위험이 큰 기업으로 분류한다. 그렇다고 해서 부채가 적을수록 꼭 좋다는 뜻은 아니다. 부채가 너무 적다면, (제12장에서 소개할) 부채의 지렛대 효과를 사용하지 않는 것이므로 기업을 비효율적 또는 보수적으로 경영한다고 볼 수 있다.

부채와 자본의 차이

부채는 주주보다 투자금을 먼저 회수할 수 있으므로 안정성이 높다는 장점이 있지만 가격변동의 가능성은 낮다. 그에 반해 자본은 배당을 받다가 기업이 성공하면 주식을 취득가보다 높은 가격에 매도하여 이득을 얻을 수 있다는 장점이 있지만 주가가 하락하여 손실을 볼 수 있는 가능성도 있다. 결론적으로, 자본이 부채보다 더 위험하지만 그 대신 기대수익은 더 높다. 이론적으로 보면 부채와 자본의 구분이 쉽지만, 실무적으로는 구분하기 어려운 경우도 많다. 주식회사가 설립된 초창기부터 1900년대 중반까지만 해도 부채와 자본이 명확히 구분됐다. 그러나 시간이 흐름에 따라 점차 부채와 자본의 장점을 교묘하게 결합한 증권(금융상품)들이 나타났다. 그 결과 단순히 부채비율만을 이용해서 재무건전성을 판단하기가 어렵게 되었다. 투자자들의 입장에서 보면, 선호에 따라 다양한 특성을 가진 상품에 투자할 수 있는 기회가 생긴 셈이니 선택의 폭이 더 넓어졌다고 볼 수 있다. 하지만 재무제표를 이용하는 다른 정보이용자들의 입장에서는 주의해야 하는 점이 늘어난 셈이다.

보통주와 우선주의 차이

자본과 부채의 장점을 결합하여 처음으로 나타난 금융상품이 바로 우선주다. 우선주는 기업의 청산시 보통주보다 우선권을 가지므로 위험 수준이 보통주보다 상대적으로 낮다. 또한 우선주의 배당금도 사채처럼 사전에 배당률이 정해져 있거나, 그렇지 않더라도 보통주의 배당보다 높게 정해지는 경우가 일반적이다. 이에 반해 보통주는 배당률이 사전에 정해져 있지 않으며, 매년 기업의 성과에 따라 배당률이 달라진다.

우선주는 이런 장점이 있지만 단점도 있다. 보통주주들이 주주총회에 참석해서 투표권(의결권)을 행사할 수 있는 것과는 달리 우선주주들은 투표권을 가지고 있지 않다. 따라서 명칭은 주주이지만 채권자와 유사한 성격을 가지고 있는 것이다. 투표권이 없으므로 다른 장점에도 불구하고 우선주의 가격은 보통주의 가격보다 약간 낮게 형성되는 경우가 많다. 그러나 드문 경우이기는 하지만 특정 우선주가 가지고 있는 조건들이 아주 좋다면(예를 들면 사전에 정해진 배당률이 시장이자율보다 훨씬 높다는 등) 보통주보다 가격이 높게 형성되는 경우도 있다.

부채와 자본의 특성을 결합한 다양한 증권들

본서의 범위를 넘어서므로 소개하지는 않지만, 우선주 이외에도 부채와 자본의 특성을 서로 다르게 결합한 증권들이 존재한다. 이들에 대해서는 중급회계 시간에 공부할 것이다.

동일한 명칭을 가진 상품이라도 그 상품의 특성에 따라 회계처리가 달라지고, 그 결과 부채비율이 변할 수 있다. 예를 들어 우선주들 중에서 부채로 분류되는 경우도 있으며, 채권들 중 자본으로 분류되는 경우도 있다. 따라서 부채비율만 봐서는 회사의 재무상황에 대해 정확한 판단을 내릴 수 없다는 점을 주의해야 한다. 그러므로 부채비율뿐만 아니라 (주로 제12장에서 공부하게 될) 다양한 재무비율들을 함께 살펴봐야 한다. 회계에 대해서 잘 모르면서 부채비율만 보고 의사결정을 하는 회계정보이용자들이 많기 때문에, 형식적으로는 자본으로 분류되지만 본질은 부채에 더 가까운 금융상품들이 생겨난 것이다.

10.3 이익잉여금

1. 이익잉여금의 의의

이익잉여금은 회사의 설립시점부터 현재까지 경영활동을 통해 창출한 순이익의 누적액 중에서 배당된 부분을 제외하고 기업 내부에 유보되어 있는 금액이다.

이익잉여금(retained earnings)은 회사의 설립시점부터 현재까지 창출한 순이익의 누적액 중에서 배당으로 감소한 부분을 제외한 금액으로, 기업 내부에 유보되어 재투자 목적으로 이미 사용되었거나 장차 사용될 목적으로 보유중인 금액이다. 유보된 금액이라는 말이 현금을 보유하고 있다는 의미는 아니며, 현금을 포함한 여러 자산의 형태로 바뀌어서 외부에 유출되지 않고 기업 내에 남아 있다는 뜻이다.[14] 이익잉여금은 포괄손익계산서와 재무상태표를 연결시키는 계정이다. 당기순이익의 발생은 이익잉여금을 증가시키고, 배당금 지급과 당기순손실의 발생은 이익잉여금을 감소시킨다.

2. 이익잉여금의 처분

기업이 벌어들인 이익은 궁극적으로 배당의 형태로 주주들에게 배분된다. 그러나 기업이 이익을 모두 배당으로 지급한다면 내부적으로 운용할 수 있는 현금이 없게 된다. 따라서 기업들은 이익 중 일부만을 배당으로 지급하고, 나머지를 내부에 유보하여 투자목적으로 사용하거나 기업의 미래 부채상환에 대비하기 위해 현금으로 보유하고 있다.[15]

이익잉여금을 회사 내부에 유보하기 위해 이익잉여금을 처분하여 법정적립금이나 임의적립금을 적립한다.

배당을 하고 남은 이익잉여금을 어떻게 사용할지는 주주총회에서 결정하는데, 이처럼 이익잉여금의 사용처를 결정하는 것을 이익잉여금의 처분이라고 한다. 이때 이익잉여금의 일부를 법 규정에 따라 주주나 채권자 등의 보호를 위해 적립해두거나(법정적립금), 기업이 자발적으로 미래의 사업확장을 위한 투자나 부채상환을 위해서 적립할 수 있다(임의적립금). 적립된 금액은 배당으로 사용할 수

14) 만약 이익잉여금이 음(−)이라면, 이익잉여금 대신 '누적결손금'이라는 용어를 사용한다.
15) 만일 어떤 기업이 벌어들인 이익 모두를 배당한다면 그 기업은 더 이상 성장할 수 없을 것이다. 따라서 미래의 성장과 부채상환에 대비하기 위해 이익 중 일부만 배당하고 나머지를 회사 내에 유보하여 이를 재투자 목적 등으로 사용하는 것이다.

이익잉여금 중에서 사용목적이 정확하게 정해지지 않은 부분은 **미처분이익잉여금**이라고 한다. 미처분이익잉여금 한도 내에서만 배당을 지급할 수 있다.

없으며, 추후에 적립목적에 맞게 사용해야 한다. 사용목적이 정확하게 정해지지 않은 나머지 이익잉여금을 미처분이익잉여금이라고 부른다. 이때 이익잉여금을 처분하여 적립한다는 것은 실제 현금을 적립한다는 의미가 아니라 미처분이익잉여금을 적립금으로 재분류하여 배당가능한 금액을 감소시키는 것임을 유의해야 한다. 미처분이익잉여금 한도 내에서만 배당을 지급할 수 있기 때문이다.

(1) 법정적립금

법정적립금은 상법 및 기타 법률에 의해 적립하도록 규정된 적립금이다.[16] 기업이 발생하는 이익의 전부 또는 거의 대부분을 배당으로 지급한다면 현금부족이 발생하여 기업의 재무상태가 악화될 수 있다. 파산의 가능성을 줄이고 기업의 생존가능성을 높이기 위해 법적으로 이익잉여금의 일부를 적립하도록 하여 배당에 제한을 두는 것이다.

(2) 임의적립금

임의적립금은 회사가 자발적으로 적립한 적립금이다. 사업확장, 부채의 상환 등의 특정목적을 달성하기 위하여 배당 등 사외유출을 제한할 필요가 있을 때 임의적립금을 적립한다. 임의적립금의 종류로는 사업확장적립금, 감채적립금, 배당평균적립금, 결손보전적립금 등이 있다.[17] 임의적립금의 적립 이후 시간이 흘러 적립목적을 달성한 경우에도 배당을 계속 제한한다면 주주의 이익에 배치된다. 이 경우 과거에 설정해두었던 임의적립금을 주주총회의 의결을 거쳐 미처분이익잉여금으로 전환한 후 배당할 수 있는데, 이를 임의적립금의 이입이라고 한다.

법정적립금, 임의적립금, 미처분이익잉여금 모두 이익잉여금의 세부항목들이며, 적립금을 적립하거나 이입하는 것은 미처분이익잉여금의 감소나 증가를 발생시킨다. 따라서 적립금의 적립이나 이입으로 인해 이익잉여금 총액은 변하지 않고 이익잉여금 구성항목만 바뀔 뿐이다. 다만 다음에 살펴볼 배당은 이익잉여금을 사외로 유출시키는 것으로서, 이익잉여금의 감소를 가져온다.

16) 상법은 기업의 유지와 채권자 보호를 위해서 자본금의 50%에 달할 때까지 매 결산기 현금배당액의 10% 이상을 이익준비금으로 적립하도록 하고 있다. 이익준비금은 자본전입 또는 결손보전 이외의 목적에는 사용할 수 없다.

17) 사업확장적립금은 미래에 사업의 확장을 위해 필요한 자금을 모아두기 위해 설정하는 적립금이고, 감채적립금은 사채 등 부채의 원리금 상환을 위한 적립금이다. 배당평균적립금은 순손실이 발생한 기간에도 안정적인 배당이 이루어질 수 있도록 하기 위하여 설정하고, 결손보전적립금은 미래에 발생할 수 있는 결손금에 대비하여 적립한다.

3. 배 당

배당은 기업이 창출한 이익 중 일부를 주주들에게 투자의 대가로 분배하는 것을 말한다. 배당은 이익잉여금의 감소를 가져온다.

배당(dividends)이란 기업이 창출한 이익 중 일부를 주주들에게 투자의 대가로 분배하는 것을 말한다. 배당은 이익잉여금의 감소를 가져온다. 배당은 현금으로 지급하는 것이 일반적이지만, 현물배당이나 주식배당도 가능하다.[18] 배당을 지급하는 기준이 되는 일자를 배당기준일이라고 하는데, 12월 결산법인의 경우 결산일인 12월 31일을 배당기준일로 정하는 경우가 많다. 주식은 거래가 빈번하게 발생하므로 누가 주주인지가 계속 변하기 때문에, 정확히 어느 시점의 주주에게 배당을 지급할지를 명확히 밝혀야 하기 때문이다. 배당기준일 이후 주식을 매입한 주주는 해당 배당을 받을 권리가 없다. 배당기준일이 지나면 대략 배당액만큼 주가가 하락하는데 이를 배당락이라고 한다. 현금배당액만큼 기업의 가치가 감소하는 것이므로, 이를 반영하여 주가가 하락하는 것이다.

12월 결산법인의 경우 다음 해 2월이나 3월에 열리는 주주총회에서 배당금액이 최종적으로 결정된다. 배당결정일 이후 일정기간이 지난 후 배당기준일의 주주에게 배당금이 지급된다.[19] 주주총회에서 배당금액이 결정되면, 현금배당액은 미지급배당금계정(유동부채)의 대변과 이익잉여금계정의 차변에 기록한다. 현금배당을 지급하는 시점에 미지급배당금을 현금과 상계시킨다.

[그림 10-4]를 통해 현금배당과 관련한 거래순서와 회계처리를 정리한다.

그림 10-4
현금배당의 거래순서

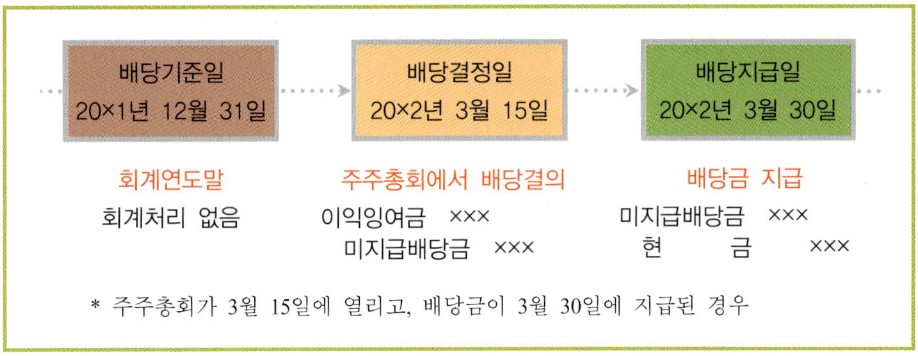

18) 주식배당은 **10.2**에서 간략히 살펴보았다.
19) 배당기준일은 대개 결산일(즉 매년 마지막 주식거래일인 12월 31일)인 경우가 많다. 이 경우 투자자는 배당금을 얼마나 받을지 모르는 상황에서 주식을 사는 상황이 발생한다. 최근에는 기업이 정관을 개정하여, 배당기준일을 다음 해 2월이나 3월에 열리는 주주총회 이후의 날짜로 정하는 경우도 있다. 즉 투자자가 주주총회에서 결정된 배당금액을 보고 주식을 매수해서 배당을 받을 수 있게 한 것이다. 현재 우리나라 기업 중 대략 30% 정도가 이 방법을 사용한다.

예제 10-3 이익잉여금의 처분과 배당

(주)부영건설은 20×1년 1월 1일에 액면금액 ₩5,000인 보통주 1,000주를 주당 ₩8,000에 발행하여 설립되었다. 20×1년 동안 ₩1,000,000의 당기순이익이 발생하였다. 배당기준일은 20×1년 12월 31일이다. 20×2년 3월 15일 주주총회에서 주당 ₩200의 현금배당을 결의하였으며, 관련 법률규정에 따라 이익준비금으로 ₩50,000을 적립하기로 하였다. 20×2년 3월 30일 현금배당이 지급되었다. 이상에서 논의된 배당과 관련된 회계처리는 다음과 같다.

① 20×1년 12월 31일 결산일(배당기준일)의 마감분개

(차) 집 합 손 익	1,000,000	(대) 미처분이익잉여금	1,000,000

② 20×2년 3월 15일 주주총회에서 배당과 이익준비금 적립 결의(배당선언일)

(차) 미처분이익잉여금	250,000	(대) 미지급배당금	200,000*
		이익준비금	50,000

* ₩200 × 1,000주 = ₩200,000

③ 20×2년 3월 30일 배당지급(배당지급일)

(차) 미지급배당금	200,000	(대) 현 금	200,000

20×1년말, 20×2년 3월 15일, 3월 30일 현재 부분재무상태표는 다음과 같다.

부분재무상태표

	20×1년 12월 31일	20×2년 3월 15일	20×2년 3월 30일
유동부채			
…			
미지급배당금		₩200,000	
자 본			
자 본 금	₩5,000,000	₩5,000,000	₩5,000,000
주식발행초과금	3,000,000	3,000,000	3,000,000
이익준비금		50,000	50,000
미처분이익잉여금	1,000,000	750,000	750,000
총자본	₩9,000,000	₩8,800,000	₩8,800,000

* 이익준비금과 미처분이익잉여금은 모두 이익잉여금의 구성요소이다. 20×1년 12월 31일의 재무상태표에는 처분전이익잉여금 ₩1,000,000이 표시되며, 미처분이익잉여금의 처분을 반영하는 분개를 한 주주총회일(배당선언일) 이후의 미처분이익잉여금 잔액은 ₩750,000으로 표시된다. 적립한 이익준비금은 법정적립금의 일종이다.

회계이야기 (3)

자본잉여금과 이익잉여금의 차이

기업이 보유하고 있던 다른 기업의 주식 중 FVPL금융자산을 취득금액보다 더 높은 가격에 매각한다면 이익이 발생하고 이는 포괄손익계산서에서 당기순이익 계산에 포함된다. 이 금액은 기말 장부마감을 통해 재무상태표의 이익잉여금계정에 대체된다. 즉 당기순이익 중 배당으로 주주들에게 지급되지 않고 유보되어 사내에 남겨져서 다른 목적으로 사용된 자금이 이익잉여금이다.

그런데 이런 회계처리와는 달리 기업이 보유하고 있던 자사주(자기주식)를 처분하여 발생한 이익은 자본잉여금으로 기록된다. 즉 포괄손익계산서에 포함되지 않고 재무상태표에서 자본항목의 증가로 기록되는 것이다. 주식발행초과금의 경우도 마찬가지다. 주식을 액면금액보다 더 높은 가격으로 발행하여 시장에 매각했다면 처분이익이 발생한 것이라고 볼 수 있다. 그렇지만 이때 액면금액을 초과하는 주식발행금액은 재무상태표에 자본잉여금으로 기록된다.

이렇게 회계처리하는 이유는 주주들과의 거래(자본거래라고 불림)에서 발생한 이익을 영업활동이나 기타 다른 기업활동을 통해 발생한 이익과 분리하기 위해서다. 이런 활동의 결과 발생한 이익은 우선 당기순이익 계산에 포함되었다가 배당을 통해 주주들에게 분배되거나 이익잉여금으로 누적된다. 따라서 손익거래에서 발생한 이익 중 주주들에게 배분되지 않고 유보된 잉여금과 주주들과의 거래에서 나타난 잉여금을 구분해서 표시하기 위해 이익잉여금과 자본잉여금을 구분하는 것이다. 이익잉여금만 주주들에게 배당하여 현금으로 돌려줄 수 있다.

이익잉여금에 대한 오해

'유보된 잉여금'이라는 용어 때문에 회계를 잘 모르는 일부 사람들은 '이익잉여금'이 회사에 유보된 현금이라고 오해를 한다. 예를 들어 "기업들이 막대한 현금을 쌓아두고 투자를 하지 않는다"라는 정치인들의 비판이 가끔 언론에 보도되는데, 이때 이들 정치인이 예로 드는 수치가 바로 기업들의 이익잉여금 총합계액이나 전체 자산에서 이익잉여금이 차지하는 비율이다. 이런 비판은 오해 또는 무지에서 비롯된 것이다. 이익잉여금 중 일부는 현금으로 기업 내에 남아 있을 수도 있지만, 대부분의 금액은 성장을 위해 재투자된 금액들이다. 이익잉여금 중 현금및현금성자산의 비중은 대부분의 기업들에서 10%에서 20% 미만에 불과하다. 따라서 실제로 이익잉여금 중 대부분 금액은 기업의 발전을 위해 재투자된 것이다. 이익잉여금 금액이나 비율이 높다거나 비율이 증가한다는 말은 투자를 안 했다는 증거가 아니라, 오히려 그 반대로 투자를 많이 해서 기업을 발전시켰다는 증거다. 이익이 발생하는 기업인데도 불구하고 이익잉여금이 줄어든다면, 오히려 투자를 안 하고 벌어들인 돈 이상을 주주들에게 배당한다는 뜻이다. 이런 기업들은 투자를 하지 않으므로 앞으로 성장 · 발전할 가능성이 낮다.

10.4 자본조정과 기타포괄손익누계액

1. 자본조정의 성격과 종류

자본조정항목의 예로는 자기주식, 감자차손, 자기주식처분손실, 주식할인발행차금, 주식선택권 등이 있다.

자본조정(capital adjustment)이란 주주와의 자본거래에서 발생한 항목이지만, 납입자본으로 볼 수 없거나 자본의 차감성격을 가진 항목이다. 자본조정의 예로 자기주식, 자기주식처분손실, 감자차손, 주식할인발행차금, 주식선택권 등이 있다.

2. 자기주식

자기주식은 취득원가로 기록하고 자본에서 차감하는 형식으로 표시한다. 취득한 자기주식은 추후 처분하거나 소각할 수 있다.

자기주식(treasury stock)이란 기업이 투자자(주주)들에게 매각한 주식 중 일부를 재취득하여 보유하고 있는 주식을 말한다. 자기주식은 주주총회에서 열리는 투표에 참여할 권한(즉 의결권)이 없으며 배당금을 받을 권리(즉 배당권)도 없다. 다시 말해 자기주식의 보유자인 기업은 주주로서의 권한을 행사하지 못한다.

자기주식의 취득은 주주에게 납입자본을 환급한 것이므로 주주와 기업 사이에서 발생한 거래(자본거래)다. 자기주식 취득시에는 취득원가로 기록하고 자본조정항목으로 분류하여 자본에서 차감하는 형식으로 표시한다. 기업이 해당 주식을 보유하던 주주로부터 주식을 회수하였고 이로 인해 순자산이 감소했다는 것을 반영하는 의미에서 자본에서 차감하는 형식으로 표시한다. 취득한 자기주식은 보유하다가 나중에 처분하거나 소각할 수 있다.[20]

처 분

자기주식을 처분할 때 처분금액이 취득원가를 초과하면 초과금액을 자기주식처분이익(기타자본잉여금)계정의 대변에 기록한다. 반면 처분금액이 취득원가보다 낮은 경우 차액을 자기주식처분이익의 잔액이 있다면 우선적으로 차감하고, 잔여분을 자기주식처분손실(자본조정)계정의 차변에 기록한다. 마찬가지로 처분이익이 발생했을 때 자기주식처분손실의 잔액이 있다면 우선적으로 자기주식처분손실과 상계처리한다. 이때 자기주식처분이익이나 손실은 주주와 기업 사이에서 발생한 자본거래에서 생긴 것이므로, 포괄손익계산서에 반영되는 것이 아니라 자본항목에 직접 반영된다는 것에 유의해야 한다.

소 각

자기주식을 소각하는 방법에는 감자소각과 이익소각이 있다.

자기주식을 소각(retirement)한다는 것은 취득한 자기주식을 없앤다는 뜻이다. 자기주식을 소각하는 방법은 크게 두 가지가 있다. 첫 번째 방법은 자본금을 감소시키는 소각이다. 감자소각 또는 자본소각이라고도 한다. 이때에는 자기주식의 취득원가와 액면금액을 비교하여 취득원가가 액면금액보다 낮은 경우에는 차액을 감자차익(기타자본잉여금)계정의 대변에, 취득원가가 액면금액보다 높은 경우에는 차액을 감자차손(자본조정)계정의 차변에 기록한다. 전자의 경우 감자차손 잔액이

20) 자기주식은 소각할 수도 있지만, 시장에서 매각하거나 임직원에게 성과보상을 위해 지불하는 등 다양한 방식으로 처분할 수 있다. 기업이 자기주식을 취득하는 이유에 대해서는 '회계이야기 (5)'를 참조하라. 자기주식을 취득하는 가장 중요한 이유는 저평가된 주가를 상승시키기 위해서이다.

있다면 감자차손에서 우선적으로 차감하며, 후자의 경우 감자차익 잔액이 있다면 감자차익에서 우선적으로 차감한다. 소각하는 주식의 액면금액만큼 자본금이 감소한다. 즉 감자소각시에는 현금의 유출과 자본금의 감소가 발생하여 자본총계의 감소가 발생하므로 실질적 감자에 해당한다.[21]

그림 10-5

자기주식 관련 거래의 회계처리

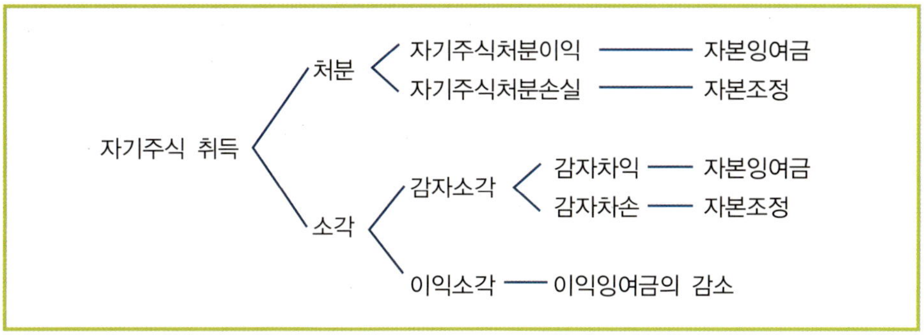

자기주식을 소각하는 두 번째 방법은 회사의 배당가능이익(미처분이익잉여금)을 줄이면서 자기주식을 소각하는 것이다. 이를 이익소각이라고 한다. 소각하는 자기주식의 취득금액만큼 이익잉여금을 감소시키므로 처분손익이 발생하지 않는다. 이때 주식소각으로 인해 발행주식수는 감소하지만 자본금계정은 감소하지 않는다.[22]

예제 10-4 자기주식의 거래

(주)셀트리온은 20×1년 1월 1일 액면금액 ₩5,000인 보통주 1,000주를 주당 ₩8,000에 발행하여 회사를 설립하였다. 20×1년 1월 10일 자기주식 30주를 주당 ₩6,000에 취득하였다. 취득한 자기주식 중 10주는 20×1년 1월 12일 당시 시가인 주당 ₩6,500에 매각하였으며, 10주는 20×1년 1월 14일 당시 시가인 주당 ₩5,200에 매각하였다. 나머지 10주는 20×1년 1월 15일에 소각하였다(감자소각). 자기주식 관련 회계처리는 다음과 같다.

21) 자기주식을 취득, 처분, 소각하는 자본거래에서 이익 또는 손실이 발생하는지에 따라 회계상의 분류가 달라진다는 점에 유의하기 바란다. 자기주식처분손실(감자차손)은 자기주식처분이익(감자차익) 범위 내에서 상계처리하고, 남은 금액은 자본조정의 자기주식처분손실(감자차손)로 회계처리한다. 이는 추후에 이익잉여금과 상계처리할 수 있다.

22) 감자소각을 위해서는 주주총회 결의가 필요하지만 이익소각은 이사회 결의로 할 수 있다. 따라서 기업 입장에서는 이익소각을 활용하는 것이 좀 더 용이하다. 최근 많은 기업들이 주주환원을 위해 자사주를 매입하고 이를 이익소각의 방법으로 소각하고 있다. 감자소각과 이익소각의 결과 발행주식수가 감소한다. 그런데 이익소각이 이루어지면 발행주식수가 감소하더라도 자본금이 감소되지 않는다. 따라서 재무상태표상 자본금을 1주당 액면금액으로 나눈 숫자가 발행주식수와 일치하지 않는다는 점을 주의해야 한다.

① 20×1년 1월 10일 : 자기주식 취득

(차) 자 기 주 식	180,000	(대) 현　　금	180,000

자기주식은 취득시점에 취득원가로 기록한다. 자기주식은 자본의 차감항목으로서 자본조정으로 분류한다.

② 20×1년 1월 12일 : 자기주식 10주를 주당 ₩6,500에 매각

(차) 현　　금	65,000	(대) 자 기 주 식	60,000
		자기주식처분이익	5,000

자기주식의 취득금액보다 매각금액이 크므로 자기주식처분이익 ₩5,000이 발생하였다. 자기주식처분이익은 주주와의 거래(=자본거래)에서 발생한 것으로서 당기손익에 포함시키지 않고 자본잉여금으로 분류한다.

③ 20×1년 1월 14일 : 자기주식 10주를 주당 ₩5,200에 매각

(차) 현　　금	52,000	(대) 자 기 주 식	60,000
자기주식처분이익	5,000		
자기주식처분손실	3,000		

자기주식의 취득금액이 매각금액보다 ₩8,000만큼 크다. 20×1년 1월 12일의 거래로 발생한 자기주식처분이익 ₩5,000과 먼저 상계처리하고, 남은 금액 ₩3,000을 자기주식처분손실로 처리한다. 자기주식처분손실은 자본조정으로 분류하고, 추후 발생하는 자기주식처분이익과 상계하거나 또는 이익잉여금과 상계한다. 예를 들어 본 사례와 달리 자기주식처분손실이 이미 존재하는 상황에서 자기주식처분이익이 발생했을 경우에는 우선적으로 자기주식처분손실과 상계처리한다.

④ 20×1년 1월 15일 : 자기주식 10주를 소각(감자소각)

(차) 자 본 금	50,000	(대) 자 기 주 식	60,000
감 자 차 손	10,000		

자기주식의 액면금액과 취득금액의 차이를 감자차손으로 처리한다. 감자차손은 아래의 부분재무상태표에서처럼 자본조정으로 분류한다. 만약 감자소각이 아니라 이익소각의 경우라면 다음과 같이 회계처리한다. 이익소각의 경우는 소각하는 자기주식의 취득금액만큼 이익잉여금을 감소시키므로 감자차익이나 감자차손이 발생하지 않는다.

(차) 이익잉여금	60,000	(대) 자 기 주 식	60,000

이런 회계처리 이후 작성되는 부분재무상태표는 다음과 같다.

부분재무상태표

	20×1년 1월 10일	20×1년 1월 12일	20×1년 1월 14일	20×1년 1월 15일
자 본				
자 본 금	₩5,000,000	₩5,000,000	₩5,000,000	₩4,950,000
주식발행초과금	3,000,000	3,000,000	3,000,000	3,000,000
자기주식처분이익		5,000		
자 기 주 식	(180,000)	(120,000)	(60,000)	
자기주식처분손실			(3,000)	(3,000)
감 자 차 손				(10,000)
	₩7,820,000	₩7,885,000	₩7,937,000	₩7,937,000

여기에서 주식발행초과금과 자기주식처분이익은 자본잉여금으로, 자기주식, 자기주식처분손실, 그리고 감자차손은 자본조정으로 분류된다.

3. 기타포괄손익누계액

기타포괄손익누계액은 포괄손익계산서상 기록된 기타포괄손익의 누계액이다.

포괄손익(comprehensive income)이란 일정기간 동안 주주와의 사이에서 발생한 자본거래를 제외한 모든 거래나 사건의 결과로 인식된 자본의 변동을 말한다. 포괄손익은 크게 당기순손익과 기타포괄손익으로 구분할 수 있다. 기타포괄손익(other comprehensive income)이란 손익거래의 일부로서 자본의 변동을 가져오지만 회계기준에서 정한 바에 따라 당기순손익 계산에는 반영되지 않는 항목으로서, 보통 미실현평가손익인 경우가 많다.

기타포괄손익의 당기 발생액을 포괄손익계산서에 표시하고, 재무상태표에는 이 발생액을 과거부터 모두 누계시킨 기타포괄손익누계액(accumulated other comprehensive income)을 표시한다. 이는 당기순이익에서 배당을 차감한 금액이 누적된 이익잉여금이 재무상태표에 표시되는 점과 유사하다. 단 기타포괄손익은 배당의 재원이 되지 않는다는 점에 주의하자.

기타포괄손익누계액 항목의 예로는 FVOCI금융자산평가손익과 재평가잉여금 등이 있다. 기타포괄손익누계액에 포함되는 다른 항목에 대해서는 중급회계나 고급회계 과목에서 자세히 공부할 것이다.

회계이야기 (4)

회계의 역사 11 : 송도사개치부법과 한국의 독창적인 회계

한국에서 최초로 회계라는 용어가 사용된 기록은 조선 초기부터 나타난다. 당시 국가의 회계기록을 담당하는 회계사(會計司)라는 관청이 있었고, 회계기록을 정리한 '회계책(會計冊)'이라는 책도 존재했다. 부기(簿記)라는 단어는 1746년 영조 때 발간한 법전인 속대전(續大典) 속에 처음으로 등장한다. 1748년 조선왕조실록에는 암행어사로서 활약한 것으로 유명한 호조판서 박문수가 회계보고를 하자, 이 보고를 받은 영조가 '부기가 명백하여 이해하기 쉽다'라는 말을 했다고 기록되어 있다. 그러나 당시의 회계기록은 지금 우리가 사용하는 복식부기가 아니라 단순히 왕실에서 금전의 출납을 기록한 단식부기였을 가능성이 높다.

일본 강점기 시대에 서양에서 일본을 거쳐 현대의 회계가 처음 우리나라에 도입되어 사용되기 시작했다. 1903년 작성된 한성은행(한국인에 의해 설립된 최초의 은행으로서 현 신한은행에 합병됨)의 회계장부가 현재 남아 있는 국내 최초의 현대식 회계를 사용한 기록이다. 1900년대 초기부터 일부 사립학교에서 회계를 가르쳤다는 기록도 남아 있다. 1910년대 상업학교가 설립되면서 회계교육이 널리 퍼지게 된다. 故 정주영 회장이 공부한 곳 같은 회계학원도 설립된다. 이 당시는 주로 주판을 이용해서 복잡한 계산을 했다.

우리나라에서의 독창적인 복식부기의 사용

우리나라에서는 개성(송도)상인들을 중심으로 독창적으로 개발한 '송도사개치부법(松都四介置簿法)'이라는 복식부기가 사용되었다. 사개치부법, 개성부기, 사개다리치부법 등의 명칭도 사용되었다. 이 방법을 사용한 회계기록 중 가장 오래된 것은 북한 사회과학원이 보유하고 있는 1756년부터 1837년까지의 기록으로서, 초기 형태의 복식부기가 사용됐다. 남한에 남아 있는 기록 중에서는 개성상인의 후예 박영진家에서 기록한 1887년부터 1911년까지의 기록이 있다. '사개(四介)'란 자산, 부채, 이익, 손해의 네 가지 주계정이 사용된다는 의미에서 붙여진 이름이다.

이 기록들은 자료마다 조금씩 방법이 다르기는 하지만 서양식과는 전혀 다른 방식의 복식부기다. 박영진家의 기록에는 재무상태표 및 손익계산서에 해당하는 표가 존재한다. 발생주의와 자본비용의 개념도 사용되었다. 중국과 일본에서는 이와 유사한 기록들이 발견되지 않는 것으로 보아 우리 조상들이 독창적인 방법으로 복식부기를 개발하여 사용했다고 판단된다. 1916년 현병주는 송도사개치부법을 가르치는 교재를 출간하기도 했다. 1899년 대한천일은행(현 우리은행에 합병됨)에서 송도사개치부법을 이용해서 기록한 자료도 남아 있다.

우리의 독창적인 회계처리방법이 사용되었다는 것은 상업활동이 활발하게 큰 규모로 이루어지고 있었다는 증거다. 조선시대 후기 17세기부터 농업생산력이 증가하면서 인구가 서서히 늘기 시작하고 상업이 발달하는데, 박영진家는 이 시기의 대(大)상인 가문으로 보인다. 박영진家의 기록에는 포목, 인삼, 쌀, 소금, 전답 등의 거래가 나타나는데, 이는 박영진家가 상당히 큰 규모의 상업활동을 국내 여러 곳에서 벌이고 있었다는 점을 나타낸다.

일부 학자들의 주장과 반론

일부 학자들은 송도상인이 고려시대 중기인 13세기경부터 활발하게 활동하기 시작했으므로(송도, 즉 지금의 개성은 고려의 수도였다), 송도사개치부법이 이 당시 송도상인들에 의해 개발되었을 것으로 추정한다. 루카 파치올리가 1494년에 'Summa'를 저술했으므로 이 시기보다 약 200년 더 빨리 우리나라에서 복식부기가 탄생했을 것이라는 견해다. 그러나 이런 주장을 뒷받침할 만한 물적 증거는 아직 발견된 바 없으며, 우리나라에서 화폐가 보편적인 교역수단으로 널리 사용되기 시작한 때가 17세기 이후라는 점을 볼 때도 이 주장을 그대로 받아들이기 어렵다. 그 이전까지는 쌀이나 베 등이 주 교역수단으로 사용되었고, 조선시대 중기까지 관리들의 봉급도 쌀이나 베로 지급되었다. 조선 초기까지만 해도 화폐는 한양의 고관들 사이를 벗어나면 거의 사용되지 않았다. 따라서 화폐가 교역수단으로 거의 사용되지 않았는데 고려시대부터 화폐로 회계기록을 했다고 보기는 어렵다.

이와는 다른 견해도 있다. 조선이 건국된 후 개성이나 평안도 출신 사람들을 의도적으로 등용하지 않았기 때문에 개성 사람들은 주로 상업에 종사했다. 이들은 특히 중국과의 인삼교역에 집중했다. 그러다가 조선 후기 들어 영조와 정조 시절부터 국내에서 상업이 발달하면서 경강(한양)상인과 개성상인이 수로를 이용하여 물품을 배로 실어나르면서 전국의 상권을 장악했는데, 이 시기에 개성상인들이 복식부기를 개발하여 사용하기 시작했을 것으로 보는 견해다. 북한 사회과학원이 보유하고 있는 자료가 발달된 형태가 아닌 과도기 형태의 복식부기로 기록한 자료이므로, 그 자료가 쓰인 시기 약간 이전에 복식부기가 개발된 것으로 보면 조선 후기 상업이 발전하던 시기와 일치한다. 그 정확한 시기가 언제였든, 우리 조상들이 독자적인 복식부기 시스템을 개발해서 사용했다는 것은 놀랄 만하고 자랑스러운 일이라고 할 수 있다.

10.5 자본변동표

1. 자본변동표의 정의 및 의의

자본변동표는 자본을 구성하고 있는 자본금, 자본잉여금, 자본조정, 기타포괄손익누계액, 이익잉여금(또는 결손금)의 크기와 변동에 대한 포괄적인 정보를 제공하는 재무제표로, 기본재무제표 중 하나이다.

자본변동표(statement of changes in equity)는 일정한 회계기간 동안 발생한 자본의 크기와 변동, 좀 더 세부적으로는 자본을 구성하고 있는 자본금, 자본잉여금, 이익잉여금(또는 결손금), 자본조정, 기타포괄손익누계액의 크기와 변동에 대한 포괄적인 정보를 제공하는 재무제표이다. 자본변동표는 재무상태표, 포괄손익계산서, 현금흐름표와 함께 기본재무제표를 구성한다.[23)]

2. 자본변동표의 구조

자본변동표에는 해당 기간의 총포괄손익, 자본의 각 구성요소별로 기초잔액, 기중 변동액과 기말잔액을 표시한다. 이때 당기순손익, 기타포괄손익의 각 항목, 주주와의 거래에 따른 변동액을 구분하여 표시한다. 자본변동표 양식은 다음의 〈표 10-4〉와 같다. 〈표 10-4〉에서는 자본금과 자본잉여금을 합쳐서 납입자본으로 표시하였으나, 이 둘을 분리해서 표시할 수도 있다. 또한 〈표 10-4〉에 등장하지는 않지만 [예제 10-4]에서 공부한 자기주식은 자본조정 항목이며, 〈표 10-4〉에 등장하는 FVOCI금융자산평가손익과 재평가잉여금(재평가이익)은 기타포괄손익누계액 항목이다.

자본변동표는 재무상태표 및 포괄손익계산서와 서로 밀접하게 연관되어 있다. 〈표 10-4〉를 보면, 기초자본총계 ₩780,900은 전기의 재무상태표상 기말자본총계와 일치한다. 기말자본총계 ₩898,900은 당기 재무상태표상 기말자본총계와 일치한다. 또한 총포괄손익 행(row)을 보면 당기순이익이 ₩96,600인 것을 알 수 있고, 기타포괄손익은 FVOCI금융자산평가손실 ₩14,400과 재평가이익 ₩800을 합친 ₩13,600(손실)이며, 총포괄이익은 ₩83,000인 것을 파악할 수 있다.

23) 이와는 달리 K-GAAP에서는 자본변동표 대신 이익잉여금처분계산서를 기본재무제표에 포함시키고 있다. 이익잉여금처분계산서는 자본변동표의 일부분인 이익잉여금의 변동만을 보여주는 표다. 따라서 자본변동표가 더 포괄적인 내용을 보여준다.

표 10-4

자본변동표 양식

(주)덕송 20×1년 12월 31일로 종료되는 회계연도의 자본변동표 (단위 : 원)

	납입자본	이익잉여금	FVOCI금융자산 평가손익	재평가 잉여금	총 계
20×1년 1월 1일	₩600,000	₩161,700	₩17,600	₩1,600	₩780,900
유상증자	50,000	–	–	–	50,000
배 당	–	(15,000)	–	–	(15,000)
총포괄손익	–	96,600	(14,400)	800	83,000
20×1년 12월 31일	₩650,000	₩243,300	₩3,200	₩2,400	₩898,900

예제 10-5 자본변동표

(주)매일유업은 원래 1969년 유가공업체로 출범하였으나, 현재는 우유 이외에도 다양한 식품을 판매하는 종합식품기업으로 성장하였다. (주)매일유업의 자본의 기초잔액과 20×2년중 발생한 자본 관련 거래는 다음과 같다.

(1) 20×1년 12월 31일 현재 (주)매일유업의 자본구성은 다음과 같다.

① 자 본 금 : ₩50,000,000

② 자본잉여금 : ₩5,000,000

③ FVOCI금융자산평가이익 : ₩1,000,000

④ 이익잉여금 : ₩30,000,000

(2) 20×2년중 발생한 자본 관련 거래는 다음과 같다.

① (주)매일유업은 20×2년 4월 1일에 보통주 1,000주를 1주당 ₩6,000(1주당 액면금액 ₩5,000)에 발행하였다.

② (주)매일유업은 20×2년 2월 15일에 주주총회에서 액면금액의 10%를 현금배당하기로 결의하였으며, 20×2년 3월 15일에 배당금을 지급하였다.

③ (주)매일유업은 20×2년 5월 1일에 자기주식 100주를 주당 ₩7,000에 취득하였다.

④ 20×2년 12월 31일에 FVOCI금융자산의 평가이익 ₩600,000을 인식하였다.

⑤ (주)매일유업의 20×2년 당기순이익은 ₩10,000,000이다.

위 20×2년의 자본 관련 거래를 회계처리하면 다음과 같다.

① 20×2년 4월 1일 : 보통주 발행

(차) 현 금	6,000,000	(대) 자 본 금	5,000,000
		주식발행초과금	1,000,000

② 20×2년 2월 15일 : 현금배당 결의

(차) 이익잉여금	5,000,000	(대) 미지급배당금	5,000,000

20×2년 3월 15일 : 현금배당금 지급

(차) 미지급배당금	5,000,000	(대) 현 금	5,000,000

③ 20×2년 5월 1일 : 자기주식 취득

(차) 자 기 주 식	700,000	(대) 현 금	700,000

④ 20×2년 12월 31일 : FVOCI금융자산 평가

(차) FVOCI금융자산	600,000	(대) FVOCI금융자산평가이익	600,000

⑤ 20×2년 당기순이익

(차) 집 합 손 익	10,000,000	(대) 이익잉여금	10,000,000

위의 회계처리를 반영하여 20×2년의 자본변동표를 작성하면 다음과 같다.

자본변동표(20×2년) (단위 : 천원)

구 분	납입자본	이익잉여금	자기주식**	FVOCI금융자산 평가손익***	총 계
20×2년 1월 1일	₩55,000	₩30,000		₩1,000	₩86,000
유 상 증 자	6,000*				6,000
현 금 배 당		(5,000)			(5,000)
자기주식 취득			(₩700)		(700)
총포괄손익		10,000		600	10,600
20×2년 12월 31일	₩61,000	₩35,000	(₩700)	₩1,600	₩96,900

* 보통주자본금과 주식발행초과금의 합계이다.
자본금과 주식발행초과금을 납입자본으로 합쳐서 표시할 수도 있고, 이를 분리하여 자본금과 자본잉여금으로 구분하여 표시할 수도 있다.

** 자기주식은 자본조정 항목이다.

*** FVOCI금융자산평가이익은 기타포괄손익누계액 항목이다.

회계이야기 (5)

기업이 자기주식을 취득하는 이유

본장에서는 기업이 자기주식을 취득한 경우의 회계처리에 대해 공부하였다. 기업이 자기주식을 취득하는 이유로는 여러 가지가 있다. 그 이유들에 대해 간단히 알아보자.

가장 빈번하게 발생하는 이유는 주식가격(=주가)을 올리기 위해서다. 흔히 주가이익비율(price-earnings ratio; PER)로 기업가치를 평가하는데, 우리나라 기업들의 평균 PER은 10~15배 정도이다. 어떤 기업의 적정 PER이 10이라고 하자. 이익이 동일하더라도 자기주식을 취득하면 PER의 분모인 주당순이익(earnings per share; EPS)이 증가하게 된다. 주당순이익은 이익을 유통주식수(=발행주식수−자기주식)로 나눈 것이기 때문이다. 그러므로 PER 10 수준을 유지하기 위하여 PER의 분자인 주당가격도 증가하게 된다. 즉 기업이 보유하고 있는 현금을 이용하여 주식시장에서 거래되는 자사주를 취득하여 보유하면 주가가 상승하는 것이다. 따라서 자사주를 취득하는 행동은 회사가 벌어들인 현금을 사용해서 주주들의 부를 상승시킬 수 있도록 하는 것이다. 따라서 자사주 취득은 배당의 지급과 더불어 대표적인 주주환원방법의 하나로 간주된다.

기업들은 대개 주가가 적정가치보다 하락해 있다고 판단했을 때 자사주를 취득하여 주가를 올리려는 행동을 한다. 따라서 기업이 자사주를 취득한다는 것은 기업이 판단할 때 현재 주가가 적정가치보다 낮다는 신호(signal)가 된다. 상식적으로 생각해볼 때, 현재의 주가가 적정가치보다 높다고 판단한다면 기업이 자사주를 취득할 가능성이 낮다. 주주들은 이 신호에 따라 기업의 적정가치가 현재 주가보다 높다고 판단할 수 있으므로, 주주들이 주식을 매수한 결과 주가가 추가적으로 상승할 수 있다. 그러므로 주가 상승을 바라는 전략적인 목적으로 자사주 취득을 하기도 한다.

경영권 강화를 위한 자기주식의 취득

안정적인 경영권의 유지를 위해 자기주식을 취득하기도 한다. 만약 대주주의 지분비율(유통주식 중에서 대주주 보유주식이 차지하는 비율)이 낮을 경우 경영권에 대한 공격이 발생할 수 있다. 대주주의 지분비율을 상승시키려면 대주주가 보유하고 있는 현금을 이용하여 다른 주주가 매도하려는 주식을 주식시장에서 매수하면 된다. 그런데 대주주가 그만큼의 현금을 보유하고 있지 않은 경우, 회사가 보유하고 있는 자금을 이용하여 자기주식을 취득하면 그 숫자만큼 유통주식수가 감소한다. 그래서 대주주의 지분비율이 늘어나므로 상대적으로 경영권을 지킬 수 있을 가능성이 향상된다.

물론 회사가 자기주식을 취득하는 대신 그 자금으로 배당을 지급하고, 배당을 지급받은 대주주가 그 돈으로 주식시장에서 주식을 매수하여 지분비율을 늘릴 수도 있다. 그러나 이 방법을 사용하면 대주주가 배당에 대한 소득세를 납부해야 하므로, 대주주가 취득할 수 있는 주식의 숫자가 소득세를 납부한 만큼 줄어들게 된다. 더 자세한 내용은 세무회계 과목에서 공부할 것이다. 2010년대 들어 많은 기업들이 자사주 매입을 크게 늘린 것이 바로 이 이유 때문이다. 일부 정치인들은 자사주 취득 때문에 대주주의 경영권이 강화된다면서, 이를 막기 위해 자사주 취득을 금지해야 한다고 주장하기도 한다. 그런데 자사주 취득의 결과 대주주의 지분비율만 늘어나는 것이 아니라 다른 모든 주주들의 지분비율도 동시에 늘어난다. 따라서 모든 주주들이 동일한 혜택을 받게 되는 것이다.

지배구조 개편과 성과보상 과정에서의 활용

드문 경우이지만 지배구조 개편과정에 이용하기 위해 자사주를 취득하기도 한다. 계열사 분할 등의 과정을 통해 지주회사-자회사 체제를 설립하는 경우, 사전에 분할하는 회사가 자사주를 매수한 후 보유하고 있다가 분할했을 때 보유하고 있는 자사주와 교환하여 자회사로 분할되는 회사(=자회사가 되는 회사)의 주식을 교부받는다. 즉 분할 전 보유하고 있던 자사주는 분할 후 지주회사가 되는 회사에게 배정되는 것이다. 그러면 자연스럽게 분할된 회사를 지주회사가 자회사로 편입할 수 있으므로 지배구조 개편과정에 소요되는 기간을 단축할 수 있다. SK그룹이 지배구조 개편과정에서 이런 방식을 사용한 바 있다.

직원들에게 성과보상의 방법으로 주식을 배분하기 위해 자사주를 취득하기도 한다. 직원들에게 성과보상을 위해 성과급을 줄 수도 있지만, 주식을 지급하면 여러 가지 장점이 있다. 성과급 지급에 비해 주식지급은 장기적으로 직원들에게 열심히 일할 수 있는 유인을 제공하기 때문이다. 주식을 지급받은 직원은 단기적으로 주식을 시장에 매각하기보다는 열심히 일해 회사에 공헌하여 회사를 더 발전시키고, 그 결과 주가가 미래에 더 상승할 때 주식을 매각하려는 유인이 있다. 따라서 단기 성과에 따른 성과급 지급과 비교할 때, 주식을 지급받는 경우 장기적인 관점에서 회사를 발전시킬 수 있도록 직원들이 노력을 하게 된다. 즉 주식을 지급받는 것은 장기성과급을 받는 것이라고 할 수 있다.

성과보상을 위해서 스톡옵션(stock option)을 직원에게 지급하는 효과도 주식을 지급하는 것과 비슷한데, 주식의 지급은 스톡옵션의 지급보다 더 긍정적인 효과가 있다. 보다 자세한 내용은 관리회계 과목에서 공부할 수 있을 것이다.

학습목표의 요약

- 타인자본과 자기자본의 차이를 이해하고, 자본의 성격을 설명할 수 있다. *10.1*
  - 사채나 은행으로부터 빌린 차입금은 타인자본이라고 하고, 주식을 발행해서 조달한 부분은 자기자본이라고 한다.
  - 주식회사의 자본은 독립적으로 결정되는 것이 아니라, 기업의 자산에서 채권자지분(부채)을 차감하고 남은 잔여지분(residual interest) 또는 순자산(net assets)으로 정의된다.

- 주식회사의 자본을 발생원천별로 구분하고, 각 항목별로 분류할 수 있다. *10.1*
  - 주식회사의 자본은 발생원천별로 크게 주주들과의 자본거래(증자나 감자, 주주와의 기타거래)로 인한 항목과 회사의 손익거래로 인한 항목으로 분류할 수 있다. 주주와의 자본거래는 손익계산서를 거치지 않고 직접 재무상태표의 자본에 반영되며, 손익거래는 포괄손익계산서의 당기순손익이나 기타포괄손익을 통해서 자본(이익잉여금과 기타포괄손익누계액)에 영향을 미친다.
  - 자본을 크게 분류하면 납입자본, 이익잉여금, 기타자본의 세 가지로 분류할 수 있다.

- 보통주와 우선주의 차이를 이해하고, 납입자본에 대한 회계처리를 할 수 있다. *10.2*
  - 보통주(common stock)를 소유한 주주들은 주주총회에 참가하여 지분비율에 따라 의결권을 행사하고 배당금을 받는다. 우선주(preferred stock)는 이익배당이나 잔여재산의 분배에 대한 권리를 보통주보다 우선적으로 보장받는 주식을 말한다.
  - 납입자본(paid-in capital)이란 주주와의 자본거래로 발생한 자본으로서, 자본금과 자본잉여금으로 구분된다. 주식발행을 회계처리할 때는 주식의 액면금액에 해당하는 부분을 자본금으로, 발행금액이 액면금액을 초과하는 부분을 주식발행초과금(자본잉여금)으로 기록한다. 기타 다른 자본거래에서 발생한 이익도 자본잉여금으로 분류한다.

- 자본금의 증가 또는 감소를 발생시키는 여러 가지 자본거래들의 개념을 이해할 수 있다. *10.2*
  - 회사의 자본금이 증가하는 것을 증자라고 하고, 자본금이 감소하는 것을 감자라고 한다. 증자와 감자는 각각 유상과 무상으로 구분한다. 유상증자(=주식발행), 주식배당, 무상증자의 경우 자본금이 증가하고 자기주식의 감자소각, 유상감자, 그리고 무상감자시에는 자본금이 감소한다.

- 이익잉여금의 개념을 이해하고, 이익잉여금의 처분과 배당에 대해 설명할 수 있다. *10.3*
  - 이익잉여금(retained earnings)은 회사의 설립시점부터 현재까지 경영활동을 통해 창출한 순이익의 누적액 중에서 배당된 부분을 제외한 금액이다.
  - 배당을 하고 남은 이익잉여금을 어떻게 사용할지는 주주총회에서 결정하는데, 이처럼 이익잉여금의 사용처를 결정하는 것을 이익잉여금의 처분이라고 한다.
  - 이익잉여금의 처분시 이익잉여금의 일부를 법 규정에 따라 주주나 채권자 등의 보호를 위해 적립해두거나(법정적립금), 기업이 자발적으로 미래의 사업확장을 위한 투자나 부채상환을 위해서 적립할 수 있다(임의적립금). 이렇게 사용처가 결정되지 않은 나머지 이익잉여금을 미처분이익잉여금이라고 부른다.

미처분이익잉여금만 배당할 수 있다.

- 자본조정의 성격을 이해하고, 자기주식 관련 거래를 회계처리할 수 있다. **10.4**
  - 자본조정(capital adjustment)이란 성격상 주주와의 자본거래에 해당하나 납입자본으로 볼 수 없거나 자본의 차감성격을 가지고 있는 항목들이다. 자본조정항목의 예로는 자기주식, 주식할인발행차금, 감자차손, 자기주식처분손실 등이 있다.
  - 자기주식(treasury stock)이란 회사가 이미 발행하여 투자자(주주)들에게 판매한 주식 중 일부를 재취득하여 보유중인 주식을 말하며, 취득시에는 취득원가로 기록하면서 자본에서 차감하는 형식으로 표시한다. 자기주식은 의결권과 배당권이 없으므로 주식으로서의 권리를 행사하지 못한다.
- 자본변동표의 의의를 이해하고, 자본변동표를 통해 기중에 발생한 자본거래를 파악할 수 있다. **10.5**
  - 자본변동표(statement of changes in equity)는 자본의 크기와 변동, 자본을 구성하고 있는 자본금, 자본잉여금, 자본조정, 기타포괄손익누계액, 이익잉여금(또는 결손금)의 변동에 대한 포괄적인 정보를 제공하는 재무제표이다.
  - 자본변동표는 재무상태표, 포괄손익계산서, 현금흐름표와 함께 기본재무제표를 구성한다.

주요 용어

- 납입자본(paid-in capital)
- 무상증자(capital increase without consideration)
- 배당(dividends)
- 수권주식수(authorized number of shares)
- 액면금액(par value)
- 유상감자(capital reduction with consideration)
- 유통주식수(number of outstanding shares)
- 자기주식(treasury stock)
- 자본변동표(statement of changes in equity)
- 자본조정(capital adjustment)
- 정관(articles of incorporations)
- 주식병합(reverse stock split)
- 주식소각(stock retirement)
- 무상감자(capital reduction without consideration)
- 발행주식수(number of issued shares)
- 보통주(common stock)
- 순자산(net assets)
- 우선주(preferred stock)
- 유상증자(capital increase with consideration)
- 이익잉여금(retained earnings)
- 자본금(capital stock, legal capital)
- 자본잉여금(additional paid-in capital)
- 잔여지분(residual interest)
- 주식배당(stock dividend)
- 주식분할(stock split)
- 현금배당(cash dividend)

종합복습예제

DOOSAN
두산에너빌리티

발전과 수자원 처리 장비를 생산하는 두산에너빌리티는 20×1년 1월 1일에 보통주 10,000주(1주당 액면금액 ₩5,000)를 액면발행하여 설립되었다. 20×1년 5월 1일에는 보통주 10,000주를 1주당 ₩7,000(1주당 액면금액 ₩5,000)에 발행하였고, 20×1년 9월 1일에 보통주 10,000주를 1주당 ₩4,500(1주당 액면금액 ₩5,000)에 발행하였다. 회사는 20×1년에 ₩20,000,000의 당기순이익을 보고하였다. 또한 회사는 20×2년 2월 20일에 주주총회에서 액면금액의 10%를 현금배당하기로 결의하였으며, 현금배당 총액의 10%를 법정적립금인 이익준비금으로 적립하기로 결의하였다. 배당금 지급일은 20×2년 3월 20일이다.

물음

1. 20×1년 1월 1일의 주식발행에 대한 분개를 하시오.
2. 다음 각각의 경우 20×1년 5월 1일의 주식발행에 대한 분개를 하시오.
   ① 주식발행비가 없이 발행한 경우에 대한 분개를 하시오.
   ② 주식발행비가 ₩300,000일 때의 주식발행에 대한 분개를 하시오.
3. 20×1년 9월 1일의 주식발행에 대한 분개를 하시오.
4. 20×1년 12월 31일에 당기순이익을 미처분이익잉여금으로 대체하는 분개를 하고, [물음] 1, 2-①, 3의 정보를 반영(이하 동일)하여 자본에 관한 부분재무상태표를 완성하시오.
5. 20×2년 2월 20일의 주주총회결의에 대한 분개를 하시오.
6. 20×2년 3월 20일의 배당금 지급에 대한 분개를 하시오.
7. 20×2년에는 ₩30,000,000의 당기순이익이 발생하였다. [물음] 1, 2-①, 3, 4, 5, 6의 정보를 반영하여 20×2년 12월 31일의 자본에 관한 부분재무상태표를 완성하시오(단 다른 자본의 변동은 없다).

풀이

1. 20×1년 1월 1일
   발행금액 = 10,000주 × ₩5,000 = ₩50,000,000

(차) 현 금	50,000,000	(대) 자 본 금	50,000,000

2. 20×1년 5월 1일
   ① 주식발행비가 없는 경우(할증발행)
   발행금액 = 10,000주 × ₩7,000 = ₩70,000,000
   주식발행초과금 = 발행금액 − 액면금액 = ₩70,000,000 − 10,000주 × ₩5,000 = ₩20,000,000

(차) 현 금	70,000,000	(대) 자 본 금	50,000,000
		주식발행초과금	20,000,000

   ② 주식발행비가 ₩300,000일 때(할증발행)
   발행금액 = 10,000주 × ₩7,000 − ₩300,000 = ₩69,700,000
   주식발행초과금 = 발행금액 − 액면금액 = ₩69,700,000 − 10,000주 × ₩5,000 = ₩19,700,000

(차) 현 금	69,700,000	(대) 자 본 금	50,000,000
		주식발행초과금	19,700,000

3. 20×1년 9월 1일 : 할인발행의 경우

발행금액 = 10,000주 × ₩4,500 = ₩45,000,000

주식할인발행차금 = 발행금액 − 액면금액 = ₩45,000,000 − 10,000주 × ₩5,000 = − ₩5,000,000

(차) 현 금	45,000,000	(대) 자 본 금	50,000,000
주식발행초과금	5,000,000		

위의 거래에서 발생한 현금수취액과 발행한 주식의 액면금액의 차이를 주식발행초과금 잔액과 상계시킨다. 만약 주식발행초과금 잔액이 부족하다면 주식할인발행차금으로 처리한다.

4. 20×1년 12월 31일

① 집합손익의 미처분이익잉여금 대체

(차) 집 합 손 익 (당기순이익)	20,000,000	(대) 미처분이익잉여금	20,000,000

② 부분재무상태표(20×1년 12월 31일)

부분재무상태표(20×1년 12월 31일)

자 본	
자 본 금	₩150,000,000
주식발행초과금	15,000,000
미처분이익잉여금	20,000,000
	₩185,000,000

5. 20×2년 2월 20일

미지급배당금 = ₩5,000(1주당 액면금액) × 10% × 30,000주 = ₩15,000,000

이익준비금 = ₩15,000,000(배당금 총액) × 10% = ₩1,500,000

(차) 미처분이익잉여금	16,500,000	(대) 이익준비금	1,500,000
		미지급배당금	15,000,000

6. 20×2년 3월 20일 : 배당금 지급

(차) 미지급배당금	15,000,000	(대) 현 금	15,000,000

7. 20×2년 12월 31일

① 집합손익의 미처분이익잉여금 대체

(차) 집 합 손 익	30,000,000	(대) 미처분이익잉여금	30,000,000

② 부분재무상태표(20×2년 12월 31일, 다른 자본은 변동 없음)

부분재무상태표(20×2년 12월 31일)

자 본	
자 본 금	₩150,000,000
주식발행초과금	15,000,000
이익준비금	1,500,000
미처분이익잉여금	33,500,000
	₩200,000,000

* 미처분이익잉여금 ₩33,500,000 = ₩20,000,000(기초) − ₩16,500,000(처분) + ₩30,000,000(대체)

연습문제

주관식

1. [주식의 종류]

보통주와 우선주의 차이에 대해 설명하시오.

2. [주식발행의 분개]

(주)덕송의 거래내역은 다음과 같다. 각 거래에 맞는 회계처리를 하시오.

(1) 20×1년 6월 1일에 (주)덕송은 우선주 100주(액면금액 주당 ₩3,000)와 보통주 200주(액면금액 주당 ₩2,000)를 각각 주당 ₩3,000에 발행하여 전액 현금으로 납입받았다. 또한 주식발행비로 ₩20,000을 지급하였다.

(2) (주)덕송은 사업확장을 위하여 증자를 결정하였다. 20×1년 8월 1일에 보통주 100주(액면금액 주당 ₩2,000)를 주당 ₩2,500에 발행하여 전액 현금으로 납입받았다. 또한 신주발행비로 ₩10,000을 지급하였다.

3. [자기주식]

(주)덕송의 거래내역은 다음과 같다. 각 거래에 맞는 회계처리를 하시오.

(1) (주)덕송은 20×1년 3월 1일에 보통주 1,500주(액면금액 주당 ₩5,000)를 주당 ₩7,000에 발행하여 전액 현금으로 납입받았다. 신주발행비는 ₩300,000이다.

(2) (주)덕송은 20×1년 5월 1일에 감자를 위하여 자사 보통주 500주(액면금액 주당 ₩5,000)를 주당 ₩8,000에 취득하였다.

(3) (주)덕송은 20×1년 7월 23일에 감자 계획을 취소하였다. 따라서 보통주 200주(액면금액 주당 ₩5,000, 취득금액 ₩8,000)를 주당 ₩9,000에 매각하였다.

(4) (주)덕송은 20×1년 8월 15일에 자기주식 300주(액면금액 주당 ₩5,000, 취득금액 주당 ₩8,000)를 주당 ₩6,500에 매각하였다.

4. [현금배당에 관한 분개]

(주)덕송은 주당 액면금액이 ₩5,000인 보통주 10,000주를 발행하였다. 20×1년에 (주)덕송은 다음과 같은 배당 의사결정을 하였다.

2월 1일 : 주주총회에서 주당 액면금액 대비 20%의 현금배당이 결의되었다.
5월 1일 : 배당금을 지급하였다.

각 시점에 필요한 분개를 하시오. 단 배당기준일은 2월 1일이다.

5. [주식발행]

(주)덕송은 20×1년 7월 3일에 설립되었다. 수권자본의 구성은 우선주 10,000주(액면금액 ₩7,000, 배당률 10%)와 보통주 40,000주(액면금액 ₩10,000)로 한다. 다음은 20×1년 7월에 발생한 거래들이다.

7월 3일 : 우선주 5,000주를 주당 ₩8,000에, 보통주 30,000주를 주당 ₩12,000에 각각 발행하였다.
7월 8일 : 보통주 5,000주를 주당 ₩11,000에 추가로 발행하였다.
7월 31일 : 7월 동안 발생한 순이익 ₩1,000,000을 이익잉여금계정으로 대체하였다.

(1) (주)덕송의 7월 동안의 거래를 분개하시오.
(2) 자본항목을 나타내는 부분재무상태표(20×1년 7월 31일)를 작성하시오.

6. [증자와 감자]

(1) (주)덕송은 주주총회에서 주식발행초과금 중 ₩100,000을 자본금으로 전입시키기로 결정하였다. 이를 위해 액면금액 ₩10,000인 보통주 10주를 발행하였다. 이에 따른 회계처리를 하시오.
(2) (주)덕송은 주주총회에서 감자를 결정하였다. 이를 위해 액면금액 ₩3,000인 주식 100주를 주당 ₩2,000에 매입, 소각하였다. 대금은 전액 현금으로 지급하였다. 이에 따른 회계처리를 하시오.
(3) 증자와 감자의 개념과 차이점에 대해 설명하시오.

7. [자본계정의 분석]

20×1년 (주)덕송의 부분재무상태표는 다음과 같다.

부분재무상태표

(주)덕송 20×1년 12월 31일

자 산	부 채	
	자 본	
	Ⅰ. 자본금	
	1. 보통주(액면금액 ₩1,000)	₩800,000
	2. 우선주(액면금액 ₩1,500) (액면금액 10% 배당)	600,000
	3. 보통주 주식발행초과금	200,000
	Ⅱ. 이익잉여금	
	1. 이익준비금(법정적립금)	100,000
	2. 미처분이익잉여금	50,000

(1) 발행된 보통주의 수는 얼마인가?
(2) 보통주의 평균발행금액은 얼마인가?
(3) 우선주에 대한 매년 총배당액은 얼마인가?
(4) (주)덕송의 납입자본 총액은 얼마인가?

8. [이익잉여금의 구성]

(주)덕송의 재무상태표에 기록된 자본계정은 다음과 같다.

보통주자본금(주당 액면금액 ₩5,000)	₩2,500,000
주식발행초과금	1,500,000
이익준비금(법정적립금)	400,000
사업확장적립금(임의적립금)	200,000
배당평균적립금(임의적립금)	100,000
미처분이익잉여금	500,000

(1) (주)덕송의 납입자본 총액을 계산하시오.
(2) 자본잉여금 총액을 계산하시오.
(3) 이익잉여금 총액을 계산하시오.
(4) 자본총액을 계산하시오.

9. [이익잉여금의 처분]

다음은 (주)덕송의 20×1년말 재무상태표이다.

재무상태표

(주)덕송 20×1년 12월 31일 (단위 : 원)

자산		부채	
현금	₩100,000	매입채무	₩60,000
매출채권	70,000	미지급급여	50,000
토지	200,000	차입금	30,000
기계장치	30,000		
		자본	
		자본금	₩155,000
		주식발행초과금	50,000
		이익준비금	10,000
		배당평균적립금	20,000
		미처분이익잉여금	25,000
자산총계	₩400,000	부채와 자본총계	₩400,000

위의 재무상태표 중 미처분이익잉여금에는 당기순이익(손실)이 포함되어 있다. (주)덕송은 20×2년 2월 주주총회에서 다음과 같이 미처분이익잉여금을 처분하기로 의결하였다. 단 차액은 차기로 이월한다.

이익준비금 적립 ₩3,000　　　배당평균적립금 적립 ₩5,000
현금배당 ₩15,000

(1) 20×2년 2월 (주)덕송의 주주총회에 따른 결과를 회계처리하시오.

(2) 회계처리 후 이익잉여금 총액과 이익잉여금 각 구성항목별 금액을 계산하시오.

(3) 회계처리 후 납입자본 총액은 얼마인가?

(4) 20×2년말에 (주)덕송의 당기순이익은 ₩13,000이다. 당기순이익을 미처분이익잉여금으로 대체하는 분개를 하시오. 또한 20×2년 주주총회의 의결과 20×2년 당기순이익을 반영하여 부분재무상태표의 자본 부분을 완성하시오.

10. [이익잉여금의 처분]

(주)덕송의 20×1년 1월 1일의 재무상태표상의 자본계정은 다음과 같다.

자 본		
납입자본 : 보통주자본금(액면금액 ₩5,000)	₩15,000,000	
납입자본총계		₩15,000,000
이익잉여금 : 법정적립금	2,000,000	
임의적립금	1,000,000	
미처분이익잉여금	2,000,000	
이익잉여금총계		5,000,000
자본총계		₩20,000,000

다음은 20×1년 동안 발생한 거래이다.

2월 1일 : 주주총회에서 미처분이익잉여금에 대한 처분을 다음과 같이 결의하고, 2월 20일에 현금배당과 주식배당 모두 실시하였다.

임의적립금	₩300,000	법정적립금	₩200,000
현금배당	₩500,000	주식배당	₩300,000

9월 1일 : 중간배당금 ₩200,000을 지급하였다.

10월 1일 : 증자를 결의하고 보통주 500주(액면금액 ₩5,000)를 주당 ₩4,000에 전액 현금으로 납입받았다. 이때 발생한 신주발행비 ₩200,000은 모두 현금으로 지급하였다.

20×1년의 당기순이익은 ₩1,500,000이다.

(1) 각 시점에 적절한 회계처리를 하시오.

(2) 20×1년말 자본변동표를 작성하시오.

객관식

1. [자 본]

다음은 자본에 관한 설명이다. 맞는 것을 고르시오.

가. 자기주식을 취득하면 총자본이 증가한다.
나. 유통주식수는 발행주식수에서 자기주식수를 차감하여 계산한다.
다. 유상소각은 형식적 감자에 해당한다.
라. 감자차손은 자본잉여금에 속한다.
마. 임의적립금은 주주총회의 의결을 통해 미처분이익잉여금으로 이입한 후 배당할 수 있다.

① 나, 마　② 라, 마　③ 가, 다, 라
④ 가, 다　⑤ 나, 다

2. [자 본]

다음은 자본에 관한 설명이다. 맞는 것을 고르시오.

가. 이익준비금은 법정준비금으로 그 금액만큼 은행에 예치해야 한다.
나. 주식배당은 현금의 유출을 수반한다.
다. 주식의 발행금액은 주식발행비를 차감한 후 실제로 조달한 금액을 말한다.
라. 유상증자시에 납입자본금과 총자본이 모두 증가한다.
마. 우선주는 부채로서의 성격도 일부 가지고 있다.

① 가, 나, 라　② 나, 라, 마　③ 가, 다
④ 다, 라, 마　⑤ 나, 다, 마

3. [감자 회계처리]

(주)한국공항공사는 주주총회에서 감자를 결정하였다. 주식 5,000주(액면금액 ₩3,000)를 주당 ₩2,000에 매입하여 감자한다면 올바른 회계처리는 무엇인가?

	차변	금액	대변	금액
①	(차) 자본금	10,000,000	(대) 현금	10,000,000
②	(차) 자본금	15,000,000	(대) 현금	10,000,000
			감자차손	5,000,000
③	(차) 자본금	15,000,000	(대) 현금	10,000,000
			감자차익	5,000,000
④	(차) 자본금	10,000,000	(대) 현금	10,000,000
	감자차손	5,000,000	영업권	5,000,000
⑤	(차) 자본금	15,000,000	(대) 현금	15,000,000

4. [자기주식의 이익소각 회계처리]

(주)한국공항공사는 과거 주당 ₩5,000에 매입했던 자기주식 5,000주(액면금액 ₩3,000)를 이사회 결의에 의해 이익소각하였다. 올바른 회계처리는 무엇인가?

① (차) 이익잉여금 25,000,000 (대) 자기주식 25,000,000
② (차) 자본금 15,000,000 (대) 자기주식 25,000,000
감자차손 10,000,000
③ (차) 현금 25,000,000 (대) 자기주식 25,000,000
④ (차) 자기주식 25,000,000 (대) 현금 25,000,000
⑤ (차) 자본금 15,000,000 (대) 자기주식 25,000,000
자기주식처분손실 10,000,000

5. [자기주식의 감자소각 회계처리]

(주)한국공항공사는 과거 주당 ₩5,000에 매입했던 자기주식 5,000주(액면금액 ₩3,000)를 주주총회 결의에 의해 소각하여 자본금을 감소시켰다. 올바른 회계처리는 무엇인가?

① (차) 이익잉여금 25,000,000 (대) 자기주식 25,000,000
② (차) 자본금 15,000,000 (대) 자기주식 25,000,000
감자차손 10,000,000
③ (차) 현금 25,000,000 (대) 자기주식 25,000,000
④ (차) 자기주식 25,000,000 (대) 현금 25,000,000
⑤ (차) 자본금 15,000,000 (대) 자기주식 25,000,000
자기주식처분손실 10,000,000

6. [기말 이익잉여금]

(주)한국철도공사의 다음 자료를 이용하여 20×1년 기말에 표시될 이익잉여금 총액은 얼마인가?

20×1년 1월 1일 이익잉여금 ₩1,570,000
20×1년 총수익은 ₩580,000, 총비용은 ₩430,000
20×1년 총배당금 지급액은 ₩54,000

① ₩2,243,000 ② ₩1,666,000 ③ ₩2,634,000
④ ₩1,474,000 ⑤ ₩1,341,000

7. [주식발행초과금]

(주)지역난방공사는 보통주 2,000주(액면금액 ₩5,000)를 주당 ₩7,000에 발행하였다. 이때 발생한 신주발행비가 ₩700,000이다. 이때 주식발행초과금은 얼마인가?

① ₩3,200,000　② ₩3,500,000　③ ₩4,000,000
④ ₩3,000,000　⑤ ₩3,300,000

8. [자기주식]

(주)수출입은행이 자신이 발행한 보통주 200주(액면금액 ₩5,000)를 주당 ₩6,500에 매입하였다. 이에 대한 회계처리는 무엇인가?

	차변	금액	대변	금액
①	(차) 자 본 금	1,300,000	(대) 현　　금	1,300,000
②	(차) 자 본 금	1,000,000	(대) 현　　금	1,300,000
	주식발행초과금	300,000		
③	(차) 금 융 자 산	1,300,000	(대) 현　　금	1,300,000
④	(차) 자 기 주 식	1,300,000	(대) 현　　금	1,300,000
⑤	(차) 자 본 금	1,000,000	(대) 현　　금	1,300,000
	이익잉여금	300,000		

9. [자본거래 종합]

다음은 20×1년중 발생한 (주)한국가스공사의 자본거래내역이다. 이 자본거래로 인해 결산일의 자본총액에 미치는 영향으로 적절한 것은?

1월 25일 : 주당 액면금액 ₩1,000의 자기주식 200주를 주당 ₩2,000에 취득
2월 25일 : 위 주식 중 50주를 주당 ₩3,000에 매각
8월 25일 : 주당 액면금액 ₩1,000의 보통주 100주를 주당 ₩1,500 및 신주발행비 ₩50,000에 발행
12월 25일 : 당기순이익 ₩1,000,000 보고

① ₩800,000　② ₩850,000　③ ₩900,000
④ ₩950,000　⑤ 영향 없음

10. [증자와 감자]

다음 중 증자와 감자에 대한 설명으로 잘못된 것은?

① 주식을 발행하여 주식시장에서 매각하여 회사에서 필요한 자금을 조달하는 것을 유상증자라고 하는데, 이 경우 자본금과 자본잉여금이 증가한다.
② 유상증자는 총자본을 증가시키기 때문에 실질적 증자에 해당된다.
③ 기업의 총자본은 증가하지 않고 자본금만 증가하는 것을 형식적 증자라고 부른다.
④ 감자의 경우도 실질적 감자와 형식적 감자로 구분할 수 있다.

11. [주식배당과 무상증자]

다음 중 주식배당과 무상증자에 대한 설명으로 옳은 것은?

① 주식배당의 경우 이익잉여금이 감소하며 자본금이 증가한다.
② 주식배당시점의 주가가 주식의 액면금액보다 높다면 발행한 주식의 액면금액을 자본금으로 처리하고, 액면금액을 초과하는 금액은 자본잉여금으로 기록한다.
③ 무상증자의 경우 자본잉여금을 재원으로 주주들에게 주식을 발행하여 무상으로 지급하는 것이므로, 무상증자의 결과 총자본이 증가한다.
④ 주식배당이나 무상증자를 실시한 경우, 발행주식수가 증가하기 때문에 주주들의 지분비율이 변한다.

12. [이익잉여금, 배당, 자본조정]

다음 중 자본의 구성항목에 대한 설명으로 옳은 것은?

① 이익잉여금은 기업들이 벌어들인 당기순이익 중 배당의 형태로 주주들에게 배분되지 않고 기업이 내부 유보하여 현금으로 보유하고 있는 금액이다.
② 법정적립금과 임의적립금을 주주총회의 의결을 거쳐 미처분이익잉여금으로 전환한 후 배당할 수 있는데, 이를 적립금의 이입이라고 한다.
③ 자기주식은 수권주식 중에서 아직 발행하지 않고 있는 주식을 말하는데, 매각하는 것이 가능하다.
④ 취득한 자기주식을 감자소각할 경우 취득원가와 액면금액을 비교하여 회계처리방법을 결정한다. 취득원가가 액면금액보다 낮으면 그 차액을 감자차익으로, 그 반대이면 감자차손으로 회계처리한다.

13. [자본거래 종합]

다음 중 자본에 영향을 미치는 거래들에 대한 설명으로 옳지 않은 것은?

① 자기주식을 취득하는 시점에서는 손익이 발생하지 않는다.
② 이익소각의 경우는 미처분이익잉여금을 자기주식의 취득원가와 상계처리한다.
③ 이익소각의 경우 자기주식의 취득원가와 비교하여 차액이 있으면 감자차익이나 감자차손으로 처리한다.
④ 주식분할, 무상증자, 주식배당은 순자산을 변동시키지 않고 주식수만 변화시키는 거래다. 이런 사건이 발생하면 주가가 변하지만, 그런 경우라도 이론적으로 볼 때 주주의 총 부(富)는 변하지 않는다.

미니케이스

GS그룹은 2005년 구씨 가문과 허씨 가문의 합작으로 운영되던 LG그룹으로부터 허씨 가문이 독립하여 나오면서 창립되었다. 현재 GS그룹은 GS에너지, GS리테일 등의 계열사를 거느리고 있으며 Chevron과 공동투자하여 GS칼텍스를 운영하고 있는 등 유통과 에너지 분야에 주력하고 있다. GS그룹의 지주사는 (주)GS이며, 그룹을 이끄는 회장은 허태수 씨다. LG그룹으로부터 분리된 이후 급성장하는 모습을 보여주고 있다.

(주)GS의 2023년 사업보고서에서 다음 정보를 발견할 수 있다. 이 내용을 참고로 하여 아래 물음에 답하시오.

가. 주식의 총수 등(기준일 : 2023.12.31)

구 분	주식의 종류		
	보통주	우선주	합 계
Ⅰ. 발행할 주식의 총수	350,000,000	–	350,000,000
Ⅱ. 현재까지 발행한 주식의 총수	92,915,378	1,784,826	94,700,204
Ⅲ. 현재까지 감소한 주식의 총수	–	–	–
1. 감 자	–	–	–
2. 이 익 소 각	–	–	–
3. 상환주식의 상환	–	–	–
4. 기 타	–	–	–
Ⅳ. 발행주식의 총수 (Ⅱ – Ⅲ)	92,915,378	1,784,826	94,700,204
Ⅴ. 자기주식수	19,883	5,150	25,033
Ⅵ. 유통주식수 (Ⅳ – Ⅴ)	92,895,495	1,779,676	94,675,171

물 음

(1) 주식의 액면금액이 얼마인지를 연결재무제표 또는 연결재무제표에 대한 주석에서 찾아보시오.

(2) (주)GS의 2023년말 현재 연결재무상태표에서 자기주식이 어떤 계정에 표시되어 있는지 찾고, 주석에서 이와 관련된 세부내용을 찾으시오.

(3) 최근 1년 동안 신주를 발행한 상장기업을 찾아서, 발행한 주식수와 발행금액, 그리고 신주발행의 결과로 자본금과 자본잉여금이 어떻게 변했는지를 설명하시오.

(4) 최근 1년 동안 자기주식을 취득한 상장기업을 찾아서, 취득한 주식수와 취득금액, 그리고 주식취득의 결과로 자본총계, 자본금, 자본잉여금, 그리고 자본조정이 어떻게 변했는지를 설명하시오.

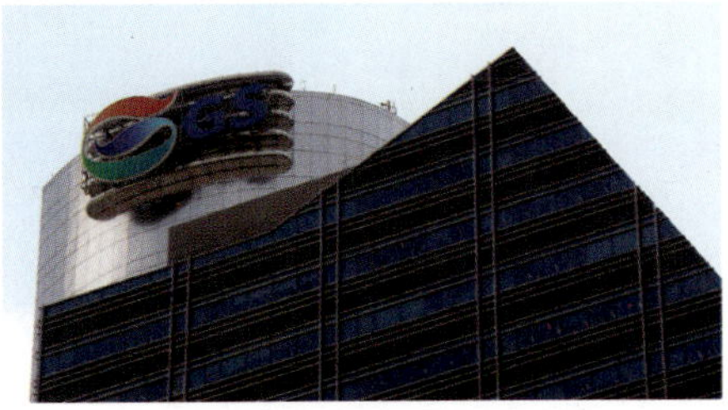

CHAPTER

11 현금흐름표

재무제표는 기업에 대한 다양한 정보를 제공함으로써 이해관계자들의 의사결정에 도움을 준다. 재무상태표는 재무상태표일 현재의 재무상태를 보여주고, 포괄손익계산서는 일정기간 동안의 기업의 영업성과를 보여준다. 한편 현금흐름표는 기업이 영업활동, 투자활동, 재무활동을 통하여 현금및현금성자산을 일정기간 동안 어떻게 창출하고 사용하는지를 알려준다. 정보이용자는 현금흐름표를 다른 재무제표와 함께 사용함으로써 여러 유용한 정보를 얻을 수 있다.

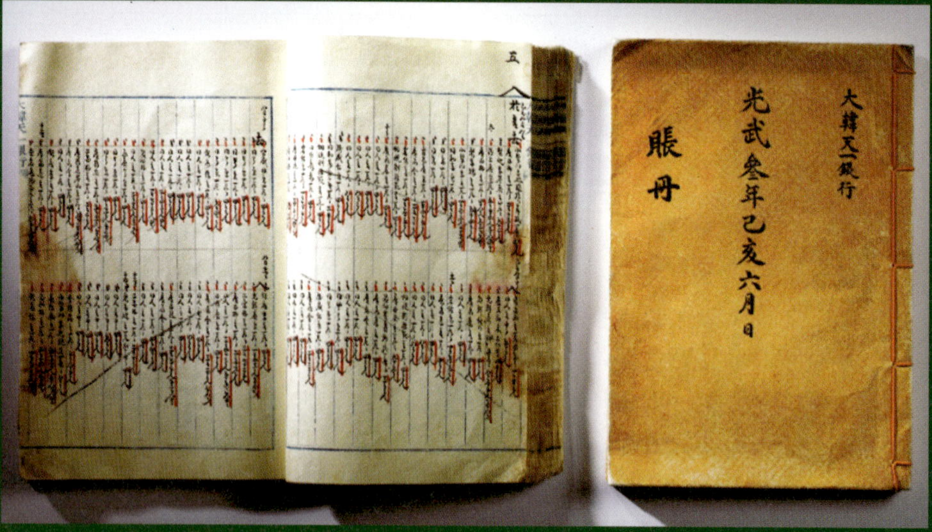

1899년 설립된 대한천일은행은 우리나라에서 민족자본으로 세워진 최초의 은행으로서, 현 우리은행의 전신이다. 대한천일은행에서는 송도사개치부법이라는 우리나라 전통의 회계기록방법을 사용하여 장부를 작성하였는데, 이 기록들은 현재 국가유산으로 지정되어 있다.

학습목표 제11장 현금흐름표를 공부한 이후에는…

1. 현금흐름정보의 중요성에 대해 이해하고 현금흐름표의 의의를 설명할 수 있다. *11.1*
2. 영업활동 현금흐름, 투자활동 현금흐름 및 재무활동 현금흐름의 정의를 이해하고 각각의 구성요소에 대해 이해한다. *11.2*
3. 영업활동 현금흐름을 표시하는 방법인 직접법과 간접법을 이해한다. *11.4*
4. 영업활동 현금흐름에 영향을 미치지 않는 항목을 이해하고 간접법에 따라 영업활동 현금흐름을 계산할 수 있다. *11.4*
5. 기중의 거래를 분석하고, 이를 바탕으로 현금흐름표를 작성할 수 있다. *11.3, 11.4*

현금흐름표

statement of cash flows

- 현금흐름표의 의의
  - 현금흐름정보의 중요성
  - 현금의 정의
- 현금흐름의 분류
  - 영업활동 현금흐름
  - 투자활동 현금흐름
  - 재무활동 현금흐름
- 현금흐름표 작성을 위한 거래의 분석
  - 예제를 이용한 거래 분석
- 현금흐름표의 작성
  - 영업활동 현금흐름-간접법
  - 투자활동 현금흐름
  - 재무활동 현금흐름
  - 종합

11.1 현금흐름표의 의의

기업의 여러 이해관계자들은 재무제표에 포함된 정보를 이용하여 여러 경제적 의사결정을 내린다. 재무제표 중 재무상태표는 자산의 구성과 자금조달 내역을 포함한 특정일자의 재무상태를 보여주고, 포괄손익계산서는 일정기간 동안의 기업의 경영성과를 보여준다. 하지만 발생주의에 기반을 둔 재무상태표와 포괄손익계산서는 기업의 현금흐름에 대한 정보를 충분히 보여주지 못한다.

현금흐름이 이익과 꼭 일치하지 않기 때문에, 기업의 상황을 이해하고 여러 의사결정을 내리는데 이익정보와 현금흐름정보를 동시에 살펴야 한다.

현금흐름은 이익과 반드시 일치하는 것은 아니므로, 이익과 함께 현금흐름 정보를 살펴보는 것은 여러 의사결정에 도움이 된다. 예를 들어 이익이 충분히 발생하는 기업이라도 현금이 부족할 수 있다. 외상판매로 인해 이익은 발생했지만 매출채권이 회수되지 않아 현금흐름이 발생하지 않는 경우에 현금이 부족할 수 있기 때문이다. 따라서 기업을 정확하게 분석하려면 이익창출능력뿐만 아니라 현금창출능력에 대한 평가도 중요하다. 이런 목적으로 현금흐름표(statement of cash flows)가 사용된다. 현금흐름표는 기업이 영업활동, 투자활동, 재무활동을 통해 현금을 어떻게 창출했는지(즉 현금의 원천)와 어떻게 사용했는지(즉 현금의 사용처)를 알려주는 표다.

1. 현금흐름정보의 중요성

(1) 경영의사결정에 필요

현금흐름정보는 경영의사결정 목적, 미래 현금흐름의 예측, 재무건전성의 파악, 이익의 질 파악 등의 목적에 유용하게 사용된다.

경영자는 현금흐름정보를 이용하여 다양한 의사결정을 내린다. 예를 들어 기업은 매입한 원재료, 부품, 상품의 대금을 현금으로 지급해야 하며, 임직원에게도 급여를 지급해야 한다. 또한 영업확장을 위해 투자를 집행하면 현금지출이 발생한다. 자금조달을 위해 발행한 부채의 만기가 되면 일시에 큰 금액을 채권자에게 지급해야 할 수도 있다. 주주들은 일정수준의 배당지급을 요구하기도 한다. 이런 일을 수행하기 위해서는 현금흐름을 정확히 파악하고, 현금 부족 상황이 발생하지 않도록 사전에 준비할 필요가 있다.

(2) 미래 현금흐름의 예측에 필요

기업의 이해관계자들은 미래 현금흐름 예측에 큰 관심을 가지고 있다. 특히 주주들은 기업이 미래에 얼마만큼의 현금을 창출할 수 있을지 예측하여, 이 정보를 기업가치 평가에 사용한다. 현금흐름표는 현금흐름을 영업활동, 투자활동, 재무활동으로 구분하여 현금의 원천과 사용처에 대해 보여준다. 동일한 금액의 현금흐름이라도 어떤 활동에서 발생했는지에 따라 의사결정이 달라질 수 있다. 예를 들어 영업활동에서 창출된 현금은 다른 활동에서 창출된 현금보다 미래에도 지속적으로 발생할 가능성이 더 높다. 따라서 현재의 현금흐름정보는 이해관계자들이 미래 현금흐름의 크기, 시기, 그리고 불확실성을 예측하는 데 도움이 된다.

(3) 재무건전성 파악에 필요

재무건전성이란 기업의 재무상태가 안정적이고 충분한 이익을 창출하고 있어서 단기 및 장기 채무를 상환할 수 있는 능력을 의미한다.

재무건전성(financial soundness)이란 기업의 재무상태가 안정적이고 장기적으로 충분한 이익을 창출하여 단기 및 장기 채무를 상환할 수 있는 능력을 의미한다. 만약 현금흐름이 나쁘다면 당기순이익이 발생하더라도 차입금을 상환하지 못해 부도가 발생할 수 있다. 따라서 채권자들은 기업이 부채를 상환할 수 있을 정도로 충분한 현금을 보유하거나 창출하고 있는지 궁금해한다. 다른 이해관계자들(거래처, 임직원, 주주 등)도 기업으로부터 일정한 금액을 지급받고자 하며, 기업이 이를 지급할 능력이 있는지를 궁금해할 것이다. 예를 들어 납품대금이나 임금을 제때 지급하지 못한다면 거래처를 잃을 수 있고 임직원이 이탈하거나 사기가 저하될 수 있다. 배당을 지급하지 못한다면 주가가 하락할 수도 있다. 따라서 이해관계자들은 기업의 재무건전성을 파악하기 위해 현금흐름정보를 사용한다.

(4) 이익의 질 평가에 필요

발생주의 원칙에 따라 계산된 당기순이익은 이해관계자들이 기업의 현재와 미래의 경영성과를 판단하고 예측하는 데 도움이 된다. 그러나 수익이나 비용의 인식과정에서 경영자가 자신에게 유리한 회계처리방법을 선택하여 이익을 왜곡할 가능성도 존재한다. 경영자의 재량에 의해 왜곡된 이익은 실제 현금 유입이나 유출을 수반하지 않는 경우가 많으며, 지속가능하지 않은 경우가 많다. 예를 들어 당기에 매출채권에 대한 손실충당금(대손충당금)을 적정수준보다 덜 적립하면 당기이익이 증가한다. 그러나 그 결과 미래에 적립해놓은 손실충당금보다 더 많은 대손이 발생하게 되어, 추가로 손상차손(대손상각비)을 기록해야 한다. 따라서 미래

이익은 줄어들게 된다. 그러나 이런 행동들은 (세금에 영향을 미치지 않는다면) 현금흐름과는 관련이 없다.

보고된 이익이 높은 현금흐름을 수반하면 이익의 질이 높다고 할 수 있으며, 이익은 높으나 현금흐름이 낮은 경우에는 이익의 질이 상대적으로 낮다고 할 수 있다.

기업이 보고한 이익의 질(quality of earnings)을 평가할 때 이익과 현금흐름을 비교하여 살펴보면 유용한 정보를 얻을 수 있다. 즉 보고된 이익이 높은 현금흐름을 수반하는 경우 그 이익의 질은 높다고 할 수 있으며, 반대로 이익은 높으나 현금흐름이 낮은 경우에는 보고된 이익의 질이 상대적으로 낮다고 할 수 있다. 이 경우 이익조정의 가능성을 의심할 수 있다. 따라서 포괄손익계산서와 현금흐름표는 기업의 상황을 파악하기 위해 서로 보완적으로 사용되는 자료라고 볼 수 있다.

2. 현금흐름표상 현금의 정의

현금흐름표에서의 **현금**은 현금과 현금성자산을 포함한다.

현금흐름표를 작성할 때 사용되는 현금은 제5장에서 살펴본 현금및현금성자산을 의미한다. 이는 통화 및 요구불예금을 일컫는 현금(cash)뿐만 아니라, 유동성이 매우 높은 단기금융자산 중 확정된 금액의 현금으로 전환이 용이하고 가치변동의 위험이 매우 작은 현금성자산(cash equivalents)을 포함한다. 현금성자산의 대표적인 예로는 만기가 3개월 이내인 정기예금과 단기 기업어음(commercial paper; CP) 등이 있다.

회계이야기 (1)

현금흐름 파악의 중요성 및 이익과 현금흐름의 차이

조선사가 수천억원을 들여 설비를 확충한 뒤 배를 주문받아 제작중이라고 가정하자. 계약금을 제외한 대금 대부분은 제작이 완료되어 배를 인도한 후 받는다. 배를 건조하는 기간 동안 조선사는 공사진행률에 따라 비례적으로 매출을 기록한다. 조선사나 건설사처럼 장기간에 걸쳐 공사를 진행하는 회사의 수익 인식기준을 '공사진행기준'이라고 한다. 그런데 공사가 진행되는 중 보유한 자금이 떨어졌다고 가정해보자. 조선사는 발생주의 기준에 따라 이익을 기록하고 있었지만 부도가 날 것이다. 정상적인 경우 현금흐름보다 이익 정보가 기업의 영업성과를 더 정확하게 나타낼 수 있겠지만, 이런 특수 상황에서는 이익과 현금흐름을 모두 관찰해야 경영성과를 정확히 알 수 있다. 특히 부도 위험 파악을 위해서는 현금흐름을 잘 살펴야 한다.

현금흐름을 살펴보면 이익조정에 대해 쉽게 파악할 수 있다는 장점도 있다. 영업현금흐름과 이익 사이에는 일정한 관계가 나타나는데, 만약 정상적인 관계와 비교할 때 이익이 갑자기 늘어나거나 줄어든다면 이익조정이 발생했는지를 의심할 수 있다. 이럴 때는 회계사 등에게 요청하여 변동이 발생한 원인에 대해서 자세히 조사를 해야 한다. '회계이야기 (2)'에 소개할 유명한 분식회계 사건들의 경우, 영업현금흐름이 음(−)인 기업이 많은 이익을 기록하고 있었던 경우다.

회계이야기 (2)

대표적인 분식회계 사례

앞에서 이익조정(earnings management)에 대해 공부했다. 이익조정이란 용어는 좋거나 나쁘다는 의미를 포함하지 않는 가치중립적인 용어다. 일반적으로 분식회계(cosmetic accounting) 또는 회계사기(accounting fraud)라는 용어를 더 많이 사용하는데, 분식회계나 회계사기란 불법적인 방법으로 회계숫자를 바꿨다는 의미다. 이에 반해 이익조정은 꼭 불법적이지 않더라도 합법적인 테두리 안에서 회계숫자를 바꾸는 행위까지 포괄하는 용어다. 예를 들어 매출채권에 대한 대손충당금을 과거보다 1% 덜 적립하는 것이 합법인지 불법인지를 판단하기는 대단히 어렵다. 대손발생액이 앞으로 줄어들 것이라 판단해서 대손충당금을 덜 적립했을 수도 있으며, 실제 정확한 추정치가 있음에도 불구하고 이익을 늘리려는 목적으로 대손충당금을 덜 적립했을 수도 있다. 이처럼 회계처리를 한 경영진의 의도를 명확하게 파악할 수 없으므로, 둘을 구분하지 않는 중립적인 이익조정이라는 용어를 학술적으로 사용하는 것이다.

대우조선해양의 사례

우리나라에서 일어난 대표적인 분식회계 사례를 소개한다. 대우조선해양은 1998년 금융위기 사건의 여파로 부도가 발생한 후, 회사에 가장 많은 자금을 빌려줬던 KDB산업은행에 의해 2000년부터 경영되어 왔다. 그러던 중 2015년까지 약 2조원 규모의 분식회계를 행한 것이 2016년에 적발되었다. 정권과 KDB산업은행에서 선임한 여러 경영진이 더 많은 성과보수를 받고 연임을 하고자 계속해서 분식을 저지른 것이다. 하위직급 직원들 일부도 더 많은 성과보수를 받자는 욕심에 분식에 적극적으로 동참했다. 그래서 이들이 받은 추가 성과보수가 약 4천억원이 넘었다. 한 직원이 허위 거래명세서를 작성하여 8년 동안 180억원을 횡령하여 호화생활을 해온 황당한 사건도 발생했다. 더군다나 KDB산업은행은 분식이 발견되자 이를 적극적으로 숨기려고 했다. 정확한 이유는 밝혀지지 않았지만, KDB산업은행 담당자들은 대우조선해양이 더 높은 이익을 기록해야 성과급을 많이 받을 수 있고 또 나중에 대우조선해양을 매각할 때 비싼 가격으로 매각할 수 있다는 계산하에 분식을 묵인한 듯하다. 회사부터 경영진, 그리고 대주주인 KDB산업은행의 관련 직원들까지 총체적으로 도덕적 불감증에 빠져 있었던 셈이다. 회계법인도 부실하게 감사를 수행하여 이런 분식회계를 발견해내지 못했다가 2015년이 돼서야 뒤늦게 분식회계를 적발해냈다. 회계법인도 제 책임을 제대로 수행하지 못한 것이다.

분식회계가 처음 시작되었을 때는 이처럼 대규모가 아니었다. 그러나 한 번 분식회계를 통해 업적을 부풀리면, 그 다음해는 과거 업적을 초과달성하는 모습을 보여주기 위해서 더 많은 분식을 해야 한다. 이런 일들이 여러 연도에 걸쳐 누적되면서 분식회계의 규모가 상상을 초월한 정도로 커졌던 것이다. 분식을 주도한 경영진들은 대부분 자신의 임기 내에는 분식이 발견되지 않고 넘어갈 수 있을 것이라 기대했을 것이다. 그러나 분식이 적발되면서 과거 경영진까지 모두들 엄중하게 처벌받고, 경영진의 경우 받았던 성과급이나 퇴직금은 몰수당했다.

대우조선해양 사건의 경우는 분식의 규모가 너무 크고 장기간에 걸쳐 이루어졌기 때문에, 분식을 주도했던 경영진조차도 분식의 정확한 규모를 파악하지 못하고 있었다. 그래서 엄청나게 부풀려져 있는 재무제표가 실제 회사의 상황인 줄 착각하고, 그 재무제표를 기초로 하여 여러 경영의사결정을 수행했다. 그 결과 더 큰 손해가 발생했다. 예를 들면 원가가 높아 손해가 나는 프로젝트들이 이익이 발생한다고 착각하여 비슷한 종류의 다른 프로젝트들을 계속해서 유사한 가격에 수주를 했다. 정확한 원가를 알고 있었다면 그 가격에는 수주를 하지 않았을 프로젝트들이었다. 빌린 돈으로 배당금을 나눠주고 성과급도 지급했다. 이런 일들이 수년간에 걸쳐서 벌어지다 보니 부실의 규모가 더 커진 것이다. 부실을 메우기 위해 약 7조원의 국민세금으로 이루어진 자금이 투입된다. 그 후 대우조선해양은 한화그룹에 인수되어 한화오션으로 재탄생했다.

모뉴엘과 네오세미테크 사례

한국에서 2010년대 이후 벌어졌던 기타 대규모 분식회계 사건으로는 매출액 중 약 70%가 가짜였던 모뉴엘 사건(2014년)과 80%가 가짜였던 네오세미테크 사건(2010년) 등이 있다. 이들은 해외에 만든 가공의 회사로부터 주문을 받아 수출을 한 것처럼 매출을 허위로 기록하여 분식회계를 한 경우다. 가짜 물품을 컨테이너에 넣어 배로 실어 해외로 보내 해외 창고에 쌓아놓을 정도로 치밀하게 수출을 한 것으로 가장해서 적발하기가 어려웠던 경우다. 더 오래전으로 돌아가 보면 2000년대 초반 발생했던 대우그룹의 분식회계와 그룹 해체, SK그룹의 분식회계와 경영권 분쟁, 그리고 현대그룹의 분식회계와 분식한 자금의 집권당에 대한 뇌물제공(최종적으로 북한에 송금됨) 사건 등이 있다. 이들 세 사건들 모두 대우조선해양의 분식회계만큼이나 한국사회에 큰 후폭풍을 미쳤던 경우다. 이들 사건들 모두 분식회계를 통해 이익을 부풀려 기록했지만 영업활동에서 창출된 현금흐름은 거의 없었다. 따라서 현금흐름과 이익을 비교해서 분석했었다면 좀 더 일찍 분식회계를 발견할 수 있었을 것이다.

11.2 현금흐름의 분류

현금흐름표에서는 기업의 현금흐름을 크게 영업활동, 투자활동, 재무활동으로 구분하여 표시한다. [그림 11-1]에서 볼 수 있듯이, 기초현금잔액에 당기에 발생한 세 가지 종류의 현금흐름을 더하면 기말현금잔액을 계산할 수 있다.

그림 11-1

현금흐름의 구분

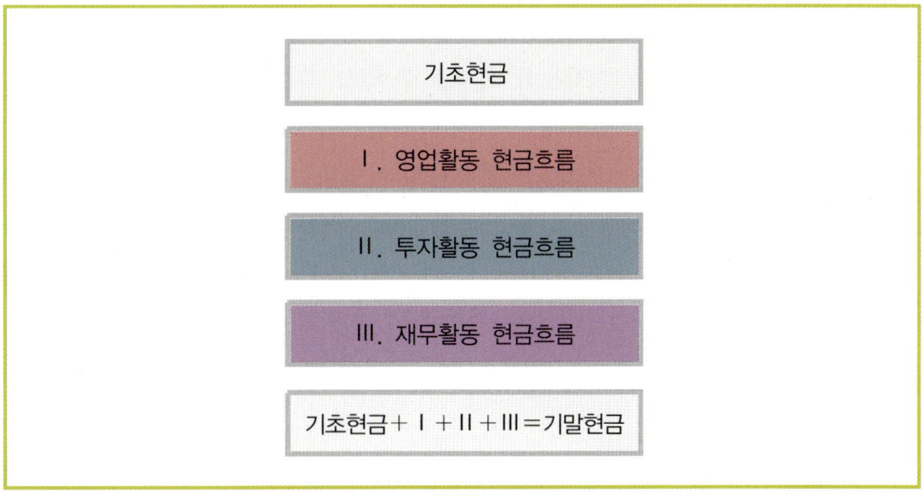

1. 영업활동 현금흐름

영업활동 현금흐름은 기업이 영업활동을 통하여 창출한 현금흐름을 의미한다.

영업활동은 기업의 주요 수익창출활동이다. 여기에서 영업이란 좁은 의미의 영업(재고자산을 생산해서 판매하고 대금을 회수하는 활동)이 아니라 (뒤에서 설명할) 투자활동과 재무활동으로 분류되지 않는 기타 모든 활동을 포괄적으로 포함하는 개념이다. 영업활동으로부터 창출된 현금흐름(영업활동 현금흐름, cash flows from operating activities)은 기업의 운영에 필요한 현금을 외부로부터 조달하지 않고 자체적인 영업활동을 통해 현금을 얼마나 창출하였는지에 대한 정보를 제공한다. 영업활동 현금흐름의 예는 〈표 11-1〉과 같다. 포괄손익계산서상으로 보면 매출액부터 영업이익의 산출까지에 포함되는 항목들과 법인세의 납부가 현금흐름표에서 영업활동에 포함되는 활동들이다.

표 11-1

영업활동 현금흐름의 예

영업활동으로 인한 현금유입	영업활동으로 인한 현금유출
재화의 판매와 용역제공에 따른 현금유입	재화와 용역의 구입에 따른 현금유출
수수료, 로열티 및 기타수익에 따른 현금유입	수수료, 로열티 및 기타비용의 지급
거래의 중개로 인해 발생한 중개수수료 수입	종업원과 관련하여 발생하는 현금유출
법인세의 환급	법인세의 납부

직접법에 의한 영업활동 현금흐름
=간접법에 의한 영업활동 현금흐름

현금흐름표에서 영업활동 현금흐름은 직접법이나 간접법을 사용하여 작성할 수 있다. 어느 방법을 사용하더라도 계산되는 현금흐름 총액은 동일하다. 직접법(direct method)은 영업활동에서 발생한 현금의 유입과 유출을 각각 구체적인 항목별로 구분하여 영업현금흐름을 계산하는 방법이라, 현금흐름의 구성내역을 자세히 보여줄 수 있고 직관적으로 이해하기가 쉽다는 장점이 있다. 하지만 직접법에 의한 현금흐름표를 작성하기 위해서는 각 활동별로 상세한 자료가 필요하므로 작성하기가 어렵다는 단점이 있어, 실무적으로 널리 사용되지 않는다.

한편 간접법(indirect method)은 당기순손익으로부터 ① 투자활동 및 재무활동에 포함되는 거래와 ② 현금흐름에 영향이 없는 거래를 제거하고, ③ 영업활동으로 인한 자산과 부채의 변동이 현금흐름에 미치는 영향을 조정함으로써 영업활동 현금흐름을 계산한다. 이러한 방법은 발생주의를 적용하여 계산된 당기순이

표 11-2

직접법과 간접법에 의한 표시양식의 비교

직접법	간접법
I. 영업활동 현금흐름 1. 매출 및 수익활동으로부터의 유입 2. 매입 및 종업원에 대한 유출 3. 이자수익 유입 4. 배당금수익 유입 5. 이자비용의 지급 6. 종업원 급여의 지급 7. 보험료의 지급 8. 매출 관련 수수료의 지급 9. 퇴직보험예치금의 지급 10. …	I. 영업활동 현금흐름 1. 당기순이익 2. 투자활동 및 재무활동에서 발생한 수익과 비용의 차감 가. 유형자산처분손실 나. 지분법손실 3. 현금흐름을 수반하지 않는 비용과 수익의 차감 가. 감가상각비 나. 퇴직급여 다. 매출채권손상차손 4. 영업활동으로 인한 자산과 부채의 변동 가. 매출채권의 증가 나. 재고자산의 감소 다. 매입채무의 증가

익을 현금주의 영업활동 순이익으로 바꾸는 과정이라고 생각할 수 있다. 간접법을 사용하면 비교적 간단히 영업활동 현금흐름을 계산할 수 있고, 당기순이익과 영업활동 현금흐름 간의 차이가 발생하는 원인을 파악하기 쉽다는 장점이 있다. 〈표 11-2〉는 영업활동 현금흐름을 직접법과 간접법으로 나타냈을 때 양식을 비교하여 보여준다.

2. 투자활동 현금흐름

투자활동 현금흐름은 미래 수익과 현금흐름을 창출하는 과정에 사용될 자원인 장기금융자산 및 유형자산, 무형자산 등의 취득과 처분에 관한 현금흐름을 의미한다.

투자활동 현금흐름(cash flows from investing activities)은 주로 유형자산, 무형자산, 장기금융자산 등 비유동자산의 취득과 처분 등과 관련된 현금흐름을 의미한다. 재고자산 매입과 매출채권의 회수와 같은 유동자산과 관련된 활동들은 영업활동으로 분류된다. 투자활동 현금흐름은 기업이 미래의 수익과 현금흐름을 창출하는데 사용될 자원인 비유동자산의 확보나 처분과 관련된 현금흐름을 나타내므로 기업의 장기적인 성장잠재력을 평가할 수 있도록 별도로 구분하여 표시하는 것이다.

자산의 처분이나 자금의 회수로 인해 현금유입이 발생하는 경우, 처분자산의 장부금액이 아닌 실제 현금유입액을 기록한다. 또한 자산의 구입이나 자금의 대여시에도 실제 현금유출액을 기록한다. 따라서 자산을 처분한 후 대금을 회수하지 못했거나 자산취득시 대금을 아직 지급하지 않은 경우에는 현금흐름이 발생하지 않은 것이므로, 현금흐름표를 작성할 때 이 거래를 포함시키지 않는다.

투자활동 현금흐름의 예는 〈표 11-3〉과 같다.[1)]

표 11-3

투자활동 현금흐름의 예

투자활동으로 인한 현금유입	투자활동으로 인한 현금유출
유형자산, 무형자산 등의 처분에 따른 현금유입	유형자산, 무형자산 등의 취득에 따른 현금유출
장기금융상품으로 분류된 지분상품이나 채무상품 등의 처분에 따른 현금유입	장기금융상품으로 분류된 지분상품이나 채무상품 등의 취득에 따른 현금유출
제3자에 대한 선급금 및 대여금의 회수에 따른 현금유입	제3자에 대한 선급금 및 대여금 지급에 따른 현금유출

1) 위에서 투자활동은 주로 비유동자산의 취득과 처분 등과 관련된 활동이라고 설명하였다. 〈표 11-3〉에 소개된 활동 중 선급금 및 대여금의 경우 대부분 유동자산으로 분류되는 항목이지만, 항목의 성격에 따라 투자활동으로 분류한다. 예를 들어 유형자산의 취득을 위해 대금을 미리 지급한 선급금은 투자활동으로 분류한다.

3. 재무활동 현금흐름

재무활동 현금흐름은 기업의 자금조달 및 상환에 관련된 현금흐름을 의미한다.

재무활동 현금흐름(cash flows from financing activities)은 기업이 경영활동에 필요한 자금을 외부로부터 조달하고 이에 대한 대가를 지급하는 과정에서 발생하는 현금흐름을 의미한다. 기업은 부채 및 주식을 발행하여 자금을 조달하고, 이를 활용하는 대가로 채권자에게는 이자와 원금을 지급하며 주주에게는 배당금을 지급한다. 주주들이 보유하던 주식을 주식시장에서 매입하여 자기주식으로 보유하기도 한다. 재무활동 현금흐름은 기업의 자본조달 및 반환에 대한 중요한 정보를 제공하기 때문에 별도로 구분하여 공시하는 것이다.

재무활동 현금흐름의 예는 〈표 11-4〉와 같다.

표 11-4
재무활동 현금흐름의 예

재무활동으로 인한 현금유입	재무활동으로 인한 현금유출
주식의 발행에 따른 현금유입	자기주식의 취득에 따른 현금유출
사채의 발행이나 장·단기차입금에 따른 현금유입	차입금의 상환에 따른 현금유출

다만 여기서 유의할 사항이 있다. 앞에서 설명한 것처럼 장·단기차입금의 증가 및 감소나 주식의 발행 혹은 재취득에 따른 현금의 유입과 유출은 재무활동 현금흐름으로 분류되고, 일시적인 자금의 대여 및 회수, 그리고 장기금융자산의 투자 및 처분은 투자활동 현금흐름으로 분류된다. 그러나 이러한 활동으로 인해 발생하는 이자와 배당금의 수취 및 지급에 따른 현금흐름의 분류는 좀 더 복잡하다.

이자나 배당금의 지급은 기업에서 일상적으로 발생하므로, 이를 영업활동으로 분류하면 채권자나 투자자들이 영업활동 현금흐름으로부터 기업의 이자와 배당금의 지급능력을 판단하는 데 도움이 된다. 따라서 이자나 배당금의 지급은 영업활동 현금흐름으로 분류할 수 있다. 그러나 재무활동을 통해 외부에서 자금을 조달한 대가로 이자나 배당금을 지급하는 것이므로 이를 재무활동 현금흐름으로 분류할 수도 있다. 또한 이자 및 배당금 수취는 장기금융자산의 취득으로부터 발생한 수익으로 보아 투자활동 현금흐름으로 분류할 수도 있지만, 기업에서 일상적으로 이루어지므로 영업활동으로도 분류할 수도 있다. 국제회계기준에서는 이처럼 다양한 분류방법 중 기업이 한 가지를 선택해서 사용하는 것을 허용하고 있다. 본서에서는 이자의 지급 및 수취와 배당금 수취는 영업활동으로, 배당금의

본서에서는 이자의 지급 및 수취와 배당금의 수취는 영업활동으로, 배당금의 지급은 재무활동으로 분류한다.

지급은 재무활동으로 분류하는 방법을 따른다. 이 방법이 K-GAAP에서 허용하는 방법이며, 국제회계기준을 적용하는 한국 상장기업들이 가장 많이 사용하는 방법이다.[2]

다만 기업들이 서로 다른 분류방법을 택하고 있을 수 있으므로, 현금흐름표를 비교할 때는 어떤 방법을 사용하고 있는지 확인해야 한다.

	국제회계기준의 분류방법	본서의 방법
이자의 지급	영업활동 또는 재무활동으로 분류가능	영업활동으로 분류
배당의 지급	영업활동 또는 재무활동으로 분류가능	재무활동으로 분류
이자와 배당의 수취	영업활동 또는 투자활동으로 분류가능	영업활동으로 분류

회계이야기 (3)

회계의 역사 12 : 한국공인회계사회의 탄생과 발전

영국에서는 1800년대 중반, 미국에서는 1886년에 공인회계사의 단체가 조직되어 활동을 시작했다. 한국에서 공인회계사들이 모인 단체가 출범한 것은 1945년이다. 일제 강점기 시절 일본이 실시한 계리사 시험에 합격해서 개업을 하고 있던 20여 명의 조선인들이 있었는데, 이들이 해방과 동시에 조선계리사회라는 이름으로 단체를 조직하였다. 이들이 최초의 관련 법률인 계리사법이 1950년 제정되는 데 큰 역할을 했다. 조선계리사회는 1954년 한국계리사회로 명칭을 변경했다가, 1966년 들어 한국공인회계사회(Korea Institute of Certified Public Accountant; KICPA)로 명칭을 변경하였다. 즉 현재 존재하는 보험계리사라는 직업은 당시 존재하던 계리사와 무관하다. 공인회계사의 단체가 아마 한국의 전문가 단체들 중 변호사와 의사와 더불어 가장 먼저 출범한 단체일 정도로, 회계 전문가는 한국에서 유서 깊은 직업이다.

법률이 제정됨에 따라 1955년 제1회 계리사 시험이 실시되었으며, 1958년에 국내 최초의 회계기준이 제정되었다. 또한 한국계리사회에서 자체적으로 회계감사기준과 직업윤리규정을 1961년에 제정하였다. 1966년 단체의 명칭이 한국공인회계사회로 바뀐 것은 그해 계리사업을 대체하는 공인회계사법이 제정되면서, 직업의 공식 명칭이 공인회계사라고 변경됐기 때문이다.

투자자들이 공인회계사를 믿지 않는다면, 공인회계사가 감사한 재무제표도 신뢰하지 않을 것이다. 따라서 공인회계사는 엄격한 직업윤리를 준수해야 한다. 그래서 1961년 회계감사기준의 제정과 동시에 윤리기준을 제정한 것이다. 이에 따라 회계사들은 철저한 직업윤리를 지키도록 노력해야 한다.

공인회계사회는 회원들에 대한 정기적인 교육과 감사업무에 대한 감리 및 부정한 일을 저지른 회원에 대한 징계, 회계에 대한 홍보와 학생들에 대한 금융교육 실시, 회계 발전을 위한 연구 업무 등도 담당하고 있다. 현재 약 26,000명의 회계사들이 활약중이다. 이들이 회계법인에서만 일하는 것은 아니며, 금융계나 산업계 등 다양한 분야에 종사하고 있다.

2) 그러나 이자와 배당금 수취를 투자활동, 이자와 배당금 지급을 재무활동으로 분류하는 방법이 각 활동의 정의를 볼 때 더 옳다고 볼 수 있다. 이자와 배당금 수취는 장기금융자산에 대한 투자(즉 채권이나 주식의 매수) 때문에 발생한 것이며, 이자와 배당금 지급은 외부에서 자금을 조달(즉 부채나 자본을 조달)한 대가로 지급하는 것이기 때문이다. 또한 이 방법은 포괄손익계산서에서 이자수익과 배당금수익(이자나 배당을 받는 것이 주 영업활동이 아닌 대부분의 기업들의 경우), 그리고 이자비용이 영업외손익 항목으로 기록되는 점과 일관되는 방법이다. 이런 방법을 사용하는 국내 상장기업도 있다. 제4장의 [보론]에서 설명한 것처럼 개정된 국제회계기준에 따라 새로운 현금흐름표의 작성과 표시 방법이 2027년부터 적용될 예정인데, 개정안에서 제시한 방법도 이 방법이다.

11.3 현금흐름표 작성을 위한 거래의 분석

현금흐름표를 작성하기 위해서는 현금의 유입과 유출을 발생시키는 다양한 거래에 대해 이해해야 한다.

현금흐름표를 작성하기 위해서는 현금의 유입과 유출을 발생시키는 기업의 다양한 거래가 현금흐름에 미치는 영향을 파악해야 한다. 당기와 전기의 재무상태표를 함께 표시하는 비교재무상태표와 당기의 포괄손익계산서로부터 현금흐름표 작성을 위한 많은 정보를 획득할 수 있으나, 유형자산의 처분과 차입금의 증감과 같은 일부 거래에 대해서는 추가적인 정보가 필요하다.

다음의 예제를 통하여 현금흐름표 작성을 위해 거래를 분석한 다음 **11.4**에서 직접 현금흐름표를 작성해보자.

예제 11-1 현금흐름표 작성을 위한 거래의 분석

20×2년 동안 다음과 같은 거래가 발생하였다.

① (주)덕송은 당기에 상품 ₩880,000을 판매하고, 대금 중 ₩220,000은 현금으로 수령하고 나머지는 매출채권으로 회계처리하였다. (주)덕송은 계속기록법을 사용하고 있다.

② 위 매출과 관련되어 발생한 매출원가는 ₩630,000이다.

③ 당기중에 매입한 재고자산의 원가는 ₩704,000이다. 매입은 전액 외상매입이었다.

④ 일부 부서를 이전함에 따라 기존에 이용하던 건물 중 1개 동을 ₩110,000에 현금을 수취하고 매각하였으며, 이전하는 부서를 위하여 새로운 건물을 ₩150,000에 현금으로 매입하였다. 한편 당기중의 건물에 대한 감가상각비는 ₩20,000이다.

⑤ (주)덕송의 무형자산은 특허권이며 당기에 ₩5,000이 상각되었다.

⑥ 당기의 종업원 급여로 ₩150,000을 현금으로 지출하였으며, 기존 사무실이 협소하여 사무실을 임대하여 사용한 결과 ₩5,000의 임차료가 발생하였다. 임차료는 20×3년 1월에 지급하기로 하였다.

⑦ 건물의 취득을 위하여 ₩100,000을 은행에서 차입하였다. 새로운 차입금과 기존 차입금으로부터 발생한 당기 이자비용은 총 ₩24,000이며, 이는 모두 현금으로 지급하였다.

⑧ 사업의 확장에 따른 여유분의 현금보유 필요성을 느껴 자본금 ₩20,000을 증가시키는 유상증자를 실시하였다. 이로 인한 현금유입액은 ₩100,000이다.

⑨ 20×2년중에 주주에게 배당금 ₩30,000을 현금으로 지급하였다.

한편 (주)덕송의 20×1년과 20×2년의 비교재무상태표 및 20×2년의 포괄손익계산서는 다음과 같다.

비교재무상태표

(주)덕송 (단위 : 원)

	20×1년 12월 31일	20×2년 12월 31일
유 동 자 산		
현금및현금성자산	₩55,000	₩131,400
매 출 채 권	120,000	156,000
재 고 자 산	80,000	154,000
비유동자산		
토 지	200,000	200,000
건 물	250,000	300,000
(감가상각누계액)	(50,000)	(50,000)
특 허 권	20,000	15,000
자산총계	₩675,000	₩906,400
유 동 부 채		
매 입 채 무	₩100,000	₩80,400
미지급비용	20,000	25,000
비유동부채		
장기차입금	200,000	300,000
자 본		
자 본 금	100,000	120,000
자본잉여금	150,000	230,000
이익잉여금	105,000	151,000
부채 및 자본총계	₩675,000	₩906,400

포괄손익계산서

(주)덕송 20×2년 1월 1일~12월 31일 (단위 : 원)

매 출 액	₩880,000
매 출 원 가	630,000
매출총이익	₩250,000
급 여	150,000
감가상각비	20,000
무형자산상각비	5,000
영 업 이 익	₩75,000
임 차 료	5,000
이 자 비 용	24,000*
유형자산처분이익	30,000
당기순이익	₩76,000
기타포괄손익	–
총포괄이익	₩76,000

* 영업 또는 재무 활동으로 분류가능함.

예제에서 제시된 거래를 회계처리해보면 다음과 같다.

①, ② 매출원가 ₩630,000의 상품을 ₩880,000에 판매하면서 ₩220,000은 현금으로 수령하고 나머지는 외상거래 :

(차)	현 금	220,000	(대) 매 출	880,000
	매 출 채 권	660,000		
(차)	매 출 원 가	630,000	(대) 재 고 자 산	630,000

③ 재고자산 ₩704,000을 외상으로 매입 :

(차)	재 고 자 산	704,000	(대) 매 입 채 무	704,000

④ 건물 일부를 ₩110,000에 매각하였으며, 이전하는 부서를 위하여 새로운 건물을 ₩150,000에 매입 :

(차)	현 금	110,000	(대) 건 물*1, 3)	100,000
	감가상각누계액*2, 3)	20,000	유형자산처분이익	30,000
(차)	건 물	150,000	(대) 현 금	150,000

한편 당기중의 건물에 대한 감가상각비는 ₩20,000이다.

(차)	감가상각비	20,000	(대) 감가상각누계액	20,000

매각건물의 장부금액이 주어지지 않아도 건물의 기초와 기말 잔액과 당기취득액을 알면 다음과 같이 역산할 수 있다.

*1) 당기 처분한 건물의 취득원가
=기초 건물금액+당기 취득금액−기말 건물금액
=₩250,000+₩150,000−₩300,000=₩100,000

*2) 당기 처분한 건물의 감가상각누계액
=기초 감가상각누계액+당기 감가상각비−기말 감가상각누계액
=₩50,000+₩20,000−₩50,000=₩20,000

*3) 처분한 건물의 장부금액과 감가상각누계액은 다음과 같이 T-계정을 통해서도 파악이 가능하다. 각 T-계정에 우선 기초 및 기말 잔액을 표시한 후 문제에 주어진 당기취득액을 표시하면 당기처분액이 얼마인지 계산할 수 있다. 감가상각누계액도 당기 감가상각비 계상액을 기입하면 당기 처분된 건물과 관련된 감가상각누계액이 얼마인지 계산할 수 있다.

건 물 (단위 : 천원)

기초	250	당기처분	100
당기취득	150	기말	300
계	400	계	400

건물-감가상각누계액(단위 : 천원)

당기감소	20	기초	50
기말	50	당기증가	20
계	70	계	70

⑤ 특허권의 ₩5,000 상각 :

(차) 무형자산상각비	5,000	(대) 특 허 권	5,000

⑥ 종업원 급여로 ₩150,000 현금지급. 임차료 ₩5,000은 기말 현재 미지급 :

(차) 급 여	150,000	(대) 현 금	150,000
(차) 임 차 료	5,000	(대) 미지급비용	5,000

⑦ 차입금 ₩100,000 증가 및 이자비용 ₩24,000의 발생 :

(차) 현 금	100,000	(대) 장기차입금	100,000
(차) 이 자 비 용	24,000	(대) 현 금	24,000

⑧ 유상증자로 인한 현금유입 ₩100,000 :

(차) 현 금	100,000	(대) 자 본 금	20,000
		자본잉여금(주식발행초과금)	80,000*

* 자본잉여금의 증가분＝주식발행금액－자본금＝₩100,000－₩20,000＝₩80,000

⑨ 20×2년중에 주주에게 ₩30,000을 배당금으로 지급 :

(차) 이익잉여금	30,000	(대) 현 금	30,000

11.4 현금흐름표의 작성

현금흐름표에서 영업활동으로 인한 현금흐름을 작성하는 방법으로는 직접법과 간접법이 있다. 실무적으로 대부분의 기업이 간접법을 사용하므로, 본절에서는 간접법을 사용하여 현금흐름표를 작성하는 방법을 설명한다. 직접법을 사용하여 영업활동 현금흐름을 산출하는 방법은 [보론]에서 설명한다.

1. 영업활동 현금흐름 - 간접법

간접법은 당기순이익에서 출발하여 투자활동 및 재무활동에서 발생한 현금흐름을 제거하고, 현금흐름을 수반하지 않는 거래효과를 제거하며, 영업활동으로 인한 자산과 부채의 변동을 고려하여 현금흐름에 미치는 영향을 계산함으로써 영업활동 현금흐름을 계산하는 방법이다.

간접법은 포괄손익계산서의 당기순손익에서 출발하여, 일부 조정항목을 가산하거나 차감하여 영업활동으로 인한 현금흐름을 역산하는 방법이다. 즉 발생주의에 의해 산출된 당기순이익을 현금주의 기준 영업활동 순이익으로 바꾸는 과정이라고 생각하면 된다.[3] 구체적으로 당기순이익에서 ① 투자활동 및 재무활동에 의한 영향을 제거하여 영업활동에 의한 순이익을 계산하고, ② 현금의 유출이 없는 비용을 가산하고 현금의 유입이 없는 수익을 차감한다. 또한 ③ 영업활동으로 인한 자산과 부채의 변동을 고려하여 현금흐름에 미치는 영향을 계산한다. 이런 세 과정을 거쳐 영업현금흐름을 계산한다.

간접법을 이용해 작성된 현금흐름표 양식을 다시 제시하면 〈표 11-5〉와 같다.

표 11-5

간접법을 이용해 작성된 현금흐름표 양식

간접법
I. 영업활동 현금흐름
1. 당기순이익
2. 투자활동 및 재무활동에서 발생한 수익과 비용의 차감
가. 유형자산처분손실
나. 지분법손실
3. 현금흐름을 수반하지 않는 비용과 수익의 차감
가. 감가상각비
나. 퇴직급여
다. 매출채권손상차손
4. 영업활동으로 인한 자산과 부채의 변동
가. 매출채권의 증가
나. 재고자산의 감소
다. 매입채무의 증가

간접법을 이용해 작성한 현금흐름표는 〈표 11-5〉에서 보듯 당기순이익에서 출발하여 2번에서 투자활동 및 재무활동에서 발생한 수익과 비용을 차감한다. 예를 들어 〈표 11-5〉의 2번 조정항목에 유형자산처분손실이 포함되어 있다. 이 항목을 조정하는 이유는 유형자산의 처분이라는 투자활동과 관련된 유형자산처분

3) 2027년부터 적용예정인 국제회계기준(IFRS 18)의 내용에 따르면, 당기순이익이 아니라 영업이익에서부터 시작해서 위에서 설명한 ②와 ③의 과정을 통해 영업현금흐름을 계산하게 된다. 영업이익부터 출발하는 경우, ①의 투자활동 및 재무활동에 의한 영향은 이미 영업이익에 포함되어 있지 않으므로 영업현금흐름 계산시 별도로 조정해줄 필요가 없다.

손실의 영향을 당기순이익에서 제거해서 영업활동에 의한 이익만을 계산하기 위해서다. 3번에서 현금의 유출이 없는 비용을 가산하고 현금의 유입이 없는 수익을 차감한다. 이들 항목은 이익 계산에는 포함이 되지만 현금흐름에는 영향을 미치지 않기 때문에, 이들의 영향을 제거하는 것이다. 마지막 4번에서 영업활동으로 인한 자산과 부채의 변동을 조정해준다. 이때 조정사항으로 자산의 증가(감소)는 차감(가산)해주고, 부채의 증가(감소)는 가산(차감)한다.

다음에서 간접법에 의한 조정항목을 좀 더 자세히 살펴본 후, 앞에서 제시된 [예제 11-1]을 바탕으로 간접법에 의한 영업활동 현금흐름을 계산해보자.

(1) 투자활동 및 재무활동으로 인한 비용과 수익

유형자산처분손익과 같이 투자활동 및 재무활동으로 인한 비용과 수익은 당기순이익에는 포함되어 있으나 영업활동으로 인해 발생한 비용과 수익이 아니다. 따라서 영업활동 현금흐름을 계산하기 위해서 이들 항목을 당기순이익에서 조정하여 제외한다. 즉 당기순이익에 포함된 투자 및 재무 활동으로 인한 이익은 당기순이익에서 차감하고, 투자 및 재무 활동으로 인한 비용은 당기순이익에 가산하는 것이다.

[예제 11-1]에서 손익계산서를 살펴보면 당기순이익에 포함된 항목 중 투자활동으로 인한 유형자산처분이익 ₩30,000이 있음을 알 수 있다. 유형자산처분이익 때문에 당기순이익은 늘어났지만, 이는 영업활동 때문에 발생한 것이 아니므로 영업활동에서 발생한 현금흐름은 늘어나지 않았다. 그래서 당기순이익에서 유형자산처분이익을 차감해야 영업활동에서 발생한 현금흐름을 계산할 수 있다. 그 반대로 유형자산처분손실이 있는 경우라면 이 금액을 당기순이익에 더해주어야 영업활동에서 발생한 현금흐름을 계산할 수 있다.

(주)덕송 포괄손익계산서

	20×1년	20×2년
매 출 액		₩880,000
…	…	…
유형자산처분이익		30,000
…	…	…
당기순이익		76,000
기타포괄손익		—
총포괄이익		₩76,000

이렇게 당기순이익에서 제거된 투자활동 또는 재무활동으로 인한 손익은 투자활동 또는 재무활동 현금흐름에 반영된다.

(2) 현금의 유출입이 없는 비용과 수익

현금의 유입이 없는 수익과 현금의 유출이 없는 비용은 그만큼 발생주의 이익과 현금주의 이익 간의 차이를 발생시키므로, 현금흐름표를 작성하기 위해서는 당기순이익에서 이들 항목을 조정해야 한다. 이러한 항목들의 예로는 감가상각비, 매출채권손상차손(대손상각비), 무형자산상각비 등이 있다.

(주)덕송 포괄손익계산서

	20×1년	20×2년
매 출 액		₩880,000
…	…	…
감가상각비		20,000
무형자산상각비		5,000
…	…	…
당기순이익		76,000
기타포괄손익		–
총포괄이익		₩76,000

예를 들어 비용항목인 감가상각비는 이익을 줄이지만 실질적인 현금유출이 발생하지 않는 비용이다. 그러므로 현금흐름을 계산하기 위해서 감가상각비를 당기순이익에 가산한다. 예를 들어 건물감가상각비의 경우 감가상각비 기록시 현금의 유출이 발생하지는 않는다. 건물을 취득하는 시점에 현금의 유출이 이미 발생했으며, 건물의 취득으로 인해 발생한 현금유출은 투자활동에서 발생한 현금유출이다. 따라서 영업활동 현금흐름 계산시 건물 취득으로 인해 발생한 현금유출은 고려할 필요가 없다.

[예제 11-1]에서 현금의 유출입이 없는 비용과 수익에 해당하는 항목으로는 감가상각비 ₩20,000과 무형자산상각비 ₩5,000이 있다. 영업활동 현금흐름을 산출하기 위해 이들 항목을 당기순이익에 가산해준다.

(3) 영업활동으로 인한 자산과 부채의 변동

영업활동으로 인한 자산과 부채의 변동은 발생주의 이익과 현금흐름의 차이를 가져온다. 가장 빈번한 예로는 매출채권의 증감, 재고자산의 증감 및 매입채무의 증감이 있다.

영업과 관련된 비현금 자산(예를 들면 매출채권, 재고자산, 선급비용)의 잔액이 기초보다 기말에 증가한 경우에는, 자산의 증가액만큼 당기순이익이 증가하였음에도 현금의 유입이 발생하지 않은 것이다. 따라서 그만큼 이익보다 현금흐름이 작게 된다. 이러한 관계를 반영하여 자산의 증가액만큼 당기순이익에서 차감하는 조정을 수행하여 현금흐름을 산출한다. 반대로 영업과 관련된 자산이 감소한 경우에는 그만큼 이익보다 현금흐름이 큰 것이다. 따라서 자산의 감소액만큼 당기순이익에 가산하는 조정을 해야 한다.

예를 들어 기초매출채권이 ₩0이고, 당기 발생주의 매출액이 ₩100이며, 이 중 현금회수액이 ₩40, 기말매출채권이 ₩60이라고 하자. 이 경우 기초에 비해 기말 매출채권이 ₩60만큼 증가했다. 발생주의 매출액(₩100)은 당기순이익에 가산되어 있으므로, 현금회수액(₩40)으로 변경하기 위해서는 매출채권의 증가액(₩60)을 차감해야 한다.[4)]

현금주의 매출액	=	발생주의 매출액	−	△매출채권[5)]
₩40	=	₩100	−	₩60

영업과 관련된 부채(예를 들면 매입채무, 미지급비용)가 증가한 경우에는, 비용이 발생하였음에도 현금의 유출이 발생하지 않은 것이므로 부채의 증가액만큼 당기순이익에 가산한다. 예를 들어 미지급비용이 기초보다 기말에 ₩200만큼 증가했다면, ₩200만큼 발생주의 비용은 인식하였으나 현금을 아직 지급하지 않았다는 뜻이다. 따라서 거래로부터 발생한 이익이 현금흐름보다 작은 것이므로, 이익에 ₩200만큼 가산해주어 현금흐름을 계산한다. 그 반대로 영업과 관련된 부채가 감소한 경우에는 당기순이익에서 차감한다. 요약하면 영업활동과 관련된 자산의 증가(감소)는 현금의 감소(증가)를 가져오고, 부채의 증가(감소)는 현금의 증가(감소)를 가져온다. 즉 자산항목과 부채항목의 증감이 현금흐름에 미치는 효과가 서로 반대라고 기억하면 된다.

4) 극단적인 예로, 기중에 ₩100만큼의 외상매출거래만 발생하고 현금회수 등 다른 거래가 전혀 없는 경우를 가정해보자. 이때 당기순이익(₩100)보다 현금흐름(₩0)이 작게 되며, 그 차이는 매출채권 증가액(₩100)과 일치한다. 따라서 현금흐름(₩0)을 구하기 위해서는 당기순이익(₩100)에 매출채권 증가액(₩100)을 차감하는 조정을 해야 한다.

5) △표시는 증감을 나타낸다. 즉 △매출채권은 매출채권 잔액의 변동분(기말매출채권−기초매출채권)을 의미한다.

자산의 증가(감소) ⇒ 현금의 감소(증가) : 반대 방향의 부호

부채의 증가(감소) ⇒ 현금의 증가(감소) : 같은 방향의 부호

[예제 11-1]에서 영업활동으로 인한 자산과 부채의 변동에 해당하는 항목은 매출채권의 증가 ₩36,000, 재고자산의 증가 ₩74,000, 매입채무의 감소 ₩19,600 및 미지급비용의 증가 ₩5,000이 있다. 20×2년말 매출채권 잔액이 20×1년말에 비해 ₩36,000 증가하였으므로, 당기순이익을 계산할 때 포함된 매출액 중 ₩36,000만큼은 현금으로 회수되지 않은 것이다. 따라서 영업활동 현금흐름을 계산할 때에는 ₩36,000을 당기순이익에서 차감해야 한다. 재고자산 증가액 ₩74,000만큼은 매출원가에 아직 반영되지 않은 현금유출이 있었음을 의미하므로 증가액만큼을 당기순이익에서 차감한다. 또한 매입채무 잔액은 ₩19,600만큼 감소하였으므로, 당기에 현금으로 매입채무를 지급한 금액이 당기 매입액보다 큰 것이다. 따라서 보유중인 현금이 감소한 것이므로 동 금액을 당기순이익에서 차감한다. 또한 미지급비용이 ₩5,000 증가한 것은 동 금액만큼 비용이 발생했으나 현금을 지급하지 않은 것이므로, 동 금액을 당기순이익에 더해준다.

(주)덕송 비교재무상태표

	20×1년말	20×2년말	증 감
…	…	…	…
매 출 채 권	₩120,000	₩156,000	₩36,000
재 고 자 산	80,000	154,000	74,000
…	…	…	…
매 입 채 무	100,000	80,400	(19,600)
미지급비용	20,000	25,000	5,000
…	…	…	…
부채 및 자본총계	₩675,000	₩906,400	

2. 투자활동 현금흐름[6)]

투자활동 현금흐름(cash flows from investing activities)은 기업이 장기적으로 보유하거나 사용할 목적으로 장기금융자산 또는 유·무형자산을 취득하거나 처분하는 경

6) 투자활동 현금흐름과 재무활동 현금흐름을 계산하는 방법은 직접법이다. 즉 간접법을 사용해서 영업활동 현금흐름표를 작성하는 경우에도, 투자활동과 재무활동은 직접법을 사용하여 현금흐름표를 작성하는 점에 주의하기 바란다.

우에 발생하는 현금흐름을 의미한다.[7] 투자활동 현금흐름은 취득 또는 처분된 자산의 장부금액이 아닌 취득 또는 처분시에 발생한 실제 현금의 유입 또는 유출 금액으로 기록해야 한다.

[예제 11-1]에서 투자활동 현금흐름에 해당하는 항목은 건물의 취득과 처분이다. ④에서 주어진 바와 같이 건물의 현금취득액 ₩150,000을 현금유출로, 건물의 매각으로 인한 현금수취액 ₩110,000을 현금유입으로 기록한다.

만약 문제에서 건물을 처분한 대가로 수취한 현금이 직접 주어지지 않았다고 하면, 주어진 다른 정보를 이용하여 계산할 수 있다. 즉 건물이 처분됨에 따라 줄어든 건물의 장부금액, 처분된 건물에 대한 감가상각누계액, 그리고 처분과 관련된 유형자산처분손익을 모두 고려하여 건물처분으로 인한 현금유입액을 계산해야 한다. 처분된 건물에 대한 감가상각누계액은 기초, 기말의 감가상각누계액과 당기중 증가한 감가상각누계액, 즉 감가상각비를 고려하여 T-계정법이나 간단한 계산을 통해 파악할 수 있다. 또한 처분된 건물의 장부금액이 제시되지 않더라도 당기 취득금액을 알 수 있다면, T-계정을 이용하거나 아래의 식을 이용하여 간단한 계산을 함으로써 처분된 건물의 장부금액을 파악할 수 있다.

취득원가 : 기초유형자산 + 기중취득 − 기중처분 = 기말유형자산
감가상각누계액 : 기초감가상각누계액 + 당기감가상각비
− 처분자산의 감가상각누계액
= 기말감가상각누계액

건 물 (단위 : 천원)

차변		대변	
(1) 기초	250	(6) 당기처분	100
(5) 당기취득	150	(2) 기말	300
계	400	계	400

건물−감가상각누계액 (단위 : 천원)

차변		대변	
(8) 감소	20	(3) 기초	50
(4) 기말	50	(7) 당기증가	20
계	70	계	70

예를 들어 [예제 11-1]에서 기존 건물을 처분하면서 수취한 금액이 얼마인지 문제에서 주어지지 않았다고 가정해보자. 재무상태표에서 주어진 자료인 건물과 건물-감가상각누계액의 기초 및 기말 잔액((1), (2), (3), 그리고 (4))을 T-계정에 각각 기입할 수 있다. 또한 [예제 11-1]의 ④에서 당기중 건물매입액 (5)를 알 수 있

7) 이 외에도 대여금이나 선급금을 제공하거나 회수하는 경우도 투자활동의 범주에 해당하지만, 본서에서는 별도로 다루지 않는다.

다. 그 결과 당기중 처분된 건물의 취득금액 (6)을 건물의 T-계정으로부터 계산할 수 있다. '(1)+(5)=(6)+(2)'이기 때문이다.

또한 당기중 감가상각비 금액인 ₩20,000(④의 두 번째 분개)을 건물-감가상각누계액 T-계정에 기록하면, '(3)+(7)=(8)+(4)'의 식에 의해 당기중 사용하던 건물의 매각으로 건물-감가상각누계액이 감소한 금액인 (8)을 계산할 수 있다. 즉 건물의 처분으로 건물-감가상각누계액이 ₩20,000만큼 감소했음을 알 수 있다. 포괄손익계산서로부터 유형자산처분이익이 ₩30,000이라는 것을 알 수 있으므로, 이런 내용을 모두 종합하면 건물의 처분을 통해 얼마의 현금을 수취했는지 계산할 수 있다. 즉 아래와 같은 분개에서 차변의 현금금액을 계산하면 건물처분으로 현금유입 ₩110,000이 발생한 것을 계산할 수 있다.

(차)	현 금	?	(대) 건 물	100,000
	감가상각누계액	20,000	유형자산처분이익	30,000

건물처분에 따른 현금유입액 = ₩100,000 + ₩30,000 − ₩20,000 = ₩110,000

3. 재무활동 현금흐름

재무활동 현금흐름(cash flows from financing activities)은 기업이 경영활동에 필요한 자금을 외부로부터 조달하고 이에 대한 대가를 지급하는 과정에서 발생하는 현금흐름을 의미한다. 예를 들어 부채를 차입하거나 주식을 발행한 경우, 부채를 상환하거나 자본을 감소시킨 경우, 또는 배당금을 지급하는 경우에 발생하는 현금흐름이다. 또한 자기주식의 매입 및 매각의 경우에도 재무활동 현금흐름으로 분류된다.

[예제 11-1]에서 (주)덕송의 재무활동 현금흐름에 해당하는 항목은 장기차입금의 추가차입과 유상증자 및 배당금의 지급이 있다. 이 중 장기차입금의 추가차입과 유상증자는 현금의 유입으로, 배당금의 지급은 현금의 유출로 분류된다. 즉 장기차입금의 증가로 ₩100,000 및 유상증자로 ₩100,000의 현금유입이 발생하였으며, 배당금의 지급으로 ₩30,000의 현금유출이 발생하였다.

4. 현금흐름표의 작성 - 종합

현금의 순증감
+기초의 현금
=기말의 현금

지금까지 공부한 영업활동, 투자활동 및 재무활동 현금흐름을 종합하면 현금흐름표를 작성할 수 있다. 각 활동별 현금흐름을 모두 더하여 당기의 **현금의 순증감**(net changes in cash and cash equivalents)을 계산하고, 이를 기초의 현금액에 가산하면 기말의 현금액과 일치하게 된다.

영업활동 현금흐름을 간접법으로 작성한 현금흐름표는 〈표 11-6〉과 같다. 투자활동과 재무활동 현금흐름은 직접법을 사용하여 작성한 것이니 주의하기 바란다. 즉 간접법은 영업활동 현금흐름 계산시에만 사용된다.

표 11-6

(주)덕송의 20×2년 현금흐름표-간접법

현금흐름표-간접법

(주)덕송	20×2년 1월 1일~12월 31일		(단위 : 원)
1. 영업활동 현금흐름			(₩53,600)
A. 당기순이익		76,000	
B. 비영업활동 수익 등의 차감		(30,000)	
ㄱ. 유형자산처분이익	(30,000)		
C. 현금유출이 없는 비용 등의 가산		25,000	
ㄱ. 감가상각비	20,000		
ㄴ. 무형자산상각비	5,000		
D. 영업활동으로 인한 자산과 부채의 변동		(124,600)	
ㄱ. 매출채권의 증가	(36,000)		
ㄴ. 재고자산의 증가	(74,000)		
ㄷ. 매입채무의 감소	(19,600)		
ㄹ. 미지급금의 증가	5,000		
2. 투자활동 현금흐름			(40,000)
A. 투자활동으로 인한 현금의 유입		110,000	
ㄱ. 건물의 처분	110,000		
B. 투자활동으로 인한 현금의 유출		(150,000)	
ㄱ. 건물의 취득	(150,000)		
3. 재무활동 현금흐름			170,000
A. 재무활동으로 인한 현금의 유입		200,000	
ㄱ. 차입금의 증가	100,000		
ㄴ. 유상증자	100,000		
B. 재무활동으로 인한 현금의 유출		(30,000)	
ㄱ. 배당금의 지급	(30,000)		
4. 현금의 순증감 (1.+2.+3.)			₩76,400
5. 기초의 현금			55,000
6. 기말의 현금			₩131,400

간접법을 이용하여 작성된 영업활동 현금흐름을 당기순이익과 비교해보면 이익의 질에 대해 판단할 수 있다.

간접법에 의해 작성한 현금흐름표를 보면 영업활동 현금흐름의 구성요소들 중 매출, 매입, 임금 지불 등 각 활동에 대한 구분이 없다. 따라서 각 활동에서 발생한 현금 유출액과 유입액을 별도로 알 수가 없으며, 영업활동 현금흐름 총액만을 알 수 있다. 뒤에 [보론]에서 직접법에 대한 설명을 할 때 좀 더 자세히 소개하겠지만, 이처럼 영업활동 현금흐름 총액만을 알 수 있지 각 구성요소별 현금흐름을 알 수 없다는 것이 간접법의 단점이다.

〈표 11-6〉에 제시한 (주)덕송의 20×2년 현금흐름표를 살펴보면, 영업활동 현금흐름은 －₩53,600으로서, 영업활동에서 현금을 벌어들이지 못하고 있는 것을 알 수 있다. 포괄손익계산서상의 영업이익이 ₩75,000이고 당기순이익이 ₩76,000인 것과 비교하면, 포괄손익계산서의 영업이익이나 당기순이익이 현금유입을 수반하지 못하고 있는 것을 알 수 있다. 즉 (**11.1**에서 공부한) 이익의 질이 낮은 상황이다.

왜 이런 일이 발생했는지를 생각해보자. 현금흐름표를 보면 (주)덕송은 매출채권과 재고자산이 증가했으며 매입채무는 감소했다. 이 세 가지가 모두 현금흐름을 감소시킨다. 예를 들어 매출채권이 증가했다는 것은, 매출로 기록되어 이익은 증가했지만 아직 현금이 회수되지 않았다는 의미다. 재고자산이 증가했다면 재고자산을 과거보다 더 많이 구입하여 보관하고 있다는 것이므로, 재고자산 구입을 위해 현금이 많이 지출되었다는 의미다. 따라서 발생주의로 계산한 영업이익이 현금주의로 계산한 현금흐름보다 높은 것이다. 이런 경우에는 왜 매출채권과 재고자산이 증가했는지, 그리고 매입채무가 감소했는지 원인을 조사해볼 필요가 있다.[8] 특히 재고자산은 전년도의 기말잔액(₩80,000)과 비교하여 크게 증가하였다. 또한 건물을 취득했기 때문에 투자활동에서도 현금의 유출이 발생하였다. 즉 과거보다 현금을 더 많이 사용하는 방식으로 경영을 하고 있는 것이다. 그 결과 (주)덕송은 영업활동과 투자활동에서 발생한 현금유출을 상쇄하기 위해서 차입금을 증가시키고 유상증자를 실시하여 현금을 조달하였다. 결과적으로 현금잔액은 오히려 증가하였지만, 앞으로 증가한 부채와 자본에 대한 이자비용과 배당의 지급이 각각 늘어날 것임을 예상할 수 있다.

8) 매출채권이나 재고자산이 급증한 경우, 이익을 실제보다 과다하게 기록한 분식회계를 저지른 것이 아닌가 의심되는 상황이기 때문이다. 이런 경우 왜 분식회계가 의심되는지에 대해서는 '회계이야기 (6)'을 참조하기 바란다. 분식회계가 아니라고 하더라도 효과적으로 경영을 하지 못한다고 볼 수 있다.

회계이야기 (4)

기업수명주기와 현금흐름

기업은 탄생하여 소멸될 때까지 여러 과정을 거쳐 변화해간다. 경영학계에서는 흔히 기업이 '도입기→성장기→성숙기→쇠퇴기'를 거친다고 표현하는데, 이를 기업수명주기(firm's life cycle)라고 한다. 이하에서는 기업의 각 수명주기 단계별로 현금흐름이 어떻게 달라지는지 살펴보자.

기업 또는 사업부서가 새로 만들어진 도입기라면 신제품을 개발하거나 생산에 필요한 설비를 갖추기 위한 투자가 많이 필요하다. 예를 들면 공장을 건설하고 기계설비를 구입하는 데 많은 현금이 필요할 것이다. 따라서 투자활동 분야에서 많은 현금유출이 있는 반면 시장개척이나 거래처 확보 등의 영업활동이 아직 본 궤도에 오르지 못해 판매량이 적을 것이므로 영업활동 분야에서도 현금 유입보다 유출이 클 가능성이 높다. 결국 영업과 투자를 통해 유출되는 대규모 자금을 재무활동을 통해 마련해야 한다. 즉 증자나 차입을 통해 필요한 현금을 마련해야 하므로 재무활동 분야에서는 현금유입이 발생할 것이다. 배당을 지급하거나 부채의 원금을 상환할 여유는 없을 가능성이 높다.

시간이 지남에 따라 설비투자가 마무리되면서 투자활동 현금유출은 줄어들 것이다. 그러나 투자활동 현금흐름이 0이 되는 경우는 거의 없다. 기계나 건물 등의 유지, 보수 및 수리 등을 위해서도 계속해서 어느 정도 수준의 현금유출이 발생하기 때문이다. 그에 반해 영업이 본 궤도에 진입하면서 매출액이 늘어남에 따라 영업활동 현금흐름은 점차 증가할 것이다. 이 시기를 기업의 성장기라고 부른다. 영업활동 현금유입의 양이 투자활동 현금유출의 양을 초과하는 시점에 도달하기 전까지는 부족한 자금을 재무활동을 통해 조달해야 한다. 즉 도입기와 마찬가지로 계속적으로 현금이 필요한 시기로서, 증자나 차입을 통한 자금의 조달이 계속해서 발생한다.

잉여현금흐름의 발생과 사용

영업활동 현금흐름의 유입액과 투자활동 현금흐름의 유출액이 동일한 시점을 지나서 영업활동 현금흐름의 유입액이 더 많아지는 단계에 오면 양(+)의 잉여현금흐름(fee cash flow)이 발생한다고 표현한다. 잉여현금이란 영업활동으로 유입된 현금흐름에서 투자활동으로 유출된 현금흐름을 차감한 수치다. 양의 잉여현금흐름이 발생하면서 영업현금흐름이 늘어나는 시기를 기업의 성숙기라고 부른다. 이 시기에는 발생한 잉여현금흐름으로 사업 초기에 빌려온 부채를 갚거나 주주들에게 배당금을 지급할 수 있다. 즉 재무활동 분야에서 현금유출이 발생한다.

기업의 성숙기는 영원히 지속될 수 없다. 특정기업의 성숙기는 무한히 지속될 수도 있겠지만, 그 기업이 영위하고 있는 각 사업 분야를 나누어서 보면 각 사업은 상당기간의 성숙기를 지나고 나면 필연적으로 쇠퇴기에 접어든다. 소비자의 기호가 변하거나 기술이 변할 수도 있으며, 경쟁업체가 시장에 진입할 수 있기 때문이다. 이 경우 영업활동 현금유입액이 점차 줄어든다. 그러다가 잉여현금흐름이 음(−)으로 바뀌면 해당 사업에서 완전히 철수하는 것이 더 유리하다. 즉 이익이 얼마냐의 여부보다 잉여현금흐름을 보고 특정사업에서의 철수결정을 내려야 한다. 예를 들어 감가상각비는 과거에 이루어진 설비투자 때문에 발생한다. 따라서 감가상각비 때문에 적자가 나더라도 추가적으로 현금투자가 필요한 것이 아니다. 이런 내용들에 대해서는 관리회계 시간에 좀 더 자세히 공부할 것이다.

기업이 영구적으로 존속하고 발전하기 위해서는 성숙기에 접어든 사업 분야를 많이 보유하고 있어야 한다. 그래야 그 사업 분야에서 발생하는 잉여현금흐름으로 부채를 상환하거나 배당을 지급하는 것은 물론 신사업 분야에 투자할 수 있기 때문이다. 그래서 현재 성숙기에 있는 사업 분야들이 앞으로 시간이 흘러 쇠퇴기로 접어들었을 때 새로운 사업 분야가 성장해서 커지고 성숙기로 접어들 수 있기 때문이다. 즉 성숙기에 접어든 사업 분야에서 벌어들이는 자금을 이용하여 신사업 분야의 발굴을 위해 기업들은 꾸준히 노력해야 한다.

잉여현금흐름의 사용 : 배당과 투자

지금 현재 성숙기에 접어든 사업 분야가 있다고 하더라도 벌어들이는 돈을 모두 배당을 주거나 부채를 상환하는 데 사용하기만 한다면 해당 기업의 성장가능성은 낮을 것이다. 일부 비전문가들은 배당을 많이 주는 기업의 주식을 매수하라고 이야기하지만 이는 꼭 옳은 이야기가 아니다. 배당을 많이 주는 기업은 대부분 이익이 높은 기업이다. 그렇지만 벌어들인 이익의 대부분을 배당을 주는 데 사용하고 미래를 위한 투자를 게을리하는 기업의 주식을 매수할 때는 해당 기업의 성장가능성이 낮다는 점에 주의해야 한다.

배당을 과거 많이 지급했다고 하더라도, 만약 회사가 신사업을 발굴하지도 못하면서 기존에 영위하던 사업들이 성숙기를 지나 쇠퇴기로 접어든다면 주가는 폭락할 것이다. 따라서 기업이 연구·개발활동과 설비의 취득 등의 목적으로 얼마의 현금을 지출하는지를 주식투자시에는 꼭 살펴봐야 할 것이다. 즉 꾸준히 성장을 위한 투자를 지속하면서 잉여현금흐름으로 배당을 지급하는 회사가 투자 없이 배당만 지급하는 회사보다 더 좋은 회사다.

보론 직접법을 이용한 영업활동 현금흐름

앞에서 제시된 [예제 11-1]을 바탕으로 직접법에 의한 영업활동 현금흐름을 계산해보자. 직접법으로 영업현금흐름을 작성하기 위해서는 간접법을 사용할 때보다 거래에 대한 좀 더 자세한 자료를 필요로 한다.

(1) 매출로 인한 현금유입액

[예제 11-1]에서는 당기중 현금주의 매출액(매출로 인한 현금유입액)을 제시하지 않았지만, 다음 식과 같이 매출채권과 매출액의 관계를 이용해서 매출로 인한 현금유입액을 계산할 수 있다.

기초매출채권 + 당기매출 = 현금주의 매출액 + 기말매출채권
기초매출채권 + 당기매출 − 기말매출채권 = 현금주의 매출액
현금주의 매출액 = 당기매출 − △매출채권

[예제 11-1]의 자료를 사용하여 위에서 제시된 관계를 그림으로 표현하면 [그림 11-2]와 같다.

그림 11-2
현금주의 매출액

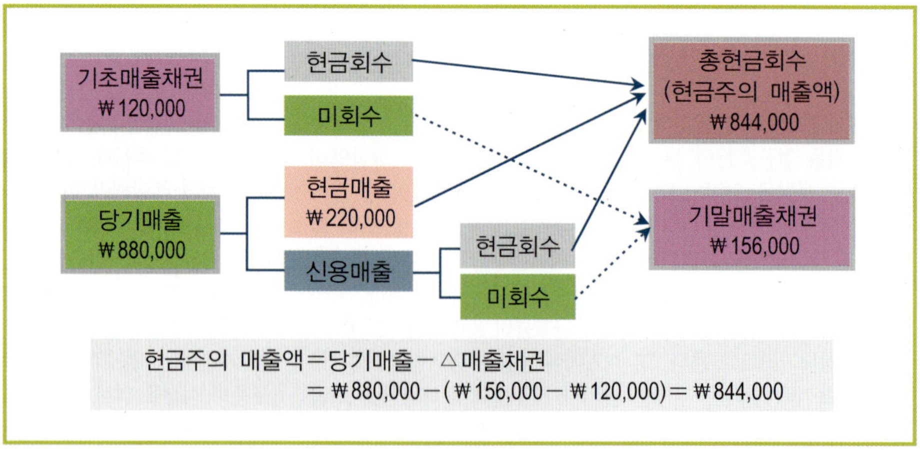

앞의 계산방법이 어렵게 느껴진다면 다음과 같이 T-계정을 이용하여 외상매출액 중 현금회수액 ₩624,000을 계산할 수 있으며, 이를 현금으로 직접 매출한 금액인 ₩220,000과 합하면 총현금회수액 ₩844,000을 계산할 수 있다.

매출채권			
(1) 기초잔액	₩120,000	(4) 현금으로 회수	₩624,000
(3) 외상매출	660,000	(2) 기말잔액	156,000
	₩780,000		₩780,000

(2) 매입으로 인한 현금유출액

현금주의 매입액도 매출의 경우와 비슷하게 매입채무와 당기매입액의 관계를 이용하여 다음 식과 같이 계산할 수 있다.

기초매입채무 + 당기매입 = 현금주의 매입액 + 기말매입채무
기초매입채무 + 당기매입 − 기말매입채무 = 현금주의 매입액
현금주의 매입액 = 당기매입 − △매입채무

현금주의 매출액 계산과 마찬가지로 논리적으로 각 단계를 생각해보면 식의 도출과정을 이해할 수 있다.[9] [예제 11-1]의 자료를 사용하여 위에서 제시된 관

그림 11-3

현금주의 매입액

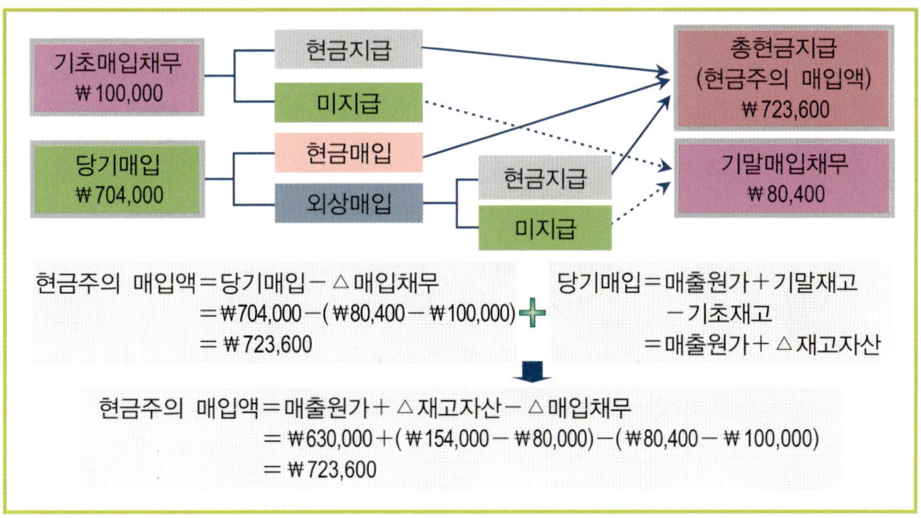

9) '현금주의 매입액=당기매입−△매입채무' 식에서 매입액이 현금유출이므로 현금유출을 일괄적으로 (−)로 표시한다면 '현금주의 매입(−)=당기매입(−)+△매입채무'가 된다. 즉 '−₩723,600=−₩704,000+(₩80,400−₩100,000)'의 관계가 성립한다.

계를 그림으로 표현하면 [그림 11-3]과 같다.

앞의 계산방법이 어렵게 느껴진다면 다음과 같이 재고자산과 매입채무의 T-계정을 이용하여 당기의 매입채무 현금지급액 (7)을 계산할 수 있다.

재고자산				매입채무			
(1) 기초잔액	₩80,000	(6) 매출원가	₩630,000	(7) 현금지급	₩723,600	(3) 기초잔액	₩100,000
(5) 당기매입	704,000	(2) 기말잔액	154,000	(4) 기말잔액	80,400	(5) 당기매입	704,000
	₩784,000		₩784,000		₩804,000		₩804,000

(3) 기타 수익과 비용에 의한 현금유출 · 유입액

임직원에 대한 급여의 지급, 영업 관련 로열티와 수수료의 지급과 보험료나 임대료의 지급 등에 의한 현금 유입과 유출도 영업활동 현금흐름에 해당한다. [예제 11-1]에서 기타 수익과 비용으로 인한 현금유출 · 유입은 다음과 같다.

급여 현금지급액 = 포괄손익계산서상 급여 − △미지급급여
= ₩150,000 − (₩0 − ₩0)
= ₩150,000

임차료 현금지급액 = 포괄손익계산서상 임차료 − △기말 미지급임차료
= ₩5,000 − (₩5,000 − ₩0)
= ₩0

이자비용 현금지급액 = 포괄손익계산서상 이자비용 − △미지급이자
= ₩24,000 − (₩0 − ₩0)
= ₩24,000

영업활동 현금흐름을 직접법으로 작성한 현금흐름표는 〈표 11-7〉과 같다. 직접법에 의해 작성한 현금흐름표(〈표 11-7〉)와 간접법에 의해 작성한 현금흐름표(〈표 11-6〉)를 비교하면, 영업활동으로 인한 현금흐름 부분의 양식만 다르고 계산된 영업활동으로 인한 현금유입액(또는 유출액)은 동일하다. 또한 간접법 또는 직접법 적용여부와 상관없이 투자활동 현금흐름 및 재무활동 현금흐름은 동일하다. 즉 직접법 또는 간접법으로 작성된 현금흐름표는 영업활동 현금흐름 부분만 다르고 나머지 부분은 모두 같다는 것을 알 수 있다.

표 11-7

(주)덕송의 20×2년 현금흐름표-직접법

현금흐름표-직접법

(주)덕송	20×2년 1월 1일~12월 31일		(단위 : 원)
1. 영업활동 현금흐름			(₩53,600)
A. 매출로 인한 현금유입액		844,000	
B. 매입으로 인한 현금유출액		(723,600)	
C. 급여의 지급		(150,000)	
D. 이자비용의 지급		(24,000)	
2. 투자활동 현금흐름			(40,000)
A. 투자활동으로 인한 현금의 유입		110,000	
ㄱ. 건물의 처분	110,000		
B. 투자활동으로 인한 현금의 유출		(150,000)	
ㄱ. 건물의 취득	(150,000)		
3. 재무활동 현금흐름			170,000
A. 재무활동으로 인한 현금의 유입		200,000	
ㄱ. 차입금의 증가	100,000		
ㄴ. 유상증자	100,000		
B. 재무활동으로 인한 현금의 유출		(30,000)	
ㄱ. 배당금의 지급	(30,000)		
4. 현금의 순증감 (1.+2.+3.)			₩76,400
5. 기초의 현금			55,000
6. 기말의 현금			₩131,400

앞에서 이미 설명한 것처럼, 직접법은 간접법에 비해 영업활동 현금흐름 부분을 작성하는 데 더 자세한 정보가 필요하다. 따라서 전문적인 회계지식이 없는 경우 작성하기가 복잡하고 어렵다는 단점이 있어서 실무적으로 널리 사용되지 않는다. 그러나 현금흐름이 발생한 원천별로(예를 들면 매출로 인한 현금유입액과 매입으로 인한 현금유출액 등) 구분해서 현금흐름을 보여주기 때문에, 정보이용자 입장에서는 직접법으로 작성된 현금흐름표가 더 이해하기 쉽고 현금흐름을 원천별로 파악할 수 있다는 장점도 존재한다. 따라서 정보이용자들이 미래 현금흐름을 예측하거나 다른 여러 의사결정 목적에 사용할 때, 직접법을 사용하여 작성한 현금흐름표가 더 유용하다.

회계이야기 (5)

세계 최고의 부호 록펠러의 성공비결

미국 역사상 최대의 부호는 록펠러(John D. Rockefeller, 1839~1937)다. 그는 미국 뉴욕에서 출생하여 고등학교를 졸업한 후 Folsom's Mercantile College라는 작은 대학에서 part-time 학생으로 40달러의 수업료를 지불하고 회계의 기초에 대해 공부한다. 그 후 오하이오 주의 클리블랜드 시에 위치한 무역상사 중소기업인 '휴이트 앤드 터틀(Hewitt and Tuttle)' 경리과에 회계 담당자로서 취직해서 첫 직장생활을 시작했다. 주급 4달러를 받고 시작한 그의 최초 업무는 단순히 '분개장 A'에 거래를 분개하여 기록하는 일이었다. 그는 회계업무를 통해 "아무리 작은 숫자나 사건이라도 그것들이 얼마나 중요한 것인지"를 배웠다고 말한 바 있으며, 작은 일에도 주의를 기울이는 습관을 기른다. 회계지식과 업무를 통해 얻은 습관은 나중에 그가 사업을 벌이면서 수익을 분석하고 사업계획을 세우는 데 중요한 역할을 한다.

그는 어떤 분야에 돈을 써야 하는지 우선순위를 정하고, 그 순위에 맞지 않다면 아무리 작은 돈이라도 함부로 낭비하지 않았다. 이렇게 아껴서 모은 돈으로 사업을 시작해서 큰 성공을 거둔다. 그는 다른 요인들을 철저히 배제하고 숫자를 기반으로 하여 사업상의 의사결정을 내린 것으로도 유명하다. 이와 관련해서 그가 남긴 유명한 말이 "I charted my course by figures, nothing but figures(나는 나의 인생의 진로를 숫자를 이용해서 계획했다. 단지 숫자만을 이용했을 뿐이다)"이다. 그리고 결정을 내리자마자 그 결정을 실행에 옮겼다. 그는 이런 결정방법을 감정에 영향받지 않는 '합리적 의사결정방법'이라고 불렀다.

록펠러의 사업 성공과정

2년의 하급직원 생활 후 그는 회계책임자(Chief book-keeper)로 승진한다. 그는 무역상사가 어떻게 운영되는지를 공부하면서 1년의 시간을 더 보낸다. 그 후 독립한 그는 사업 파트너와 동업으로 석유관련 사업을 시작한다. 그러는 과정에서 은행에서 많은 돈을 빌렸고, 그 돈을 꾸준히 갚아서 신용을 유지하고 더 큰 돈을 추가적으로 빌릴 수 있었다. 파트너와 의견충돌이 발생하자 빌린 돈으로 파트너로부터 나머지 지분을 모두 사들여 자신이 단독으로 회사를 경영하게 된다.

그는 오늘날 관리회계 교과서에 등장하는 여러 경영관리 기법들을 직접 개발해서 자신의 회사에서 사용했고, 그 결과 원가를 경쟁업체보다 낮출 수 있었다. 그는 낮아진 원가에 비례하여 시장가격을 낮춤으로써 시장점유율을 늘릴 수 있었다. 그 결과 그가 설립한 스탠더드 오일은 미국 최고의 정유회사로 발전했고 그는 '미국의 석유왕'이라는 별명을 얻었다. 그 과정에서 수많은 경쟁사들을 파산시킬 정도로 사업에서는 피도 눈물도 없는 냉혹함을 보여 경쟁자들의 질시의 대상이 되기도 했는데, 파산하거나 곤경에 빠진 경쟁업체를 은행으로부터 빌린 돈으로 인수해서 계속 기업의 규모를 늘린다. 그의 사업의 긍정적인 측면을 살펴본다면, 소비자들에게 싼 가격으로 석유를 팔아 석유의 사용처를 늘림으로써 석유가 주원료가 되는 시대가 열리도록 했다는 점과 가격이 낮아진 석유를 원료로 한 화학공업이 발전하게 되는 계기가 됐다는 점을 들 수 있다. 그러나 직원들을 숫자로만 생각하고 냉혹한 구조조정이나 원가절감을 밀어붙였던 점은 오점으로 지적된다.

한때 그의 부가 미국 GDP의 3%를 차지했으니, 그의 부의 정도를 가늠하기 어려울 정도다. 그가 설립해서 경영하던 스탠더드 오일은 미국 정유시장의 90%나 차지할 정도였지만, 1911년 반독점법 위반으로 해산명령을 받아 34개의 회사로 분사된다. 오늘날 세계의 메이저 정유사인 엑슨, 모빌, 쉐브론 등이 이때 스탠더드 오일에서 분사되어 탄생한 회사다. 1998년 엑슨과 모빌이 합병하여 탄생한 엑슨 모빌(Exxon Mobil)이 현재 세계 최대의 정유회사이니, 바로 스탠더드 오일의 후신이라고 할 수 있을 것이다.

록펠러의 성공비결과 회계의 역할

그는 전 세계 최고의 부자가 될 때까지 엄청난 부를 축적한 후 남은 여생 동안 시카고 대학과 록펠러 재단을 설립하는 등 활발히 자선사업을 벌여 재산을 사회에 환원한다. 그 결과 오늘날 그는 미국 최대의 자선사업가라는 별칭도 받았다. 그의 후손들은 지금도 미국의 명문가로서 각계각층에서 활약중이며, 부통령이나 의원들도 가문에서 배출했을 정도다. 그는 엄청난 부자였지만 자신 스스로는 매우 검소하게 평생을 살아간 것으로도 유명하다. 대부호라는 것과 전혀 어울리지 않았을 정도로 금욕주의적인 생활을 했다.

그는 대부호가 된 이후에도 젊었을 때와 똑같이 자신이 직접 개인의 소득과 저금, 소비액과 기부액들을 기록하고 관리했다. 단 한푼의 수입이나 지출도 빠짐없이 기록할 정도였다. 이런 일들을 보면 그의 성공비결에 회계지식과 회계업무를 통해 얻은 꼼꼼한 습관들이 있음을 알 수 있다. 물론 회계지식만이 유일한 성공의 비결은 아니겠지만, 성공한 경영자가 되기 위해서는 회계지식이 필요하다는 점을 이해할 수 있을 것이다. 그의 인품에 대해서는 논란이 많지만, 그의 사업 성공에 회계가 큰 도움이 되었음을 부인할 수는 없을 것이다.

학습목표의 요약

- 현금흐름정보의 중요성에 대해 이해하고 현금흐름표의 의의를 설명할 수 있다. *11.1*
  - 발생주의 기준에 따라 작성된 손익계산서는 기업의 현금흐름에 대한 정보를 충분히 제공하지 못한다. 현금흐름정보는 경영의사결정 목적, 미래 현금흐름의 예측, 재무건전성의 파악, 이익의 질 파악 등의 목적에 유용하게 사용된다.
  - 현금흐름표(statement of cash flows)는 기업의 현금흐름의 원천과 사용처에 대한 정보를 영업활동, 투자활동, 재무활동으로 구분하여 세부적으로 제공하기 위한 재무제표이다. 손익계산서와 현금흐름표는 서로 보완적으로 사용된다.
- 영업활동 현금흐름, 투자활동 현금흐름 및 재무활동 현금흐름의 정의를 이해하고 각각의 구성요소에 대해 이해한다. *11.2*
  - 영업활동 현금흐름(cash flows from operating activities)은 기업의 영업활동에서 발생한 현금흐름을 의미한다. 주요 구성항목은 매출 및 매출채권의 회수로 인한 현금유입과 재고자산의 매입과 관련된 현금의 유출을 들 수 있다. 또한 종업원 급여와 광고선전비의 지급 등 영업활동에서 필수적으로 발생하는 비용을 지급하는 행위도 영업활동 현금흐름에 속한다.
  - 투자활동 현금흐름(cash flows from investing activities)은 장기금융자산 및 유형자산, 무형자산 등 미래 수익과 미래 현금흐름의 창출을 위해 사용될 자원의 확보 또는 처분과 관련된 현금흐름을 의미한다.
  - 재무활동 현금흐름(cash flows from financing activities)은 기업이 자금을 조달하거나 상환하는 활동으로 인한 현금흐름을 의미한다. 대표적인 항목으로는 차입금의 증가와 상환 및 유상증자를 통한 자본금의 증가로 인한 현금의 유입, 배당금의 지급이 있다.
  - 현금의 순증감(net changes in cash and cash equivalents) = 영업활동 현금흐름 + 투자활동 현금흐름 + 재무활동 현금흐름
- 영업활동 현금흐름을 표시하는 방법인 직접법과 간접법을 이해한다. *11.4*
  - 직접법(direct method)은 영업활동으로 인해 발생한 현금의 유입액과 유출액을 주요 항목별로 구분하여 표시하고, 이를 합산함으로써 영업활동 현금흐름을 계산하는 방법이다. 직접법은 이해하기가 쉽다는 장점이 있으나 작성을 위해서는 모든 거래에 대한 정보를 파악해야 하므로 많은 노력이 요구된다는 단점이 있다.
  - 간접법(indirect method)은 당기순손익에 현금흐름을 수반하지 않는 거래, 투자활동과 재무활동에 포함되는 거래, 그리고 영업활동으로 인한 자산과 부채의 변동효과를 제거하여 영업활동 현금흐름을 계산한다. 간접법은 직접법에 비해 작성방법이 간단하다는 장점을 갖는다.
- 영업활동 현금흐름에 영향을 미치지 않는 항목을 이해하고 간접법에 따라 영업활동 현금흐름을 계산할 수 있다. *11.4*
  - 간접법에 의해 영업활동 현금흐름을 계산하기 위해서는 영업활동과 관련되지 않은 투자활동 또는 재무

활동에 관한 항목과 현금흐름에 영향을 미치지 않는 영업활동 항목을 파악해야 한다. 또한 현금의 유출입이 없는 영업 관련 자산과 부채의 변동도 파악해야 한다. 이러한 항목들을 당기순이익에 가산하거나 차감함으로써 간접법에 의한 영업활동 현금흐름을 계산할 수 있다.

- 영업활동 현금흐름=당기순이익+현금유출 없는 비용 등의 가산+현금유입이 없는 수익 등의 차감+영업활동으로 인한 자산과 부채의 변동

- 기중의 거래를 분석하고, 이를 바탕으로 현금흐름표를 작성할 수 있다. **11.3, 11.4**
  - 현금흐름표를 작성하기 위해서는 현금의 유입과 유출을 발생시키는 다양한 거래에 대해 이해하고 그 거래가 현금흐름에 미치는 영향을 파악해야 한다. 파악된 거래를 현금흐름의 유형별로 구분하고, 영업활동에 대한 현금흐름을 직접법과 간접법 중 어느 방법으로 도출할지 결정한 다음에 현금흐름표를 작성할 수 있다.

주요 용어

- 간접법(indirect method)
- 영업활동 현금흐름(cash flows from operating activities)
- 재무건전성(financial soundness)
- 재무활동 현금흐름(cash flows from financing activities)
- 직접법(direct method)
- 투자활동 현금흐름(cash flows from investing activities)
- 현금흐름표(statement of cash flows)

회계이야기 (6)

영업현금흐름과 영업이익의 차이

앞의 <표 11-6>에서 작성한 현금흐름표를 보면서, 영업이익보다 영업현금흐름이 낮아 이익의 질이 낮은 경우라고 설명하였다. 정상적인 경우라면 영업이익이 영업현금흐름(보다 정확히 설명하면 영업현금흐름에 이자비용 지급액과 세금 지급액을 더한 금액)보다 낮은 것이 일반적이다. 감가상각비 등의 일부 비용은 이익을 낮추지만 영업현금흐름에는 영향을 미치지 않기 때문이다. 이 경우는 정상적이지 않은 현상이 일어난 것이므로 왜 그런 현상이 발생했는지 원인을 조사해볼 필요가 있다. '회계이야기 (1)'과 '회계이야기 (2)'를 보면, 발생액을 이용해서 이익을 부풀려서 이익을 과다하게 보고한 사례들을 알 수 있다. 가짜 매출과 매출채권을 기록하거나, 존재하지 않는 재고자산을 기록하는 방법으로 이익을 부풀려 보고했던 사례들이다. 이런 분식회계의 결과 매출채권이나 재고자산 금액이 크게 증가하게 된다. 그 결과 영업현금흐름은 음(−)인 회사들이 큰 이익을 기록한 경우가 있었다. 즉 현금흐름을 분석하는 것은 분식회계를 발견하는 데도 도움이 될 수 있다.

종합복습예제

동서식품의 20×1년과 20×2년의 비교재무상태표 및 20×2년의 손익계산서는 다음과 같다.

동서식품

비교재무상태표

동서식품 (단위 : 원)

	20×1년 12월 31일	20×2년 12월 31일
유 동 자 산		
현금및현금성자산	₩249,000	₩261,500
매 출 채 권	350,000	253,000
재 고 자 산	628,000	913,000
비유동자산		
기 계 장 치	140,000	120,000
감가상각누계액	(22,500)	(46,500)
특 허 권	423,000	279,000
자산총계	₩1,767,500	₩1,780,000
유 동 부 채		
매 입 채 무	₩409,000	₩138,500
미지급비용(지급수수료)	178,000	207,000
비유동부채		
차 입 금	667,000	1,067,000
자 본		
자 본 금	250,000	250,000
자본잉여금	150,000	150,000
이익잉여금	113,500	(32,500)
부채 및 자본총계	₩1,767,500	₩1,780,000

포괄손익계산서

동서식품 20×2년 1월 1일~12월 31일 (단위 : 원)

매 출 액	₩1,220,000
매 출 원 가	691,000
매출총이익	₩529,000
급 여	441,000
감가상각비	28,000
무형자산상각비	144,000
지급수수료	29,000
영 업 이 익	(₩113,000)
유형자산처분손실	9,000
이 자 비 용	24,000
당기순이익	(₩146,000)
기타포괄손익	–
총포괄이익	(₩146,000)

물음

위의 자료와 아래 정보를 바탕으로 동서식품의 20×2년 현금흐름표를 작성하시오. 영업활동 현금흐름은 간접법으로 작성하시오.

종합식품기업으로서의 발전을 모색하고 있는 동서식품은 신제품 개발에 필요한 노하우에 대해 자문을 해주고 있는 동서컨설팅에 수수료를 지급하고 있으며, 20×2년의 지급수수료는 ₩29,000이다. 하지만 20×2년말 현재 회사의 현금 상황이 열악하여 동서컨설팅과의 협의를 통해 지급수수료 전액의 지급을 연기하였다. 한편 동서식품은 20×2년에 현금흐름이 악화됨에 따라 다양한 방법을 통해 현금흐름을 개선하고자 노력하였다. 그 노력의 일환으로 불필요한 기계장치의 일부를 처분하였으며, 은행과의 협의를 통해 더 많은 차입금을 빌려올 수 있었다. 당기에 신규로 취득한 기계장치나 특허권은 없다. 매출원가에는 감가상각비나 무형자산상각비가 포함되지 않는다.

풀이

위의 정보를 이용해서 계산한 동서식품의 20×2년 현금흐름표는 다음과 같다.

현금흐름표 – 간접법

동서식품	20×2년 1월 1일~12월 31일		(단위 : 원)
1. 영업활동 현금흐름			(₩394,500)
A. 당기순이익		(₩146,000)	
B. 현금유출이 없는 비용 등의 가산		181,000	
ㄱ. 감가상각비	₩28,000		
ㄴ. 무형자산상각비	144,000		
ㄷ. 유형자산처분손실	9,000		
C. 영업활동으로 인한 자산과 부채의 변동		(429,500)	
ㄱ. 매출채권의 감소	97,000		
ㄴ. 재고자산의 증가	(285,000)		
ㄷ. 매입채무의 감소	(270,500)		
ㄹ. 미지급비용의 증가	29,000		
2. 투자활동 현금흐름			7,000
A. 투자활동으로 인한 현금의 유입		7,000	
ㄱ. 기계장치의 처분	7,000		
3. 재무활동 현금흐름			400,000
A. 재무활동으로 인한 현금의 유입		400,000	
ㄱ. 차입금의 증가	400,000		
4. 현금의 순증감 (1.+2.+3.)			₩12,500
5. 기초의 현금			249,000
6. 기말의 현금			₩261,500

포괄손익계산서 항목 중 감가상각비 및 무형자산상각비는 현금의 유출이 없는 비용이므로 현금유입이 없는 비용의 가산으로 분류한다. 유형자산처분손실은 영업활동에 의한 것이 아니고 투자

활동(유형자산의 처분) 때문에 발생한 것이므로, 영업활동 현금흐름을 계산하기 위해 당기순이익에 가산한다.

또한 본 문제에서는 기계장치의 처분으로 인한 현금유입액을 제시하지 않고 기계장치의 장부금액, 감가상각누계액, 당기의 감가상각비와 유형자산처분손실만을 제시하고 있다. 따라서 T-계정을 이용하여 기계장치를 처분함에 따른 현금유입액(₩7,000)을 아래와 같이 계산할 수 있다.

〈T-계정법에 의한 기계장치 처분액의 계산〉

기계장치

차변		대변	
기초	₩140,000	당기처분	₩20,000
당기취득	0	기말	120,000
	₩140,000		₩140,000

감가상각누계액

차변		대변	
당기감소	₩4,000	기초	₩22,500
기말	46,500	당기증가	28,000
	₩50,500		₩50,500

기계장치 처분시 현금유입액 = 순장부금액 + 처분손실 = (₩20,000 − ₩4,000) − ₩9,000 = ₩7,000

〈기계장치 처분 관련 회계처리〉

(차) 감가상각누계액	4,000	(대) 기 계 장 치	20,000
유형자산처분손실	9,000		
현 금	7,000		

회계이야기 (7)

워런 버핏의 투자방법

세계 최고의 주식투자자로 유명한 워런 버핏은 수시로 거래를 하지 않는 것으로 유명하다. 그런데 한번 주식을 구매하기로 결정하면 수억 달러 이상을 동원하여 대규모로 구매하여 경영권을 행사하는 경우가 많으며, 주식의 100%를 구매하여 상장폐지시키는 경우도 종종 있다. CEO나 CFO 등을 직접 임명하는 경우도 많다. 그리고 장기간 동안 구매한 주식을 보유한다.

워런 버핏은 투자를 결정하기 위해서는 재무제표 및 기타 기업관련 다양한 정보를 수집해서 철저한 분석을 수행하는 것으로도 잘 알려져 있다. 워런 버핏이 공개한 투자대상 기업을 고르는 조건은 다음과 같다. 물론 워런 버핏이 자신의 투자비법의 모든 것을 공개했다고는 생각되지 않지만, 그렇다고 하더라도 그의 투자방법을 일부 유추해 볼 수 있을 것이다.

(1) 시가총액이 전체 상장사의 30% 이내인 기업
(2) 최근 3년간 ROE가 15% 이상인 기업
(3) 매출액이익률이 업종 평균 이상인 기업
(4) 주당 현금흐름이 상위 30% 이내인 기업
(5) 최근 3년간 평균 시가총액 증가율이 자본총계 증가율 이상인 기업
(6) 향후 5년간 예상되는 현금흐름의 합계가 현 시가총액 이상인 기업

이 6가지 조건 중 (4)와 (6)이 현금흐름에 대한 내용이다. 또한 (2)와 (3)이 이익에 대한 내용이다. 따라서 현금흐름과 이익이 기업의 서로 다른 측면에서 측정한 경영성과를 나타내며, 기업의 가치평가에 사용되는 중요한 변수라는 점을 알 수 있다. ROE나 매출액이익률에 대해서는 제12장에서 공부할 것이다. 시가총액은 해당 기업 주식의 총시장가치(주가×주식수)를 말한다. (1)과 (5)는 주가와 관련된 내용이지만, 주가가 현금흐름과 이익에 따라 대부분 결정된다는 점을 고려하면 역시 현금흐름과 이익의 중요성을 알 수 있을 것이다. 즉 회계를 열심히 공부하면 주식투자를 하는 데도 도움이 된다.

연습문제

주관식

1. [기본이론]

현금흐름표는 영업활동, 투자활동, 재무활동 현금흐름으로 구성되어 있다. 각 항목들의 의미를 설명하고 주요 구성내용의 예를 제시하시오.

2. [항목의 분류]

다음은 영업활동 현금흐름을 간접법으로 구할 때 사용되는 항목들과 거래정보들이다. ㉠~㉩까지의 항목들이 현금흐름표상 어디에 표시되는지를 (1)~(5)의 항목으로 분류하시오.

㉠ 기계장치의 취득　㉡ 사채의 상환　㉢ 건물의 처분　㉣ 배당금의 지급
㉤ 무형자산의 상각　㉥ 감가상각비　㉦ 유상증자　㉧ 종업원 급여의 지급
㉨ 매출채권의 증가　㉩ 매입채무의 감소

(1) 영업활동-순이익에 가산하는 조정사항
(2) 영업활동-순이익에서 차감하는 조정사항
(3) 투자활동
(4) 재무활동
(5) 해당 사항 없음

3. [투자활동]

(주)덕송은 현금 ₩45,000과 ₩555,000의 사채를 발행하여 토지 ₩600,000을 구입하였다. 이 거래가 (주)덕송의 현금흐름에 미치는 영향을 설명하시오. 또한 이 거래는 현금흐름표에서 어떻게 표시되는지도 설명하시오.

4. [영업활동]

다음은 (주)덕송의 재무상태표 변화와 손익계산서의 주된 정보를 요약한 것이다. 이 자료를 토대로 하여 (주)덕송의 20×1년의 영업활동 현금흐름을 구하시오.

당기순손실	(₩80,000)		감가상각비	₩30,000	
매출채권	₩3,000	감소	선급비용	₩40,000	증가
매입채무	₩33,000	증가	선수금	₩18,000	증가
현금	₩6,000	감소	재고자산	₩17,000	감소

5. [거래의 분석]

다음은 (주)덕송의 20×1년 현금유입 및 현금유출에 대한 거래자료이다. 이 자료를 토대로 (주)덕송의 20×1년 영업활동, 투자활동, 재무활동 현금흐름을 각각 구하시오.

매출액(현금매출)	₩35,000	토지의 처분	₩400,000
종업원 급여 지급	20,000	건물의 취득	150,000
장기차입금 상환	10,000	매출채권 회수	60,000
현금배당	600,000	단기차입금 조달	400,000

6. [거래의 분석]

다음은 20×1년에 발생한 (주)덕송의 거래들이다. 아래의 거래들을 분개하고 (주)덕송의 총현금흐름을 구하시오.

(1) 상품 ₩250,000을 매입하면서 ₩200,000은 현금으로 지급했고 나머지는 다음 연도에 지급하기로 하였다. (주)덕송은 계속기록법을 사용한다.

(2) 전년도에 발생한 매입채무 ₩45,000을 지급하였다.

(3) 취득원가 ₩300,000, 감가상각누계액 ₩120,000인 차량을 ₩200,000에 처분하였다.

(4) 전년도에 결의되었던 현금배당 ₩27,000을 주주들에게 지급하였다.

(5) 매출액 ₩580,000 중 ₩500,000은 현금으로, 나머지는 아직 미회수되었다.

7. [영업활동]

다음 (주)덕송의 20×1년 부분재무상태표를 이용하여 상품의 매입으로 인해 지출한 현금액을 구하시오. 단 (주)덕송의 20×1년의 매출원가는 ₩560,000이다.

부분재무상태표

	20×0년말	20×1년말
재 고 자 산	₩82,000	₩80,000
매 입 채 무	350,000	470,000

8. [영업활동]

다음 (주)덕송의 20×1년 회계자료를 바탕으로 영업활동 현금흐름을 구하시오.

유상증자	₩450,000	매출채권의 증가	₩20,000
매입채무의 증가	60,000	감가상각비	13,000
당기순이익	870,000	사채의 상환	300,000
유형자산처분손실	55,000	토지의 구입	64,000

9. [투자활동]

(주)덕송은 20×1년 1월 1일에 그동안 사용해오던 옛 건물을 처분하고 새 건물을 구입하여 본사를 이전하였다. 건물의 처분과 구입에 관한 다음 자료를 바탕으로 분개를 한 후 (주)덕송의 투자활동 현금흐름을 구하시오. 단 새 건물의 취득금액 중 ₩300,000은 현금으로, 나머지는 아직 지급하지 않았다.

옛 건물의 취득원가	₩250,000	옛 건물의 감가상각누계액	₩100,000
옛 건물의 처분금액	170,000	새 건물의 취득원가	400,000

10. [현금주의, 발생주의]

다음은 (주)덕송의 20×1년 현금흐름표의 영업활동 현금흐름과 재무상태표의 일부이다. 20×1년의 감가상각비는 ₩10,000이다. (주)덕송의 20×1년 포괄손익계산서를 작성하시오.

영업활동 현금흐름	
판매활동으로부터의 현금유입액	₩330,000
매입에 대한 현금유출액	(60,000)
급여에 대한 현금유출액	(80,000)
이자비용에 대한 현금유출액	(20,000)
	₩170,000

재무상태표 항목	20×1년 1월 1일	20×1년 12월 31일
매 출 채 권	₩50,000	₩40,000
재 고 자 산	50,000	60,000
매 입 채 무	80,000	60,000
미지급급여	10,000	2,000

객관식

1. [기본개념]

현금흐름표에 대한 설명으로 옳지 않은 것은?

① 발생기준에 의해 작성하는 포괄손익계산서와는 달리 현금기준으로 작성한다.
② 기업의 부채상환능력을 가늠해볼 수 있는 유용한 정보를 제공한다.
③ 현금흐름표의 작성은 오직 당기순이익을 현금기준의 영업활동 현금흐름으로 바꾸는 한 가지 방법이 존재한다.
④ 기업의 배당능력을 가늠해볼 수 있는 유용한 정보를 제공한다.
⑤ 향후 기업의 현금창출능력을 평가할 수 있는 정보를 제공한다.

2. [기본개념]
다음 중 현금흐름표에 관한 설명으로 옳은 것은?

① 사채의 상환, 유상증자 등의 항목은 투자활동으로 기록된다.
② 기업의 채무상환능력을 평가할 수 있는 정보를 제공해주는 보고서이다.
③ 미지급법인세가 증가하였을 때에는 현금의 유출이 발생한 것이다.
④ 포괄손익계산서와 마찬가지로 발생주의 기준으로 작성한다.
⑤ 매출채권의 증감은 현금의 유입과 관련이 없으므로 현금흐름표를 작성할 때에는 고려의 대상이 되지 않는다.

3. [영업활동]
다음의 거래들 중 영업활동 현금흐름에 포함되지 않는 항목은 무엇인가?

① 법인세의 지급　　② 재고자산의 취득
③ 유형자산의 처분　　④ 종업원의 급여 지급
⑤ 매출채권의 회수

4. [재무활동]
다음의 거래들 중 재무활동에 포함되는 항목은 무엇인가?

① 지분법적용투자주식의 취득　　② 법인세비용 납부
③ 판매수수료의 지급　　④ 사채의 상환
⑤ 건물의 처분

5. [투자활동]
다음의 거래들 중 투자활동에 속하지 않는 항목을 모두 고르시오.

① FVOCI금융자산의 취득　　② 자기주식의 처분
③ 현금배당금 지급　　④ 건물의 취득
⑤ 기계장치 취득

6. [투자활동]
다음의 자료를 참고하여, (주)덕송의 20×1년 투자활동으로 인한 현금흐름을 구하시오.

기초 유형자산(순액)	₩25,000	기말 유형자산(순액)	₩40,000	감가상각비	₩10,000
당기중 유형자산 취득액	₩25,000	유형자산처분이익	₩10,000		

① ₩20,000　　② ₩10,000　　③ (₩10,000)
④ (₩15,000)　　⑤ (₩20,000)

7. [현금주의, 발생주의]

(주)덕송의 20×1년 영업활동 현금흐름은 ₩60,000이다. 다음의 추가자료를 토대로 하여 (주)덕송의 20×1년 발생주의 당기순이익을 구하시오.

(1) 당기에 매출채권이 ₩9,000 증가하였다.
(2) 당기에 선급비용이 ₩13,000 감소하였다.
(3) 당기에 선수금이 ₩8,000 감소하였다.

① ₩46,000 ② ₩90,000 ③ ₩30,000
④ ₩48,000 ⑤ ₩64,000

8. [영업활동]

다음은 (주)덕송의 포괄손익계산서와 재무상태표상에 나타난 주요 지표들이다. 이 자료를 이용하여 (주)덕송이 공급자에게 지급한 현금액을 구하시오.

매 출 원 가	₩80,000	기초재고자산	₩63,000	기말재고자산	₩65,000
기초매입채무	₩12,000	기말매입채무	₩38,000		

① ₩56,000 ② ₩108,000 ③ ₩52,000
④ ₩104,000 ⑤ ₩82,000

9. [영업활동]

다음 (주)덕송의 20×1년 포괄손익계산서를 바탕으로 영업활동 현금흐름을 구하시오. 단 영업활동과 관련된 자산과 부채의 변동은 없었다.

포괄손익계산서
20×1년 1월 1일~12월 31일

매 출	₩865,000
매 출 원 가	(334,000)
매출총이익	₩531,000
감가상각비	(70,000)
급 여	(120,000)
영 업 이 익	₩341,000
유형자산처분이익	14,000
유형자산손상차손	(64,000)
당기순이익	₩291,000

① ₩411,000 ② ₩418,000 ③ ₩478,000
④ ₩220,000 ⑤ ₩298,000

10. [재무활동]

다음은 (주)덕송의 20×1년 회계자료이다. 재무활동 현금흐름은 얼마인가?

FVOCI금융자산의 처분	₩500,000	토지의 구입	₩600,000
사채의 상환	350,000	장기차입금의 차입	980,000
기계장치의 구입	230,000	건물의 처분	830,000
유상증자	710,000	현금배당	480,000
매출채권의 감소	8,000	매입채무의 증가	33,000

① ₩1,820,000 ② ₩860,000 ③ ₩1,560,000
④ ₩200,000 ⑤ ₩1,090,000

11. [투자활동]

다음은 (주)덕송의 20×1년 투자활동에 관한 거래정보이다. 20×1년 1월 1일에 있었던 건물을 당기중 모두 처분하였으며 신규로 건물을 취득하였고, 그 외 투자활동은 없다. (주)덕송의 20×1년 투자활동 현금흐름을 구하시오. 단 (주)덕송의 20×1년 포괄손익계산서상 건물처분이익 ₩110,000이 계상되어 있으며, 새 건물의 취득금액은 ₩360,000이었다.

부분재무상태표

	20×0년말	20×1년말
건 물	₩720,000	₩360,000
감가상각누계액	450,000	40,000

① (₩20,000) ② (₩90,000) ③ ₩20,000
④ ₩240,000 ⑤ ₩130,000

12. [현금주의, 발생주의]

(주)덕송의 20×1년 영업활동 현금흐름이 ₩870,000이었다고 할 때, 다음의 회계자료를 바탕으로 (주)덕송의 발생기준에 의한 당기순이익을 구하시오.

부분재무상태표

	20×0년말	20×1년말
매 출 채 권	₩220,000	₩370,000
미지급법인세	54,000	51,000
매 입 채 무	160,000	50,000
선급보험료	91,000	78,000

① ₩600,000 ② ₩900,000 ③ ₩926,000
④ ₩1,120,000 ⑤ ₩913,000

미니케이스

(주)풀무원은 고(故) 원경선 씨가 이끌던 풀무원농장에서 국내 최초로 생산한 무공해 유기농 식품을 직접 판매하기 위해 1981년 문을 연 작은 채소 가게가 그 시초다. 맛보다는 건강을 먼저 생각하는 '바른 먹거리'를 만들자는 모토로 국내 최초로 위생적인 포장두부와 콩나물 제품을 생산해서 판매했다. 두부 분야에서는 한국뿐만이 아니라 미국과 일본, 그리고 중국에까지 진출하여 현재 전 세계 제1의 두부회사로 성장하였다. 또한 생면류 시장에서도 우수한 기술력을 바탕으로 국내에서 독보적인 시장점유율을 자랑하고 있다.

다음은 (주)풀무원의 2023년 및 2022년 연결현금흐름표를 요약한 자료다. 자료를 참고로 하여 주어진 물음에 답하시오.

<연결현금흐름표> (단위 : 백만원)

과 목	2023년		2022년	
Ⅰ. 영업활동 현금흐름		193,580		92,256
1. 영업에서 창출된 현금	214,157		141,608	
가. 당기순이익(손실)	13,358		(36,967)	
나. 가감 :	229,819		244,002	
퇴직급여	29,224		30,432	
감가상각비	137,800		129,026	
법인세비용	954		18,554	
이자비용	56,168		39,170	
이자수익	(3,417)		(3,119)	
배당금수익	(121)		(6)	
…	…		…	
다. 자산·부채의 증감 :	(29,020)		(65,426)	
매출채권의 증감	(25,315)		(24,937)	
재고자산의 증감	4,573		(24,378)	
기타유동자산의 증감	(10,126)		(19,611)	
매입채무의 증감	479		21,423	
순확정급여부채의 증감	(31,935)		(29,491)	
…	…		…	
2. 배당금의 수취	121		6	
3. 이자수취	3,627		2,397	
4. 이자지급	(55,061)		(36,747)	
5. 법인세의 납부	30,736		(15,009)	
Ⅱ. 투자활동 현금흐름		(147,727)		(141,330)
단기투자자산의 감소	296,391		491,317	
단기투자자산의 취득	(289,300)		(458,701)	

유형자산의 취득	(122,656)		(141,568)	
…	…		…	
Ⅲ. 재무활동 현금흐름		(51,037)		63,739
차입금의 차입	323,188		552,882	
차입금의 상환	(284,882)		(444,607)	
배당금의 지급	(3,751)		(5,151)	
신종자본증권의 상환	(113,000)		–	
…	…		…	
Ⅳ. 외화표시 현금및현금성자산의 환율변동효과		(116)		(3,869)
Ⅴ. 현금및현금성자산의 순증가(감소)		(5,300)		10,796
Ⅵ. 기초현금및현금성자산		132,586		121,790
Ⅶ. 기말현금및현금성자산		127,286		132,586

물음

(1) 풀무원의 경우 이자지급액, 이자수취액, 배당지급액, 배당수취액을 각각 어떤 활동으로 분류했는가? '1. 영업활동에서 창출된 현금 – 나. 가감' 항목에 이자비용, 이자수익, 배당금수익이 표시되고 다시 '2. 배당금의 수취, 3. 이자수취, 4. 이자지급' 항목이 다시 나타나는 이유는 무엇인지 생각해보시오.

(2) 풀무원의 2023년 당기순이익과 영업현금흐름을 비교하시오. 어느 수치가 더 큰가? 두 수치간 차이가 발생하는 주요 원인은 무엇인가?

(3) 풀무원의 2023년 투자활동으로 인한 현금흐름은 2022년에 비해 얼마나 증가 또는 감소했는가?

(4) 풀무원의 2023년 재무활동으로 인한 현금흐름은 2022년에 비해 어떻게 변화하였는가?

(5) 풀무원의 현금및현금성자산의 2023년 잔액은 2022년에 비해 얼마나 증가 또는 감소하였는가? 그 증감액에 대한 원인을 영업활동, 투자활동, 재무활동으로 구분하여 설명하시오.

Pulmuone

CHAPTER

12 재무제표분석

재무제표분석은 다양한 회계정보이용자들이 자신들의 의사결정에 필요한 정보를 재무제표로부터 추출하여 해석하는 과정이다. 제1장부터 제11장까지에서는 재무제표를 어떻게 작성하는가에 대해 초점을 둔 데 반해, 본장은 정보이용자들이 재무제표정보를 분석하고 활용하는 방법을 설명한다. 재무제표분석은 주식투자, 기업분석, 신용평가 등 외부이해관계자들에 의해 매우 다양한 목적을 위해 광범위하게 이용되고 있다. 또한 기업의 경영자들도 기업의 상황을 파악하고 경쟁사와 비교하기 위해 재무제표분석을 수행한다. 따라서 본장의 내용은 매우 중요하다고 할 수 있다.

해마다 여러 기관에서 베스트 애널리스트를 선정하여 시상식을 개최한다. 애널리스트는 기업의 미래 이익을 예측하고, 그 예측에 따라 주가를 예측하여 투자자들에게 투자에 대한 조언을 하는 역할을 수행한다. 따라서 애널리스트가 되기 위해서는 회계를 잘 알아야 한다.

학습목표 제12장 재무제표분석을 공부한 이후에는…

1. 재무제표분석의 의의에 대해 이해한다. *12.1*
2. 재무제표분석기법의 종류에 대해서 설명할 수 있다. *12.2*
3. 재무제표분석의 목적에 적절한 비율분석 지표를 구분할 수 있으며, 실제 재무비율들을 계산하고 그 의미를 해석할 수 있다. *12.3*

재무제표분석

financial statement analysis

- 재무제표분석의 의의
- 분석기법
  - 추세분석
  - 구성비분석
  - 비율분석
- 비율분석
  - 수익성
  - 활동성
  - 유동성
  - 안전성
- 재무제표분석시 고려사항

12.1 재무제표분석의 의의

회계는 기업에 대한 가장 중요한 정보의 원천이 된다. 회계정보는 기업의 재무상태, 경영성과, 현금흐름 등에 대해서 포괄적이고 종합적인 정보를 정보이용자에게 제공해주기 때문이다. 정보이용자들은 회계정보에 기초하여 여러 중요한 의사결정을 내린다.

그런데 기업이 작성하는 재무제표는 많은 숫자들과 방대한 주석으로 이루어져 있다. 따라서 한 기업의 재무제표를 읽고 해석하여 기업의 상황과 미래 전망을 파악하는 데 많은 노력과 시간이 필요하다. 더구나 정보이용자가 동일 업종에 속한 여러 회사의 재무제표를 비교해서 분석하려고 한다면 분석해야 할 재무제표의 양만 해도 어마어마할 것이다. 정보이용자가 효과적이고 효율적으로 재무제표 정보를 분석하기 위해서 필요한 기술 또는 방법이 재무제표분석이다.

재무제표분석은 다양한 회계정보이용자들이 자신들의 의사결정에 필요한 정보를 재무제표로부터 추출하여 해석하는 과정을 의미한다.

재무제표분석(financial statement analysis)이란 다양한 회계정보이용자들이 자신들의 의사결정에 필요한 정보를 재무제표로부터 추출하여 해석하는 과정을 의미한다. 재무제표분석을 간단히 줄여 재무분석(financial analysis) 또는 기업분석(business analysis)이라고 부르기도 한다.[1] 가장 기초적인 재무제표분석방법은 주로 재무제표에 등장하는 숫자를 이용하여 여러 간단한 비율(재무비율이라고 부름)을 계산하고, 이 비율의 의미를 해석하는 것이다. 회계정보의 이용자는 경영자, 주식투자자, 채권자, 감사인, 재무분석가, 신용평가회사, 종업원, 거래업체, 정부기관 등 다양하다. 이들은 회계정보에 기반하여 각각 다른 의사결정을 내리기 때문에, 이들이 주로 이용하는 재무제표분석기법이나 재무비율도 의사결정 목적에 따라 다르다.

재무제표분석을 위해서는 재무제표가 어떻게 작성되는지에 대한 기본적인 이해가 있어야 한다. 지금까지 배운 회계처리방법과 재무제표 계정들에 대한 기본적인 이해를 바탕으로, 재무제표에 포함된 정보를 활용해서 어떻게 의사결정에 이용할 수 있는지에 대한 기초적인 내용들을 살펴보자.

1) 기업분석이라고 부를 때에는 재무제표분석 이외에도 기업의 현재 상황이나 산업전망 등을 포함한 포괄적인 내용의 분석을 의미하기도 한다.

12.2 분석기법

1. 추세분석

추세분석은 재무제표의 수치를 과거의 수치와 비교하여 증가율 또는 감소율을 살펴보는 것이다.

재무제표분석기법 중 가장 기본적인 것은 재무제표의 수치를 과거의 수치와 비교하여 증가율 또는 감소율을 살펴보는 것이다. 이를 추세분석(trend analysis)이라고 한다. 동일 회사에 대해서 여러 기간의 재무제표를 비교하면 회사의 경영성과가 개선되고 있는지 또는 악화되고 있는지에 대한 정보와, 이러한 추세의 변동크기에 대한 정보를 얻을 수 있다.

이런 목적으로 가장 널리 사용되는 것이 매출액성장률이다. 당기매출액과 전기매출액을 이용하여 아래와 같이 매출액성장률을 쉽게 계산할 수 있다. 또한 비슷한 방법으로 총자산성장률도 계산할 수 있다.

$$\text{매출액성장률} = \frac{(\text{당기매출액} - \text{전기매출액})}{\text{전기매출액}} \times 100(\%)$$

$$\text{총자산성장률} = \frac{(\text{당기말총자산} - \text{전기말총자산})}{\text{전기말총자산}} \times 100(\%)$$

매출액과 총자산 등 관심대상이 되는 항목의 성장률을 계산하여 회사가 성장하고 있는지, 당해 연도의 성장률은 과거 추세와 비교하여 어떠한지를 파악할 수 있다. 또한 재무제표 항목의 금액을 과거와 비교하는 것 이외에도, 앞으로 살펴볼 여러 가지 재무제표 비율들이 과거와 비교하여 어떻게 변했는지를 분석하면 경영성과의 추세와 현재 상황을 분석하는 데 도움이 된다. 동종산업에 속한 다른 경쟁기업들과의 비교를 통해서 해당 기업의 상대적 위치도 알 수 있다.

2. 구성비분석

재무제표 각각의 항목이 전체에서 어느 정도 비중을 차지하는지 분석하는 것을 구성비분석(common-size analysis)이라고 한다. 흔히 재무상태표 항목들은 총자산에 구성비분석은 재무제표 각각의 항목이 전체에서 어느 정도 비중을 차지하는지 분석하는 것이다. 흔히 재무상태표 항목들은 총자산에 대한 구성비로 표시하고, 포괄손익계산서 항목들은 매출액에 대한 구성비로 표시한다.

대한 비율로, 포괄손익계산서 항목들은 매출액에 대한 비율로 표시한다. 이렇게 하여 작성한 재무제표를 공통형 재무제표(common-size financial statements)라고 부른다. 이렇게 비율로 표시하면 자산, 부채, 손익 항목들이 어떻게 구성되었는지 파

	재무상태표		공통형 재무상태표	
	(주)덕송	(주)애경산업	(주)덕송	(주)애경산업
유동자산				
현금및현금성자산	₩322,900	₩1,249,600	16.2%	16.3%
매출채권	110,800	366,400	5.5%	4.8%
재고자산	132,500	540,920	6.6%	7.0%
기타유동자산	12,540	102,600	0.6%	1.3%
비유동자산				
장기금융자산	945,460	1,606,480	47.3%	20.9%
유형자산	360,020	3,726,000	18.0%	48.5%
영업권	91,200	—	4.6%	0.0%
기타무형자산	22,740	90,960	1.1%	1.2%
자산총계	₩1,998,160	₩7,682,960	100.0%	100.0%
유동부채				
매입채무	₩187,620	₩460,400	9.4%	6.0%
단기차입금	200,000	600,000	10.0%	7.8%
비유동부채				
장기차입금	160,000	480,000	8.0%	6.2%
부채총계	₩547,620	₩1,540,400	27.4%	20.0%
자본금	₩800,000	₩3,400,000	40.0%	44.3%
이익잉여금	650,540	2,742,560	32.6%	35.7%
자본총계	₩1,450,540	₩6,142,560	72.6%	80.0%

	포괄손익계산서		공통형 포괄손익계산서	
	(주)덕송	(주)애경산업	(주)덕송	(주)애경산업
매출	₩355,000	₩1,560,000	100.0%	100.0%
매출원가	230,000	680,000	64.8%	43.6%
매출총이익	125,000	880,000	35.2%	56.4%
판매비	8,700	336,000	2.5%	21.5%
관리비	21,000	80,000	5.9%	5.1%
영업이익	95,300	464,000	26.8%	29.7%
이자비용	7,500	32,000	2.1%	2.1%
법인세비용차감전순이익	87,800	432,000	24.7%	27.7%
법인세비용	21,950	108,000	6.2%	6.9%
계속영업이익	65,850	324,000	18.5%	20.8%
중단영업손실	—	122,000	0.0%	7.8%
당기순이익	65,850	202,000	18.5%	12.9%
기타포괄손익				
FVOCI금융자산평가이익	240	800	0.1%	0.1%
총포괄이익	₩66,090	₩202,800	18.6%	13.0%

악할 수 있으며, 기업규모가 다른 여러 회사들간의 비교도 용이해진다. 또한 과거수치와 비교하면 각 항목의 구성이 어떻게 변해가고 있는지도 알 수 있다.

앞에서 (주)덕송과 (주)애경산업의 재무상태표와 포괄손익계산서를 비교하고 있다. (주)애경산업의 규모가 더 크므로 두 회사의 수치 자체를 단순히 비교해서는 의미 있는 분석을 하기 어렵다. 이때 재무상태표의 각 항목을 총자산으로 나누어 비율로 나타내고 포괄손익계산서의 각 항목을 매출액으로 나누어 비율로 나타낸 공통형 재무제표를 보면, 두 회사의 자산이나 부채의 구성항목이나 비용구성항목을 비교할 수 있다. (주)덕송의 경우 총자산에서 장기금융자산이 차지하는 비중이 47.3%로 가장 큰 반면, (주)애경산업은 유형자산이 차지하는 비중(48.5%)이 가장 크다. 또한 (주)애경산업은 (주)덕송에 비해 매출원가 비중이 상대적으로 낮으나, 판매비의 비중은 높은 것을 알 수 있다.

서로 다른 업종의 기업 재무제표를 단순히 비율로만 비교하는 것은 적합하지 않다. 예를 들면 지주회사는 많은 자회사들의 주식을 보유하고 있으므로 관계기업투자주식의 비중이 높다. 또한 설비투자를 많이 하는 대규모 장치산업이라면 유형자산의 비중이 높다. 따라서 동일한 업종에 속한 기업들을 대상으로 비교를 해야 해당 기업에 대한 의미 있는 정보를 파악할 수 있다.

3. 비율분석

재무제표의 항목들간의 관계를 분석하는 것을 비율분석(ratio analysis)이라고 한다. 재무비율이 주로 나타내는 의미에 따라서 재무비율을 크게 수익성, 활동성, 유동성, 안전성 비율로 구분할 수 있다. 정보이용자의 사용목적에 따라 주로 관심을 가지는 비율이 다를 것이다. 예를 들어 주주는 기업의 성장성을 나타내는 비율이나 수익성비율에 큰 관심을 가질 것이다. 이들 비율이 주가에 큰 영향을 미치기 때문이다. 이에 반해 단기채권자는 기업이 지금 현재 부채를 상환할 능력이 있는지를 보여주는 유동성비율에 더 큰 관심이 있을 것이다. 그러나 장기채권자는 기업의 장기적 부채상환능력을 평가해야 하므로 유동성비율뿐만 아니라 안전성비율이나 수익성비율에도 관심이 있을 것이다. 회계감사를 실시하는 회계법인의 감사인은 본격적인 감사를 실시하기 전 기업의 상황이 급변한 것이 있는지 대략적으로 파악하기 위해 여러 비율들의 추세를 살펴볼 것이다. 이런 목적으로 흔히 사용되고 있는 여러 가지 비율에 대해서는 12.3에서 자세히 알아보도록 한다.

12.3 비율분석

1. 수익성

수익성비율에는 매출총이익률, 총자산이익률, 자본이익률, 주당이익이 있다. 이들 비율은 기업이 이익을 창출할 수 있는 능력을 나타낸다.

수익성(profitability)이란 기업이 이익을 창출할 수 있는 능력을 나타낸다. 이익창출은 기업의 기본적인 목적이므로, 수익성은 기업의 경영성과를 평가할 때 사용되는 중요하고 기본적인 지표이다. 수익성비율이 높을수록 경영성과가 우수하다고 판단한다.

(1) 매출총이익률

매출활동은 이익과 현금흐름을 창출하는 원천이므로, 매출액 대비 얼마만큼의 이익이 발생했는지를 파악하여 수익성을 판단한다. 흔히 사용되는 비율 중 매출총이익률(gross profit margin)은 매출액 ₩1당 얼마만큼의 매출총이익을 달성했는지를 나타낸다. 매출활동에서 가장 직접적인 비용인 매출원가를 차감한 매출총이익이 매출액 대비 높을수록 수익성이 높다고 할 수 있다. 예를 들어 (주)덕송과 (주)애경산업의 매출액이 똑같이 ₩10,000,000이라고 해도, (주)덕송의 매출총이익률이 30%이고 (주)애경산업의 매출총이익률이 15%라면 (주)덕송의 수익률이 더 높다고 할 수 있다. 매출총이익률 계산시에는 비용항목 중 매출원가만을 분석대상으로 하기 때문에 관리비, 판매비, 금융비용 등 다른 비용항목을 고려하지 않는다. 따라서 회사의 수익성 중 일부만을 측정한다고 할 수 있다.

$$\text{매출총이익률} = \frac{\text{매출총이익}}{\text{매출액}}$$

위 비율에서 분자로 당기순이익을 사용하여 비율을 계산하면(매출액순이익률) 매출액 ₩1당 얼마만큼의 당기순이익을 창출했는지 분석할 수 있다.

(2) 총자산이익률

회사가 보유하고 있는 자산이 얼마만큼 당기성과를 창출하는 데 기여하였는지를 파악하기 위해서 총자산이익률(return on assets; ROA)이 흔히 사용된다.

$$총자산이익률 = \frac{이자비용차감전이익(또는\ 당기순이익)}{평균총자산}$$

총자산은 주주가 기여한 부분(자본)과 채권자가 기여한 부분(부채)을 포함하므로, 총자산이익률의 분자로는 이자비용을 차감하기 전의 이익(흔히 영업이익)을 사용하는 것이 개념적으로 타당하다. 즉 분모에 자기자본과 타인자본의 합을 사용하였으므로, 분자도 이에 상응하는 이익인 이자비용차감전이익을 사용한다. 그러나 실무적으로는 분자에 순이익을 사용하는 경우도 매우 흔하다(총자산순이익률). 이때에는 총자산을 사용하여 얼마만큼의 순이익을 창출하였는지를 측정하는 지표로 해석될 수 있다.

총자산이익률 계산시 분자로 사용되는 이익은 일정기간 동안의 성과(flow)를 나타내고, 분모는 특정일자의 수치(stock)를 반영한다. 따라서 분자와 분모의 시점 차이를 반영하기 위해서 분모는 기초와 기말의 평균을 사용하는 경우가 많다. 그러나 기중에 총자산의 변동이 심한 경우에는 기초와 기말의 평균이 이익을 창출하기 위해 투입된 자산의 금액을 잘 측정하지 못할 수도 있다. 따라서 기말자산 금액을 사용하기도 한다. 앞으로 본장에서 살펴볼 재무비율들의 경우, 재무상태표 수치와 포괄손익계산서 수치를 비율로 나타낼 때에는 기말과 기초 재무상태표 수치의 평균을 사용하기로 한다.

(3) 자본이익률

자본이익률(return on equity; ROE)은 자본이 투입되어 얼마만큼의 순이익을 창출하였는지를 측정한다. 자본이익률은 주주의 입장에서 수익성을 평가하는 지표로 널리 사용되고 있다. 자본을 투자한 주주 입장에서는 부채에 대한 대가인 이자비용을 차감하고 나서 주주들이 받을 수 있는 이익이 얼마인지에 관심이 있다. 따라서 자본이익률을 계산할 때는 당기순이익을 사용한다.

$$자본이익률 = \frac{당기순이익}{평균자본}$$

자본이익률이 높다면 주주가 투입한 자본이 잘 활용되어 높은 수익성을 달성한 것이다. 자본을 넓은 의미로는 자기자본과 타인자본으로 구분하기도 하므로, 타인자본과 구분하기 위해 자기자본이익률이라는 용어를 사용하기도 한다.

(4) 주당이익

주당이익은 보통주 1주당 당기순이익을 나타내는데, 당기순이익을 가중평균유통주식수로 나누어 계산한다.

주당이익(earnings per share; EPS)이란 보통주 1주당 당기순이익을 나타낸다.[2] 주당이익은 보통주를 보유하고 있는 주주의 입장에서 회사의 수익성을 평가하기 위해 널리 사용되고 있는 지표이다. 주당이익은 당기순이익을 가중평균유통주식수로 나누어 계산한다. 주당이익은 보통주의 주주들에게 귀속되는 순이익이 얼마인지를 측정하는 지표이므로, 우선주에 대한 배당금이 있는 경우에는 당기순이익에서 우선주배당금을 차감해야 한다.

$$\text{주당이익} = \frac{\text{당기순이익} - \text{우선주배당금}}{\text{가중평균유통주식수}}$$

분모로 사용되는 가중평균유통주식수는 회계기간 동안 유통된 보통주식수를 가중평균한 주식수이다. 즉 기초의 유통보통주식수에 회계기간중 취득한 자기주식수 또는 신규로 발행된 보통주식수를 각각의 유통기간에 따른 가중치를 고려하여 조정한다. 예를 들어 기초의 유통주식수가 10,000주이고 5월 1일 유상증자를 통해 3,000주를 발행하였다면 가중평균유통주식수는 다음과 같이 주식수를 유통일수로 가중평균하여 계산할 수 있다. 5월 1일 발행된 주식 3,000주에 8/12의 가중치가 부여되는데, 이는 1년중 5월부터 12월까지 8개월 동안 주식시장에 유통되었기 때문이다. 이렇게 가중평균유통주식수를 이용하는 것은 순이익을 창출하는 데 실제 투입된 주식의 수를 도출하기 위해서이다.

유통주식수의 변화		주식수(A)	가중치(B)	가중평균(A)×(B)
20×1년 1월 1일	기 초	10,000	12/12	10,000
20×1년 5월 1일	유상증자	3,000	8/12	2,000
20×1년 12월 31일	기 말	13,000		12,000

2) 회사의 주당 주식가격을 주당이익으로 나눈 것을 주가이익비율(price-earnings ratio; PER)이라고 하며, 주식시장에서 흔히 주가평가 목적으로 사용된다. PER이 낮다는 것은 주당이익에 비해 주가가 상대적으로 낮다는 것을 의미하고, PER이 높다는 것은 주당이익에 비해 주가가 상대적으로 높다는 것을 의미한다. 주식시장에서는 흔히 PER이 낮으면(높으면) 주가가 과소평가(과대평가)되어 있어 향후 상승(하락)할 것이라고 해석하는 경우가 많다. PER 외에도 주당 주식가격을 주당자본으로 나눈 주가장부가치비율(price-book value ratio; PBR)도 종종 주식의 가치를 평가하는 목적으로 사용된다. PER과 PBR에 대한 보다 자세한 내용은 *4.3* 3.과 제10장의 '회계이야기 (5)'를 참조하라.

예제 12-1 비율분석 – 수익성

(주)덕송의 재무상태표와 포괄손익계산서를 이용해서 20×2년의 (1) 매출총이익률, (2) 총자산이익률, (3) 자기자본이익률, (4) 주당이익을 계산하면 다음과 같다. 단 20×2년의 가중평균유통주식수는 170,000주이며, 우선주에 대한 배당은 없었다.

재무상태표

(주)덕송 (단위 : 원)

	20×1년 12월 31일	20×2년 12월 31일
유 동 자 산		
현금및현금성자산	₩322,900	₩312,400
매 출 채 권	110,800	91,600
재 고 자 산	132,500	135,230
기타유동자산	12,540	25,650
비유동자산		
장기금융자산	945,460	901,620
유 형 자 산	360,020	350,700
영 업 권	91,200	80,800
기타무형자산	22,740	22,740
자산총계	₩1,998,160	₩1,920,740
유 동 부 채		
매 입 채 무	187,620	115,100
단기차입금	200,000	150,000
비유동부채		
장기차입금	160,000	120,000
부채총계	₩547,620	₩385,100
자 본		
보통주자본금	800,000	850,000
이익잉여금	650,300	685,330
기타포괄손익누계액	240	310
자본총계	₩1,450,540	₩1,535,640
부채 및 자본총계	₩1,998,160	₩1,920,740

포괄손익계산서

(주)덕송 (단위 : 원)

	20×1년	20×2년
매 출	₩355,000	₩390,000
매 출 원 가	230,000	245,000
매출총이익	125,000	145,000
판 매 비	8,700	9,000
관 리 비	21,000	20,000
영 업 이 익	95,300	116,000
이 자 비 용	7,500	8,000

법인세비용차감전순이익	87,800	108,000
법인세비용	21,950	27,000
계속영업이익	65,850	81,000
중단영업손실	–	30,500
당기순이익	65,850	50,500
기타포괄손익		
FVOCI금융자산평가이익	240	200
총포괄이익	₩66,090	₩50,700

수익성비율	계 산
(1) 매출총이익률	$\frac{\text{매출총이익}}{\text{매출액}} = \frac{₩145,000}{₩390,000} = 0.372\ (37.2\%)$
(2) 총자산이익률	$\frac{\text{이자비용차감전이익}}{\text{평균총자산}} = \frac{₩116,000^{*}}{(₩1,998,160 + ₩1,920,740)/2} = 0.059\ (5.9\%)$ * 법인세비용차감전순이익 + 이자비용 = ₩108,000 + ₩8,000 = ₩116,000
(3) 자기자본이익률	$\frac{\text{당기순이익}}{\text{평균자기자본}} = \frac{₩50,500}{(₩1,450,540 + ₩1,535,640)/2} = 0.034\ (3.4\%)$
(4) 주당이익	$\frac{\text{당기순이익} - \text{우선주배당금}}{\text{가중평균유통주식수}} = \frac{₩50,500}{170,000} = ₩0.297$

2. 활동성

활동성(activity)이란 회사가 보유하고 있는 자산을 얼마나 효율적으로 사용하고 있는지를 측정하는 개념이다.

(1) 매출채권회전율과 매출채권평균회수기간

활동성비율에는 매출채권회전율, 재고자산회전율, 총자산회전율이 있다. 이들 비율은 회사가 보유하고 있는 자산을 얼마나 효율적으로 사용하고 있는지를 측정한다.

매출채권회전율(accounts receivable turnover)이란 매출채권이 얼마나 효율적으로 관리되는지를 나타내는 지표다. 이는 회사가 회계기간 동안 매출채권을 평균적으로 몇 번이나 회수하였는지, 즉 매출채권이 회수되는 속도를 나타낸다. 매출채권회전율이 높다는 것은 매출액에 비해 매출채권 잔액이 낮다는 것을 나타내는데, 이는 신용 대신 현금으로 판매하는 비중이 높거나 또는 매출채권이 빨리 회수되고 있음을 의미한다. 반면 매출채권회전율이 낮다는 것은 매출채권이 회수되는 속도가 느리다는 것을 의미한다. 매출을 늘리기 위해 신용이 불확실한 거래처에 대해서 외상매출을 확대하는 등의 이유로 매출채권이 부실화된 경우 매출채권회전율이 낮아질 수 있다. 따라서 매출채권회전율을 과거수치나 산업평균과 비교하여 매출채권관리 정도를 분석하는 것은 매우 중요하다.

$$\text{매출채권회전율} = \frac{\text{매출액}}{\text{평균매출채권}}$$

$$\text{매출채권평균회수기간} = \frac{\text{365일}}{\text{매출채권회전율}}$$

1년(365일)을 매출채권회전율로 나누면 매출채권이 회수되는 평균적인 기간을 계산할 수 있다. 이를 매출채권평균회수기간(average collection period)이라고 한다. 매출채권평균회수기간은 매출채권회전율의 역수의 개념이므로 회수기간이 짧을수록 바람직하다고 할 수 있다.

매출채권회전율이나 회수기간은 회사의 신용정책이나 산업별 특성에 의해서 결정된다. 예를 들어 영화관을 운영하는 사업은 주로 현금이나 신용카드로 매출이 발생하기 때문에 매출채권의 발생금액이 낮고 매출채권이 빨리 회수된다. 반면 건설회사는 공사에 장기간이 소요되므로 매출채권회수기간이 길다. 이렇게 산업의 차이점을 고려하지 않고 영화관 운영회사와 건설회사의 매출채권회전율을 단순히 비교한다면 잘못된 의사결정에 이르게 될 것이다.

(2) 재고자산회전율과 회전기간

재고자산회전율(inventory turnover)은 매출원가를 평균재고자산으로 나눈 값으로, 회사가 해당 기간 동안 재고자산을 평균적으로 몇 번 판매하고 있는지 나타낸다. 재고자산회전율이 높을수록 낮은 수준의 재고자산을 보유해서 높은 수준의 판매를 달성한 것이므로, 재고자산을 효율적으로 관리하고 있는 것이다. 회전율이 낮은 경우, 즉 재고자산이 매출원가에 비해 과다한 경우는 판매부진이나 재고자산의 진부화가능성이 있을 수 있다. 서비스기업은 재고자산이 거의 없으므로, 이 경우 재고자산회전율을 사용하는 비교가 무의미하다.

$$\text{재고자산회전율} = \frac{\text{매출원가}}{\text{평균재고자산}}$$

$$\text{재고자산평균회전기간} = \frac{\text{365일}}{\text{재고자산회전율}}$$

1년(365일)을 재고자산회전율로 나누면 재고자산이 판매되는 평균적인 기간을 계산할 수 있다. 이를 재고자산평균회전기간(average turnover period)이라고 한다. 재고자산평균회전기간은 재고자산회전율의 역수의 개념이므로 회전기간이 짧을수록 바람직하다. 매출채권회전율이나 매출채권평균회수기간과 마찬가지로, 회사의 재고관리정책이나 산업별 특성에 의해 재고자산회전율과 재고자산평균회전기간이 회사마다 다르다는 사실에 주의해야 한다.

(3) 총자산회전율

총자산회전율(asset turnover)은 회사가 수익을 창출하는 데 총자산을 얼마나 효율적으로 사용하는지를 측정한다. 총자산회전율은 매출액을 평균총자산으로 나누어 계산한다. 총자산회전율이 높을수록 총자산 ₩1을 이용하여 높은 매출액을 창출하였다는 것을 의미하므로 자산이 효율적으로 사용되고 있다고 해석할 수 있다.

$$\text{총자산회전율} = \frac{\text{매출액}}{\text{평균총자산}}$$

예제 12-2 비율분석 - 활동성

[예제 12-1]에서 주어진 자료를 이용해서 (1) 매출채권회전율, (2) 매출채권평균회수기간, (3) 재고자산회전율, (4) 재고자산평균회전기간, (5) 총자산회전율을 계산하면 다음과 같다.

활동성비율	계 산
(1) 매출채권회전율	$\frac{\text{매출액}}{\text{평균매출채권}} = \frac{₩390{,}000}{(₩110{,}800 + ₩91{,}600)/2} = 3.85(\text{회})$
(2) 매출채권평균회수기간	$\frac{\text{365일}}{\text{매출채권회전율}} = \frac{365}{3.85} = 94.8(\text{일})$
(3) 재고자산회전율	$\frac{\text{매출원가}}{\text{평균재고자산}} = \frac{₩245{,}000}{(₩132{,}500 + ₩135{,}230)/2} = 1.83(\text{회})$
(4) 재고자산평균회전기간	$\frac{\text{365일}}{\text{재고자산회전율}} = \frac{365}{1.83} = 199.45(\text{일})$
(5) 총자산회전율	$\frac{\text{매출액}}{\text{평균총자산}} = \frac{₩390{,}000}{(₩1{,}998{,}160 + ₩1{,}920{,}740)/2} = 0.20(\text{회})$

3. 유동성

유동성비율에는 유동비율과 당좌비율이 있다. 이들 비율은 만기가 1년 내에 돌아오는 단기채무를 상환할 능력이 있는지를 측정한다.

유동성(liquidity)이란 일반적으로 자산을 현금으로 손쉽게 전환할 수 있는 정도를 의미한다. 유동성비율(liquidity ratio)은 회사가 보유하고 있는 자산을 현금으로 전환할 수 있는 정도를 알려주는 지표로서, 만기가 1년 내에 돌아오는 단기채무를 상환할 능력이 있는지를 측정한다. 회사의 이해관계자 중 부채를 상환받는 데 관심 있는 채권자가 특히 유동성비율을 중요시한다.

(1) 유동비율

유동비율(current ratio)은 유동자산을 유동부채로 나눈 값이다. 유동비율이 높다면 회사가 유동부채에 비하여 유동자산을 많이 보유하고 있다는 것을 의미한다. 따라서 유동비율이 높다면 단기채무상환능력이 양호한 것으로 평가할 수 있다.[3)]

$$\text{유동비율} = \frac{\text{유동자산}}{\text{유동부채}}$$

(2) 당좌비율

유동자산은 재고자산을 포함하는데, 재고자산은 향후 판매과정을 거쳐서 현금으로 회수되어야 하므로 다른 유동자산보다 유동성이 비교적 낮다. 유동자산에서 재고자산을 제외한 것을 흔히 당좌자산(quick assets)이라고 하는데, 당좌자산과 유동부채의 비율을 표시한 것이 당좌비율(quick ratio)이다. 유동비율이 높더라도 재고자산의 비율이 높은 경우에는 당좌비율은 상대적으로 낮아질 수 있다. 따라서 유동비율보다는 당좌비율이 좀 더 정확하게 기업의 유동성을 표시할 수 있다.[4)]

$$\text{당좌비율} = \frac{\text{재고자산 이외의 유동자산}}{\text{유동부채}}$$

유동비율이나 당좌비율이 필요 이상으로 높다면, 이는 불필요할 정도로 현금, 매출채권 등 유동자산을 많이 보유하고 있다고 볼 수 있다. 즉 유동비율이 과도하게 높다면 장기적인 투자보다 수익률이 낮은 단기적인 유동자산에 너무

3) 업종마다 약간씩 다르지만 적정한 비율은 대략 150~250% 정도이며, 100~120% 미만이면 위험하다고 간주한다.
4) 업종마다 약간씩 다르지만 적정한 비율은 대략 100~150% 정도이며, 70~80% 미만이면 위험하다고 간주한다.

많이 투자하고 있어 경영을 효율적으로 수행하지 못한다고 볼 수 있다.

예제 12-3 비율분석 - 유동성

[예제 12-1]에서 주어진 (주)덕송의 20×2년 재무상태표와 포괄손익계산서를 이용해서 (1) 유동비율, (2) 당좌비율을 계산하면 다음과 같다.

유동성비율	계 산
(1) 유동비율	$\frac{\text{유동자산}}{\text{유동부채}} = \frac{₩564,880}{₩265,100} = 2.13$
(2) 당좌비율	$\frac{\text{당좌자산}}{\text{유동부채}} = \frac{₩429,650^{*}}{₩265,100} = 1.62$

* 당좌자산 = 유동자산 − 재고자산 = ₩564,880 − ₩135,230 = ₩429,650

4. 안전성

안전성비율에는 부채비율과 이자보상비율이 있다. 이들 비율은 기업이 장기적으로 부채의 이자와 원금을 상환할 수 있는지를 평가한다.

안전성(solvency)비율은 기업이 장기채무를 상환하지 못해 부도가 날 확률을 평가하는 비율이다. 단기채무의 상환능력을 평가하기 위해서는 유동성비율이 더 중요하지만, 장기부채의 상환능력을 평가하려면 안전성비율도 함께 고려해야 한다. 또한 기업경영자 입장에서 자본과 부채를 이용한 자금조달 우선순위를 결정할 때도 안전성비율은 중요한 고려 상황이 된다.[5]

(1) 부채비율

부채비율(debt to equity ratio)은 총부채를 자기자본으로 나누어서 계산한다. 레버리지비율(leverage ratio)이라고도 한다.[6] 부채비율이 높으면 회사가 만기에 부채를 상환하지 못할 가능성이 높아진다고 할 수 있다. 그러나 이 비율이 너무 낮다면 레버리지효과를 활용하지 않는 것으로서, 효율적이지는 못하지만 보수적 또는 안정적으로 회사를 경영하고 있다고 볼 수 있다.[7] 분모로 자본 대신에 총자산을 사용

5) 제11장에서 현금흐름 창출능력을 설명하면서 재무건전성(financial soundness)의 개념에 대해 공부한 바 있다. 단기채무의 상환능력을 나타내는 유동성비율과 장기채무의 상환능력을 나타내는 안전성비율은 모두 기업의 재무건전성을 보여주는 지표다.

6) 레버리지(leverage)란 기업이 부채를 사용하는 정도를 말한다.

7) 레버리지효과(leverage effect)는 다음과 같은 예를 통해 쉽게 이해할 수 있다. 투자금액이 100이고 8%의 수익률이 기대되는 투자안이 있다고 하자. 이를 모두 자기자본으로 조달하면 100을 투자하여 8%의 수익률을 얻을 수 있다. 투자금액 100 중 50을

할 수도 있다. 이때는 자산에서 총부채가 차지하는 비율로 해석할 수 있다.[8]

$$\text{부채비율} = \frac{\text{총부채}}{\text{자본(또는 총자산)}}$$

(2) 이자보상비율

이자보상비율(interest coverage ratio)은 회사가 부채의 이자비용을 지급할 수 있는 능력을 측정한다. 이자보상비율은 이자 및 법인세비용을 차감하기 전의 이익(흔히 [당기순이익+이자비용+법인세비용] 또는 영업이익을 사용함)이 이자비용의 몇 배가 되는지를 측정한다.

$$\text{이자보상비율} = \frac{\text{이자비용차감전이익}}{\text{이자비용}}$$

이자보상비율이 높을수록 부채에 대한 이자를 지급하기에 충분한 이익을 벌어들인 것이다. 만약 이자보상비율이 1보다도 작다면, 회사가 벌어들인 이익이 이자비용을 지급하기에도 부족하다는 의미로 해석할 수 있다.

예제 12-4 비율분석 - 안전성

[예제 12-1]에서 주어진 (주)덕송의 20×2년 재무상태표와 포괄손익계산서를 이용해서 (1) 부채비율과 (2) 이자보상비율을 계산하면 다음과 같다.

안전성비율	계 산
(1) 부채비율	$\frac{\text{총부채}}{\text{자기자본}} = \frac{₩385,100}{₩1,535,640} = 0.25$
(2) 이자보상비율	$\frac{\text{이자비용차감전이익}}{\text{이자비용}} = \frac{₩116,000}{₩8,000} = 14.5$

6% 이자를 지급하는 부채로 조달하는 경우를 생각해보자. 이때는 이자비용을 3만큼 지급하고 남는 이익은 5이다. 이 경우에는 자기자본을 50 투자하여 10%의 수익률을 얻는 것이 되어, 모두 자기자본으로 투자금을 조달한 경우보다 2%만큼 자본이익률이 상승한다. 이렇게 부채를 사용하여 자금을 조달하면 수익률이 높아질 수 있다. 그러나 경제침체로 인해 투자안에 대한 수익률이 5%로 하락한다면, 이자비용인 3을 지급하고 나면 2만큼 이익이 발생하여, 이때는 자본이익률이 4%로 하락한다. 즉 모두 자기자본으로 조달한 경우보다 자본이익률이 1%만큼 낮다. 이처럼 부채를 많이 이용할수록 매출액 변동과 비교할 때 이익의 변동폭이 커진다. 이를 레버리지효과 또는 지렛대효과라고 부른다.

8) 실무에서는 부채비율이 대략 200%보다 높으면 재정이 취약하다고 간주한다. 그러나 단순히 부채비율만을 이용해 위험한 회사라고 판단할 수는 없으며, 산업 특성이나 다른 재무비율도 함께 고려해야 한다. 예를 들어 부채비율이 높더라도 수익성이 좋다면 반드시 위험하다고 볼 수 없다.

표 12-1
재무비율 요약

비 율	계산식	의 미
〈수익성〉		
매출총이익률	$\frac{\text{매출총이익}}{\text{매출액}}$	매출액 ₩1당 달성한 매출총이익
총자산이익률	$\frac{\text{이자비용차감전이익(또는 순이익)}}{\text{평균총자산}}$	총자산이 창출한 이자비용차감전이익(또는 순이익)
자본이익률	$\frac{\text{당기순이익}}{\text{평균자본}}$	투입된 자본이 얼마만큼의 순이익을 창출하였는지를 측정
주당이익	$\frac{\text{당기순이익} - \text{우선주배당금}}{\text{가중평균유통주식수}}$	보통주 1주당 벌어들인 당기순이익을 측정
〈활동성〉		
매출채권회전율	$\frac{\text{매출액}}{\text{평균매출채권}}$	매출채권이 얼마나 효율적으로 관리되고 있는지를 측정
매출채권평균회수기간	$\frac{\text{365일}}{\text{매출채권회전율}}$	매출채권이 회수되는 평균적인 기간을 측정
재고자산회전율	$\frac{\text{매출원가}}{\text{평균재고자산}}$	재고자산이 얼마나 효율적으로 관리되고 있는지를 측정
재고자산평균회전기간	$\frac{\text{365일}}{\text{재고자산회전율}}$	재고자산이 판매되는 평균적인 기간을 측정
총자산회전율	$\frac{\text{매출액}}{\text{평균총자산}}$	매출을 창출하는 데 총자산이 얼마나 효율적으로 사용되고 있는지를 측정
〈유동성〉		
유동비율	$\frac{\text{유동자산}}{\text{유동부채}}$	단기채무를 지급할 수 있는 능력을 측정
당좌비율	$\frac{\text{당좌자산}}{\text{유동부채}}$	단기채무를 지급할 수 있는 능력을 측정
〈안전성〉		
부채비율	$\frac{\text{총부채}}{\text{자기자본(또는 총자산)}}$	자본(또는 총자산) 대비 부채의 비율을 측정
이자보상비율	$\frac{\text{이자비용차감전이익}}{\text{이자비용}}$	부채에 대한 이자를 지급할 수 있는 능력을 측정

12.4 재무제표분석시 고려사항

재무제표분석시에는 재무제표가 과거 사건을 반영하고 있다는 점을 주의해야 한다. 또한 심층적인 분석에는 적당하지 않을 수 있고, 회사마다 다른 회계원칙을 적용하고 있음을 유의해야 한다.

재무제표분석의 결과를 의사결정에 이용할 때는 다음과 같은 점을 주의해야 한다. 첫째, 재무제표는 과거에 발생한 사건에 대한 기록이다. 이에 반해 정보이용자가 직면하고 있는 의사결정은 보통 미래에 대한 것이다. 따라서 회계정보를 이용해서 의사결정을 할 때는 이러한 시점의 차이를 주의해야 한다. 과거에 사업이 잘되었더라도 미래에도 계속해서 잘될 것이라고는 장담할 수 없기 때문이다. 둘째, 재무비율 등을 이용한 재무제표분석은 1차적인 분석에 특히 유용하지만, 경영성과의 현재 상태나 변화에 대한 심층적인 분석에는 적당하지 않을 수 있다. 따라서 다양한 다른 정보들을 이용해서 이런 내용들을 파악해야 한다. 예를 들어 어떤 기업의 매출총이익률이 당기에 하락했거나 또는 상승했다면 그 이유를 파악하기 위해 기업의 제품가격의 변동이나 경쟁상황 등에 대한 조사를 할 수 있을 것이다. 셋째, 회사마다 다른 회계처리방법을 사용할 수 있다는 점을 주의해야 한다. 예를 들어 어떤 회사는 유형자산에 대하여 재평가모형을 사용하고 다른 회사는 원가모형을 사용할 수 있다. 자산재평가를 통해 자산과 자본을 증가시켰다면 이 수치를 사용하는 여러 비율(예 : 부채비율, 총자산이익률)들이 크게 변하게 된다. 또한 한 회사의 여러 회계기간의 재무정보를 비교할 경우에도 회사가 중간에 회계처리방법을 변경할 수 있으므로 중요한 회계처리방법의 변경 유무를 확인하는 것이 필요하다. 동일한 기준으로 작성한 재무제표를 비교해야만 비교가 의미가 있기 때문이다.

본장에서 공부한 방법들은 재무제표분석시 사용되는 여러 방법들 중 가장 기초적이고 중요한 방법들이다. 따라서 이 방법들을 이용해서 기업들을 분석한다면 기업에 대한 기초적인 상황을 파악하는 데 도움이 될 것이다. 물론 이 정도의 재무제표분석으로 기업에 대한 모든 것을 알 수 있다고는 할 수 없다. 본장에서 공부한 내용은 기본적인 분석일 뿐이므로, 이러한 분석 이후 더 심도 있는 추가적인 분석을 수행해야 할 것이다. 그런 내용들은 추후 '기업가치평가' 등의 과목에서 공부할 수 있다.

회계이야기 (1)

대리인 문제와 회계의 역할

주주와 경영자 사이의 관계를 가장 잘 설명하는 이론은 노벨경제학상 수상자인 젠센(Jensen)과 맥클링(Meckling)이 주창한 대리인 이론(agency theory)이다. 이 이론에 따르면, 기업들의 활동이 복잡해지고 규모가 커지면 주주들이 다수인 경우 주주들이 직접 나서서 경영을 수행할 수 없다. 따라서 주주들이 자신을 대신할 사람을 뽑아 회사를 경영하도록 한다. 즉 경영자에게 수탁책임(stewardship responsibilities)을 부여하는 것이다. 이때 주주들을 주체(principal, 주인, 위임자), 경영자를 대리인(agent, 수임자, 수탁자)이라고 부른다.

이런 대리인 관계에서는 필연적으로 주체들은 대리인의 활동에 대해 대리인보다 덜 정확한 정보를 가질 수밖에 없다. 이런 상황을 정보불균형(information asymmetry)이 존재한다고 표현한다. 정보불균형이 존재할 때 대리인은 주체의 이익을 위해서 일하는 것이 아니라, 주체의 이익을 희생하면서 자신의 이익을 위해 행동할 가능성이 존재한다. 예를 들어 기업의 이익을 늘리기 위해 지나치게 위험한 프로젝트에 투자하는 행위를 할 수 있는데, 이를 도덕적 해이(moral hazard)라고 부른다. 위험한 투자가 성공하면 대리인은 큰 성과보수를 받을 수 있지만, 실패한다고 해도 자신의 부(wealth)는 크게 영향을 받지 않기 때문이다. 즉 성공하면 성공의 과실을 주주들과 공유하지만, 실패하면 주주들에게 대부분의 피해가 돌아가기 때문이다. 주주들 몰래 회사의 자산을 유용하여 사치를 누리기도 한다. 또한 대리인의 능력을 모르는 상황에서 주체가 특정보수를 지급할 것을 제안하면, 능력이 뛰어난 경영자는 그 정도 보수를 받고 일하는 것을 원하지 않으니 그 제안을 받아들이지 않지만, 능력이 부족한 경영자는 자신의 능력 수준보다 높은 수준의 보수가 제안되니 제안을 받아들일 수 있다. 이런 현상을 역선택(adverse selection)이라고 부른다. 즉 대리인 문제 때문에 도덕적 해이(주체와 대리인이 서로 계약을 맺은 이후에 나타나는 문제)와 역선택(계약을 맺기 이전에 나타나는 문제) 현상이 나타날 수 있다.

도덕적 해이와 역선택의 발생

경영학 분야에서는 주주-경영자 관계를 대리인 문제로 설명하지만, 경제학 이론에서는 보험시장을 대리인 문제의 예로 많이 언급한다. 교통사고에서 발생하는 모든 비용을 지급해주는 비싼 자동차 보험을 자발적으로 구입하는 사람은 사고가 발생할 가능성이 높은 사람이며(역선택), 그렇지 않은 사람이라도 이런 보험을 구입한 후에는 운전을 상대적으로 더 험하게 해서 사고가 발생할 가능성이 높아진다(도덕적 해이).

정치학 분야에서는 대의민주주의 정치가 대리인 문제의 예다. 실력이나 인품이 우수한 사람은 정치판에 뛰어들지 않거나 뛰어들더라도 거짓말이나 모략을 하지 않으므로 선거에서 당선되기 쉽지 않으며(역선택), 선거에서 당선되면 장기적인 국익을 희생하더라도 자신의 이익을 위해 인기영합적으로 정치인들이 행동하는 것(도덕적 해이)이다.

감시비용과 확증비용의 발생

이런 대리인 문제를 줄이고 경영자가 주주의 이익을 위해 행동하도록 유도하기 위해서는 추가적인 비용이 발생한다. 예를 들면 경영자의 장기 업적에 따라 보수가 달라지는 인센티브 계약을 맺는 것이다. 회계학적 입장에서 볼 때는 감시비용과 확증비용이 발생한다. 경영자의 행동을 감시하기 위해, 외부감사인을 고용해 감사를 맡기고 주주들이 뽑은 독립적인 사외이사가 이사회에 참석하여 의사결정과정을 살펴보도록 하는 데 소요되는 비용이 감시비용(monitoring expense)이다. 또한 대리인 자신이 주주들의 이익을 침해하지 않았다는 것을 주주들에게 보여주기 위해서도 비용이 발생한다. 이를 확증비용(bonding expense)이라고 부르는데, 재무제표를 포함한 연차보고서를 작성하고 이를 공시하거나 각종 주주관계(Investor relation)활동을 하는 데 소요되는 비용을 말한다. 대리인 문제를 감소시켜서 얻을 수 있는 효익이 이런 과정에서 발생하는 감시비용이나 확증비용보다 더 크므로, 이런 비용들을 감수하는 것이다.

자본시장과 기업의 발전에 기여하는 회계의 역할

이런 내용을 종합해보면 회계정보는 기업에 존재하는 대리인 문제와 계약당사자들 사이의 갈등을 해결하는 데 중요한 역할을 수행하고 있다는 점을 이해할 수 있다. 따라서 주주들은 경영자를 신뢰하고 이들에게 회사의 운영을 맡기고, 경영자는 주주들을 위해 자신의 수탁책임을 수행하는 것을 가능하게 하는 것이다. 회계정보는 자본시장과 기업의 발전에 중요한 역할을 수행하고 있다. 경제학 분야에서 언급하는 보험계약을 살펴보면, 보험사는 보험계약을 체결할 때 피보험자의 과거 운행경력이나 사고기록에 따라 보험료를 다르게 책정하거나 보험계약을 거부하기도 하며, 보험에 가입할 때 사고가 발생하면 피해금액의 일부를 피보험자가 부담하도록 하는 공제(deduction)조항을 계약에 추가하는 등의 방법으로 대리인 문제를 줄이기 위해 노력한다. 피보험자의 과거 운행경력이나 사고기록, 그리고 공제조항 등이 회계정보는 아니지만 보험시장에서 회계정보와 비슷한 역할을 수행한다고 볼 수 있다. 만약 이런 정보들이 없다면 보험료가 크게 오르거나 보험시장 자체가 존재할 수 없을 것이다.

학습목표의 요약

- 재무제표분석의 의의에 대해 이해한다. *12.1*
  - 정보이용자가 효과적이고 효율적으로 재무제표 정보를 이용하기 위해서 필요한 기술 또는 방법이 재무제표분석이다. 재무제표분석(financial statement analysis)이란 다양한 이용자들이 자신들의 의사결정에 필요한 정보를 추출하여 해석하는 과정을 의미한다.

- 재무제표분석기법의 종류에 대해서 설명할 수 있다. *12.2*
  - 과거의 수치와 비교하는 것을 추세분석(trend analysis), 재무제표 각각의 항목이 전체에서 어느 정도 비중을 차지하는지 분석하는 것을 구성비분석(common-size analysis), 재무제표에 나타난 항목들간의 관계를 분석하는 것을 비율분석(ratio analysis)이라고 한다.

- 재무제표분석의 목적에 적절한 비율분석 지표를 구분할 수 있으며, 실제 재무비율들을 계산하고 그 의미를 해석할 수 있다. *12.3*
  - 여러 가지 재무비율은 각각 수익성, 활동성, 유동성, 안전성 등을 측정한다.
  - 수익성을 나타내는 비율에는 매출총이익률, 총자산이익률, 자본이익률, 주당이익 등이 있다.
  - 활동성을 나타내는 비율에는 매출채권회전율, 매출채권평균회수기간, 재고자산회전율, 재고자산평균회전기간, 총자산회전율 등이 있다.
  - 유동성을 나타내는 비율에는 유동비율과 당좌비율 등이 있다.
  - 안전성을 나타내는 비율에는 부채비율과 이자보상비율 등이 있다.

주요 용어

- 공통형 재무제표(common-size financial statements)
- 당좌비율(quick ratio)
- 매출채권평균회수기간(average collection period)
- 매출총이익률(gross profit margin)
- 비율분석(ratio analysis)
- 안전성(solvency)
- 유동성(liquidity)
- 자본이익률(return on equity; ROE)
- 재고자산회전율(inventory turnover)
- 주당이익(earnings per share; EPS)
- 총자산회전율(asset turnover)
- 활동성(activity)
- 구성비분석(common-size analysis)
- 레버리지(leverage)
- 매출채권회전율(accounts receivable turnover)
- 부채비율(debt to equity ratio)
- 수익성(profitability)
- 유동비율(current ratio)
- 이자보상비율(interest coverage ratio)
- 재고자산평균회전기간(average turnover period)
- 재무제표분석(financial statement analysis)
- 총자산이익률(return on assets; ROA)
- 추세분석(trend analysis)

종합복습예제

한국전력공사는 자산규모 약 240조원, 매출액 88조원에 이르는 국내 최대의 공기업이다. 한국전력공사는 여러 발전자회사들을 통해 원자력, 화력, 수력 발전 등을 통해 전기를 생산해서 국내에 공급하는 것은 물론, 우수한 기술력을 바탕으로 해외 각국에 진출하여 활발히 발전소를 건설하거나 전기를 공급하는 사업을 벌이고 있다.

다음은 한국전력공사의 20×1년과 20×2년의 재무상태표와 포괄손익계산서이다.

재무상태표

한국전력공사

	20×1년 12월 31일	20×2년 12월 31일
유동자산		
현금및현금성자산	₩52,000	₩312,400
매출채권	85,000	291,600
재고자산	142,000	135,230
기타유동자산	48,530	25,650
비유동자산		
유형자산	412,020	360,700
영업권	–	79,200
기타무형자산	18,000	1,145
자산총계	₩757,550	₩1,205,925
유동부채		
매입채무	₩15,220	₩115,100
단기차입금	200,000	350,000
비유동부채		
장기차입금	160,000	250,000
부채총계	₩375,220	₩715,100
자본금	₩200,000	₩300,000
자기주식	–	(1,600)
이익잉여금	182,330	192,425
자본총계	₩382,330	₩490,825

포괄손익계산서

한국전력공사

	20×1년	20×2년
매　　출	₩321,000	₩390,000
매 출 원 가	189,000	245,000
매출총이익	132,000	145,000
판 매 비	78,540	9,000
관 리 비	32,500	20,000
영 업 이 익	20,960	116,000
이 자 비 용	7,500	12,000
법인세비용차감전순이익	13,460	104,000
법인세비용	3,365	26,000
계속영업이익	10,095	78,000
중단영업손실	–	30,500
당기순이익	10,095	47,500
기타포괄손익	–	–
총포괄이익	₩10,095	₩ ₩47,500

유통주식수의 변화 (단위 : 주)

20×1년말 유통주식수	40,000
20×2년 4월 1일 유상증자	20,000
20×2년 9월 1일 자기주식취득	(200)
20×2년말 유통주식수	59,800

물음

1. 위의 재무상태표와 포괄손익계산서를 바탕으로 20×2년의 다음의 재무비율을 계산하시오. 모든 매출과 매입 거래는 외상으로 일어난다.
   (1) 매출총이익률
   (2) 총자산이익률
   (3) 자본이익률
   (4) 주당이익
   (5) 매출채권회전율
   (6) 재고자산회전율
   (7) 총자산회전율
   (8) 유동비율
   (9) 당좌비율
   (10) 부채비율
   (11) 이자보상비율

2. 한국전력공사의 20×1년과 20×2년의 매출채권회전율을 비교하고, 이를 분석하시오. 이때 20×0년말 매출채권은 20×1년과 동일한 것으로 가정한다. 산업평균 매출채권회전율은 4이다.

풀이

1. (1) 매출총이익률 $=\dfrac{₩145{,}000}{₩390{,}000}=0.37(37\%)$

(2) 총자산이익률 $= \frac{₩116,000^{*}}{(₩757,550 + ₩1,205,925)/2} = 0.12(12\%)$

* 법인세비용차감전순이익 + 이자비용 = ₩104,000 + ₩12,000

(3) 자본이익률 $= \frac{₩47,500}{(₩382,330 + ₩490,825)/2} = 0.11(11\%)$

(4) 주당이익 $= \frac{₩47,500}{54,933^{*}} = ₩0.86$

* 가중평균유통주식수는 다음과 같이 계산한다.

유통주식수의 변화	주식수(A)	가중치(B)	가중평균(A)×(B)
20×1년말 유통주식수	40,000	12/12	40,000
20×2년 4월 1일 유상증자	20,000	9/12	15,000
20×2년 9월 1일 자기주식취득	(200)	4/12	(67)
합 계	59,800		54,933

(5) 매출채권회전율 $= \frac{₩390,000}{(₩85,000 + ₩291,600)/2} = 2.07$(회)

(6) 재고자산회전율 $= \frac{₩245,000}{(₩142,000 + ₩135,230)/2} = 1.77$(회)

(7) 총자산회전율 $= \frac{₩390,000}{(₩757,550 + ₩1,205,925)/2} = 0.40$(회)

(8) 유동비율 $= \frac{₩764,880}{₩465,100} = 1.64$

(9) 당좌비율 $= \frac{₩629,650}{₩465,100} = 1.35$

(10) 부채비율 $= \frac{₩715,100}{₩490,825} = 1.46$

(11) 이자보상비율 $= \frac{₩116,000}{₩12,000} = 9.67$

2. 20×1년 매출채권회전율은 3.78$\left(= \frac{₩321,000}{₩85,000}\right)$이었는데, 20×2년 매출채권의 큰 증가로 인해 매출채권회전율이 2.07로 하락하였다. 산업평균이 4인 것을 고려하면, 20×1년 수치는 산업평균과 비슷하였으나, 20×2년의 수치는 산업평균보다도 훨씬 낮은 것을 알 수 있다. 과거수치와 산업평균과 비교하여 20×2년의 매출채권회전율은 매우 낮은 수준이라고 판단할 수 있다. 이렇게 회전율이 하락한 이유는 회사의 신용정책의 변경, 신용기간의 증가 등일 수도 있으며, 또는 무리한 매출증가로 인해서 매출채권이 잘 회수되지 않는 것 때문일 수도 있다.

연습문제

주관식

1. [재무비율]

다음은 (주)무신사의 20×1년 재무상태표와 손익계산서이다.

재무상태표

(주)무신사 20×1년 12월 31일 (단위 : 원)

자 산		부 채	
현 금	₩2,000,000	매입채무	₩1,400,000
매출채권	1,200,000	미지급비용	500,000
재고자산	1,400,000	장기차입금	10,000,000
토 지	22,000,000	총 부 채	₩11,900,000
기계장치	17,500,000	자 본	
감가상각누계액	(9,800,000)	보통주(액면금액 ₩5,000)	₩20,000,000
총 자 산	₩34,300,000	이익잉여금	2,400,000
		총 자 본	₩22,400,000

손익계산서

(주)무신사 20×1년 1월 1일~12월 31일 (단위 : 원)

매 출 액	₩2,800,000
매출원가	1,700,000
매출총이익	1,100,000
영업비용	572,000
이자비용	28,000
법인세차감전순이익	500,000
법인세비용	100,000
당기순이익	₩400,000

- 기초재고자산 : ₩1,600,000
- 기초매출채권 : ₩1,000,000
- 기초총자산 : ₩33,700,000
- 기초총자본 : ₩22,000,000

모든 매출과 매입 거래는 외상으로 일어난다고 가정할 때 다음의 비율들을 구하시오.

(1) 총자산이익률 (2) 매출액순이익률 (3) 당좌비율
(4) 이자보상비율 (5) 자본이익률 (6) 유동비율
(7) 부채비율(자기자본 대비) (8) 매출채권회전율 (9) 총자산회전율
(10) 재고자산회전율

2. [재고자산회전율]

(주)지피클럽의 20×1년초 기초재고상품은 ₩780,000이다. 당기에 (주)지피클럽은 재고자산을 ₩4,300,000에 매입하였으며 기말재고상품은 ₩650,000이다. 당해의 재고자산회전율과 평균회전기간을 구하시오.

3. [주당이익]

(주)비바리퍼블리카의 20×1년 1월 1일 현재 유통보통주식수(액면금액 ₩5,000)는 10,000주이다. 7월 1일에 주당 ₩6,000에 보통주 3,000주를 발행하고, 9월 1일에 추가로 보통주 4,000주를 주당 ₩6,500에 발행하였다. 또한 10월 1일에 자기주식 2,000주를 주당 ₩7,000에 매입하였다. 당해 당기순이익이 ₩28,000,000이다.

(1) 평균유통주식수를 계산하시오.

(2) 주당이익을 계산하시오.

4. [주당이익]

(주)위메프는 20×1년에 새로운 투자안을 검토하고 있다. 새로운 투자안에 소요되는 금액은 ₩400,000이고 이에 따른 기대이익은 ₩120,000이다. (주)위메프는 은행에서 연 12.5%의 이자율에 투자금액을 차입하는 방안과 신주를 400주 발행하는 방안을 동시에 검토하고 있다. 위 신규 투자안을 제외한 20×1년의 당기순이익은 ₩500,000일 것으로 예상된다. 투자를 위한 자금조달은 20×1년초에 발생한다. 현재 유통주식수가 1,000주일 때 두 방안에 따른 주당이익을 각각 계산하시오.

5. [추세분석]

다음의 자료는 (주)야놀자의 최근 4년간 자료이다.

	20×1년	20×2년	20×3년	20×4년
매 출 액	₩1,200,000	₩1,320,000	₩1,410,000	₩1,490,000
매출원가	800,000	950,000	1,020,000	1,130,000

20×2년부터 20×4년까지 매년의 매출액과 매출원가를 20×1년 매출액과 매출원가 금액을 기준으로 하여(즉, 100%로 설정하여) 나타내시오. 또한 이런 추세에 대한 분석을 하시오.

6. [재무비율]

다음은 (주)두나무의 비교재무상태표이다.

	20×1년 12월 31일	20×2년 12월 31일
매 출 채 권	₩2,500,000	₩3,000,000
재 고 자 산	7,000,000	7,700,000
유 형 자 산	8,800,000	8,000,000
합 계	₩18,300,000	₩18,700,000
유 동 부 채	7,200,000	8,400,000
비유동부채	3,700,000	3,500,000
자 본	7,400,000	6,800,000
합 계	₩18,300,000	₩18,700,000

(주)두나무의 20×2년의 매출액은 ₩2,400,000, 매입액은 ₩2,000,000이다. 한편 당기순이익은 ₩700,000이다 (단 (주)두나무의 모든 거래는 외상으로 이루어진다).

(1) 20×2년의 매출채권회전율은 얼마인가?

(2) 20×2년의 재고자산회전율은 얼마인가?

(3) 20×2년 기말의 유동비율과 당좌비율은 각각 얼마인가?

(4) 20×2년의 자본이익률과 총자산이익률(당기순이익을 분자로 계산)은 각각 얼마인가?

7.

[재무비율]

다음은 동일 산업에 속해 있는 키움히어로즈와 NC다이노스의 20×1년 재무제표이다.

손익계산서

	키움히어로즈	NC다이노스
매 출 액	₩1,700,000	₩5,480,000
매 출 원 가	980,000	3,060,000
영 업 비 용	360,000	1,200,000
이 자 비 용	170,000	800,000
법인세차감전순이익	190,000	420,000
법 인 세(20%)	38,000	84,000
당기순이익	₩152,000	₩336,000

재무상태표

	키움히어로즈	NC다이노스
유 동 자 산	₩940,000	₩3,040,000
비유동자산	1,200,000	2,520,000
자산합계	₩2,140,000	₩5,560,000
유 동 부 채	₩820,000	₩1,690,000
비유동부채	200,000	1,900,000
자 기 자 본	1,120,000	1,970,000
부채 및 자본합계	₩2,140,000	₩5,560,000

기타 자료

	키움히어로즈	NC다이노스
기초총자산	₩2,140,000	₩5,560,000
기초총자기자본	1,120,000	1,970,000
기초유동부채	590,000	1,620,000
기초총부채	1,030,000	4,040,000
평균매출채권	420,000	1,080,000
평균재고자산	135,000	1,240,000

단 모든 거래는 외상으로 이루어진다고 가정한다.

(1) 다음의 재무비율들을 구하시오.

가. 유동비율

나. 재고자산회전율

다. 매출채권회전율

라. 총자산이익률(당기순이익을 분자로 계산)

마. 자기자본이익률

바. 부채비율(자기자본 대비)

(2) 두 기업의 수익성, 유동성, 활동성을 비교하시오.

객관식

1. [재무비율]

(주)쏘카는 20×1년 12월 31일에 주식 5,000주(액면금액 ₩5,000)를 ₩6,000에 발행하고, 주주들로부터 전액 현금으로 납입받았다. 다음 중 영향을 받지 않는 것은?

① 총자산이익률 ② 자본이익률 ③ 유동비율
④ 매출총이익률 ⑤ 부채비율

2. [활동성비율]

다음 중 기업의 활동성을 분석할 수 있는 비율이 아닌 것을 모두 고르면?

① 부채비율 ② 총자산회전율 ③ 매출채권회전율
④ 재고자산회전율 ⑤ 주당이익

3. [구성비분석]

구성비분석에서 재무상태표의 각 항목은 다음 중 어느 것의 비율로 나타내는가?

① 유동자산 ② 총자산 ③ 자 본
④ 매 출 ⑤ 총부채

4. [유동비율]

유동비율에 대한 다음의 설명 중 틀린 것은?

① 기업의 단기채무 상환능력을 의미한다.
② 채권자는 유동성비율이 낮은 것을 선호한다.
③ 자산을 현금으로 손쉽게 전환할 수 있는 정도를 의미한다.
④ 유동자산을 유동부채로 나눈 값이다.
⑤ 유동비율은 당좌비율과 같을 수도 있다.

5. [부채비율]

악화된 부채비율(총부채 대비 자기자본비율)을 호전시키기 위한 방법이 아닌 것은?

① 비유동자산 매각으로 유동부채 상환
② 전환사채의 주식전환
③ 유상증자의 실시
④ 무상증자의 실시
⑤ 가치가 상승한 유형자산의 재평가

6. [재무비율]

(주)페퍼저축은행은 20×1년 8월 외상매입금을 현금으로 결제하였으나 착오로 인해 회계처리를 하지 못했다. 다음 중 영향을 받지 않는 재무비율은?

① 총자산회전율
② 매출총이익률
③ 부채비율
④ 총자산이익률
⑤ 유동비율

7. [재무비율]

부분재무상태표

(주)오케이저축은행　　20×1년 12월 31일　　(단위 : 원)

당 좌 자 산	₩3,000,000	유 동 부 채	?
재 고 자 산	?		

위의 자료는 (주)오케이저축은행의 기말 부분재무상태표이다. 기말의 당좌비율은 50%이고 유동비율은 120%이다. 또한 매출원가가 ₩8,000,000이고 당기매입액이 ₩6,000,000이라면 기초재고액은 얼마인가?

① ₩6,200,000
② ₩6,500,000
③ ₩6,100,000
④ ₩6,000,000
⑤ ₩6,400,000

8. [재무비율]

(주)포스코홀딩스의 다음 정보를 이용하여 다음 중 옳은 것을 고르시오(단 총자산이익률은 당기순이익과 평균총자산을 이용해 구한다. 당기중 유통주식수의 변화는 없었으며 우선주배당금도 없다).

당기매출액	₩1,500,000	당기순이익	₩200,000
총자산이익률	20%	발행주식수	50,000주
자기주식수	5,000주		

① 유통주식수는 50,000주이다.
② 주당이익은 ₩4.4이다.
③ 평균총자산은 ₩3,000,000이다.
④ 총자산회전율은 3이다.
⑤ 자기주식은 유통주식수에 영향을 주지 않는다.

9. [주당이익]

(주)LF는 20×1년 1월 1일 현재 보통주 10,000주가 유통되고 있다. 7월 1일에 보통주 3,000주, 9월 1일에 추가로 2,000주를 발행하였다. 20×1년의 당기순이익이 ₩3,000,000이라면 주당이익은 얼마인가?

① ₩300　② ₩247　③ ₩250
④ ₩350　⑤ ₩400

회계이야기 (2)

PER과 애널리스트의 추천의견

자본시장에는 투자자들을 위해 기업을 분석해서 투자에 도움이 될 수 있는 의견을 제공하는 기관들이 존재한다. 채권투자자들을 위해 채권의 신용도를 분석해서 신용등급을 정해 발표하는 기관은 신용평가사다. 그에 반해 주식투자자들을 위해 각 기업의 주식가치를 평가해서 정보를 제공하는 역할을 하는 것이 증권사 소속 리서치 센터(research center)에 근무하는 애널리스트(financial analyst, 재무분석가)들이다.

애널리스트들은 기업을 방문하거나 회사의 IR(investor relations)부서 담당자와 대화를 통해 정보를 수집한다. 원재료나 최종 제품의 수급과 가격 동향, 경쟁업체들의 신규투자 전망 등의 정보도 수집한다. 따라서 성공적인 애널리스트가 되기 위해서는 회계뿐만 아니라 산업지식과 경제지식 등도 겸비해야 한다. 이처럼 다양한 지식을 이용하여 기업의 내재가치를 예측하는 것을 '기본적 분석(fundamental analysis)'이라고 부른다.

애널리스트들의 미래 목표주가 예측방법

애널리스트들은 어떻게 미래 주가를 예측할까? 아직 배우지는 않았지만 기업의 주가를 예측하는 모형들은 많이 개발되어 있다. 회계에 대한 여러 기초과목들을 공부한 후 고학년이 되어 '기업가치평가' 관련 과목을 수강하면 주가예측모형들을 공부할 수 있을 것이다. 이런 예측모형 외에도 애널리스트들이 가장 빈번하게 사용하는 비율이 주가이익비율(price-earnings ratio; PER)이다. 이 비율은 주가를 주당이익으로 나눈 것이다. 일반적으로 동일한 업종 내에서는 기업들마다 PER의 차이가 크지 않다. 만약 동일 업종에 속한 기업들 중에서 상대적으로 PER이 높다면 성장성이 더 높은 기업이거나 주가가 과대평가되어 있다고 볼 수 있다.

애널리스트들은 여러 자료를 사용해 우선 미래 이익을 예측한다. 그리고 그 예측치와 해당 기업의 현재 PER, 그리고 미래의 예측 PER을 추정 또는 계산한다. 미래의 이익 예측치와 미래의 예측 PER을 추정했다면, 그 자료를 이용해서 미래의 주가를 추정할 수 있다. 이렇게 해서 계산한 미래의 주가를 목표주가라고 부른다. 목표주가를 현재 주가와 비교해서, 그 차이에 따라 강력매수, 매수, 보유, 매도, 강력매도 등의 5단계로 구분하는 투자 추천의견을 발표한다. PER 이외에도 주가장부가치비율(price-book value ratio; PBR)을 이용해서도 미래의 주가를 예측할 수 있다. 이 비율은 주가를 주당자본으로 나눈 비율로서, PBR이 높(낮)다면 PER처럼 현재의 주가가 과대(과소)평가되어 있다고 본다.

베스트 애널리스트와 회계지식의 중요성

애널리스트들이 투자보고서를 발표하면 주식투자자들은 이 보고서를 참고하여 투자 의사결정을 내린다. 그런데 애널리스트들이 발표한 보고서에 포함된 추천의견이 매수나 강력매수가 대부분인 경우가 많아서, 애널리스트들의 의견이 지나치게 낙관적이라는 비판이 있다. 회계를 잘 모르는 애널리스트가 쓴 보고서는 기초적인 분석내용조차 틀리는 경우도 있다. 따라서 회계지식에 대해 좀 더 전문성을 가진 애널리스트가 필요하다. 언론에서 매년 베스트 애널리스트를 뽑아 시상하는데, 선정된 애널리스트들 중에 회계를 깊이 있게 공부한 사람들이 많은 사실도 회계지식의 필요성을 잘 보여준다.

애널리스트들이 발표한 예측정보는 인터넷에서도 손쉽게 찾아볼 수 있다. 예를 들어 네이버 등 포털 홈페이지에서 금융 또는 주식 분야를 살펴보면 기업정보 또는 투자정보를 찾을 수 있다. 특정회사 이름을 검색하면 그 회사에 대한 과거 업적뿐만 아니라 PER, PBR 등의 정보, 그리고 애널리스트들이 발표한 미래 이익이나 주가 예측치까지 찾아볼 수 있다. 예를 들어 2024년 6월 1일 기준으로 포스코홀딩스에 대해 총 14명의 애널리스트들이 발표한 투자의견의 평균은 '매수'이며, 목표주가는 ₩586,429, EPS 예측치는 ₩22,869, PER은 16.99배이다.

미니케이스

내가 자세히 알아보고 싶은 특정 산업군을 선택하고 그 산업군에 속한 최소 세 상장기업을 선정하시오.[9] 금융감독원 전자공시시스템(dart.fss.or.kr)에는 국내 기업들의 감사보고서나 사업보고서 및 기타 공시정보들이 제시되어 있다.

선정한 세 회사를 대상으로 과거 3년 동안의 자료를 이용하여 아래의 재무비율을 계산하고 그 의미를 해석하시오. 즉 재무비율 정보를 바탕으로 세 회사가 어떤 특성을 가지고 있는지 분석하시오. 그리고 그 분석 내용을 기초로 내가 주식을 매수하고 싶은 회사가 무엇인지를 선정하시오. 왜 그런 선택을 했는지를 명확하게 설명해야 하며, 설명은 다른 정보가 아닌 재무비율분석의 결과에 기초해야 한다. 모든 기준에서 다른 회사보다 우월한 회사는 아마 없을 것이므로, 서로 다른 기준에 따라 선정된 우수한 회사들 중 어떤 기준에 더 중점을 두고 투자여부를 결정할 것인지를 결정하여 설명해야 한다.

수익성
- 매출총이익률
- 총자산이익률
- 자기자본이익률
- 주당이익

활동성
- 매출채권회전율
- 매출채권평균회수기간
- 재고자산회전율
- 재고자산평균회전기간
- 총자산회전율

유동성
- 유동비율
- 당좌비율

안전성
- 부채비율
- 이자보상비율

9) 만약 팀으로 이 미니케이스를 푼다면, 팀원의 숫자와 동일한 숫자의 기업을 선택하여 분석할 것을 권한다. 단 은행, 증권회사, 보험회사 등 금융회사들은 다른 회사들과는 재무제표의 특징이나 계정과목이 매우 다르므로 학생들이 금융회사를 선정해서 분석하는 것은 추천하지 않는다.

해 답

제 1 장 회계학 입문

연습문제 풀이

주관식

1\. [회계의 분류]

재무회계는 기업의 거래와 사건 등을 측정하고 기록하여 생산된 회계정보를 외부정보이용자(예 : 주주, 채권자)에게 제공하는 회계분야이며, 관리회계는 회사의 내부관리나 성과평가 등의 중요한 의사결정을 위한 정보를 경영자에게 제공하는 것을 목적으로 하는 회계분야이다. 따라서 재무회계와 관리회계는 정보를 제공하는 대상이 다르다. 또한 재무회계는 일반적으로 인정된 회계원칙 또는 회계기준에 따라 회계처리와 보고를 하는 것이 중요하며, 일년, 반년, 분기 등 정기적으로 보고해야 한다. 반면, 관리회계는 일정한 형식이나 주기를 따르지 않고 그때그때 필요한 정보를 수시로 제공한다. 재무회계는 과거에 발생한 사건을 기록하여 전달하는 분야인 데 반해 관리회계에서는 과거 정보뿐만 아니라 미래 정보를 예측하는 것도 포함된다.

2\. [재무상태표 등식]

〈자산〉=〈부채〉+〈자본〉이다.

(1) ₩150,000

재무상태표로 간단하게 나타내면 다음과 같다.

재무상태표 (단위 : 원)

자 산	₩150,000	부 채	₩100,000
		자 본	₩50,000

(2) ₩50,000

(3) ₩70,000

3\. [재무상태표]

이익잉여금	(자본)	이자비용	(×, 손익계산서)
매출채권	(자산)	미지급금	(부채)
매입채무	(부채)	매 출	(×, 손익계산서)
기 계	(자산)	자 본 금	(자본)
토 지	(자산)	차 입 금	(부채)

4. [재무상태표]

자산, 부채의 계정끼리 모아서 자산과 부채의 총계를 계산하면 자본의 총액을 계산할 수 있다. 그리고 자본의 총액에서 이익잉여금을 제외한 계정들의 금액을 파악하면 최종적으로 이익잉여금의 금액을 계산할 수 있다.

자산＝현금＋토지＋건물＋기계＝₩20,000＋₩350,000＋₩500,000＋₩80,000＝₩950,000
부채＝매입채무＋미지급금＋차입금＝₩200,000＋₩30,000＋₩400,000＝₩630,000
자본＝자산－부채＝₩950,000－₩630,000＝₩320,000
이익잉여금＝자본－자본금＝₩320,000－₩200,000＝₩120,000

참고로 위의 내용을 재무상태표로 나타내면 아래와 같다.

재무상태표

(주)덕송　　20×1년 12월 31일　　(단위 : 원)

자산		부채	
현금	₩20,000	매입채무	₩200,000
토지	350,000	미지급금	30,000
건물	500,000	차입금	400,000
기계	80,000	부채총계	₩630,000
		자본	
		자본금	₩200,000
		이익잉여금	120,000
		자본총계	₩320,000
자산총계	₩950,000	부채와 자본총계	₩950,000

5. [재무상태표]

자산, 부채의 계정끼리 모아서 자산과 부채의 총계를 계산하면 자본의 총액을 계산할 수 있다. 그리고 자본의 총액에서 이익잉여금을 제외한 계정들의 금액을 파악하면 최종적으로 이익잉여금의 금액을 계산할 수 있다.

자산＝현금＋매출채권＋토지＋건물＋기계
　＝₩20,000＋₩40,000＋₩70,000＋₩50,000＋₩30,000＝₩210,000
부채＝매입채무＋미지급금＋미지급임차료＋단기차입금＋장기차입금
　＝₩20,000＋₩30,000＋₩5,000＋₩10,000＋₩20,000＝₩85,000
자본＝자산－부채＝₩210,000－₩85,000＝₩125,000
이익잉여금＝자본－자본금＝₩125,000－₩70,000＝₩55,000

감가상각비, 임차료는 포괄손익계산서에 비용으로 반영된다.
참고로 위의 내용을 재무상태표로 나타내면 아래와 같다.

재무상태표

(주)덕송	20×1년 12월 31일		(단위 : 원)
자 산		부 채	
현 금	₩20,000	매 입 채 무	₩20,000
매 출 채 권	40,000	미 지 급 금	30,000
토 지	70,000	미지급임차료	5,000
건 물	50,000	단기차입금	10,000
기 계	30,000	장기차입금	20,000
		부채총계	₩85,000
		자 본	
		자 본 금	₩70,000
		이익잉여금	55,000
		자본총계	₩125,000
자산총계	₩210,000	부채와 자본총계	₩210,000

6. [포괄손익계산서]

총포괄손익은 당기순이익과 기타포괄손익의 합으로 계산된다. 그리고 당기순이익은 수익에서 비용을 차감하여 계산한다. 문제에서 제시된 계정들을 수익과 비용 항목끼리 모아서 합계를 계산하여 당기순이익을 먼저 구하면 다음과 같다.

수익＝교육서비스매출＋이자수익＝₩2,000,000＋₩150,000＝₩2,150,000

비용＝급여＋인쇄비＋광고선전비＋건물임차료＋소모품비＋수도광열비＋감가상각비＋이자비용
＝₩800,000＋₩50,000＋₩30,000＋₩700,000＋₩50,000＋₩40,000＋₩20,000＋₩10,000＝₩1,700,000

당기순이익＝₩2,150,000－₩1,700,000＝₩450,000

문제에서 제시된 계정 중에서 기타포괄손익 항목은 없으므로, 총포괄이익은 ₩450,000으로 당기순이익과 일치한다.

참고로 위의 내용을 포괄손익계산서로 나타내면 아래와 같다.

포괄손익계산서

(주)덕송	20×1년 1월 1일~12월 31일	(단위 : 원)
수 익		
교육서비스매출	₩2,000,000	
이 자 수 익	150,000	₩2,150,000
비 용		
급 여	₩800,000	
인 쇄 비	50,000	
광고선전비	30,000	
건물임차료	700,000	
소 모 품 비	50,000	
수도광열비	40,000	
감가상각비	20,000	
이 자 비 용	10,000	1,700,000
당기순이익		₩450,000

7. [재무제표]

현　　금	(재무상태표)	배 당 금	(자본변동표)
급　　여	(포괄손익계산서)	이 자 수 익	(포괄손익계산서)
매　　출	(포괄손익계산서)	감가상각비	(포괄손익계산서)
토　　지	(재무상태표)	매 입 채 무	(재무상태표)
이익잉여금	(재무상태표, 자본변동표)	임 차 료	(포괄손익계산서)
매 출 채 권	(재무상태표)	건　　물	(재무상태표)
비　　품	(재무상태표)	장기차입금	(재무상태표)

8. [재무제표]

〈자산〉=〈부채〉+〈자본〉

〈당기순이익〉=〈수익〉−〈비용〉

	수 익	비 용	당기순이익	자산총계	부채총계	자본총계
A기업	₩60,000	₩45,000	₩15,000	₩35,000	₩13,000	₩22,000
B기업	12,500	10,500	2,000	14,500	9,000	5,500
C기업	7,000	9,000	(2,000)	16,000	5,000	11,000

9. [재무제표]

'기초이익잉여금+당기순이익−배당금=기말이익잉여금'에서, (주)덕송이 20×1년 설립되었으므로 기초이익잉여금은 ₩0이다. 배당금도 지급되지 않았으므로, 20×1년말의 기말이익잉여금은 당기순이익과 일치한다.

재무상태표

(주)덕송　　20×1년 12월 31일　　(단위 : 원)

자 산		부 채	
현　　금	₩30,000	차 입 금	₩30,000
매 출 채 권	50,000	부채총계	₩30,000
비　　품	25,000	자 본	
		자 본 금	₩20,000
		이익잉여금	55,000
		자본총계	₩75,000
자산총계	₩105,000	부채와 자본총계	₩105,000

기말자산=기말부채+기말자본=기말부채+기말자본금+기말이익잉여금(=당기순이익)

당기순이익=₩150,000−₩20,000−₩5,000−₩50,000−₩20,000=₩55,000

기말자본금=기말자산−기말부채−기말이익잉여금

=₩105,000−₩30,000−₩55,000=₩20,000

10. [회계의 사회적 역할]

전통적으로는 기업의 경영자가 기업에 자원을 제공한 주주와 채권자에 대한 수탁책임을 의미하였다. 그러나 현대의 재무회계는 회계보고의 대상을 공적 책임 또는 사회적 책임을 수행한 결과를 회계정보 이용자 전반에게 보고하는 것으로, 회계의 범위를 확대해서 해석하고 있다.

11. [재무제표의 작성과 외부감사]

기업의 재무제표는 경영자가 책임을 지고 작성한다. 재무제표는 주주와 채권자 등 기업의 이해관계자들의 의사결정에 도움을 주는 자료이기 때문에 올바로 작성되지 않으면 경제적인 손해를 발생시킬 수 있다. 또한 기업은 재무제표의 신뢰성을 제고하기 위해 공인회계사로부터 외부감사를 받는다.

12. [회계의 사회적 역할]

(1) (주)덕송의 재무제표를 이용할 이해관계자로는 주주, 채권자, 직원 등이 있다. 현 주주는 (주)덕송의 영업상황을 확인하고 주식을 계속 보유할 것인지 판단할 것이며, 잠재적 주주는 (주)덕송의 주식을 취득할지 여부를 살펴볼 것이다. 채권자인 은행은 (주)덕송이 원금과 이자를 상환할 능력이 있는지 판단하는 데 사용한다. 잠재적 직원인 입사 지원자들은 고용주로서의 (주)덕송을 파악하기 위해 재무제표를 활용할 수 있다.

(2) (주)덕송의 재무제표를 이용하는 이해관계자들에게 중요한 정보이기 때문에 회계기준을 준수하고 정보의 정확성을 기할 필요가 있다. 거짓된 정보를 공시하면 규제당국으로부터 제재를 받을 수 있을 뿐 아니라 시장의 신뢰를 잃음으로써 향후 자금조달, 영업활동 등에 악영향을 미칠 수 있다.

객관식

1. [재무회계의 목적] ③

경영자의 관리적 의사결정을 위한 회계는 관리회계의 영역이다. 재무제표는 정보이용자의 경제적 의사결정에 유용한 기업의 재무상태, 경영성과 및 재무상태 변동에 관한 정보를 제공하는 분야다.

2. [회계의 분류] ②

재무회계정보는 회계기준에 따라 이미 발생한 거래에 대해서 외부정보이용자들에게 유용한 정보를 제공하는 반면, 관리회계는 내부정보이용자들에게 유용한 정보를 제공하는 것이다. 관리회계에서는 제공되는 정보가 과거정보에 국한되지 않는다.

3. [재무제표] ③

국제회계기준에서는 재무상태표, 포괄손익계산서, 자본변동표, 현금흐름표를 주된 재무제표로 규정하고 있다. 재무제표에 대한 주석도 재무제표에 포함된다.

4. [재무제표] ①

포괄손익계산서는 기업의 일정기간의 경영성과를 알려준다.

5. [자산] ②

자산은 과거 거래의 결과로 미래에 경제적 효익을 제공해야 하며 그에 대한 청구권을 행사할 수 있어야 한다. 자산의 객관적인 판매가치 보장 여부는 회계상 자산의 정의와는 관련이 없다.

6. [재무상태표] ②

총자산(₩40,000)=총부채(X)+총자본(₩25,000). 따라서 총부채(X)는 ₩15,000이다.

7. [재무상태표] ③

총자산(₩640,000)=총부채(₩420,000)+총자본(X)

따라서 20×1년초 총자본은 ₩220,000이다.

자산	=	부채	+	자본
+₩60,000		−₩20,000		Y

이때 재무상태표 등식을 성립시키려면 자본(Y)은 ₩80,000의 증가이어야 한다.

8. [재무상태표] ②

₩640,000+₩140,000−₩40,000=₩740,000

추가출자액은 납입자본이 증가한 것으로서 이익잉여금에는 영향을 미치지 않는다.

9. [재무상태표] ③

₩480,000+₩100,000−₩80,000+₩30,000=₩530,000

자본은 납입자본과 이익잉여금, 그리고 기타포괄손익누계액으로 구성되어 있다. 기타포괄손익누계액은 기초와 기말이 동일한 금액이다. 납입자본은 당기 동안 유상증자에 의해 ₩30,000이 증가하였으며, 이익잉여금은 당기순이익만큼 증가하고 배당금을 지급한 것만큼 증가하였으므로 총 ₩20,000만큼 증가한 셈이다. 따라서 자본은 총 ₩50,000만큼 증가하였다.

10. [포괄손익계산서] ④

당기순이익(손실)은 수익에서 비용을 차감한 금액이다. 이때 비용이 수익보다 크면 당기순손실이 발생한다.

11. [포괄손익계산서] ③

현금흐름표에 대한 설명이다.

12. [GAAP] ③

일반적으로 인정된 회계원칙(GAAP)은 회계실무를 행할 때 준수되어야 할 일반적인 행위지침이며 시대와 사회의 발전에 따라 변화할 수 있다. 그러나 논리적으로 볼 때 항상 적절하다고 볼 수는 없으며 관습적인 회계원칙도 존재한다. 우리나라는 국제회계기준을 일반적으로 인정된 회계원칙으로 채택하고 있다.

13. [지속가능성 보고] ④

앞으로 지속가능성 보고서에 대해서도 전문가가 감사를 하는 방안에 대해 현재 논의가 되고 있기는 하지만 아직 감사가 의무화되지는 않았다. 현재 지속가능성 보고서를 발표하는 기업들은 대부분 회계법인이나 다른 전문기관들로부터 감사보다 낮은 단계인 인증(attestation)만을 받고 있는데, 이것도 의무화된 것이 아니라 자발적으로 실시하는 것이다.

미니케이스 풀이

다음의 풀이는 (주)아모레퍼시픽의 2023년도 사업보고서 및 연결재무제표에 대한 감사보고서를 토대로 작성되었다.

(1) 감사보고서의 [재무제표에 대한 주석]에 따르면 (주)아모레퍼시픽은 화장품, 생활용품, 식품 및 기타의 제조, 가공, 매매업 등을 영위하고 있음을 알 수 있다.

(2) (주)아모레퍼시픽의 회계기간은 1월 1일부터 12월 31일이다. 모든 재무제표는 이전 2개년도의 재무정보를 비교 공시하고 있다.

(3) (주)아모레퍼시픽의 재무제표는 외부감사인인 한영회계법인에 의해 감사되었으며 감사보고서 첫 페이지 [독립된 감사인의 감사보고서]란에서 확인할 수 있다. 감사의견은 적정의견으로 나타난다.

(4) 2023년 연결재무제표상 재무상태표 등식이 아래와 같이 성립한다.
자산(₩5,886,510,888,702)＝부채(₩1,013,805,677,645)＋자본(₩4,872,705,211,057)

(5) 2023년의 포괄손익계산서를 살펴보면 매출액, 영업이익, 당기순이익, 기타포괄손익, 총포괄이익은 각각 ₩3,673,963,593,157, ₩108,171,257,062, ₩173,878,928,996, －₩40,480,959,178, ₩133,397,969,818이다. 2022년의 수치들과 비교했을 때 변화액은 다음과 같다.

(단위 : 원)

	2023년	2022년	증 감
매 출	3,673,963,593,157	4,134,932,512,111	−460,968,918,954
영 업 이 익	108,171,257,062	214,233,255,761	−106,061,998,699
당기순이익	173,878,928,996	129,264,244,958	44,614,684,038
기타포괄손익	−40,480,959,178	27,047,461,753	−13,433,497,425
총포괄손익	133,397,969,818	102,216,783,205	31,181,186,613

제 2 장 회계순환과정 I (기중의 회계처리)

연습문제 풀이

주관식

1. [회계거래]

회계거래는 기업의 재무상태에 영향을 주는 경제적 사건으로 화폐금액으로 표시될 수 있는 거래를 말한다. 기업의 재무상태에 영향을 준다는 것은 재무상태표의 구성항목인 자산, 부채, 자본에 변화가 생기는 것을 의미한다. 즉 자산의 구입 또는 처분, 부채의 차입 또는 상환 등의 사건이 회계거래에 속한다.

2. [회계등식]

기업이 소유하고 있는 모든 자원은 자산총계로 표시한다. 이 자원을 소유할 수 있도록 자금을 제공한 채권자와 주주들의 청구권(소유권)은 각각 부채총계와 자본총계로 나타난다. 재무상태표를 중심으로 해석하면, 차변에 기록한 모든 자산에 대한 채권자의 청구권은 부채로 그리고 주주의 청구권은 자본으로 대변에 표시하는 것이다.

3. [대차평형의 원리]

복식부기의 원리에 의해서 대변과 차변의 금액이 항상 일치한다는 것이 대차평형의 원리이다.

4. [발생주의와 현금주의]

발생주의는 기업의 재무상태에 영향을 주는 거래나 사건이 발생한 시점에 수익과 비용을 인식하는 방법이고, 현금주의는 실제로 현금의 유입 또는 유출이 있을 때 수익과 비용을 인식하는 방법이다. 발생주의 회계는 수익과 비용을 기간별로 인과관계에 따라 적절하게 대응시켜 나타내주기 때문에 기업의 경영성과를 보다 정확하게 반영한다는 장점이 있다. 한편 현금주의 회계는 현금의 유입 또는 유출이 실제로 발생한 경우에만 기록하기 때문에 인식시점이 명확하다. 따라서 회계분식이 일어날 가능성이 적다는 장점이 있다.

5. [수익인식]

수익인식에는 가득기준과 실현기준이 있다. 가득기준(earned principle)은 기업이 수익창출활동으로 고객에게 재화를 인도하였거나 용역을 제공함으로써 통제권이 고객에게 이전되었을 때 충족된다. 실현기준(realization principle)은 수익이 실현되었거나 실현가능한 시점에 인식한다는 것으로서, 현금을 수취하였거나, 또는 미래에 회수할 수 있는 금액을 예상할 수 있을 때 충족된다. 수익을 인식하기 위해서는 가득기준과 실현기준이 모두 충족되어야 한다.

6. [수익 · 비용대응의 원칙]

일정 회계기간에 실현된 수익 및 동 수익과 관련되어 발생된 비용을 동일 회계기간에 인식함으로써 당해 회계기간의 이익을 합리적으로 산출해야 한다는 원칙을 말한다. 예를 들어 자동차를 생산하여 판매하는 회사가 생산한 자동차가 아직 판매되지 않았다면, 해당 자동차를 생산하는 데 지출한 원가는 자산(재고자산)으로 기록한다. 그러다가 자동차가 판매된 시점에서 비용(매출원가)으로 기록하여 관련된 수익(매출)과 비용(매출원가)을 대응시키는 것이다.

7. [수익 · 비용대응의 원칙]

자문 프로젝트는 20×1년에 수행한 것으로 수익과 비용 모두 20×1년에 인식한다. 현금으로 지불받지 못한 금액은 미실현이익, 미지급비용으로 인식한다.

(1) 20×1년 수익 ₩250,000, 20×2년 수익 없음

(2) 20×1년 비용 ₩120,000, 20×2년 비용 없음

분개를 통해 나타내면,

20×1년

차변	금액	대변	금액
(차) 현 금	210,000	(대) 매 출	250,000
매출채권	40,000		
(차) 급 여	120,000	(대) 현 금	90,000
		미지급급여	30,000

20×2년

차변	금액	대변	금액
(차) 현 금	40,000	(대) 매출채권	40,000
(차) 미지급급여	30,000	(대) 현 금	30,000

8. [수익과 비용의 인식]

수익 : 가득기준과 실현기준

비용 : 수익 · 비용대응의 원칙

9. [분개]

	거 래	차 변	대 변
(1)	서비스를 외상으로 제공함	②	⑩
(2)	매입채무를 현금으로 지급함	①	④
(3)	당기 법인세를 모두 인식하고 내년에 지불하기로 함	⑥	⑦
(4)	내년에 해당하는 보험료를 현금으로 지급함	⑫	④
(5)	은행으로부터 3년 만기로 현금을 차입함	④	⑧
(6)	주주들에게 주식을 발행하고 현금을 조달함	④	⑪
(7)	건물을 매각하고 현금으로 대가를 수취함	④	③

10. [분개]

1월 1일

(차) 현 금	1,000,000	(대) 자 본 금	1,000,000

1월 2일

(차) 건 물	200,000	(대) 현 금	200,000

1월 5일

(차) 소 모 품	100,000	(대) 미지급금	100,000

2월 15일

(차) 매출채권	300,000	(대) 매 출	300,000

3월 5일

(차) 미지급금	100,000	(대) 현 금	100,000

3월 12일

(차) 현 금	300,000	(대) 매출채권	300,000

4월 2일

(차) 광고선전비	50,000	(대) 현 금	50,000

4월 25일

(차) 급 여	400,000	(대) 현 금	400,000

4월 27일

(차) 매출채권	500,000	(대) 매 출	500,000

4월 29일

(차) 현 금	300,000	(대) 매출채권	300,000

4월 30일

(차) 토 지	500,000	(대) 현 금	250,000
		미지급금	250,000

11. [분개]

(1) 고객에게 서비스를 제공하고 발생한 ₩20,000의 매출채권을 현금으로 회수하였다.

(차) 현 금	20,000	(대) 매출채권	20,000

→ 현금(자산)이 ₩20,000 증가하고, 매출채권(자산)이 ₩20,000 감소한다.

(2) 다음 해 건물임차료 ₩5,000을 미리 납부하였다.

(차) 선급임차료	5,000	(대) 현 금	5,000

→ 선급임차료(자산)가 ₩5,000 증가하고, 현금(자산)이 ₩5,000 감소한다.

(3) 소모품 ₩10,000을 외상으로 구입하였다.

(차) 소 모 품	10,000	(대) 미지급금	10,000

→ 소모품(자산)이 ₩10,000 증가하고, 미지급금(부채)이 ₩10,000 증가한다.

(4) 주주들에게 총 ₩30,000의 주식을 발행하고 대금을 현금으로 수취하였다. 단 주식의 발행금액은 액면금액과 일치한다.

(차) 현 금	30,000	(대) 자 본 금	30,000

→ 현금(자산)이 ₩30,000 증가하고, 자본금(자본)이 ₩30,000 증가한다.

객관식

1. [거래] ③

회계에서 거래를 인식한다는 용어는 거래를 회계상 장부에 기록한다는 의미이다.

2. [거래] ④

회계거래는 재무제표 구성요소인 자산, 부채, 자본, 수익, 비용 중 최소한 하나 이상의 요소에 영향을 주는 것이어야 한다. 거래처와의 상품매입계약을 체결한 것은 기업의 미래 영업활동에 중요한 계약이긴 하지만 현재 시점에서 재무제표 구성요소에 아무런 영향을 주지 못한다.

3. [거래요소의 결합관계] ②

자산을 감소시키는 거래는 부채계정이나 자본계정이 감소하거나, 또 다른 자산계정이 증가하는 경우에 발생할 수 있다.

4. [거래요소의 결합관계] ②

자산＝부채＋자본

(수익－비용)인 이익은 궁극적으로 이익잉여금에 반영되어 자본을 증가시킨다.

따라서 비용을 인식하기 위한 분개를 할 때 나타날 수 있는 거래는, 자산의 감소, 부채의 증가, 자본의 증가이다.

5. [계정] ②

상품을 매출하고 아직 대금을 받지 않았을 때 매출채권으로 처리한다.

6. [분개] ②

현금과 토지로 사업을 시작하였을 경우 현금과 토지에 상응하는 금액을 자본계정으로 기록한다.

(차)		(대)	
현 금	100,000	자 본 금	300,000
토 지	200,000		

7. [T-계정] ④

1월 25일 거래는 현금계정이 대변에 나타나 있으므로 단기차입금 ₩500,000을 현금으로 상환한 거래를 나타낸다. 만약 현금을 차입한 거래였다면 차변에 ₩500,000이 기록되었을 것이다.

8. [전기] ④

전기(posting)는 각 계정의 원장(ledger)의 차변과 대변에 기록하는 것으로서, 회계순환에서 분개 다음의 절차이다.

9. [수익 · 비용대응의 원칙] ④

수익 · 비용대응의 원칙(matching principle)은 비용을 관련한 수익이 발생한 회계기간에 함께 인식해야 한다는 내용이다.

10. [발생주의] ③

발생주의 회계는 현금의 수취, 지급과 무관하게 수익과 비용이 발생시점에 인식하는 것이다.

7월분 비용＝수선비 ₩85,000

8월분 비용＝경비 ₩710,000＋인건비 ₩530,000＝₩1,240,000

11. [현금주의] ②

8월분 비용＝수선비 ₩85,000＋경비 ₩710,000＝₩795,000

12. [발생주의] ③

신규로 발굴한 거래처는 미래에 현금을 회수할 수 있을지 불확실하다. 만약 문제에 신용도가 높거나 수익성이 좋은 거래처라는 언급이 있다면 현금회수의 가능성이 높다고 볼 수 있으므로 수익이 실현되었다고 볼 수 있을 것이다. 그러나 그런 언급이 없으므로 수익이 실현되었는지를 정확히 판단할 수 없는 상황이다.

미니케이스 풀이

다음의 풀이는 현대자동차의 2023년 연결재무제표를 토대로 작성되었다.

(1) 현대자동차와 그 종속기업의 재무제표는 한국채택국제회계기준에 따라 작성되었다.

(2) 주석에 따르면 현대자동차와 그 종속기업은 기업회계기준서 제1115호에 따라 모든 유형의 계약에 5단계 수익인식모형(① 계약 식별 → ② 수행의무 식별 → ③ 거래가격 산정 → ④ 거래가격을 수행의무에 배분 → ⑤ 수행의무 이행시 수익인식)을 적용하여 수익을 인식한다고 설명하고 있다.

(3) 현대자동차는 주로 자동차를 제조하여 판매하는 영업을 수행하고 있다. 이를 고려하면, 공장의 기계설비와 재고자산(원재료, 완성된 제품)이 주요 자산항목일 것으로 예상된다. 2023년말 연결재무제표 기준 총자산은 282,463,355백만원인데, 자산항목 중 금액이 가장 큰 항목은 비유동자산의 금융업채권(64,566,977백만원), 유동자산의 금융업채권(43,120,684백만원), 유형자산(38,920,900백만원)이다. 즉, 금융업채권의 금액이 매우 큰 것을 알 수 있다.

(4) 주석 1에 따르면 현대자동차(회사)와 회사의 종속기업은 자동차와 자동차부품의 제조 및 판매, 차량할부금융, 결제대행 및 철도차량 제작 등의 사업을 운영하고 있다. 연결대상 주요 종속기업의 요약재무상태와 경영성과를 보면, 금융업을 담당하고 있는 현대캐피탈, 현대카드, HCA (Hyundai Capital America)의 총자산이 큰 비중을 차지하고 있는 것을 알 수 있다. 현대캐피탈은 차량할부금융을 담당하고 있고, 현대카드는 신용카드 업무를 담당하고 있다. 즉, 현대자동차와 종속회사의 주요한 영업모델은 자동차 제조 및 판매뿐 아니라 할부금융과 신용카드 업무를 포함한 금융업도 포함하고 있는 것을 알 수 있다.

(5) 연결재무제표 주석 40에 의하면 외부고객으로부터의 매출액(순매출액) 기준 자동차부문이 130,149,921백만원으로 가장 큰 비중을 차지하고 있다. 이에 반해 금융부문과 기타부문의 매출액은 각각 22,401,156백만원과 10,112,502백만원이다. 자산총계 기준으로는 자동차부문의 자산이 136,896,274백만원, 금융부문이 154,437,674백만원으로 금융부문의 자산총계가 더 크다. 일반적으로 금융회사들은 자산과 부채의 규모가 일반기업보다 큰 점을 반영하고 있다.

제 3 장 회계순환과정 Ⅱ (기말의 회계처리)

연습문제 풀이

주관식

1. [시산표]

시산표는 기업의 필수적인 장부라기보다는 보조적인 문서의 일종으로서 모든 계정의 차변총액과 대변총액이 일치하는지 확인하기 위해 작성된다. 이 과정에서 분개장 기록과정에서의 오류와 전기상의 오류가 발견될 수도 있다. 또한 시산표에는 계정과목과 잔액이 요약되어 있으므로 재무제표를 작성하는 과정을 보다 간편하게 해준다. 시산표는 재무제표 작성을 위해서 편의상 만들어지는 문서일 따름이지 기업의 공식적인 회계장부는 아니다.

2. [시산표]

잔액시산표

(주)덕송 20×1년 12월 31일 현재

계정과목	차변잔액	대변잔액
현 금	₩162,000	
건 물	504,000	
매출채권	288,000	
토 지	390,000	
차 입 금		₩90,000
자 본 금		600,000
용역수익		990,000*
이자수익		57,000
급 여	372,000	
이자비용	21,000	
합 계	₩1,737,000	₩1,737,000

* 문제에서 금액이 주어지지 않은 용역수익(₩990,000)은 차변잔액의 합(₩1,737,000)에서 용역수익을 제외한 대변잔액의 합(₩747,000)을 차감하여 계산할 수 있다.

3. [결산수정분개]

수정분개의 목적은 기중의 거래기록과정으로는 적절히 측정하기 어려운(또는 번거로운) 수익이나 비용을 발생주의에 근거하여 인식하고(예 : 이자비용, 소모품비 등), 관련 자산 및 부채의 상태를 적정하게 나타내기 위한 것이다. 이러한 수정분개를 함으로써 수익은 실현된 기간에 인식하고, 비용은 수익에 대응시켜 인식한다는 발생주의 회계의 기본목적을 달성할 수 있다.

4. [결산수정분개]

보험료 ₩90,000은 1년치의 보험료이므로 매월 ₩7,500의 보험료(비용)가 발생한다. 20×1년 12월 31일 현재 보험료를 지출하고 한 달이 지났으므로 해당 보험료를 비용으로 인식하고 그만큼 선급보험료를 감소시켜야 한다. 회사가 12월 31일에 수행했어야 할 결산수정분개는 아래와 같다.

(차) 보 험 료	7,500	(대) 선급보험료	7,500

회사가 위의 분개를 누락한 경우 포괄손익계산서에는 비용이 ₩7,500만큼 과소계상되어 있고, 재무상태표에는 자산이 ₩7,500만큼 과대계상되어 있을 것이다.

5. [결산수정분개]

20×1년 12월 31일

(1) (차) 선급임차료 28,000* (대) 임 차 료 28,000

* ₩48,000 × 7/12 = ₩28,000

1년치 임차료 ₩48,000 중 20×1년 발생분(8월~12월)에 대한 임차료는 ₩48,000 × 5/12개월 = ₩20,000이고, 나머지 7개월에 대한 임차료 ₩48,000 − ₩20,000 = ₩28,000은 20×2년 임차료로 인식해야 한다. 8월 1일에 선급임차료 지급시 전액을 비용(임차료)으로 처리했으므로, 기간미경과분(20×2년 임차료 해당분)인 ₩28,000은 선급비용(자산)으로 인식하고, 현재 과대계상된 임차료를 그만큼 줄여준다.

(2) (차) 소 모 품 비 3,000* (대) 소 모 품 3,000

* ₩5,000 − ₩2,000 = ₩3,000

구입한 소모품 ₩5,000 중 미사용 소모품이 ₩2,000이므로 차액인 ₩3,000만큼 사용했다는 의미이다. 즉, ₩3,000만큼 소모품비(비용)로 인식하고 그만큼 소모품(자산)의 잔액을 줄여준다.

(3) (차) 보 험 료 9,000* (대) 선급보험료 9,000

* ₩16,000 − ₩7,000 = ₩9,000

자산으로 계상한 선급보험료 중 기간경과분인 ₩9,000에 대해서는 자산을 줄여주고 그만큼 보험료(비용)로 인식한다. 그 결과 선급보험료(자산)의 잔액은 기간미경과분인 ₩7,000이 된다.

(4) (차) 임대료수익 3,000 (대) 선수임대료 3,000

아직 기간이 경과하지 않은 임대료에 해당하는 ₩3,000은 임대료수익에서 차감하고 선수임대료(부채)로 인식한다.

(5) (차) 미 수 이 자 1,000 (대) 이 자 수 익 1,000

기간경과로 인해 발생한 이자수익을 인식하고, 동액을 미수이자(자산)로 인식한다.

6. [결산수정분개]

수정전 시산표와 수정후 시산표의 금액을 비교하여 증가 또는 감소액을 계산한 후 관련된 계정과 결합하면 아래의 결산수정분개를 추정해낼 수 있다.

20×1년 12월 31일

(차) 매 출 채 권	300	(대) 매 출 액	300
(차) 보 험 료	400	(대) 선급보험료	400
(차) 감가상각비	5,500	(대) 감가상각누계액	5,500
(차) 급 여	100	(대) 미지급급여	100

7. [마감분개]

임시계정(때로는 중간계정이나 명목계정이라고도 함)은 회계기간말에 반드시 마감되어야 한다. 수익과 비용 등 모든 포괄손익계산서계정은 임시계정이다. 또한 마감절차에서 나타나는 집합손익계정도 임시계정이므로 마감이 필요하다. 임시계정인 당기의 수익과 비용 계정 잔액을 회계기간말에 ₩0으로 만들지 않으면 당기 수익과 비용계정이 다음 회계기간의 기초잔액으로 이월되므로 기간손익을 계산하기 어렵다. 따라서 정확한 기간손익을 계산하기 위해서 임시계정을 마감해야 한다.

(참고) 만약 배당지급시 이익잉여금을 바로 차감시키는 대신 배당금계정을 사용하여 (차) 배당금 ××× (대) 현금 ×××으로 회계처리했다면 임시계정인 배당금계정도 마감되어야 한다.

8. [마감분개]

모든 포괄손익계산서계정의 잔액은 다음 회계연도로 이월되지 않는다. 이를 위해 우선 모든 수익계정과 비용계정의 잔액을 임시계정인 "집합손익"계정으로 대체한다. 즉, 수익의 경우는 (차) 수익 ××× (대) 집합손익 ×××, 비용의 경우는 (차) 집합손익 ××× (대) 비용 ×××의 분개를 수행하고 이를 각 계정에 전기한다.

이후 집합손익계정 또한 잔액을 0으로 만들기 위해 집합손익의 차변합계와 대변합계의 차이(=당기순손익)를 이익잉여금에 대체한다. 즉, 당기순이익이 발생한 경우(수익>비용), (차) 집합손익 ××× (대) 이익잉여금 ×××, 당기순손실이 발생한 경우(수익<비용), (차) 이익잉여금 ××× (대) 집합손익 ×××의 분개를 수행하고 각 계정에 전기한다. 마감분개의 결과 포괄손익계산서의 모든 수익, 비용 계정의 잔액은 0이 되고, 재무상태표계정인 이익잉여금에 당기순손익이 대체된다.

9. [마감분개]

계정과목	잔 액	
	차 변	대 변
(1) 미 수 이 자	₩2,000	₩0
(2) 이 자 수 익	₩0	₩0
(3) 급 여	₩0	₩0
(4) 미지급급여	₩0	₩10,000

10. [마감분개]

(차) 용 역 수 익	720	(대) 집 합 손 익	720
(차) 집 합 손 익	540	(대) 종업원급여	300
		소 모 품 비	60
		임 차 료	120
		이 자 비 용	60
(차) 집 합 손 익	180	(대) 이익잉여금	180

11. [회계순환과정]

(1) (단위 : 만원)

① (차) 매 출 채 권	300	(대) 용 역 수 익	300
② (차) 이 자 비 용	135	(대) 미지급이자	135
③ (차) 임 차 료	450	(대) 선급임차료	450

* ₩150 × 3월 = ₩450

10월부터 12월까지 3개월의 기간이 경과하였으므로 해당 금액의 임차료를 임차료(비용)로 인식한다.

④ (차) 통 신 비	75	(대) 미지급통신비	75
⑤ (차) 소 모 품	90	(대) 미 지 급 금	90
(차) 소 모 품 비	60	(대) 소 모 품	60

(2)

수정후 시산표

(주)덕송 20×1년 12월 31일 현재 (단위 : 만원)

계정과목	차변잔액	대변잔액
현 금	₩1,800	
당 좌 예 금	7,200	
매 출 채 권	4,800	
선급임차료	1,350	
소 모 품	30	
미 지 급 금		₩2,490
미지급이자		135
미지급통신비		75
장기차입금		4,500
자 본 금		7,500
용 역 수 익		5,700
급 여	4,200	
통 신 비	375	
이 자 비 용	135	
임 차 료	450	
소 모 품 비	60	
합 계	₩20,400	₩20,400

(3) 포괄손익계산서

(주)덕송 20×1년 10월 1일~12월 31일 (단위 : 만원)

수 익		
용 역 수 익		₩5,700
비 용		
종업원급여	₩4,200	
통 신 비	375	
임 차 료	450	
소 모 품 비	60	
이 자 비 용	135	5,220
당기순이익		₩480
기타포괄이익		0
총포괄이익		₩480

(4) 재무상태표

(주)덕송 20×1년 12월 31일 현재 (단위 : 만원)

자 산		부 채	
현 금	₩1,800	미 지 급 금	₩2,490
당 좌 예 금	7,200	미지급이자	135
매 출 채 권	4,800	미지급통신비	75
소 모 품	30	장기차입금	4,500
선급임차료	1,350	부채총계	₩7,200
		자 본	
		자 본 금	₩7,500
		이익잉여금	480
		자본총계	₩7,980
자산총계	₩15,180	부채와 자본총계	₩15,180

(5) (차) 용 역 수 익	5,700	(대) 집 합 손 익	5,700
(차) 집 합 손 익	5,220	(대) 급 여	4,200
		통 신 비	375
		임 차 료	450
		소 모 품 비	60
		이 자 비 용	135
(차) 집 합 손 익	480	(대) 이익잉여금	480

12. [회계순환과정]

회계에서는 거래와 사건을 인식하고 측정한 후 재무제표를 작성하는 모든 과정이 일정한 기간(회계연도)을 주기로 반복되는데, 이를 회계순환과정이라고 한다. 기중에는 거래를 식별 및 측정한 후 분개와 전기를 통하여 이를 기록한다. 계정별로 잔액을 계산하여 수정전 시산표를 작성하여 일차적으로 검증한다. 기말에 결산작업을 수행하는 단계에서는 결산수정분개를 한 후, 이를 각 계정에 전기하고 수정후 시산표를 작성한다. 이를 기초로 재무제표를 작성하고 다음 회계연도의 기록을 위해 계정을 마감한다. 기업은 적어도 1년에 한 번 이상 이러한 회계순환과정을 통해 재무제표를 작성한다.

객관식

1. [시산표] ③

시산표란 복식부기상 거래의 이중성과 대차평균의 원리에 의해 각 계정의 차변금액의 합계와 대변금액의 합계가 동일함을 나타내주는 표로서, 기중 발생한 거래들이 올바르게 각 계정의 차변과 대변에 동일한 금액을 전기하였는가를 검증하는 표다. 따라서 계산상의 오류, 차변과 대변 중 어느 한쪽에서의 전기를 생략한 경우 그 오류를 파악할 수 있으나, 특정거래 기록의 완전한 누락은 발견할 수 없다.

2. [시산표] ①, ②

잔액시산표 본래의 기능인 오류점검의 기능과 함께 결산기말 현재의 대략적인 재무상태와 대략적인 경영성과를 파악할 수 있는 기능을 가지고 있다. 그러나 계정과목의(즉 계정과목 명칭의) 정확성을 검증할 수는 없다. 또한 차변합계와 대변합계는 일치해야 한다.

3. [결산수정분개] ①

물리적 이동이 발생한 거래들은 기중에 실제로 물리적 이동이 발생한 시점에 회계처리한다.

4. [결산수정분개] ①

현금거래가 먼저 발생하고 사건이나 거래가 나중에 완성되는 경우, 먼저 수수한 현금을 선수수익(부채) 또는 선급비용(자산)으로 인식하게 되는데, 이와 같은 회계인식과정을 '이연'이라고 한다.

5. [결산수정분개] ①

12월 31일에 행해야 하는 수정분개는 다음과 같다.

(차) 소모품비	88,000	(대) 소 모 품	88,000

그러므로 비용은 ₩88,000만큼 증가한다.

6. [결산수정분개] ④

기초 선급보험료 ₩500
기중 선급보험료 ₩2,500
수정분개 :

(차) 보 험 료	2,000	(대) 선급보험료	2,000

₩500 + ₩2,500 − ₩2,000 = ₩1,000

7. [실질계정] ③

수익이나 비용 항목은 임시계정 또는 명목계정이라고 불리며, 기말에 마감분개를 통해 잔액이 ₩0으로 바뀐다.

8. [마감분개] ③

마감후 시산표는 모든 계정이 마감된 후에 작성된 것이므로 임시계정인 수익계정은 나타나지 않는다.

9. [마감분개] ①

누락된 결산정리분개를 하면 다음과 같다.

(차) 보 험 료	×××	(대) 선급보험료	×××

보험료라는 비용이 과소계상되고 선급보험료라는 자산이 과대계상된다. 또한 비용이 과소계상되므로 당기순이익이 과대계상된다.

10. [집합손익] ③

집합손익계정은 회계기간중의 수익과 비용 항목들을 일괄적으로 요약하기 위해 회계기간말에만 설정되는 임시계정이다. 모든 수익계정과 비용계정의 잔액을 집합손익계정으로 대체하면 회계기간 중에 기록된 수익계정과 비용계정의 잔액은 모두 "₩0"이 되고, 집합손익계정의 차변과 대변을 일치시키는 금액은 당기순이익 또는 당기순손실이 된다.
이러한 집합손익계정은 이익잉여금계정으로 대체되면서 또다시 마감하는 절차를 거치게 된다. 따라서 이와 같은 마감절차의 결과 임시계정인 집합손익을 포함한 모든 손익계정들이 재무상태표상의 이익잉여금계정으로 요약된다.

11. [정산표] ②

정산표는 수정전 잔액시산표를 기초로 수정분개를 하여 계정잔액을 산출하는 과정을 일목요연하게 보여줌으로써 재무보고서를 작성하는 데 도움이 되는 칼럼식 표이다. 정산표는 공식적인 재무보고서가 아니고, 재무보고서를 작성하는 과정의 회계적 도구일 뿐이므로 다양한 형태로 이루어지고 있다. 정산표는 칼럼의 수에 따라 8위식이나 10위식을 많이 사용하고 있다.

12. [회계순환과정] ④

마감분개란 회계기간말에 손익계산서계정들인 수익계정과 비용계정의 잔액을 "₩0"으로 만들기 위해 이들을 손익계정인 집합손익계정으로 대체하고 이를 다시 재무상태표의 이익잉여금계정으로 대체하는 분개를 말한다.

13. [회계순환과정] ④

정산표를 꼭 작성할 필요는 없지만 수정전 시산표는 꼭 작성해야 한다.
거래의 식별 및 측정을 거쳐 분개를 하고, 분개한 내용을 원장에 전기한다. 원장에 기록된 각 계정의 잔액을 이용하여 수정전 시산표를 작성한다.

미니케이스 풀이

다음의 풀이는 (주)SK하이닉스의 2023년 연결감사보고서를 토대로 작성하였다.

(1) (주)SK하이닉스는 메모리반도체의 제조 및 판매업을 주업으로 하고 있다. 이 정보는 [재무제표 주석]의 [1. 회사의 개요]에서 확인할 수 있다.

(2)

(단위 : 백만원)

	2023년	2022년	증 감
미수수익(유동자산)	₩11,339	₩5,352	증가
선급비용(유동자산)	218,260	241,894	감소
선수수익(유동부채)	3,312	8,070	감소
미지급비용(유동부채)	1,680,914	3,014,397	감소

(3) 2023년과 2022년 연결포괄손익계산서상 매출, 영업이익, 당기순손익은 다음과 같다. 2023년 매출액은 2022년에 비해 27% 감소하였고 이에 따라 2022년 6조 8천억원이었던 영업이익은 2023년에는 7조 7천억원 손실을 기록하였다. 당기순손익도 2022년에는 2조 2천억원 당기순이익에서 2023년 9조원이 넘는 당기순손실을 기록하였다. 손익계산서를 통해 매출의 감소, 매출원가율의 증가 등 수익과 비용의 변화 방향이나 금액을 파악할 수는 있으나, 이러한 변화가 근본적으로 왜 발생했는지 파악하는 데는 한계가 있다.

(단위 : 백만원)

	2023년	2022년	증 감
매출액	₩32,765,719	₩44,621,568	−₩11,855,849
영업이익(손실)	−7,730,313	6,809,417	−14,539,730
법인세비용차감전순이익(손실)	−11,657,816	4,002,780	−15,660,596
당기순이익(손실)	−9,137,547	2,241,669	−11,379,216

(4) 사업보고서의 “Ⅳ. 이사의 경영진단 및 분석의견”에서는 1. 개요와 2. 재무상태 및 영업실적에서 2023년과 2022년의 경영실적 변화와 그 발생이유에 대해서 분석을 제시하고 있다. 2023년에는 메모리반도체 시장의 침체와 그로 인한 가격하락 등으로 인하여 실적이 급격히 악화되었다고 설명하고 있다. 즉, 회계정보와 함께 실제 경영활동이나 시장상황에 어떤 변화가 발생했는지를 함께 파악하는 것이 회사의 경영성과를 이해하는 데 필수적이다.

제 4 장 재무보고를 위한 개념체계와 재무제표 표시

연습문제 풀이

주관식

1. [재무보고의 목적]

국제회계기준에 따르면, 재무보고의 목적은 "현재 및 잠재적 주주와 대여자 및 기타 채권자 등의 이해관계자들이 기업에 자원을 제공하는 의사결정을 내리는 데 유용하게 사용할 수 있는 정보를 제공하는 것"이다. 국제회계기준에서는 회계의 기본가정으로 계속기업(going concern)의 가정을 규정하고 있다. 계속기업의 가정은 기업이 예상가능한 미래 기간 동안 계속하여 존속하고 영업을 할 것이라는 가정을 말하며, 재무제표는 이러한 가정에 기반하여 작성된다.

2. [재무상태표 등식]

자산＝부채＋자본

기초자본＝기초자산－기초부채＝₩30,000,000－₩14,000,000＝₩16,000,000

기말자본＝기초자본＋당기순이익＝₩16,000,000＋(₩32,000,000－₩33,000,000)＝₩15,000,000

기말자산＝기말부채＋기말자본＝₩11,000,000＋₩15,000,000＝₩26,000,000

3. [재무상태표]

재무상태표

(주)덕송 20×1년 12월 31일 현재 (단위 : 원)

과목	금액	과목	금액
유 동 자 산		유 동 부 채	
현금및현금성자산	₩40,000	매 입 채 무	₩22,000
매 출 채 권	25,000	단기차입금	40,000
선급보험료	1,500	비유동부채	
상 품	35,000	장기차입금	28,000
제 품	44,000	자 본	
비유동자산		자 본 금	60,000
토 지	100,000	이익잉여금	125,500*
건 물	30,000		
자산총계	₩275,500	부채와 자본총계	₩275,500

* 이익잉여금＝자산총계－부채총계－자본금＝₩275,500－₩90,000－₩60,000＝₩125,500

4. [재무상태표]

기말이익잉여금＝기초이익잉여금＋당기순이익－배당금

당기순이익＝기말이익잉여금－기초이익잉여금＋배당금

＝₩188,000－₩300,000＋₩56,000＝－₩56,000(당기순손실)

5. [포괄손익계산서]

(1) 매 출　　(2) 판매비와 관리비　　(3) 영업이익
(4) 기타수익　　(5) 법인세비용차감전순이익　　(6) 기타포괄손익
(7) 총포괄이익

6. [포괄손익계산서]

포괄손익계산서

(주)덕송　　20×1년 1월 1일~12월 31일　　(단위 : 원)

매　　출	₩1,500,000
매 출 원 가	(850,000)
매출총이익	₩650,000
판매비와 관리비	(30,000)
영 업 이 익	₩620,000
금 융 비 용	(210,000)
법인세비용차감전순이익	₩410,000
법인세비용	(82,000)*
당기순이익	₩328,000
기타포괄이익	
유형자산재평가이익	18,000
총포괄이익	₩346,000
주 당 이 익	₩328**

* 법인세비용=법인세비용차감전순이익×20%=₩82,000

** 주당이익=당기순이익(₩328,000)/주식수(1,000주)=₩328

7. [재무제표]

(1)

재무상태표

(주)덕송　　20×1년 12월 31일 현재　　(단위 : 원)

자 산 :		부 채 :	
유 동 자 산	₩1,250	유 동 부 채	₩820
현　　금	10	미 지 급 금	820
매 출 채 권	340		
선급보험료	50	비유동부채	1,000
재 고 자 산	850	장기차입금	1,000
비유동자산	4,080	부채총계	₩1,820
기 계 장 치	4,000		
무 형 자 산	80	자 본 :	
		자 본 금	₩2,000
		이익잉여금	1,510
		자본총계	₩3,510
자산총계	₩5,330	부채와 자본총계	₩5,330

(2) 포괄손익계산서

(주)덕송	20×1년 1월 1일~12월 31일	(단위 : 원)
매 출 액		₩5,000
매 출 원 가		(3,000)
매출총이익		₩2,000
판매비와 관리비 :		
급 여		(350)
감가상각비		(500)
영 업 이 익		₩1,150
유형자산처분이익		50
배당금수익		150
금융비용(이자비용)		(100)
법인세비용차감전순이익		₩1,250
법인세비용		(250)
당기순이익		₩1,000
기타포괄이익		0
총포괄이익		₩1,000
주 당 이 익		₩1

8. [재무제표]

(1) 매출채권, 미수금, 현금및현금성자산, 선급금, 재고자산
(2) 매입채무, 선수금, 미지급비용, 미지급금, 장기차입금
(3) 자본금, 기타포괄손익누계액, 이익잉여금
(4) 유형자산처분이익, 임대료, 배당금수익
(5) 종업원급여, 감가상각비, 법인세비용, 임차료, 이자비용

9. [재무제표]

12월중에 발생한 거래를 분개하면 다음과 같다.

	차변	금액	대변	금액
①	(차) 매 출 채 권	1,200	(대) 매 출	1,200
②	(차) 소 모 품	410	(대) 미 지 급 금	410
③	(차) 현 금	6,000	(대) 단기차입금	6,000
④	(차) 매 입 채 무	3,800	(대) 현 금	3,800
⑤	(차) 급 여	1,800	(대) 현 금	1,800
⑥	(차) 현 금	900	(대) 매 출 채 권	900
⑦	(차) 보 험 료	450	(대) 선급보험료	450
⑧	(차) 소 모 품 비	490*	(대) 소 모 품	490

* 소모품 기초+12/5 외상구입−기말잔액=₩520+₩410−₩440=₩490

	차변	금액	대변	금액
⑨	(차) 이 자 비 용	480	(대) 현 금	600
	선 급 이 자	120		

(1) 위 분개를 반영하여 시산표를 작성하면 다음과 같다.

시 산 표

(주)덕송	20×1년 12월 31일 현재	(단위 : 원)
계정과목	차변잔액	대변잔액
현 금	₩1,270	
매 출 채 권	52,300	
소 모 품	440	
선급보험료	110	
선 급 이 자	120	
매 입 채 무		₩11,200
미 지 급 금		410
단기차입금		6,850
자 본 금		10,000
이익잉여금		27,800
매 출		1,200
급 여	1,800	
보 험 료	450	
소 모 품 비	490	
이 자 비 용	480	
합 계	₩57,460	₩57,460

(2)

포괄손익계산서

(주)덕송	20×1년 12월 1일～12월 31일	(단위 : 원)
영 업 수 익 :		
용 역 매 출		₩1,200
영 업 비 용 :		
급 여	1,800	
보 험 료	450	
소 모 품 비	490	2,740
영 업 이 익(손실)		(1,540)
이 자 비 용	480	
당기순이익(손실)		(₩2,020)
기타포괄이익		0
총포괄이익(손실)		(₩2,020)
주 당 이 익(손실)		(₩2.02)

(3)

재무상태표

(주)덕송	20×1년 12월 31일 현재		(단위 : 원)
유 동 자 산 :		유 동 부 채 :	
현 금	₩1,270	매 입 채 무	₩11,200
매 출 채 권	52,300	단기차입금	6,850
소 모 품	440	미 지 급 금	410
선 급 비 용	230	부채총계	₩18,460
		자 본 :	
		자 본 금	₩10,000
		이익잉여금	25,780
		자본총계	₩35,780
자산총계	₩54,240	부채와 자본총계	₩54,240

10. [연결재무제표]

연결재무제표는 법률적으로 독립적인 회사들이라 하더라도 실질적으로 지배와 종속의 관계에 있는 회사들을 하나의 경제적 실체로 간주하여 각 회사의 자산, 부채, 자본, 수익, 비용을 합하여 하나로 작성되는 재무제표를 말한다. 타기업의 지분을 일정비율 이상 소유하였거나 실질적인 지배력을 행사하고 있는 회사를 지배회사라고 부르며, 지배받는 회사를 종속회사라고 부른다. 다른 회사를 지배하고 있는 경우, 즉 종속회사가 존재하는 경우, 지배회사는 연결재무제표를 작성하여 주된 재무제표로 공시해야 한다.

객관식

1. [재무상태표] ④

매입채무, 미지급법인세, 선수수익은 유동부채로 분류되고, 장기차입금은 비유동부채로 분류된다.

2. [재무상태표계정] ②

매출원가는 포괄손익계산서계정이다.

3. [포괄손익계산서계정] ③

기타포괄손익누계액은 과거부터 당기까지 매년 발생한 기타포괄손익이 누적된 금액으로, 자본에 속하는 재무상태표계정이다. 참고로 누적된 당기순이익은 재무상태표계정인 이익잉여금에 표시된다. 판매비와 관리비는 개별 계정과목은 아니며, 여러 계정과목 항목들을 분류하여 부르는 명칭이다.

4. [재무상태표 등식의 응용] ④

기말총자산은 ₩25,000,000이고, 기말총부채는 ₩13,000,000이므로 기말의 총자본은 ₩12,000,000이다. 다른 자본거래가 없으므로 기초의 총자본은 기말총자본－당기순이익＝₩12,000,000－₩320,000＝₩11,680,000으로 계산된다.

5. [재무상태표 등식의 응용] ④

기말이익잉여금＝기초이익잉여금＋당기순이익－기중에 지급된 배당금

한편 당기중에 주식을 발행하여 확보한 현금은 유상증자에 해당하는데, 이 금액은 이익잉여금에 영향을 미치지 않고 납입자본을 직접 증가시킨다.

따라서 기말이익잉여금＝₩100,000＋₩35,000－₩12,000＝₩123,000

6. [재무상태표 등식의 응용] ③

㉠ 기초자산＝기초부채＋기초자본＝₩2,000,000

㉡ 기말자본＝기말자산－기말부채＝₩1,300,000 또는 ㉢의 당기순이익을 구한 후, 기초자본＋당기순이익으로 계산할 수도 있다.

㉢ 당기순이익＝총수익－총비용＝₩500,000

7. [재무상태표 등식의 응용] ①

기말이익잉여금＝기초이익잉여금＋당기순이익－기중에 지급된 배당금

기초에 비하여 기말에 이익잉여금이 ₩400,000 증가하였는데 기중에 배당을 ₩50,000 지급하였으므로 당기순이익은 ₩450,000으로 계산된다.

한편 기타포괄손익누계액은 기초에 비하여 기말에 ₩100,000 감소하였으므로 당기의 기타포괄손실이 ₩100,000이라는 사실을 알 수 있다.

한편 총포괄손익은 당기손익과 기타포괄손익의 합으로 계산되므로, 총포괄손익은 ₩450,000－₩100,000＝₩350,000이다.

8. [포괄손익계산서] ③, ④

③ 주주에게 지급한 배당금은 포괄손익계산서에 나타나지 않고 자본변동표에 나타난다. 배당금은 이익잉여금을 감소시킨다.

④ 주당이익은 당기순손익을 주식수로 나눈 값이다.

9. [포괄손익계산서] ①

포괄손익계산서

(주)덕송	20×1년 12월 31일로 종료하는 회계연도	(단위 : 원)
매 출 액		₩300,000
매 출 원 가		(100,000)
매출총이익		₩200,000
판매비와 관리비		
급 여		(58,000)
감가상각비		(92,000)
광고선전비		(8,000)
영 업 이 익		₩42,000
이 자 수 익		5,000
이 자 비 용		(8,000)
당기순이익		₩39,000
기타포괄이익		2,500
총포괄이익		₩41,500

10. [질적 특성] ④

표현의 충실성과 목적적합성은 동등하게 중요하다.

11. [재무보고를 위한 개념체계] ②

일반목적재무보고는 현재 및 잠재적 주주나 대여자 및 기타 채권자를 주요 정보이용자로 언급하고 있다. 따라서 다른 불특정 다수의 이해관계자들도 회계정보를 사용할 수는 있지만, 이들에게 정보를 제공하는 것이 재무보고의 주목적은 아니다.

12. [별도재무제표와 연결재무제표] ③

연결재무제표를 작성하기 위해서 모회사와 종속회사가 법률적으로 동일한 실체일 필요는 없다. 법률적으로 독립된 실체일지라도, 모회사와 종속회사는 하나의 경제적 실체를 이룬다고 보고 작성하는 재무제표가 연결재무제표이다.

미니케이스 풀이

다음의 해답은 삼성전자의 2023년도 연결감사보고서, 감사보고서(별도재무제표)를 토대로 작성되었다.

(1) 연결재무상태표

1.1. 2023년 12월 31일 기준 삼성전자의 총자산은 455,905,980백만원이다.

1.2. 2023년 12월 31일 기준 삼성전자의 자본금은 897,514백만원으로, 전년도와 동일하다. 즉 2023년 동안 추가출자가 이루어지지 않았음을 알 수 있다. 삼성전자의 경우 우선주와 보통주를 모두 발행하였으므로 우선주자본금과 보통주자본금이 각각 표시된다.

1.3. 2023년 기타포괄손익누계액은 기타포괄손익-공정가치측정금융자산평가손익, 관계기업 및 공동기업의 기타포괄손익누계액에 대한 지분, 해외사업장환산외환차이, 순확정급여부채 재측정요소 등으로 구성되어 있다. 재무상태표에는 "기타자본항목"으로 총액이 표시되어 세부항목을 알 수 없으나, 주석 20에 자세한 항목과 금액이 표시되어 있다.

(2) 연결포괄손익계산서

2.1. 2023년 삼성전자의 당기순이익은 15,487,100백만원으로 2022년 55,654,077백만원에 비해 감소하였다.

2.2. 2023년 삼성전자의 영업이익은 6,566,976백만원으로 2022년 43,376,630백만원에 비해 감소하였다.

2.3. 2023년 삼성전자의 주당이익은 2,131원으로 2022년 8,057원에 비해 감소하였다.

2.4. 판매비와 관리비 가운데 가장 큰 비중을 차지하는 비용은 지급수수료(8,753,442백만원)이다. 포괄손익계산서에는 판매비와 관리비의 총액만 표시되어 세부항목을 알 수 없으나, 주석 22에 판매비와 관리비를 구성하는 항목이 표시되어 있다.

(3) 연결재무제표와 별도재무제표

3.1. 삼성전자의 연결대상 주요 종속회사에는 삼성디스플레이 등의 국내 기업과 Samsung Electronics America(SEA), Samsung Semiconductor, Inc.(SSI), Samsung Electronics Vietnam THAINGUYEN Co., Ltd.(SEVT) 등의 해외 기업이 포함되어 있다. 해당 정보는 주석 1의 [다. 주요 연결대상 종속기업의 재무정보]에서 확인할 수 있다.

3.2. 삼성전자의 2023년 12월 31일 별도재무제표상의 자산총액은 296,857,289백만원이다. 연결재무제표상의 자산총액인 455,905,980백만원과는 159,048,691백만원의 차이가 난다.

3.3. 삼성전자의 2023년 별도재무제표상의 당기순이익은 25,397,099백만원으로 연결재무제표상의 당기순이익인 15,487,100백만원과는 9,909,999백만원의 차이가 난다.

제 5 장 현금 · 수취채권과 지급채무

연습문제 풀이

주관식

1. [현금및현금성자산]

현　　금	₩700,000
타인발행 당좌수표	10,000,000
취득시 만기가 2개월인 환매채	800,000
만기가 도래한 국채이자표	10,000
지급기일이 도래한 사채이자표	15,000
	₩11,525,000

* 타인발행 약속어음은 매출채권으로 분류된다. 사채가 현금성자산으로 분류되기 위해서는 취득시 만기가 3개월 이내이어야 한다.

2. [소액현금제도]

(차) 소 모 품 비	50,000	(대) 소 액 현 금	350,000
교 통 비	100,000		
통 신 비	200,000		
(차) 소 액 현 금	350,000	(대) 당 좌 예 금	350,000

또는 위 두 개의 분개를 합쳐 아래와 같이 하나의 분개로 나타낼 수도 있다.

(차) 소 모 품 비	50,000	(대) 당 좌 예 금	350,000
교 통 비	100,000		
통 신 비	200,000		

3. [외상매출금과 받을어음]

(1) 매출액＝매출원가×(1＋매출총이익률)
　　＝₩700,000×1.3＝₩910,000

(2) 매출채권 기말잔액＝기초매출채권 잔액＋매출액－당기매출채권회수액
　　＝₩300,000＋₩910,000－₩1,100,000＝₩110,000

매출채권			
1/1	300,000	회수	1,100,000
매출액	910,000	기말	110,000
	1,210,000		1,210,000

4. [매출할인]

(1) 20×1년 11월 1일

(차) 외상매출금 2,400,000 (대) 매 출 2,400,000

20×1년 11월 13일

(차) 현 금 1,140,000 (대) 외상매출금 1,200,000
매 출 할 인 60,000

* 11월 13일은 매출할인기간 내이므로 해당 매출채권의 5%(=₩1,200,000×5%=₩60,000)만큼을 차감한 금액을 회수한다.

20×1년 11월 20일

(차) 현 금 1,200,000 (대) 외상매출금 1,200,000

* 11월 20일은 매출할인기간을 지났으므로 해당 매출채권 전액을 회수한다.

(2) ₩2,400,000－₩60,000＝₩2,340,000

5. [매출채권의 손상과 평가]

20×2년중 (외상매출금 손상처리)

(차) 손실충당금 30,000 (대) 외상매출금 40,000
매출채권손상차손 10,000

20×2년말 (손실충당금 설정)

(차) 매출채권손상차손 50,000 (대) 손실충당금 50,000

20×2년 인식된 총매출채권손상차손(대손상각비)은 ₩60,000이다.

6. [매출채권의 손상과 평가]

(1) 20×1년 12월 31일

(차) 매출채권손상차손 4,000* (대) 손실충당금 4,000

* ₩1,000,000×1%－₩6,000＝₩4,000

(2) 20×2년 5월 16일

(차) 손실충당금 4,000 (대) 외상매출금 4,000

(3) 20×2년 8월 15일

(차) 손실충당금 2,000 (대) 외상매출금 2,000

(4) 20×2년 12월 31일

(차) 손실충당금 2,000* (대) 매출채권손상차손환입 2,000

* 손실충당금 설정전 손실충당금 잔액＝₩10,000－₩4,000－₩2,000＝₩4,000
손실충당금 추정액이 ₩2,000이므로 차이 ₩2,000만큼을 환입한다.

(5) 20×3년 2월 14일

(차) 현 금	2,000	(대) 손실충당금	2,000

7. [매출채권의 손상과 평가]

경과기간	금 액	회수율	손상추정률	손실충당금
결제일 미경과	₩70,000	99%	1%	₩700
1~30일	50,000	97%	3%	1,500
31~60일	30,000	95%	5%	1,500
61~90일	10,000	90%	10%	1,000
91일 이상	5,000	70%	30%	1,500
	₩165,000			₩6,200

(차) 매출채권손상차손	1,200	(대) 손실충당금	1,200*

* 충당금 총액－기설정액＝₩6,200－₩5,000＝₩1,200

8. [매출채권의 손상과 평가]

20×1년 기말시점 결산수정분개 전 매출채권의 잔액은 ₩500,000이다. 그 이후 다음과 같은 두 분개를 행한다.

(차) 매출채권손상차손	20,000	(대) 매 출 채 권	20,000
(차) 매출채권손상차손	15,000	(대) 손실충당금	15,000

이 두 분개의 결과 매출채권의 매출채권의 총액은 ₩480,000이지만 순장부금액(순액)은 ₩465,000이 된다. 20×1년 1월 1일 영업을 개시하였으므로 12월 31일이 되어 결산수정분개를 행할 때까지는 손실충당금을 설정하지 않았으므로 12월 31일 이전에는 손실충당금 잔액이 ₩0이었다는 점에 주의하면 된다. 20×2년 기초재무상태표(또는 20×1년 기말재무상태표)에는 다음과 같이 매출채권이 표시된다.

부분재무상태표(20×2년 1월 1일)	
유동자산	
매 출 채 권	₩480,000
손실충당금	(15,000)
	₩465,000

9. [기타유동자산과 기타유동부채]

(차) 외상매출금	1,430,000	(대) 매 출	1,300,000*
		예수금-부가가치세	130,000

* (주)덕송의 매출＝₩1,430,000÷1.1＝₩1,300,000

10. [보론 : 은행계정조정표]

조정후 은행 잔액 = 조정전 은행 잔액 + 은행미기입예금 − 미결제수표

= ₩780,000 + ₩80,000 − ₩150,000 = ₩710,000

조정후 회사 잔액 = 조정전 회사 잔액 + 예금이자 − 은행수수료 + 회사미통지입금 − 부도수표

= X + ₩80,000 − ₩30,000 + ₩200,000 − ₩90,000 = ₩710,000

X = ₩550,000

11. [보론 : 은행계정조정표]

(1) 은행계정조정표

은행계정조정표

(주)덕송 20×1년 12월 31일 현재

조정전 은행 잔액		₩1,543,000	조정전 회사 잔액		₩970,000
가산조정		250,500	차감조정		(166,500)
미기록예금	₩250,500		부도수표	₩45,000	
차감조정		(990,000)	지급이자	1,500	
미결제수표	₩500,000		자동이체		
기장오류	490,000		보험료미기입	120,000	
조정후 은행 잔액		₩803,500	조정후 회사 잔액		₩803,500

(2) 수정분개

(차) 외상매출금(부도수표)	45,000	(대) 당 좌 예 금	166,500
이 자 비 용	1,500		
보 험 료	120,000		

(3) 정확한 당좌예금 잔액 = ₩803,500

12. [보론 : 어음의 할인]

(1) * 현금수령액 = ₩50,000,000 − (₩50,000,000 × 12% × 30/360) = ₩49,500,000

** 매출채권처분손실 = ₩50,000,000 − ₩49,500,000 = ₩500,000

(2)

(차) 현 금	49,500,000 *	(대) 매 출 채 권	50,000,000
매출채권처분손실	500,000 **		

객관식

1. [현금및현금성자산] ②

₩450,000 + ₩800,000 + ₩200,000 = ₩1,450,000

(1) 미기록예금 ₩450,000

(2) 당좌예금 ₩800,000

(3) 우표는 현금및현금성자산에 포함하지 않음

(4) 20×1년도 12월 15일에 취득한, 만기가 20×2년도 2월 1일인 환매채 ₩200,000

2. [외상매출금과 받을어음] ⑤

외상매출액 = 총매출액 − 현금매출액 = ₩324,000 − ₩74,000 = ₩250,000

연말 외상매출금 = 연초 외상매출금 + 외상매출액 − 현금회수액 − 손상확정액

= ₩70,000 + ₩250,000 − ₩115,000 − ₩5,000 = ₩200,000

3. [내부통제제도] ⑤

현금지급담당자가 현금출납의 기록업무도 동시에 담당하게 되면 회사의 자금을 개인적으로 유용할 수 있다. 따라서 현금지급담당자는 현금출납 기록을 담당해서는 안 된다.

4. [매출채권의 손상과 평가] ⑤

손실충당금의 과대설정 → 매출채권손상차손(대손상각비) 과대설정 → 당기순이익의 과소설정 → 매출채권 과소설정 → 자산의 과소설정

5. [매출채권의 손상과 평가] ②

기말손실충당금 = 기초손실충당금 − 손상 + 회수 + 설정

= ₩200,000 − ₩100,000 + ₩30,000 + ₩120,000 = ₩250,000

6. [매출채권의 손상과 평가] ⑤

손상추정액의 합계 = ₩0 + ₩1,000 + ₩2,000 + ₩3,000 + ₩4,000 = ₩10,000

(차) 손실충당금	5,000	(대) 매출채권손상차손환입	5,000*

* ₩10,000 − ₩15,000 = (₩5,000)

부분재무상태표(20×1년 12월 31일)

유동자산	
매 출 채 권	₩270,000
손실충당금	(10,000)
	₩260,000

7. [매출채권의 손상과 평가] ⑤

손상이 확정되었던 채권이 다시 회수되는 경우 손상발생시 수행했던 분개를 취소하는 분개를 실시한 후, 매출채권 회수에 대한 분개를 추가적으로 실시한다.

8. [손실충당금] ③

미래에 대한 추정을 할 때 과거의 실제 손상률을 참고하기 위해 연령분석법을 사용할 수 있다.

9. [기타유동자산과 기타유동부채] ③

선수금은 기타유동부채에 해당한다.

10. [기타유동자산과 기타유동부채] ③

(차) 미 수 금(자산)	4,500,000	(대) 토 지(자산)	5,000,000
유형자산처분손실	500,000		

자산이 ₩500,000만큼 감소하고 비용은 ₩500,000이 증가한다. 또한 비용이 ₩500,000만큼 증가한 결과로 자본(이익잉여금)이 ₩500,000만큼 감소한다. 단 법인세비용은 고려하지 않는다.

11. [채권과 채무 종합] ④

미래에 발생할 비용의 대가를 미리 지급했을 때 발생하는 자산항목은 선급비용이다.

12. [보론 : 은행계정조정표] ③

조정후 회사 잔액＝조정전 회사 잔액＋회사 미통지 입금
＝₩26,000＋₩1,000＝₩27,000

조정후 은행 잔액＝조정전 은행 잔액－기발행미인출수표
＝₩30,000－₩3,000＝₩27,000

13. [보론 : 은행계정조정표] ①

은행계정의 정확한 잔액＝은행측 장부잔액＋미기입예금－기발행미인출수표
＝₩300,000＋₩15,000－₩10,000＝₩305,000

14. [보론 : 어음의 할인] ③

(차) 현 금	245,000*	(대) 매 출 채 권	250,000
매출채권처분손실	5,000		

* ₩250,000－(₩250,000×12%×60/360)＝₩245,000

15. [보론 : 매출채권의 활용] ②

어음의 만기일 이전에 어음을 금융사에 양도하고 수수료를 차감한 금액을 지급받는 것을 어음의 할인이라고 한다. 어음의 추심이란 어음의 회수를 위임받은 은행 등이 어음의 발행사에 대해 대금지급을 요구하여 대금을 회수하는 절차를 말한다.

미니케이스 풀이

(1) 매출채권 상계액＝기초손실충당금＋당기손실충당금설정액－기말손실충당금

＝1,138,794천원＋1,114,100천원－1,942,752천원

＝310,142천원

이 방법이 어렵다면 다음과 같이 T-계정을 사용하면 문제를 보다 손쉽게 풀 수 있다.

손실충당금

당기손상금액	×××	기 초 잔 액	1,138,794
(매출채권상계액)		당기설정액	1,114,100
		기 말 잔 액	1,942,752

(2) 매출채권잔액비율법의 설정률＝기말손실충당금/기말매출채권(총액)

2022년(전기) 설정률＝1,138,794천원/72,366,700천원＝1.6%

2023년(당기) 설정률＝1,942,752천원/87,937,344천원＝2.2%

제 6 장 재고자산

연습문제 풀이

주관식

1. [매입할인]

(1) 현금할인액＝(₩60,000－₩10,000)×2%＝₩1,000
상품원가＝₩60,000－₩10,000－₩1,000＋₩3,000＝₩52,000

(2) 현금할인액＝(₩200,000－₩30,000)×2%＝₩3,400
상품원가＝₩200,000－₩30,000－₩3,400＋₩50,000＝₩216,600

2. [계속기록법과 실지재고조사법]

(1)

(차) 매 출 원 가	1,000,000	(대) 재 고 자 산(기초)	1,000,000
(차) 매 출 원 가	5,070,000	(대) 매 입	5,070,000
(차) 재 고 자 산(기말)	1,300,000	(대) 매 출 원 가	1,300,000

매출원가＝₩1,000,000＋₩5,070,000－₩1,300,000＝₩4,770,000

(2) 매출총이익＝매출액－매출원가＝₩6,700,000－₩4,770,000＝₩1,930,000

3. [재고자산]

(1) 개별법 : 개별법은 판매된 개별 상품의 취득단가를 추적하여 매출원가와 기말재고액을 결정하는 방법이다. 이러한 개별법은 상호 교환될 수 없는 재고항목이나 특정 프로젝트별로 생산되는 제품, 특수기계를 주문생산하는 경우에 적절한 방법이다.

(2) 선입선출법 : 물가가 상승하면 기말재고액은 선입선출법이 가장 크고 후입선출법이 가장 작으며, 매출원가는 후입선출법이 가장 크고 선입선출법이 가장 작다. 그러므로 선입선출법이 후입선출법보다 당기순이익이 더 크다.

(3) 저가법 : 재고자산의 취득원가와 순실현가치를 비교하여 이 중 낮은 금액으로 장부금액을 조정하는 방법이다. 저가법을 적용하는 과정에서 재고자산평가손실이 발생한다.

(4) 후입선출법 : 물가가 하락하면 후입선출법은 상대적으로 과거에 비싼 가격으로 구입한 상품들의 단가로 재고자산 금액을 계산한다.

(5) 후입선출법 : 국제회계기준은 후입선출법의 사용을 금지하고 있다. 국제회계기준은 경제적 실질과 일치하는 회계처리방법을 사용할 것을 규정하고 있는데, 후입선출법은 나중에 매입된 상품부터 판매한다는 비현실적인 원가흐름을 가정하고 있기 때문이다.

4. [재고자산의 원가배분방법]

(1) 가중평균법

재고 한 단위당 단가를 구하기 위해서 당기판매가능재고의 금액을 총수량으로 나누어준다.

단위당 원가=(₩18,000+₩11,700+₩21,000)÷390개=₩130

기말재고자산=110개×₩130=₩14,300

매출원가=280개×₩130=₩36,400(=₩50,700−₩14,300=₩36,400)

(2) 선입선출법

선입선출법 사용시 기말재고자산은 가장 나중에 매입한 상품이라고 가정한다. 따라서 기말재고의 단위당 원가는 7월 14일에 매입한 단가인 ₩140이다.

기말재고자산=110개×₩140=₩15,400

매출원가=당기판매가능상품−기말재고=₩50,700−₩15,400=₩35,300

(3) 후입선출법

후입선출법 사용시 기말재고자산은 가장 먼저 매입한 상품, 즉 기초재고라고 가정한다. 따라서 기말재고의 단위당 원가는 기초재고의 단가인 ₩120이다.

기말재고자산=110개×₩120=₩13,200

매출원가=당기판매가능상품−기말재고=₩50,700−₩13,200=₩37,500

5. [재고자산의 원가흐름가정의 비교]

(1) 가중평균법

판매가능상품금액을 판매가능수량으로 나누어 단위당 원가를 계산한다.

단위당 원가=₩49,100÷3,900개≒₩12.59

기말재고자산=1,200개×₩12.59=₩15,108

매출원가=2,700개×₩12.59=₩33,993(≒₩49,100−₩15,108=₩33,992*)

* 반올림 차이

(2) 선입선출법

기말재고자산=900개×₩15+300개×₩13=₩17,400

매출원가=당기판매가능상품−기말재고=₩49,100−₩17,400=₩31,700

(3) 후입선출법

기말재고자산=800개×₩10+400개×₩12=₩12,800

매출원가=당기판매가능상품−기말재고=₩49,100−₩12,800=₩36,300

(4) ① 선입선출법을 사용할 때 기말재무상태표의 재고자산이 최근의 구입원가에 가깝게 표시된다. 선입선출법(first-in first-out method; FIFO)은 먼저 매입한 재고자산이 먼저 판매되고 기말에 재고로 남아 있는 항목은 가장 최근에 매입한 항목이라고 가정한다. 선입선출법을 적용하면 재무상태표에 표시되는 재고는 항상 나중에 구입된 상품들로 구성되므로 기말재고금액은 최근의 구입원가로 계산된다. 또한 손익계산서상의 매출원가는 상대적으로 먼저 구입한 상품들의 구입원가로 계산된다.

한편 물가가 상승하는 경우 기말재무상태표에 나타나는 재고자산의 크기를 비교하면, 선입선출법(₩17,400)>가중평균법(₩15,108)>후입선출법(₩12,800) 순이다.

② 후입선출법을 사용할 때 손익계산서의 매출원가가 최근의 구입원가에 가깝게 표시된다. 후입선출법(last-in first-out method; LIFO)은 가장 최근에 매입된 상품이 먼저 판매되고 기말에 재고로 남아 있는 항목은 가장 먼저 매입된 항목이라고 가정하는 방법이다. 후입선출법을 적용하면 재무상태표에 표시되는 재고는 항상 먼저 구입된 상품들로 구성되므로 기말재고 금액은 과거의 구입원가로 계산된다. 또한 손익계산서상의 매출원가는 상대적으로 최근에 구입한 상품들의 구입원가로 계산된다.
한편 물가가 상승하는 경우 손익계산서에 나타나는 매출원가의 크기를 비교하면, 후입선출법(₩36,300) > 가중평균법(₩33,992) > 선입선출법(₩31,700) 순이다.

6. [재고자산 종합]

(a) 매입액 − 매입환출 및 에누리 + 매입운송비(직접부대원가) = 순매입액
₩1,620 − ₩40 + (a) = ₩1,675, (a) = ₩95

(b) 매출원가 = 판매가능상품 − 기말재고상품
₩1,840 − ₩310 = (b), (b) = ₩1,530

(c) ₩1,060 − (c) + ₩250 = ₩1,280, (c) = ₩30

(d) ₩1,350 − (d) = ₩1,260, (d) = ₩90

(e) (e) − ₩290 + ₩1,730 = ₩7,940, (e) = ₩6,500

(f) 판매가능상품 = 기초상품 + 순매입액
₩1,000 + ₩7,940 = (f), (f) = ₩8,940

(h) ₩43,810 − ₩2,720 + ₩2,240 = (h), (h) = ₩43,330

(g) (g) + (h) = (g) + ₩43,330 = ₩49,530, (g) = ₩6,200

7. [재고자산의 과대평가와 과소평가]

'기초재고 + 당기상품매입액 = 매출원가 + 기말재고'를 이용한다.

20×1년 : 기말재고가 ₩300 과대평가되었으므로 매출원가가 ₩300 과소평가되었을 것이다. 따라서 매출총이익은 ₩300 과대평가되었다.

20×2년 : 20×1년도 기말재고가 20×2년도의 기초재고이므로, 20×2년도의 기초재고가 ₩300 과대평가된 상황에서, 20×2년도 기말재고가 ₩100만큼 과소평가되었다면 20×2년도의 매출원가는 ₩400만큼 과대평가되었을 것이다. 따라서 매출총이익은 ₩400 과소평가되었다.

20×3년 : 20×2년도 기말재고가 20×3년도의 기초재고이므로, 20×3년도의 기초재고는 ₩100만큼 과소평가된 상황이다. 이때 20×3년도말 재고실사는 정확하게 수행되었다면, 매출원가는 ₩100만큼 과소평가되었을 것이다. 따라서 매출총이익은 ₩100만큼 과대평가되었다.

(이 문제에 대한 해답이 이해하기 힘들다면, 실제 숫자를 대입해서 문제를 풀어보면 더 쉽게 이해할 수 있다. 예를 들어 20×1년 재무상태표에 보고된 기말재고가 ₩1,300이라면, 20×1년의 정확한 기말재고와 20×2년의 정확한 기초재고는 ₩1,000이다. 이처럼 당기 상품매입액과 매출액에도 특정 수치를 사용해서 집어넣어보면 정확한 매출원가를 계산할 수 있다)

8. [재고자산의 저가평가]

(1) 순실현가치는 단위당 추정판매가격에서 추정판매비를 차감하여 계산한다.

취득원가 = 1,500개 × ₩200 + 800개 × ₩114 + 1,000개 × ₩195 = ₩586,200

순실현가치 = 1,500개 × (₩220 − ₩25) + 800개 × (₩140 − ₩20) + 1,000개 × (₩213 − ₩20) = ₩581,500

재고자산평가손실 = ₩586,200 − ₩581,500 = ₩4,700

(2) 항목별 재고자산평가손실은 아래의 표와 같다.

	취득원가	순실현가치	재고자산평가손실
A	1,500 × ₩200 = ₩300,000	1,500 × ₩195 = ₩292,500	₩7,500
B	800 × ₩114 = ₩91,200	800 × ₩120 = ₩96,000	−
C	1,000 × ₩195 = ₩195,000	1,000 × ₩193 = ₩193,000	₩2,000
			₩9,500

(3) 만약 종목을 구분하지 않고 전체 상품에 대해서 저가법을 적용하게 되면, 평가손실이 ₩4,700으로 계산되며, 이는 항목별 재고자산평가손실의 합계인 ₩9,500보다 작다. 이는 전체 상품에 대해 저가법을 적용하는 경우 상품별로 순실현가치가 원가보다 높은 것과 낮은 항목들의 효과가 상쇄되기 때문이다. 저가법 적용시에 항목별로 따로 적용해야 한다는 점을 유의해야 한다. 또한 상품 B의 경우 순실현가치가 취득원가보다 높게 나타나고 있지만, 이러한 가치의 상승은 평가이익으로 인식하지 않는다. 재고자산에 대한 저가법은 회계의 보수주의의 대표적인 예이다.

객관식

1. [재고자산의 원가] ④

재고자산의 판매시 발생하는 운송비, 제세금, 기타 원가는 재고자산의 취득과 관련된 활동이 아니므로 취득원가에 가산하지 않고 판매비로 표시한다.

2. [매출총이익] ③

순매출액 = 총매출액 − 매출에누리 − 매출환입 = ₩1,000,000 − ₩20,000 − ₩30,000 = ₩950,000

순매입액 = 총매입액 − 매입에누리 − 매입환출 = ₩730,000 − ₩10,000 − ₩50,000 = ₩670,000

매출원가 = 기초상품재고액 + 당기순매입액 − 기말상품재고액

= ₩100,000 + ₩670,000 − ₩380,000 = ₩390,000

매출총이익 = 순매출액 − 매출원가 = ₩950,000 − ₩390,000 = ₩560,000

3. [재고자산] ⑤

순매입액 = 총매입액 − 매입환출 및 에누리 = ₩250,000 − ₩25,000 = ₩225,000

판매가능상품 = 기초재고원가 + 순매입액 = ₩150,000 + ₩225,000 = ₩375,000

순매출액 = 총매출액 − 매출환입 및 에누리 = ₩450,000 − ₩50,000 = ₩400,000

추정매출원가 = 순매출액 ÷ (1 + 원가 대비 매출총이익률) = ₩400,000 ÷ 1.25 = ₩320,000

기말재고 = 판매가능상품 − 매출원가 = ₩375,000 − ₩320,000 = ₩55,000

4. [계속기록법과 실지재고조사법] ①

〈실지재고조사법〉

평균원가=(₩10,000+₩22,000+₩12,000)÷4,000개=₩11

매출원가=2,000개×₩11=₩22,000

〈계속기록법〉 2월 20일 매출 발생시 매출원가를 인식한다.

이동평균원가=(₩10,000+₩22,000)÷3,000개=₩10.67

매출원가=2,000개×₩10.67=₩21,340

5. [재고자산의 원가흐름] ③

① 가장 최근에 매입된 상품이 먼저 판매되고 기말에 재고로 남아 있는 항목은 가장 먼저 매입된 항목이라고 가정하는 방법은 후입선출법이다.

② 상호교환 가능한 대량의 동질적인 상품에 대해서는 개별법을 적용하는 것이 적절하지 않다.

④ 국제회계기준에서는 후입선출법을 허용하지 않고 있다.

⑤ 후입선출법에서는 기말에 표시되는 재고자산이 오래전에 취득한 단가를 반영하게 되어 영업성과를 왜곡시킬 가능성이 있다.

6. [선입선출법] ⑤

〈방법 1〉

매출원가=10개×₩100+50개×₩120+50개×₩110=₩12,500

〈방법 2〉

기말재고=50개×₩110+40개×₩150=₩11,500

매출원가=기초재고+당기매입−기말재고

=₩1,000+₩23,000−₩11,500=₩12,500

7. [총평균법] ②

평균단가=판매가능재고액÷판매가능수량

=(₩1,000+₩6,000+₩11,000+₩6,000)÷(10+50+100+40)개=₩120

기말재고=90개×₩120=₩10,800

8. [이동평균법] ⑤

4월 1일 매출 후 재고자산 : (₩1,000+₩6,000)×30/60=₩3,500

6월 7일 매출 후 재고자산 : (₩3,500+₩11,000)×50/130=₩5,576.92≒₩5,577

7월 3일 매입 후 재고자산 : ₩5,577+₩6,000=₩11,577

9. [재고자산의 원가흐름가정의 비교] ⑤

선입선출법을 사용하는 경우에는 실지재고조사법과 계속기록법을 적용할 때 항상 같은 금액의 재고자산과 매출원가가 계산되지만, 후입선출법과 가중평균법을 사용하는 경우에는 실지재고조사법과 계속기록법하에서의 재고자산/매출원가 배분금액이 달라진다.

10. [재고자산의 저가평가] ⑤

	재고수량	단위당 취득원가	단위당 순실현가치	단위당 평가손실액	재고자산 평가손실
A	500	₩6,000	₩7,400	₩0	₩0
B	800	7,000	6,000	1,000	800,000
C	400	4,600	4,200	400	160,000
					₩960,000

재고자산평가손실은 ₩960,000이다.

미니케이스 풀이

다음의 해답은 (주)교보문고의 2023년도 재무제표를 토대로 작성되었다((주)교보문고는 종속회사가 없으므로 연결재무제표를 작성하지 않고 별도재무제표만 작성하고 있다).

(1) 2023년 매출총이익 = 매출액 − 매출원가 = 901,374,433천원 − 645,620,846천원 = 255,753,587천원
2023년 매출총이익률 = 매출총이익/매출액 = 255,753,587천원/901,374,433천원 = 28.4%
2022년 매출총이익 = 매출액 − 매출원가 = 832,378,991천원 − 601,146,409천원 = 231,232,582천원
2023년 매출총이익률 = 매출총이익/매출액 = 255,753,587천원/832,378,991천원 = 27.8%

(2) 기초재고 + 당기매입액 − 기말재고 = 매출원가이므로
당기매입액 = 매출원가 − 기초재고 + 기말재고의 식을 이용하여 계산할 수 있다.
2023년 매입액 = 645,620,846천원(매출원가) − 105,579,661천원(기초재고)
+ 116,838,033천원(기말재고) = 656,879,218천원

(3) 기말재고가 과대표시되면 매출원가가 과소하게 계산되고(풀이 (2)의 식 참고), 그에 따라 당기순이익이 그만큼 크게 표시된다. 과대표시된 기말재고액 1억원을 수정한다면, 매출원가가 1억원 늘어나고 당기순이익은 (법인세효과를 무시한다는 가정으로 인해) 1억원만큼 감소한다.

제 7 장 유형자산과 무형자산

연습문제 풀이

주관식

1. [유형자산의 회계처리]

(1) 유형자산을 최초로 인식할 때에는 원가로 측정한다. 취득하는 데 소요된 직접관련원가는 경영진이 의도하는 방식으로 관련 자산을 가동하는 데 필요한 장소와 상태에 이르게 하는 데 직접 관련된 원가도 취득원가에 포함한다. 이 문제에서는 새 건물을 건설하기 위해서 토지와 구건물을 일괄구입하여 구건물을 철거하였으므로, 구건물비용 및 구건물의 철거비용은 토지를 최초로 인식할 때에 순수 토지의 구입비용과 함께 가산해야 할 직접관련원가로 볼 수 있겠다.

(차) 토 지	2,600,000	(대) 현 금	2,600,000

(2) 유형자산은 취득 이후 사용하는 동안에 그 자산과 관련된 여러 가지 지출이 발생한다. 해당 지출이 ① 자산으로부터 발생하는 미래 경제적 효익이 기업에 유입될 가능성이 높고, ② 자산의 원가를 신뢰성 있게 측정할 수 있는 경우에는 해당 유형자산의 장부금액에 포함하는데, 이를 일반적으로 자본적 지출이라고 한다.

(차) 기 계 장 치	200,000	(대) 현 금	200,000

2. [유형자산의 취득]

유형자산을 최초로 인식할 때에는 원가로 측정한다. 원가는 ① 구입가격, ② 매입관련원가 및 ③ 추정복구원가로 구성된다.

송장가격	₩10,000,000
(가산) 취 득 세	490,000
운 송 비	20,000
운송기간중 기계의 보험료	50,000
설 치 비	100,000
기계시험가동비	100,000
기계의 취득원가	₩10,760,000

3. [수익적 지출과 자본적 지출]

유형자산의 취득 후 발생하는 여러 가지 지출을 유형자산의 원가에 포함시킬 때, 유형자산의 인식조건을 충족하는 지출의 경우에는 원가에 가산하고(자본적 지출), 인식조건을 충족하지 않는 경우에는 당기비용처리한다(수익적 지출).

자본적 지출 : (2), (3), (5), (6)

수익적 지출 : (1), (4), (7)

4. [감가상각 - 정액법 및 생산량비례법]

(1) 정액법

기초에 구입한 유형자산을 정액법으로 감가상각하는 경우 매년의 감가상각액은 일정하다.

연간 감가상각비 = (₩50,000,000 − ₩5,000,000) ÷ 3년 = ₩15,000,000

(2) 생산량비례법

연도별 감가상각비는 아래와 같다.

연 도	계 산	감가상각비
20×1	(₩50,000,000 − ₩5,000,000) × (4,000개/9,000개) =	₩20,000,000
20×2	(₩50,000,000 − ₩5,000,000) × (3,000개/9,000개) =	₩15,000,000
20×3	(₩50,000,000 − ₩5,000,000) × (2,000개/9,000개) =	₩10,000,000

5. [감가상각 - 정률법]

정률법을 사용하기 위한 상각률을 다음과 같이 계산된다.

$$\text{상각률} = 1 - \sqrt[3]{\frac{300,000}{3,000,000}} = 0.5358$$

정률법을 사용하는 경우 매년 감가상각비와 장부금액은 아래 표와 같다.

연 도	계 산	감가상각비	감가상각누계액	장부금액
				₩3,000,000
20×1	₩3,000,000 × 0.5358	₩1,607,400	₩1,607,400	1,392,600
20×2	₩1,392,600 × 0.5358	746,155	2,353,555	646,445
20×3	₩646,445 × 0.5358	346,445*	2,700,000	300,000
		₩2,700,000		

* 정률법의 경우 내용연수말의 감가상각비 금액은 반올림 차이로 인하여 정확하게 계산되지 않는다. 따라서 내용연수말의 감가상각비는 상각률을 적용하여 계산하는 것이 아니라 내용연수 동안의 감가상각비의 합이 감가상각대상금액과 일치하도록 맞추어주면 된다.

6. [감가상각 - 연수합계법]

연수합계법을 사용하는 경우 매년 감가상각비와 장부금액은 아래 표와 같다.

연 도	계 산	감가상각비	감가상각누계액	장부금액
				₩1,000,000
20×1	₩900,000 × 4/10	₩360,000	₩360,000	640,000
20×2	₩900,000 × 3/10	270,000	630,000	370,000
20×3	₩900,000 × 2/10	180,000	810,000	190,000
20×4	₩900,000 × 1/10	90,000	900,000	100,000
		₩900,000		

20×3년에 인식할 감가상각비는 ₩180,000이고 20×3년말 장부금액은 ₩190,000이다.

7. [감가상각 - 연수합계법]

20×1년의 감가상각비 : (₩1,000,000 − ₩100,000) × 5/15 = ₩300,000
20×2년의 감가상각비 : (₩1,000,000 − ₩100,000) × 4/15 = ₩240,000

8. [감가상각 - 회계추정의 변경]

20×1년의 감가상각비 : (₩2,000,000 − ₩100,000) × 1/4 = ₩475,000
20×2년의 감가상각비 : (₩2,000,000 − ₩100,000) × 1/4 = ₩475,000
20×3년의 감가상각비 : (₩2,000,000 − ₩475,000 × 2 − 0) × 1/4 = ₩262,500

9. [유형자산의 재평가]

(1) 20×1년초 기계장치의 취득

(차) 기 계 장 치	230,000	(대) 현 금	230,000

20×1년말 감가상각비 인식

(차) 감가상각비	70,000 *	(대) 감가상각누계액	70,000

* 감가상각비 = (₩230,000 − ₩20,000) ÷ 3년 = ₩70,000

(2) 20×1년말

(차) 기 계 장 치	10,000	(대) 재평가이익	80,000 *
감가상각누계액	70,000		

* 재평가이익 = 공정가치 − 장부금액
= ₩240,000 − (₩230,000 − ₩70,000) = ₩80,000

10. [유형자산의 손상]

20×2년의 감가상각비와 손상차손의 인식

(차) 감가상각비	1,080,000 *	(대) 감가상각누계액	1,080,000

* 감가상각비 = (₩6,000,000 − ₩600,000) ÷ 5년 = ₩1,080,000

(차) 유형자산손상차손	1,440,000 *	(대) 손상차손누계액	1,440,000

* 손상차손
① 장부금액 : ₩6,000,000 − (₩6,000,000 − ₩600,000) × 2/5 = ₩3,840,000
② 회수가능액 : Max[₩1,600,000, ₩2,400,000] = ₩2,400,000
손상차손액 = ₩3,840,000 − ₩2,400,000 = ₩1,440,000

11. [유형자산의 회계처리]

(1) ○, (2) ×, (3) ×, (4) ○, (5) ×, (6) ○

(2) 재평가모형하에서는 유형자산의 재평가일의 공정가치에서 이후의 감가상각누계액과 손상차손누계액을 차감한 재평가금액을 장부금액으로 한다.

(3) 유형자산의 재평가금액이 장부금액보다 큰 경우, 유형자산의 장부금액을 재평가금액으로 증가시키고 그 차이를 재평가이익(기타포괄손익)으로 인식한다. 이때 재평가이익은 재평가잉여금의 항목으로 자본(기타포괄손익누계액)에 가산한다. 즉 자산의 재평가로 인한 증가금액은 당기순이익에는 영향을 미치지 않는다.

(5) 기업이 유형자산을 최초로 인식한 후에는 원가모형이나 재평가모형 중 하나를 선택하여 적용할 수 있다. 이때 선택한 방법은 유형자산 분류별로 동일하게 적용해야 한다. 예를 들어 한 회사가 보유하고 있는 기계장치의 일부에 대해서는 원가모형을 적용하고 나머지 기계장치에 대해서는 재평가모형을 사용하는 것은 허용되지 않는다.

12. [유형자산의 처분]

(차) 감가상각누계액	2,500,000	(대) 기 계 장 치	3,500,000
현 금	1,500,000	기계장치처분이익	500,000

13. [무형자산 - 영업권]

(1) 고정 단골고객, 브랜드 가치, 우수한 직원들이 내부적으로 창출된 영업권의 예라고 할 수 있다. 그러나 회계기준상 위의 예와 같이 내부적으로 창출된 영업권은 자산으로 인식할 수 없다. 이는 이러한 영업권이 기업과 별도로 분리하여 식별가능하지 않기 때문이다.

(2) 피매수기업의 식별가능한 순자산의 공정가치가 100억원인데, 120억원의 매수대가를 지급하였다면, 그 차액인 20억원이 영업권에 해당한다. 기업합병에서 취득한 영업권은, 피매수기업과 분리될 수 없기 때문에 그 내용연수를 결정할 수 없는 경우가 많다. 따라서 영업권의 내용연수는 비한정(indefinite)인 것으로 보아 상각하지 않고 정기적으로 손상평가를 수행한다.

14. [무형자산]

① 취득시 분개 (20×1년 5월 1일)

(차) 특 허 권	3,600,000 *	(대) 현 금	3,600,000

* ₩3,000,000 + ₩600,000 = ₩3,600,000(취득원가)

② 상각시 분개 (20×1년 12월 31일)

(차) 무형자산상각비 (특허권상각비)	240,000 *	(대) 특 허 권	240,000

* (₩3,600,000/10년) × 8/12개월 = ₩240,000

또는 다음과 같이 상각누계액을 이용한 회계처리를 할 수도 있다.

(차) 무형자산상각비 (특허권상각비)	240,000 *	(대) 상각누계액-특허권	240,000

객관식

1. [유형자산의 취득] ③, ⑤

③ 유형자산은 영업활동과정에서 사용할 목적으로 보유하고 있는 자산이다. 판매할 목적으로 보유하고 있는 자산은 재고자산이다.

⑤ 유형자산을 최초로 인식할 때에는 원가로 측정한다. 원가는 1) 구입가격, 2) 매입관련원가 및 3) 추정복구원가로 구성한다. 기계장치의 설치원가 및 조립원가, 운송비, 유형자산의 매입 또는 건설과 직접 관련되어 발생한 종업원원가 등이 구입가격의 예에 해당한다. 한편 원상복구를 위하

여 시설물을 제거, 해체하거나 또는 부지를 복원할 의무가 있는 경우에는 유형자산 복구원가추정액을 유형자산 취득원가에 포함한다. 복구원가는 관련 유형자산을 사용하기 위해서는 반드시 부담해야 할 원가이기 때문에 이를 취득원가에 포함시킨다.

2. [수익적 지출과 자본적 지출] ②

수선비 ₩200,000은 수익적 지출로 당기비용처리해야 함에도 불구하고 유형자산의 증가로 기록하는 경우, 20×1년의 감가상각비가 ₩66,667(=₩200,000/3)만큼 기록된다. 그 결과 20×1년말 유형자산의 장부금액은 ₩133,333이며, 따라서 자산이 ₩133,333(=₩200,000−₩66,667)만큼 더 크게 표시된다. 비용(감가상각비 ₩66,667)은 수익적 지출로 처리한 것(수선비 ₩200,000)과 비교하여 ₩133,333만큼 과소하게 인식된다.

3. [감가상각비] ④

정률법은 기초 미상각잔액에 상각률을 곱해서 감가상각비를 계산하는 반면, 연수합계법은 감가상각대상금액(원가−잔존가치)에 계산된 상각률을 곱한다.

4. [감가상각 - 정액법] ④

20×3년 결산정리 전이라면 아직 감가상각의 분개가 반영되지 않은 상태이다. 즉 20×1년과 20×2년의 감가상각비만 반영되어 건물 감가상각누계액이 ₩4,000,000이므로, 정액법을 적용한 매년 감가상각비는 ₩4,000,000÷2년=₩2,000,000이다. 그러므로 (주)덕송의 20×3년의 감가상각에 대한 정리분개는 다음과 같다.

(차) 감가상각비 2,000,000 (대) 감가상각누계액 2,000,000

5. [감가상각 - 정률법] ①

정률법 사용시에 기초 장부금액(₩1,600,000)에 상각률(0.5)을 곱해서 20×1년 감가상각비를 계산할 수 있다.

20×1년 감가상각비=₩1,600,000×0.5=₩800,000

6. [감가상각 - 연수합계법] ②

연수합계법을 사용하는 경우 매년 감가상각비와 장부금액은 아래 표와 같다.

연 도	계 산	감가상각비	감가상각누계액	장부금액
				₩2,000,000
20×1	₩1,800,000×5/15	₩600,000	₩600,000	1,400,000
20×2	₩1,800,000×4/15	480,000	1,080,000	920,000
20×3	₩1,800,000×3/15	360,000	1,440,000	560,000
20×4	₩1,800,000×2/15	240,000	1,680,000	320,000
20×5	₩1,800,000×1/15	120,000	1,800,000	200,000
		₩1,800,000		

20×4년에 인식할 감가상각비는 ₩240,000이다.

7. [감가상각 - 생산량비례법] ⑤

생산량비례법을 사용하는 경우 매년 감가상각비와 장부금액은 아래와 같다.

연 도	계 산	감가상각비
20×1	(₩25,000,000 − ₩5,000,000) × (3,000개/10,000개) =	₩6,000,000
20×2	(₩25,000,000 − ₩5,000,000) × (2,300개/10,000개) =	₩4,600,000
20×3	(₩25,000,000 − ₩5,000,000) × (2,000개/10,000개) =	₩4,000,000
20×4	(₩25,000,000 − ₩5,000,000) × (1,500개/10,000개) =	₩3,000,000
20×5	(₩25,000,000 − ₩5,000,000) × (1,200개/10,000개) =	₩2,400,000

8. [감가상각방법간의 비교] ②

i) 정액법 감가상각비 = (₩1,600,000 − ₩100,000) ÷ 4년 = ₩375,000

20×3년 1월 1일 현재 감가상각누계액 = ₩375,000 × 2 = ₩750,000

ii) 정률법을 사용하는 경우 매년 감가상각비와 장부금액은 아래와 같다.

연 도	계 산	감가상각비	감가상각누계액	장부금액
				₩1,600,000
20×1	₩1,600,000 × 0.5	₩800,000	₩800,000	800,000
20×2	₩800,000 × 0.5	400,000	1,200,000	400,000
20×3	₩400,000 × 0.5	200,000	1,400,000	200,000
20×4	₩200,000 × 0.5	100,000	1,500,000	100,000
		₩1,500,000		

iii) 연수합계법을 사용하는 경우 매년 감가상각비와 장부금액은 아래와 같다.

연 도	계 산	감가상각비	감가상각누계액	장부금액
				₩1,600,000
20×1	₩1,500,000 × 4/10	₩600,000	₩600,000	1,000,000
20×2	₩1,500,000 × 3/10	450,000	1,050,000	550,000
20×3	₩1,500,000 × 2/10	300,000	1,350,000	250,000
20×4	₩1,500,000 × 1/10	150,000	1,500,000	100,000
		₩1,500,000		

9. [감가상각방법간의 비교] ②

정액법에 비해 정률법의 감가상각의 경우 감가상각 초기에 감가상각비가 크고, 세전이익이 작으며, 법인세가 작다.

10. [유형자산의 재평가] ③

20×1년말 장부금액 = ₩1,000,000 − (₩1,000,000 − ₩200,000) ÷ 4년 = ₩800,000

20×1년말 재평가잉여금 = 공정가치 − 20×1년말 장부금액

= ₩950,000 − ₩800,000 = ₩150,000

11. [유형자산의 손상] ④

회수가능액＝Max[순실현가능가치, 사용가치]

＝Max[₩4,000,000, ₩5,000,000]＝₩5,000,000

손상차손＝₩10,000,000－₩5,000,000＝₩5,000,000

12. [무형자산] ②

① 고정 단골고객, 브랜드 가치, 우수한 직원들이 영업권의 예가 될 수 있다. 그러나 회계기준상 위의 예와 같이 내부적으로 창출된 영업권은 자산으로 인식할 수 없다. 이는 이러한 영업권이 식별가능하지 않기 때문이다.

③ 영업권의 내용연수는 비한정으로 보아 상각하지 않는다.

④ 무형자산의 상각방법을 결정하기 위해서는 우선 무형자산의 내용연수가 유한한지 또는 비한정인지를 평가해야 한다. 그 자산이 순현금유입을 창출할 것으로 기대되는 기간에 대하여 예측가능한 제한이 없을 경우, 무형자산의 내용연수가 비한정인 것으로 본다.

⑤ 내용연수가 비한정인 무형자산은 상각하지 않고 정기적으로 손상평가를 수행한다.

13. [영업권] ④

국제회계기준에서는 영업권을 내용연수가 비한정인 무형자산으로 간주하여 상각하지 않는다. 다만 매년 손상검사를 실시하여, 영업권의 공정한 가치가 장부가보다 하락한 경우 손상차손을 인식한다. 영업권을 20년 이내의 합리적인 기간 동안 매년 균등액을 상각하라고 규정한 것은 국제회계기준이 아니라 K-GAAP이다.

미니케이스 풀이

(1) 재평가로 인해 자산이 증가하고, 그만큼 자본항목인 재평가잉여금이 증가한다. 부채에는 영향이 없다. 포괄손익계산서에 미치는 영향을 살펴보면, 재평가이익은 기타포괄손익 항목이므로 당기순이익에는 영향이 없지만 총포괄손익은 증가한다.

(2) 토지는 감가상각을 하지 않으므로 향후 감가상각비에 영향을 주지 않지만, 건물은 재평가로 증가된 금액만큼 미래의 감가상각비가 증가하는 효과가 있다. 따라서 재평가금액이 동일하다면, 건물을 재평가하는 경우 미래 감가상각비가 증가하여 미래 당기순이익이 감소한다.

(3) 현재 유형자산재평가를 반영한 후의 부채비율(＝총부채/총자본)은 114%(＝649억/568억)이다. 만약 유형자산재평가를 실시하지 않았다면 총부채는 649억원으로 변함이 없고, 총자본은 187억원만큼 감소하여 381억원이라고 할 수 있다. 이때 부채비율은 170%(＝649억/381억)가 된다. 즉, 가치가 증가한 유형자산의 재평가로 자산이 증가하고 자본이 증가하는 효과가 있으므로, 일반적으로 부채비율이 낮아져 재무비율의 개선을 가져온다.

제 8 장 사채와 비유동부채

연습문제 풀이

주관식

1. [화폐의 시간가치]

(1) ₩10,000 × 1.05^3 = ₩11,576

(2) ₩50,000 × 1.08^3 + ₩50,000 × 1.08^2 + ₩50,000 × 1.08^1 = ₩175,306

(3) 연 2회 이자를 지급하는 예금상품의 이자율이 10%라고 표현한 것은 6개월마다 10%÷6/12개월 =5%의 이자를 지급한다는 것을 의미한다. 즉 3년간 연 2회 이자를 지급하는 이자율 10%의 예금상품은 6년간 연 1회 이자를 지급하는 이자율 5%의 예금상품과 동일한 미래가치를 가진다.

₩100,000 × 1.05^6 + ₩100,000 × 1.05^5 + ₩100,000 × 1.05^4 + ₩100,000 × 1.05^3 + ₩100,000 × 1.05^2 + ₩100,000 × 1.05^1 = ₩714,201

연금의 미래가치계산표를 이용한다면 부록 '〈표 A-5〉 선불연금 1원의 미래가치'를 사용하면 된다. 현금흐름이 매 기간초에 발생하기 때문에 선불연금에 해당한다. n=6, 5%의 경우 계수인 7.1420을 이용하면 다음과 같다.

₩100,000 × 7.1420 = ₩714,200

2. [화폐의 시간가치]

화폐의 시간가치공식을 사용해서 구하거나 현재가치표를 사용해서 구한다.

(1) ₩200,000 × $\frac{1}{(1+0.1)^3}$ = ₩150,263 또는

₩200,000 × 0.7513(3기간, 10% 현재가치) = ₩150,260

(2) ₩100,000 × $\frac{1}{(1+0.1)^1}$ + ⋯ + ₩100,000 × $\frac{1}{(1+0.1)^5}$ = ₩379,079 또는

₩100,000 × 3.7908(5기간, 10% 정상연금의 현재가치) = ₩379,080

(3) ₩50,000 × $\frac{1}{(1+0.05)^1}$ + ⋯ + ₩50,000 × $\frac{1}{(1+0.05)^6}$ = ₩253,785 또는

₩50,000 × 5.0757(6기간, 5% 정상연금의 현재가치) = ₩253,785

연 2회 ₩50,000씩 수령하는 경우이기 때문에 10%×6/12개월=5% 할인율을 6기간에 걸쳐 적용한다.

(4) ₩50,000 × $\frac{1}{(1+0.1)^1}$ + ⋯ + ₩50,000 × $\frac{1}{(1+0.1)^5}$ + ₩1,000,000 × $\frac{1}{(1+0.1)^5}$ = ₩810,461 또는

₩50,000 × 3.7908(5기간, 10% 정상연금의 현재가치) + ₩1,000,000 × 0.6209(5기간, 10% 현재가치) = ₩810,440

3. [사채의 발행금액]

사채 1 : 만기 6년, 액면금액 ₩100,000, 액면이자율 5%, 시장이자율 5%, 연 1회 이자를 지급하는 사채와 동일하다.

₩5,000 × 5.0757(6기간, 5% 정상연금의 현재가치) + ₩100,000 × 0.7462(6기간, 5% 현재가치)
= ₩99,999*

* 현재가치표 사용으로 인해 액면금액과 ₩1의 반올림 차이가 발생한다.

사채 2 :

₩24,000 × 1.7355(2기간, 10% 정상연금의 현재가치) + ₩300,000 × 0.8264(2기간, 10% 현재가치)
= ₩289,572

사채 3 :

₩60,000 × 3.7908(5기간, 10% 정상연금의 현재가치) + ₩500,000 × 0.6209(5기간, 10% 현재가치)
= ₩537,898

4. [사채의 발행금액]

[액면금액 < 발행금액]이므로 할증발행이다. 발행금액이 액면금액보다 높은 경우는 [액면이자율 > 유효이자율]인 경우이다.

5. [사채의 발행금액]

(1) 시장이자율 = 5%일 때,
₩60,000 × 2.7232(3기간, 5% 정상연금의 현재가치) + ₩1,000,000 × 0.8638(3기간, 5% 현재가치)
= ₩1,027,192

(2) 시장이자율 = 6%일 때,
₩60,000 × 2.6730(3기간, 6% 정상연금의 현재가치) + ₩1,000,000 × 0.8396(3기간, 6% 현재가치)
= ₩999,980*

* 현재가치표 사용으로 인해 액면금액 ₩1,000,000과 ₩20의 반올림 차이가 발생한다. 보다 정확히 계산하면 ₩1,000,000이 된다.
시장이자율 = 액면이자율인 경우에는 액면발행이므로, 액면금액 ₩1,000,000이 발행금액이 된다.

(3) 시장이자율 = 7%일 때,
₩60,000 × 2.6243(3기간, 7% 정상연금의 현재가치) + ₩1,000,000 × 0.8163(3기간, 7% 현재가치)
= ₩973,758

6. [이자비용과 사채발행차금]

(1) ○, 이자를 지급하지 않는 사채의 발행금액은 만기에 상환해야 하는 액면금액만을 현재가치로 평가한 것이므로 시장이자율이 0보다 높다면 할인발행된다.

(2) ×, 사채의 표시이자는 사채발행기업이 지급능력, 발행금액 등을 고려해서 정하는 것으로 반드시 시장이자율과 일치할 필요는 없다.

(3) ×, 사채할인발행차금은 차변에 기록하지만 이는 부채인 사채의 차감계정에 포함된다.

(4) ×, 사채할인발행차금을 상각하면 사채의 차감계정이 줄어드는 것이므로 사채의 장부금액은 증가한다.

7. [사채의 발행과 상환]

(1) 액면이자율과 시장이자율이 동일하므로 사채는 액면발행되었다.

20×1년 1월 1일 사채의 발행

(차) 현 금	500,000	(대) 사 채	500,000

(2) 상각표

	① 사채 기초장부금액	② 유효이자	③ 액면이자	④ 상각액	⑤ 사채 기말장부금액
20×1년	₩500,000	₩40,000	₩40,000	₩0	₩500,000
20×2년	500,000	40,000	40,000	0	500,000
20×3년	500,000	40,000	40,000	0	500,000

① 기초장부금액
② 유효이자＝기초장부금액×유효이자율(8%)
③ 액면이자＝액면금액×액면이자율(8%)
④ 사채할인발행차금상각액＝② 유효이자－③ 액면이자
⑤ 기말장부금액＝① 기초장부금액＋④ 사채할인발행차금상각액

(3) 20×3년 12월 31일

이자지급

(차) 이 자 비 용	40,000	(대) 현 금	40,000

사채상환

(차) 사 채	500,000	(대) 현 금	500,000

8. [사채의 발행과 상환]

(1) 액면이자율＞시장이자율이므로 할증발행된다. 사채의 발행금액은 다음과 같다.

₩30,000×2.5771(3기간, 8% 정상연금의 현재가치)＋₩300,000×0.7938(3기간, 8% 현재가치)
＝₩315,453

사채의 발행금액과 사채의 액면금액의 차이 ₩315,453－₩300,000＝₩15,453은 사채할증발행차금으로 표시한다.

20×1년 1월 1일 사채의 발행

(차) 현 금	315,453	(대) 사 채	300,000
		사채할증발행차금	15,453

(2) 상각표

	① 사채 기초장부금액	② 유효이자	③ 액면이자	④ 환입액	⑤ 사채 기말장부금액
20×1년	₩315,453	₩25,236	₩30,000	(₩4,764)	₩310,689
20×2년	310,689	24,855	30,000	(5,145)	305,544
20×3년	305,544	24,456*	30,000	(5,544)	300,000
		₩74,547		(₩15,453)	

① 기초장부금액
② 유효이자=기초장부금액×유효이자율(8%)
③ 액면이자=액면금액×액면이자율(10%)
④ 사채할증발행차금환입액=② 유효이자-③ 액면이자
⑤ 기말장부금액=① 기초장부금액+④ 사채할증발행차금환입액
* ₩305,544×8%=₩24,444이지만 만기시 장부금액을 ₩300,000으로 맞추기 위해서 역산한다. 즉 ₩300,000(기말금액)-₩305,544(기초금액)+₩30,000(액면이자)=₩24,456

(3) 20×1년 12월 31일

이자지급

(차) 이 자 비 용	25,236	(대) 현 금	30,000
사채할증발행차금	4,764		

(4) 20×3년 12월 31일

이자지급

(차) 이 자 비 용	24,456	(대) 현 금	30,000
사채할증발행차금	5,544		

사채상환

(차) 사 채	300,000	(대) 현 금	300,000

9. [사채의 발행과 상환]

(1) 액면이자율<시장이자율이므로 할인발행된다. 사채의 발행금액은 다음과 같다.

₩50,000×2.4018(3기간, 12% 정상연금의 현재가치)+₩500,000×0.7118(3기간, 12% 현재가치) =₩475,990

사채의 발행금액과 사채의 액면금액의 차이 ₩500,000-₩475,990=₩24,010은 사채할인발행차금으로 표시한다.

20×1년 1월 1일 사채의 발행

(차) 현 금	475,990	(대) 사 채	500,000
사채할인발행차금	24,010		

(2) 상각표

	① 사채 기초장부금액	② 유효이자	③ 액면이자	④ 상각액	⑤ 사채 기말장부금액
20×1년	₩475,990	₩57,119	₩50,000	₩7,119	₩483,109
20×2년	483,109	57,973	50,000	7,973	491,082
20×3년	491,082	58,918*	50,000	8,918	500,000
		₩174,010		₩24,010	

① 기초장부금액
② 유효이자=기초장부금액×유효이자율(12%)
③ 액면이자=액면금액×액면이자율(10%)
④ 사채할인발행차금상각액=② 유효이자-③ 액면이자
⑤ 기말장부금액=① 기초장부금액+④ 사채할인발행차금상각액

* ₩491,082×12%=₩58,930이지만 만기시 장부금액을 ₩500,000으로 맞추기 위해서 역산한다. 즉 ₩500,000(기말금액)−₩491,082(기초금액)+₩50,000(액면이자)=₩58,918

(3) 20×1년 12월 31일

이자지급

차변	금액	대변	금액
(차) 이 자 비 용	57,119	(대) 현　　　금	50,000
		사채할인발행차금	7,119

(4) 20×3년 12월 31일

이자지급

차변	금액	대변	금액
(차) 이 자 비 용	58,918	(대) 현　　　금	50,000
		사채할인발행차금	8,918

사채상환

차변	금액	대변	금액
(차) 사　　　채	500,000	(대) 현　　　금	500,000

10. [사채의 발행과 상환]

(1) 액면이자율<시장이자율이므로 할인발행된다. 사채의 발행금액은 다음과 같다.

₩40,000×2.4868(3기간, 10% 정상연금의 현재가치)+₩500,000×0.7513(3기간, 10% 현재가치) =₩475,122

20×1년 1월 1일 사채의 발행

차변	금액	대변	금액
(차) 현　　　금	475,122	(대) 사　　　채	500,000
사채할인발행차금	24,878		

(2) 20×1년 12월 31일 이자지급

차변	금액	대변	금액
(차) 이 자 비 용	47,512	(대) 현　　　금	40,000
		사채할인발행차금	7,512

(3) 20×2년 1월 1일 사채상환

차변	금액	대변	금액
(차) 사　　　채	500,000	(대) 현　　　금	480,000
		사채할인발행차금	17,366
		사채상환이익	2,634

사채의 장부금액은 ₩500,000−₩24,878+₩7,512=₩482,634

즉 사채상환에 따른 손익은 ₩482,634−₩480,000=₩2,634 이익

11. [장기차입부채]

(1) 20×1년 3월 1일

차변	금액	대변	금액
(차) 현　　　금	100,000	(대) 장기차입금	100,000

(2) 장기차입금의 만기가 2개월 남았으므로 유동부채로 재분류한다.

20×5년 12월 31일

차변	금액	대변	금액
(차) 장기차입금	100,000	(대) 유동성장기차입금	100,000

(3) 재무상태표의 부채계정에 기록되어 있던 ₩100,000의 비유동부채가 유동부채로 분류되어, 비유동부채가 감소하고 유동부채가 증가하지만 부채항목 내에서의 재분류이므로 전체 부채금액은 일정하다. 그러나 회사의 단기부채상환능력을 평가하는 지표로 흔히 사용되는 유동비율(=유동자산/유동부채)은 영향을 받을 수 있다. 유동비율의 분모에 해당하는 유동부채의 증가로 인해 유동비율이 하락하는 효과가 발생한다.

12. [충당부채]

(1) 충당부채는 발생가능성이 높은 미래 의무에 대해서 인식한다. (×)
충당부채는 과거의 사건이나 거래 결과에 의한 현재 의무이다.

(2) 충당부채 금액은 신뢰성 있게 추정할 수 있을 때 인식한다. (○)

(3) 충당부채가 증가하면 당기순이익이 감소한다. (○)
충당부채를 설정할 때 관련비용을 당기손익에 반영한다.

객관식

1. [사채의 발행금액] ①

사채가 할인발행된 경우에는 사채할인발행차금을 증가시키고, 사채가 할증발행된 경우에는 사채할증발행차금을 감소시키는 방법으로 회계처리한다.

2. [사채의 발행금액] ③

액면이자율＜시장이자율, 즉 할인발행이다. 사채의 발행금액은 다음과 같다.
₩100,000 × 2.4018 + ₩1,000,000 × 0.7118 = ₩951,980

3. [사채의 이자비용] ③

상각표를 그림으로써 이자비용의 총합을 구할 수 있다. 이자비용의 총합은 유효이자의 총합과 같다. 즉 ₩190,050 + ₩193,055 + ₩196,391 = ₩579,496이다.

	① 사채 기초장부금액	② 유효이자	③ 액면이자	④ 상각액	⑤ 사채 기말장부금액
20×1년	₩1,900,504	₩190,050	₩160,000	₩30,050	₩1,930,554
20×2년	1,930,554	193,055	160,000	33,055	1,963,609
20×3년	1,963,609	196,391*	160,000	36,391	2,000,000
		₩579,496		₩99,496	

* ₩1,963,609 × 10% = ₩196,361이지만 만기시 장부금액을 ₩2,000,000으로 맞추기 위해서 역산한다. 즉 ₩2,000,000(기말금액) − ₩1,963,609(기초금액) + ₩160,000(액면이자) = ₩196,391

또는 다음과 같이 계산할 수 있다.

이자비용=액면이자의 총합+상각액의 총합이므로,
액면이자의 총합 : ₩2,000,000×8%×3년=₩480,000
상각액의 총합　: ₩2,000,000−₩1,900,504=₩99,496
₩480,000+₩99,496=₩579,496

4. [사채의 이자비용] ④

20×1년 7월 1일부터 20×1년 12월 31일까지 6개월간의 이자비용을 구하는 문제이다. 1년치의 이자비용을 계산한 후에 이를 절반으로 나눈다.
₩90,000×10%(유효이자율)×6/12개월=₩4,500
미지급이자에 대해서도 같은 방식으로 계산한다.
₩100,000×8%(액면이자율)×6/12개월=₩4,000
즉 20×1년 12월 31일에는 다음과 같이 회계처리한다.

(차)	이 자 비 용	4,500	(대) 미지급이자	4,000
			사채할인발행차금	500

5. [사채의 조기상환] ①

20×2년 1월 1일 사채의 장부금액은 ₩200,000−₩6,855+₩3,246=₩196,391
즉 사채상환에 따른 손익은 ₩196,391−₩193,000=₩3,391 이익

(차)	사　　채	200,000	(대) 현　　금	193,000
			사채할인발행차금	3,609
			사채상환이익	3,391

6. [이자비용과 사채발행차금] ③

사채할인발행차금의 상각시 다음과 같은 회계처리를 한다.

(차)	이 자 비 용	×××	(대) 현　　금	×××
			사채할인발행차금	×××

즉 현금+사채할인발행차금상각액만큼 이자비용이 발생하여 당기순이익이 감소하며, 사채의 차감계정인 사채할인발행차금이 감소하면서 사채의 장부금액이 증가한다.

7. [이자비용과 사채발행차금] ①

② 유효이자율법 적용시 할인발행차금상각액은 매기 증가한다.
③ 사채가 할증발행된 경우, 사채의 장부금액이 매기 감소하므로 이에 유효이자율을 곱해서 구하는 이자비용 역시 감소한다.
④ 사채가 할인발행된 경우, 사채의 장부금액이 매기 증가하므로 이에 유효이자율을 곱해서 구하는 이자비용 역시 증가한다.

8. [이자비용과 사채발행차금] ②

유효이자율법 적용시 발행차금상각액은 매기 증가한다. [예제 8-5]의 사채할인발행차금상각표를 보면 알 수 있다.

9. [장기차입부채] ④

20×4년말 현재 만기가 1년 미만인 차입금은 A은행, B은행, D은행으로부터 빌려온 차입금이다. 이 중 B은행으로부터 빌려온 차입금은 원래 만기가 6개월이므로 처음부터 유동부채로 인식하였다. A은행과 D은행으로부터 빌려온 차입금은 만기가 각각 5년, 2년이었으나 20×4년말 현재 만기까지 각각 3개월, 11개월이 남았으므로 유동성장기차입금으로 재분류한다.

즉 ₩1,000,000 + ₩300,000 = ₩1,300,000

10. [충당부채] ①

과거 사건이나 거래의 결과 발생한 현재의 의무다.

미니케이스 풀이

(1) 판매보증충당부채 전입액 963,334백만원만큼이 비용으로 처리되었으며, 분개는 다음과 같다.

(차) 판매보증비용	963,334	(대) 판매보증충당부채	963,334

(2) 판매보증충당부채의 사용액이 당기에 지출한 금액이다. 즉 판매보증충당부채를 설정하지 않았다면 다음과 같이 1,528,187백만원을 비용으로 인식했을 것이다.

(차) 판매보증비용	1,528,187	(대) 현　　금	1,528,187

참고로 설정된 판매보증충당부채를 사용하면 다음과 같이 현금지출시 비용을 인식하지 않고, 이미 설정되어 있는 판매보증충당부채계정에서 상계처리한다.

(차) 판매보증충당부채	1,528,187	(대) 현　　금	1,528,187

제 9 장 금융자산(지분투자와 채권투자)

연습문제 풀이

주관식

1. [금융자산]

(1) ○

(2) ×, 주식은 FVOCI금융자산이나 FVPL금융자산으로 분류가능하다.

(3) ×, FVOCI금융자산의 기말평가손익은 기타포괄손익에 반영한다.

(4) ×, AC금융자산은 기말에 공정가치 평가를 하지 않지만, 할증 또는 할인 발행된 사채를 취득한 경우에 유효이자율법에 따라 AC금융자산의 장부금액은 변할 수 있다.

(5) ○

2. [FVPL금융자산]

(1) 단기적인 시세차익 목적이므로 취득한 주식은 FVPL금융자산으로 분류하며, 수수료는 당기비용으로 별도로 처리한다.

차변	금액	대변	금액
(차) FVPL금융자산	300,000	(대) 현 금	301,000
수수료비용	1,000		

(2) 단기적인 시세차익 목적이므로 취득한 채권은 FVPL금융자산으로 분류하며, 수수료는 당기비용으로 별도로 처리한다. 취득시점에서는 공정가치로 평가한다.

차변	금액	대변	금액
(차) FVPL금융자산	980,000	(대) 현 금	983,000
수수료비용	3,000		

(3) 배당금 수취

차변	금액	대변	금액
(차) 현 금	70,000	(대) 배당금수익	70,000

3. [FVPL금융자산]

(1) 20×1년 7월 20일(주식취득)

차변	금액	대변	금액
(차) FVPL금융자산	600,000	(대) 현 금	600,000

(2) 20×1년 12월 31일(기말평가)

차변	금액	대변	금액
(차) FVPL금융자산	120,000	(대) FVPL금융자산평가이익	120,000

(3) 20×2년 12월 31일(기말평가)

차변	금액	대변	금액
(차) FVPL금융자산평가손실	140,000	(대) FVPL금융자산	140,000

(4) 20×3년 7월 26일(주식처분)

장부금액의 측정

(차) FVPL금융자산	30,000	(대) FVPL금융자산평가이익	30,000

처분거래의 기록

(차) 현　　　금	610,000	(대) FVPL금융자산	610,000

4. [FVOCI금융자산]

(1) 20×1년 7월 20일(주식취득)

(차) FVOCI금융자산	600,000	(대) 현　　　금	600,000

(2) 20×1년 12월 31일(기말평가)

(차) FVOCI금융자산	120,000	(대) FVOCI금융자산평가이익	120,000

(3) 20×2년 12월 31일(기말평가)

(차) FVOCI금융자산평가손실	140,000	(대) FVOCI금융자산	140,000

(4) 20×3년 7월 26일(주식처분)

장부금액의 측정

(차) FVOCI금융자산	30,000	(대) FVOCI금융자산평가이익	30,000

처분거래의 기록

(차) 현　　　금	610,000	(대) FVOCI금융자산	610,000

처분시 인식한 평가이익의 마감분개

(차) FVOCI금융자산평가이익	30,000	(대) FVOCI금융자산평가손익누계액	30,000

FVOCI금융자산평가손익누계액의 이익잉여금 대체

(차) FVOCI금융자산평가손익누계액	10,000	(대) 이익잉여금	10,000

5. [FVPL금융자산/FVOCI금융자산의 비교]

FVPL금융자산의 경우 기말평가손익을 당기손익으로 인식하는 반면 FVOCI금융자산은 기타포괄손익에 포함한다. FVPL금융자산의 평가손익은 미실현손익이므로 당기손익에 반영하지 않는 것이 일반적이지만, 단기간 내에 매각하여 시세차익을 얻을 목적으로 보유하기 때문에 공정가치의 변동이 발생한 회계기간에 그 효과를 보고하는 것이 투자자들에게 유용한 정보를 제공한다고 판단하여 당기손익에 반영한다. 반면 FVOCI금융자산은 장기간 보유할 목적으로 취득한 자산이므로, 매 회계기간마다 발생하는 가격의 상승과 하락을 당기손익에 반영할 실익이 별로 없기 때문에 기타포괄손익으로 분류한다.

기타포괄손익은 기업의 가치가 변동해서 생긴 평가손익 중 변동성이 높은 외부 환경적인 요인(환율이나 금리, 주가 등) 때문에 발생한 손익을 말한다. 이들 평가손익은 기업의 본질적인 활동과 큰 관련이 없으면서 가치변동이 빈번하게 발생하므로, 이 평가손익이 당기손익 계산에 포함되면 당기손익이 크게 영향을 받게 되고 변동성이 커져서 기업의 가치를 평가하기가 어려워진다. 따라서 기타포괄손익 항목으로 별도로 분류하는 것이다.

6. [FVOCI금융자산]

(1) 계약상 정해진 원리금을 수취하고 동시에 특정시점에 매도하여 현금화하려는 목적으로 취득한 금융자산은 FVOCI금융자산으로 분류한다.

(2) 20×1년 1월 1일(사채취득)

(차) FVOCI금융자산 1,000,000 (대) 현 금 1,000,000

(3) 상각표

	① 사채기초장부금액	② 유효이자	③ 액면이자	④ 상각액	⑤ 사채기말장부금액
20×1년	₩1,000,000*	₩80,000	₩80,000	₩0	₩1,000,000
20×2년	1,000,000	80,000	80,000	0	1,000,000
20×3년	1,000,000	80,000	80,000	0	1,000,000

① 기초장부금액
② 유효이자=기초장부금액×유효이자율(8%)
③ 액면이자=액면금액×액면이자율(8%)
④ 사채할증발행차금상각=② 유효이자−③ 액면이자
⑤ 기말장부금액=① 기초장부금액+④ 사채할증발행차금상각
* 액면발행이므로 취득금액과 장부금액 간의 차이가 없다.

(4) 20×1년 12월 31일(기말평가)

(차) FVOCI금융자산평가손실 50,000 (대) FVOCI금융자산 50,000

(5) 20×2년 1월 1일(사채처분)

장부금액의 측정 : 20×1년 12월 31일의 공정가치와 처분일의 공정가치가 일치하므로 추가로 회계처리할 사항은 없음

처분거래의 기록

(차) 현 금 950,000 (대) FVOCI금융자산 950,000

재분류조정

(차) FVOCI금융자산처분손실 50,000 (대) FVOCI금융자산평가손실 50,000
(당기손익) (재분류조정)

7. [AC금융자산]

(1) 계약상 정해진 원리금만을 수취할 목적으로 취득한 금융자산은 AC금융자산으로 분류한다.

(2) 20×1년 1월 1일(사채취득)

(차) AC금융자산 931,508 (대) 현 금 931,508

(3) 상각표

	① 사채기초장부금액	② 유효이자	③ 액면이자	④ 상각액	⑤ 사채기말장부금액
20×1년	₩931,508	₩139,726*	₩120,000	₩19,726	₩951,234
20×2년	951,234	142,685	120,000	22,685	973,919
20×3년	973,919	146,081**	120,000	26,081	1,000,000

* ₩931,508 × 0.15

** ₩973,919 × 0.15 = ₩146,088이지만 만기시 장부금액을 ₩1,000,000으로 맞추기 위해서 역산한다.
₩1,000,000 − ₩973,919 + ₩120,000 = ₩146,081

(4) 이자수취

(차) 현 금	120,000	(대) 이 자 수 익	139,726
AC금융자산	19,726		

AC금융자산은 기말에 공정가치로 평가하지 않는다.

(5) 이자수취

(차) 현 금	120,000	(대) 이 자 수 익	146,081
AC금융자산	26,081		

사채처분

(차) 현 금	1,000,000	(대) AC금융자산	1,000,000

8. [AC금융자산]

AC금융자산은 금융자산을 계약상 정해진 원리금만을 수취할 목적으로 취득하였기 때문에 금융자산의 시장가격이 변동하는 것이 기업의 손익에 영향을 주지 않는다. 예를 들어 액면금액 ₩1,000의 사채를 취득하여 AC금융자산으로 분류한 경우, 기말에 이 사채의 시장가격이 ₩800으로 하락하더라도 만기 시점까지 보유하고 있으면 ₩1,000을 받을 수 있다.

9. [관계기업투자주식]

(1) 주식취득

(차) 관계기업투자주식	100,000,000	(대) 현 금	100,000,000

(2) 배당금 수취

(차) 현 금	100,000	(대) 관계기업투자주식	100,000*

* ₩500,000(총배당금) × 20%(보유지분) = ₩100,000

(3) 20×1년 12월 31일 : 피투자회사의 당기순이익의 20%를 지분법이익으로 인식함

(차) 관계기업투자주식	8,000,000	(대) 지분법이익	8,000,000

관계기업투자주식은 별도로 공정가치 평가를 하지 않는다. 따라서 주가변동에 대한 회계처리를 별도로 수행하지 않는다.

객관식

1. [FVPL금융자산] ③

FVPL금융자산의 기말평가는 당기손익으로 반영되기 때문에, 20×1년 12월 31일자에 (주)덕송이 보유한 (주)웹젠의 주식은 공정가치 ₩340,000이 장부금액으로 기록된다. 즉 20×2년 12월 31일에 인식할 평가손익은 ₩355,000(공정가치) − ₩340,000(장부금액) = ₩15,000(평가이익)이다.

2. [FVPL금융자산] ②

(주)위메이드의 주식의 공정가치는 20×1년말 주당 ₩6,000으로 평가되었다. 따라서 ₩6,100에 처분할 때 주식의 장부금액을 처분시점의 공정가치로 재측정함에 따라 주당 ₩100의 평가이익이 발생한다. 30주를 처분했으므로 ₩100×30주=₩3,000의 평가이익이 처분시점에 발생하여 20×2년의 당기손익에 영향을 미친다.

3. [FVPL금융자산] ④

장부금액의 측정 : 장부금액을 처분일의 공정가치로 재측정한다. 20×2년 3월 31일 FVPL금융자산의 장부금액은 ₩460,000이다. 따라서 ₩20,000(=₩480,000−₩460,000)만큼 FVPL금융자산평가이익을 인식한다.

(차) FVPL금융자산	20,000	(대) FVPL금융자산평가이익	20,000

처분거래의 기록 :

(차) 현　　금	480,000	(대) FVPL금융자산	480,000

위의 분개를 종합하면, 처분거래가 당기손익에 미치는 영향은 FVPL금융자산의 장부금액을 처분일의 공정가치로 재측정하면서 발생한 평가이익 ₩20,000이다.

이 문제에서 이자의 수취에 대해서는 다루지 않았다. FVPL금융자산인 채권을 보유하던 중 이자를 수취한 경우는 채권 액면금액에 액면이자율을 곱한 금액을 이자수익으로 인식하는 것이 일반적이다. 이는 AC금융자산이나 FVOCI금융자산인 채권의 경우 유효이자율법을 사용하여 이자수익을 계산하는 것과 다르다. 그러나 FVPL금융자산의 이자수취와 관련된 이런 내용은 본서의 범위를 넘어서므로 더 이상의 논의를 생략한다.

4. [FVOCI금융자산] ②

20×1년 7월 26일

(차) FVOCI금융자산	3,000,000	(대) 현　　금	3,000,000

20×1년 12월 31일

(차) FVOCI금융자산평가손실	200,000	(대) FVOCI금융자산	200,000

20×2년 12월 31일

(차) FVOCI금융자산평가손실	100,000	(대) FVOCI금융자산	100,000

5. [FVOCI금융자산] ③

20×1년 11월 29일

(차) FVOCI금융자산	2,500,000	(대) 현　　금	2,500,000

20×1년 12월 31일

(차) FVOCI금융자산	100,000	(대) FVOCI금융자산평가이익	100,000

20×2년 12월 31일

(차) FVOCI금융자산	200,000	(대) FVOCI금융자산평가이익	200,000

20×3년 6월 30일

장부금액의 측정 : 20×2년 12월 31일의 공정가치와 처분일의 공정가치가 일치하므로 추가로 회계 처리할 사항은 없음

처분거래의 기록

(차) 현 금 1,400,000 (대) FVOCI금융자산 1,400,000*

평가손익누계액의 이익잉여금 대체

(차) FVOCI금융자산평가이익누계액 150,000** (대) 이익잉여금 150,000

* ₩28,000(장부금액) × 50주 = ₩1,400,000

** ₩300,000(평가이익) × 50주/100주 = ₩150,000

단기매매 목적으로 취득하지 않은 주식(지분상품)을 최초 인식시점에 FVOCI금융자산으로 분류하는 선택을 한 경우, 공정가치의 변동을 당기손익이 아닌 기타포괄손익으로 인식한다. 그리고 이 주식을 처분하는 경우 평가손익(기타포괄손익누계액)을 당기손익으로 재분류하지 않고 자본(이익잉여금)으로 직접 반영한다. 따라서 처분시점에 당기손익으로 인식할 처분손익은 ₩0이다.

6. [FVPL금융자산/FVOCI금융자산의 비교] ①

〈FVPL금융자산의 경우〉

(1) 20×1년초 주식취득

(차) FVPL금융자산 2,000,000 (대) 현 금 2,000,000

(2) 20×1년 기말평가

(차) FVPL금융자산 400,000 (대) FVPL금융자산평가이익 400,000

(3) 20×2년 주식처분

장부금액의 측정(500주)

(차) FVPL금융자산평가손실 100,000 (대) FVPL금융자산 100,000

처분거래의 기록(500주)

(차) 현 금 1,100,000 (대) FVPL금융자산 1,100,000

〈FVOCI금융자산의 경우〉

(1) 20×1년초 주식취득

(차) FVOCI금융자산 2,000,000 (대) 현 금 2,000,000

(2) 20×1년 기말평가

(차) FVOCI금융자산 400,000 (대) FVOCI금융자산평가이익 (기타포괄손익) 400,000

(3) 20×2년 주식처분*

장부금액의 측정(500주)

(차) FVOCI금융자산평가손실 100,000 (대) FVOCI금융자산 100,000

처분거래의 기록

(차) 현　　금	1,100,000	(대) FVOCI금융자산	1,100,000

평가손익누계액의 이익잉여금 대체(500주)

(차) FVOCI금융자산평가이익누계액	100,000	(대) 이익잉여금	100,000

* FVOCI금융자산으로 분류된 주식의 경우 처분시 평가이익(기타포괄손익누계액)을 당기손익으로 재분류조정하지 않고 직접 자본(이익잉여금)에 반영하기 때문에 당기손익으로 인식할 처분손익은 ₩0이다.

7. [AC금융자산] ①

현재가치 할인을 통해 사채의 공정가치를 평가한다.

원금의 현재가치 = ₩1,000,000 × 0.62092(5년, 10% 현재가치) = ₩620,920

이자의 현재가치 = ₩80,000 × 3.79079(5년, 10% 연금) = ₩303,263

사채의 현재가치 = ₩620,920 + ₩303,263 = ₩924,183

8. [금융상품의 분류 및 개념] ②

주식을 장기보유 목적으로 취득하였다고 해도 계약상 현금흐름이 사전적으로 정해져 있지 않다. 따라서 AC금융자산으로 분류할 수 없다.

9. [금융상품의 분류 및 개념] ③

(차) FVOCI금융자산평가손실	10,000	(대) FVOCI금융자산	10,000
(차) 현　　금	110,000	(대) FVOCI금융자산	110,000
(차) FVOCI금융자산평가이익누계액	10,000	(대) 이익잉여금*	10,000

* 처분시점의 평가손익(기타포괄손익누계액)은 당기손익으로 재분류조정되지 않고 직접 자본(이익잉여금)에 반영된다. 따라서 당기손익으로 인식할 처분손익은 ₩0이다.
만약 해당 금융자산이 채권이었다면 처분시점에 평가이익이 당기손익으로 재분류조정된다. 이 경우 해당 거래는 당기순이익에 영향을 미친다.

10. [관계기업투자주식] ③

주식취득

(차) 관계기업투자주식	500,000,000	(대) 현　　금	500,000,000

배당금 수취

(차) 현　　금	12,000,000	(대) 관계기업투자주식	12,000,000*

* ₩30,000,000(총배당금) × 40%(지분율) = ₩12,000,000

(주)넥슨의 당기순이익의 40%를 지분법이익으로 인식함

(차) 관계기업투자주식	400,000,000	(대) 지분법이익	400,000,000

기말에 관계기업투자주식계정의 잔액은 ₩500,000,000 − ₩12,000,000 + ₩400,000,000 = ₩888,000,000

11. [관계기업과 종속기업 투자] ⑤

지분율이 50% 이하라도 다른 이유 때문에 실질적으로 지배력을 행사하고 있다면 연결재무제표를 작성한다.

12. [범주 재분류와 재분류조정] ②

금융자산 중 채권의 경우만 보유목적이 변한다면 재분류를 할 수 있다.

미니케이스 풀이

(1) 당기손익-공정가치측정금융자산의 기말 장부금액은 항상 기말시점 공정가치와 일치해야 한다. 따라서 파생결합증권과 파생상품자산의 장부금액은 각각 179,444,018천원과 180,587,948천원이다.

(2) 기타포괄손익-공정가치측정금융자산의 기말 장부금액은 항상 기말시점 공정가치와 일치해야 한다. 따라서 2024년 3월 31일 장부금액인 134,766,235천원으로부터 기말 공정가치가 134,766,235천원임을 알 수 있다.

(3) 당기손익-공정가치측정금융자산＝₩7,613,527,510천원
기타포괄손익-공정가치측정금융자산＝₩455,172,688천원
자산총계(연결재무상태표)＝₩10,198,800,404천원

2024년 3월말 총자산 중 당기손익-공정가치측정금융자산이 차지하는 비중은 75%, 기타포괄손익-공정가치측정금융자산이 차지하는 비중은 4.5%이다. 신영증권은 증권사로서 직접 많은 금융자산(주식이나 채권)을 매수하여 보유하거나 처분하는 과정에서 이익을 올리는 것이 주영업활동이며, 자회사인 신영자산운용도 투자자들로부터 모은 자금(즉 투자자들이 신영자산운용이 운영하는 펀드에 투자한 자금)을 이용하여 많은 금융자산에 투자를 하고 있다. 따라서 많은 금융자산을 보유하고 있는 것이다.

(4) 금융상품평가및처분이익＝₩370,141,590천원
금융상품평가및처분손실＝₩547,083,270천원

처분이익과 처분손실을 종합하면 신영증권이 2023년 4월~2024년 3월 기간 동안 금융상품의 보유나 처분을 통해 약 1,770억원의 손실을 입은 것을 알 수 있다. 구체적인 원인은 쉽게 파악하기 어렵지만 주석 24에 의하면 금융상품평가및처분이익은 대부분 금액이 당기손익-공정가치측정금융자산처분이익(1,667억원)과 평가이익(1,071억원)에서 발생했으며, 금융상품평가및처분손실은 당기손익-공정가치측정금융자산처분손실(2,296억원)과 매도파생결합증권상환손실(1,551억원)에서 발생한 것을 파악할 수 있다.

(5) 예를 들어 국내 증권사 중 최대회사인 삼성증권의 경우 2023년 12월말 현재 당기손익-공정가치측정금융자산은 약 33조 1,729억원, 기타포괄손익-공정가치측정금융자산은 약 1조 6,387억원을 보유하고 있다. 이는 전체 자산 중 각각 59%와 3%를 차지한다. 신영증권이 더 많은 비중의 금융자산을 보유하고 있다는 점을 알 수 있다.

(6) 삼성증권은 포괄손익계산서의 표시방법이 신영증권과 약간 다르기 때문에 직접 비교하기는 힘들다. 2023년 동안 삼성증권이 당기손익-공정가치측정금융상품과 관련하여 기록한 순손익(당기손익-공정가치측정금융상품순손익)은 이익 2,660억원이다.

제10장 자 본

연습문제 풀이

주관식

1. [주식의 종류]

보통주(common stock)는 주식회사가 여러 종류의 주식을 발행할 때 기준이 되는 주식이다. 보통주를 소유한 주주들은 주주총회에 참가하여 투표를 통해 회사의 주요 경영방침에 참여할 수 있는 권리(즉 의결권)와 배당금을 지급받을 수 있는 권리(즉 배당권)를 가진다. 또한 회사가 부도가 나거나 청산하는 경우에 보통주주들은 잔여재산에 대한 청구권을 가진다. 즉 채권자와 우선주에 대한 지분을 우선 지급한 후 잔여재산이 있는 경우에만 주주의 청구권이 있다.

우선주(preferred stock)는 이익을 배당하거나 회사를 청산할 때 보통주보다 우선적인 청구권을 갖는 주식을 말한다. 우선주는 의결권이 없기 때문에 주주총회시 투표에 참여할 수 없다. 이런 이유에서 우선주는 보통주보다 약간 낮은 가격으로 거래되는 것이 일반적이다. 우선주에 대해서는 마치 부채에 대해 이자를 지급하는 것처럼 일정률의 배당을 우선적으로 지급해야 하는 경우가 대부분이다. 따라서 우선주는 자본이지만 부채의 성격도 일부 갖고 있다고 볼 수 있다.

2. [주식발행의 분개]

(1) 20×1년 6월 1일

(차) 현 금	880,000***	(대)	우선주자본금	300,000*
			보통주자본금	400,000**
			주식발행초과금	180,000

* 100주 × ₩3,000 = ₩300,000
** 200주 × ₩2,000 = ₩400,000
*** (100주 + 200주) × ₩3,000 − ₩20,000 = ₩880,000

(2) 20×1년 8월 1일

(차) 현 금	240,000**	(대)	자 본 금	200,000*
			주식발행초과금	40,000

* 100주 × ₩2,000 = ₩200,000
** 100주 × ₩2,500 − ₩10,000 = ₩240,000

3. [자기주식]

(1) 20×1년 3월 1일

(차) 현 금	10,200,000**	(대)	자 본 금	7,500,000*
			주식발행초과금	2,700,000

* 1,500주 × ₩5,000 = ₩7,500,000
** 1,500주 × ₩7,000 − ₩300,000 = ₩10,200,000

(2) 20×1년 5월 1일

(차) 자 기 주 식	4,000,000 *	(대) 현 금	4,000,000

* 500주 × ₩8,000 = ₩4,000,000

(3) 20×1년 7월 23일

(차) 현 금	1,800,000 **	(대) 자 기 주 식	1,600,000 *
		자기주식처분이익	200,000

* 200주 × ₩8,000 = ₩1,600,000
** 200주 × ₩9,000 = ₩1,800,000

(4) 20×1년 8월 15일

(차) 현 금	1,950,000 **	(대) 자 기 주 식	2,400,000 *
자기주식처분이익	200,000		
자기주식처분손실	250,000		

* 300주 × ₩8,000 = ₩2,400,000
** 300주 × ₩6,500 = ₩1,950,000

자기주식 재발행에 따른 처분손실은 ₩450,000이다. 이 중 7월 23일에 인식한 처분이익 ₩200,000을 우선 상계하고 남은 ₩250,000을 처분손실로 인식한다.

4. [현금배당에 관한 분개]

20×1년 2월 1일

(차) 이익잉여금	10,000,000	(대) 미지급배당금	10,000,000 *

* 10,000주 × (₩5,000 × 20%) = ₩10,000,000

20×1년 5월 1일

(차) 미지급배당금	10,000,000	(대) 현 금	10,000,000

5. [주식발행]

(1) 20×1년 7월 3일

(차) 현 금	400,000,000 ***	(대) 우선주자본금	35,000,000 *
		보통주자본금	300,000,000 **
		주식발행초과금	65,000,000

* 5,000주 × ₩7,000 = ₩35,000,000
** 30,000주 × ₩10,000 = ₩300,000,000
*** 5,000주 × ₩8,000 + 30,000주 × ₩12,000 = ₩400,000,000

20×1년 7월 8일

(차) 현 금	55,000,000 **	(대) 보통주자본금	50,000,000 *
		주식발행초과금	5,000,000

* 5,000주 × ₩10,000 = ₩50,000,000
** 5,000주 × ₩11,000 = ₩55,000,000

20×1년 7월 31일

(차) 집 합 손 익	1,000,000	(대) 이익잉여금	1,000,000

(2)

부분재무상태표

(주)덕송 20×1년 7월 31일

자 산	부 채	
	자 본	
	납입자본금	
	보통주자본금	₩350,000,000
	우선주자본금	35,000,000
	주식발행초과금	70,000,000
	계	₩455,000,000
	이익잉여금	1,000,000
	자본총계	₩456,000,000

6. [증자와 감자]

(1) (차) 주식발행초과금	100,000	(대) 자 본 금	100,000
(2) (차) 자 본 금	300,000 **	(대) 현 금	200,000 *
		감 자 차 익	100,000

* 100주 × ₩2,000 = ₩200,000

** 100주 × ₩3,000 = ₩300,000

(3) 회사의 자본금이 증가하는 것을 증자라고 하고, 자본금이 감소하는 것을 감자라고 한다. 증자는 유상증자와 같이 주식을 발행하고 주주로부터 현금을 수취하거나(실질적 증자), 자본잉여금 또는 이익잉여금을 자본금에 전입하는 등 순자산의 증가 없이 자본금만 증가(형식적 증자)하는 방법이 있다. 자본금이 감소하는 감자의 경우, 회사가 이미 발행한 주식을 유상으로 재취득하여 소각하거나(실질적 감자) 순자산의 감소 없이 명목상으로만 자본금이 감소(형식적 감자)하는 방법이 있다.

7. [자본계정의 분석]

(1) 발행보통주식수 = 보통주자본금 ÷ 액면금액
= ₩800,000 ÷ ₩1,000 = 800주

(2) 보통주 평균발행금액 = (보통주자본금 + 보통주 주식발행초과금) ÷ 발행주식수
= (₩800,000 + ₩200,000) ÷ 800주 = ₩1,250

(3) 우선주 배당액 = 우선주 주식수 × ₩1,500 × 10%
= (₩600,000 ÷ ₩1,500) × ₩1,500 × 10% = ₩60,000

(4) 납입자본 총액 = 보통주자본금 + 우선주자본금 + 주식발행초과금
= ₩800,000 + ₩600,000 + ₩200,000 = ₩1,600,000

8. [이익잉여금의 구성]

(1) 납입자본 총액＝자본금＋주식발행초과금

＝₩2,500,000＋₩1,500,000＝₩4,000,000

(2) 자본잉여금＝주식발행초과금＝₩1,500,000

(3) 이익잉여금＝법정적립금＋임의적립금＋미처분이익잉여금

＝₩400,000＋₩300,000＋₩500,000＝₩1,200,000

(4) 자본총액＝납입자본 총액＋이익잉여금 총액

＝₩4,000,000＋₩1,200,000＝₩5,200,000

9. [이익잉여금의 처분]

(1)

(차)		(대)	
미처분이익잉여금	23,000	이익준비금	3,000
		배당평균적립금	5,000
		미지급배당금	15,000

(2)

부분재무상태표

(주)덕송　　20×2년 12월 31일

자 산	부 채	
	자 본	
	납입자본금	
	자 본 금	₩155,000
	주식발행초과금	50,000
	계	205,000
	이익잉여금	
	이익준비금	13,000
	배당평균적립금	25,000
	미처분이익잉여금	2,000
	계	40,000

이익준비금＝₩10,000＋₩3,000＝₩13,000

배당평균적립금＝₩20,000＋₩5,000＝₩25,000

미처분이익잉여금＝₩25,000－₩23,000＝₩2,000

이익잉여금 총액＝이익준비금＋배당평균적립금＋미처분이익잉여금

＝₩13,000＋₩25,000＋₩2,000＝₩40,000

또는 다음과 같이 구할 수도 있다.

이익잉여금 총액*＝₩55,000(미처분이익잉여금 처분 전 이익잉여금 총액)－₩15,000(현금배당)＝₩40,000

* 이익준비금과 배당평균적립금은 미처분이익잉여금을 적립금으로 재분류한 것이므로, 이익잉여금 총액에 변동을 가져오지 않기 때문에 총액에서 차감하지 않는다.

(3) 납입자본 총액＝자본금＋주식발행초과금＝₩155,000＋₩50,000＝₩205,000 (변동 없음)

(4)

(차)		(대)	
집 합 손 익	13,000	미처분이익잉여금	13,000

부분재무상태표

(주)덕송	20×2년 12월 31일	
자 산	부 채	
	자 본	
	납입자본금	
	자 본 금	₩155,000
	주식발행초과금	50,000
	계	205,000
	이익잉여금	
	이익준비금	13,000
	배당평균적립금	25,000
	미처분이익잉여금	15,000
	계	53,000

10. [이익잉여금의 처분]

(1) 20×1년 2월 1일

(차) 미처분이익잉여금	1,300,000	(대) 임의적립금	300,000
		법정적립금	200,000
		미지급배당금	500,000
		미교부주식배당금	300,000

20×1년 2월 20일

(차) 미교부주식배당금	300,000	(대) 자 본 금	300,000
미지급배당금	500,000	현 금	500,000

20×1년 9월 1일

(차) 미처분이익잉여금	200,000	(대) 현 금	200,000

20×1년 10월 1일

(차) 현 금	1,800,000 **	(대) 자 본 금	2,500,000 *
주식할인발행차금	700,000 ***		

* 500주 × ₩5,000 = ₩2,500,000

** 500주 × ₩4,000 − ₩200,000 = ₩1,800,000

*** 주당 ₩1,000의 할인발행을 하였으므로, 주식할인발행차금은 ₩500,000(= ₩1,000 × 500주)만큼 발행했다. 신주발행비는 주식발행을 통해 유입된 자금에서 차감하므로, 신주발행비 ₩200,000은 주식할인발행차금으로 취급한다. 따라서 주식할인발행차금 총액은 ₩700,000이다. 주식할인발행차금은 자본조정으로 분류되는 항목이다.

20×1년 12월 31일(마감분개)

(차) 집 합 손 익	1,500,000	(대) 미처분이익잉여금	1,500,000

(2) 10월 1일 분개에서 자본금은 ₩2,500,000 증가하였고, 주식할인발행차금(자본조정계정)은 ₩700,000 증가하였다.

자본변동표

구 분	납입자본	자본조정	이익잉여금	총 계
20×1년 1월 1일	₩15,000,000	₩0	₩5,000,000	₩20,000,000
배 당	300,000		(800,000)	(500,000)
중간배당			(200,000)	(200,000)
유상증자	2,500,000	(700,000)		1,800,000
당기순이익			1,500,000	1,500,000
20×1년 12월 31일	₩17,800,000	(₩700,000)	₩5,500,000	₩22,600,000

객관식

1. [자 본] ①

가. 자기주식을 취득하면 현금과 총자본이 감소한다.
다. 유상소각은 실질적 감자에 해당한다.
라. 감자차손은 자본조정항목이다.

2. [자 본] ④

가. 이익준비금은 실제로 은행에 적립하는 것이 아니고 이익잉여금 내에서 재분류하는 것뿐이다.
나. 주식배당은 이익잉여금을 자본금으로 대체하는 것으로 현금의 유출을 수반하지 않는다.

3. [감자 회계처리] ③

차감되는 자본금＝액면금액×주식수＝₩3,000×5,000주＝₩15,000,000
매입가액과 위의 차감되는 자본금의 차이는 감자차익이다.
감자차익＝차감되는 자본금－주식매입가액＝₩15,000,000－₩10,000,000＝₩5,000,000

(차) 자 본 금	15,000,000	(대) 현 금	10,000,000
		감 자 차 익	5,000,000

4. [자기주식의 이익소각 회계처리] ①

자기주식을 이익소각의 방법으로 소각하는 경우 자기주식의 취득원가(₩25,000,000)만큼 미처분이익잉여금을 줄이고 자기주식을 없앤다. 이때 자기주식처분손익이나 감자차손익이 발생하지 않는다.

5. [자기주식의 감자소각 회계처리] ②

자기주식을 감자소각의 방법으로 소각하면, 자기주식의 액면금액(₩15,000,000)만큼 자본금을 줄이고, 자기주식 취득원가(₩25,000,000)와 차이(₩10,000,000)를 감자차익 또는 감자차손으로 인식한다.

6. [기말 이익잉여금] ②

당기순이익=총수익−총비용=₩580,000−₩430,000=₩150,000

기말 이익잉여금=기초 이익잉여금−총배당금 지급액+당기순이익

=₩1,570,000−₩54,000+₩150,000=₩1,666,000

7. [주식발행초과금] ⑤

주식발행초과금=납입금액 총액−보통주자본금−주식발행비

=2,000주×₩7,000−2,000주×₩5,000−₩700,000

=₩3,300,000

8. [자기주식] ④

자기주식의 금액은 취득금액으로 계산한다.

취득금액=₩6,500×200주=₩1,300,000

(차) 자 기 주 식	1,300,000	(대) 현 금	1,300,000

9. [자본거래 종합] ②

1월 25일 : 자기주식 취득(자본 감소) 200주×₩2,000=(₩400,000)

2월 25일 : 자기주식 매각(자본 증가) 50주×₩3,000=₩150,000

8월 25일 : 주식발행(자본 증가) 100주×₩1,500−₩50,000=₩100,000

12월 25일 : 당기순이익(자본 증가)=₩1,000,000

10. [증자와 감자] ①

유상증자의 경우, 발행금액이 주식의 액면금액보다 높을 때만 자본잉여금(주식발행초과금)이 증가한다. 발행금액이 액면금액과 동일하면 자본금만 증가하고, 발행금액이 액면금액보다 낮다면 그 차액을 자본조정(주식할인발행차금)으로 기록한다.

11. [주식배당과 무상증자] ①

주식배당은 액면금액으로 발행된 것으로 기록하므로 자본잉여금이나 자본조정이 발생하지 않는다. 무상증자를 실시하면 자본금이 증가하지만 총자본은 변함이 없다. 주식배당이나 무상증자의 경우 기존 주주들이 가지고 있던 주식수에 비례하여 새 주식을 받게 되므로 주주들의 지분비율에는 변화가 없다.

12. [이익잉여금, 배당, 자본조정] ④

이익잉여금은 기업이 현금으로 보유하고 있는 금액이라고 볼 수 없다. 이 중 일부는 현금으로 보유하고 있을 수 있지만, 대부분의 금액은 재투자 목적으로 이미 지출된 금액이다. 법정적립금은 배당할 수 없도록 법으로 정해진 금액이다. 자기주식은 이미 발행하여 주식시장에서 거래되는 주식들 중 일부를 기업이 취득하여 보유하는 주식을 말한다.

13. [자본거래 종합] ③

이익소각의 경우 자기주식의 취득원가와 동일한 금액의 미처분이익잉여금을 상계처리하므로 감자차익이나 손실이 발생하지 않는다.

미니케이스 풀이

(1) 액면금액은 5,000원이다(2023년 연결재무제표에 대한 주석 26에서 확인가능).

주석 26. 자본

(1) 당기말과 전기말 현재 지배회사의 자본금 내역은 다음과 같습니다.

(단위 : 백만원)

구 분	수권주식수(주)	발행주식수(주)	1주당 금액(원)	납입자본금
보 통 주	350,000,000	92,915,378	5,000	₩464,577
우 선 주		1,784,826	5,000	8,924
합 계	350,000,000	94,700,204	5,000	₩473,501

(2) 2023년 연결재무제표의 주석 26에 따르면 자기주식 705백만원이 연결자본조정에 반영되어 있음을 알 수 있다.

26. 자본

(단위: 백만원)

구 분	당기말	전기말
연결자본조정		
자기주식(*1)	(₩705)	(₩705)
기타자본조정	(2,966,149)	(2,964,519)
자본조정 소계	(₩2,966,854)	(₩2,965,224)

(*1) 당기말 현재 인적분할시 분할비율에 의거 신규 주권을 배정함에 따라 발생되는 단주의 처리를 위하여 기명식 보통주식 19,883주와 무의결권 우선주식 5,150주를 시가로 취득한 자기주식을 자본조정계정으로 계상하고 있으며 향후 시장상황에 따라 처분할 예정입니다.

제11장 현금흐름표

연습문제 풀이

주관식

1. [기본이론]

- 영업활동 현금흐름 : 기업의 주요 수익창출활동으로부터 창출된 현금흐름을 의미하며, 투자활동과 재무활동으로 분류되지 않는 기타 모든 활동을 포괄적으로 의미한다. 예로는 매출채권의 회수, 매입채무의 지급 및 급여지급 등이 있다.
- 투자활동 현금흐름 : 유형자산이나 무형자산, 장기금융자산, 기타 비유동자산의 취득과 처분에 관련된 현금흐름이다. 예로는 유형자산처분으로 인한 현금유입, 다른 기업의 주식이나 채권의 취득으로 인한 현금유출이 있다.
- 재무활동 현금흐름 : 기업이 경영활동에 필요한 자금을 조달하고 이에 대한 대가를 지급함으로써 발생하는 현금흐름을 의미한다. 예로는 사채의 발행에 따른 현금유입 및 자기주식의 취득에 따른 현금유출이 있다.

2. [항목의 분류]

거래활동	현금흐름표 항목
㉠ 기계장치의 취득	(3) 투자활동－현금의 유출
㉡ 사채의 상환	(4) 재무활동－현금의 유출
㉢ 건물의 처분	(3) 투자활동－현금의 유입
㉣ 배당금의 지급	(4) 재무활동－현금의 유출
㉤ 무형자산의 상각	(1) 영업활동－순이익에 가산
㉥ 감가상각비	(1) 영업활동－순이익에 가산
㉦ 유상증자	(4) 재무활동－현금의 유입
㉧ 종업원 급여의 지급	(5) 해당 사항 없음
㉨ 매출채권의 증가	(2) 영업활동－순이익에서 차감
㉩ 매입채무의 감소	(2) 영업활동－순이익에서 차감

* ㉧ 종업원 급여의 지급은 포괄손익계산서상에서 당기순이익계산에 이미 포함된 항목이다.

3. [투자활동]

동 거래에서 실제 현금지급액은 ₩45,000이지만 사채발행(부채 증가)으로 ₩555,000의 재무활동 현금유입이 발생하고, 토지구입(자산 증가)의 대가로 ₩600,000의 현금이 지급되어 이만큼 투자활동 현금유출이 일어난 것으로 해석할 수 있다.

4. [영업활동]

당기순이익에서 영업활동 현금흐름과 관련이 없는 손익(비현금비용 등)을 제거하는 동시에 현금을 제외한 영업활동으로 인한 자산, 부채의 변동을 반영하면 아래와 같이 영업활동 현금흐름을 구할 수 있다.

당기순손실	(₩80,000)
감가상각비	30,000
매출채권의 감소	3,000
재고자산의 감소	17,000
선급비용의 증가	(40,000)
선수금의 증가	18,000
매입채무의 증가	33,000
영업활동 현금흐름	(₩19,000)

5. [거래의 분석]

(1) 영업활동 현금흐름

현금매출	₩35,000
매출채권의 회수	60,000
종업원 급여 지급	(20,000)
영업활동 현금흐름	₩75,000

(2) 투자활동 현금흐름

토지의 처분	₩400,000
건물의 취득	(150,000)
투자활동 현금흐름	₩250,000

(3) 재무활동 현금흐름

단기차입금 조달	₩400,000
현금배당	(600,000)
장기차입금 상환	(10,000)
재무활동 현금흐름	(₩210,000)

6. [거래의 분석]

(1) 상품의 매입

(차)	상 품	250,000	(대) 현 금	200,000
			매 입 채 무	50,000

(2) 매입채무의 지급

(차)	매 입 채 무	45,000	(대) 현 금	45,000

(3) 차량(유형자산)의 처분

(차) 현　　금	200,000	(대) 차　　량	300,000
감가상각누계액	120,000	유형자산처분이익	20,000

(4) 현금배당

(차) 미지급배당금*	27,000	(대) 현　　금	27,000

* 전년도 결의에서 (차) 이익잉여금 27,000 (대) 미지급배당금 27,000으로 분개하였으므로, 배당을 지급하는 시점에는 차변에 미지급배당금을 제거하는 분개를 해야 한다.

(5) 상품의 매출

(차) 현　　금	500,000	(대) 매　　출	580,000
매 출 채 권	80,000		

위 거래들로부터 (주)덕송의 총현금흐름은 ₩428,000(=₩200,000+₩500,000−₩200,000−₩45,000−₩27,000)임을 알 수 있다.

7. [영업활동]

상품의 매입으로 인한 현금의 총지출액은 상품매입과 관련된 두 가지 항목인 당기의 상품매입액과 매입채무 지급액을 알면 계산할 수 있다. 당기 상품매입액은 기말재고액과 매출원가를 합한 금액에서 기초재고액을 차감하면 구할 수 있으므로, ₩558,000(=₩80,000+₩560,000−₩82,000)이다.
부분재무상태표에 나타나 있듯이, 매입채무가 ₩120,000 증가하였으므로, 당기 매입액(₩558,000)에 비해 아직 결제되지 않은 금액이 ₩120,000만큼 더 크다고 할 수 있다. 즉, 당기 매입액에서 매입채무 증가금액을 차감한 ₩438,000이 현금지급액이다.
또는 다음과 같이 생각해도 같은 결과에 이른다. 즉 기초매입채무 ₩350,000을 당기에 전액 현금으로 지급하고, 당기 매입액(₩558,000) 중 아직 ₩470,000(기말 매입채무 잔액)만큼은 지급하지 않고 ₩88,000만 지급했다고 생각할 수 있다. 이 경우 당기 현금지급액은 ₩350,000과 ₩88,000을 더한 ₩438,000이다.

8. [영업활동]

영업활동 현금흐름을 구하기 전 각 거래를 영업활동, 투자활동, 재무활동의 항목별로 구분하는 것이 우선이다. 유상증자와 사채의 상환은 재무활동이고 토지의 구입은 투자활동이므로 영업활동 현금흐름을 구할 때에는 고려하지 않음을 주의해야 한다.

당기순이익	₩870,000
감가상각비	13,000
매출채권의 증가	(20,000)
유형자산처분손실	55,000
매입채무의 증가	60,000
영업활동 현금흐름	₩978,000

9. [투자활동]

(1) 옛 건물의 처분

(차) 현　　　금	170,000	(대) 건　　　물	250,000
감가상각누계액	100,000	유형자산처분이익	20,000

(2) 새 건물의 구입

(차) 건　　　물	400,000	(대) 현　　　금	300,000
		미 지 급 금	100,000

(3) 투자활동 현금흐름은 현금유입액 ₩170,000과 현금유출액 ₩300,000이다. 즉, 투자활동으로 인해 ₩130,000만큼의 현금이 유출되었다.

10. [현금주의, 발생주의]

현금흐름표에 계상되는 현금주의에 의해 측정한 당기순이익을 손익계산서에 계상되는 발생주의에 의해 측정할 수 있는 당기순이익으로 바꾸는 문제이다. 이는 간접법을 이용하여 영업활동 현금흐름을 구하는 작업의 역에 해당함을 알 수 있다.

(1) 매출액의 계산		
판매활동으로부터의 현금유입액	₩330,000	
매출채권의 감소	(10,000)	₩320,000
(2) 매출원가의 계산		
매입에 대한 현금유출액	60,000	
재고자산의 증가	(10,000)	
매입채무의 감소	(20,000)	30,000
(3) 급여의 계산		
급여에 대한 현금유출액	80,000	
미지급급여의 감소	(8,000)	72,000
(4) 이자비용의 계산		
이자비용에 대한 현금유출액		20,000

손익계산서

(주)덕송　　20×1년 1월 1일～12월 31일　　(단위 : 원)

매　　출	₩320,000
매 출 원 가	30,000
매출총이익	₩290,000
감가상각비	10,000
급　　여	72,000
이 자 비 용	20,000
당기순이익	₩188,000

객관식

1. [기본개념] ③

현금흐름표의 작성방법으로는 간접법과 직접법이 있다.

2. [기본개념] ②

① 사채의 상환, 유상증자는 재무활동 현금흐름과 관련이 있다.
③ 지급해야 할 법인세를 지급하지 않아서 미지급법인세계정이 증가한 것이므로, 현금의 유입이 발생한 것이다.
④ 현금흐름표는 현금이 실질적으로 유입, 유출되었는지의 여부를 따져 작성하게 되므로, 현금주의 기준에 의해 작성된다.
⑤ 매출채권의 증감은 실질적인 현금이 회수되는지의 여부를 결정지으므로, 현금흐름표를 작성할 때 고려해야 한다.

3. [영업활동] ③

① 법인세의 지급은 영업활동으로 분류한다.
②, ④, ⑤ 재고자산, 미지급급여, 매출채권은 영업활동과 관련된 자산·부채로서, 이 계정들의 잔액이 변동하면서 영업활동 현금흐름에도 영향을 미친다. 예를 들어 자산계정의 잔액이 증가하면 영업활동 현금흐름은 감소하고, 부채계정의 잔액이 증가하면 영업활동 현금흐름은 증가한다.
③ 유형자산을 취득하거나 처분하는 활동은 대표적인 투자활동이다. 따라서 유형자산을 취득하면서 유출된 현금이나 처분하면서 유입된 현금은 모두 투자활동 현금흐름으로 분류한다.

4. [재무활동] ④

지분법적용투자주식의 취득과 건물의 처분은 투자활동에, 법인세비용의 납부와 판매수수료 지급은 영업활동에 속한다. 사채의 상환은 재무활동 현금흐름을 계산할 때 현금의 유출로 인식된다.

5. [투자활동] ②, ③

자기주식의 처분과 현금배당금의 지급은 투자활동이 아닌 재무활동에 속하는 거래들이다.

6. [투자활동] ④

자료에 제시된 금액을 반영하는 분개를 수행함으로써 투자활동으로 인한 순현금흐름을 계산할 수 있다. 자료에는 취득으로 인한 현금유출액(₩25,000)이 제시되어 있으므로, 분개를 통해 처분으로 인한 현금유입액(A)을 먼저 계산하고, 현금유입액(A)과 현금유출액 ₩25,000을 함께 고려한 순현금흐름을 계산한다. 한편 기초/기말 유형자산의 잔액은 감가상각누계액을 차감한 순액으로 제시되어 있으므로, 분개를 수행할 때 감가상각누계액은 별도로 고려하지 않는다.

(차) 유 형 자 산(순액)	15,000	(대) 현금(취득금액)	25,000
감가상각비	10,000	유형자산처분이익	10,000
현금(처분가액)	A		

A = ₩25,000 + ₩10,000 − ₩15,000 − ₩10,000 = ₩10,000
또한 '기초유형자산(순액) + 당기취득금액 − 처분유형자산(순액) − 감가상각비 = 기말유형자산(순액)'식을 사용할 수도 있다. 처분된 유형자산(순액) = ₩25,000 + ₩25,000 − ₩10,000 − ₩40,000 = ₩0이다. 이에 유형자산처분이익 ₩10,000을 가산하면 처분으로 인한 현금유입액 ₩10,000을 얻을 수 있다.
순현금흐름 = 현금유입액(₩10,000) − 현금유출액(₩25,000) = (₩15,000)

7. [현금주의, 발생주의] ⑤

발생주의 기준 당기순이익을 기초로 하여 영업활동 현금흐름을 구할 때, 매출채권이 증가하고 선수금이 감소한 만큼 차감하였고 선급비용이 감소한 만큼 가산해주었다. 영업활동 현금흐름을 기초로 발생기준 당기순이익을 알고 싶으면 앞의 과정을 역으로 하면 구할 수 있다.

영업활동 현금흐름	₩60,000
매출채권의 증가	9,000
선수금의 감소	8,000
선급비용의 감소	(13,000)
당기순이익	₩64,000

8. [영업활동] ①

매출원가는 당기에 판매한 재고자산에 대하여 공급자에게 지급한 금액을, 재고자산의 증가분은 당기에 공급자로부터 추가로 사들인 금액을 뜻한다. 또한 매입채무의 증가분은 이 중 현금으로 지급되지 않은 부분이므로, 공급자에게 지급한 현금을 계산할 때 빼준다.

매출원가	₩80,000
상품의 증가	2,000
매입채무의 증가	(26,000)
공급자에게 지급한 현금	₩56,000

9. [영업활동] ①

당기순이익	₩291,000
감가상각비	70,000
유형자산처분이익	(14,000)
유형자산손상차손	64,000
영업활동 현금흐름	₩411,000

매출원가와 급여는 실제로 유출된 현금이므로 당기순이익에서 가감하지 않는다는 사실에 유의해야 한다.

10. [재무활동] ②

장기차입금의 차입	₩980,000
사채의 상환	(350,000)
유상증자	710,000
현금배당	(480,000)
재무활동 현금흐름	₩860,000

토지의 구입, FVOCI금융자산의 처분, 기계장치의 구입, 건물의 처분 등은 투자활동에, 매출채권의 감소, 매입채무의 증가는 영업활동에 포함된다.

11. [투자활동] ③

먼저 구 건물의 처분금액을 확인한다.

	20×0년말	20×1년말
건 물	₩720,000	₩360,000
감가상각누계액	(450,000)	(40,000)
건물의 장부금액	270,000	320,000

20×0년말 구 건물의 장부금액이 ₩270,000이고 20×1년의 건물처분이익이 ₩110,000이므로, 다음의 분개를 통하여 건물의 처분금액(현금유입액)이 ₩380,000임을 알 수 있다.

(차) 현 금	?	(대) 건 물	720,000
감가상각누계액	450,000	건물처분이익	110,000

신규 건물의 취득원가는 ₩360,000(현금유출액)이므로 (주)덕송의 20×1년 투자활동 현금흐름은 ₩20,000이 된다. 20×1년도의 감가상각누계액 ₩40,000은 투자활동 현금흐름과 관계가 없음을 주의해야 한다.

12. [현금주의, 발생주의] ④

현금기준으로 계산된 영업활동 현금흐름을 이용하여 발생기준 당기순이익을 구하는 문제이다. 아래의 표와 같이 당기순이익 부분을 공란으로 비워놓고 영업활동 현금흐름을 구하는 과정을 되새겨 보면 구할 수 있다.

당기순이익	?
매출채권의 증가	(150,000)
미지급법인세의 감소	(3,000)
매입채무의 감소	(110,000)
선급보험료의 감소	13,000
영업활동 현금흐름	₩870,000

따라서 (주)덕송의 20×1년 당기순이익은 ₩1,120,000임을 알 수 있다.

미니케이스 풀이

(1) 이자지급액, 이자수취액, 배당수취액은 영업현금흐름으로 분류되어 있고, 배당지급액은 재무활동으로 분류되어 있다. 이는 본서에서 사용하고 있는 분류방법과 동일하다. "나. 가감" 항목에 이자비용이 가산되어 있고, 이자수익과 배당금수익이 차감되어 있다. 그러나 비슷한 금액만큼 다시 조정이 된 것을 볼 수 있다. 예를 들어 "나. 가감" 항목에 이자비용 56,168백만원이 가산되어 있으나 "4. 이자지급"에서 55,061백만원의 현금유출로 표시되어 있다. 처음 "가감" 항목에 표시된 금액은 손익계산서 당기순이익 계산시 반영된 발생주의 이자비용이고, 두 번째 표시된 것은 당기에 실제 현금으로 지급된 이자비용이다. 즉, 일단 비용으로 인식된 이자비용을 가산하여 그 효과를 제거한 다음에 현금이자지급액을 차감하는 형식인데, 이를 통해서 이용자에게 현금흐름에 대한 정보를 제공할 수 있다.

(2) 2023년 당기순이익은 13,358백만원이며, 영업활동 현금흐름은 193,580백만원이다. 즉, 영업활동 현금흐름이 180,222백만원만큼 큰 것으로 나타났다. 주요 원인 중 하나는 비현금비용인 감가상각비가 137,800백만원, 퇴직급여가 29,224백만원만큼 발생하였기 때문이다. 이만큼 당기순이익에 비해 영업현금흐름이 크게 나타난다. 영업활동과 관련된 자산·부채의 변동으로 영업현금흐름이 29,020백만원만큼 감소하였으나(주로 매출채권의 증가와 기타유동자산의 증가로 인함) 법인세에서 (+)현금흐름이 30,736백만원만큼 발생하여 서로 상쇄하는 효과가 나타났다.

주의할 점은 "나. 가감" 항목에 이자비용 56,168백만원이 가산되어 있으나(이자수익과 배당금수익과 함께), 이는 다시 아래 나타나 있는 "4. 이자지급"에서 55,061백만원의 현금유출로 표시되기 때문에 이자비용으로 인해 당기순이익과 영업현금흐름 간 차이가 발생하는 효과는 거의 없다는 것이다. 관련하여 (1)의 해답을 참고할 수 있다.

(3) 2023년 투자활동으로 인한 현금유출액은 147,727백만원으로 주로 유형자산의 취득(122,656백만원)으로 인해 발생한다. 2022년에 비해 현금유출액이 6,397백만원만큼 증가하였다. 일반적으로 기업은 장기성장을 위해 투자활동에 현금을 사용하므로 투자활동으로 인한 현금흐름은 보통 (−), 즉 현금유출로 나타난다.

(4) 2022년의 경우 재무활동으로 인한 현금유입액이 63,739백만원 발생하였으나, 2023년에는 현금유출액이 51,037백만원 발생하였다. 재무활동에서 현금유입이 발생했다는 것은 그만큼 자금을 조달했다는 것이다. 즉 2022년에는 차입금의 상환금액보다 차입금액이 더 커서 자금을 조달했던 반면, 2023년에는 신규조달한 자금보다 상환한 자금이 더 많다는 것을 의미한다.

(5) 현금흐름표의 가장 하단에는 기말 현금및현금성자산의 잔액이 나타난다. 2022년에 비해 2023년에는 현금및현금성자산의 잔액이 5,300백만원만큼 감소하였다. 이는 영업활동에서 193,580백만원의 현금을 창출하였으나, 투자활동을 위해 147,727백만원을 지출하고, 재무활동에서 51,037백만원을 지출한 결과이다. 즉, 현금흐름표의 각 활동별 현금흐름을 보면, 현금및현금성자산의 증가 또는 감소의 원천에 대한 분석이 가능하다.

제12장 재무제표분석

연습문제 풀이

주관식

1. [재무비율]

(1) 총자산이익률 : (매출총이익 − 영업비용)/평균총자산
= (₩1,100,000 − ₩572,000)/((₩33,700,000 + ₩34,300,000)/2) = 1.6%

(2) 매출액이익률 : 당기순이익/매출액
= ₩400,000/₩2,800,000 = 14.3%

(3) 당좌비율 : 당좌자산(재고자산을 제외한 유동자산)/유동부채
= ₩3,200,000/₩1,900,000 = 168.4%

(4) 이자보상비율 : (이자비용 + 법인세차감전이익)/이자비용
= ₩528,000/₩28,000 = 18.9

(5) 자본이익률 : 당기순이익/평균자본
= ₩400,000/((₩22,000,000 + ₩22,400,000)/2) = 1.8%

(6) 유동비율 : 유동자산/유동부채
= ₩4,600,000/₩1,900,000 = 242.1%

(7) 부채비율 : 총부채/자기자본
= ₩11,900,000/₩22,400,000 = 53.1%

(8) 매출채권회전율 : 매출액/평균매출채권
= ₩2,800,000/((₩1,000,000 + ₩1,200,000)/2) = 2.55회

(9) 총자산회전율 : 매출액/평균총자산
= ₩2,800,000/((₩33,700,000 + ₩34,300,000)/2) = 0.08회

(10) 재고자산회전율 : 매출원가/평균재고자산
= ₩1,700,000/₩1,500,000 = 1.13회

2. [재고자산회전율]

매출원가 : 기초재고액 + 당기매입액 − 기말재고액
= ₩780,000 + ₩4,300,000 − ₩650,000 = ₩4,430,000

재고자산회전율 : 매출원가/평균재고자산
= ₩4,430,000/((₩780,000 + ₩650,000)/2) = 6.2회

재고자산평균회전기간 : 365일/6.2회 = 58.9(일)

3. [주당이익]

(1) 평균유통주식수는 다음과 같이 계산한다.

	주식수(주)	가중치	가중평균
20×1년 기초	10,000	12/12	10,000
20×1년 7월 1일 유상증자	3,000	6/12	1,500
20×1년 9월 1일 유상증자	4,000	4/12	1,333
20×1년 10월 1일 자기주식취득	(2,000)	3/12	(500)
20×1년 기말			12,333

(2) 주당이익 : (당기순이익 − 우선주배당액)/유통주식수

= ₩28,000,000/12,333 = ₩2,270

※ 이 문제에서는 우선주가 없으므로 당기순이익을 공식의 분자로 사용하면 된다.

4. [주당이익]

	은행차입	신주발행
투자안 제외 당기순이익	₩500,000	₩500,000
투 자 수 익	₩120,000	₩120,000
이 자 비 용	₩50,000	₩0
당기순이익	₩570,000	₩620,000
유통주식수	1,000주	1,400주
예상 주당이익	₩570	₩443

5. [추세분석]

	20×1년	20×2년	20×3년	20×4년
매출액증가율	100%	110%	118%	124%
매출원가증가율	100%	119%	128%	141%

매출액이 연간 8～10% 정도로 증가하고 있다. 그러나 매출원가가 그보다 더 큰 비율로 증가하고 있으며, 이는 매출총이익이 감소하고 있음을 의미한다. 이는 두 가지로 해석할 수 있다. 첫째, 기업의 원료나 제품 구매가 상대적으로 비효율적으로 이루어진다고 해석할 수 있다. 둘째, 기업이 매출액 증가를 위해 판매가격을 낮추는 정책을 선택했기 때문이라고 해석할 수 있다.

6. [재무비율]

(1) 매출채권회전율 : 매출액/평균매출채권

= ₩2,400,000/((₩2,500,000 + ₩3,000,000)/2) = 0.87회

(2) 매출원가 = 기초재고액 + 당기매입액 − 기말재고액

= ₩7,000,000 + ₩2,000,000 − ₩7,700,000

= ₩1,300,000

재고자산회전율 : 매출원가/평균재고자산

= ₩1,300,000/((₩7,000,000 + ₩7,700,000)/2) = 0.18회

(3) 유동비율 : 유동자산/유동부채

= ₩10,700,000/₩8,400,000 = 127.4%

당좌비율 : 당좌자산/유동부채

= ₩3,000,000/₩8,400,000 = 35.7%

(4) 자본이익률 : 당기순이익/평균자본

= ₩700,000/((₩7,400,000 + ₩6,800,000)/2) = 9.9%

총자산이익률 : 당기순이익/평균총자산

= ₩700,000/((₩18,300,000 + ₩18,700,000)/2) = 3.8%

7. [재무비율]

(1)

	키움히어로즈(K)	NC다이노스(N)
유동비율	114.6% (= ₩940,000/₩820,000)	179.9% (= ₩3,040,000/₩1,690,000)
재고자산회전율	7.26회 (= ₩980,000/₩135,000)	2.47회 (= ₩3,060,000/₩1,240,000)
매출채권회전율	4.05회 (= ₩1,700,000/₩420,000)	5.07회 (= ₩5,480,000/₩1,080,000)
총자산이익률	7.1% (= ₩152,000/₩2,140,000)	6.0% (= ₩336,000/₩5,560,000)
자기자본이익률	13.6% (= ₩152,000/₩1,120,000)	17.1% (= ₩336,000/₩1,970,000)
부채비율	91.1% (= ₩1,020,000/₩1,120,000)	182.2% (= ₩3,590,000/₩1,970,000)

(2) (가) 수익성 : 총자산이익률은 K와 N이 비슷한 수준인 반면에 자기자본이익률은 N이 높다. 자기자본이익률 측면에서 보면 N의 수익성이 K에 비해서 높다고 할 수 있다.

(나) 유동성 : 단기 유동성은 N이 훨씬 높다. 왜냐하면 단기 현금화 능력의 척도인 유동비율이 높기 때문이다. 그러나 부채비율이 N이 월등히 높은 것으로 보아 N은 장기적으로 고정부채 상환에 대한 압박이 있을 가능성이 있다.

(다) 활동성 : 매출채권회전율이 N이 높은 것으로 보아 매출채권을 현금화하는 능력은 N이 뛰어나다 볼 수 있다. 그러나 차이가 크지 않기 때문에 매출채권 관리능력은 비슷한 수준이라고도 말할 수 있다.

그러나 재고자산회전율은 K가 훨씬 높은 것으로 보아 재고자산의 관리는 K가 월등히 잘한다고 말할 수 있다. N은 재고관리시스템 개선에 노력을 기울일 필요가 있다.

객관식

1. [재무비율] ④

주식을 발행하면 현금(자산)이 증가하고 자본금과 주식발행초과금(자본)이 증가한다. 매출총이익률 = 매출총이익/매출액으로, 주식발행과는 전혀 관계없는 지표이다.

2. [활동성비율] ①, ⑤

부채비율은 레버리지를 나타내는 비율이며, 주당이익은 수익성을 측정한다.

3. [구성비분석] ②

구성비분석에서 재무상태표 항목들은 총자산 대비 구성비, 손익계산서 항목들은 매출액 대비 구성비로 나타낸다.

4. [유동비율] ②

채권자는 높은 유동비율을 선호한다. 이는 높은 상환능력을 보여주기 때문이다.
⑤ 재고자산이 없는 경우 유동비율과 당좌비율의 값이 같다.

5. [부채비율] ④

무상증자는 순자산에 영향을 주지 않는다.

6. [재무비율] ②

(차) 외상매입금	×××	(대) 현　　금	×××

이를 누락하였을 경우 외상매입금과 현금이 모두 과대계상되어 부채, 유동자산, 총자산 등에 영향을 끼치게 된다. 그러나 매출총이익률은 위 거래에 영향을 받지 않는다.

7. [재무비율] ①

유동부채 = ₩3,000,000/0.5 = ₩6,000,000
유동자산 = ₩6,000,000 × 1.2 = ₩7,200,000
기말재고자산 = ₩7,200,000(유동자산) − ₩3,000,000(당좌자산, 즉 재고자산을 제외한 유동자산)
　　= ₩4,200,000
기초재고액 = 기말재고자산 + 매출원가 − 당기매입액 = ₩4,200,000 + ₩8,000,000 − ₩6,000,000
　　= ₩6,200,000

8. [재무비율] ②

유통주식수 = 발행주식수 − 자기주식수 = 45,000(주)
주당이익 = ₩200,000/45,000 = ₩4.4
평균총자산 = ₩200,000/0.2 = ₩1,000,000
총자산회전율 = ₩1,500,000/₩1,000,000 = 1.5회

9. [주당이익] ②

	주식수(주)	가중치	가중평균
20×1년 기초	10,000	12/12	10,000
20×1년 7월 1일 유상증자	3,000	6/12	1,500
20×1년 9월 1일 유상증자	2,000	4/12	667
20×1년 기말	15,000		12,167

주당이익 = ₩3,000,000/12,167 = ₩247

부 록

가치계산표

〈표 A-1〉 단일금액 1원의 미래가치 $F_n = (1+r)^n$ 기간이자율(r)

기간수 (n)	1%	2%	3%	4%	5%	6%	7%	8%	9%	10%
1	1.0100	1.0200	1.0300	1.0400	1.0500	1.0600	1.0700	1.0800	1.0900	1.1000
2	1.0201	1.0404	1.0609	1.0816	1.1025	1.1236	1.1449	1.1664	1.1881	1.2100
3	1.0303	1.0612	1.0927	1.1249	1.1576	1.1910	1.2250	1.2597	1.2950	1.3310
4	1.0406	1.0824	1.1255	1.1699	1.2155	1.2625	1.3108	1.3605	1.4116	1.4641
5	1.0510	1.1041	1.1593	1.2167	1.2763	1.3382	1.4026	1.4693	1.5386	1.6105
6	1.0615	1.1262	1.1941	1.2653	1.3401	1.4185	1.5007	1.5869	1.6771	1.7716
7	1.0721	1.1487	1.2299	1.3159	1.4071	1.5036	1.6058	1.7138	1.8280	1.9487
8	1.0829	1.1717	1.2668	1.3686	1.4775	1.5938	1.7182	1.8509	1.9926	2.1436
9	1.0937	1.1951	1.3048	1.4233	1.5513	1.6895	1.8385	1.9990	2.1719	2.3579
10	1.1046	1.2190	1.3439	1.4802	1.6289	1.7908	1.9672	2.1589	2.3674	2.5937
11	1.1157	1.2434	1.3842	1.5395	1.7103	1.8983	2.1049	2.3316	2.5804	2.8531
12	1.1268	1.2682	1.4258	1.6010	1.7959	2.0122	2.2522	2.5182	2.8127	3.1384
13	1.1381	1.2936	1.4685	1.6651	1.8856	2.1329	2.4098	2.7196	3.0658	3.4523
14	1.1495	1.3195	1.5126	1.7317	1.9799	2.2609	2.5785	2.9372	3.3417	3.7975
15	1.1610	1.3459	1.5580	1.8009	2.0789	2.3966	2.7590	3.1722	3.6425	4.1772
16	1.1726	1.3728	1.6047	1.8730	2.1829	2.5404	2.9522	3.4259	3.9703	4.5950
17	1.1843	1.4002	1.6528	1.9479	2.2920	2.6928	3.1588	3.7000	4.3276	5.0545
18	1.1961	1.4282	1.7024	2.0258	2.4066	2.8543	3.3799	3.9960	4.7171	5.5599
19	1.2081	1.4568	1.7535	2.1068	2.5270	3.0256	3.6165	4.3157	5.1417	6.1159
20	1.2202	1.4859	1.8061	2.1911	2.6533	3.2071	3.8697	4.6610	5.6044	6.7275
21	1.2324	1.5157	1.8603	2.2788	2.7860	3.3996	4.1406	5.0338	6.1088	7.4002
22	1.2447	1.5460	1.9161	2.3699	2.9253	3.6035	4.4304	5.4365	6.6586	8.1403
23	1.2572	1.5769	1.9736	2.4647	3.0715	3.8197	4.7405	5.8715	7.2579	8.9543
24	1.2697	1.6084	2.0328	2.5633	3.2251	4.0489	5.0724	6.3412	7.9111	9.8497
25	1.2824	1.6406	2.0938	2.6658	3.3864	4.2919	5.4274	6.8485	8.6231	10.8347
26	1.2953	1.6734	2.1566	2.7725	3.5557	4.5494	5.8074	7.3964	9.3992	11.9182
27	1.3082	1.7069	2.2213	2.8834	3.7335	4.8223	6.2139	7.9881	10.2451	13.1100
28	1.3213	1.7410	2.2879	2.9987	3.9201	5.1117	6.6488	8.6271	11.1671	14.4210
29	1.3345	1.7758	2.3566	3.1187	4.1161	5.4184	7.1143	9.3173	12.1722	15.8631
30	1.3478	1.8114	2.4273	3.2434	4.3219	5.7435	7.6123	10.0627	13.2677	17.4494
35	1.4166	1.9999	2.8139	3.9461	5.5160	7.6861	10.6766	14.7853	20.4140	28.1024
40	1.4889	2.2080	3.2620	4.8010	7.0400	10.2857	14.9745	21.7245	31.4094	45.2593
45	1.5648	2.4379	3.7816	5.8412	8.9850	13.7646	21.0025	31.9204	48.3273	72.8905
50	1.6446	2.6916	4.3839	7.1067	11.4674	18.4202	29.4570	46.9016	74.3575	117.3909
60	1.8167	3.2810	5.8916	10.5196	18.6792	32.9877	57.9464	101.2571	176.0313	304.4816
70	2.0068	3.9996	7.9178	15.5716	30.4264	59.0759	113.9894	218.6064	416.7301	789.7470
80	2.2167	4.8754	10.6409	23.0498	49.5614	105.7960	224.2344	471.9548	986.5517	2048.4002

기간수 (n)	11%	12%	13%	14%	15%	16%	17%	18%	19%	20%
1	1.1100	1.1200	1.1300	1.1400	1.1500	1.1600	1.1700	1.1800	1.1900	1.2000
2	1.2321	1.2544	1.2769	1.2996	1.3225	1.3456	1.3689	1.3924	1.4161	1.4400
3	1.3676	1.4049	1.4429	1.4815	1.5209	1.5609	1.6016	1.6430	1.6852	1.7280
4	1.5181	1.5735	1.6305	1.6890	1.7490	1.8106	1.8739	1.9388	2.0053	2.0736
5	1.6851	1.7623	1.8424	1.9254	2.0114	2.1003	2.1924	2.2878	2.3864	2.4883
6	1.8704	1.9738	2.0820	2.1950	2.3131	2.4364	2.5652	2.6996	2.8398	2.9860
7	2.0762	2.2107	2.3526	2.5023	2.6600	2.8262	3.0012	3.1855	3.3793	3.5832
8	2.3045	2.4760	2.6584	2.8526	3.0590	3.2784	3.5115	3.7589	4.0214	4.2998
9	2.5580	2.7731	3.0040	3.2519	3.5179	3.8030	4.1084	4.4355	4.7854	5.1598
10	2.8394	3.1058	3.3946	3.7072	4.0456	4.4114	4.8068	5.2338	5.6947	6.1917
11	3.1518	3.4785	3.8359	4.2262	4.6524	5.1173	5.6240	6.1759	6.7767	7.4301
12	3.4985	3.8960	4.3345	4.8179	5.3503	5.9360	6.5801	7.2876	8.0642	8.9161
13	3.8833	4.3635	4.8980	5.4924	6.1528	6.8858	7.6987	8.5994	9.5964	10.6993
14	4.3104	4.8871	5.5348	6.2613	7.0757	7.9875	9.0075	10.1472	11.4198	12.8392
15	4.7846	5.4736	6.2543	7.1379	8.1371	9.2655	10.5387	11.9737	13.5895	15.4070
16	5.3109	6.1304	7.0673	8.1372	9.3576	10.7480	12.3303	14.1290	16.1715	18.4884
17	5.8951	6.8660	7.9861	9.2765	10.7613	12.4677	14.4265	16.6722	19.2441	22.1861
18	6.5436	7.6900	9.0243	10.5752	12.3755	14.4625	16.8790	19.6733	22.9005	26.6233
19	7.2633	8.6128	10.1974	12.0557	14.2318	16.7765	19.7484	23.2144	27.2516	31.9480
20	8.0623	9.6463	11.5231	13.7435	16.3665	19.4608	23.1056	27.3930	32.4294	38.3376
21	8.9492	10.8038	13.0211	15.6676	18.8215	22.5745	27.0336	32.3238	38.5910	46.0051
22	9.9336	12.1003	14.7138	17.8610	21.6447	26.1864	31.6293	38.1421	45.9233	55.2061
23	11.0263	13.5523	16.6266	20.3616	24.8915	30.3762	37.0062	45.0076	54.6487	66.2474
24	12.2392	15.1786	18.7881	23.2122	28.6252	35.2364	43.2973	53.1090	65.0320	79.4968
25	13.5855	17.0001	21.2305	26.4619	32.9190	40.8742	50.6578	62.6686	77.3881	95.3962
26	15.0799	19.0401	23.9905	30.1666	37.8568	47.4141	59.2697	73.9490	92.0918	114.4755
27	16.7386	21.3249	27.1093	34.3899	43.5353	55.0004	69.3455	87.2598	109.5893	137.3706
28	18.5799	23.8839	30.6335	39.2045	50.0656	63.8004	81.1342	102.9666	130.4112	164.8447
29	20.6237	26.7499	34.6158	44.6931	57.5755	74.0085	94.9271	121.5005	155.1893	197.8136
30	22.8923	29.9599	39.1159	50.9502	66.2118	85.8499	111.0647	143.3706	184.6753	237.3763
35	38.5749	52.7996	72.0685	98.1002	133.1755	180.3141	243.5035	327.9973	440.7006	590.6682
40	65.0009	93.0510	132.7816	188.8835	267.8635	378.7212	533.8687	750.3783	1051.6675	1469.7716
45	109.5302	163.9876	244.6414	363.6791	538.7693	795.4438	1170.4794	1716.6839	2509.6506	3657.2620
50	184.5648	289.0022	450.7359	700.2330	1083.6574	1670.7038	2566.2153	3927.3569	5988.9139	9100.4382
60	524.0572	897.5969	1530.0535	2595.9187	4383.9987	7370.2014	12335.3565	20555.1400	34104.9709	56347.5144
70	1488.0191	2787.7998	5193.8696	9623.6450	17735.720	32513.165	59293.942	107582.22	194217.03	348888.96
80	4225.1128	8658.4831	17630.941	35676.982	71750.879	143429.72	285015.80	563067.66	1106004.5	2160228.5

〈표 A-2〉 단일금액 1원의 현재가치

$$P_n = \frac{1}{(1+r)^n}$$

기간이자율(r)

기간수 (n)	1%	2%	3%	4%	5%	6%	7%	8%	9%	10%
1	0.9901	0.9804	0.9709	0.9615	0.9524	0.9434	0.9346	0.9259	0.9174	0.9091
2	0.9803	0.9612	0.9426	0.9246	0.9070	0.8900	0.8734	0.8573	0.8417	0.8264
3	0.9706	0.9423	0.9151	0.8890	0.8638	0.8396	0.8163	0.7938	0.7722	0.7513
4	0.9610	0.9238	0.8885	0.8548	0.8227	0.7921	0.7629	0.7350	0.7084	0.6830
5	0.9515	0.9057	0.8626	0.8219	0.7835	0.7473	0.7130	0.6806	0.6499	0.6209
6	0.9420	0.8880	0.8375	0.7903	0.7462	0.7050	0.6663	0.6302	0.5963	0.5645
7	0.9327	0.8706	0.8131	0.7599	0.7107	0.6651	0.6227	0.5835	0.5470	0.5132
8	0.9235	0.8535	0.7894	0.7307	0.6768	0.6274	0.5820	0.5403	0.5019	0.4665
9	0.9143	0.8368	0.7664	0.7026	0.6446	0.5919	0.5439	0.5002	0.4604	0.4241
10	0.9053	0.8203	0.7441	0.6756	0.6139	0.5584	0.5083	0.4632	0.4224	0.3855
11	0.8963	0.8043	0.7224	0.6496	0.5847	0.5268	0.4751	0.4289	0.3875	0.3505
12	0.8874	0.7885	0.7014	0.6246	0.5568	0.4970	0.4440	0.3971	0.3555	0.3186
13	0.8787	0.7730	0.6810	0.6006	0.5303	0.4688	0.4150	0.3677	0.3262	0.2897
14	0.8700	0.7579	0.6611	0.5775	0.5051	0.4423	0.3878	0.3405	0.2992	0.2633
15	0.8613	0.7430	0.6419	0.5553	0.4810	0.4173	0.3624	0.3152	0.2745	0.2394
16	0.8528	0.7284	0.6232	0.5339	0.4581	0.3936	0.3387	0.2919	0.2519	0.2176
17	0.8444	0.7142	0.6050	0.5134	0.4363	0.3714	0.3166	0.2703	0.2311	0.1978
18	0.8360	0.7002	0.5874	0.4936	0.4155	0.3503	0.2959	0.2502	0.2120	0.1799
19	0.8277	0.6864	0.5703	0.4746	0.3957	0.3305	0.2765	0.2317	0.1945	0.1635
20	0.8195	0.6730	0.5537	0.4564	0.3769	0.3118	0.2584	0.2145	0.1784	0.1486
21	0.8114	0.6598	0.5375	0.4388	0.3589	0.2942	0.2415	0.1987	0.1637	0.1351
22	0.8034	0.6468	0.5219	0.4220	0.3418	0.2775	0.2257	0.1839	0.1502	0.1228
23	0.7954	0.6342	0.5067	0.4057	0.3256	0.2618	0.2109	0.1703	0.1378	0.1117
24	0.7876	0.6217	0.4919	0.3901	0.3101	0.2470	0.1971	0.1577	0.1264	0.1015
25	0.7798	0.6095	0.4776	0.3751	0.2953	0.2330	0.1842	0.1460	0.1160	0.0923
26	0.7720	0.5976	0.4637	0.3607	0.2812	0.2198	0.1722	0.1352	0.1064	0.0839
27	0.7644	0.5859	0.4502	0.3468	0.2678	0.2074	0.1609	0.1252	0.0976	0.0763
28	0.7568	0.5744	0.4371	0.3335	0.2551	0.1956	0.1504	0.1159	0.0895	0.0693
29	0.7493	0.5631	0.4243	0.3207	0.2429	0.1846	0.1406	0.1073	0.0822	0.0630
30	0.7419	0.5521	0.4120	0.3083	0.2314	0.1741	0.1314	0.0994	0.0754	0.0573
35	0.7059	0.5000	0.3554	0.2534	0.1813	0.1301	0.0937	0.0676	0.0490	0.0356
40	0.6717	0.4529	0.3066	0.2083	0.1420	0.0972	0.0668	0.0460	0.0318	0.0221
45	0.6391	0.4102	0.2644	0.1712	0.1113	0.0727	0.0476	0.0313	0.0207	0.0137
50	0.6080	0.3715	0.2281	0.1407	0.0872	0.0543	0.0339	0.0213	0.0134	0.0085
60	0.5504	0.3048	0.1697	0.0951	0.0535	0.0303	0.0173	0.0099	0.0057	0.0033
70	0.4983	0.2500	0.1263	0.0642	0.0329	0.0169	0.0088	0.0046	0.0024	0.0013
80	0.4511	0.2051	0.0940	0.0434	0.0202	0.0095	0.0045	0.0021	0.0010	0.0005

기간수 (n)	11%	12%	13%	14%	15%	16%	17%	18%	19%	20%
1	0.9009	0.8929	0.8850	0.8772	0.8696	0.8621	0.8547	0.8475	0.8403	0.8333
2	0.8116	0.7972	0.7831	0.7695	0.7561	0.7432	0.7305	0.7182	0.7062	0.6944
3	0.7312	0.7118	0.6931	0.6750	0.6575	0.6407	0.6244	0.6086	0.5934	0.5787
4	0.6587	0.6355	0.6133	0.5921	0.5718	0.5523	0.5337	0.5158	0.4987	0.4823
5	0.5935	0.5674	0.5428	0.5194	0.4972	0.4761	0.4561	0.4371	0.4190	0.4019
6	0.5346	0.5066	0.4803	0.4556	0.4323	0.4104	0.3898	0.3704	0.3521	0.3349
7	0.4817	0.4523	0.4251	0.3996	0.3759	0.3538	0.3332	0.3139	0.2959	0.2791
8	0.4339	0.4039	0.3762	0.3506	0.3269	0.3050	0.2848	0.2660	0.2487	0.2326
9	0.3909	0.3606	0.3329	0.3075	0.2843	0.2630	0.2434	0.2255	0.2090	0.1938
10	0.3522	0.3220	0.2946	0.2697	0.2472	0.2267	0.2080	0.1911	0.1756	0.1615
11	0.3173	0.2875	0.2607	0.2366	0.2149	0.1954	0.1778	0.1619	0.1476	0.1346
12	0.2858	0.2567	0.2307	0.2076	0.1869	0.1685	0.1520	0.1372	0.1240	0.1122
13	0.2575	0.2292	0.2042	0.1821	0.1625	0.1452	0.1299	0.1163	0.1042	0.0935
14	0.2320	0.2046	0.1807	0.1597	0.1413	0.1252	0.1110	0.0985	0.0876	0.0779
15	0.2090	0.1827	0.1599	0.1401	0.1229	0.1079	0.0949	0.0835	0.0736	0.0649
16	0.1883	0.1631	0.1415	0.1229	0.1069	0.0930	0.0811	0.0708	0.0618	0.0541
17	0.1696	0.1456	0.1252	0.1078	0.0929	0.0802	0.0693	0.0600	0.0520	0.0451
18	0.1528	0.1300	0.1108	0.0946	0.0808	0.0691	0.0592	0.0508	0.0437	0.0376
19	0.1377	0.1161	0.0981	0.0829	0.0703	0.0596	0.0506	0.0431	0.0367	0.0313
20	0.1240	0.1037	0.0868	0.0728	0.0611	0.0514	0.0433	0.0365	0.0308	0.0261
21	0.1117	0.0926	0.0768	0.0638	0.0531	0.0443	0.0370	0.0309	0.0259	0.0217
22	0.1007	0.0826	0.0680	0.0560	0.0462	0.0382	0.0316	0.0262	0.0218	0.0181
23	0.0907	0.0738	0.0601	0.0491	0.0402	0.0329	0.0270	0.0222	0.0183	0.0151
24	0.0817	0.0659	0.0532	0.0431	0.0349	0.0284	0.0231	0.0188	0.0154	0.0126
25	0.0736	0.0588	0.0471	0.0378	0.0304	0.0245	0.0197	0.0160	0.0129	0.0105
26	0.0663	0.0525	0.0417	0.0331	0.0264	0.0211	0.0169	0.0135	0.0109	0.0087
27	0.0597	0.0469	0.0369	0.0291	0.0230	0.0182	0.0144	0.0115	0.0091	0.0073
28	0.0538	0.0419	0.0326	0.0255	0.0200	0.0157	0.0123	0.0097	0.0077	0.0061
29	0.0485	0.0374	0.0289	0.0224	0.0174	0.0135	0.0105	0.0082	0.0064	0.0051
30	0.0437	0.0334	0.0256	0.0196	0.0151	0.0116	0.0090	0.0070	0.0054	0.0042
35	0.0259	0.0189	0.0139	0.0102	0.0075	0.0055	0.0041	0.0030	0.0023	0.0017
40	0.0154	0.0107	0.0075	0.0053	0.0037	0.0026	0.0019	0.0013	0.0010	0.0007
45	0.0091	0.0061	0.0041	0.0027	0.0019	0.0013	0.0009	0.0006	0.0004	0.0003
50	0.0054	0.0035	0.0022	0.0014	0.0009	0.0006	0.0004	0.0003	0.0002	0.0001
60	0.0019	0.0011	0.0007	0.0004	0.0002	0.0001	0.0001	0.0000	0.0000	0.0000
70	0.0007	0.0004	0.0002	0.0001	0.0001	0.0000	0.0000	0.0000	0.0000	0.0000
80	0.0002	0.0001	0.0001	0.0000	0.0000	0.0000	0.0000	0.0000	0.0000	0.0000

〈표 A-3〉 정상연금 1원의 미래가치

$$FA_n = \sum_{t=1}^{n}(1+r)^{n-t} = \frac{(1+r)^n - 1}{r}$$

기간이자율(r)

기간수 (n)	1%	2%	3%	4%	5%	6%	7%	8%	9%	10%
1	1.0000	1.0000	1.0000	1.0000	1.0000	1.0000	1.0000	1.0000	1.0000	1.0000
2	2.0100	2.0200	2.0300	2.0400	2.0500	2.0600	2.0700	2.0800	2.0900	2.1000
3	3.0301	3.0604	3.0909	3.1216	3.1525	3.1836	3.2149	3.2464	3.2781	3.3100
4	4.0604	4.1216	4.1836	4.2465	4.3101	4.3746	4.4399	4.5061	4.5731	4.6410
5	5.1010	5.2040	5.3091	5.4163	5.5256	5.6371	5.7507	5.8666	5.9847	6.1051
6	6.1520	6.3081	6.4684	6.6330	6.8019	6.9753	7.1533	7.3359	7.5233	7.7156
7	7.2135	7.4343	7.6625	7.8983	8.1420	8.3938	8.6540	8.9228	9.2004	9.4872
8	8.2857	8.5830	8.8923	9.2142	9.5491	9.8975	10.2598	10.6366	11.0285	11.4359
9	9.3685	9.7546	10.1591	10.5828	11.0266	11.4913	11.9780	12.4876	13.0210	13.5795
10	10.4622	10.9497	11.4639	12.0061	12.5779	13.1808	13.8164	14.4866	15.1929	15.9374
11	11.5668	12.1687	12.8078	13.4864	14.2068	14.9716	15.7836	16.6455	17.5603	18.5312
12	12.6825	13.4121	14.1920	15.0258	15.9171	16.8699	17.8885	18.9771	20.1407	21.3843
13	13.8093	14.6803	15.6178	16.6268	17.7130	18.8821	20.1406	21.4953	22.9534	24.5227
14	14.9474	15.9739	17.0863	18.2919	19.5986	21.0151	22.5505	24.2149	26.0192	27.9750
15	16.0969	17.2934	18.5989	20.0236	21.5786	23.2760	25.1290	27.1521	29.3609	31.7725
16	17.2579	18.6393	20.1569	21.8245	23.6575	25.6725	27.8881	30.3243	33.0034	35.9497
17	18.4304	20.0121	21.7616	23.6975	25.8404	28.2129	30.8402	33.7502	36.9737	40.5447
18	19.6147	21.4123	23.4144	25.6454	28.1324	30.9057	33.9990	37.4502	41.3013	45.5992
19	20.8109	22.8406	25.1169	27.6712	30.5390	33.7600	37.3790	41.4463	46.0185	51.1591
20	22.0190	24.2974	26.8704	29.7781	33.0660	36.7856	40.9955	45.7620	51.1601	57.2750
21	23.2392	25.7833	28.6765	31.9692	35.7193	39.9927	44.8652	50.4229	56.7645	64.0025
22	24.4716	27.2990	30.5368	34.2480	38.5052	43.3923	49.0057	55.4568	62.8733	71.4027
23	25.7163	28.8450	32.4529	36.6179	41.4305	46.9958	53.4361	60.8933	69.5319	79.5430
24	26.9735	30.4219	34.4265	39.0826	44.5020	50.8156	58.1767	66.7648	76.7898	88.4973
25	28.2432	32.0303	36.4593	41.6459	47.7271	54.8645	63.2490	73.1059	84.7009	98.3471
26	29.5256	33.6709	38.5530	44.3117	51.1135	59.1564	68.6765	79.9544	93.3240	109.1818
27	30.8209	35.3443	40.7096	47.0842	54.6691	63.7058	74.4838	87.3508	102.7231	121.0999
28	32.1291	37.0512	42.9309	49.9676	58.4026	68.5281	80.6977	95.3388	112.9682	134.2099
29	33.4504	38.7922	45.2189	52.9663	62.3227	73.6398	87.3465	103.9659	124.1354	148.6309
30	34.7849	40.5681	47.5754	56.0849	66.4388	79.0582	94.4608	113.2832	136.3075	164.4940
35	41.6603	49.9945	60.4621	73.6522	90.3203	111.4348	138.2369	172.3168	215.7108	271.0244
40	48.8864	60.4020	75.4013	95.0255	120.7998	154.7620	199.6351	259.0565	337.8824	442.5926
45	56.4811	71.8927	92.7199	121.0294	159.7002	212.7435	285.7493	386.5056	525.8587	718.9048
50	64.4632	84.5794	112.7969	152.6671	209.3480	290.3359	406.5289	573.7702	815.0836	1163.9085
60	81.6697	114.0515	163.0534	237.9907	353.5837	533.1282	813.5204	1253.2133	1944.7921	3034.8164
70	100.6763	149.9779	230.5941	364.2905	588.5285	967.9322	1614.1342	2720.0801	4619.2232	7887.4696
80	121.6715	193.7720	321.3630	551.2450	971.2288	1746.5999	3189.0627	5886.9354	10950.574	20474.002

기간이자율(r)

기간수 (n)	11%	12%	13%	14%	15%	16%	17%	18%	19%	20%
1	1.0000	1.0000	1.0000	1.0000	1.0000	1.0000	1.0000	1.0000	1.0000	1.0000
2	2.1100	2.1200	2.1300	2.1400	2.1500	2.1600	2.1700	2.1800	2.1900	2.2000
3	3.3421	3.3744	3.4069	3.4396	3.4725	3.5056	3.5389	3.5724	3.6061	3.6400
4	4.7097	4.7793	4.8498	4.9211	4.9934	5.0665	5.1405	5.2154	5.2913	5.3680
5	6.2278	6.3528	6.4803	6.6101	6.7424	6.8771	7.0144	7.1542	7.2966	7.4416
6	7.9129	8.1152	8.3227	8.5355	8.7537	8.9775	9.2068	9.4420	9.6830	9.9299
7	9.7833	10.0890	10.4047	10.7305	11.0668	11.4139	11.7720	12.1415	12.5227	12.9159
8	11.8594	12.2997	12.7573	13.2328	13.7268	14.2401	14.7733	15.3270	15.9020	16.4991
9	14.1640	14.7757	15.4157	16.0853	16.7858	17.5185	18.2847	19.0859	19.9234	20.7989
10	16.7220	17.5487	18.4197	19.3373	20.3037	21.3215	22.3931	23.5213	24.7089	25.9587
11	19.5614	20.6546	21.8143	23.0445	24.3493	25.7329	27.1999	28.7551	30.4035	32.1504
12	22.7132	24.1331	25.6502	27.2707	29.0017	30.8502	32.8239	34.9311	37.1802	39.5805
13	26.2116	28.0291	29.9847	32.0887	34.3519	36.7862	39.4040	42.2187	45.2445	48.4966
14	30.0949	32.3926	34.8827	37.5811	40.5047	43.6720	47.1027	50.8180	54.8409	59.1959
15	34.4054	37.2797	40.4175	43.8424	47.5804	51.6595	56.1101	60.9653	66.2607	72.0351
16	39.1899	42.7533	46.6717	50.9804	55.7175	60.9250	66.6488	72.9390	79.8502	87.4421
17	44.5008	48.8837	53.7391	59.1176	65.0751	71.6730	78.9792	87.0680	96.0218	105.9306
18	50.3959	55.7497	61.7251	68.3941	75.8364	84.1407	93.4056	103.7403	115.2659	128.1167
19	56.9395	63.4397	70.7494	78.9692	88.2118	98.6032	110.2846	123.4135	138.1664	154.7400
20	64.2028	72.0524	80.9468	91.0249	102.4436	115.3797	130.0329	146.6280	165.4180	186.6880
21	72.2651	81.6987	92.4699	104.7684	118.8101	134.8405	153.1385	174.0210	197.8474	225.0256
22	81.2143	92.5026	105.4910	120.4360	137.6316	157.4150	180.1721	206.3448	236.4385	271.0307
23	91.1479	104.6029	120.2048	138.2970	159.2764	183.6014	211.8013	244.4868	282.3618	326.2369
24	102.1742	118.1552	136.8315	158.6586	184.1678	213.9776	248.8076	289.4945	337.0105	392.4842
25	114.4133	133.3339	155.6196	181.8708	212.7930	249.2140	292.1049	342.6035	402.0425	471.9811
26	127.9988	150.3339	176.8501	208.3327	245.7120	290.0883	342.7627	405.2721	479.4306	567.3773
27	143.0786	169.3740	200.8406	238.4993	283.5688	337.5024	402.0323	479.2211	571.5224	681.8528
28	159.8173	190.6989	227.9499	272.8892	327.1041	392.5028	471.3778	566.4809	681.1116	819.2233
29	178.3972	214.5828	258.5834	312.0937	377.1697	456.3032	552.5121	669.4475	811.5228	984.0680
30	199.0209	241.3327	293.1992	356.7868	434.7451	530.3117	647.4391	790.9480	966.7122	1181.8816
35	341.5896	431.6635	546.6808	693.5727	881.1702	1120.7130	1426.4910	1816.6516	2314.2137	2948.3411
40	581.8261	767.0914	1013.7042	1342.0251	1779.0903	2360.7572	3134.5218	4163.2130	5529.8290	7343.8578
45	986.6386	1358.2300	1874.1646	2590.5648	3585.1285	4965.2739	6879.2907	9531.5771	13203.424	18281.310
50	1668.7712	2400.0182	3459.5071	4994.5213	7217.7163	10435.649	15089.502	21813.094	31515.336	45497.191
60	4755.0658	7471.6411	11761.950	18535.133	29219.992	46057.509	72555.039	114189.67	179494.58	281732.57
70	13518.356	23223.332	39945.151	68733.179	118231.47	203201.03	348782.01	597673.46	1022189.6	1744439.8
80	38401.025	72145.696	135614.93	254828.44	478332.53	896429.47	1676557.7	3128148.1	5821071.3	10801137.

〈표 A-4〉 정상연금 1원의 현재가치

$$PA_n = \sum_{t=1}^{n} \frac{1}{(1+r)^t} = \frac{1-(1+r)^{-n}}{r}$$

기간이자율(r)

기간수 (n)	1%	2%	3%	4%	5%	6%	7%	8%	9%	10%
1	0.9901	0.9804	0.9709	0.9615	0.9524	0.9434	0.9346	0.9259	0.9174	0.9091
2	1.9704	1.9416	1.9135	1.8861	1.8594	1.8334	1.8080	1.7833	1.7591	1.7355
3	2.9410	2.8839	2.8286	2.7751	2.7232	2.6730	2.6243	2.5771	2.5313	2.4868
4	3.9020	3.8077	3.7171	3.6299	3.5460	3.4651	3.3872	3.3121	3.2397	3.1699
5	4.8534	4.7135	4.5797	4.4518	4.3295	4.2124	4.1002	3.9927	3.8897	3.7908
6	5.7955	5.6014	5.4172	5.2421	5.0757	4.9173	4.7665	4.6229	4.4859	4.3553
7	6.7282	6.4720	6.2303	6.0021	5.7864	5.5824	5.3893	5.2064	5.0330	4.8684
8	7.6517	7.3255	7.0197	6.7327	6.4632	6.2098	5.9713	5.7466	5.5348	5.3349
9	8.5660	8.1622	7.7861	7.4353	7.1078	6.8017	6.5152	6.2469	5.9952	5.7590
10	9.4713	8.9826	8.5302	8.1109	7.7217	7.3601	7.0236	6.7101	6.4177	6.1446
11	10.3676	9.7868	9.2526	8.7605	8.3064	7.8869	7.4987	7.1390	6.8052	6.4951
12	11.2551	10.5753	9.9540	9.3851	8.8633	8.3838	7.9427	7.5361	7.1607	6.8137
13	12.1337	11.3484	10.6350	9.9856	9.3936	8.8527	8.3577	7.9038	7.4869	7.1034
14	13.0037	12.1062	11.2961	10.5631	9.8986	9.2950	8.7455	8.2442	7.7862	7.3667
15	13.8651	12.8493	11.9379	11.1184	10.3797	9.7122	9.1079	8.5595	8.0607	7.6061
16	14.7179	13.5777	12.5611	11.6523	10.8378	10.1059	9.4466	8.8514	8.3126	7.8237
17	15.5623	14.2919	13.1661	12.1657	11.2741	10.4773	9.7632	9.1216	8.5436	8.0216
18	16.3983	14.9920	13.7535	12.6593	11.6896	10.8276	10.0591	9.3719	8.7556	8.2014
19	17.2260	15.6785	14.3238	13.1339	12.0853	11.1581	10.3356	9.6036	8.9501	8.3649
20	18.0456	16.3514	14.8775	13.5903	12.4622	11.4699	10.5940	9.8181	9.1285	8.5136
21	18.8570	17.0112	15.4150	14.0292	12.8212	11.7641	10.8355	10.0168	9.2922	8.6487
22	19.6604	17.6580	15.9369	14.4511	13.1630	12.0416	11.0612	10.2007	9.4424	8.7715
23	20.4558	18.2922	16.4436	14.8568	13.4886	12.3034	11.2722	10.3711	9.5802	8.8832
24	21.2434	18.9139	16.9355	15.2470	13.7986	12.5504	11.4693	10.5288	9.7066	8.9847
25	22.0232	19.5235	17.4131	15.6221	14.0939	12.7834	11.6536	10.6748	9.8226	9.0770
26	22.7952	20.1210	17.8768	15.9828	14.3752	13.0032	11.8258	10.8100	9.9290	9.1609
27	23.5596	20.7069	18.3270	16.3296	14.6430	13.2105	11.9867	10.9352	10.0266	9.2372
28	24.3164	21.2813	18.7641	16.6631	14.8981	13.4062	12.1371	11.0511	10.1161	9.3066
29	25.0658	21.8444	19.1885	16.9837	15.1411	13.5907	12.2777	11.1584	10.1983	9.3696
30	25.8077	22.3965	19.6004	17.2920	15.3725	13.7648	12.4090	11.2578	10.2737	9.4269
35	29.4086	24.9986	21.4872	18.6646	16.3742	14.4982	12.9477	11.6546	10.5668	9.6442
40	32.8347	27.3555	23.1148	19.7928	17.1591	15.0463	13.3317	11.9246	10.7574	9.7791
45	36.0945	29.4902	24.5187	20.7200	17.7741	15.4558	13.6055	12.1084	10.8812	9.8628
50	39.1961	31.4236	25.7298	21.4822	18.2559	15.7619	13.8007	12.2335	10.9617	9.9148
60	44.9550	34.7609	27.6756	22.6235	18.9293	16.1614	14.0392	12.3766	11.0480	9.9672
70	50.1685	37.4986	29.1234	23.3945	19.3427	16.3845	14.1604	12.4428	11.0844	9.9873
80	54.8882	39.7445	30.2008	23.9154	19.5965	16.5091	14.2220	12.4735	11.0998	9.9951

기간이자율(r)

기간수 (n)	11%	12%	13%	14%	15%	16%	17%	18%	19%	20%
1	0.9009	0.8929	0.8850	0.8772	0.8696	0.8621	0.8547	0.8475	0.8403	0.8333
2	1.7125	1.6901	1.6681	1.6467	1.6257	1.6052	1.5852	1.5656	1.5465	1.5278
3	2.4437	2.4018	2.3612	2.3216	2.2832	2.2459	2.2096	2.1743	2.1399	2.1065
4	3.1024	3.0373	2.9745	2.9137	2.8550	2.7982	2.7432	2.6901	2.6386	2.5887
5	3.6959	3.6048	3.5172	3.4331	3.3522	3.2743	3.1993	3.1272	3.0576	2.9906
6	4.2305	4.1114	3.9975	3.8887	3.7845	3.6847	3.5892	3.4976	3.4098	3.3255
7	4.7122	4.5638	4.4226	4.2883	4.1604	4.0386	3.9224	3.8115	3.7057	3.6046
8	5.1461	4.9676	4.7988	4.6389	4.4873	4.3436	4.2072	4.0776	3.9544	3.8372
9	5.5370	5.3282	5.1317	4.9464	4.7716	4.6065	4.4506	4.3030	4.1633	4.0310
10	5.8892	5.6502	5.4262	5.2161	5.0188	4.8332	4.6586	4.4941	4.3389	4.1925
11	6.2065	5.9377	5.6869	5.4527	5.2337	5.0286	4.8364	4.6560	4.4865	4.3271
12	6.4924	6.1944	5.9176	5.6603	5.4206	5.1971	4.9884	4.7932	4.6105	4.4392
13	6.7499	6.4235	6.1218	5.8424	5.5831	5.3423	5.1183	4.9095	4.7147	4.5327
14	6.9819	6.6282	6.3025	6.0021	5.7245	5.4675	5.2293	5.0081	4.8023	4.6106
15	7.1909	6.8109	6.4624	6.1422	5.8474	5.5755	5.3242	5.0916	4.8759	4.6755
16	7.3792	6.9740	6.6039	6.2651	5.9542	5.6685	5.4053	5.1624	4.9377	4.7296
17	7.5488	7.1196	6.7291	6.3729	6.0472	5.7487	5.4746	5.2223	4.9897	4.7746
18	7.7016	7.2497	6.8399	6.4674	6.1280	5.8178	5.5339	5.2732	5.0333	4.8122
19	7.8393	7.3658	6.9380	6.5504	6.1982	5.8775	5.5845	5.3162	5.0700	4.8435
20	7.9633	7.4694	7.0248	6.6231	6.2593	5.9288	5.6278	5.3527	5.1009	4.8696
21	8.0751	7.5620	7.1016	6.6870	6.3125	5.9731	5.6648	5.3837	5.1268	4.8913
22	8.1757	7.6446	7.1695	6.7429	6.3587	6.0113	5.6964	5.4099	5.1486	4.9094
23	8.2664	7.7184	7.2297	6.7921	6.3988	6.0442	5.7234	5.4321	5.1668	4.9245
24	8.3481	7.7843	7.2829	6.8351	6.4338	6.0726	5.7465	5.4509	5.1822	4.9371
25	8.4217	7.8431	7.3300	6.8729	6.4641	6.0971	5.7662	5.4669	5.1951	4.9476
26	8.4881	7.8957	7.3717	6.9061	6.4906	6.1182	5.7831	5.4804	5.2060	4.9563
27	8.5478	7.9426	7.4086	6.9352	6.5135	6.1364	5.7975	5.4919	5.2151	4.9636
28	8.6016	7.9844	7.4412	6.9607	6.5335	6.1520	5.8099	5.5016	5.2228	4.9697
29	8.6501	8.0218	7.4701	6.9830	6.5509	6.1656	5.8204	5.5098	5.2292	4.9747
30	8.6938	8.0552	7.4957	7.0027	6.5660	6.1772	5.8294	5.5168	5.2347	4.9789
35	8.8552	8.1755	7.5856	7.0700	6.6166	6.2153	5.8582	5.5386	5.2512	4.9915
40	8.9511	8.2438	7.6344	7.1050	6.6418	6.2335	5.8713	5.5482	5.2582	4.9966
45	9.0079	8.2825	7.6609	7.1232	6.6543	6.2421	5.8773	5.5523	5.2611	4.9986
50	9.0417	8.3045	7.6752	7.1327	6.6605	6.2463	5.8801	5.5541	5.2623	4.9995
60	9.0736	8.3240	7.6873	7.1401	6.6651	6.2492	5.8819	5.5553	5.2630	4.9999
70	9.0848	8.3303	7.6908	7.1421	6.6663	6.2498	5.8823	5.5555	5.2631	5.0000
80	9.0888	8.3324	7.6919	7.1427	6.6666	6.2500	5.8823	5.5555	5.2632	5.0000

〈표 A-5〉 선불연금 1원의 미래가치

기간이자율(r)

기간수 (n)	1%	2%	3%	4%	5%	6%	7%	8%	9%	10%
1	1.0100	1.0200	1.0300	1.0400	1.0500	1.0600	1.0700	1.0800	1.0900	1.1000
2	2.0301	2.0604	2.0909	2.1216	2.1525	2.1836	2.2149	2.2464	2.2781	2.3100
3	3.0604	3.1216	3.1836	3.2465	3.3101	3.3746	3.4399	3.5061	3.5731	3.6410
4	4.1010	4.2040	4.3091	4.4163	4.5256	4.6371	4.7507	4.8666	4.9847	5.1051
5	5.1520	5.3081	5.4684	5.6330	5.8019	5.9753	6.1533	6.3359	6.5233	6.7156
6	6.2135	6.4343	6.6625	6.8983	7.1420	7.3938	7.6540	7.9228	8.2004	8.4872
7	7.2857	7.5830	7.8923	8.2142	8.5491	8.8975	9.2598	9.6366	10.0285	10.4359
8	8.3685	8.7546	9.1591	9.5828	10.0266	10.4913	10.9780	11.4876	12.0210	12.5795
9	9.4622	9.9497	10.4639	11.0061	11.5779	12.1808	12.8164	13.4866	14.1929	14.9374
10	10.5668	11.1687	11.8078	12.4864	13.2068	13.9716	14.7836	15.6455	16.5603	17.5312
11	11.6825	12.4121	13.1920	14.0258	14.9171	15.8699	16.8885	17.9771	19.1407	20.3843
12	12.8093	13.6803	14.6178	15.6268	16.7130	17.8821	19.1406	20.4953	21.9534	23.5227
13	13.9474	14.9739	16.0863	17.2919	18.5986	20.0151	21.5505	23.2149	25.0192	26.9750
14	15.0969	16.2934	17.5989	19.0236	20.5786	22.2760	24.1290	26.1521	28.3609	30.7725
15	16.2579	17.6393	19.1569	20.8245	22.6575	24.6725	26.8881	29.3243	32.0034	34.9497
16	17.4304	19.0121	20.7616	22.6975	24.8404	27.2129	29.8402	32.7502	35.9737	39.5447
17	18.6147	20.4123	22.4144	24.6454	27.1324	29.9057	32.9990	36.4502	40.3013	44.5992
18	19.8109	21.8406	24.1169	26.6712	29.5390	32.7600	36.3790	40.4463	45.0185	50.1591
19	21.0190	23.2974	25.8704	28.7781	32.0660	35.7856	39.9955	44.7620	50.1601	56.2750
20	22.2392	24.7833	27.6765	30.9692	34.7193	38.9927	43.8652	49.4229	55.7645	63.0025
21	23.4716	26.2990	29.5368	33.2480	37.5052	42.3923	48.0057	54.4568	61.8733	70.4027
22	24.7163	27.8450	31.4529	35.6179	40.4305	45.9958	52.4361	59.8933	68.5319	78.5430
23	25.9735	29.4219	33.4265	38.0826	43.5020	49.8156	57.1767	65.7648	75.7898	87.4973
24	27.2432	31.0303	35.4593	40.6459	46.7271	53.8645	62.2490	72.1059	83.7009	97.3471
25	28.5256	32.6709	37.5530	43.3117	50.1135	58.1564	67.6765	78.9544	92.3240	108.1818
26	29.8209	34.3443	39.7096	46.0842	53.6691	62.7058	73.4838	86.3508	101.7231	120.0999
27	31.1291	36.0512	41.9309	48.9676	57.4026	67.5281	79.6977	94.3388	111.9682	133.2099
28	32.4504	37.7922	44.2189	51.9663	61.3227	72.6398	86.3465	102.9659	123.1354	147.6309
29	33.7849	39.5681	46.5754	55.0849	65.4388	78.0582	93.4608	112.2832	135.3075	163.4940
30	35.1327	41.3794	49.0027	58.3283	69.7608	83.8017	101.0730	122.3459	148.5752	180.9434
35	42.0769	50.9944	62.2759	76.5983	94.8363	118.1209	147.9135	186.1021	235.1247	298.1268
40	49.3752	61.6100	77.6633	98.8265	126.8398	164.0477	213.6096	279.7810	368.2919	486.8518
45	57.0459	73.3306	95.5015	125.8706	167.6852	225.5081	305.7518	417.4261	573.1860	790.7953
50	65.1078	86.2710	116.1808	158.7738	219.8154	307.7561	434.9860	619.6718	888.4411	1280.2994
60	82.4864	116.3326	167.9450	247.5103	371.2629	565.1159	870.4668	1353.4704	2119.8234	3338.2980
70	101.6831	152.9775	237.5119	378.8621	617.9549	1026.0081	1727.1236	2937.6865	5034.9533	8676.2165
80	122.8882	197.6474	331.0039	573.2948	1019.7903	1851.3959	3412.2971	6357.8903	11936.126	22521.402

기간이자율(r)

기간수 (n)	11%	12%	13%	14%	15%	16%	17%	18%	19%	20%
1	1.1100	1.1200	1.1300	1.1400	1.1500	1.1600	1.1700	1.1800	1.1900	1.2000
2	2.3421	2.3744	2.4069	2.4396	2.4725	2.5056	2.5389	2.5724	2.6061	2.6400
3	3.7097	3.7793	3.8498	3.9211	3.9934	4.0665	4.1405	4.2154	4.2913	4.3680
4	5.2278	5.3528	5.4803	5.6101	5.7424	5.8771	6.0144	6.1542	6.2966	6.4416
5	6.9129	7.1152	7.3227	7.5355	7.7537	7.9775	8.2068	8.4420	8.6830	8.9299
6	8.7833	9.0890	9.4047	9.7305	10.0668	10.4139	10.7720	11.1415	11.5227	11.9159
7	10.8594	11.2997	11.7573	12.2328	12.7268	13.2401	13.7733	14.3270	14.9020	15.4991
8	13.1640	13.7757	14.4157	15.0853	15.7858	16.5185	17.2847	18.0859	18.9234	19.7989
9	15.7220	16.5487	17.4197	18.3373	19.3037	20.3215	21.3931	22.5213	23.7089	24.9587
10	18.5614	19.6546	20.8143	22.0445	23.3493	24.7329	26.1999	27.7551	29.4035	31.1504
11	21.7132	23.1331	24.6502	26.2707	28.0017	29.8502	31.8239	33.9311	36.1802	38.5805
12	25.2116	27.0291	28.9847	31.0887	33.3519	35.7862	38.4040	41.2187	44.2445	47.4966
13	29.0949	31.3926	33.8827	36.5811	39.5047	42.6720	46.1027	49.8180	53.8409	58.1959
14	33.4054	36.2797	39.4175	42.8424	46.5804	50.6595	55.1101	59.9653	65.2607	71.0351
15	38.1899	41.7533	45.6717	49.9804	54.7175	59.9250	65.6488	71.9390	78.8502	86.4421
16	43.5008	47.8837	52.7391	58.1176	64.0751	70.6730	77.9792	86.0680	95.0218	104.9306
17	49.3959	54.7497	60.7251	67.3941	74.8364	83.1407	92.4056	102.7403	114.2659	127.1167
18	55.9395	62.4397	69.7494	77.9692	87.2118	97.6032	109.2846	122.4135	137.1664	153.7400
19	63.2028	71.0524	79.9468	90.0249	101.4436	114.3797	129.0329	145.6280	164.4180	185.6880
20	71.2651	80.6987	91.4699	103.7684	117.8101	133.8405	152.1385	173.0210	196.8474	224.0256
21	80.2143	91.5026	104.4910	119.4360	136.6316	156.4150	179.1721	205.3448	235.4385	270.0307
22	90.1479	103.6029	119.2048	137.2970	158.2764	182.6014	210.8013	243.4868	281.3618	325.2369
23	101.1742	117.1552	135.8315	157.6586	183.1678	212.9776	247.8076	288.4945	336.0105	391.4842
24	113.4133	132.3339	154.6196	180.8708	211.7930	248.2140	291.1049	341.6035	401.0425	470.9811
25	126.9988	149.3339	175.8501	207.3327	244.7120	289.0883	341.7627	404.2721	478.4306	566.3773
26	142.0786	168.3740	199.8406	237.4993	282.5688	336.5024	401.0323	478.2211	570.5224	680.8528
27	158.8173	189.6989	226.9499	271.8892	326.1041	391.5028	470.3778	565.4809	680.1116	818.2233
28	177.3972	213.5828	257.5834	311.0937	376.1697	455.3032	551.5121	668.4475	810.5228	983.0680
29	198.0209	240.3327	292.1992	355.7868	433.7451	529.3117	646.4391	789.9480	965.7122	1180.8816
30	220.9132	270.2926	331.3151	406.7370	499.9569	615.1616	757.5038	933.3186	1150.3875	1418.2579
35	379.1644	483.4631	617.7493	790.6729	1013.3457	1300.0270	1668.9945	2143.6489	2753.9143	3538.0094
40	645.8269	859.1424	1145.4858	1529.9086	2045.9539	2738.4784	3667.3906	4912.5914	6580.4965	8812.6294
45	1095.1688	1521.2176	2117.8060	2953.2439	4122.8977	5759.7177	8048.7701	11247.261	15712.075	21937.572
50	1852.3360	2688.0204	3909.2430	5693.7543	8300.3737	12105.353	17654.717	25739.450	37503.250	54596.629
60	5278.1231	8368.2380	13291.0033	21130.052	33602.990	53426.710	84889.395	134743.82	213598.55	338079.09
70	15005.375	26010.138	45138.021	78355.823	135966.19	235713.20	408074.95	705254.68	1216405.6	2093327.7
80	42625.138	80803.176	153244.87	290504.42	550082.42	1039858.2	1961572.5	3691214.8	6927074.8	12961365.

〈표 A-6〉 선불연금 1원의 현재가치

기간이자율(r)

기간수 (n)	1%	2%	3%	4%	5%	6%	7%	8%	9%	10%
1	1.0000	1.0000	1.0000	1.0000	1.0000	1.0000	1.0000	1.0000	1.0000	1.0000
2	1.9901	1.9804	1.9709	1.9615	1.9524	1.9434	1.9346	1.9259	1.9174	1.9091
3	2.9704	2.9416	2.9135	2.8861	2.8594	2.8334	2.8080	2.7833	2.7591	2.7355
4	3.9410	3.8839	3.8286	3.7751	3.7232	3.6730	3.6243	3.5771	3.5313	3.4869
5	4.9020	4.8077	4.7171	4.6299	4.5460	4.4651	4.3872	4.3121	4.2397	4.1699
6	5.8534	5.7135	5.5797	5.4518	5.3295	5.2124	5.1002	4.9927	4.8897	4.7908
7	6.7955	6.6014	6.4172	6.2421	6.0757	5.9173	5.7665	5.6229	5.4859	5.3553
8	7.7282	7.4720	7.2303	7.0021	6.7864	6.5824	6.3893	6.2064	6.0330	5.8684
9	8.6517	8.3255	8.0197	7.7327	7.4632	7.2098	6.9713	6.7466	6.5348	6.3349
10	9.5660	9.1622	8.7861	8.4353	8.1078	7.8017	7.5152	7.2469	6.9952	6.7590
11	10.4713	9.9826	9.5302	9.1109	8.7217	8.3601	8.0236	7.7101	7.4177	7.1446
12	11.3676	10.7868	10.2526	9.7605	9.3064	8.8869	8.4987	8.1390	7.8052	7.4951
13	12.2551	11.5753	10.9540	10.3851	9.8633	9.3838	8.9427	8.5361	8.1607	7.8137
14	13.1337	12.3484	11.6350	10.9856	10.3936	9.8527	9.3577	8.9038	8.4869	8.1034
15	14.0037	13.1062	12.2961	11.5631	10.8986	10.2950	9.7455	9.2442	8.7862	8.3667
16	14.8651	13.8493	12.9379	12.1184	11.3797	10.7122	10.1079	9.5595	9.0607	8.6061
17	15.7179	14.5777	13.5611	12.6523	11.8378	11.1059	10.4466	9.8514	9.3126	8.8237
18	16.5623	15.2919	14.1661	13.1657	12.2741	11.4773	10.7632	10.1216	9.5436	9.0216
19	17.3983	15.9920	14.7535	13.6593	12.6896	11.8276	11.0591	10.3719	9.7556	9.2014
20	18.2260	16.6785	15.3238	14.1339	13.0853	12.1581	11.3356	10.6036	9.9501	9.3649
21	19.0456	17.3514	15.8775	14.5903	13.4622	12.4699	11.5940	10.8181	10.1285	9.5136
22	19.8570	18.0112	16.4150	15.0292	13.8212	12.7641	11.8355	11.0168	10.2922	9.6487
23	20.6604	18.6580	16.9369	15.4511	14.1630	13.0416	12.0612	11.2007	10.4424	9.7715
24	21.4558	19.2922	17.4436	15.8568	14.4886	13.3034	12.2722	11.3711	10.5802	9.8832
25	22.2434	19.9139	17.9355	16.2470	14.7986	13.5504	12.4693	11.5288	10.7066	9.9847
26	23.0232	20.5235	18.4131	16.6221	15.0939	13.7834	12.6536	11.6748	10.8226	10.0770
27	23.7952	21.1210	18.8768	16.9828	15.3752	14.0032	12.8258	11.8100	10.9290	10.1609
28	24.5596	21.7069	19.3270	17.3296	15.6430	14.2105	12.9867	11.9352	11.0266	10.2372
29	25.3164	22.2813	19.7641	17.6631	15.8981	14.4062	13.1371	12.0511	11.1161	10.3066
30	26.0658	22.8444	20.1885	17.9837	16.1411	14.5907	13.2777	12.1584	11.1983	10.3696
35	29.7027	25.4986	22.1318	19.4112	17.1929	15.3681	13.8540	12.5869	11.5178	10.6086
40	33.1630	27.9026	23.8082	20.5845	18.0170	15.9491	14.2649	12.8786	11.7255	10.7570
45	36.4555	30.0800	25.2543	21.5488	18.6628	16.3832	14.5579	13.0771	11.8605	10.8491
50	39.5881	32.0521	26.5017	22.3415	19.1687	16.7076	14.7668	13.2122	11.9482	10.9063
60	45.4046	35.4561	28.5058	23.5284	19.8758	17.1311	15.0219	13.3667	12.0423	10.9639
70	50.6702	38.2486	29.9971	24.3303	20.3098	17.3676	15.1516	13.4382	12.0820	10.9861
80	55.4371	40.5394	31.1068	24.8720	20.5763	17.4997	15.2175	13.4714	12.0988	10.9946

기간이자율(r)

기간수 (n)	11%	12%	13%	14%	15%	16%	17%	18%	19%	20%
1	1.0000	1.0000	1.0000	1.0000	1.0000	1.0000	1.0000	1.0000	1.0000	1.0000
2	1.9009	1.8929	1.8850	1.8772	1.8696	1.8621	1.8547	1.8475	1.8403	1.8333
3	2.7125	2.6901	2.6681	2.6467	2.6257	2.6052	2.5852	2.5656	2.5465	2.5278
4	3.4437	3.4018	3.3612	3.3216	3.2832	3.2459	3.2096	3.1743	3.1399	3.1065
5	4.1024	4.0373	3.9745	3.9137	3.8550	3.7982	3.7432	3.6901	3.6386	3.5887
6	4.6959	4.6048	4.5172	4.4331	4.3522	4.2743	4.1993	4.1272	4.0576	3.9906
7	5.2305	5.1114	4.9975	4.8887	4.7845	4.6847	4.5892	4.4976	4.4098	4.3255
8	5.7122	5.5638	5.4226	5.2883	5.1604	5.0386	4.9224	4.8115	4.7057	4.6046
9	6.1461	5.9676	5.7988	5.6389	5.4873	5.3436	5.2072	5.0776	4.9544	4.8372
10	6.5370	6.3282	6.1317	5.9464	5.7716	5.6065	5.4506	5.3030	5.1633	5.0310
11	6.8892	6.6502	6.4262	6.2161	6.0188	5.8332	5.6586	5.4941	5.3389	5.1925
12	7.2065	6.9377	6.6869	6.4527	6.2337	6.0286	5.8364	5.6560	5.4865	5.3271
13	7.4924	7.1944	6.9176	6.6603	6.4206	6.1971	5.9884	5.7932	5.6105	5.4392
14	7.7499	7.4235	7.1218	6.8424	6.5831	6.3423	6.1183	5.9095	5.7147	5.5327
15	7.9819	7.6282	7.3025	7.0021	6.7245	6.4675	6.2293	6.0081	5.8023	5.6106
16	8.1909	7.8109	7.4624	7.1422	6.8474	6.5755	6.3242	6.0916	5.8759	5.6755
17	8.3792	7.9740	7.6039	7.2651	6.9542	6.6685	6.4053	6.1624	5.9377	5.7296
18	8.5488	8.1196	7.7291	7.3729	7.0472	6.7487	6.4746	6.2223	5.9897	5.7746
19	8.7016	8.2497	7.8399	7.4674	7.1280	6.8178	6.5339	6.2732	6.0333	5.8122
20	8.8393	8.3658	7.9380	7.5504	7.1982	6.8775	6.5845	6.3162	6.0700	5.8435
21	8.9633	8.4694	8.0248	7.6231	7.2593	6.9288	6.6278	6.3527	6.1009	5.8696
22	9.0751	8.5620	8.1016	7.6870	7.3125	6.9731	6.6648	6.3837	6.1268	5.8913
23	9.1757	8.6446	8.1695	7.7429	7.3587	7.0113	6.6964	6.4099	6.1486	5.9094
24	9.2664	8.7184	8.2297	7.7921	7.3988	7.0442	6.7234	6.4321	6.1668	5.9245
25	9.3481	8.7843	8.2829	7.8351	7.4338	7.0726	6.7465	6.4509	6.1822	5.9371
26	9.4217	8.8431	8.3300	7.8729	7.4641	7.0971	6.7662	6.4669	6.1951	5.9476
27	9.4881	8.8957	8.3717	7.9061	7.4906	7.1182	6.7831	6.4804	6.2060	5.9563
28	9.5478	8.9426	8.4086	7.9352	7.5135	7.1364	6.7975	6.4919	6.2151	5.9636
29	9.6016	8.9844	8.4412	7.9607	7.5335	7.1520	6.8099	6.5016	6.2228	5.9697
30	9.6501	9.0218	8.4701	7.9830	7.5509	7.1656	6.8204	6.5098	6.2292	5.9747
35	9.8293	9.1566	8.5717	8.0599	7.6091	7.2098	6.8541	6.5356	6.2489	5.9898
40	9.9357	9.2330	8.6268	8.0997	7.6380	7.2309	6.8695	6.5468	6.2572	5.9959
45	9.9988	9.2764	8.6568	8.1205	7.6524	7.2409	6.8765	6.5517	6.2607	5.9984
50	10.0362	9.3010	8.6730	8.1312	7.6596	7.2457	6.8797	6.5539	6.2621	5.9993
60	10.0717	9.3229	8.6866	8.1397	7.6649	7.2490	6.8818	6.5552	6.2630	5.9999
70	10.0841	9.3300	8.6906	8.1420	7.6662	7.2498	6.8822	6.5555	6.2631	6.0000
80	10.0885	9.3323	8.6918	8.1426	7.6666	7.2499	6.8823	6.5555	6.2632	6.0000

찾아보기

[a]

[b]

[c]

저자소개

최 종 학(崔鐘鶴) 서울대학교 경영대학(학사 및 석사) | University of Illinois(박사)
홍콩과기대학 교수
현, 서울대학교 경영대학 교수 | 경영대학 부학장 | 서울대학교 발전재단 이사

[주요 저술]
숫자로 경영하라 | 재무제표분석과 기업가치평가 | 잠시 멈추고 돌아보는 시간이 필요한 순간 | The Accounting Review, Contemporary Accounting Research, Auditing: A Journal of Practice and Theory 등 회계분야 우수 학술지에 논문 출판

송 혁 준(宋赫埈) 서울대학교 인문대학(학사) | 서울대학교 경영대학(석사 및 박사)
현, 덕성여자대학교 글로벌융합대학 회계학과 교수 | 경기창조경제혁신센터 감사 | 바른시장경제추진위원회 위원

[주요 저술]
회계감사 | 핵심 ERP 정보관리사 1 · 2급(회계/인사)

이 우 종(李愚淙) 서울대학교 경영대학(학사 및 박사)
홍콩이공대학 교수
현, 서울대학교 경영대학 교수

[주요 저술]
The Accounting Review, Journal of Accounting and Economics, Contemporary Accounting Research, Management Science 등 경영 및 회계분야 우수 학술지에 논문 출판

최 선 화(崔善花) 서울대학교 경영대학(학사, 석사 및 박사)
Lancaster University, 성균관대학교 교수 | 삼정KPMG 회계법인(감사본부) | 한국공인회계사
현, 서울대학교 경영대학 교수

[주요 저술]
The Accounting Review, Contemporary Accounting Research, Auditing: A Journal of Practice and Theory, Accounting Horizons 등 회계분야 우수 학술지에 논문 출판

제5판 **사례와 함께하는 회계원리**

2017년 7월 20일 제 1 판 1쇄 발행
2024년 7월 20일 제 5 판 1쇄 인쇄
2024년 7월 25일 제 5 판 1쇄 발행

저 자 최종학 · 송혁준 · 이우종 · 최선화
발 행 인 권 영 섭
발 행 처 (주)신 영 사

㈜신영사

경기도 파주시 심학산로 12(출판문화단지)
등 록 : 1988. 5. 2 / 제406-1988-000020호
전 화 : 031-946-2894(代)
F A X : 031-946-0799
e-mail : sys28945@naver.com
홈페이지 : http://www.shinyoungsa.co.kr

정가 40,000원 ISBN 978-89-5501-864-6